UTB FÜR WISSENSCHAFT

Eine Arbeitsgemeinschaft der Verlage

Wilhelm Fink Verlag München
Gustav Fischer Verlag Jena und Stuttgart
Francke Verlag Tübingen und Basel
Paul Haupt Verlag Bern · Stuttgart · Wien
Hüthig Verlagsgemeinschaft
Decker & Müller GmbH Heidelberg
Leske Verlag + Budrich GmbH Opladen
J. C. B. Mohr (Paul Siebeck) Tübingen
Quelle & Meyer Heidelberg · Wiesbaden
Ernst Reinhardt Verlag München und Basel
F. K. Schattauer Verlag Stuttgart · New York
Ferdinand Schöningh Verlag Paderborn · München · Wien · Zürich
Eugen Ulmer Verlag Stuttgart
Vandenhoeck & Ruprecht in Göttingen und Zürich

Viktor Sarris
Methodologische Grundlagen der Experimentalpsychologie

Lehrbuch in 2 Bänden für Studenten der Psychologie,
Medizin und Pädagogik mit praktischen Demonstrationsbeispielen

Band 1
Erkenntnisgewinnung und Methodik der experimentellen Psychologie

Band 2
Versuchsplanung und Stadien des psychologischen Experiments

Viktor Sarris

Methodologische Grundlagen der Experimentalpsychologie

Band 2

Versuchsplanung und Stadien des psychologischen Experiments

Ernst Reinhardt Verlag München Basel

Prof. Dr. phil. habil. rer. nat. Viktor Sarris,
Lehrstuhlinhaber für Psychologie, insbesondere Allgemeine Psychologie,
Leiter der Abteilung für Allgemeine Psychologie und Methodologie
am Institut für Psychologie der Johann Wolfgang Goethe-Universität
in Frankfurt am Main

Sarris, Viktor:
Methodologische Grundlagen der Experimentalpsychologie :
[Lehrbuch in 2 Bänden für Studenten der Psychologie, Medizin
und Pädagogik mit praktischen Demonstrationsbeispielen] /
Viktor Sarris. – München ; Basel : E. Reinhardt.
(UTB für Wissenschaft : Große Reihe)
Bd. 2. Versuchsplanung und Stadien des psychologischen
Experiments. – 1992
ISBN 3-8252-8054-3 (UTB)
ISBN 3-497-01112-6 (Reinhardt)

Printed in Germany

ISBN 3-8252-8054-3 (UTB-Bestellnummer)

Gesamtinhaltsverzeichnis

Band 1: Erkenntnisgewinnung und Methodik der experimentellen Psychologie

Band 2: Versuchsplanung und Stadien des psychologischen Experiments

Band 2
Inhaltsverzeichnis

TEIL IV: Stadien des psychologischen Experiments

... Und hiermit kommen wir zu dem grundlegenden Widerspruch, der uns immer wieder begegnet, wenn wir Ursachen erklären wollen. Wir müssen eine *künstliche* [d.h. experimentelle] Situation schaffen, um *natürliche* Vorgänge studieren und verstehen zu können, weil wir nämlich durch Beobachtung allein nur herausfinden können, wie die Dinge erscheinen, und nicht, „wie sie sind".

P. G. Zimbardo (1983),
Psychologie

Vorwort

Die Begründung der psychologischen Erkenntnisgewinnung durch die Methode des Experiments ist ein besonderes Anliegen in Theorie und Praxis der Wissenschaft vom Verhalten und Erleben. Obschon als methodologische Basis aller Teilgebiete der Human- und Animalpsychologie bis heute nicht unumstritten, hat die Ausbildung gerade in den experimentellen Methoden ihren festen Platz im Rahmen des Psychologiestudiums. Dieses der Methodenlehre in der Psychologie gewidmete – zweibändige – *Methodologiebuch (MeB)* vermittelt die Grundlagen, die für die Planung, Durchführung und statistische Auswertung von experimentellen Untersuchungen von Belang sind.

Überblick über das Lehrbuch

Während in *Band 1 (MeB 1)* hauptsächlich die Ausgangsfragen der Erkenntnisgewinnung durch die experimentellen und die nicht-experimentellen Methoden behandelt werden, dient *Band 2 (MeB 2)* – der vorliegende Band – der Darstellung einerseits der Versuchsplanung und andererseits der einzelnen Stadien („Stationen") des psychologischen Experiments. Besonderer Wert wird dabei auf die ausführliche Darstellung der Systematik der in der Psychologie meistbenutzten Versuchspläne gelegt. Ferner vermittelt dieser zweite Band das für die praktische Durchführung von eigenen Experimenten erforderliche Grundwissen (z. B. *Versuchsleiter-Versuchsteilnehmer*-Kommunikation, *apparative Methoden, statistische Datenauswertung).*

Jedes Lehrbuchkapitel enthält wenigstens eine Illustration (○ Illu) sowie eine Originaluntersuchung (Ω Orig). Dieses Unterrichtsmaterial dient dem Zweck einer möglichst einfachen und einprägsamen Aneignung der jeweils zu behandelnden Basiskonzepte. Außerdem findet sich in beiden *MeB*-Bänden am Ende eines jeden Kapitels eine Demonstration (◇ Demo) als Übungsbeispiel für die selbständige Datenerhebung – damit wird die Verbindung zwischen Theorie und Praxis des experimentellen Arbeitens in der Psychologie aufgezeigt. Es wird dadurch gleichzeitig der Bezug der hier behandelten Themen zu denen eines experimentalpsychologischen Praktikums – für Anfangssemester sowie für Fortgeschrittene – hergestellt. Zur Veranschaulichung der Querverbindungen zwischen dem vorliegenden Lehrbuch (*MeB*) einerseits und dem Unterrichtstext *Experimentalpsychologisches Praktikum* des Verfassers andererseits sind hier einige Beispiele für Originalversuche in leicht modifizierter Form dem früheren Text entnommen (Sarris, 1985: *Praktikumsbuch, PrB*).

○ Ω ◇

Anliegen des Lehrbuchs und Adressatenkreis

Zwar gibt es bereits eingeführte Lehrbücher der Experimentalpsychologie; aber es existiert noch kein Textbuch, das der vorliegenden didaktischen Zielvorstellung entspricht. Denn entweder behandeln die bisherigen Unterrichtswerke nur die statistische Methodenlehre oder nur die experimentellen (Praktikums-)Versuche oder aber lediglich das Basiswissen für eine Versuchsplanungssystematik, wobei es dem Studierenden dann überlassen bleibt, die für das Verständnis wichtigen Querverbindungen mehr oder weniger selbständig zu finden. Das aber überfordert in aller Regel den Anfänger in Psychologie.

Demgegenüber zeigt die Unterrichtspraxis, daß die bei Psychologiestudenten häufig mit Unbehagen behaftete „Statistik" wesentlich transparenter wird, wenn ein Kurs in Versuchsplanung – in Verbindung mit einem Beobachtungspraktikum und mit experimentalpsychologischen Übungen – vorgeschaltet oder parallel angeboten wird. Die Betonung der Zusammengehörigkeit von Praktikum und Methodologie entspricht auch dem Hauptergebnis einer umfangreichen unterrichtsdidaktischen Untersuchung an vielen amerikanischen Universitäten, die schon vor einiger Zeit im Auftrag der *American Psychological Association (APA)* durchgeführt wurde und eine Analyse der dortigen curricularen Ausbildungserfordernisse zum Gegenstand hatte (Kulik, 1973). In dem Bericht wird die Notwendigkeit betont, die Anfangssemester der Psychologie möglichst frühzeitig in das praktische Experimentieren einzuführen und in Verbindung damit die Grundlagen der Statistik (sowie Versuchsplanung) anzubieten. Am Rande einer wissenschaftlichen Tagung in den USA hat der Verf. hierüber mit dem amerikanischen Methodologen D. T. Campbell konferiert (Wichita, Kansas, 1987). Die *Hinweise für den Studierenden* verdeutlichen das hier Gemeinte (S. XII).

Das Buch basiert auf einer etwa zwanzigjährigen Erfahrung des Verfassers und seiner Mitarbeiter in der Organisation und Durchführung von Lehrveranstaltungen in experimenteller Psychologie. Ausgangspunkt war und blieb dabei schwerpunktmäßig die *Versuchsplanungssystematik* von Campbell u. Stanley (1966, 1970), und das jetzt unter der Verwendung von vielen Forschungsbeispielen aus mehr inhaltlich orientierten Einführungswerken für die wichtigsten Bereiche der Psychologie.

Dieses zweibändige Lehrbuch *(MeB 1, MeB 2)* wendet sich vor allem an die Anfangssemester – Haupt- und Nebenfachausbildung – in Psychologie. Es wurde für einen Leserkreis ohne besondere Vorbildung geschrieben, wenngleich ein allgemeines Verständnis sowie ein grundsätzliches Interesse für das Erlernen der empirischen Methoden in den Natur- und Sozialwissenschaften vorausgesetzt werden, und zwar im Sinne des Prinzips der rationalen Lehr- und Lernbarkeit der für das experimentalpsychologische Denken erforderlichen Kenntnisse in Forschungsmethodologie. Vielfach zeigt die Unterrichtspraxis, z. B. bei Lehrveranstaltungen wie *Einführung in die Psychologie, Experimentelle Methoden der Psychologie* und *Theorie und Experiment in der Psychologie,* daß eine Methodenlehre ohne praktische Anwendung für den Studierenden steril und bedeutungslos bleibt, wohingegen eine experimentalpsychologische Übung oder ein statistisches Repetitorium ohne Methodologie für die kritisch zu analysierende Phänomenwelt der Psychologie blind macht.

Danksagung

Für die zahlreichen Hilfen, die der Abfassung dieser beiden Bände zugute kamen, möchte ich auch an dieser Stelle danken. Die Entstehung und die Schlußfassung des Lehrbuchs profitierten – wenigstens in einzelnen Teilen – vor allem von der Kommunikation und Diskussion mit den folgenden Fachkollegen:

Prof. Dr. W. F. Angermeier (Köln), Prof. Dr. D. T. Campbell (Bethlehem, N. J.), Prof. Dr. G. Gigerenzer (Salzburg), Prof. Dr. E. Heineken (Duisburg), Prof. Dr. W. Laux (Bamberg), AOR Dr. H.-P. Musahl (Duisburg), Prof. Dr. A. Parducci (Los

Angeles), Prof. Dr. N. E. Spear (Binghampton, N. Y.) und Prof. Dr. F. Wilkening (Frankfurt a. M.). Besonders danke ich Herrn Prof. Dres. mult. G. A. Lienert (Erlangen-Nürnberg) sowie Herrn Prof. Dr. J. Bredenkamp (Bonn) dafür, daß diese frühere Versionen sämtlicher Teile des Lehrbuchs auf die Richtigkeit und gute Verständlichkeit geprüft haben. Alle Hinweise gerade dieser beiden Kollegen sind für die Abschlußkorrekturen weitgehend berücksichtigt worden – allerdings versteht es sich, daß verbleibende Irrtümer bzw. Unzulänglichkeiten allein dem Verfasser anzulasten sind.

Dem Reinhardt Verlag, namentlich Herrn K. Münster, bin ich für die gute Zusammenarbeit während aller Phasen der Drucklegung sehr verbunden. Nicht zuletzt danke ich auch meinen Psychologiestudenten, die sich in den vergangenen Jahren geduldig mit den Manuskriptteilen der beiden *MeB*-Bände auf ihre Prüfungen vorbereitet haben.

Frankfurt/M., im Dezember 1991 V. S.

Allgemeine Hinweise für den Studierenden

Im Vordergrund des ersten Bandes stehen einerseits die wissenschaftstheoretischen Fragen der Erkenntnisgewinnung in der Psychologie (z. B. wissenschaftliches Denken versus Spekulation, Beobachtung und Erklärung versus Pseudoerklärungen im Alltag). Andererseits werden dort die methodologischen Voraussetzungen der klassischen und der neueren Methoden der Psychologie behandelt (z. B. Wissenschaftssprache, Grundbedeutung von experimenteller Verhaltensmanipulation im Human- und Animalversuch). Im vorliegenden Band 2 werden vor allem die *praktisch* orientierten Fragen der Planung, Durchführung und Auswertung von psychologischen Untersuchungen dargestellt und die dazu erforderlichen Grundkenntnisse vermittelt (z. B. Versuchsplanung, Stadien eines experimentellen Versuchsablaufs, Versuchsbericht, wissenschaftliche Kommunikation).

Dieser Band ist so abgefaßt, daß er auch unabhängig vom ersten Band durchgearbeitet werden kann. Aufbauend auf dem experimentell-korrelativen Grundmodell (s. *MeB 1*, S. XII ff), werden hier die wichtigsten Typen der in der modernen empirischen Forschungspraxis verwendeten *Versuchspläne* (Designs) systematisch – mit Hilfe von vielen Forschungsbeispielen – dargestellt. Sie unterscheiden sich wie folgt voneinander:

- *Experimentelle Designs [R, W, B(R)]*
- Quasi-experimentelle Designs (Q)
- Ex post facto-Designs (E)
- Korrelative Designs (K).

Die Symbole R, W, ... usw. bedeuten:

R = Zufallsgruppenversuchsplan („*randomized* group design")
W = Versuchsplan mit Wiederholungsmessungen („*repeated measures* design")
B(R) = *B*lockversuchsplan („*randomized block* design")
K = *K*orrelativer („correlational") Faktor
O = *O*rganismusfaktor
Q = *Q*uasi-experimenteller Faktor.

Die jeweilige Anzahl dieser Symbole gibt an, ob es sich jeweils um ein *uni-*, ein *bi-* oder ein *tri*faktorielles Design handelt (z. B. *R* = unifaktoriell; *RR* = bifaktoriell; *RRR* = trifaktoriell; usw.).

Mit der Systematik der Versuchspläne beschäftigt sich der ganze Teil III dieses *MeB 2*. Eine erste Anleitung dazu findet sich in der *Design-Systematik* von *MeB 1* (Kap. 8.2, S. 186 ff; vgl. hier auch den kurzen *Leitfaden* in Anhang B. 1, S. 358 f).

Lernhilfen und Lernkontrolle

Als Lernhilfen bietet auch der vorliegende Band für jedes Kapitel die jeweils abschließende *Zusammenfassung*. Ferner finden sich am Ende von Teil III und Teil IV wiederum die den Inhalt aufschließenden *Stichwörter* (deutsch – englisch) sowie wichtige *Literaturhinweise*. Eine Lernkontrolle wird durch den jeweiligen *Fragenkatalog* für das laufende Kapitel geboten (Anhang A, S. 350 bis 357). Zur Vertiefung des praktischen Wissens empfiehlt sich die Bearbeitung der *Demonstration* (◇ Demo) jeweils am Ende eine Kapitels („*learning by doing*"). – Weitere Lernhilfen werden durch das Studium der nachfolgend empfohlenen Referenzwerke gegeben.

Referenzwerke und weiterführende Fachliteratur

Abgesehen davon, daß *Band 1* und *Band 2* voneinander unabhängig studiert werden können (auch die Reihenfolge der Bearbeitung der einzelnen Teile [I bis IV] kann frei gewählt werden, ohne daß darunter das Verständnis für die jeweilige Thematik leiden muß), ist hier der Hinweis auf das *Praktikumsbuch (PrB)* zu dieser Methodologie nützlich, denn *MeB* und *PrB* ergänzen einander (siehe Vorwort):

- Sarris, V. (unter Mitarb. von E. Heineken, H.-P. Musahl, G. Stolze & Y. Sturm): Experimentalpsychologisches Praktikum: Grundversuche und Arbeitsprojekte. (3 Bde.) Weinheim: Beltz, 1985.

Als weitere *Referenzwerke* werden für die Thematik dieses Buches *(MeB)* folgende *Einführungswerke* der Psychologie empfohlen:

- Atkinson, R. C., Herrnstein, R. J., Lindzey, G & Luce, R. D. (Eds.): Stevens' handbook of experimental psychology (Vols. 1 & 2). New York: Wiley, 1988.
- Atkinson, R. L., Atkinson, R. C., Smith, E. E. & Bem, D. J.: Introduction to psychology. (10th ed.) New York: Harcourt, Brace & Jovanovich, 1990.
- Gleitman, H.: Psychology. (3rd ed.) New York: Norton, 1991.
- Zimbardo, P. G.: Psychology and life. (12th ed.) Glenview, Ill.: Scott, Foresman & Co., 1988. (In deutscher Übersetzung: Heidelberg; Springer, 1992.)

Ferner ist auf folgende *Methodenbücher* als Referenzwerke hinzuweisen:

- Bortz, J.: Lehrbuch der Statistik. (3. Aufl.) Berlin: Springer, 1989.
- McGuigan, F. J.: Experimental psychology. (5th ed.) Englewood Cliffs, N. J., 1990.

Am Ende eines jeden Teils findet sich jeweils weiterführende Fachliteratur.

Teil III
Systematik der Versuchspläne

Einleitung

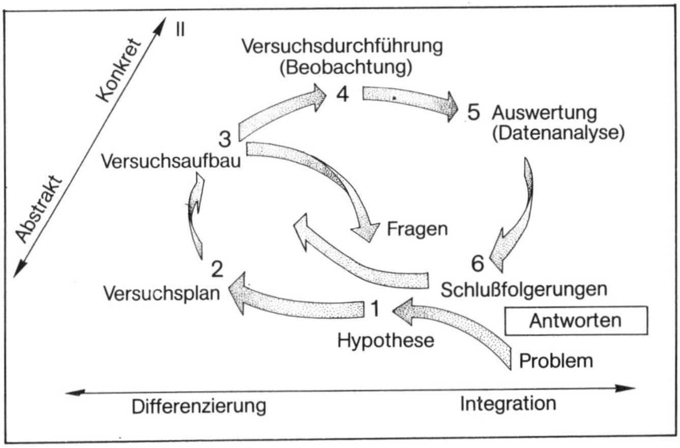

Nur eine methodologisch klare Versuchsplanung kann zur Gewinnung von wissenschaftlich brauchbaren (gesicherten) Ergebnissen führen. Dies gilt jedenfalls unter dem Gesichtspunkt einer streng *empirischen* Beweisführung. Zwar kann man auf recht verschiedene Weise auch unsystematisch zu Erkenntnissen gelangen, die gelegentlich sogar wissenschaftlich von Wert sind (Bd. 1, Teil I); aber nur über eine einwandfreie Versuchsplanung kann eine methodologische Begründung für den Geltungs- und Gültigkeitsanspruch von empirischen Befunden und den mit diesen verknüpften Schlußfolgerungen erreicht werden.

Während die Teile I und II dieses Buchs (*MeB,* Bd. 1) bereits viele Untersuchungsbeispiele mit *Designs* enthalten, erfolgt hier in Teil III eine *Systematik der Versuchspläne* („Designs"). Diese Systematik erlaubt eine genaue Orientierung über die wichtigsten der in der Forschungspraxis verwendeten Designs. Zunächst werden – im Überblick – einige generelle Gesichtspunkte der Versuchsplanung behandelt, die ein Grundverständnis für die zentrale Bedeutung des *strengen* experimentellen Designing in der Psychologie vermitteln (Kap. 11). Danach werden einige typische Beispiele für *vor*experimentelle („ungültige") Versuchspläne gegeben (Kap. 12), um so – im Sinne einer Abgrenzung – die methodologische Relevanz der eigentlichen experimentellen Designs besser zu verstehen (Kap. 13 und 14). Die wichtigsten Typen der experimentellen Designs – *Zufallsgruppenversuchspläne* (Kap. 13.1), *Versuchspläne mit wiederholten Messungen* (Kap. 13.2) und *Blockversuchspläne* (Kap. 13.3) – werden nacheinander behandelt. Aufgrund ihrer forschungspraktischen Bedeutung wird die sog. *Mischversuchsplanung* in einem besonderen Kapitel erläutert. Dort findet sich auch ein Exkurs über das *multivariate* experimentelle Designing (Kap. 14).

Die *quasi-experimentellen* Designs, deren methodologischer Status besonders in den Arbeiten von Donald T. Campbell (USA) herausgearbeitet worden ist, erreichen zwar nicht die Basis strenger Designs; sie verdienen allerdings – nicht nur in der Psychologie, sondern auch allgemein in den biomedizinischen sowie sozialwissenschaftlichen Einzeldisziplinen (Brewer & Collins, 1981) – ebenfalls eingehende Beachtung (Kap. 15.1). Eine interesssante, wenngleich meist aufwendige Versuchsplanung ergibt sich im Zusammenhang mit dem sog. *Ex post facto*-Design; und das insofern, als mit dessen Hilfe (hypothetisch) kausaltheoretisch relevante Interpretationen der jeweils erhaltenen Datensätze *post hoc* angestrebt werden (Kap. 15.2). – Mit den *korrelativen* Versuchsanordnungen verlassen wir endgültig den Rahmen des Experiments; aber auch diese Designs haben in einer Systematik der Versuchspläne ihren Platz (Kap. 15.3).

Die nachfolgenden Kapitel enthalten viele *Beispiele* für psychologische Versuchsplanung, sowohl im Haupttext als auch in den Ergänzungstexten (○ Illu Ω Orig ◇ Demo), und dies unter weitgehendem Verzicht auf eine formale Abhandlung der hier darzustellenden Designs. Damit wird der Leser in eine betont *empirisch* orientierte Versuchsplanungsmethodologie eingeführt. Die Literaturhinweise am Ende dieses III. Teils enthalten im übrigen die wichtigsten Basiswerke, deren Studium eine Vertiefung in die eher formalen Aspekte einer Versuchsplanung – besonders unter Einschluß der Statistik – ermöglicht.

Kapitel 11

Grundlagen der psychologischen Versuchsplanung

Die Basis allen Experimentierens ist die systematische *Beobachtung;* d. h. nur mit Hilfe der Beobachtung erhält psychologisches Experimentieren seine inhaltliche, phänomenbezogene Grundbedeutung (Bd. 1, Kap. 3.1). Andererseits gilt, daß genaues Beobachten und sorgfältiges Beschreiben von Ereignissen und Phänomenen nur notwendige, aber nicht hinreichende Voraussetzungen für wissenschaftlich systematisches Erkennen – nämlich *Erklären, Verstehen* und *Vorhersagen* – darstellen. Beispielsweise reichen gute Beobachtungsgabe und Menschenkenntnis nicht aus, um wissenschaftlich bedeutsame Zusammenhänge per Nachweis aufzudecken. Dies gilt übrigens auch unabhängig davon, daß umgekehrt die Fähigkeit zur wissenschaftlichen Analyse von Sinnzusammenhängen nicht schon eine gute Menschenbeurteilungsgabe mit einschließt.

Im vorliegenden Kapitel werden die wichtigsten allgemeinen Merkmale einer *Systematik* der Versuchspläne behandelt, wobei zunächst ein Überblick darüber erfolgt (Kap. 11.1). Während danach die forschungsstrategische Bedeutung der Versuchsplanung erörtert wird (Kap. 11.2), geht der Schlußteil auf deren Beziehung zur psychologischen Theorienbildung ein (Kap. 11.3).

11.1 Konzeptuelle Fragen und allgemeiner Überblick

In diesem Abschnitt werden Fragen behandelt, die vornehmlich die allgemeine *konzeptuelle* Seite einer Systematik der Versuchsplanung betreffen:

- Zunächst wird eine Antwort auf die Frage gegeben, was man unter einem *Versuchsplan* (Design) allgemein zu verstehen hat.
- Danach erfolgt eine Grobeinteilung der Designs nach vier Design-*Typen*.
- In einem weiteren Unterabschnitt werden dann diese allgemeinen Designtypen bezüglich ihrer *Gütemerkmale* charakterisiert.

Begriffsbestimmung des Versuchsplans (Design)

Definition:

„Unter einem Versuchsplan (*Design*) versteht man ein standardisiertes, routinemäßig anwendbares *Schema* (Strukturschema), das dem Aufbau, der Kontrolle und der methodologischen Bewertung einer empirischen Untersuchung von unabhängigen (*UV*) und abhängigen (*AV*) Variablen sachlogisch zugrunde liegt."

Unter Bezugnahme auf das *Spiralenmodell* (S. 1) läßt sich diese *Design*-Definition besonders einfach spezifizieren. Danach ist ein *Versuchsplan* (*2*) ein standardisiertes Untersuchungsschema, dessen sachimmanente Logik im Rahmen des allgemeinen Forschungsprozesses eine Verbindung zwischen der *Problemstellung* (*1*), dem *Versuchsaufbau* (*3*), der *Versuchsdurchführung* (*4*) wie auch der *statistischen Auswertung* (*5*) herstellt. Dabei steht das Untersuchungsanliegen meist im Zusammenhang mit bedingungsanalytischen Fragestellungen, d. h. mit Fragen nach *Ursache-Wirkungs*-Beziehungen zwischen unabhängigen und abhängigen Variablen.

Gemäß dem allgemeinen Grundmodell der *experimentell-korrelativen* Forschungsmethodologie werden verschiedene *Haupttypen* von Versuchsplänen voneinander unterschieden (Tab. 11.0). Bei den Designsymbolen wird besonderer Wert auf *systematische* Verwendung gelegt: Für alle Designs bedeutet das Symbol *X* die Stufe einer experimentell *unabhängigen* Variablen (*UV*), das Symbol *Y* dagegen den Meßwert (Realisation) einer *abhängigen* Variablen (*AV*), wie in Band 1, Kap. 7.2 ausführlich dargestellt.

Tabelle 11.0: Einteilung der Versuchspläne (Designs) nach vier *Haupttypen* in der Systematik der Versuchspläne.

Experimentelle Designs [*R, W, B* (R)]
Quasi-experimentelle Designs (*Q*)
Ex post facto-Designs (*E*),
Korrelative Designs (*K*)

In *Tabelle 11.1* ist ein Designschema am Beispiel eines einfachen Zweigruppenversuchsplans mit Zufallsgruppenbildung dargestellt. In seinem linken und mittleren Teil sind die „Versuchsgruppen" (*1, 2*) zusammen mit den beiden diesen zugeordneten Abstufungen der zeitlich vorangangenen experimentellen *Behandlungen* (Stufen, Treatments) notiert, dagegen im rechten Teil die abhängigen Meßwerte der *Beobachtungen* (*Y* bzw. $\bar{Y}$) symbolisiert. In diesem Sinne repräsentieren also die *Zeilen* (Reihen) – von oben nach unten – jeweils verschiedene *Versuchsgruppen* (links), *Treatments* (Mitte) und *Messungen* (rechts). Alle im Lehrbuch behandelten Designs bauen auf diesem Grundprinzip der *Designsymbol*-Verwendung auf.

Tabelle 11.1: Allgemeine Verwendung von *Designsymbolen* in diesem Lehrbuch, dargestellt am Beispiel eines *Zweigruppenversuchsplans* mit Zufallsgruppenbildung (Randomisierung, *R*).

Design 1.0	Zweigruppenplan ohne Vorher-Messung: Design R – 2.

	Versuchsgruppe	Vorher-Messung	Treatment *X*	Nachher-Messung
R	*1*	–	X_1	$\bar{Y}_{1\ nach}$
	2	–	$X_2(X_o)$	$\bar{Y}_{2\ nach}$

AV: Meßwerte der abhängigen Variablen ($\bar{Y}$)

Wie dem Kenner der Fachliteratur zur Versuchsplanung und Statistik wohlbekannt, unterscheiden sich die verschiedenen Textbücher bezüglich der jeweils verwendeten Symbolik z. T. erheblich voneinander, da die jeweiligen Autoren unterschiedliche Akzente etwa bzgl. Art und Umfang der ausgewählten Designs setzen. Hier – wie übrigens in dem diesem Lehrbuch zugeordneten experimentalpsychologischen Praktikumsbuch (*PrB*) – wird einem doppelten Desiderat Rechnung getragen, nämlich zum einen, eine an das Standardwerk von Campbell u. Stanley (1963,

1966) angelehnte konsistente Designsymbolik zu benutzen, zum anderen aber auch die in anderen Textbüchern (Referenzwerken) verwendete Symbolik möglichst mit zu berücksichtigen (s. Allgemeine Hinweise, S. XII).

Einteilung der Versuchspläne nach vier allgemeinen Designtypen

Wie in Band 1, Teil II dargestellt, bedient sich der Experimentator bestimmter Techniken zur Kontrolle der *experimentellen Variablen* (Hauptfaktoren) und der *Störfaktoren* (Bd. 1, Kap. 8). Dabei sind die experimentellen Variablen definitionsgemäß diejenigen unabhängigen Variablen (*UV*), deren Einfluß den Untersucher hauptsächlich interessiert („Primärvarianz"). Andererseits beabsichtigt er, die Effekte von Störfaktoren, die einen systematischen, d. h. „datenverzerrenden" Einfluß auf die Meßwerte haben („Sekundärvarianz"), zu eliminieren bzw. auf ein Minimum zu reduzieren, damit aufgrund einer solchen *Kontrolle* die Meßwerte der *AV* möglichst nur den „reinen" Effekt (Durchschnittseffekt) repräsentieren.

Im Sinne von Kerlingers (1979) Darstellung dieses Sachverhalts soll damit eine sog. *Max-Kon-Min*-Untersuchungsstrategie verfolgt werden, die es erlaubt, die Primärvarianz zu *maximieren*, hingegen die systematische Fehlervarianz (Sekundärvarianz) zu *kontrollieren* und die unsystematische Fehlervarianz (Zufallsfehler) zu *minimieren* (s. S. 213f).

Das damit Gemeinte läßt sich anhand des Versuchsplans eines inzwischen berühmt gewordenen biopsychologischen Experiments zur Bedeutung der Mutter-Kind-Beziehung veranschaulichen. In dieser vor mehr als 25 Jahren publizierten Arbeit wurde das Ausmaß des untersuchten *Körperkontakts* (X_1, X_2) von Affenjungen zu deren Ersatzmüttern zweistufig variiert (Primärvarianz), während andererseits alle möglichen Störfaktoren (z. B. frühere Mutter-Kind-Erfahrungen) radikal *kontrolliert* wurden (Sekundärvarianz). Die hier wiedergegebenen Untersuchungsbefunde sind entsprechend ein-
Ω deutig ausgefallen (Ω Orig 11.1).

Ω Orig 11.1
Soziales Lernen:
Mutter-Kind-Beziehung bei Affen

(Seay, Alexander & Harlow, 1964)

In vielen tierpsychologischen Versuchen studierte der Amerikaner Harry F. Harlow mit seinen Mitarbeitern das Verhalten von Affenmüttern zu ihren Jungen, die *„Mutter-Kind*-Beziehung", unter jeweils verschiedenen Laborbedingungen. Beispielsweise untersuchte Harlow Affenmütter, welche seit ihrer Geburt von den Eltern getrennt aufgezogen worden waren (Seay, Alexander & Harlow, 1964; Harlow & Harlow, 1966; Harlow & Suomi, 1970).

In versuchsplanerischer Hinsicht von Interesse ist, daß die einzelnen Laborversuche vielfach nicht unter Verwendung von strengen *Designs* durchgeführt wurden. Trotzdem führten die vergleichenden Beobachtungen dieser Versuche, insgesamt betrachtet, zu sehr eindeutigen „dramati-

Abbildung A: Beobachtung aus der Untersuchung der Mutter-Kind-Beziehung im Originalexperiment von Seay et al. (1964): Ein Affenjunges sucht die Maschendraht-Mutterattrappe (links) zum Milchtrinken auf, hält sich aber sonst sehr viel länger und öfter bei der plüschigen Mutterattrappe (rechts) auf. (Aus Hilgard et al., 1979)

schen" Befunden: Die meisten der Affenmütter waren total unfähig, ihre Jungen zu versorgen. Typischerweise weigerten sich diese mutterlos aufgewachsenen Affenmütter, ihr Kind zu nähren. Sie benahmen sich ihm gegenüber grausam. Gelegentlich biß sogar eine Affenmutter ihr Junges und „schmetterte manchmal Körper und Gesicht des Affenkindes auf den Boden". Ein solches Affenjunges vermied dann Kontakte mit der eigenen Mutter und suchte ihre Brust nicht mehr auf. Die Untersucher hatten – postexperimentell – Mühe, diese Affenkinder aufzuziehen.

Andere dieser selbst mutterlos aufgewachsenen Affenmütter zogen dagegen ihre Jungen normal auf (erst später stellte sich dann heraus, daß diese Affenmütter in ihren ersten Lebensjahren gewisse positive Kontakte wenigstens mit anderen Affenkindern gehabt hatten).

Im vorliegenden Zusammenhang interessiert besonders eine dieser Untersuchungen, die auf einer relativ streng experimentellen Versuchsanordnung beruht (Seay et al., 1964). In diesem Experiment wurde eines der Hauptmerkmale der „Mütterlichkeit" untersucht, nämlich das des *Körperkontakts.* Dazu stellten die Untersucher zwei extrem verschiedene „Affenmütter"-Attrappen her, die eine aus *Maschendraht* (X_1), die mittels einer technischen Vorrichtung Milch geben konnte, die andere mit flauschigem *Plüsch* überzogen (X_2), die ebenfalls eine Milchspendeeinrichtung hatte. Im Versuch erhielt die Hälfte der Affenkinder ihre Nahrung aus der an der Maschendraht-Mutter befestigten Flasche, die andere Hälfte aus der an der Plüsch-Mutter montierten Flasche. Nach dieser Laborphase hatten dann *beide* Gruppen von Affenkindern Gelegenheit, sich entweder bei der einen oder bei der anderen Ersatzmutter aufzuhalten, wobei die Verweildauer automatisch registriert wurde (Abb. A). Dem Experiment lag ein sog. Zweigruppenversuchsplan mit Zufallsgruppenbildung zugrunde (Tab. A).

Die Hauptergebnisses diese Experiments fielen eindeutig wie folgt aus: Die Affenkinder zogen die *plüschige* Mutterattrappe eindeutig vor, wie dies in der Abbildung A zum Ausdruck kommt: Die Maschendraht-

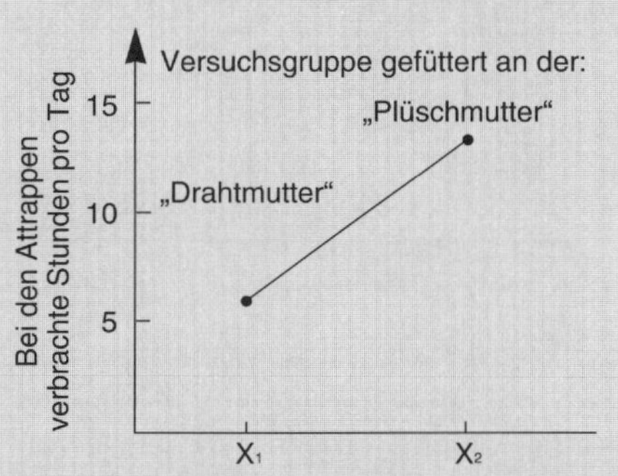

Abbildung B: Bedeutung des Kontaktkomforts für die ohne Mutter aufgezogenen Affenjungen. Bereits in den ersten Tagen nach unterschiedlicher Laborbehandlung ziehen auch die an der „Drahtmutter" gefütterten Kinder dieser häufig die „Plüschmutter" vor. (Nach den Daten von Seay et al., 1964)

Tabelle A: Zufallsgruppenversuchsplan zur Untersuchung der Mutter-Kind-Beziehung bei Rhesusaffen in Bezug auf die Bevorzugung zweier verschieden konstruierter Affenmutterattrappen (X_1, X_2) für das Originalexperiment von Seay et al. (1964). – Design R - 2.

Design 1.0	Zufallsgruppenversuchsplan: Zweigruppenplan ohne Vorher-Messung (p = 2 Versuchsgruppen): *Design R - 2.*

	Versuchs-gruppe	Vorher-Messung	Treatment *X* „Attrappenmutter"	Nachher-Messung
R	*1*	–	X_1 „Drahtmutter"	$\bar{Y}_{1\ nach}$
	2	–	X_2 „Plüschmutter"	$\bar{Y}_{2\ nach}$

AV: Anzahl der Zuwendungen zu dem Muttterersatz ($\bar{Y}$)

puppe wurde zwar gelegentlich ihrer Milch wegen aufgesucht; doch bei der Plüschpuppe hielten sich auch die bei der Drahtmutter gefütterten Affenkinder insgesamt häufiger auf (Abb. B). Vor allem suchten sie, sobald sie mit furchterregenden Reizen konfrontiert wurden, bei der weichen Mutterattrappe *Schutz*. Also war hier der Ort des Kontaktkomforts wichtiger als der der Nahrungszufuhr.

Neben dem Einfluß der *Weichheit* als einem Merkmal des Mütterlichen konnten die Experimentatoren auch registrieren, daß Stoffattrappen, die sich hin- und herwiegen ließen, unbeweglichen Stoffattrappen vorgezogen wurden und daß somit auch die *Beweglichkeit* eine Rolle spielt. Außerdem zogen sehr junge Affenkinder *erwärmte* Plüschpuppen den normal temperierten vor.

Ein zusätzliches Resultat ergab sich im weiteren Verlauf jahrelanger Beobachtungen: Von den zur normalen Mutter-Kind-Beziehung unfähigen Äffinnen bekamen verschiedene ein zweites Kind; und danach verhielten sie sich angemessen „fürsorglich", ja sogar eher „überfürsorglich". Folglich scheint Mutterverhalten *erlernbar* zu sein, d. h., wie Harlow & Harlow (1966) sich ausdrücken: *„Lieben kann man lernen."*

Literatur

Harlow, H. F. & Harlow, M. K.: Learning to love. American Scientist, 1966, *54,* 244–272.
Harlow, H. F. & Suomi, S. V.: Nature of love – simplified. American Psychologist, 1970, *25,* 161–168.
Seay, B., Alexander, B. K. & Harlow, H. F.: Maternal behavior of socially deprived rhesus monkeys. Journal of Abnormal and Social Psychology, 1964, *69,* 345–354.

Unter Berücksichtigung der oben genannten *Kontrollkriterien* wird hier eine tabellarische Grobeinteilung der Versuchspläne nach vier *Designtypen* vorgenommen (modifiziert nach Boesch & Eckensberger, 1969). Das Einteilungsschema entspricht dem Campbellschen Ansatz (Campbell & Stanley, 1966; Cook & Campell, 1976, 1979). Wie Abbildung 11.1 zeigt, erfolgt diese Gliederung nach vier allgemeinen Designtypen. Nach dieser Einteilung sind auch die Kapitel 12 bis 14 dieses Teils gegliedert.

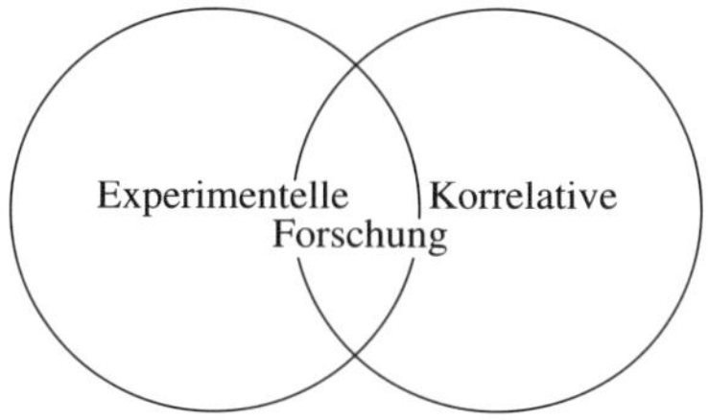

		1 Strenges Experiment	2 Quasi-Experiment	3 Ex post facto	 Korrelative Untersuchung	4 Vorexperimentelle Untersuchung
I	Kausaltheoretische Hypothese vor Versuchsbeginn vorhanden und hinreichend begründet	+	+	(+)	–	–
II	Experimentelle Variablen manipulierbar bzw. manipuliert	+	+	–	–	–
III	Alle übrigen Versuchsbedingungen kontrollierbar bzw. kontrolliert	+	–	–	–	–

Abbildung 11.1: Allgemeines Gliederungsschema für eine Systematik der Versuchspläne nach vier Designtypen und deren Bewertung nach verschiedenen Gütemerkmalen (I, II, III). (Modifiziert nach Boesch & Eckensberger, 1969)

Allgemeine Gütemerkmale eines Designs

In dem Tabellenschema werden die vier Designtypen – abgestuft nach ihrer *kausalhypothetischen* Relevanz – im Hinblick auf die drei wesentlichen Hauptmerkmale einer allgemeinen Versuchsplanlogik bewertet; z. B. bedeutet ein:

Plus (+) = Gütemerkmal vorhanden
Minus (–) = Gütemerkmal nicht vorhanden.

Gütemerkmal I: Kausaltheoretische Hypothese – vor Versuchsbeginn – ist vorhanden

Eine *positive* Bewertung (+) setzt voraus, daß bereits *vor* Versuchsbeginn eine klare kausalbezogene Hypothesenbildung vorliegt, gemäß derer die theoretisch bestmögliche Versuchsplanung für den konkreten Untersuchungsfall erfolgt.

Beispiele hierfür stellen in diesem Buch alle diejenigen Untersuchungen dar, welche die entsprechenden *Symbol*vermerke eines strengen Experiments tragen [*R*, *W*, *B*(R)].

Gütemerkmal II: Experimentelle Variable ist manipulierbar

Eine *positive* Bewertung (+) hat zur Voraussetzung, daß die einschlägig relevanten experimentellen Variablen auch tatsächlich gemäß den theoretischen Sätzen und der

Hypothesenbildung *sachrepräsentativ* – sowohl im *qualitativen* als auch im *quantitativen* Sinne – variiert werden.

Ein *Beispiel* dafür enthält die in O Orig 11.1 dargestellte Untersuchung. – Ferner kann man sich bei der Bearbeitung von ◇ Demo 12.1 (s. S. 48 ff) das Prinzip der experimentellen *„Manipulation"* praktisch und theoretisch vor Augen führen. – Wie an anderer Stelle gezeigt, stellt allein schon die Herstellung der zu fordernden *„sachrepräsentativen"* Bedingungsvariation in weiten Teilen der Psychologie ein methodisches Grundproblem dar (s. Bd. 1, Kap. 9.3).

Gütemerkmal III: Alle übrigen Versuchsbedingungen sind kontrollierbar

Eine *positive* Bewertung (+) setzt voraus, daß es gelingt, alle einschlägig zu erwartenden *Störgrößen* (Störvariablen) auszuschalten.

Auch mit diesem Gütemerkmal ist ein besonders *hoher* Anspruch an die experimentelle Kontrolle gestellt, der strenggenommen nur selten zu erfüllen ist (Chapanis, 1967). Denn natürlich kann in einem Gebiet, dessen *Forschungsstatus* noch niedrig ist, die Erfassung von Störgrößen kaum zufriedenstellend gelingen, wenn man insbesondere nicht genau weiß, welches die *relevanten* Einflußgrößen und welches die *Störgrößen* sind.

Im Falle des Vorliegens von drei *Pluszeichen* (+++), wobei alle drei Gütemerkmale (I, II, III) erfüllt sind, hat man es mit einem *idealen* Design zu tun, bei dem sämtliche experimentell relevanten Faktoren variierbar sowie alle Störvariablen kontrolliert bzw. kontrollierbar sind. Umgekehrt gilt, daß beim Vorliegen von drei *Minuszeichen* (−−−), wobei alle drei Gütemerkmale (I, II, III) fehlen, grundsätzlich mit sämtlichen *Fehlern* gerechnet werden muß, welche die interne *Validität* eines Experiments gefährden. Eine Mittelstellung nimmt das *quasi-experimentelle* Design ein.

Gegenüber der herkömmlichen (klassischen) Methodologie weist die in Abbildung 11.1 dargestellte Abstufung der vier Designtypen einen gewichtigen Unterschied auf: In der modernen Versuchsplanung wird das *klassische* Experiment nur als ein besonderer Fall (Idealfall) einer psychologischen Untersuchungsmethode verstanden. Auf diesen wichtigen Sachverhalt wird weiter unten noch genauer eingegangen. Halten wir an dieser Stelle fest:

Im Vergleich zu der früheren Auffassung von einer sachadäquaten Versuchsplanung geht die moderne Forschungsstrategie von einer methodologisch abgestuften Hierarchie bzgl. der Verwendung von Versuchsplänen aus. Dabei kommt den oben angeführten Gütemerkmalen (I, II, III) die Bedeutung von allgemeinen Bewertungskriterien für die einzelnen Designtypen zu. Diese *Gütemerkmale* (*Validitätskriterien*) stellen somit die übergeordneten Bewertungsgesichtspunkte sowohl für die vier Designtypen als auch für die diesen zugeordneten Einzeldesigns dar.

Kurzbeschreibung der Designtypen

Zum Verständnis der vier allgemeinen Designtypen werden in Abbildung 11.1 einige Hinweise gegeben (s. S. 9):

Vorexperimentelle Designs: Die sog. vorexperimentellen („observational studies" nach Cochran, 1983), auch „ungültig" genannten Versuchspläne dienen größtenteils nur der methodologischen *Abgrenzung* der experimentellen von der nicht-experimentellen Forschung. Tatsächlich entspricht die Logik dieser vorexperimentellen Designs eher der des *Alltagsdenkens* als der einer wissenschaftlich strengen Untersuchungstrategie, wie in Kapitel 12 ausführlich gezeigt wird. Andererseits wird in manchen psychologischen Disziplinen zum Teil noch immer mit solchen – letztlich – *ungültigen* („invalid", „faulty") Designs gearbeitet.

Strenges Experiment: Die strengen experimentellen Designs, welche den kausaltheoretisch besten Designtyp repräsentieren, werden nach den oben angegebenen *Standard*-Versuchsplänen untergliedert, d. h. in

- Versuchspläne mit Zufallsgruppenbildung (*Randomisierung, R*)
- Versuchspläne mit wiederholten Messungen (Meß-*Wiederholung, W*)
- Versuchspläne mit *Block*gruppenbildung [*B*(R)]
- *Misch*versuchspläne.

Diese vier *Standard*-Designs – nämlich *Randomisierung, Meßwiederholung, Blockbildung* und *Mischversuchsplanung* – sind in Band 1, Kapitel 8.2 im Überblick vorgestellt worden. Deren Kenntnis bereitet die Einsicht in die Systematik der Versuchsplanung vor, wie diese in den Kapiteln 13 bis 15 entwickelt wird.

Quasi-Experiment: Der quasi-experimentelle Versuchsansatz erreicht zwar nicht die kausaltheoretische Bedeutung des strengen Experiments; aber wie gerade die neuere *biomedizinische* und *sozialwissenschaftliche* Grundlagenforschung zeigt, stellen die quasi-experimentellen Designs insgesamt eine wichtige *Ergänzung* des klassischen, für sich allein zu einseitigen strengen Experiments dar.

Die *Ex post facto-Anordnung* und das *korrelative Design* besitzen gegenüber dem *Quasi*-Experiment – wenn überhaupt – nur einen sehr geringen kausaltheoretischen Wert. Dies gilt unbeschadet der Tatsache, daß neuerdings verschiedentlich auch Kausalanalysen sogar von korrelativen Untersuchungsansätzen her entwickelt worden sind.

Im folgenden Abschnitt wird die moderne Versuchsplanungsmethodologie gegenüber dem klassischen Designing abgegrenzt.

Moderne gegenüber klassischer Versuchsplanung

Seit den letzten 25 Jahren hat sich mehr und mehr gezeigt, daß in vielen Bereichen der Psychologie das *strenge* (rigorose) Experiment eine *Fiktion* darstellt, die den Forschungsprozeß manchmal sogar eher behindert als fördert (Campbell & Stanley, 1966; Argyris, 1968; Cronbach, 1975). Denn abgesehen davon, daß vielfach ethische Richtlinien experimentelle Eingriffe (in die Privatsphäre) verbieten, ist häufig dort, wo ein „strenges" Experimentieren praktisch möglich wäre, keineswegs immer mit einer erhöhten Präzision („interne" Validität) auch eine Erhöhung der „externen" Validität und damit auch eine solche des psychologischen Erkenntnisgewinns gegeben. Andererseits werden auch die weniger strengen Designs – insbesondere die *quasi-experimentellen* Designs sensu Campbell u. Stanley (1966) – mehr und mehr auch im Rahmen einer kausaltheoretisch geleiteten Forschung in vielen *sozialwissenschaftlichen* und *biomedizinischen* Bereichen, dabei nicht zuletzt auch in der Psychologie, mit beachtlichen Erfolgen eingesetzt.

Daher tendiert man heute dazu, auch den nicht streng experimentellen Versuchsplänen eine größere Bedeutung beizumessen – nämlich: Anstelle einer kategorialen Gegenüberstellung der beiden Designtypen „experimenteller" vs. „korrelativer" Versuchsplan wird heute mehr von *graduellen* Unterschieden ausgegangen, nach denen sich die verschiedenen Designtypen voneinander abgrenzen lassen.

Die sachlogischen und methodologischen Einzelzusammenhänge sind im einzelnen sehr kompliziert und werden bis heute in den einschlägigen Spezialwerken nicht einheitlich behandelt. Zum Verständnis dieser Einzelzusammenhänge sind bereits besondere Vorkenntnisse sowohl in der *Methodenlehre* als auch in der *Wissenschaftstheorie* erforderlich, die außerhalb des Anliegens dieses Einführungswerks liegen. Der hieran interessierte Leser sei daher auf das am Ende von Teil III angeführte Schrifttum (S. 202) verwiesen (s. hierzu auch Campbells, 1969, wissenschafts- und erkenntnistheoretische Bezugnahme auf das wissenschaftstheoretische Grundlagenwerk von Popper, 1964).

Schließlich ist noch anzumerken: Die hier in Campbells Sinne vorgenommene *Design-Gliederung* ist keineswegs die einzig mögliche Einteilung von Versuchsplänen. Denn eine jede Klassifizierung basiert auf *Konventionen,* die zu einem Teil auch willkürlich sind. Während beispielsweise das Grundlagenwerk von Campbell u. Stanley (1966) eine wesentlich größere Differenzierung der quasi-experimentellen Designs enthält, als sie hier vorgenommen wird, betonen diese Autoren, daß die dort vorgelegte Klassifizierung und Bewertung von Einzeldesigns für den praktischen Einzelfall prinzipiell mit Vorsicht zu benutzen seien; d. h. sie warnen vor einer routinemäßigen („rezeptartigen") Benutzung ihrer und jeder anderen Design-Systematik unter Hinweis darauf, daß der individuelle Untersuchungsfall grundsätzlich nur approximativ – d. h. auf der Basis eines jeweils bestindizierten Designs – nach psychologisch *inhaltlichen* Gesichtspunkten zu prüfen sei.

11.2 Forschungsstrategische Bedeutung der Versuchsplanung

Im folgenden wird auf die besondere Bedeutung der Versuchsplanung im Rahmen der allgemeinen psychologischen Methodenlehre nach weiteren Gesichtspunkten eingegangen, und zwar in der nachstehenden Reihenfolge:

- Versuchsplanung als eine Überprüfungs- und Entdeckungsmethode
- Versuchsplanung, Experiment und Statistik
- „Den" Versuchsplan gibt es nicht: Forschungsprojekte basieren (häufig) auf mehreren Designs.

Es handelt sich bei diesen Fragen um *übergreifende* Gesichtspunkte, deren Verständnis den allgemeinen Sinn und Zweck der Versuchsplanung erhellt.

Versuchsplanung als eine Überprüfungs- und Entdeckungsmethode

Die Funktionen des Designs – als einer *Nachweismethode* – lassen sich u. a. in der Psychologie nach dessen Bedeutung als einer *„Überprüfungs"*- oder aber als einer *„Entdeckungs"*-Methode charakterisieren. Der Sache nach gehören allerdings beide Betrachtungsweisen zusammen. Wenn beispielsweise eine Hypothesenbildung nur ganz bestimmte Alternativmöglichkeiten von Ergebnissen zuläßt, dient der dazu aufgestellte Versuchsplan ihrer „Überprüfung", wobei es gleichgültig ist, ob die Hypothesen aus einem Modell bzw. aus einer Theorie abgeleitet sind oder einer *ad hoc* ausgearbeiteten Fragestellung entsprechen.

Ein *Beispiel* hierfür stellt die Untersuchung von verschiedenen Psychotherapie-Methoden dar. Der Untersucher *vergleicht* in diesem Fall etwa eine „neue" *Psychotherapie-Methode* (X_1) mit mehreren bereits bekannten Therapietechniken (X_2, X_3, X_4, X_5). Er interessiert sich hierbei also für die Frage, ob die neue Methode gegenüber den herkömmlichen Verfahren erfolgreicher ist (s. ○ Orig 15.1). Was auch immer ein Therapienvergleich theoretisch und praktisch im Einzelfall bedeuten mag: In einem solchen Fall steht die Versuchsplanung eher im Dienste einer „Überprüfung" als einer „Neuentdeckung" von bestimmten Zusammenhängen. Dabei steht auch von vornherein für den Untersucher fest, daß nur ein Mehrgruppen-Versuchsplan zur Überprüfung dieser Fragestellung geeignet ist. Im methodisch besten Fall ist dies etwa ein *Zufallsgruppenversuchsplan* mit mehreren Gruppen (Design 1.2; s. Kap. 13.1) bzw. ein *Mischversuchsplan* (Design 4.1; s. Kap. 14.2).

Andererseits hat ein Design auch und gerade als eine „Entdeckungs"-Methode in der Forschung eine hervorragende Bedeutung. Beispielsweise interessiert im Rahmen eines psychopharmakologischen Experiments die Frage, ob eine bestimmte Dosis-Wirkung-Beziehung eher einen *monotonen* Trend aufweist (wie zunächst trivialerweise anzunehmen) oder aber gemäß der Forth-Düker-Modellhypothese einem sog. *tritonen*, d. h. dreiästigen Trend folgt (Abb. 11.2).

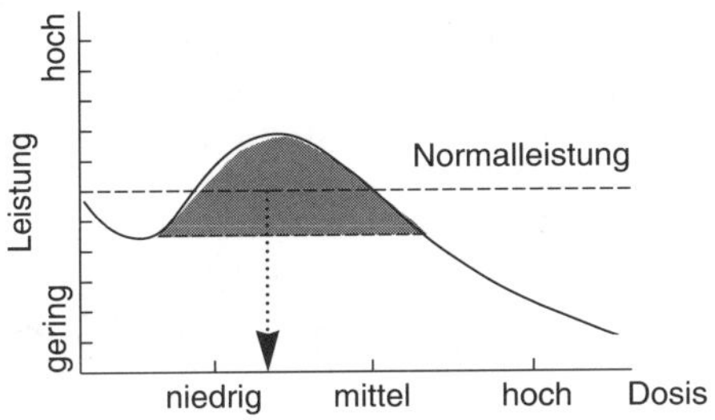

Abbildung 11.2: Untersuchungsbefund eines psychopharmakologischen Experiments: Die Entdeckung der paradoxen Leistungssteigerung bei relativ niedriger Dosierung (Forth-Düker-Modell). (Modifiziert nach Forth, 1966)

Es ist zu beachten, daß auch in einem solchen psychopharmakologischen Untersuchungsfall nicht nur auf ein möglichst *valides* Design abzuheben ist, sondern daß auch untersuchungs*ökonomische* Aspekte zu berücksichtigen sind. Es ist daher diese Untersuchungsfrage – im Falle hinreichender Kontrolle von *Übertragungseffekten* (carry-over effects) – mit Hilfe eines unifaktoriellen *Versuchsplans mit Wiederholungsmessungen* zu untersuchen (s. Kap. 13.2); anderenfalls ist die Wahl eines *Blockversuchsplans* zu erwägen (s. Kap. 13.3). Daher ist der in Abbildung 11.2 wiedergegebene tatsächliche Untersuchungsbefund („Entdeckung") einer *tritonen* Dosis-Wirkungs-Beziehung von großer theoretischer, aber auch praktischer Bedeutung (s. Kap. 20.2 und Debus & Janke, 1978).

Nicht nur mit Hilfe von strengen experimentellen Designs, sondern auch durch Verwendung von kausaltheoretisch wenig aussagekräftigen Versuchsplänen lassen sich interessante Entdeckungen machen. Vielfach läßt sich gar kein anderer als z.B. der *korrelative* Designtyp verwenden (○ Illu 11.1). ○

○ Illu 11.1 Korrelationsforschung: Der „Romeo-und-Julia-Effekt"

Alte sowie neuere Sagen, Dichtungen und Erzählungen handeln von der Macht der Liebe, die alle Hemmnisse überwindet, wie etwa die magische Verbundenheit von *Tristan und Isolde*, die durch alle Höhen und Tiefen ihres Lebensweges bis in den Tod erhalten blieb.

Weder von den Normen der Gesellschaft, der sie angehören, beeinflußt, noch durch stärkste Sanktionsdrohungen, etwa der nächsten Familienmitglieder, zurückgehalten, gehen die unsterblichen Liebespaare der Geschichte ihren Weg – als auf sich selbst zurückgeworfene Außenseiter scheinen sie an Schwierigkeiten geradezu zu wachsen. So hat Shakespeare die Gestalten von *Romeo und Julia* wie Denkmäler für die Nachwelt aufgerichtet. Und die Psychologen: sie übernahmen dieses Symbol unzerstörbarer ewiger Liebe, aber *reduzierten* es auf seine psychologische Grundbedeutung, wobei sie auch eine allgemeine „Gesetzlichkeit" daran herausfanden; d. h. sie machten aus dem schönen Bild der Liebe einen „Effekt", den *Romeo-und-Julia-Effekt*!

Überlieferte Lebenserfahrungen zu diesem Thema finden sich, vom Volk abstrahiert, in *Sprichwörtern* wie etwa „Verbotene Früchte schmecken süß", „Was uns nicht umbringt, macht uns stärker" oder „Es wächst der Mensch mit seinen hohen Zielen" usw. Analog dazu besagt der sog. Romeo-und-Julia-Effekt, daß eine starke bilaterale Zuneigung zweier Partner durch äußere Widerstände weiter verstärkt wird.

Driscoll et al. (1972) untersuchten, ob und inwieweit diese alltagspsychologische These auch empirisch *nachgewiesen* werden könne. Sie führten dazu eine Untersuchung durch mit der Hypothese: „Elterlicher *Widerstand* gegen eine Liebesbeziehung *verstärkt* die Gefühle der Partner füreinander."

Die Psychologen befragten – mittels einer einfachen Fragebogentechnik – 29 junge Paare sowie deren Eltern im Sinne ihrer Ausgangshypothese.

Der Fragebogen bezog sich neben drei weiteren Merkmalen hauptsächlich auf die Variablen „elterlichen Widerstand" und „Verstärkung der Liebesgefühle" zwischen den Partnern. Er wurde von den 29 befragten Paaren zu einem Zeitpunkt ausgefüllt, zu dem deren Verbindung im Durchschnitt seit 7 Monaten bestand. Danach wurden die Paare noch ein zweites Mal – nach einem Abstand von 6 bis 7 Monaten – mit demselben Fragebogen untersucht.

Der Untersuchung liegt ein *korrelativer Versuchsplan* mit zwei Variablen (bivariater Untersuchungsfall) zugrunde (Tab. A). Die in den Zellen dieser Tabelle enthaltenen Eintragungen meinen die *Häufigkeiten* (f_{ij}), die für je zwei Merkmale aufgrund der ersten und der zweiten Fragebogenuntersuchung ermittelt wurden. Diese Häufigkeiten stellen die Ausgangsdaten für die aus ihnen zu berechnenden Korrelationskoeffizienten (r_{ij}) für je zwei Merkmale dar (s. Kap. 15.3).

Der korrelative Zusammenhang zwischen den Variablen „elterlicher Widerstand" und „Verstärkung der Liebesgefühle" betrug r = .35 (Tab. B). Alle 29 Paare, darunter auch die 9, die inzwischen geheiratet hatten, gaben an, daß ihre Gefühle für den anderen Partner gewachsen seien, und zwar umso mehr, je größer der Widerstand der Eltern gegen ihre Verbindung war.

Was mögen wohl die Gründe, die Ursachen, für diese festgestellten, anscheinend paradoxen, aber selbst dem Laien irgendwie einsichtigen Wirkungszusammenhänge sein? Kann es sein, daß die 29 Paare durch die Distanzierung der Eltern sozusagen zwangsläufig aufeinander angewiesen waren, um den Entzug der elterlichen Liebe zu „kompensieren"? Die Tatsache, daß die beiden untersuchten Variablen immerhin ei-

Tabelle A: Korrelativer Versuchsplan zum Nachweis des Wirkungszusammenhangs von „elterlichem Widerstand“ (Faktor B) gegen die enge Bindung ihres Kindes zu einem Partner und „Verstärkung der Liebesgefühle“ (Faktor A) zwischen den Partnern in der Untersuchung von Driscoll et al., 1972. – Design K – p × q.

Design K.2	Eine allgemeine zweidimensionale Chi²-Versuchsanordnung (zweidimensionale Tafel mit p = 3 und q = 3 Stufen): *Design K – 3 × 3.*

K

		Variable B „Elterliche Opposition“		
		B_1	B_2	B_3
Variable A „Romantische Liebe“	A_1	f_{11}	f_{12}	f_{13}
	A_2	f_{21}	f_{22}	f_{23}
	A_3	f_{31}	f_{32}	f_{33}

AV: Häufigkeit von positiven Antworten zur Frage der *Steigerung* der „Liebe“

Tabelle B: Teilergebnisse der Untersuchung des Zusammenhangs von „elterlichem Widerstand“ und „Verstärkung der Liebesgefühle“ zwischen Partnern. Die beiden Faktoren *korrelieren* (r = 0.35) miteinander; eine kausaltheoretische Erklärung ist aber schon von der Anlage der Untersuchung her nicht gegeben. (Nach Driscoll et al., 1972)

	Merkmale (Variable, *AV*) 1.	2.	3.	4.	5.
Unverheiratete Paare					
1. *Liebe*	–				
2. *Elterlicher Widerstand*	*.35*	–			
3. Vertrauen	.34	-.30	–		
4. Kritische Einstellung	.25	.46	-.61	–	
5. Negatives Verhalten	-.17	.44	-.72	.61	–

ne (sehr *schwache*) statistische Korrelation im Sinne der Versuchshypothese aufzeigen, bedeutet jedoch keineswegs, daß wir etwas Sicheres über die „Ursachen“ dieses Zusammenhangs wüßten: Vielleicht wurde die Liebe umso stärker, *weil* die Eltern diese verhindern wollten – oder aber die negative Einstellung seitens der Eltern wuchs, *weil* die gefürchtete Zuneigung ihrer Kinder zu deren jeweiligem Partner anstieg? Oder gab es hierbei eine *wechselseitige* Beeinflussung der beiden Variablen „romantische Liebe“ und „elterliche Ablehnung“? – Wir wissen es nicht; denn auf der Basis eines *korrelativen* Designs können grundsätzlich *Warum*-Fragen nicht eindeutig beantwortet werden (s. Bd. 1, Kap.3.3).

Wie dem Lehrbuch von Krech et al. (1974) zu entnehmen ist, kommen die Autoren dieser Fragebogenuntersuchung zum „Romeo-und-Julia-Effekt" zu dem zwar naheliegenden, aber methodologisch *falschen* Schluß, daß die Steigerung der Liebe – falls überhaupt – durch die elterliche Opposition *verursacht* sei. Abgesehen von der genannten methodologischen Schwierigkeit einer Kausalinterpretation eines Korrelationsbefunds stellt sich dann natürlich die Frage, *warum* die Eltern ihrerseits in Opposition traten. Aber gerade diese Frage kann, trotz ihrer Berechtigung, aufgrund der hier angeführten Untersuchung von Driscoll et al. (1972) nicht eindeutig beantwortet werden.

Selbstverständlich ist die *elterliche Opposition* – wenn überhaupt – nur eine von vielen Determinanten für die wechselseitige Zuneigung junger Leute. Beispielsweise stellen Faktoren wie das äußere *Erscheinungsbild*, gemeinsame soziale *Interessen*, *Kompetenz* des Partners, geographische *Nähe* sowie das lange Mit-dem-Partner *Vertrautsein* weitere wesentliche Determinanten für wechselseitige Attraktionen dar (Rubin, 1973; Mikula & Stroebe, 1979). Während hierauf an anderer Stelle näher eingegangen wird, finden sich dort auch Beispiele für die echte *experimentelle* Analyse – *Bedingungsanalyse* anstelle von Korrelationsuntersuchung – solcher Determinanten (Bd. 1, Kap. 8.2). – Auf eine ganz andere, nämlich biopsychologische Untersuchung von vitalen Determinanten der *Liebe* („Mutter-Kind-Beziehung") geht hier Ω Orig 11.1 ein (S. 6).

Literatur

Driscoll, R., Davis, K. E. & Lipetz, M. E.: Parental interference and romantic love: The Romeo and Juliet effect. Journal of Personality and Social Psychology, 1972, *24,* 1-10.

Krech, D., Crutchfield, R. S. & Livson, N.: Elements of Psychology. (3rd ed.) New York: Knopf, 1974.

Mikula, G. & Stroebe, W. (Hrsg.): Sympathie, Freundschaft und Ehe. Bern: Huber, 1979.

Rubin, Z.: Liking and loving. New York: Holt, Rinehart & Winston, 1973.

Die Unterscheidung zwischen einem Überprüfungs- und einem Entdeckungsaspekt bei der Versuchsplanung hat zunächst einen ersten groben Richtwert für ein Verständnis der allgemeinen Bedeutung des Designs in der experimentalpsychologischen Forschungspraxis, auch wenn es hierbei gelegentlich Zuordnungsschwierigkeiten gibt, sobald man nämlich auf eine Untersuchung stößt, die beiden Aspekten entspricht.

Versuchsplanung, Experiment und Statistik

Jede Versuchplanung impliziert, wenigstens prinzipiell, weder notwendig das strenge Experiment noch notwendig die Statistik, um mit Fehlerstreuung behaftete Daten auszuwerten. Umgekehrt gilt jedoch, daß sowohl das Experiment wie auch die Statistik stets auf einer *Versuchsplanung* basieren. Denn eine jede Versuchsplanung ist dem „Experiment" und der „Statistik" methodologisch *vorgeordnet.*

Während obiger Sachverhalt grundsätzlich gilt, tauchen in der Forschungspraxis Fragen der *Versuchsplanung*, des *experimentell-korrelativen* Untersuchungsansatzes sowie der *Statistik* in aller Regel gemeinsam auf, sei es, daß man aktiv zur Wissensvermehrung beiträgt, oder sei es, daß man in der Anwendung – z. B. in der Berufspraxis – aktuelle Untersuchungsergebnisse zu studieren und deren methodische Güte zu beurteilen hat.

In psychologisch *inhaltlicher* Hinsicht gibt es ebenfalls wichtige allgemeine Merkmale, die das Verhältnis von Versuchsplanung und Statistik kennzeichnen. Anhand einer schematischen Darstellung des *Komplexitätsgrades* verschiedener Phänomene – näm-

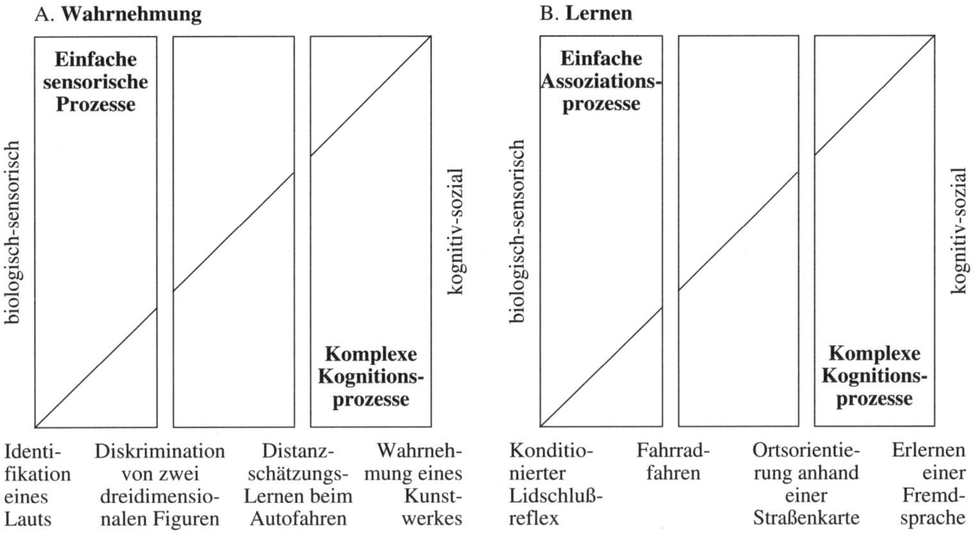

Abbildung 11.3: Hypothetische Zusammenhänge zwischen der „Komplexität" (Abszisse) psychologischer Phänomene einerseits und deren „biologisch-sensorischer" bzw. „kognitiv-sozialer" Determiniertheit (Ordinate) andererseits, am Beispiel der *Wahrnehmung* (linkes Schema, A) und des *Lernens* (rechtes Schema, B). – Die meisten der entlang den Abszissen hypothetisch skalierten Phänomene basieren auf einer „Vermaschung" von biologisch-sensorischen und kognitiv-sozialen Prozessen. Dem entspricht in etwa eine unterschiedliche Datenvariabilität (inter- und intraindividuelle Datenstreuung), welche ihrerseits versuchsplanerische Konsequenzen hat. (*Teilschema A* nach Sarris & Gigerenzer, 1982; *Teilschema B* modifiziert nach Hilgard et al., 1979)

lich in der *Wahrnehmungspsychologie* sowie in der Psychologie des *Lernens* – läßt sich dieser Zusammenhang veranschaulichen (Abb. 11.3).

In den beiden Schemata der Abbildung 11.3 sind jeweils vier verschiedene Basisphänomene einerseits des *Wahrnehmens* (A) und andererseits des *Lernens* (B) bezüglich ihrer „Komplexität" (Abszisse) sowie im Hinblick auf ihre *biologisch-sensorische* bzw. *sozial-kognitive* Determiniertheit (Ordinate) hypothetisch eingestuft („skaliert") worden. Wie man sieht, basieren gemäß dieser Darstellung Phänomene wie etwa „Identifikation von Lautstärken" und „konditionierter Lidschlageffekt" weitgehend auf *biologisch-sensorischen*, hingegen „Wahrnehmung eines Kunstwerks" und „Erlernen einer Fremdsprache" hauptsächlich auf *kognitiv-sozialen* Grundlagen. Demgegenüber repräsentieren die Phänomene, die für den *mittleren* Abstufungsbereich gelten, jeweils graduell verschiedene *Mischformen* aus den „einfachen" und den „komplexen" Prozessen.

Im Hinblick auf die *Datenvariabilität* (inter- und intraindividuelle Fehlerstreuung) läßt sich aufgrund dieses hypothetischen Modells mit einiger Vorsicht die folgende *Regel* (Faustregel) aufstellen: Je stärker der *biologisch-sensorische* Anteil am jeweiligen Gesamtprozeß, desto *geringer* ist dessen Datenvariabilität; und je stärker andererseits der *kognitiv-soziale* Anteil, desto *stärker* ist dessen Datenfluktuation.

In dem einen Extremfall (reiner biologisch-sensorischer Prozeß) findet man daher nicht selten Phänomene, bei denen „Fehlerstreuungen" (inter- und intraindividuelle Zufallsfluktuationen) praktisch keine Rolle spielen, wohingegen im anderen Extremfall (reiner kognitiv-sozialer Prozeß) die Datenvariabilität („Rauschen") so hoch sein kann, daß ein *echter,* d. h. tatsächlich existenter experimenteller Effekt („Signal") nicht mehr statistisch nachweisbar ist: Infolge des geringen Signal-Rausch-Abstandes geht das *Signal* in dem *Rauschen* unter, wie man gelegentlich im Fachjargon sagt. Es ist gerade die Aufgabe der *Versuchsplanung,* den *Signal-Rausch-Abstand* eines experimentellen Effekts möglichst zu maximieren (s. das *Max-Kon-Min*-Prinzip, Bd. 1, Kap. 7.3).

Einfache Beispiele für den zuerst genannten Extremfall (*biologisch-sensorischer* Prozeß mit zu vernachlässigender Datenstreuung) liefern die optischen Täuschungen. Dazu gehört das in Abbildung 4.2 (Bd. 1, Kap. 4.2, S. 85) dargestellte Punktemuster, das in der Sinnesphysiologie bzw. sensorischen Psychologie als sog. *Herrmannsches Gitter* bekannt ist. Obschon die Punkte in diesem Muster einander *nicht* berühren und die horizontalen sowie vertikalen weißen Streifen objektiv stets dieselbe Helligkeit aufweisen, erscheinen *subjektiv* die „Kreuzungsstellen" (kleine Felder zwischen den jeweils benachbarten Punkten) „verdunkelt" (grau). Dieser durch die retinale Reizverarbeitung verursachte *Täuschungseffekt* tritt praktisch bei jedem Normalsichtigen auf – bei welcher Gelegenheit und zu welchem Zeitpunkt auch immer; d. h. die Datenvariabilität ist in einem solchen Fall praktisch gleich *Null.*

Beispiele für einen „reinen" *kognitiv-sozialen* Prozeß findet man besonders in Untersuchungen zum sog. *Einstellungwandel* (attitude change), aber auch in Arbeiten, die sich mit den Bedingungsfaktoren des *kreativen Denkens* (s. *PrB,* Kap. *5*) beschäftigen. In solchen und anderen besonders komplexen Untersuchungsfällen ist die Datenvariabilität in aller Regel sehr *hoch*, was auf die Vielzahl der noch nicht bekannten, aber unsystematisch den Versuchsfehler („Zufallsfehler") erhöhenden *Randbedingungen* zurückzuführen ist. So finden sich etwa in der „Konformitätsforschung" widersprechende trendanalytische Einzelbefunde zur Frage der Abhängigkeit der Meinungsänderung von der Diskrepanz zwischen der eigenen Ausgangseinstellung und derjenigen des Beeinflussers (K. Wilkening, 1978; s. Bd.1, Kap. 6.2, Ω Orig 6.1).

Es ist ohne weiteres einsichtig, daß Experimente mit nur einem einzigen Versuchsteilnehmer ($N = 1$) bei einer sehr *geringen* Datenfluktuation wesentlich ergiebiger sind als Gruppenexperimente mit einer hohen Fehlerstreuung. Nachdem die klassische Versuchsplanung noch bis vor kurzem den Fall $N = 1$ nahezu vollständig ignoriert hat, gibt es seit wenigen Jahren einige vielversprechende (quasi-) experimentelle Versuchsplanungsansätze auch für den *Einzelfall* (s. Kap. 15.1, S. 167 ff).

Die Vielfalt der verschiedenen *Datenstreuungs*-Verhältnisse (Statistik) in Verbindung mit dem zu untersuchenden Phänomenbereich entspricht einer Vielfalt von einzelnen *Designs* in der psychologischen Forschungspraxis. Eine *feste* Zuordnung von einzelnen Versuchsplänen zu einzelnen Inhaltsbereichen gibt es allerdings nicht. Deshalb ist auch vor einer unkritischen Rezeption der mittels Abbildung 11.3 (S. 17) allgemein dargestellten Zusammenhänge in Verbindung mit einer *Systematik der Versuchspläne* zu warnen. Beispielsweise gibt es durchaus „komplexe" Versuchspläne auch bei der Analyse von *biologisch-sensorischen* Prozessen. Man kann sich diesen Sachverhalt leicht klarmachen, wenn man bedenkt, daß schon die einfache Variation etwa des *Punkteabstands* oder aber der *Punktehelligkeit* beim *Herrmannschen Gitter* zu einer interindividuellen Wahrnehmungs-*Variabilität* führt und damit den Fall des $N = 1$ einschränkt, d. h. auf den Fall $N > 1$ ausweitet. Umgekehrt kann man auch Designs mit einer verhältnismäßig geringen Datenvariabilität bei den *kognitiv-sozialen* Phänomenen antreffen (zum letztgenannten Fall s. die sozialpsychologische Untersuchung von Schachter, 1959, in Bd. 1, Kap. 7.2).

„*Den*“ Versuchsplan gibt es nicht

Wie bereits aus den bisher angeführten Untersuchungsbeispielen für die Versuchsplanung in dem vorliegenden Kapitel zu ersehen, gibt es viele verschiedene Designs, mit denen es die Psychologie zu tun hat. Aber „*den*“ Versuchsplan – d. h. den für eine bestimmte inhaltliche Fragestellung jeweils einzig möglichen, passenden Plan – gibt es nicht.

Da ein Versuchsplan – gemäß der weiter oben vorgestellten Definition eines „Design“ (S. 4) – ein *allgemeines* methodologisches Versuchsanordnungsprinzip meint, ist folglich der *einzelne* (konkrete) Untersuchungsfall unter ein *generelles* Designprinzip zu subsumieren, welches – je nach der Fragestellung bzw. je nach dem Erkenntnisinteresse – bestmöglich paßt. Demnach kann es im Einzelfall durchaus vorkommen, daß verschiedene Designs (bzw. Einzeldesign-Varianten) innerhalb ein und desselben allgemeinen Problemkreises – sowohl in *inhaltlicher* als auch in *sachlogischer* Hinsicht – gleichberechtigt Verwendung finden. Überhaupt ist im konkreten Untersuchungsfall – wenigstens im *Versuchsplanungsstadium* – stets nach dem bestmöglichen Design zu suchen und damit von vornherein die Wahl zwischen verschiedenen möglichen Versuchsplänen für einen bestimmten Problemkreis in Rechnung zu stellen.

Im günstigsten Fall *ergänzen* jene Untersuchungsbefunde einander optimal, die aufgrund *verschiedener* Designs gewonnen werden. Zur Erläuterung des zuletzt Gemeinten wird auf eine *Illustration* verwiesen, die eine Zusammenstellung von methodisch und inhaltlich recht verschiedenen Untersuchungen enthält; diesen Versuchen ist aber gemeinsam, daß sie alle von Schachters (1959) Experiment zur Kontaktbereitschaft ausgehen (s. Bd. 1, Kap. 8.2, ○ Illu 8.1). Wie in Kapitel 20.2 ausführlich gezeigt wird, ergänzen die aufgrund von verschiedenen Designs gewonnenen Schachter-Ergebnisse einander. Man sollte an dieser Stelle das folgende Argument bedenken:

Aus einer psychologischen Problemstellung erwachsen häufig *mehrere* empirisch zu untersuchende (Einzel)-Hypothesen. Entsprechend basiert ein einzelnes Forschungsprojekt häufig nicht nur auf einem einzigen Versuchsplan, sondern auf *zwei* oder *mehreren* Designs, welche – je nach inhaltlicher Fragestellung – unterschiedlichen Kombinationen von Einzeldesigns der Versuchsplanungssystematik entsprechen können.

Eben weil es *den* Versuchsplan nicht gibt und dementsprechend Forschungsprojekte häufig auf der simultanen Verwendung *mehrerer* Designs basieren, ist es grundsätzlich schwierig bzw. unmöglich, im konkreten Untersuchungsfall ein und nur ein Design als „besten“ Versuchsplan zu deklarieren.

11.3 Versuchsplanung und Theorienbildung

Zwar ist es richtig, daß eine jede Theorienbildung stets auf der Grundlage einer *Versuchsplanung* empirisch abzusichern ist. Umgekehrt gilt aber nicht, daß die praktische Verwendung von Designs gleichsam *eo ipso* zu einer guten Theorienbildung führte. Hierauf wird in den beiden nachfolgenden Abschnitten eingegangen.

Versuchsplanung im Rahmen der Theorienbildung

Der für eine bestimmte Untersuchung jeweils gewählte Versuchsplan verrät noch nichts über die diesem Plan zugrundeliegende Theorie. Gerade im Zusammenhang mit der

Versuchsplanungssystematik wird deutlich, daß die einzelnen Designs noch nichts über den psychologisch-inhaltlichen *Wert* einer Untersuchung im Rahmen einer Theorienbildung aussagen (Herrmann, 1990).

In der Tat ist das einzelne Design im Hinblick auf eine jede psychologische Theorie „neutral". Das bedeutet zum Beispiel, daß selbst ein *methodisch* noch so gut ausgearbeiteter Versuchsplan zwar *intern* (und u. U. sogar „extern") valide Untersuchungsergebnisse garantieren mag, aber im Rahmen der psychologischen Theorienbildung nichts Nennenswertes leistet. Andererseits kann auch ein und dasselbe experimentelle Design für sehr verschiedene Theorien als Nachweismethode herangezogen werden. Für die Forschungspraxis bedeutet dieser Sachverhalt zumindest das Folgende:

- Ein besonders *komplizierter* (methodisch diffiziler) Versuchsplan muß nicht unbedingt *theoretisch* auch besonders relevant sein. Obgleich diese Feststellung einigermaßen trivial ist, darf doch nicht verkannt werden, daß der in der psychologischen Methodenlehre wenig Erfahrene sich relativ leicht durch das aufwendige Designing einer Untersuchung beeindrucken läßt, auch wenn dieses Design u. U. keine psychologisch-inhaltliche Fragestellung klären hilft.
- Die oben genannte *Neutralität* des Designs als einer „Nachweismethode" (bzw. auch „Entdeckungsmethode") bedingt gleichzeitig dessen methodologische Objektivität; und dies insofern, als ein Design den Status einer logischen *Kontroll-* und *Entscheidungsinstanz* in einer durch die jeweilige Theorienbildung unbeeinflußten Weise besitzt. Das Gemeinte gilt unabhängig von der Tatsache, daß die Überprüfung einer bestimmten Theorie u. U. die Wahl ganz bestimmter Designtypen erzwingen kann.

Da mit Hilfe einer empirisch gut gesicherten Theorie bestimmte Zusammenhänge bestmöglich erklärt werden sollen, ist naturgemäß das möglichst strenge (kausaltheoretische) *experimentelle* Design – insoweit praktisch realisierbar – den quasi-experimentellen oder den korrelativen Versuchsplänen vorzuziehen.

Gerade für den in experimenteller Psychologie wenig Erfahrenen bedeutet die relative *Unabhängigkeit* einer Versuchsplanung von einer bestimmten Theorie eine gewisse praktische Schwierigkeit. Denn natürlicherweise ist man zunächst an den psychologischen *Inhalten* besonders interessiert und möchte dann für deren Fundierung eine Methoden- bzw. Methodologie-*Systematik* haben, die möglichst *rezeptartig* benutzt werden kann. Das aber ist nicht möglich, weil mit zu vielen methodologischen Risiken behaftet.

Wichtig im Rahmen eines jeden Verständnisses der Versuchsplanung ist und bleibt die Tatsache, daß sich ein Design grundsätzlich auf empirische, nicht aber auf *wertbezogene* Entscheidungen bezieht.

Exkurs: Experimentelle und korrelative Versuchsplanung

Die hier vorgenommene Design-Klassifizierung hat die besondere Eigenschaft, daß sie einerseits an Cronbachs (1957, 1975) Grundkonzept angelehnt ist und andererseits eine Verbindung zwischen der Dichotomie *„experimenteller* und *korrelativer* Untersuchungsansatz" (Cronbach) sowie der Systematik von *„experimentellen* und *quasi-experi-*

mentellen Designs" (Campbell, 1966) herstellt. Dies wiederum hat im Rahmen der vorliegenden Einführung in die Theorie und Praxis des psychologischen Experiments den Vorteil, die *Querverbindungen* zwischen den hier in den einzelnen Kapiteln behandelten Zusammenhängen verständlich zu machen. Das Grundmodell der *Systematik der Versuchspläne* eignet sich gut dazu, um die der Sache nach zu fordernde Verklammerung zwischen experimentellem und korrelativem Forschungsansatz hervorzuheben (vgl. Abb. 2 in Bd. 1, S. XIII).

Allerdings mag sich der *Kritiker* einer solchen Grundkonzeption vielleicht mit einem gewissen Recht fragen: Inwieweit repräsentiert dieses Grundmodell – wenn überhaupt – die Forschungspraxis des Psychologen in einem für die meisten Fälle befriedigendem Maße? Diese Frage hat Lee J. Cronbach (Stanford University, USA) bereits vor mehr als 30 Jahren untersucht und dazu auch vor etwa 15 Jahren neue Befunde vorgelegt (Cronbach, 1957, 1975). Cronbach kommt bereits in seinem älteren Aufsatz (*„The two disciplines of scientific psychology"*, 1957) zu dem Schluß, daß *de facto* zwei verschiedene (separate) Forschungsansätze den tatsächlichen Gang der wissenschaftlichen Arbeit der Psychologen bestimmen, und auch in seiner neueren Publikation von 1975 findet Cronbach im wesentlichen dasselbe Bild bestätigt (Asendorpf, 1990).

Dabei sind experimentelle und korrelative Forschungsansätze recht deutlich mit bestimmten Teilgebieten der Psychologie gekoppelt: Die *experimentelle* Forschungsstrategie wird weitgehend in der *Lern-* und *Wahrnehmungspsychologie,* aber auch in der *Biopsychologie* bevorzugt, der korrelative Untersuchungsansatz hingegen vor allem in der *Persönlichkeits-* und *Entwicklungspsychologie*, aber auch in der *Klinischen* Psychologie sowie Psychodiagnostik verwendet. Wie Abbildung 11.4 zeigt, wird der experimentelle Ansatz in der Forschungspraxis vor allem im Labor, der korrelative hauptsächlich in der Feldforschung genutzt.

In diesem Sinne verweist Cronbach (1957) auf eine Arbeit von Thorndike (1954), der auf *faktorenanalytischem* Wege die Frage untersuchte, wie die in den USA tätigen Psychologen im allgemeinen den wissenschaftlichen Beitrag einer Reihe von (international) anerkannten Kapazitäten der Psychologie einschätzten. Thorndikes Untersuchungsergebnisse führten – wie aus Abbildung 11.4 zu ersehen – zu zwei gut interpretierbaren Faktoren. Danach sind die einzelnen Fachgebiete der Psychologie zum einen entlang einem *Faktor I* („quantitativ" vs. „verbal") und zum anderen entlang einem *Faktor II* („Labor"- vs. „Feld"-Daten) angeordnet.

In Abbildung 11.4 repräsentieren *Experimentalpsychologen* wie z. B. S. S. Stevens (Psychophysik, sensorische Psychologie) und H. Ebbinghaus (Lern-, Gedächtnispsychologie) besonders gut das „Labor"-Konzept (*harte* Daten), hingegen Forscher wie A. Binet (Klinische Psychologie bzw. Psychiatrie, Psychodiagnostik), aber auch R. May (Psychotherapie, Humanistische Psychologie) besonders gut den *Gegenpol,* das heißt das „Feldstudien"-Konzept (*weiche* Daten).

Bei oberflächlicher Betrachtung könnte man meinen, daß u. U. dieser faktorenanalytische Befund in einem *Widerspruch* nicht nur zu dem Grundmodell, sondern auch zu der allgemeinen Versuchsplanungssystematik des Buchs insofern stehe, als hier ja nicht die Separiertheit, sondern gerade die „Verklammerung" beider Forschungsansätze betont wird. Betrachtet man aber diesen vermeintlichen Widerspruch genauer, so wird man die von Cronbach (1957) zitierten Untersuchungsbefunde wie folgt zu bewerten haben:

- Die Befunde geben nur die *Meinungen* des amerikanischen „Durchschnitts"-Psychologen zu dem fraglichen Problemkreis wieder. Die Daten drücken m. a. W. nur die Ansichten über die Forschungspraxis in der Psychologie aus – im Vergleich zu Cronbachs methodologischer Grundforderung, der wir uns anschließen.

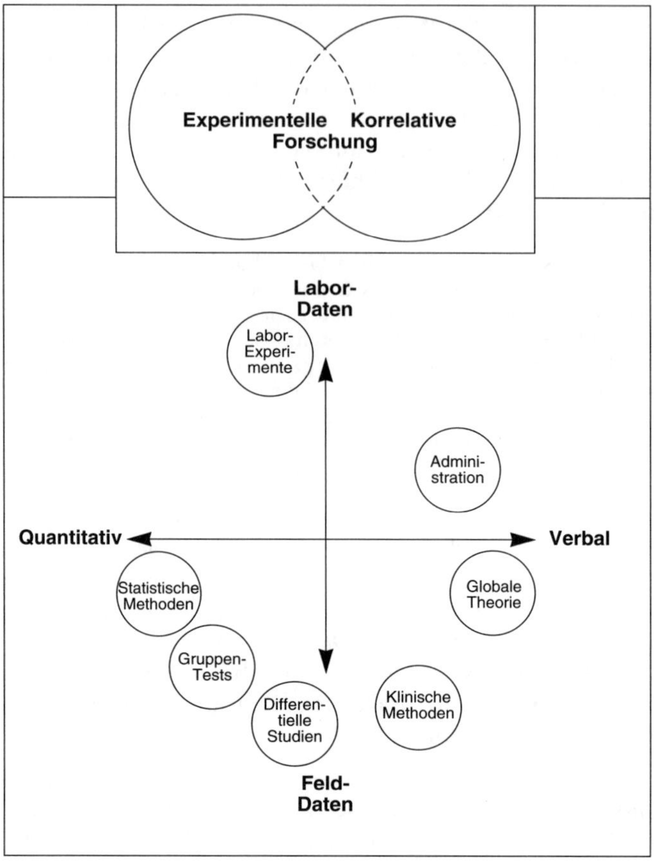

Abbildung 11.4: Faktorenanalytisch begründete Zuordnung einzelner Arbeitsbereiche der Psychologie zu den beiden bipolaren Dimensionen „Labor- vs. Felddaten“ (Vertikale) und „Quantitativ vs. Verbal“ (Horizontale). (Modifiziert nach Thorndike, 1954)

- Das Grundmodell orientiert sich an den wissenschaftlichen *Erfordernissen* und damit nicht an einem Durchschnittsverhalten oder an Meinungen über dieses Durchschnittsverhalten von Psychologen in der Forschungspraxis.

In diesem Sinne ist dieses Grundmodell der Designsystematik als ein *Idealmodell* für die psychologische Forschung zu charakterisieren – und das entgegen einem bis heute verbreiteten *Wissenschaftsstereotyp,* wonach experimentelle Psychologie nur für bestimmte Teilgebiete der Psychologie ihre Bedeutung habe und mit den Wesensmerkmalen etwa der Feldforschung nicht zu vereinbaren sei. Eine solche Vorstellung über „experimentelle versus korrelative“ Untersuchungsansätze verliert leicht den prinzipiellen Unterschied zwischen dem gegenwärtigen faktischen Status der Psychologie in manchen Teilgebieten und der generellen methodologischen Forderung an die Psycholgie aus dem Auge. Im Zusammenhang mit der Antinomie *Labor* versus *Feld* ist noch das Folgende zu ergänzen:

- Bestimmte Varianten des *Mischversuchsplans* (z. B. ein *R* x *O* – Design) erlauben die gleichzeitige Untersuchung sowohl eines experimentellen Faktors als auch einer korrelativen Persönlichkeitsvariablen (Organismusfaktor *O*). Dieser Designtyp mit einer Organismusvariablen als *UV* wird in Kapitel 14.2 behandelt.
- Experimentelle *Einzelfallstudien* unterstellen im Prinzip, daß individuelles Verhalten einer allgemeinpsychologischen Gesetzmäßigkeit folgt. Einzelfallversuchspläne werden meistens zu den quasi-experimentellen Designs gerechnet (s. Kap. 15.1).

Bevor in Kapitel 12 die drei typischen *vorexperimentellen* („ungültigen") Versuchspläne behandelt werden, wird hier ein einfacher zeitkorrelierter Beobachtungsversuch zur Demonstration der Diagnoseproblematik vorgestellt (◇ Demo 11.1; Feger & Graumann, 1983; Schwenkmezger & Schmitz-Friedhoff, 1987; Kallus & Kazenwadel, 1990). ◇

◇ Demo 11.1 Selbst- und Fremdbeobachtung: Veränderung der subjektiven Befindlichkeit mit der Zeit

Bekanntlich ist der Alltag jedes Menschen durch natürliche *Stimmungsschwankungen* gekennzeichnet, ohne daß man sich dabei nach deren Ursachen besonders fragt. Meistens kann man im nachhinein noch nicht einmal konkret beschreiben, wie man sich z. B. in den letzten ein, zwei oder drei Tagen *„gefühlt"* hat. Dies hängt damit zusammen, daß sich Menschen normalerweise nicht – im Sinne einer Selbst- oder Fremdbeobachtung (s. Bd. 1, Kap. 3.1) – mit sich selbst systematisch beschäftigen (Abb. 11.6). Diese Demonstration zielt nicht auf ein Experiment, sondern auf die Registrierung von bestimmten über die Zeit hin veränderlichen Meßwerten (*non-experimentelle* Versuchsanordnung), und zwar zur *Befindlichkeit* einer Person über mehrere Tage.

Die Untersuchung von zeitlich-situativen Stimmungsschwankungen, die hier eine nützliche Übung in der Selbst- und Fremdbeobachtung bedeuten kann, ist nicht mit gezielten Zeitreihen-*Experimenten* zu verwechseln (Abb. 11.5). Denn während beim Experimentieren – per definitionem – stets eine Behandlung (*X*) im Sinne einer Beeinflussung des zu beobachtenden Geschehens eingeführt wird, soll in dieser Demonstration das zu Beobachtende völlig unbeeinflußt durch den Untersucher bleiben. Aus diesem Grund entfällt hier auch z. B. ein Design (Fehlen des *X*). – Die Zeitreihen-*Experimente* werden in Kap. 15.1 dargestellt.

Während hier die Untersuchung von normalen Befindlichkeitsschwankungen geplant ist, kann zum Vergleich aber auch ein Blick auf die besonders starken Stimmungsschwankungen bei psychisch Kranken gerichtet werden (Abb. 11.6). – Zu beachten ist allerdings, bevor man die eigenen Beobachtungen beginnt, der *Hinweis* am Ende dieser Demonstration (s. S. 26).

Mit Hilfe zweier sog. Befindlichkeits-Skalen (B-S und B-S'; s. Anh. D. 1.1, Tab. A. 1 u. A. 2), die v. Zerssen et al. (1970) entwickelt haben und die hier auszugsweise in Tabelle 11.2 wiedergegeben sind, können Veränderungen des subjektiven Wohlbefindens auch bei Gesunden über einen Zeitraum hin systematisch beobachtet und erfaßt werden (vgl. Janke & Debus, 1977). Untersu-

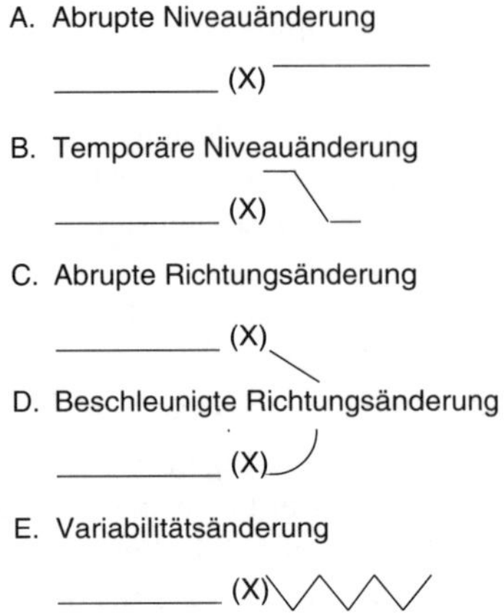

Abbildung 11.5: Typische Kurvenverläufe in sog. Zeitreihen-*Experimenten*, in denen die unterschiedlichen Auswirkungen (*A, B,* usw.) von verschiedenen *Behandlungen*, d. h. experimentellen Eingriffen (*X*) geprüft werden. Die hier graphisch vereinfachten Niveau-, Richtungs- und Variabilitätsänderungen gehen also vornehmlich auf die Behandlungsintervention des Experimentators zurück, im Unterschied zu den in diesem Demonstrationsversuch zu beobachtenden von niemand beeinflußten Stimmungsschwankungen, der Veränderung der subjektiven Befindlichkeit in der Zeit (Nach Glass et al., 1975; Lienert & Limbourg, 1977)

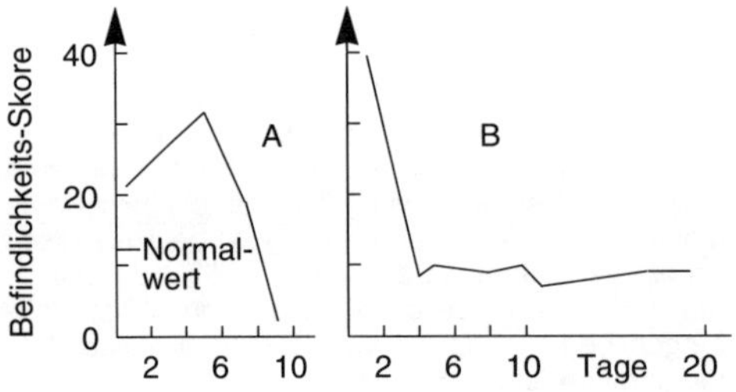

Abbildung 11.6: Beispiel für abnorme Schwankungen der *Befindlichkeit* (Skore) von psychisch Kranken: Zwei verschiedene Depressionsphasen ein und derselben Patientin (57 J.). – A: Extrem hohe Befindlichkeitswerte (= Verstimmtheits-*Skore*) der ersten Tage wechseln abrupt in extrem niedrige über. – B.: Die anfangs extreme Verstimmung bessert sich rasch auf einen in etwa normalen B-Wert, und dieser bleibt – vermutlich als Ergebnis einer Therapie – über viele Tage hin stabil. (Nach v. Zerssen et al., 1970)

chen Sie z. B. sechs Tage hintereinander täglich Ihre eigene Gestimmtheit und möglichst auch die Ihres Partners (*Selbst-* und *Fremdbeobachtung;* s. Bd. 1, Kap. 3.1).

Untersuchungsschritte

1. Beobachten Sie in Einzelheiten genau Ihre psychische Verfassung, und zwar anhand der 14 Eigenschaftspaare auf dem *Protokollblatt.* Kreuzen Sie jeden Tag, insbesondere sechs Tage, von Montag bis Sonnabend, möglichst immer zur gleichen Tageszeit (z. B. morgens um ca. 8 Uhr oder abends um ca. 21 Uhr) die Ihnen zutreffend erscheinenden Eigenschaften an. Benutzen Sie dabei abwechselnd eine der beiden Parallelformen dieser Befindlichkeitsskala, etwa am *1. Tag* die B-S-Form (Anh. D. 1.1, Tab. A. 1) und am *2. Tag* die B-S'-Form (Anh. D. 1.1, Tab. A. 2), um eventuelle Erinnerungseffekte auf diese Weise zu reduzieren. – Sie erhalten so 6 Protokollblätter mit den Daten Ihrer *Selbstbeobachtung* (S_S: *Sie→sich*).

2. Lassen Sie auch Ihren Ehepartner, Ihren Freund, Ihre Freundin oder sonst einen *Partner* (= P), mit dem Sie sich gut verbunden fühlen, Ihr Befinden beobachten und beurteilen; und zwar wieder anhand von 6 Protokollblättern, alternierend B-S und B-S', an denselben sechs Tagen zu möglichst gleichbleibenden Tageszeiten. So erhalten Sie die Daten der sog. *Fremdbeobachtung* – Ihr Partner (P) beobachtet Sie (S) – auf 6 weiteren Protokollblättern (P_S: *Partner→Sie*). Auch Ihr Partner soll sich, wie hier in 1. und 2. angegeben, sechs Tage lang solcher *Selbst-* und *Fremdbeobachtung* unterziehen, so daß er seinerseits 6 Protokollblätter P_P und 6 Protokollblätter S_P ausfüllt bzw. von Ihnen ausgeteilt erhält.

3. In einem weiteren Beobachtungsansatz versuchen Sie dann auch *vorherzusagen*, wie Ihr Partner vermutlich Ihre Befindlichkeit einschätzt, da er Sie ja gut kennt und an genauer Beobachtung interessiert sein dürfte. Notieren Sie Ihre

Vorhersage davon auf 6 weiteren Protokollblättern (Sp_S: *Sie→Partner→Sie*). Umgekehrt möge auch Ihr Partner entsprechend verfahren (6 Protokollblätter Ps_P: *Partner→Sie→Partner*).

Aufgrund der obigen *Selbst-* und *Fremdbeobachtungen*, ergänzt durch *Vorhersagen* der Fremdurteile, entsteht – in symbolischer Schreibweise – das folgende *Untersuchungsschema*:

	Selbst-beobachtung	Fremd-beobachtung	Vorhersage der Fremdbeobachtung
Beobachter 1 („*Sie*“)	S_S	S_P	Sp_S
Beobachter 2 („*Partner*“)	P_P	P_S	Ps_P

Tabelle 11.2: Auszug aus einem der beiden Protokollblätter zum Demonstrationsversuch ◇ 11.1: Selbst- und Fremdbeobachtung. – Befindlichkeits-Skala (B-S) nach v. Zerssen et al. (1970).

PROTOKOLLBLATT 1

Befindlichkeits-Skala (B-S)

Name: ______________________ Datum: __________ Uhrzeit: __________

Im folgenden finden Sie eine Reihe von Eigenschaftspaaren.

Bitte entscheiden Sie – ohne lange zu überlegen – welche der beiden Eigenschaften Ihrem *augenblicklichen* Zustand am ehesten entspricht. Machen Sie in das Kästchen *vor der eher zutreffenden Eigenschaften* ein Kreuz. Nur wenn Sie sich gar nicht entscheiden können, machen Sie ein Kreuz in die Spalte „weder – noch“.

Lassen Sie keine Zeile aus!

Ich fühle mich jetzt:

eher		eher		weder – noch
	froh		schwermütig	
	erfolgreich		erfolglos	
	gereizt		friedlich	
	entschlußlos		entschlußfreudig	
	gesellig		zurückgezogen	
	minderwertig		vollwertig	
	entspannt		gespannt	
	glücklich		unglücklich	

4. Werten Sie nach Abschluß dieser sechstägigen Versuchsreihe zur Selbst- und Fremdbeobachtung alle 6 x 6 = 36 Protokollblätter mit Hilfe des *Auswertungsschlüssels* (s. Anh. D. 1.1, Tab. A. 3) aus.

5. Tragen Sie (Person 1) und Ihr Partner (Person 2) jeder Ihre 3 x 6 Punktwerte in die *Ergebnistabelle*, (s. Anh. D. 1.1, Tab. A. 4), d. h. die 6 Werte Ihrer Selbstbeobachtung (S_S), die der durch Fremdbeob-

achtung erhaltenen (S_P) und die Ihrer eigenen Vorhersage der wahrscheinlichen Fremdbeobachtungswerte (S_{PS}). Ihr Partner möge das gleiche tun (P_P, P_S, P_{SP}).

6. Zur Veranschaulichung tragen Sie alle 3 x 6 = 18 Befindlichkeitswerte (B-Werte) in ein Koordinatensystem ein (s. Anh. D. 1.1, Abb. A. 1), und Ihr Partner möge mit seinen 18 Werten Entsprechendes tun. Analysieren sie dann die jeweils 3 Antwortkurven zu je 6 Meßzeitpunkten in Ihrer *Auswertungsgraphik.* Eine *Dateninterpretation* hat folgendes zu prüfen:
   - die täglichen Veränderungen Ihrer Befindlichkeit, d. h. die *intra*individuellen Unterschiede, und
   - die Übereinstimmung oder die Unterschiede zwischen Ihrer Selbstbeobachtung und der Fremdbeobachtung durch den Partner, d. h. die *inter*individuellen Unterschiede.
7. In einem weiteren Schritt können Sie das Datenmaterial aus der Ergebnistabelle zu einen *Vergleich* mit anderen Personengruppen auswerten. Bilden Sie dazu jeweils den Mittelwert $\bar{Y}$ der Selbst- und Fremdbeobachtungsergebnisse (B-Werte S_S, P_S und P_P, S_P) und tragen Sie diese in der $\bar{Y}$-Zeile ein. Vergleichen Sie dann Ihre Mittelwerte mit denen gesunder bzw. klinischer Gruppen, wie diese in Abbildung 11.7 dargestellt sind. – Zu welchen Ergebnissen führen Ihre Vergleiche? Tauschen Sie Ihre Erfahrungen bei der Lösung dieser Demonstrationsaufgaben mit denen von anderen Teilnehmern Ihrer Übungsveranstaltung aus.

Eine Anmerkung zu Ihrer *vergleichenden Datenanalyse*:

Bedenken Sie, daß sehr hohe bzw. sehr niedrige Werte auf Ihrer Befindlichkeitskurve keineswegs bedeuten, daß Sie oder Ihr Partner etwa „depressiv" bzw. „manisch" erkrankt seien o.dgl.m. Ein hoher Befindlichkeitswert (= Verstimmtheitsgrad) könnte z. B. darauf hinweisen, daß Sie oder Ihr Partner nur vorübergehend verstimmt gewesen sind, daß Sie irgendeine gravierende situative Enttäuschung erfahren haben oder sich aus anderen Gründen vorübergehend nicht wohlfühlten. – Außerdem werden hier die Fragebögen nur *ausschnitthaft* benutzt und erlauben schon von daher keine wissenschaftlich gesicherten Diagnosen (vgl. dagegen Revenstorf, 1979; Revenstorf et al., 1979).

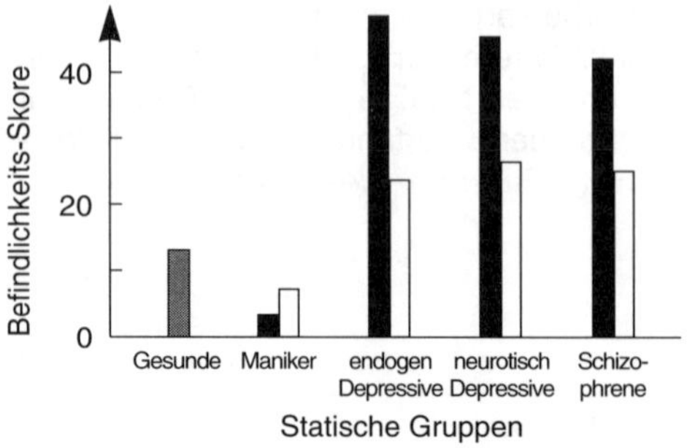

Abbildung 11.7: Test-Skore der *Befindlichkeits-Skala* verschiedener *klinischer* Gruppen und einer Kontrollgruppe: ■ vor stationärer Aufnahme, □ bei Entlassung; ▫ Kontrollgruppe. – Bei Depressiven zeigen sich extrem hohe Befindlichkeits- (=Verstimmtheits-)Werte, besonders *vor* der stationären Aufnahme, die höchsten bei den endogen Depressiven, geringere bei den neurotisch Depressiven und etwas geringere bei den Schizophrenen. – Dagegen liegen die Maniker deutlich unter dem durchschnittlichen Befindlichkeitsniveau, das für die Gesunden typisch ist (Kontrollgruppe). – Alle vier klinischen Gruppen nähern sich bei der Entlassung dem normalen B.-Wert stark an. (Nach v. Zerssen et al., 1970)

In diesem Zusammenhang gilt vor allem das Folgende: Gerade wenn Persönlichkeits-*Messungen* nur über einen kurzen Zeitraum hin erfolgen (z. B. besondere „Tagesform" usw.), können zufällige Einflüsse eine große Rolle spielen und die Aussagekraft der Befindlichkeitsdaten stark herabmindern. Es handelt sich bei der hier demonstrierten Einschätzungsaufgabe ohnehin nicht um die Erstellung einer validen Fremd- oder Eigendiagnose, sondern um die Demonstration eines bekannten und unter bestimmten Umständen gut brauchbaren klinisch-psychologischen Verfahrens zur Erzeugung zeitabhängiger Datenreihen.

Literatur

Janke, W. & Debus, G.: Eigenschaftswörterliste: Ein mehrdimensionales Verfahren zur Erfassung des augenblicklichen Befindens. Göttingen: Hogrefe, 1977.

Revenstorf, D.: Zeitreihenanalyse für klinische Daten. Weinheim: Beltz, 1979.

Revenstorf, D., Hahlweg, K. & Schindler, L.: Lead and lag in aspects of marital interaction. European Journal of Behavior Analysis and Modification, 1979, *2*, 1-12.

Zerssen, D. v. , Koeller, D. M. & Rey, E. R.: Die Befindlichkeitsskala – ein einfaches Instrument zur Objektivierung von Befindlichkeitsstörungen, insbesondere im Rahmen von Längsschnittuntersuchungen. Arzneimittel-Forschung (Drug Research), 1970, *20*, 915-918.

Einzel- bzw. Partnerversuch

Zusammenfassung

Im Rahmen der *Systematik von Versuchsplänen* sind zunächst die Abklärung von definitorischen Fragen sowie die Beschreibung eines allgemeinen Designschemas und seiner Symbole von Interesse. Unter Ausgrenzung der vorexperimentellen („ungültigen") Versuchspläne (*V*) unterscheidet man verschiedene Haupttypen, nämlich experimentelle [*R*, *W*, B(*R*)], quasi-experimentelle (*Q*), Ex post facto- (*E*) und korrelative (*K*) Designs. Für die methodologische Beurteilung dieser vier Designtypen gelten im wesentlichen drei allgemeine *Gütekriterien:* kausaltheoretischer Hypothesenstatus, Manipulierbarkeit der *UV* und Kontrolle von Störfaktoren.

Die Versuchsplanung wird einerseits – und dies hauptsächlich – als generelle *Nachweismethodik* zur Überprüfung von bereits im voraus bekannten bzw. spezifizierbaren Hypothesen eingesetzt, dient aber andererseits auch der Entdeckung von neuem Wissen. Besondere Probleme der Versuchsplanung ergeben sich vor allem im Zusammenhang mit *statistischen* Fragestellungen, wobei die allgemeinen Datenstreuungsverhältnisse in verschiedenen Untersuchungsbereichen der Psychologie sehr unterschiedlich sein können (z. B. *biologisch-sensorische* vs. *kognitiv-soziale* Daten). Dieser Sachverhalt bedeutet u. a., daß die routinemäßige Verwendung von Versuchsplänen nicht automatisch zu einer guten *Theorienbildung* führt; sondern eine inhaltlich relevante Theorie und ein anspruchsvolles quantitatives Design müssen Hand in Hand gehen, damit bedeutsame Forschungsfortschritte erreicht werden.

Im Einklang mit dem *experimentell-korrelativen* Forschungsmodell kann die im einzelnen komplexe Versuchsplanung – mit ihren Verbindungen zur *Statistik* und zur allgemeinen experimentell-apparativen Methodologie – unter Bezug auf zwei bipolare empirische Dimensionen (*Labor- vs. Felddaten* und *quantitative vs. verbale Daten)* beschrieben werden.

Kapitel 12

Vorexperimentelle („ungültige“) Versuchspläne

Die sog. vorexperimentellen Versuchspläne basieren zwar ebenso wie die streng experimentellen Designs auf der expliziten Einführung einer experimentellen Bedingung *X* (Treatment), aber die *Randbedingungen* der auf vorexperimentellen Designs basierenden Untersuchungen sind weitgehend *unkontrolliert*.

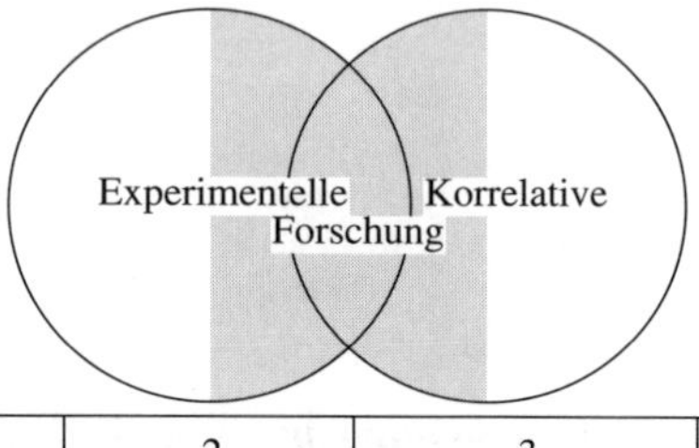

		1 Strenges Experiment	2 Quasi-Experiment	3 Ex post facto	 Korrelative	4 Vorexperimentelle Untersuchung
				Untersuchung		
I	Kausaltheoretische Hypothese vor Versuchsbeginn vorhanden und hinreichend begründet	+	+	(+)	–	–
II	Experimentelle Variablen manipulierbar bzw. manipuliert	+	+	–	–	–
III	Alle übrigen Versuchsbedingungen kontrollierbar bzw. kontrolliert	+	–	–	–	–

Das bedeutet, daß die Ergebnisse solcher Versuche prinzipiell mehrdeutig sind; d. h. sie lassen *Alternativerklärungen* zu, die typischerweise im Widerspruch zueinander stehen, so daß man nicht weiß, welche der alternativen Erklärungen die „richtige" oder die „beste" ist.

Untersuchungsbefunde, die auf der Basis einer vorexperimentellen Versuchsanordnung gewonnen wurden, können demnach aufgrund des möglichen Einflusses einer oder mehrerer *Störfaktoren* (unkontrollierte Randbedingungen) mehr oder weniger verzerrt (biased) sein, ohne daß der Untersucher *Ausmaß* und *Richtung* solcher Datenverzerrungen anzugeben weiß. Damit ist die sog. *interne Validität* solcher Untersuchungen grundsätzlich gefährdet. Vorexperimentelle Versuchsanordnungen sind daher – in Abhebung von dem kausaltheoretisch fundierten experimentellen Versuchsansatz – *ungültig*, d. h. nicht schlüssig (konklusiv) zu interpretieren.

Vor dem unkritischen Gebrauch von invaliden Designs ist mit Nachdruck zu warnen. Dies gilt umso mehr, als vielfach noch heute solche Versuchspläne selbst von Psychologen – im Namen der Wissenschaft – als „gültig" interpretiert werden. Da dies so ist, wird hier der Behandlung auch dieser Designs ein relativ breiter Raum gewidmet.

Zunächst wird das sog. „*Schrotschuß*"-Design behandelt (Kap. 12.1), bevor dann auf den Versuchsplan mit „*Vorher-Nachher-Messung an einer einzigen Versuchsgruppe*" eingegangen wird

(Kap. 12.2). Schließlich wird auf ein vorexperimentelles Design aufmerksam gemacht, welches einen Vergleich von jeweils mehreren *vorgegebenen* („statischen") Versuchsgruppen vorsieht; es ist unter der Bezeichnung *„statischer Gruppenvergleich"* bekannt geworden (Kap. 12.3).

12.1 Einmalige Untersuchung an einer einzigen Versuchsgruppe

Eine Versuchsanordnung, bei der eine einzige Versuchsgruppe nur *einmal* einer *einzigen* Behandlung *X* unterzogen wird, um danach den „Effekt" auf die abhängige Variable zu messen („Nachher-Messung"), wird als eine *„einmalige Nachher-Messung an einer einzigen Versuchsgruppe"* bezeichnet.

„Schrotschuß"-Design

Diese Anordnung ist in der angloamerikanischen Fachliteratur unter der Bezeichnung *„One-shot case study"* bekannt. Wir übernehmen hier die (abschätzige) Benennung dieser Versuchsanordnung und bezeichnen sie als eine „Versuchanordnung nach dem *Schrotschuß*-Verfahren" – kurz: *„Schrotschuß"*-Design.

Das *Schrotschuß*-Design, dessen Struktur hier schematisch als *Design 0.1* dargestellt ist, verdient nicht die Bezeichnung *„Versuchsplan"* (Design). Denn eine kausaltheoretisch relevante *Planung* liegt in diesem Fall ohnehin nicht vor. Entsprechend findet man in der heutigen Fachliteratur keine ernstzunehmende Arbeit, die auf einem *Schrotschuß*-Design basiert. Im folgenden wird daher auch nur ein fiktives Untersuchungsbeispiel zur Illustration dieses vorexperimentellen Designs gewählt.

Design 0.1 Einmalige Nachher-Messung an einer einzigen Versuchsgruppe („One-shot case study")

	Versuchs-gruppe	Vorher-Messung	Treatment X	Nachher-Messung
V	*1*	–	X	$\overline{Y}_{nach}$

Frustration-Aggression bei Goldhamstern (fiktives Experimentalbeispiel)

Ein Tierpsychologe hat die Hypothese aufgestellt, daß bei *Goldhamstern* die klassische Aggression-Frustrations-Gesetzmäßigkeit gilt: „Auf Frustration folgt Aggression". Dieser theoretische Satz wird vom Untersucher in den überprüfbaren *experimentellen* Satz umgeformt: „Goldhamster, die 15 Tage lang nur 80 % ihrer üblichen Nahrungsmenge erhalten (*X*), greifen einander an ($\overline{Y}_{nach}$)". Die Versuchshypothese testet der Tierpsychologe wie folgt:

Er wählt 12 seiner Laborhamster aus, sperrt diese Tiere in Einzelkäfige und entzieht ihnen dann planmäßig Futter für 15 Tage (Treatment *X*). Danach sperrt er die Tiere paarweise für je 20 Min. zusammen (Bildung von 6 Zufallspaaren) und registriert pro Versuchstier die *Anzahl der aggressiven Akte* ($\overline{Y}$). Es zeigen sich fast ausnahmslos sehr deutliche „Aggressionen" bei den 6 Hamsterpaaren; d. h. der Psychologe stellt fast in allen Fällen die für diese Tierart in Ausnahmesituatiotionen typischen Drohgebärden sowie offenen Aggressionsakte fest. Bereits vor der eigentlichen statistischen Datenanalyse vermutet daher der Untersucher eine *kausale* Beziehung zwischen dem Futterentzug (X) und der beobachteten Aggression ($\overline{Y}$) seiner Versuchstiere.

Sollte man nun diesem Tierpsychologen – angesichts der „klaren" Ergebnisse seines Versuchs – dazu raten, in jedem Fall zunächst einen inferenzstatistischen („beweisführenden") Test zwecks Absicherung seiner deskriptiven Daten durchzuführen? – Die Antwort auf diese Frage lautet: *Nein.* Denn der Psychologe hat mit der Wahl dieses vorexperimentellen (ungültigen) Designs ein *invalides* Experiment durchgeführt, dessen forschungslogischer Status durch keinerlei (inferentielle) Statistiken verbessert werden kann. Unser Rat an diesen Tierpsychologen kann daher auch nur darin bestehen, daß diese Untersuchung auf einer *verbesserten* Versuchsplanungsgrundlage erneut durchgeführt werden müsse.

Warum sind die Daten ($\overline{Y}$-Werte) dieses fiktiven Hamsterversuchs wissenschaftlich wertlos, und wie hätte der Tierpsychologe korrekterweise vorgehen sollen? Diese Frage läßt sich mit Hilfe der *Campbell*schen Liste der die *interne Validität* bedrohenden Faktoren[1] – sowie auch allgemein anhand der allgemeinen Bewertungskriterien in *Abbildung 11.1* (S. 9) – wie folgt beantworten:

Möglicherweise geht die beobachtete „Aggression" (Y) gar nicht auf den Nahrungsentzug, sondern viel eher auf die *Einzelhaltung* der Tiere für 15 Tage zurück (Alternativerklärung *1*). Oder beide Bedingungen – „Nahrungsentzug" *und* „Einzelhaltung" – wirken in Form einer *Interaktion* (Wechselwirkung) zusammen; d. h. nur unter gleichzeitiger Einzelhaltung der Tiere führt ein *Nahrungsentzug* zu aggressivem Verhalten, wohingegen die Hamster für den Fall, daß sie sich während dieser Hungerperiode in einem gemeinsamen Gruppenkäfig aufhalten, keinerlei auffällige Aggressionstendenzen zeigen (Alternativerklärung *2*). Theoretisch möglich sind viele weitere Erklärungen wie beispielsweise – gerade im Falle der Untersuchung von *Jungtieren* – der mitzuberücksichtigende Einfluß von biologischen „Reifungsprozessen" (Alternativerklärung *3*), ferner auch die soziale „Testsituation" einer *paarweisen* Konfrontation (Alternativhypothese *4*); usw.

Der Tierpsychologe hätte auf denkbar einfache Weise seine *Kausalhypothese („Nahrungsentzug, X,* erzeugt ‚Aggression', $\overline{Y}$) prüfen können, indem er z. B. mit Hilfe eines dreistufigen unifaktoriellen *Zufallsgruppenplans* seine 12 Hamster in 3 Teilgruppen à 4 Tiere eingeteilt hätte und dann jede dieser Untergruppen unter einer anderen Nahrungsentzugs-Bedingung untersucht worden wäre (z. B. O %, 15 % und 30 % Entzug der normalen Futtermenge). – Bei der Wahl eines solchen (streng) experimentellen Designs hätte der Untersucher keinerlei praktischen Mehraufwand gehabt, dafür aber wissenschaftlich brauchbare Befunde erhalten können.

Zu beachten ist im vorliegenden Zusammenhang die folgende Grundregel: Es kommt bei der Beurteilung des methodologischen Werts einer Untersuchung, die einmalig an einer *einzigen* Gruppe durchgeführt wird, nicht darauf an, daß sich die eingangs aufgestellte Versuchshypothese im Falle einer validen Versuchsplanung als *richtig* oder aber als *falsch* erweist. Entscheidend ist vielmehr einzig und allein die Angemessenheit („Richtigkeit") des gewählten Nachweisverfahrens, dessen methodologisch bedeutsamster Bestandteil eben das korrekte experimentelle Designing ist. So mag beispielsweise die experimentelle Hypothese der obigen Untersuchung sogar *richtig* (und entspre-

[1] Die Liste der die *interne Validität* bedrohenden Faktoren (sensu Campbell & Stanley, 1966) wird wegen ihrer grundlegenden Bedeutung in beiden Bänden dieses Lehrbuchs behandelt (s. Bd. 1, Kap. 9.3; s. ferner Tab. 15.1, S. 147).

chend die genannten Alternativhypothesen allesamt *falsch*) sein, aber der (fiktive) Tierversuch hat auf der Basis dieses *vorexperimentellen* Designs keinerlei wissenschaftlichen Nachweiswert. Im übrigen gilt ganz allgemein, daß nicht etwa der für eine (schlecht geplante) Untersuchung nach Alternativerklärungen fahndende Wissenschaftler, sondern der eine *Hypothese* aufstellende Forscher die empirische Beweislast trägt (s. ○ Illu 20.1, S. 325 ff).

Im allgemeinen ist die Wahl eines vorexperimentellen Designs abzulehnen, da es einem unkontrollierten *Probieren* („Schrotschuß"), aber nicht einer methodisch akzeptablen Vorgehensweise zur Aufdeckung von Ursache-Wirkungs-Beziehungen entspricht. In diesem Sinne sind auch jene Untersuchungen wissenschaftlich wertlos, die etwa den „Erfolg" eines neuen *Staubsaugers* oder *Waschpulvers,* eines neu entwickelten *Medikaments,* eines neuen *Schulprogramms* usw. mittels des hier vorgestellten invaliden („ungültigen") Designs belegen wollen.

Die Therapie-„Erfolge" der klassischen *Psychoanalyse* basieren nach der Auffassung mancher Methodologen – wenigstens zum Teil – auf derselben diesem vorexperimentellen Design immanenten Logik. Wie etwa Kerlinger (1973, S. 318) betont, ist noch heute das Begründungs- und Erklärungsschema des Psychoanalytikers weit verbreitet, wonach dessen *„Therapie"* (X) neurotisches Fehlverhalten reduziert (Y), und dies auf der Basis einer einmaligen „Nachher-Messung" (Feststellung des Therapieerfolgs bzw. -mißerfolgs).

Kerlingers allgemeinen methodologischen Vorwurf modifizierend, ist allerdings festzustellen: Grundsätzlich geht ein Therapeut, der eine *Reduktion* irgendeines neurotischen Fehlverhaltens feststellt – aus sachlogischen Gründen – von der *Differenz* zwischen einer „Vorher-Messung" ($\bar{Y}_{vor}$: Therapiebeginn) und einer „Nachher-Messung" ($\bar{Y}_{nach}$: Entlassung) aus. Insofern gehört der von Kerlinger angeführte Fall eher in den Anwendungsbereich des nachfolgenden – allerdings ebenfalls kausaltheoretisch *ungültigen* – vorexperimentellen *Design 0.2.*

Vor- und Nachteile der „Schrotschuß"-Versuchsanordnung

Diese Versuchsanordnung entspricht – ebenso wie das nachfolgende *Design 0.2* – dem naiven Erklärungsschema und Verhaltensmodus des wissenschaftlichen Laien. Wegen ihrer (vermeintlichen) „Plausibilität" ist ihr Gebrauch sogar gefährlich für eine jede sachkritische Fortentwicklung eines Forschungszweiges, da ihre Verwendung typischerweise zu *Pseudonachweisen* führt.

Vorteile. – Dieses vorexperimentelle („ungültige") *Design 0.1* darf höchstens im Rahmen einer *Pilotstudie* (Erkundungsexperiment) verwendet werden (s. Bd. 1, Kap. 10.1); die Benutzung des *Design 0.1* kann dann u. U. zu einer *gezielten* Hypothesenbildung mit einer dann anschließenden adäquaten Design-Entwicklung führen.

Nachteile. – Diese Versuchsanordnung weist sämtliche Nachteile auf, die im Rahmen der Wirkungsweise derjenigen Faktoren entstehen, welche die *interne Validität* gefährden. – Im einzelnen gilt für die kritische Bewertung dieses Designs:

- Es fehlt jederlei experimentelle *Kontrolle.*
- Es gibt keinerlei *Vergleichsmöglichkeiten* zu anderen Untersuchungsbedingungen.
- Infolge seiner irreführenden „Plausibilität" für den methodisch nicht Geschulten besteht die Gefahr einer mißbräuchlichen Anerkennung bzw. Anwendung dieses Designs in der Praxis.

Statistische Auswertung. Im Rahmen einer *Pilotstudie* sind – je nach Fragestellung – grafische Darstellungen von individuellen und gruppenspezifischen (durchschnittlichen) Ergebnissen nur mit größter Vorsicht möglich. Darüber hinausgehende statistische Analysen – insbesondere inferenzstatistische Testanwendungen – sind unstatthaft.

12.2 Vorher-Nachher-Messung an einer einzigen Versuchsgruppe

Als zweites vorexperimentelles („ungültiges") Design wird üblicherweise die sog. Vorher-Nachher-Messung an einer einzigen Versuchsgruppe angeführt (*Design 0.2)*. Diese Versuchsanordnung unterscheidet sich äußerlich von dem oben behandelten *Design 0.1* nur durch die zusätzliche Einführung einer *Ausgangsmessung (Vorher-*Messung, Y_{vor}).

Nur im Falle von *unverzerrten* Datenerhebungen (keine Gefährdung der *internen* Validität) gilt die numerische *Differenz* zwischen der Nachher- und der Vorher-Messung ($\overline{Y}_{nach} - \overline{Y}_{vor}$) als ein valider Indikator für die Größe des experimentellen Effekts. Ein solcher Fall entspricht allerdings weit eher dem Untersuchungsmodell des Physikers oder Chemikers, der die Meßwerte vor und nach Einführung des Treatment X vergleicht, als dem des Psychologen.

Anhand der klassischen Arbeit von Barker, Dembo u. Lewin (1941) zur Wirkungsweise von experimentell induzierter Frustration bei Kleinkindern wird hier der Gebrauch eines solchen ungültigen Designs in der psychologischen Forschungspraxis illustriert.

Design 0.2 Vorher-Nachher-Messung an einer *einzigen Versuchsgruppe* (One group before-after design)

	Versuchs-gruppe	Vorher-Messung	Treatment X	Nachher-Messung
V	*1*	$\overline{Y}_{vor}$	$\overline{X}$	$\overline{Y}_{nach}$

Frustration bei Kleinkindern

Barker et al. (1941) benutzten in ihrer Studie über die Wirkungen von *Frustration* im Spiel von Kleinkindern diese *„Vorher-Nachher"*-Anordnung wie folgt:

Jedes Kind wurde in einen Raum gebracht, in welchem einfache Spielsachen lagen, mit denen man es für eine halbe Stunde spielen ließ. Während dieser Zeit wurde das Spielen von einem Beobachter nach dem Grad seines konstruktiven Gehaltes bewertet. Dann wurde eine Trennwand aufgestellt; in dem jetzt zugänglichen Raum waren attraktive Spielsachen wohlüberlegt zusammengestellt: Wenn sich das Kind gründlich in das Spiel mit diesen vertieft hatte, nahm es der Beobachter an der Hand, führte es zurück in den Teil des Raumes, in dem es vorher gespielt hatte und verschloß dann die neuen Spielsachen hinter einer Drahtnetzwand, durch die das Kind diese noch sehen konnte. Das Spiel des Kindes mit den ursprünglichen Spielsachen *wurde wiederum während einer halben Stunde auf konstruktiven Gehalt bewertet. Der Bewertungsunterschied* im konstruktiven Gehalt des Spiels zwischen der *Vor-* und der *Nach*-Frustrationsperiode wurde – zu Unrecht – als der experimentelle Effekt aufgrund der (absichtlich) herbeigeführten Frustration interpretiert.

Ähnlich wie das obige fiktive Untersuchungsbeispiel für das *Design 0.1* gibt es auch für das *Design 0.2* zahlreiche Alternativerklärungen für das beobachtete destruktiv-aggressive Verhalten der Kinder. Beispielsweise könnten ihre Äußerungen auf einfache Sättigungs- oder Ermüdungserscheinungen zurückgehen (Alternativhypothese *1*). Oder das Kind, welches gemäß der ursprünglichen Weisung des Versuchsleiters mit den bereitliegenden Spielsachen spielen durfte, mißinterpretiert den darauf folgenden Spielsachenentzug – die angebliche „Frustration" – dahingehend, daß es nun nicht mehr situationsadäquat das von ihm selber Gewünschte tun dürfe (Alternativhypothese *2*); usw. – Hinzuzufügen ist noch: Auch die Validität der Messungen („Meßinstrument"), d. h. die Bewertung des *konstruktiven* Gehalts, ist in dieser Untersuchung problematisch, da hier deren *Objektivität* nicht gesichert ist (s. dazu allgemein Bd. 1, Kap. 3.1 und 9.1; vgl. Child & Waterhouse, 1952).

Die Untersuchung an nur einer *einzigen* Versuchsgruppe stellt als solche noch kein grundsätzliches methodologisches Problem dar. Denn es gibt durchaus Versuchspläne, die von der Prüfung einer und nur einer Versuchsgruppe sinnvollerweise Gebrauch machen. Allgemeine Beispiele dafür finden sich praktisch in allen Bereichen der Psychologie (s. Kap. 13.2). Im Vorgriff darauf erfolgt an dieser Stelle – zur Abhebung von den (invaliden) vorexperimentellen Versuchsplänen (*V*) – ein Positivbeispiel für die *Zulässigkeit* der Untersuchung an einer einzigen Versuchsgruppe, wenn nämlich ein durch Wiederholungsmessungen (*W*) besser abgesichertes Design verwendet wird. Es ist die biopsychologische Arbeit von Jovanovič (1978), welche einer für die Schlafforschung wichtigen Frage der Bedeutung des Träumens gewidmet ist (Ω Orig 12.1; vgl. auch Hobson, 1990). Ω

Pablo Picasso (1881-1973): Schlafende und Wachende. Aus: W. C. Dement, Some Must Watch While Some Must Sleep. San Francisco: Freeman, 1974.

Ω Orig 12.1
Der Traum als „Wächter des Schlafes“ ein experimenteller Nachweis?

(Jovanovič, 1978)

Was Sigmund Freud (1900) bereits zu Beginn dieses Jahrhunderts aufgrund von Klientenberichten als eine der – auch nach heutiger allgemeiner Lehrmeinung – wesentlichen *Traumleistungen* intuitiv vielleicht richtig erkannt hatte, nämlich den Schutz des Schlafenden vor einem vorzeitigen Erwachen etwa infolge von äußeren Weckreizen, das konnten vor einiger Zeit Experimente von Traumexperten im Würzburger Schlafforschungslabor von Jovanovič (1978) wahrscheinlich machen (Abb. A). Verschieden intensive Weckreize (Trendfaktor A mit Wiederholungsmessungen für

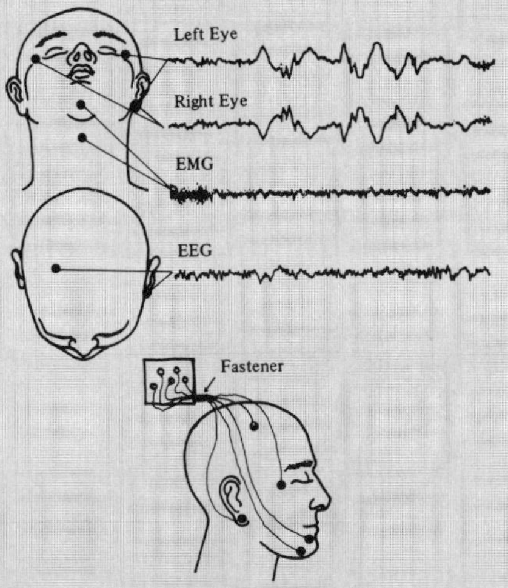

Abbildung A: Plazierung der Elektroden bei der Erfassung von physiologischen Messungen (z. B. *EEG*-Wellen) in der Schlafforschung gemäß einer standardisierten Anordnung. Lokalisation der Elektroden an genau definierten Stellen der Kopfhaut und des Gesichts für eine polygraphische Registrierung verschiedener physiologischer Indikatoren (*EMG* = *E*lektro*m*yo*g*ramm; *EEG* = *E*lektro*e*ncephalo*g*ramm). (Dement, 1974)

vier Intensitätsstufen, I bis IV) wirken im *Traum*-Zustand wesentlich schwächer als während einer traumlosen Phase (Faktor B mit Wiederholungsmessungen auf beiden experimentellen Stufen).

Diesem Exmperiment war ein *zweifaktorielles Design* mit Wiederholungsmessungen auf beiden experimentellen Faktoren an einer einzigen Versuchsgruppe zugrundegelegt (Tab. A) – die Probanden waren also alle unter sämtlichen Bedingungskombinationen untersucht worden.

Die Versuchsergebnisse fielen im Sinne der Hypothese recht eindeutig aus, wie der Abbildung B zu entnehmen ist. Den Befunden zufolge werden gewisse Weckreize – innerhalb bestimmter Grenzen – vielleicht durch das, was Freud (1900) die „Traumarbeit“ nennt, als den Traumabläufen zugehörig gewertet und verlieren damit ihre Weckfunktion (s. ○ Illu 16.1, S. 207 f).

Zu achten ist dabei auf die Wechselwirkung zwischen den beiden experimentellen Faktoren: Während der *Trendfaktor A* (Intensität des Weckreizes) *außerhalb* der Traumphase praktisch keinerlei Effekte hervorruft (links in der Abbildung), zeigt sich *innerhalb* der Traumphasen ein klarer Trendeffekt (rechter Abbildungsteil).

Nur am Rande sei hier noch mitgeteilt:

Von klinischem aber auch von kausaltheoretischem Interesse sind im vorliegenden Zusammenhang auch die von Jovanovič (1973, 1974) mitgeteilten Beobachtungen an *Epileptikern.* Ausgehend von der klinischen Erfahrung, daß Epileptiker so gut wie nie ihre Anfälle während einer Traumphase bekommen, vermutet man, daß die dem eigenen Körper der Patienten entstammenden „Weckreize“ ebenfalls als Traummomente verwandelt, d. h. in die *Traumarbeit* miteinbezogen werden und somit wirkungslos bleiben (Jovanovič, 1978).

Bei dieser Vermutung handelt es sich um eine wissenschaftlich äußerst interessante Spekulation mit *Kausalcharakter:* Der bedrohliche Anfall bleibt wirkungslos; d. h. der Patient wacht nicht auf, *„weil“* er träumt.

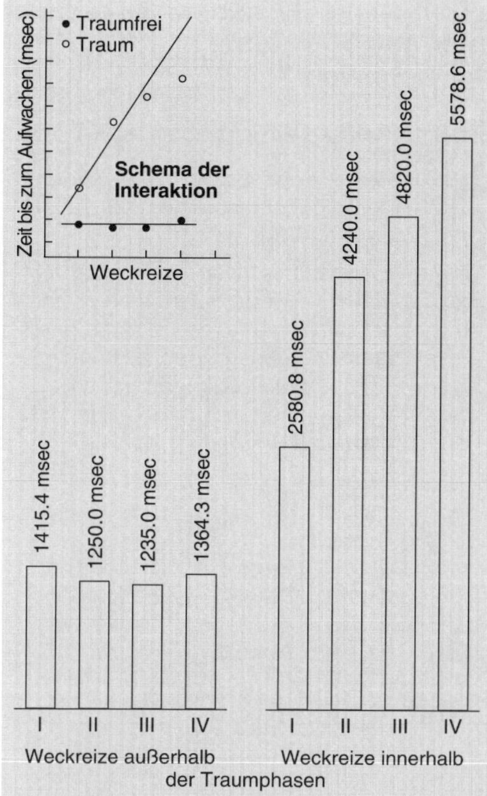

Abbildung B: Schlaf und Traum: Neuropsychologische Befunde der experimentellen Traumforschung. Die Daten repräsentieren *Weckschwellen* schlafender Personen; sie zeigen, daß man während der Traumphasen weniger leicht bzw. schnell aufgrund von äußeren Weckreizen aufwacht als im traumlosen Zustand (Ordinate: Weckschwellenwerte in msec = in Tausendstel von Sekunden von Beginn der Weckreizung bis zum Zeitpunkt des Erwachens). Die römischen Zahlen I bis IV bezeichnen vier verschieden intensive Weckreize (*Trendfaktor A* mit Wiederholungsmessungen auf allen Stufen) gegenüber dem zweistufigen *Faktor B* mit wiederholten Messungen auf den beiden Stufen („außerhalb" versus „innerhalb" einer Traumphase). Nur *innerhalb* – nicht außerhalb – einer Traumphase ergibt sich ein klarer *Trendeffekt* (rechter Abbildungsteil). Diese *Interaktion* der beiden experimentellen Faktoren läßt sich durch ein einfaches Umzeichnen der Daten verdeutlichen (s. Schema der Interaktion im linken oberen Abbildungsteil). (Modifiziert nach Jovanovič, 1978)

Ist damit *nachgewiesen,* daß das Träumen den epileptischen Anfall „ursächlich" verhindert? *Nein.* – Ist dann aber diese Spekulation noch wissenschaftlich legitim? Vermutlich *ja;* denn mangels alternativer Untersuchungsbefunde und Erklärungen hat diese Spekulation zumindest einen vorläufigen Interpretationswert – möglicherweise ist sie sogar richtig.

Die vorliegende Untersuchung ist ein wissenschaftlich positives Beispiel dafür, wie Traumforschung, ein zentraler Bereich der *Tiefenpsychologie* (Psychoanalyse), auf der Basis von Experimenten betrieben werden kann. Insofern weitere Untersuchungen – in anderen Laboratorien und durch andere Forscher – die vorliegenden Befunde bestätigen und erweitern, kann eine solche Analyse des sog. *Unbewußten* als wissenschaftlich fortschrittlich gelten.

Literatur

Dement, W. C.: Some must watch while some must sleep. San Francisco: Freeman, 1974.

Freud, S.: Die Traumdeutung. Frankfurt/M.: Fischer, 1961. (1. Aufl. 1900).

Jovanovič, U. J. (Ed.): The nature of sleep. Stuttgart: Gustav Fischer, 1973.

Jovanovič, U. J.: Schlaf und Traum. Stuttgart: Gustav Fischer, 1974.

Jovanovič, U. J.: Traumforschung. In: L. J. Pongratz (Hrsg.), Handbuch der Psychologie. (Bd. 8, 2. Halbbd.) Klinische Psychologie. Göttingen: Hogrefe, 1978.

Tabelle A siehe Seite 38

Tabelle A: Zweifaktorieller Versuchsplan zum Nachweis von Traumwirkungen. Registriert wird der Einfluß wiederholter, verschieden *intensiver* Weckreize (Faktor A) auf den Schlaf der Probanden in *traumfreien* und *traumaktiven* Schlafphasen (Faktor B) in der Originaluntersuchung von Jovanovič. – Design $W_{tr}W$ – (p × q) N.

Design 2.2 Zweifaktorieller Versuchsplan mit wiederholten Messungen auf den beiden Faktoren A (p = 4) und B (q = 2): *Design* $W_{tr}W$ *– (4×2) N*

$W_{tr}W$

Pb-Nr.	*Faktor A* Intensität der Weckreizung				
	A_1 *Faktor B* Schlafphase		. . .	A_4 *Faktor B* Schlafphase	
	B_1 traumfrei	B_2 traumaktiv		B_1 traumfrei	B_2 traumaktiv
1	$Y_{1.11}$	$Y_{1.12}$	. . .	$Y_{1.41}$	$Y_{1.42}$
2	$Y_{2.11}$	$Y_{2.12}$	. . .	$Y_{2.41}$	$Y_{2.42}$
3	$Y_{3.11}$	$Y_{3.12}$	. . .	$Y_{3.41}$	$Y_{3.42}$
.	.	.	. . .	.	.
.	.	.		.	.
.	.	.		.	.
	$\bar{Y}_1$	$\bar{Y}_2$		$\bar{Y}_7$	$\bar{Y}_8$

AV: Weckschwelle in msec (Zeit bis zum Erwachen nach erfolgter Weckreizung; $\bar{Y}$)

Obschon das *Design 0.2* – im Vergleich zum *Design 0.1* – eine etwas bessere Kontrolle der Fehlermöglichkeiten beim Experimentieren erlaubt, weist es insgesamt doch zu viele Schwächen auf, als daß man dessen Einsatz in der psychologischen Untersuchungspraxis empfehlen könnte.

Allerdings gibt es in der Psychologie auch einige wenige Ausnahmen von dieser insgesamt ungünstigen Design-Beurteilung. So basiert beispielsweise die Untersuchung von sog. *„sensorischen Kontrasteffekten“* oder auch von *„figuralen Nachwirkungen“* in der Wahrnehmungspsychologie im Prinzip auf einem solchen einfachen *Vorher-Nachher*-Versuchsplan (s. hierzu *PrB,* Bd. I und dort die Demonstrationen ◇ Demo 1.1 und 1.2, Kap. 1).

Vor- und Nachteile der Vorher-Nachher-Messung an einer einzigen Versuchsgruppe

Grundsätzlich ist das *Design 0.2* – zumindest im Rahmen von Voruntersuchungen (Pilotstudien) – immer dann in Erwägung zu ziehen, wenn der *experimentelle* Faktor quantitativ wesentlich bedeutsamer ist als alle Störfaktoren (konfundierende Bedingungen) zusammengenommen.

Vorteile. – Ein solcher Untersuchungsplan der *Vorher-Nachher*-Messung erlaubt im Vergleich zu *Design 0.1* die Abschätzung des individuellen Ausmaßes eines Effekts und bietet damit eine wichtige Kontrolle der *interindividuellen* Verhaltensvariabilität. Der Vorher-Meßwert stellt also den Kontrollwert eines Probanden dar. Auf diese Weise ist eine echte *Vergleichsmöglichkeit* zwischen Verhaltensausprägungen *mit* und *ohne* Treatment X (z. B. „Frustration“) gegeben; d. h. die Probanden liefern ihre eigenen Kontrollwerte. – Dieses Design kann somit im Rahmen von *Pilotstudien* verwendet werden.

Nachteile. – Fast sämtliche Störvariablen, die bei einem solchen Experiment eine Rolle spielen könnten, bleiben als solche unentdeckt, d. h. unkontrolliert. Entsprechend hoch ist die Anzahl möglicher *alternativer* Erklärungen für die Untersuchungsbefunde. Einige dieser möglichen Störeinflüsse sind:

- Die Probanden werden mit der Zeit müde oder gelangweilt.
- Ein sog. *Testeffekt,* d. h. die zweimalige Testung ein und desselben Probanden, mag im Sinne einer *Testsensibilisierung* für eine Datenverzerrung verantwortlich sein.
- Es fehlt der hier angezeigte *Doppelblindversuch* (s. S. 258), um das „reaktive“ Verhalten von Probanden *und* Versuchsleiter kontrollieren zu können.

Statistische Auswertung. Der Punktwert eines Probanden *nach* Einführung eines Treatment *X* wird jeweils *relativiert* zum individuellen Ausgangsniveau, d. h. zum Punktwert *vor* der Einführung des Treatment *X*. Unter der Annahme, daß die Y_{vor}-Werte als valide Ausgangsdaten (*Kontrolldaten*) gegenüber den Y_{nach}-Werten, den eigentlichen *experimentellen* Daten, Verwendung finden dürfen, nämlich unter Ausschluß von Störeffekten, können einfache statistische Berechnungen – sowohl deskriptive als auch inferentielle Analysen (s. Kap. 18.1) – mit der hierbei gebotenen Vorsicht probeweise durchgeführt werden. Dabei hat man sich des *tentativen* Charakters einer solchen Datenbehandlung bewußt zu bleiben. Denn da Versuche, die von vorexperimentellen Designs Gebrauch machen, bestenfalls nützliche *Pilotstudien* darstellen, müssen alle hierauf fußenden statistischen Analysen naturgemäß ebenfalls nur als Erkundungsstudien betrachtet werden. Nur unter Beachtung dieses methodologischen Vorbehalts dürfen daher auch statistische *Prüftests,* im Sinne von *Vor*-Tests, an den hierbei anfallenden Daten ausprobiert werden. Unter dieser Einschränkung wird z. B. die statistische Signifikanz des Mittelwertunterschieds ($Y_{\text{nach}} - Y_{\text{vor}}$) im Falle von Häufigkeitsdaten mittels des *Chi²-Tests* für korrelierende Stichproben, hingegen für den Fall von Meßdaten durch den t-Test für korrelierende Stichproben (parametrischer Prüftest) oder aber durch Wilcoxons Test (nonparametrischer Test) untersucht (s. Kap. 18.2).

12.3 Statischer Gruppenvergleich – mehrere vorgegebene Versuchsgruppen

Als drittes vorexperimentelle („ungültiges“) Design wird in der einschlägigen Fachliteratur meist der Versuchsplan mit sog. *vorgegebenen* („*statischen*“) Versuchsgruppen angeführt (*Design 0.3*). Es handelt sich hierbei um den Vergleich von zwei oder mehreren experimentell behandelten Gruppen, die allerdings nicht aufgrund von Zufallsgruppenbildung zusammengestellt wurden, sondern als bereits existierende („vorgegebene“) Gruppierungen von Probanden bestehen (statischer Mehrgruppenvergleich).

Design 0.3	Einmalige Nachher-Messung an mehreren (p = 3) vorgegebenen Versuchsgruppen („After-only multi-group design")

V

Versuchs-gruppe	Vorher-Messung	Treatment X	Nachher-Messung
1	–	X_1	$\overline{Y}_{1\ nach}$
2	–	X_2	$\overline{Y}_{2\ nach}$
3	–	$X_3(X_o)$	$\overline{Y}_{3\ nach}$

Vergleich von mehreren vorgegebenen Gruppen

Nur in *äußerlicher* Hinsicht gleichen die verschiedenen Varianten des *Design 0.3* den *Zufallsgruppenversuchsplänen* (s. Tab. 13.1, S. 58). Es bestehen grundlegende methodologische (kausaltheoretische) Unterschiede zwischen diesen beiden Designtypen: Während das *Design 0.3* eine kausaltheoretisch befriedigende Erklärung von Versuchsergebnissen *nicht* zuläßt, basiert ein Zufallsgruppenversuchsplan auf einer konklusiven, „gültigen" Grundlage der Interpretation von Ursache-Wirkungs-Beziehungen.

Gerade die *scheinbare* Ähnlichkeit dieser beiden Designtypen ist bei der Bewertung einer Untersuchung stets *kritisch* zu berücksichtigen. Denn eine Verwechslung dieser beiden Designs kann zu folgenschweren Irrtümern bei dem Bemühen um eine sachadäquate Interpretation der jeweiligen Einzeluntersuchung führen.

Im Anschluß an die Originalarbeit von Campbell u. Stanley (1966) wird hier ein fiktives, extremtypisches *Beispiel* vorgestellt, das die Gefahr der Pseudointerpretation von Untersuchungsergebnissen erhellen soll, die auf einer Versuchsanordnung mit dem *statischen Gruppenvergleich* basieren. Im ersten Teil des Beispiels geht es um die Anwendung des *Design 0.3* auf zwei verschiedene Versuchsgruppen, im zweiten um die Anwendung dieses Designs auf nur *eine* Versuchsgruppe:

Beeinträchtigt das Mathematikstudium das gute Aussehen von Studentinnen? (Campbell & Stanley, 1966).

Es werden 100 Studentinnen des 8. Semesters Mathematik (*X*) mit 100 anderen Nicht-Mathematikstudentinnen des 1. und des 8. Semesters (*Non-X*) inbezug auf ihr *„gutes Aussehen"* verglichen. Dann sei für das Beispiel angenommen, daß laut durchschnittlichem „Experten"-Urteil die erstsemestrigen Nichtmathematik-Studentinnen – im Vergleich zu den 8-semestrigen Mathematik-Studentinnen – in der Regel als *hübscher* eingestuft werden. Ein vom naiven Alltagsdenken her vielleicht naheliegender *Trugschluß* wäre, daß (1) das Mathematikstudium (*X*) oder (2) das Alter der Studentinnen relativ „häßlich" macht (1. Teilbeispiel).

Auch für den Fall, daß eine Untersuchung ein und derselben Stichprobe von Individuen *vor* und *nach* 8 Semestern Mathematikstudium durchgeführt worden wäre, könnte die anstehende (Ursache-Wirkungs-) Frage nicht hinreichend beantwortet werden (2. Teilbeispiel).

Wie die beiden Teilbeispiele zeigen, stellt das *Design 0.3* im wesentlichen eine Erweiterung des *Design 0.2* um eine oder mehr Vergleichsgruppen dar. Mangels einer Zufallsbildung der Versuchsgruppen bleibt jedoch offen, ob es dem Untersucher tatsächlich gelungen ist, die angestrebte „Vergleichbarkeit" der Ausgangsbasis für die zwei oder mehr als zwei Versuchsgruppen herzustellen.

Selbst wenn für das obige Untersuchungsbeispiel einmal angenommen wird, daß es tatsächlich möglich sei, gutes Aussehen von Studentinnen „zuverlässig" (reliabel) und „gültig" (valide) – etwa auf der Basis von Ratings durch Experten („Jury") – zu erfassen, dann bliebe trotzdem der *Kausalschluß* unbefriedigend; und dies eben deshalb, weil außer dem Treatment *X* („Mathematikstudium") das Alter die interne Validität des Versuchs verfälscht haben könnte.

Die beiden Teilbeispiele enthalten die folgenden schwerwiegenden *Fehlerquellen:*

- Schon die Gleichheit der Ausgangsbasis der beiden Versuchsgruppen ist nicht gewährleistet, weil lediglich mit „vorgegebenen" (*statischen*) Gruppen gearbeitet worden ist.
- Der „Reifungsprozeß" ist nicht kontrolliert (zweites Teilbeispiel): Vielleicht ist es gar nicht das *Mathematikstudium* (*X*), welches Studentinnen nach 8 Semestern etwas weniger schön erscheinen läßt, sondern die *Schönheit* verblaßt mit dem Alter?

Dieses nach Campbell u. Stanley (1966) gewählte – hier etwas erweiterte – Untersuchungsbeispiel täuscht angesichts seiner Trivialität eine Art Ungefährlichkeit des eigentlichen Problems vor. Es beinhaltet aber gerade ein Bündel von häßlichen methodologischen Schwierigkeiten, welche die Beantwortung der Ausgangsfrage, ob nämlich ein Mathematikstudium dem guten Aussehen von Studentinnen abträglich sei, grundsätzlich nicht zulassen. Denn die nicht kontrollierte Gleichheit der beiden Studentinnengruppen bedeutet in der Tat nichts anderes, als daß hier von vornherein eine *Konfundierung* („Vermischung") der beiden Variablen *Studienrichtung* (Mathematik versus Nicht-Mathematik) und *Lebensalter* (hier Studiensemester: 8. versus 1. Semester) vorliegt. – Ein praktisch-anschauliches Beispiel dafür, welche wichtige Rolle der (unkontrollierte) *Zeit*-Einfluß auf Einstellungen, Leistungen usw. von Individuen spielen kann, wird in einer Demonstration gegeben, in der man diesen Problemen an sich selbst beobachtend nachgehen kann (◇ Demo 11.1, S. 24 ff).

Tatsächlich charakterisiert die allgemeine (mangelnde) Logik des obigen fiktiven Untersuchungsbeispiels im wesentlichen das, was die alltägliche anwendungsbezogene Forschungspraxis in der Psychologie auch heute noch oft aufweist. Denn diese hier beschriebene *ungültige* Versuchsanordnung wird – namentlich im Rahmen von *Schulversuchen* (○ Illu 12.1) – immer wieder verwendet, und die hierauf basierenden Versuchsergebnisse werden oft leider ebenso fälschlicherweise *kausaltheoretisch* interpretiert. Dasselbe trifft sehr häufig auch für *Psychotherapie*-Vergleichsuntersuchungen zu (s. ○ Illu 15.1, S. 159 ff). ○

○ Illu 12.1
Schulversuche: „Experimente", die keine (Experimente) sind

Der Fachterminus des *Experiments* ist wesentlich enger, als dies der umgangssprachliche Gebrauch des Wortes „Experiment" erkennen läßt. Während ein wissenschaftliches Experiment definitionsgemäß die Manipulation der unabhängigen Variablen und die experimentell-statistische *Kontrolle* der Störfaktoren erforderlich macht, um als Instrument der kausalanalytischen Forschung akzeptiert werden zu können, umfaßt der umgangssprachliche Begriff des (gesellschaftsbezogenen) „Experiments" eine wissenschaftlich undefinierte Vielfalt, also Heterogenität, von Methoden zur Untersuchung der meist unmittelbar aktuellen Fragen mit einem *bildungs-, sozial-* oder *politisch* relevanten Anstrich, und dies meist mit dem stark interessenbezogenen praktischen Ziel, möglichst einfache – also im wesentlichen *unifaktoriell-univariate* – Begründungszusammenhänge für die der Sache nach komplexen Untersuchungsgegenstände zu finden bzw. herzustellen.

Die Schulversuche (wissenschaftliche Begleituntersuchungen) basieren meistens nicht auf einer klaren Konzeption hinsichtlich der Bedeutung und der Aufgaben des pädagogischen bzw. pädagogisch-psychologischen Experiments (Klauer, 1973). Dadurch wird die erforderliche Analyse von Ursache-Wirkungs-Beziehungen im Bereich der sog. „Evaluationsforschung" ungemein erschwert (Campbell, 1969; Cronbach & Suppes, 1969; Campbell & Erlebacher, 1970; Ingenkamp, 1970; Raschert, 1974; Snow, 1974; Bredenkamp, 1975; Weinert et al., 1976).

Typische Beispiele für die Behandlung der unterrichtspsychologischen Fragestellungen findet man leider häufig in der einschlägigen Fachliteratur. Es heißt dort etwa: „Das Unterrichtsprogramm *A* ist *besser* als das Unterrichtsprogramm *B* oder *C*" und „Die Lese- oder die Rechenmethode *1* ist – wie durch das ‚wissenschaftliche' Experiment nachgewiesen – *schlechter* als die Alternativmethode *2*" usw. (Raschert, 1974).

Aus der Menge der wesentlichen *Fehler,* die im Rahmen von schulbegleitenden Untersuchungen immer wieder anzutreffen sind, werden hier nur fünf *Artefaktquellen* herausgestellt (Isaac & Michael, 1974).

Novitätseffekte. – Darunter versteht man artifizielle Datenverzerrungen, die mit der aktuellen Neuheit des bildungsrelevanten Problems zusammenhängen.

Gerade bei starker institutioneller oder aber auch öffentlicher Beachtung von neuen Schulprogrammen führen diese häufig zu einer erheblichen allgemeinen Motivationssteigerung – verbunden mit einer generell höheren Durchschnittsleistung der Schüler –, so daß die der Wirkung eines neuen Bildungsprogramms zugeschriebenen (zumeist positiven) Leistungsveränderungen in Wirklichkeit weniger auf das eigentliche *Treatment* (X) als vielmehr auf die allgemeine kurzfristige Motivationserhöhung bei den Schülern zurückzuführen sind.

Hawthorne-Effekt. – Hierunter versteht man einen „Versuchspersonen-Effekt", dessen Eigenart darin besteht, daß man sich in der Rolle des Probanden im Sinne der institutionellen *„Erwartungen"* (mit positiver Konnotation) verhält und dabei ein auf den Versuchsleiter zugeschnittenes Interesse (Motivation) zum „Mitmachen" zeigt, damit das Untersuchungsprojekt aufgrund seiner Mitarbeit „gelingt".

Wenn beispielsweise das *öffentliche* Interesse überwiegend ein „Gesamtschulkonzept" zu präferieren scheint, kann ein Schulversuch aufgrund von *einstellungsbedingten* Maßnahmen das (Leistungs-) Verhalten der Schüler einseitig ausrichten und damit verbunden eine für die verschiedenen „experimentellen" Gruppen recht unterschiedliche Leistungsmotivation stiften.

Versuchsleiter-Erwartungs-Effekt (*„Rosenthal*-Effekt"). – Bei diesem Effekt handelt es sich um die unwissentliche Beeinflussung der zu erhebenden Daten durch den Untersucher selbst (Rosenthal, 1966; Rosenthal & Jacobson, 1971) aufgrund seiner *Erwartungshaltung.* Diese auch als *Pygmalion*-Effekt bekannte Artefaktquelle wird wegen ihrer besonderen Bedeutung für die gesamte Psychologie in Kapitel 17.3 ausführlich behandelt.

Einflüsse von Organismusvariablen. – Die *lehrer-* und *schüler*spezifischen Eigenschaften (interindividuelle Variabilität) stehen in *Wechselwirkung* mit den für Schulversuche typischen Hauptfaktoren (Unterrichtsprogramm, Unterrichtsmethode, Schultyp, Altersstufe usw.) und verlangen deshalb schon aus methodologischen Gründen eine besondere Beachtung.

Allerdings stellt die sachrepräsentative Erfassung der *lehrer-* und *schüler*spezifischen Merkmale ein Grundsatzproblem für die Konstruktion und Realisation von methodisch akzeptablen *Versuchsplänen* dar (Cronbach & Suppes, 1969; Isaac & Michael, 1974). Es kommt erschwerend hinzu, daß allein schon aus *Ökonomiegründen* – leider aber auch häufig aufgrund von völlig *falschen*, simplifizierenden Vorstellungen über den „komplexen" Untersuchungsgegenstand – die psychologisch relevanten Organismusvariablen – wie „Intelligenz", „Motivation", „psychische Gesundheit" usw. von Schülern *und* Lehrern – bis heute in Schulversuchen noch nicht systematisch mitberücksichtigt werden. Insbesondere machen hierbei die meisten Schulversuche noch immer keinen Gebrauch von den sog. *Mischversuchsplänen* (s. Kap. 15.2).

Partielle Unvergleichbarkeit der Untersuchungsgrundlagen. – Weitere Artefaktquellen ergeben sich aus der Tatsache, daß üblicherweise die *Ausgangsbedingungen* für zwei miteinander zu vergleichende Bildungsinstitutionen, Bildungsprogramme usw. in der realen Schulwirklichkeit *nicht* gleich sind.

Beispielsweise betrifft dies die Frage, ob die bei einem Vergleich „Gesamtschule" versus „Traditionelles Schulsystem" gegebenen *personellen* und *materiellen* Ausgangsbedingungen zumindest annähernd dieselben sind. Dabei meint hier etwa „Gleichheit der Unterrichtsbedingungen" die methodisch zu fordernde *Gleichheit* der Lehrer-Schüler-Relationen, diejenige der Unterrichtsmittel, der räumlichen Ausstattung usw.

Folgt man etwa dem von Raschert (1974) im Auftrag des „Max-Planck-Instituts für Bildungsforschung" vorgelegten kritischen Bericht über den methodologischen Wert der bisherigen *wissenschaftlichen* Begleituntersuchungen zur *Effektivität von Gesamtschulen,* dann ergibt sich ein Bild, das wie folgt zu charakterisieren ist:

Die Untersuchungsergebnisse werden in aller Regel *überinterpretiert;* das heißt, daß vielfach

- die deskriptiven Datensätze – welche meist auf *vor-experimentellen* oder gar nur *korrelativen* Versuchsplänen basieren – fälschlich „kausal" (erklärend) im Sinne der *Erwartung* bzw. *Hoffnung* des jeweiligen Untersucherteams (bzw. des Auftraggebers) gedeutet werden,
- die an *nachweislich nicht* repräsentativen Schulen bzw. Schulbezirken erhobenen Befunde unzulässig eine Verallgemeinerung auf „die" Gesamtschule gegenüber „der" traditionellen Schule erfahren und
- die schulspezifischen Datenerhebungen meist sachlich *unbegründet* in einen Zusammenhang mit z. B. übergeordneten *soziologischen Betrachtungen* unserer zeitgenössischen Gesellschaft gebracht werden.

Die Untersuchungsergebnisse werden u. U. im Sinne von „politischen" Interessen – nicht zuletzt durch die hierfür verantwortlichen Wissenschaftler selbst – interpretiert (und dabei die Grenzen zwischen „Wissen" und „Glauben" nicht immer beachtet).

Es hat daher den Anschein, daß die bisherigen empirischen (sog. „experimentellen") Erfolgsstudien das vorwissenschaftliche Niveau des *naiven* Denkens bis heute nur ansatzweise überwunden haben. Zu beachten ist hierbei, daß der Wissenschaftler selbst oft *ideologiebefangen* „Evaluationsforschung" betreibt und damit den *politisch motivierten Mißbrauch* seiner „Ergebnisse" mit vorbereiten hilft.

Eine *rasche, ökonomische* und zugleich auch *zuverlässige* sowie *gültige* „Evaluation" von *Bildungsprogrammen* (Schulunterricht, Vorschulfernsehen usw.) gibt es nicht. Dies hängt – einmal abgesehen von dem *verhältnismäßig geringen Interesse* an Bildung und Wissenschaft – mit der Tatsache zusammen, daß die dazu erforderliche *Methodologie* bisher nur in ihren ersten Ansätzen vorliegt. Doch verfügen wir bereits heute über hinreichende *Methodenkenntnis-*

se, deren Einsatz dazu beitragen kann, sachlich unhaltbare „Ergebnisse" aus angeblich wissenschaftlich gesicherten Schulversuchen als *Schein-* oder *Halbwissen* zu entlarven (Campbell, 1969; Campbell & Erlebacher, 1970; Ingenkamp, 1970; Snow, 1974; Klausmeier & Ripple, 1973 ff; Tavris, 1975; Skowronek & Schmied, 1977).

Die sorgfältige Beachtung des derzeitigen methodischen *Standardwissens* schützt zweifellos vor sachlich irreführenden und bildungspolitisch gefährlichen *Überinterpretationen* von singulären Untersuchungsergebnissen aus der (vorexperimentellen bzw. bestenfalls quasi-experimentellen) Evaluationsforschung. Zumindest darf von jedem Bildungsforscher verlangt werden, daß er sich selbst und seinen Auftraggebern immer wieder die methodologische Ausgangsposition von Schulversuchen vor Augen hält, die da lautet: Unter einem *Schulversuch* versteht man ein „Experiment", das kein *Experiment* ist.

Literatur

Bredenkamp, J.: Varianzanalytische und regressionsanalytische Verfahren in der Curriculumevaluation. In: K. Frey (Hrsg.), Curriculumhandbuch. (Bd. II) München: Piper, 1975.

Campbell, D. T.: Reforms as experiments. American Psychologist, 1969, *24*, 409-429.

Campbell, D. T. & Erlebacher, A. E.: How regression artifacts in quasi-experimental evaluation can mistakenly make compensatory education work harmful. In: J. Hellmuth (Ed.), Compensatory education: A national debate. (Vol. 3) New York: Brunner, 1970.

Cook, T. D. & Campbell, D. T.: Quasi-experimentation: Design and analysis issues for field settings. Skokie, Ill.: Rand McNally, 1979.

Cronbach, L.J. & Suppes, P.: Research for tomorrow's schools: Disciplined inquiry for education. New York: MacMillan, 1969.

Ingenkamp, K. H. (Hrsg.): Handbuch der empirischen Unterrichtsforschung I. Weinheim: Beltz, 1970.

Isaac, S. & Michael, W. B.: Handbook of research and evaluation. San Diego, Calif.: Knapp, 1974.

Klauer, K.-J.: Das Experiment in der pädagogischen Forschung, Düsseldorf: Schwann, 1973.

Klausmeier, H. J. & Ripple, R. E.: Moderne Unterrichtspsychologie. (4 Bände) München: Reinhardt, 1973-1975.

Raschert, J.: Gesamtschule: ein gesellschaftliches Experiment. Möglichkeiten einer rationalen Begründung bildungspolitischer Entscheidungen durch Schulversuche. (Veröffentlichungen des Max-Planck-Instituts für Bildungsforschung.) Stuttgart: Klett, 1974.

Rosenthal, R.: Experimenter effects in behavioral research. New York: Appleton Century Crofts, 1966.

Rosenthal, R. & Jacobson, L.: Pygmalion in the classroom: Teacher expectation and pupils' intellectual development. New York: Holt, Rinehart & Winston, 1968. (Deutsch: Pygmalion im Unterricht, Weinheim: Beltz, 1971.)

Skowronek, H. & Schmied, D. (Hrsg.): Forschungstypen und Forschungsstrategien in der Erziehungswissenschaft. Hamburg: Hoffmann & Campe, 1977.

Snow, R. E.: Representative und quasi-representative designs for research on teaching. Review of Educational Research, 1974, *44*, 265-291.

Tavris, C.: The experimenting society: To find programs that work, government must measure its failures. Conversation with Donald T. Campbell. Psychology Today, September 1975, 47, 50-53, 55-56.

Weinert, F. E., Graumann, C. F., Heckhausen, H. & Hofer, M.: Pädagogische Psychologie. (Studienbegleitbriefe des *DIFF* zum Funkkolleg Pädagogische Psychologie.) Weinheim: Beltz, 1976.

Die oben dargestellten *Erkenntnisschwierigkeiten* bei der Durchführung von schulversuchbegleitenden Untersuchungen sind eine ernstzunehmende Aufforderung an den Wissenschaftler, methodisch unzureichende Untersuchungsvoraussetzungen als solche kritisch aufzuzeigen und gegebenenfalls zu verbessern (Cook & Campbell, 1979). Nur insoweit dies gelingt, kann die bis heute noch in vielen Gebieten der angewandten bzw. praktischen Psychologie verbreitete Vorwissenschaftlichkeit von Grund auf verbessert und aus ihrem *protowissenschaftlichen* Status herausgeführt werden (s. Bd. 1, Kap. 5.1 und Kap. 10.3). – Der illustrativen Verdeutlichung des Begriffs „statistischer Zufall", mit dessen Hilfe z.B. die zu fordernde Zufallsgruppenbildung zu erreichen ist, ◇ dient die dieses Kapitel beschließende Demonstration (◇ Demo 12.1., s. S. 48 ff).

Die Verbesserung der *Qualitäts-* und *Effektivitätskontrolle* entspricht keinesweg nur einem wissenschaftlich-theoretischen Anliegen, sondern stellt auch und gerade eines der praktisch wichtigsten *ethischen* Prinzipien der beratenden und heilenden Berufe dar (Schaefer, 1983; Treiber & Weinert, 1982). In diesem Sinne unterliegen selbstverständlich auch alle Psychotherapieversuche grundsätzlich der *Beweispflicht* bzgl. der Qualität und Effektivität ihrer therapeutischen Maßnahmen (Fricke, 1986; Klauer, 1987; Lienert, 1987; Koch & Wittmann, 1990; Wottawa & Thierau, 1990).

Das nachfolgende *Negativbeispiel* kann das hier Gemeinte, d. h. die Notwendigkeit von besser kontrollierter Psychotherapieforschung erhellen. Im Kapitel 15.1 kommen wir ausführlicher auf diese Thematik zu sprechen. Im Anschluß an das von Neale u. Liebert (1973) herangezogene Untersuchungsbeispiel wird auf eine *Psychotherapie*-Studie aufmerksam gemacht, die angeblich dem Nachweis der Effektivität der *Gesprächstherapie* als einer beratend-heilenden Therapie von sog. Selbstwertproblemen diente (Rogers & Dymond, 1954).

Selbstwertprobleme und Gesprächstherapie

In ihrer „Erfolgsstudie“ wählten Rogers u. Dymond (1954) eine experimentelle Gruppe von Personen mit besonders starken *Selbstwertproblemen* (Minderwertigkeitskomplexen) und demgegenüber eine Kontrollgruppe mit Personen ohne nennenswerte Auffälligkeiten aus. Nach einer etwa sechsmonatigen Therapiebehandlung (*X*), nur der experimentellen Gruppe, wurden beide Versuchsgruppen ein zweites Mal untersucht, um somit die *Veränderungen* der Befindlichkeit der Personen zu erfassen. In Abbilung 12.1 ist das designtechnische Vorgehen der Untersucher in schematischer Form wiedergegeben.

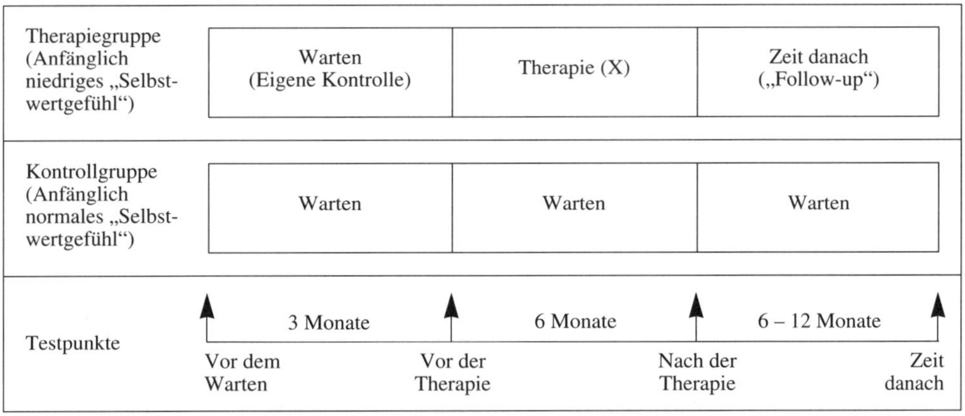

Abbildung 12.1: Schematische Darstellung des *vorexperimentellen* Versuchsplans, welcher der relativ frühen Arbeit von Rogers u. Dymond (1954) zwecks Überprüfung der *Effektivität* der *gesprächstherapeutischen* Methode zugrundelag. Die Untersuchung ist letztlich invalide, weil zum einen die Ausgangswerte der beiden Versuchsgruppen (Therapiegruppe und Kontrollgruppe) voneinander *verschieden* sind und zum anderen keine *Zufallsgruppenbildung* stattfand. (Nach Neale & Liebert, 1973)

Diese vor mehr als dreißig Jahren durchgeführte – und in einem international renommierten Fachorgan publizierte – Psychotherapieuntersuchung weist besonders die beiden folgenden Validitätsmängel auf (Neale & Liebert, 1973):

- Schon vor dem Versuchsbeginn waren die beiden untersuchten Gruppen völlig *ungleich,* da – anstelle einer eigentlich erforderlichen *Randomisierung* (Zufallsgruppenbildung) – offensichtlich eine Selektion durch die Untersucher im Sinne ihres Untersuchungszieles stattgefunden hatte.
- Aufgrund des Versuchsaufbaus ist es nicht ausgeschlossen, daß die beobachteten *Besserungen* (Heilungen) aufseiten der experimentellen Gruppe lediglich sog. „Spontanremissionen" (natürliche, über die Zeit hinweg eintretende *spontane* Heilungen) darstellten (deren Ursachen unbekannt sind), d. h. also sog. „Reifungseffekte" (im Sinne der Terminologie von Campbell u. Stanley, 1966) bedeuteten und somit gar nicht auf die psychotherapeutische Behandlung (*X*) zurückgingen (Eysenck & Rachman, 1965).

Auch ein in der Versuchsplanungsmethodologie nur wenig geschulter Leser wird erkennen, daß die *Validitätsmängel* dieser Therapie-Vergleichsstudie formal identisch sind mit den Fehlern des oben beschriebenen Versuchs, einen Zusammenhang zwischen Mathematikstudium und „gutem Aussehen" von Studentinnen nachzuweisen (s. S. 40). Selbst falls sich die behandelte Therapiegruppe statistisch signifikant „gebessert" hätte, so wäre dies nicht ein akzeptabler Nachweis zugunsten des behaupteten therapeutischen Effekts.

Vor- und Nachteile des statischen Gruppenvergleichs – mehrere vorgegebene Versuchsgruppen

Im Vergleich zu den beiden oben behandelten vorexperimentellen Versuchsanordnungen (*Design 0.1* und *Design 0.2*) kommt das *Design 0.3* dem experimentellen bzw. dem quasi-experimentellen Versuchsplan relativ am nächsten. Bei einem forschungsstrategisch begründeten Einsatz einer solchen Versuchsanordnung lassen sich mit deren Hilfe durchaus auch brauchbare Untersuchungsergebnisse – unter Einschluß von (hypothetischen) Kausalinterpretationen – erzielen, wobei auch statistische Techniken (insbesondere Kovarianzanalysen) die möglichen Ausgangsunterschiede zwischen den verschiedenen „vorgegebenen" (statischen) Gruppen nachträglich korrigieren können (zur Kovarianzanalyse s. Bortz, 1989; s. auch Kap. 18.3). – Zu beachten ist ferner, daß immer dort, wo schon aus rein praktischen Gründen eine Zufallsgruppenbildung ausscheidet, der Einsatz gerade dieses Versuchsplans – notgedrungen – in Erwägung zu ziehen ist.

Vorteile. – Gegenüber den beiden vorexperimentellen *Designs 0.1* (*„Schrotschuß"*-Versuchsplan) und *Design 0.2* (Vorher-Nachher-Versuchsplan mit einer einzigen Versuchsgruppe) weist das *Design 0.3* zwei wichtige Kontrollvorteile auf. Zum einen berücksichtigt dieser Versuchsplan die interindividuell variablen *Ausgangsmeßwerte,* und zum anderen erlaubt er den *Vergleich* mit einer oder mehreren anderen *statischen,* d. h. vorgegebenen Versuchsgruppen. Gerade im Falle der Kontraindikation eines Zufallsgruppenversuchsplans, z. B. aus ethischen oder praktischen Gründen, ist das *Design 0.3* von Interesse.

Nachteile. – Da der statische Gruppenvergleich die *Gleichheit* der Probandenzusammensetzung pro Versuchsgruppe nicht garantiert, besteht die Gefahr, daß die Untersuchungsbefunde eine *Konfundierung* von experimentellem Effekt und Ausgangswert-Unterschieden zwischen den statischen Gruppen aufweisen. Auch wenn solche Ausgangsdifferenzen wenigstens nachträglich (*post hoc*) unter Zuhilfenahme von statistischen Verfahren korrigiert werden können (*statistische* Kontrolle; s. Bd. 1, Kap. 8.3), ist der Erfolg eines solchen Kontrollverfahrens keineswegs garantiert. Vielmehr muß in jedem Einzeluntersuchungsfall der methodisch-inhaltliche Wert der Benutzung dieser Versuchsanordnung sorgfältig geprüft und begründet werden.

Immer dort, wo – meist unbekannte – *Interaktionen* zwischen dem experimentellen Faktor einerseits und den Ausgangsdifferenzen der untersuchten Gruppen andererseits bestehen, ist die Brauchbarkeit auch dieses *vorexperimentellen* Versuchsplans stark eingeschränkt.

Statistische Auswertung. Insbesondere bei größeren Stichproben (N > 30) lassen sich die für Zufallsgruppen-Designs verwendeten statistischen Methoden auch für diese vorexperimentelle Versuchsanordnung verwenden – wie z. B. der t-Test oder die Varianzanalyse für unabhängige Stichproben. Im Falle des Bestehens von gewichtigen *Ausgangswertdifferenzen* ist – ebenfalls mit gebotener Vorsicht – an den Einsatz einer *kovarianzanalytischen* Auswertungstechnik zu denken.

Bei der statistischen Analyse der mit Hilfe des statischen Gruppenvergleichs gewonnenen Daten ist die Tatsache nicht aus den Augen zu verlieren, daß das eigentliche Problem, nämlich die Frage nach einer *legitimen* Kausalinterpretation von Mittelwertsunterschieden, *nicht* auf statistischem Wege beantwortet werden kann.

Die drei vorexperimentellen Designs im Überblick

	Versuchsgruppe	Vorher-Messung	Treatment X	Nachher-Messung
V	*1*	–	X	$\overline{Y}_{nach}$

	Versuchsgruppe	Vorher-Messung	Treatment X	Nachher-Messung
V	*1*	$\overline{Y}_{vor}$	X	$\overline{Y}_{nach}$

	Versuchsgruppe	Vorher-Messung	Treatment *X*	Nachher-Messung
	1	–	X_1	$\overline{Y}_{1\ nach}$
V	*2*	–	X_2	$\overline{Y}_{2\ nach}$
	3	–	$X_3(X_0)$	$\overline{Y}_{3\ nach}$

Die drei vorexperimentellen „ungültigen“ Versuchspläne (Designs) im Überblick. Man sollte diese Designs in der kausaltheoretisch orientierten Experimentalpsychologie möglichst vermeiden.

Oben ist eine Zusammenstellung der Design-Schemata für die drei vorexperimentellen Versuchspläne enthalten. Während das *Design 0.2* gegenüber *Design 0.1* dank seiner Vorher-Messung den Vorteil der „Eigenkontrolle" besitzt, weist das vorexperimentelle *Design 0.3* gegenüber *Design 0.2* noch zusätzlich eine Vergleichsmöglichkeit zwischen verschiedenen – allerdings nicht per Zufall gebildeten – Versuchsgruppen auf. Insgesamt sind diese Designs im Rahmen der Experimentalpsychologie möglichst zu *meiden*.

◇ Demo 12.1 Zufall und Gesetz – gezeigt am Beispiel der Normalverteilung

In dieser Demonstration wird anhand von zwei Übungsbeispielen gezeigt, was statistischer *Zufall* ist und wie man sich dabei *normalverteiltes* Datenmaterial leicht selbst erzeugen kann. Im Rahmen der *Versuchsplanung* und der *Statistik* (s. Kap. 18.1) ist die Herstellung des „Zufalls" von zentraler methodologischer Bedeutung.

Im *ersten* Beispiel können Sie einen Versuch durchführen, für den Sie nur einen Würfelbecher und 10 gleichartige Münzen benötigen. Im zweiten Beispiel wird die Anleitung zum Bau eines Apparates gegeben, mit dessen Hilfe Sie die Entstehung einer *Normalverteilung* auf sehr anschauliche Weise beobachten können.

Beispiel 1: Münzwurf. – Wenn Sie eine Münze werfen, zum Beispiel ein 5-Pf-Stück, dann ist die statistische Grundwahrscheinlichkeit dafür, daß nach dem Wurf die Zahl „5" oder das stilisierte „Eichenblatt" oben liegt, jeweils p = 0.5. Wenn Sie nun verfolgen, wie *häufig* in einer Serie von 10 simultanen Würfen die Zahl tatsächlich oben liegt, und wenn Sie insgesamt 100 solcher Wurfserien à 10 Einzelwürfen durchführen, dann werden Sie durch einfaches Auszählen feststellen, daß in der Mehrzahl aller Zehnerserien die Zahl fünfmal oben gelegen hat. Demgegenüber ist die Wahrscheinlichkeit dafür, daß die Zahl entweder gar nicht oder aber zehnmal oben gelegen hat, sehr gering.

Ein solcher Münzwurfversuch ist allerdings ziemlich umständlich. Er erfordert für das Becherwerfen, das Zählen und das Protokollieren unnötig Zeit. Außerdem ergäbe sich nach 100 Würfen erst eine grobe Annäherung an eine Normalverteilung. Führen Sie den Versuch stattdessen wie folgt durch:

Untersuchungsschritte

1. Besorgen Sie sich 10 gleichartige Münzen und einen Würfelbecher.
2. Würfeln Sie den Becher mit diesen 10

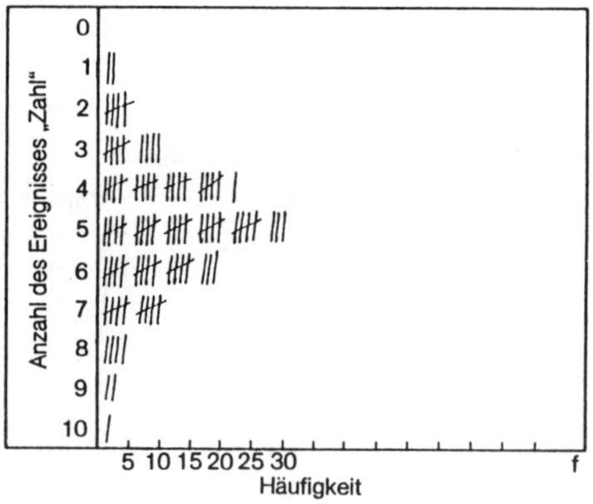

Abbildung 12.2: Strichliste für die Ergebnisse eines Münzwurfversuchs mit einer Serie von 100 Würfen à 10 Münzen. Bei jedem dieser Würfe wurde protokolliert, wie häufig bei 10 gleichzeitig geworfenen Münzen die Zahl oben lag.

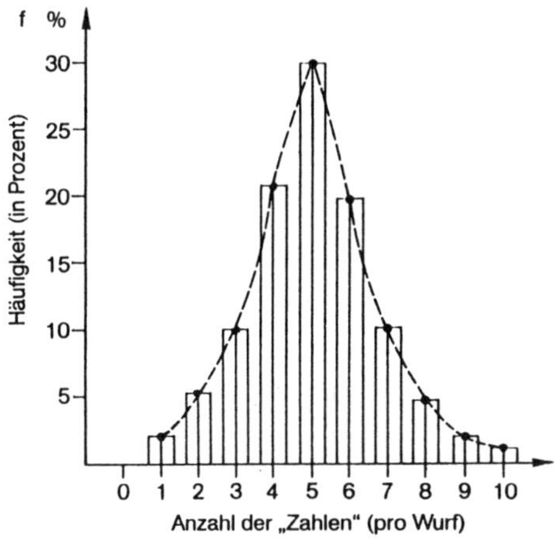

Abbildung 12.3: Säulendiagramm des Ergebnisses von 100 Münzwürfen mit je 10 gleichzeitig geworfenen Münzen.

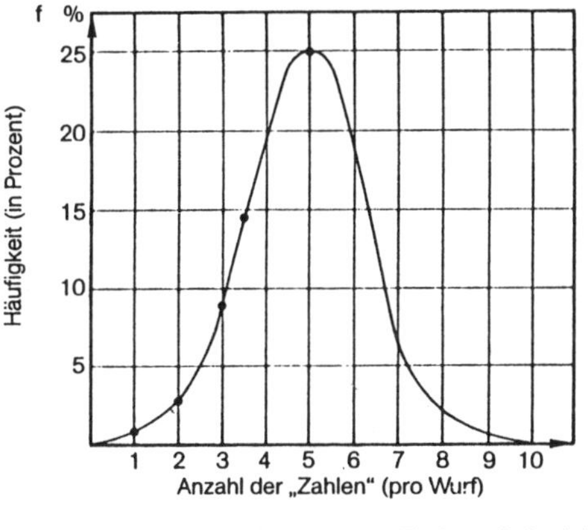

Abbildung 12.4: Kurvendiagramm: Fiktives Beispiel der Häufigkeitsverteilung einer oben liegenden Zahl in 2^{10} = 1024 Münzwürfen mit je 10 gleichzeitig geworfenen Münzen.

Münzen 100 Mal, zählen Sie nach jedem Wurf, wie häufig die Zahl oben gelegen hat, und notieren Sie sich das in einer Strichliste mit 11 Zeilen (Abb. 12.2).

3. Aus dieser Häufigkeitstabelle können Sie eine graphische Darstellung, nämlich ein *Säulendiagramm,* anfertigen. Dabei werden auf der Abszisse die *Anzahl der Zahl pro Wurf* abgetragen und auf der Ordinate die jeweilige *Häufigkeit* (in Prozent) dargestellt (Abb. 12.3)

Das Ergebnis dieses Münzwurf-Versuchs wird dem in Abbildung 12.3 dargestellten Ergebnis sehr ähnlich sein. Es hat die allgemeine Form einer sog. *Glokkenkurve* („Normalverteilung"). Allerdings ist ihr Befund der theoretischen Normalverteilung nur grob angenähert; denn Sie haben mit 100 x 10 = 1000 Fällen nur eine statistisch relativ geringe Anzahl von Fällen beobachtet. Eine sehr viel präzisere Annäherung fänden Sie, wenn Sie statt der 100 Würfe z. B. 2^{10} = 1024 Würfe vorgenommen hätten. Das Ergebnis eines solchen Versuchs ist in Abbildung 12.4 dargestellt. Dabei ist zusätzlich zur Darstellung des Säulendiagramms die Verbindung der jeweiligen Intervallmitten gezeichnet; dies führt zu einem *Kurvendiagramm* (vgl. Abb. 12.3 und Abb. 12.4).

Die Normalverteilung ergibt sich also in diesem Beispiel aus der Verteilung vieler unabhängiger, jeweils gleich wahrscheinlicher Ereignisse. Dieses *mathematische Modell* (Gesetz der „Normalverteilung") wird nach dem Göttinger Mathematiker Carl F. Gauß (1777–1855) auch als *„Gaußsche Kurve"* oder als „Gaußsche Normalverteilung" bezeichnet. Diese Kurve stellt eine symmetrische *Dichtefunktion* mit nur einem einzigen Gipfel dar, die nach beiden Seiten asymptotisch an die Abszisse läuft. Der wahrscheinlichste Wert ist der Mittelwert (der Wert mit der mathematisch größten „Dichte"); die Wahrscheinlichkeit von Ereignissen wird umso geringer, je weiter sie vom Mittelwert entfernt sind.

Beispiel 2: Das Galton-Brett. – Von Sir Francis Galton (1822–1911), einem der ersten experimentell und statistisch arbeitenden Anthropologen und Psychologen in England, stammt der Vorschlag für einen einfachen Apparat, mit dem man sehr leicht die *Entstehung* einer Normalverteilung nachvollziehen kann. Im folgenden wird eine *Bauanleitung* für die Konstruktion eines sog. „Galton-Bretts" gegeben (Abb. 12.5).

Beim *Galton-Brett* handelt es sich um einen „kastenartigen" Rahmen, auf dessen Boden in bestimmter, regelmäßiger Weise eine Anzahl von Stäben befestigt ist. Nach oben wird der Rahmen von einer durchsichtigen Platte abgedeckt. Stellt man den Rahmen senkrecht, so kann man durch eine Öffnung beispielsweise kleine Glaskugeln, Schrotkugeln, trockene Erbsen oder ähnliche Materialien in das Gerät hineinfal-

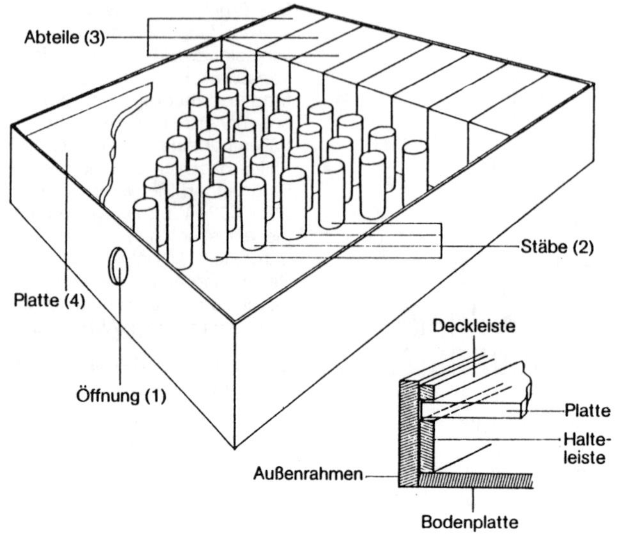

Abbildung 12.5: Konstruktion eines *Galton-Bretts.* Durch die Öffnung (1) in das Gerät hineinfallende „Kugeln" treffen nacheinander auf einzelne Stäbe (2) und fallen – per *Zufall* – in *verschiedene* „Abteile" (3). Die Wahrscheinlichkeit dafür, nach einem Aufprall nach *rechts* oder nach *links* zu fallen, ist jeweils p = 0,5. Wird eine große Anzahl von Kugeln in das Galton-Brett hineingeworfen, dann entsteht in den Abteilen eine „glockenförmige" symmetrische Häufigkeitsverteilung – die sog. *Gauß*sche *Normalverteilung.* Eine *durchsichtige Platte* deckt das Gerät nach vorne ab.

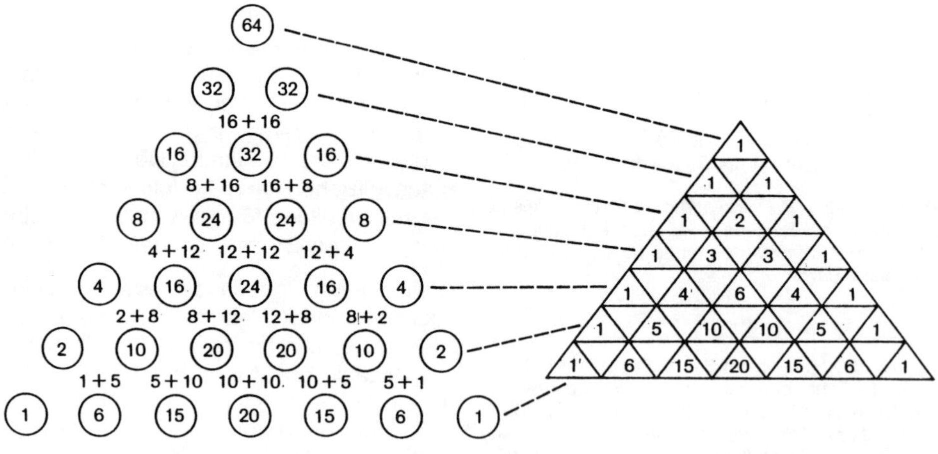

*Abbildung 12.6: Das Pascal*sche Dreieck: Wenn 64 Kugeln in das *Galton*sche Brett fallen, eine nach der anderen, dann nehmen sie genau den Weg, wie er auf der linken Hälfte der Abbildung angeführt ist. Die Zahlenverhältnisse, mit denen die Kugeln jeweils die Stäbe in jeder Zeile treffen, ergeben ein „Dreieck", das sogenannte *Pascal*sche Dreieck, wie es in der rechten Hälfte der Abbildung gezeigt wird.

len lassen. Unmittelbar unter dieser Öffnung befindet sich der erste Stab, auf den die „Kugel“ aufprallt. Die Wahrscheinlichkeit dafür, daß sie nach rechts oder nach links springt, ist jeweils $p = 0{,}5$. Diese Wahrscheinlichkeit gilt ebenso für jeden weiteren Aufprall auf einen der darunter „auf Luke“ angebrachten Stäbe. Läßt man eine sehr große Anzahl von „Kugeln“ in das Gerät hineinfallen, dann verteilen sich diese einzelnen „Ereignisse“ in den Fächern am Boden des Rahmens annähernd nach der Form einer *Normalverteilung*.

Konstruktionshinweise. – Ein solches *Galton-Brett* können Sie nach der folgenden Anweisung selbst bauen:

- Beschaffung der Materialien gemäß einer *Materialliste* (Tab. 12.1).
- Montage des Rahmens und Befestigen (Verleimen und Nageln) der unteren Halbleisten.
- Anfertigen einer „Lochschablone“.
  Dabei muß der „lichte Abstand“ zwischen den einzelnen Bohrungen etwa 3 mm größer sein als das gewählte Material, also z. B. Murmeln. Der Durchmesser der Bohrungen soll 4 mm betragen, da in diese Bohrungen die Stäbe (Rundhölzer) mit einem Durchmesser von 4 mm eingeleimt werden sollen.
- Markieren sämtlicher Bohrstellen auf der *Grundplatte.*
  In jeder Zeile ist, in der ersten mit einem Stab beginnend, je 1 Stab mehr anzubringen als in der voraufgehenden Zeile.
- Anbringen der Bohrlöcher in der Grundplatte und Einleimen der Stäbe, die jeweils auf eine Länge von etwa 30 mm gekürzt worden sind.
- Ausschneiden der Abteilwände aus ca. 2 mm starker Pappe.
  Einritzen der Knicklinien und entgegen der Einritzung falten. Anschließend die Abteilwände auf die Grundplatte aufkleben.
- Durchbohren der Einwurföffnung, deren Durchmesser ca. 3 mm größer sein soll als das vorgesehene Material.
  Falls Sie Material verwenden, das durch einen normalen Haushaltstrichter fallen kann, dann sollte die Öffnung ausreichend groß sein, um den Trichter fest einsetzen zu können.
- Anpassen der *Grundplatte* an den Rahmen; an den unteren Halteleisten verleimen und verkleben der rahmenseitigen Abteil-Trennwand-Teile.
- Nach Prüfung der gleichmäßigen Höhe aller Stäbe und der Abteil-Trennwände wird die durchsichtige Abdeckplatte auf die unteren Halteleisten aufgelegt und anschließend die schmale obere

Tabelle 12.1: Materialliste für den Bau eines *Galton-Bretts.*

Nr.	Bauteil	Material*	Bemerkungen
1	Rahmen	Holzleiste 1400 × 55 × 10	Außenrahmen (Format 400 × 300 × 55)
2	Halteleiste	Holzleiste 1400 × 30 × 10	Innenrahmen, der auf der Innenseite des Rahmens fest mit diesem verleimt/verschraubt wird; dient zur Befestigung der Bodenplatte und als Auflage für die Platte.
3	Bodenplatte	Holzplatte 380 × 280 × 10	Sie erhält die Bohrungen zum Einsetzen der Stäbe
4	Lochschablone	Papier 380 × 280	Markierung der Bohrungen zur Übertragung auf die Bodenplatte
5	Stäbe	Rundholz 4 mm stark	Gesamtlänge je nach Anzahl der Stäbe und Bohrungen bestimmen; auf je 30 mm Länge kürzen
6	Abteilwände	Pappe 2 mm stark	Entsprechend der Anzahl der Stäbe in der letzten Zeile jeweils auf das Format 30 × 100 (zuzüglich Falz an der Bodenplatte und Unterseite) zuschneiden
7	Platte	Plexiglasscheibe oder PVC-Transparent 380 × 290 × 5	Abdeckplatte
8	Deckleiste	Holzleiste 1400 × 10 × 10	Deckleiste zur Halterung und Führung der Platte

* Alle Längenangaben in Millimetern (mm)

Halteleiste angenagelt. Die Abdeckplatte muß leicht vom Rahmen herunterziehbar sein, damit nach Versuchsende die „Kugeln“ wieder dem Gerät entnommen werden können.

Mit Hilfe des Galton-Bretts läßt sich bei Verwendung einer ausreichend großen Anzahl von Kugeln eine Häufigkeitsverteilung herstellen, die der theoretischen „Normalverteilung“ in etwa entspricht. Bei einer genügend großen Stichprobe läßt sich sogar ziemlich exakt voraussagen, wie häufig jeder Stab des Brettes von einer Kugel berührt wird. – Für derartige Voraussagen sind zwei Annahmen erforderlich: (a) Jede Kugel trifft auf den ersten Stab auf; (b) die Wahrscheinlichkeit dafür, nach dem Aufprall nach links oder rechts zu fallen, ist jeweils exakt $p = 0{,}5$.

Dann ergeben sich, wenn k die Anzahl der Zeilen mit Stäben und n die Anzahl der Kugeln sind, bei $n = 2^k$ die sogenannten *Binomialkoeffizienten.*

Beispiel: Es sind $k = 6$ Zeilen gegeben. Bei $n = 2^k = 2^6 = 64$ Kugeln verteilen sich die Treffer auf den Stäben theoretisch gemäß einer höchst regelmäßigen Anordnung, wie diese in einer Dreiecksform in Abbildung 12.6 dargestellt ist.

Der linke Abbildungsteil veranschaulicht, daß bei jedem Aufprall die Anzahl der Kugeln, die nach rechts und nach links fallen, um die Hälfte reduziert wird. Die Wahrscheinlichkeiten für die einzelnen Stifte, in den verschiedenen Zeilen von einer Kugel getroffen zu werden, ergibt sich aus der Binomialentwicklung: für die Zeile 2 ergeben sich die Wahrscheinlichkeiten $(p+q)^2$, für Zeile 3 $(p+q)^3$; usw. Bestimmt man nun zeilenweise die Verhältnisse, in dem die Kugeln auf die einzelnen Stäbe auftreffen, so ergibt sich das sogenannte *Pascal*sche Dreieck. Das *Pascal*sche Dreieck ist in der rechten Hälfte der Abbildung zu sehen.

Einzelversuch

Zusammenfassung

Eine Reihe von Versuchsplänen wird als *vorexperimentell* (*V*) und damit ungültig (*invalide*) bezeichnet, weil sie zu viele Störfaktoren unkontrolliert lassen und die darauf fußenden Ergebnisse somit mehrdeutig sind. Dementsprechend wird eine einmalige Untersuchung an einer einzigen Versuchsgruppe – abwertend – ein *„Schrotschuß"*-Design genannt, aus Gründen allzu hoher unkontrollierter Datenfluktuation (mangelnde interne Validität).

Wird zusätzlich zu der im erstgenannten vorexperimentellen Design gegebenen *Nachher*messung noch eine *Vorher*messung eingeführt, so gewinnt der Versuchsplan an *interner Validität.* Da allerdings auch dann noch zu viele Alternativerklärungen übrig bleiben, gilt auch dieses Design als invalide.

Gegenüber diesem zweiten vorexperimentellen Versuchsplan sieht das dritte vorexperimentelle Design eine nochmalige Erweiterung vor, nämlich die Einführung einer oder mehrerer *vorgegebener* („statischer") Versuchsgruppen. Jedoch ist die Vergleichbarkeit solcher *statischer* Gruppen (z. B. Schulklassen) typischerweise kaum gewährleistet, wie dies dann erst bei der Wahl eines echten experimentellen Designs gegeben ist.

Alle drei Arten von vorexperimentellen Versuchsplänen sind jeweils sorgfältig auf ihre möglichen (Vor- und) Nachteile hin zu bewerten, auch unter Einschluß von statistischen Gesichtspunkten. Zur Verbesserung des methodologischen Status von vorexperimentellen Designs kommt dem Prinzip des (statistischen) *Zufalls* bei der Versuchsgruppenbildung entscheidende Bedeutung zu.

Kapitel 13

Experimentelle Versuchspläne

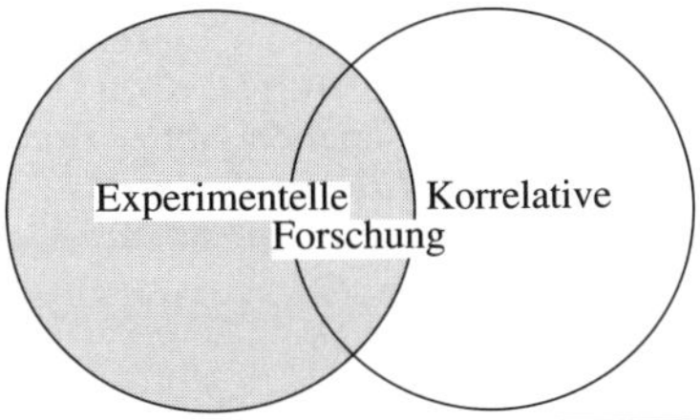

		1 Strenges Experiment	2 Quasi-Experiment	3 Ex post facto	3 Korrelative Untersuchung	4 Vorexperimentelle Untersuchung
I	Kausaltheoretische Hypothese vor Versuchsbeginn vorhanden und hinreichend begründet	+	+	(+)	–	–
II	Experimentelle Variablen manipulierbar bzw. manipuliert	+	+	–	–	–
III	Alle übrigen Versuchsbedingungen kontrollierbar bzw. kontrolliert	+	–	–	–	–

Die *experimentellen* Versuchspläne stellen naturgemäß die wichtigsten Designs im Rahmen der gesamten experimentellen Psychologie dar. Entsprechend verdienen sie unser besonderes Interesse in diesem Lehrbuch.

Der Stoffumfang zur strengen experimentellen Versuchsplanung ist seit dem letzten Vierteljahrhundert derart gewachsen, daß allein schon aus diesem Grund keinerlei Vollständigkeit in der Darstellung dieser grundlegenden Designs beabsichtigt ist; vielmehr wird hier auf die umfangreiche Fachliteratur verwiesen. Aus Gründen der größeren Übersichtlichkeit findet dementsprechend eine Konzentration vor allem auf diejenigen Versuchspläne statt, welche hier als die zehn *Hauptdesigns* behandelt werden (Tab. 13.1).

Wie in Kapitel 11.1 (S. 5) kurz dargestellt, werden die strengen experimentellen Versuchspläne nach den folgenden drei *Designtypen* untergliedert:

- *Versuchspläne mit Zufallsgruppenbildung* (Kap. 13.1)
- *Versuchspläne mit wiederholten Messungen* (Kap. 13.2)
- *Blockversuchspläne* (Kap. 13.3).[1]

Allen drei Designtypen gemeinsam ist die rigorose Suche und Ausschaltung – d. h. *Kontrolle* – von Störfaktoren, welche die interne Validität einer experimentellen Un-

[1] Die an anderer Stelle ausführlich behandelten *Praktikumsversuche* (Grundversuche und Arbeitsprojekte) sind insbesondere den in diesem Kapitel – sowie in den Kapiteln 14 und 15 – beschrieben *Designs* zugeordnet (Sarris, 1985: *PrB*, Bd. I bis III).

Tabelle 13.1: Die zehn *Hauptdesigns* der Systematik der Versuchspläne. – Diese Designs folgen dem Prinzip der *„Randomisierung“ R, (1), (2), (3),* der *„Wiederholungsmessung“ W, (4), (5)* oder der *„Blockbildung“ B*(R), *(6)*; daneben gibt es drei *„Mischversuchspläne“ (7), (8), (9)* sowie ein quasi-experimentelles Design *(10)**.

(1)	Design 1.0:	*R – 2*	Kap. 13.1 (S. 59 ff)
(2)	“ 1.2:	*R – p*	Kap. 13.1 (S. 67 ff)
(3)	“ 1.3:	*RR – p × q*	Kap. 13.1 (S. 75 ff)
(4)	“ 2.1:	W – pN	Kap. 13.2 (S. 91 ff)
(5)	“ 2.2:	WW – (p × q)N	Kap. 13.2 (S. 93 ff)
(6)	“ 3.0:	*B(R) – 2n*	Kap. 13.3 (S. 98 ff)
(7)	“ 4.0:	RW – (p × q)N	Kap. 14.2 (S. 117 ff)
(8)	“ 4.1:	RO – p × q	Kap. 14.2 (S. 120 ff)
(9)	“ 4.2:	RWO – p × q(N) × r	Kap. 14.2 (S. 126 ff)
(10)	“ Q.4a:	Q(R) – p × t	Kap. 15.1 (S. 155 ff)

* Im *Anhang B.1* findet sich die Gesamtübersicht der im Lehrbuch behandelten Versuchspläne (S. 358–360).

Flußdiagramm: Experimentelle Kontrolle

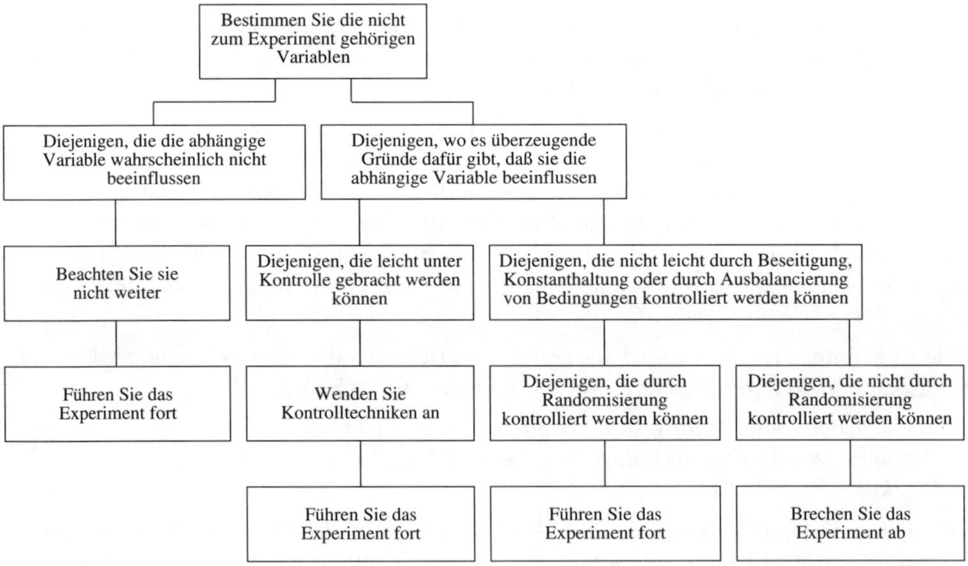

Abbildung 13.1: Schematische Darstellung der Ausgangssituation des Experimentators: Einfaches Flußdiagramm, welches den *Entscheidungsprozeß* eines Untersuchers zu *Beginn* eines Versuchs verdeutlicht. Die möglichst maximale *Kontrolle* der Versuchsbedingungen stellt das Hauptanliegen des Experimentators dar. (Nach McGuigan, 1990)

tersuchung mehr oder weniger nachhaltig beeinträchtigen. Dabei geschieht eine solche Ausschaltung bzw. Kontrolle von möglichen Störfaktoren im allgemeinen Fall aufgrund einer Abfolge von *Einzelentscheidungen,* wie diese in Abbildung 13.1 als Flußdiagramm veranschaulicht sind (McGuigan, 1990, Chap. 4).

Naturgemäß gilt, daß die Planung (und Realisierung) einer jeden experimentellen Untersuchung stets gemäß dem Grundsatz einer individuell bestmöglichen Designkonzeption zu erfolgen hat. (Nur für den Fall, daß der Untersucher zwar ganz bestimmte schwerwiegende Fehlerquellen ausmachen, diese aber – aus welchen Gründen auch immer – praktisch nicht beseitigen kann, ist an eine *Unterbrechung,* notfalls sogar an ein *Absetzen* des Experiments zu denken; s. *rechts unten* in Abb. 13.1).

13.1 Versuchspläne mit Zufallsgruppenbildung

Das wichtigste Merkmal sämtlicher *Zufallsgruppenversuchspläne* besteht in der zufallsmäßigen („randomisierten") Aufteilung einer Gesamtgruppe von Probanden in zwei oder mehr Untergruppen (Stichproben). Sämtliche Schlußfolgerungen bezüglich der experimentellen Effekte eines Versuchs basieren somit auf der prinzipiellen Vergleichbarkeit („Gleichheit") der *Ausgangsbedingungen* (Randbedingungen) und *Ausgangsmeßwerte* der verschiedenen Versuchsgruppen.

Zweistichprobenversuchspläne

Der einfachste – und noch heute häufig verwendete – experimentelle Versuchsplan ist der *Zweistichprobenplan* mit Zufallsgruppenbildung. Die Tatsache, daß die Aufteilung einer Gesamtgruppe von Versuchsteilnehmern in zwei Untergruppen nach dem Zufall (random) erfolgt und dann diesen beiden Stichproben (Zufallsgruppen) die beiden Versuchsbedingungen zufällig zugeordnet werden, qualifiziert einen solchen Versuchsplan als ein echtes experimentelles Design.

Im folgenden werden die wichtigsten Varianten dieses Designtyps behandelt, und zwar zunächst der Zweigruppenplan *ohne* Vorher-Messung, danach derjenige *mit* Vorher-Messung.

Design ohne Vorher-Messung. – Der Zweistichprobenversuchsplan *ohne* Vorher-Messung *Hauptdesign (1) R – 2 (Tab. 13.1)* stellt die einfachste und zugleich auch am wenigsten aufwendige Variante dieses Versuchsplantyps dar (Design 1.0). In dem Methodenlehrbuch von Matheson et al. (1978) wird an das nachfolgende *geschichtlich* überlieferte Beispiel der Anwendung dieses Designs erinnert.

Ein Experiment im alten Ägypten

Der Magistrat im alten Ägypten hatte eine Gruppe von Verbrechern dazu verurteilt, *giftigen* Schlangen wehrlos ausgesetzt zu werden. Als die Verbrecher zu ihrer Hinrichtungsstelle geführt wurden, gab ihnen eine mitleidige Frau etwas Zitrone zur Erfrischung. Obwohl sämtliche Gefangenen von den Schlangen gebissen wurden, starb doch niemand an dem sonst tödlichen Schlangenbiß. Der hierüber verwunderte Magistrat entwickelte nun die *Hypothese,* daß das Essen der Zitrusfrucht als „Kausalfaktor" für das Überleben der Gefangenen verantwortlich zu machen sei.

Um diese Annahme zu überprüfen, teilte der Magistrat ein nächstes Mal eine andere Gruppe von Verurteilten in zwei Untergruppen (per Zufall?) auf, wobei die erste Gruppe („experimentelle"

Gruppe) die Zitrusfrucht zum Essen erhielt, hingegen die andere („Kontroll"-)Gruppe nicht. Keiner der Verbrecher aus der experimentellen Gruppe starb an den Schlangenbissen, hingegen starben alle Verbrecher, die zur Kontrollgruppe gehörten.

Die hier erwähnte Anekdote verdeutlicht das Grundprinzip der Aufteilung einer Gruppe von Individuen in zwei oder mehr Untergruppen (*Zufallsstichproben*). Es ist kaum verwunderlich, daß der Zweistichprobenversuchsplan wegen seiner Einfachheit und Ökonomie auch heute noch besonders häufig benutzt wird (auch wenn wir mittlerweile in der psychologischen Forschung meist kompliziertere Versuchspläne verwenden). In Tabelle 13.5 (s. S. 66) sind (Themen-)*Beispiele* für die Benutzung dieses Designs in den verschiedensten Bereichen der Psychologie angeführt.

Aus der Fülle der Arbeiten, in denen gerade dieser Zweistichprobenversuchsplan Verwendung gefunden hat, werden hier zwei verschiedene Beispiele einander gegenübergestellt – zum einen ein Design *ohne* Vorher-Messung und zum anderen ein Versuchsplan *mit* Vorher-Messung.

Beispiel 1: Fixierungen beim Problemlösen (Luchins, 1942)

Ausgangspunkt der klassischen Arbeit von Luchins (1942) zum sog. *rigiden* Denken bei Problemlösungsaufgaben ist das Phänomen, daß eine über bestimmte Aufgaben eingeübte Lösungstechnik auch dann benutzt wird, wenn nachfolgende ähnliche Aufgaben nach einer weniger komplexen Methode lösbar sind. Diese Fixierung auf *einen* Lösungsweg wird als „starres Festhalten" an einer Einstellung (*set*) oder auch als „Rigidität" bezeichnet.

Im vorliegenden Versuch wurde dieses *Fixiertsein* in einem Frankfurter Praktikumsexperiment in Anlehnung an Luchins (1942) mithilfe von „Wasserkrug"-Aufgaben untersucht. Hierzu wurden von N = 18 Personen eine Experimental- und eine Kontrollgruppe von je 9 Probanden (Zufallsaufteilung) gebildet (Tab. 13.2).

Tabelle 13.2: Zweistichprobenversuchsplan ohne Vorher-Messung eines Replikationsexperiments zum Nachweis von *Einstellungswirkungen* auf das Lösen von sog. *„Wasserkrugaufgaben"* nach Luchins (1942). – Experimentalgruppe *(E)* mit einstellungsinduzierender Behandlung (X) vs. Kontrollgruppe (*K*) ohne set-induzierende Behandlung. Design R–2.

Design 1.0	Zweigruppen-Zufallsgruppenversuchsplan ohne Vorher-Messung: *Design R – 2.*

	Versuchsgruppe	Vorher-Messung	Treatment X („Einstellungsaufgaben")	Nachher-Messung („Kritische Aufgaben")
R	*E*	–	X_1	$\overline{Y}_1$
	K	–	–	$\overline{Y}_2$

AV: Einstellungsunabhängige einfache Lösungsverfahren ($\overline{Y}$)

Die Probanden in der *Experimentalgruppe* erhielten zunächst Aufgaben, die nur auf *eine* ganz bestimmte Art zu lösen waren („Einstellungs"-Aufgaben). Im Anschluß daran wurden ihnen Aufgaben vorgegeben, die entweder mit Hilfe der *bisher* angewandten Lösungstechnik oder auf eine bedeutend *einfachere* Weise gelöst werden konnten („kritische" Aufgaben); die *Kontrollgruppe* erhielt dagegen lediglich die „kritischen" Aufgaben.

In Abweichung von Luchins (1942) Befunden, bei denen ca. 80 % „Einstellungs-Lösungen" registriert wurden, wählten in der vorliegenden Experimentalgruppe nur 40,6 % den schwereren, durch die vorangegangenen „Einstellungs"-Aufgaben eingeübten Lösungsweg (*Kontrollgruppe:* 13,7 % „*E*"-Lösungen). Andererseits entsprechen die Ergebnisse im Prinzip der erwarteten Richtung (Abb. 13.2).

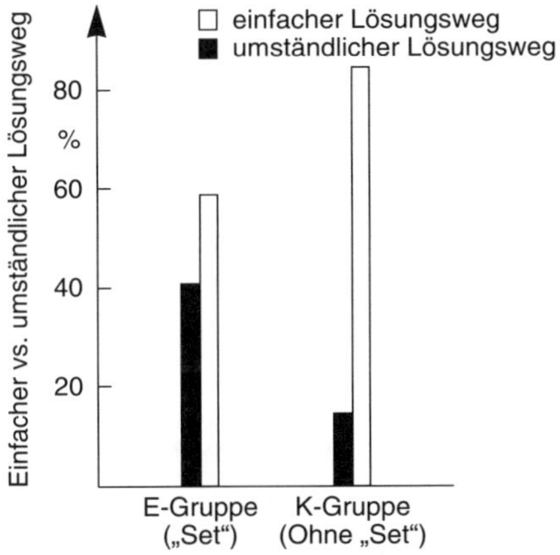

Abbildung 13.2: Ergebnisse eines Replikationsexperiments zum Nachweis von *Einstellungswirkungen* (set) auf das Lösen von „*Wasserkrugaufgaben*" nach Luchins (1942). – In der Experimentalgruppe (*E*) wählten 40,6 % statt des leichteren Lösungsverfahrens den set-induzierten umständlicheren Weg (schwarze Säule), dagegen in der Kontrollgruppe (*K*) nur 13 %.

Dieses Experiment – das nunmehr vielerorts *repliziert* worden ist und im wesentlichen seit fünf Jahrzehnten den Nachweis von „*negativen*" Effekten eines Trainings in Aufgabe *A* auf Leistungen in einem Nachtest mit einer anderen Aufgabe *B* ermöglicht – demonstriert das Grundprinzip der experimentellen Kontrolle auf einfache Weise: Das Verhalten einer *Treatment*-Gruppe (*experimentelle* Zufallsgruppe) wird mit dem einer ansonsten gleichen *Kontroll*-Gruppe (*keine* experimentelle Behandlung) verglichen; eine statistisch bedeutsame Mittelwerts-Differenz zwischen diesen beiden Gruppen wird auf den (kausalen) Einfluß der experimentellen Bedingung zurückgeführt (s. *PrB*, Bd. I, Kap. 5.3).

Design mit Vorher-Messung. – Der Zweistichprobenversuchsplan *mit* Vorher-Messung unterscheidet sich von dem vorstehenden Zweigruppendesign nur durch die Verwendung einer jeweils zuvor erfolgten „*Vorher*"-Messung (*Design 1.1;* ◇ Demo 13.1) ◇

Auch das für diese Designvariante gewählte Beispiel handelt von sog. Übungsübertragungseffekten („Transfer"); aber es basiert auf einer anderen inhaltlichen Grundlage, nämlich auf dem Prinzip des sog. *motorischen Transfer* (Abb. 13.3; s. auch *PrB*, Bd. I, ◇ Demo 5.1).

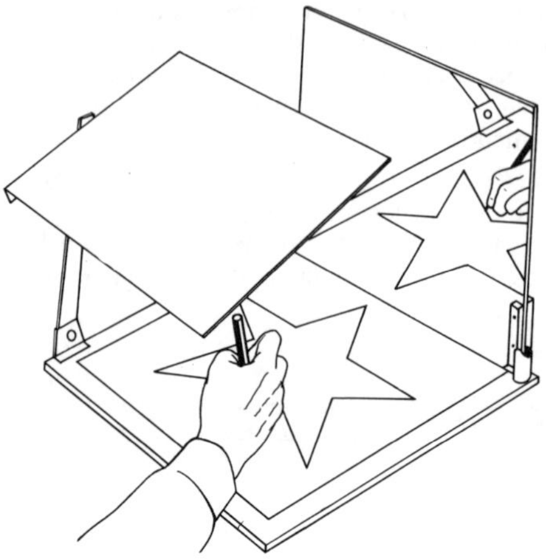

Abbildung 13.3: Versuchssituation beim *Spiegelzeichnen*-Experiment zum Nachweis der motorischen Transferwirkung der Einübung mit der schreibgewohnten Hand auf die Leistung im Schreiben mit der schreibungewohnten Hand.

Beispiel 2: Motorischer Transfer (nach Sarris, 1985)

Übertragungseffekte aufgrund von Erfahrungen aus einer Aufgabe *A* auf eine Leistung in einer Aufgabe *B* können *positiv* oder *negativ* sein, je nachdem, ob die vergangene Erfahrung auf die gegenwärtige Aufgabe einen fördernden oder hemmenden Einfluß hat. Dies zeigt der sog. *bilaterale Transfer*, bei dem die mit der schreibgewohnten Hand ausgeübte Bewegungskoordination zwischen Auge und Hand sich auf die nicht übende Hand „übertragen" soll:

Nach *Zufall* wurden in einem Praktikumsversuch 18 Probanden in eine Experimental- und eine Kontrollgruppe (je 9 Probanden) eingeteilt (Tab. 13.3).

Beide Versuchsgruppen erhielten denselben Vortest (3 Übungsrunden, *trials* mit der schreibungewohnten Hand); die *Experimentalgruppe* erhielt dann die experimentelle Bedingung (12 trials mit der schreibgewohnten Hand), während die *Kontrollgruppe* in dieser Zeit ein Buch las. Am Ende des Versuchs erfolgte für jede Versuchsgruppe derselbe Nachtest (3 trials mit der schreibungewohnten Hand). Jeder Versuchsteilnehmer wurde einzeln getestet. Es wurden sowohl *Fehler-* (Y_I) wie *Zeitwerte* (Y_{II}) notiert.

Anschließend wurde ein t-Test für unabhängige Stichproben, getrennt für die Fehler- und die Zeitwerte des Nachtests von der Experimental- und der Kontrollgruppe berechnet. Weder

bei den *Zeit-* ($t = 1{,}03 < t_{0{,}05;15;\ \text{zweis.}} = 2{,}13$)
noch bei den *Fehlerwerten* ($t = 40 < t_{0{,}05;15;\ \text{zweis.}} = 2{,}13$)

konnten signifikante Leistungsunterschiede festgestellt werden. – In der Diskussion der Ergebnisse wurden mögliche Verbesserungen der Versuchsanordnung im Falle einer erneuten Durchführung des Versuchs angeregt.

Aufgrund der *Kontrolle* der intraindividuellen Probandenunterschiede mit Hilfe eines *Vorher-Nachher*-Versuchsplans gewinnt man mehr Information als ceteris paribus unter der Verwendung des einfacheren *Nachher*-Designs. Allerdings ist die Wahl zwischen diesen beiden Zweigruppenversuchsplänen stets im Zusammenhang mit der jeweiligen psychologischen Fragestellung abzuklären, da eine *Vorher*-Messung (Erfas-

Tabelle 13.3: Zufallsgruppenversuchsplan mit Vorher-Nachher-Messung für das *Spiegelzeichen-*Experiment zum Nachweis der motorischen Transferwirkung der Einübung (X_1) mit der schreibgewohnten Hand bei der Experimentalgruppe (E) – die Kontrollgruppe (K) übt *nicht* (X_0) – auf die Leistung im Schreiben mit der schreibungewohnten Hand ($\bar{Y}_{nach}$). – Design R–2a.

Design 1.1	Zweigruppen-Zufallsgruppenversuchsplan mit Vorher-Nachher-Messung: *Design R–2a.*

	Versuchs-gruppe	Vorher-Messung	Treatment X	Nachher-Messung
R	*1* (E)	$\bar{Y}_{1\ vor}$	X_1	$\bar{Y}_{1\ nach}$
	2 (K)	$\bar{Y}_{1\ vor}$	X_0	$\bar{Y}_{2\ nach}$

AV_I: Fehlerwert; AV_{II}: Zeitwert beim bilateralen Transfer (Y_I; Y_{II})

sung von *Ausgangswerten*) nicht immer eine *unverzerrte* Überprüfung des eigentlichen experimentellen Effekts garantiert. Denn oftmals beeinflußt eine *Vorher*-Messung die Erfassung der tatsächlich interessierenden experimentellen Wirkung dadurch, daß die Probanden aufgrund einer *Vorher*-Untersuchung auf das Treatment (X) anders als im Falle einer einzigen *Nachher*-Messung reagieren. Bei einer solchen Übertragung der Ausgangsmessung („vorher") auf die eigentliche Registrierung des experimentellen Effekts („nachher") ist die Verwendung des sog. *Solomon*schen Kontrollversuchsplans – einer Variante des *Design R – 2a* – von besonderem Interesse.

Solomon-Dreigruppen-Versuchsplan. – Im nachfolgenden Beispiel wird der Solomon-Dreigruppen-Versuchsplan zur Kontrolle von möglichen datenverzerrenden *Vorher*-Messungen erläutert. Der Solomonsche Versuchsplan stellt meist eine Kombination des *Design R – 2a* (Design 1.1) mit dem *Design R – 2* (Design 1.0) dar. Da mit einem solchen Kontrollversuchsplan im wesentlichen nur ein Zweistichprobenvergleich intendiert wird, erhält er in der vorliegenden Designsystematik keinen besonderen Ort zugewiesen.

Beispiel: Ein erziehungspsychologisches Experiment (Cantor, 1951)

In einer experimentellen Untersuchung zur Wirksamkeit von Unterrichtskursen über zwischenmenschliche Beziehungen und deren Verbesserung benutzte Cantor (1951) den *Solomon-Dreigruppen-Versuchsplan,* um so die verschiedenen möglichen Störvariablen bestmöglich zu kontrollieren.

Gemäß diesem in *Tabelle 13.4* dargestellten Design wurden der experimentellen Versuchsgruppe eingangs verschiedenartige Fragebögen zur Erfassung bestimmter ausbildungsrelevanter Infor-

Tabelle 13.4: Versuchsplan des Fragebogen-Experiments von Cantor (1951) zum Nachweis der Wirksamkeit von ausbildungsrelevanten Lehrkursen (2 Stufen: X_1 und X_0) auf die abschließende Beantwortung der Fragebogenitems – teils *mit*, teils *ohne* Vorhermessung. – *(Solomon-Dreigruppen-Versuchsplan)*.

Design 1.2a	*Unifaktorieller Zufallsgruppenversuchsplan* (Mehrgruppen-Design) mit partieller Vorher-Messung (nur für die Versuchsgruppen 1 und 2): *Solomon-Dreigruppen-Versuchsplan* (Variante des *Design R–2* sowie des *Design R–2a*).

	Versuchsgruppe	*Vorher*-Messung	Treatment X „Lehrkurs" (UV)	*Nachher*-Messung
	1	$\bar{Y}_{1\ \text{vor}}$	X_1 „Kursteilnahme"	$\bar{Y}_{2\ \text{nach}}$
R	*2*	$\bar{Y}_{2\ \text{vor}}$	–	$\bar{Y}_{2\ \text{nach}}$
	3	–	X_1 „Kursteilnahme"	$\bar{Y}_{3\ \text{nach}}$

AV: Beantwortung von Fragebogenitems zu ausbildungsrelevanten Informationen und Meinungen (Y)

mationen und Meinungen vorgelegt („*Vorher*"-Messung). Dann absolvierte sie den Kurs (X) und erhielt wieder die Fragebögen (Versuchsgruppe *1*). Die sog. *erste* Kontrollgruppe bekam die Fragebögen zur selben Zeit wie die experimentelle Versuchsgruppe (d. h. vor und nach dem Ausbildungsprogramm), aber das Ausbildungsprogramm selbst wurde ihr nicht zuteil (Versuchsgruppe *2*). Die sog. *zweite* Kontrollgruppe wurde nicht vorher untersucht, erhielt aber das Ausbildungsprogramm (X) und danach die Fragebögen im Sinne der „*Nachher*"-Messung (Versuchsgruppe *3*).

Beim Vergleich der Durchschnittsergebnisse für die drei Gruppen fand Cantor (1951) im wesentlichen, daß die *Vorher*-Messung bei der experimentellen Gruppe (Versuchsgruppe *1*) auf bestimmte Weise mit der eigentlichen Versuchsvariablen X zusammenwirkte („Konfundierung"): Einige der Eingangsfragebögen schienen die Probanden dieser Gruppe für gewisse Aspekte des Ausbildungskurses – im Vergleich zu den beiden Kontrollgruppen (keine *Vorher*-Messungen) – besonders empfänglich gemacht zu haben (s. *Sensibilisierungseffekt,* Kap. 17.2).

Wie das Untersuchungsbeispiel zeigt, dient der *Solomon*sche Versuchsplan vor allem der experimentellen Erfassung von möglichen *„Sensibilisierungs"*-Effekten aufgrund von dem Treatment vorangegangenen *Vorher*-Messungen. Solche Effekte sind namentlich im Zusammenhang mit *motivations-* und *sozialpsychologischen* Untersuchungen grundsätzlich in Rechnung zu stellen. – Ob und inwieweit derartige *datenverzerrende* Effekte in einem konkreten Untersuchungsfall von ausschlaggebender Bedeutung sind und wie diese sich dann auf der Basis dieses experimentellen Kontrolldesigns erfolgreich erfassen lassen, ist letztlich eine empirische Frage, die jeweils im Einzelfall zu prüfen ist. Eine genauere und sehr nützliche methodenkritische Orientierung darüber bietet der Aufsatz von Lana (1969).

Im übrigen nimmt der Solomonsche Versuchsplan eine interessante Mittelstellung zwischen den *„Zwei“*- und den *„Mehr“*-Gruppen-Designs ein. Denn in formaler und versuchsplanerischer Hinsicht handelt es sich bei ihm bereits um ein *Mehr*gruppen-Design – insofern stellt er eine Variante des allgemeinen unifaktoriellen *Mehr*gruppen-Zufallsgruppenversuchsplans dar (*Design 1.2 a*). Andererseits liegt bei ihm im engeren methodologischen Sinne eine einfache („ergänzende“) Variante des Vorher-Nachher-*Zwei*gruppenversuchsplans vor, weswegen auf dieses besondere Kontrolldesign bereits an dieser Stelle hingewiesen wird.

Vor- und Nachteile der Zweistichprobenversuchspläne mit Zufallsgruppenbildung

Der Hauptunterschied zwischen den *Zweistichprobenversuchsplänen* einerseits und dem *statischen Gruppenversuchsplan* (s. Kap. 12.3, S. 39 f) andererseits besteht in der *zufallsmäßigen* Zuordnung der Probanden zu den (beiden) Versuchsgruppen eines Experiments. Dadurch werden systematische Auswahlverzerrungen, welche die interne Validität beeinträchtigen, ausgeschlossen. Dieser Hauptunterschied ist auch in praktischer Hinsicht bedeutsam, da die Zweistichprobenversuchspläne auch heute noch in der Grundlagenforschung, sowohl im *Labor* als auch im *Felde,* häufig verwendet werden.

Der *Solomon-Dreigruppen-Versuchsplan (Design 1.2a),* ein relativ selten verwendetes Design, stellt eine methodisch interessante Alternative zum Versuchsplan *mit Vorher-Messungen (Design 1.2)* dar. Man verwendet ihn nämlich immer dann, wenn es gilt, bestimmte mit Vorher-Messungen zusammenhängende Störeffekte – z. B. Motivations- oder Sensibilisierungseffekte – aufgrund wiederholter Messung bei ein und denselben Probanden zu kontrollieren.

Vorteile: Im Gegensatz zu den vorexperimentellen Designs (s. Kap. 12) kann bei den Versuchsplänen mit *Zufallsgruppenbildung* grundsätzlich die zu fordernde *Gleichheit* in der Zusammensetzung der jeweiligen (beiden) Versuchsgruppen angenommen werden. Darüberhinaus ist die Erhebung von *Vorher*-Messungen in der Regel eine günstige Vorkehrung, um die *interindividuellen* Meßwertdifferenzen geeignet zu kontrollieren. Beispielsweise kann hierdurch die tatsächliche Effektivität der erfolgten Zufallsgruppenbildung geprüft werden, indem sich die Vorher-Messungen an den beiden Versuchsgruppen bzgl. der zu fordernden Gleichheit ihrer Durchschnittswerte testen lassen. Auch der etwaige Einfluß von äußeren Ereignissen kann dabei kontrolliert werden, indem die *Differenzen* zwischen den jeweiligen Vorher- und Nachher-Messungen miteinander in Beziehung gesetzt werden, um so die eigentlich interessierenden experimentellen Effekte bestmöglichst zu erfassen. – In diesem Zusammenhang eröffnet das *Solomon-Dreigruppen-Design* die zusätzliche Möglichkeit, etwaige *Vortest*-Effekte (Sensibilisierungseffekte, Zeiteffekte) experimentell-statistisch zu kontrollieren.

Nachteile: Im Falle der Wahl sehr *kleiner* Stichproben (z. B. $N_1, N_2 \leq 10$) ist die *gleiche* Zusammensetzung der jeweiligen Versuchsgruppen statistisch recht unwahrscheinlich;

d. h. es kann schon aus purem Zufall eine Ungleichheit der Versuchsgruppen resultieren. Dieser Nachteil kann durch die Wahl eines Designs mit *Vorher*-Messung (*Design R – 2a*) nur gemildert, aber nicht aufgehoben werden. Dies bedeutet, daß man bei *kleinen* Stichproben die Verwendung eines anderen Designtyps in Betracht zu ziehen hat, z. B. einen Versuchsplan mit *wiederholten Messungen* (Kap. 13.2) oder einen *Blockversuchsplan* (Kap. 13.3.).

Auch die beiden gegenüber dem einfachen Zweistichprobenversuchsplan *ohne Vorher-Messung (Design 1.0)* anspruchsvolleren Extensionen – das Design *mit Vorher-Messung (Design 1.2)* und der *Solomon-Dreigruppen-Versuchsplan* (Variante des *Design 1.0* und des *Design 1.1)* können die mit dem erstgenannten einfachen Zweistichprobenversuchsplan gegebenen Nachteile nur *relativ* kompensieren und haben somit ihre natürlichen Grenzen.

Ferner kann die Wahl des besonders einfach zu verwendenden, d. h. experimentell meist sehr ökonomisch realisierbaren *Zwei*stichprobendesigns den Untersucher leicht dazu verführen, auf

Tabelle 13.5: Verbreitung des *Zweistichprobenversuchsplans* in der psychologischen Forschung. Beispiele für Untersuchungen aus sehr verschiedenen Inhaltsbereichen der Psychologie, denen jedoch die Verwendung eines *Zweigruppenversuchsplans* mit Zufallsgruppenbildung gemein ist: *Design R–2* (bzw. *Design R–2a*). – Die Untersuchungen mit den Nummern 2., 5. und 7. werden an verschiedenen Stellen dieses Buches genauer behandelt.

	Autor und Jahr	*Thema*	*Quelle*
1.	Hilgard (1932)	*Anlage-Umwelt*-Bedingungen des motorischen Lernens beim Kleinkind	*Journal of Genetic Psychology*
2.	*Asch (1946)*	Eindrucksbildung und Personwahrnehmung	*Journal of Abnormal and Social Psychology*
3.	Adamson (1952)	Funktionale *„Fixiertheit“* beim Problemlösen	*Journal of Experimental Psychology*
4.	Thibaut & Riecken (1955)	Biologisch-soziale Merkmale der „erklärenden“ Selbstwahrnehmung	*Journal of Personality*
5.	*Schachter (1959)*	*„Angst“* und Wunsch nach Partnerschaft	*Psychology of affiliation* Stanford, 1959 (Monografie)
6.	Gray & Klaus (1965)	Einfluß des Vorschultrainings auf die *„Intelligenz“* (IQ)	*Child Development*
7.	*Harlow & Harlow* (1966)	*„Liebe“* bei Rhesusaffen und Ersatzmüttern (Attrappen)	*American Scientist*
8.	Insko (1965)	Lerntheoretischer Ansatz der Manipulation von *„Einstellungen“* (attitudes)	*Journal of Personality*
9.	Glucksberg & King *(1967)*	Motiviertes Vergessen und *„Verdrängung“*	*Science*
10.	Langer, Schulz v. Thun & Tausch (1974)	Verständlichkeit von Texten in der alltäglichen *Kommunikation*	*Verständlichkeit in Schule, Verwaltung, Politik und Wissenschaft,* München, 1974 (Monografie)

einen sachlich anspruchsvolleren Versuchsplan, welcher z. B. drei und mehr Bedingungen oder/und mehr als nur einen einzigen experimentellen Faktor (*UV*) vorsehen würde, zu verzichten, um so rascher zu Daten zu gelangen.

In diesem Sinne sind die in Tabelle 13.5 genannten Versuche durchaus kritisch zu betrachten, da diese alle auf einer nur *zweistufigen* Bedingungsvariation beruhen, obschon die diesen zugrundeliegenden Faktoren (*UV*) typischerweise eine *mehrstufige* experimentelle Variation nahelegen. Dies wird am Beispiel des klassischen Versuchs von Schachter (1959) *pars pro toto* gezeigt (s. Bd. 1, Kap. 8.2, ○ Illu 8.1).

Allgemein kann daher der Einsatz von Zweistichprobenversuchsplänen am besten nur in solchen Forschungsbereichen der Psychologie empfohlen werden, in denen man sich erst noch im *Vorfeld* einer experimentell systematischen Bedingungsanalyse befindet (Pilotphasen).

Statistische Auswertung. – Die statistische Auswertung der Daten, für die *Zweistichprobenversuchspläne* erfolgt im wesentlichen analog den Verfahren, die für das vorexperimentelle Design des statischen Gruppenvergleichs verwendet werden (s. Kap. 12.3, S. 47 f). Dies gilt sowohl für die *deskriptive* als auch für die *inferentielle* Datenanalyse.

Obwohl somit die statistischen Analyseverfahren für diese beiden Designtypen dieselben sind, ist dabei zu beachten, daß der jeweilige forschungslogische (kausaltheoretische) Status der beiden Designtypen jeweils ein gänzlich anderer ist. Dies bedeutet im übrigen, daß die Verwendung bestimmter statistischer Datenanalyseverfahren grundsätzlich noch nichts über die diesen zugrundeliegende forschungslogische Bedeutung aussagt.

Im übrigen hängt die Wahl der statistischen Auswertungsverfahren – sowohl für den deskriptiven wie für den inferentiellen Fall – vornehmlich von der *Skalenqualität* der jeweils erhobenen Daten (*AV*) ab. Auf die in diesem Zusammenhang gebräuchlichsten inferentiellen Auswertungsverfahren – t-Test; ggfs. Varianzanalyse – wird in Kapitel 18.2 eingegangen.

Mehrstichprobenversuchspläne

Bei den *Mehrstichprobenversuchsplänen* handelt es sich im Vergleich zu den Zweistichprobenversuchsplänen um solche Versuchspläne, welche die Wahl von m e h r als nur zwei Stichproben für eine experimentelle Untersuchung vorsehen. Hierbei sind die unifaktoriellen Desigsn (*ein* Faktor mit drei oder mehr experimentellen Stufen) von den *mehrfaktoriellen* Versuchsplänen (zumindest *zwei* Faktoren mit jeweils zwei oder mehr als zwei experimentellen Stufen) voneinander streng zu unterscheiden. Daher werden diese beiden wichtigen Untergruppen der Mehrstichprobenversuchspläne in zwei verschiedenen Abschnitten behandelt.

Unifaktorielle Designs

Die sog. *unifaktoriellen* Versuchspläne stellen eine direkte Verallgemeinerung des allgemeinen Zweistichprobenversuchsplans von zwei auf drei oder mehr experimentelle Stichproben dar, wobei auch hier immer nur ein *einziger* Faktor planmäßig variiert wird: *Hauptdesign (2) R-p* (Design 1.2).

Der *unifaktorielle* Mehrstichprobenversuchsplan stellt die Grundlage von anspruchsvolleren, d. h. experimentell zumindest umfangreicheren Untersuchungen dar, als dies für Zweigruppendesigns *ceteris paribus* zutrifft. Anders ausgedrückt, besteht ein Mehrstichprobenplan aus einer Kombination verschiedener „Zweier"-Stichprobendesigns.

Das Prinzip und die forschungspraktische Bedeutung der Verwendung des unifaktoriellen Mehrstichprobendesigns werden hier durch das nachfolgende Untersuchungsbeispiel verdeutlicht, das einem sozialpsychologischen Themenbereich entnommen wird.

Beispiel: Beeinflussung der „Sympathie" für andere (Aronson & Linder, 1965)

Von der einfachen Alltagserfahrung ausgehend, daß ein niedergeschlagener Mensch durch Anerkennung seines Tuns und Seins von einem Partner wieder *aufgerichtet* werden kann, haben Aronson u. Linder (1965) das folgende Experiment an Universitätsstudenten durchgeführt:

Die Versuchsteilnehmer waren Studentinnen. In Unterhaltungen zu zweit begegnete die einzelne (naive) Probandin einer Versuchspartnerin, die in Wirklichkeit dem Vl assistierte und die Aufgabe hatte, besonders ausgeklügelte – bereits zuvor experimentell festgesetzte – Kontakte zu der Probandin zu stiften. Diese jeweils kurzen Begegnungen wurden wiederholt angesetzt. Nach einem jeden solchen Treffen arrangierte der Vl ein „Gespräch" mit seiner Versuchsassistentin, in dem diese – zuvor ebenfalls schon festgelegte – *Urteile* über die Probandin zu äußern hatte (fingierte Unterhaltung). Diese Gespräche, die von der Probandin – nur scheinbar unabsichtlich – *mitgehört* werden konnten, wurden nach vier experimentellen Bedingungen variiert (Tab. 13.6):

X_1 *positiv* = + bis +: Die Urteile über die Probandin waren durchweg positiv.

X_2 *negativ* = – bis –: Die Urteile über die Probandin waren durchweg negativ.

X_3 *Gewinn* = – bis +: Die Urteile waren anfangs negativ, wurden aber im jeweiligen Gesprächsverlauf zunehmend so vorteilhaft wie unter der ersten Bedingung (X_1).

X_4 *Verlust* = + bis –: Die Urteile waren anfangs positiv, wurden aber im jeweiligen Gesprächsverlauf zunehmend ungünstiger und erreichten schließlich den Stand der Negativbedingung (X_2).

Am Versuchsende hatte die eigentliche (naive) Probandin die Vl-Assistentin in Bezug auf deren „Attraktivität", d. h. wie sympathisch jene ihr erscheine, zu beurteilen (*AV*). – Die ursprüngliche Versuchshypothese der Autoren war von der Annahme ausgegangen, daß aus den durchweg *positiven* Beurteilungen (Bedingung X_1: „positiv"-Maximum) durch die Vl-Assistentin die *meisten* Sympathieverstärkungen resultieren müßten, dagegen von den durchweg *negativen* Urteilen (Bedingungen X_2: „positiv"-Minimum) die *geringsten* Sympathiebekundungen.

Die Versuchsergebnisse wiesen aber in eine andere Richtung (Abb. 13.4, S. 70): Am meisten wuchs die Sympathieverstärkung unter der sog. *Gewinn*-Bedingung (X_3) – das heißt, daß Sympathie für die Partnerin nicht etwa durch immer positive Einschätzungen (X_1) verstärkt wurde, sondern am meisten durch Urteile, die zunächst eher skeptisch (negativ) ausfielen, sich dann aber zunehmend zum Positiven hin entwickelten, also einen *relativen* Bewertungsgewinn über die Zeit erkennen ließen.[2]

Trendanalytisches Experimentieren. – Von experimentalpsychologischem Interesse ist besonders der sog. *trendanalytische* Untersuchungsansatz. Von (experimenteller)

[2] Hierzu wird der Philosph Spinoza – wie folgt – zitiert:

„Haß, der völlig von Liebe überwunden wird,
verwandelt sich in Liebe, und eine solche Liebe
ist größer, als sie es jemals hätte sein können,
[als] wenn der Haß nicht vorangegangen wäre."

Spinoza (Ethik, 1677; zit. nach Zimbardo, 1983, S. 608).

trendanalytischer Forschung spricht man immer dann, wenn die *unabhängige* Variable (*UV*) aus drei oder mehr als drei *graduell* abgestuften Treatments (*X*) besteht. Das heißt, durch *Trendanalysen* wird geprüft, ob und in welcher Weise sich die *AV*-Werte verändern, wenn *X* (*UV*) wächst. Dabei hat eine Trendanalyse naturgemäß zur Voraussetzung, daß sowohl die *X*- als auch die *Y*-Achse jeweils zumindest ordinal skaliert sind (Abb. 13.5).

Während – zum Beispiel – die Abszisse in der Ergebnisdarstellung der zuletzt zitierten Untersuchung nur *nominal* skaliert ist (s. Tab. 13.6, Abb. 13.4), basiert ein Experiment, in welchem außer der *AV* auch die *UV* Ordinal – oder gar Intervallskalenqualität aufweist, auf einem *trendanalytischen* Design. Ein Beispiel für trandanalytisches Experimentieren stellt etwa die psychopharmakologische Untersuchung der *Dosis*-Wirkungs-Beziehung dar, wobei die Dosis (*UV*) im Sinne einer *„kleiner"-„größer"*-Dosis systematisch variiert wird (s. Abb. 11.2, S. 13). – Ein anderes Bespiel ist etwa die Überprüfung des Einflusses der Außentemperaturabweichung von der eigenen Körpertemeratur (*UV*) auf das Wohlbehagen (*AV*): Wenn z. B. sieben verschiedene Gruppen von Probanden jeweils beide Hände in unterschiedlich temperiertes Wasser (7fach abgestuft: -3^0, -2^0, -1^0, 0^0, $+1^0$, $+2^0$, $+3^0$ C^0 – Abweichungen von der individuellen Körpertemperatur) tauchen und dabei jeweils der Grad des körperlichen *Wohlbehagens* registriert wird, so läßt sich prüfen, welche Temperaturen als eher angenehm bzw. als eher unangenehm empfunden werden (Haber, 1958). Das Ergebnis dieses trendanalytisch untersuchten Sachverhalts wird hier in Abbildung 13.6 durch den *M*-förmigen (*quartonen* = vierästigen) Datentrend veranschaulicht. Danach werden jeweils *geringfügige* Abweichungen von der eigenen Körpertemperatur als angenehm (+), hingegen *stärkere* als unangenehm (–) empfunden; Nullabweichungen lösen typischerweise neutrale (0) Reaktionen aus.

Tabelle 13.6: Unifaktorieller Mehrstichprobenversuchsplan zum *Sympathieverstärkungs*-Experiment von Aronson u. Linder (1965): Zufallsgruppenplan mit mehreren Versuchsgruppen. – Design R – p.

Design 1.2	Mehrgruppen-Design *ohne* Vorher-Messung (p = 4 experimentelle Versuchsgruppen): *Design R – 4.*

	Versuchs-gruppe	Vorher-Messung	Treatment *X* („Beurteilung durch Partnerin")	Nachher-Messung
R	*1*	–	X_1 „positiv"	$\overline{Y}_{1\ nach}$
	2	–	X_2 „negativ"	$\overline{Y}_{2\ nach}$
	3	–	X_3 „Gewinn"	$\overline{Y}_{3\ nach}$
	4	–	X_4 „Verlust"	$\overline{Y}_{4\ nach}$

AV: Sympathie-Verstärkung für die Partnerin: „Attraktivität" ($\overline{Y}$)

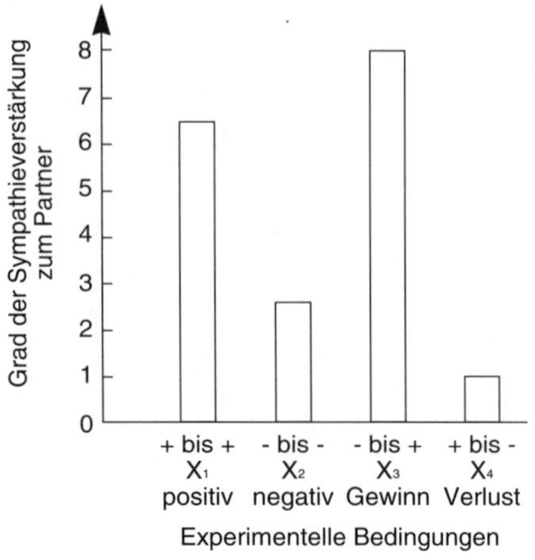

Abbildung 13.4: Ergebnisdarstellung zum Sympathieverstärkungs-Experiment von Aronson u. Linder (1965): Gleichbleibend *positive* Bewertung (X_1) durch den Partner verstärkt die Sympathie zu ihm weniger als eine *steigende* Bewertungsverbesserung (X_3 = *Gewinn*—; dasselbe gilt auch im umgekehrten Sinne (X_4 = *Verlust*). (Nach Zimbardo, 1983)

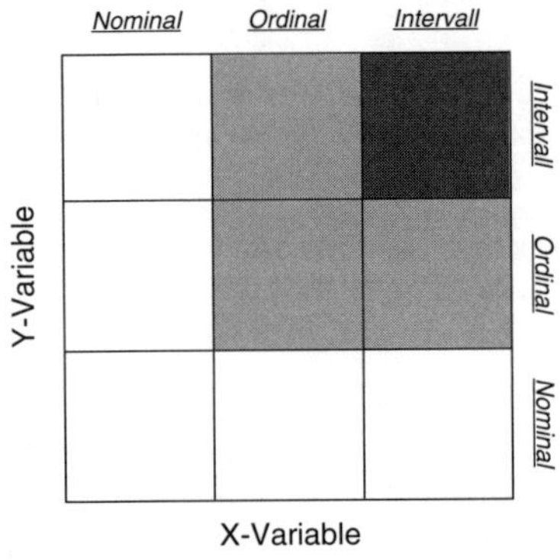

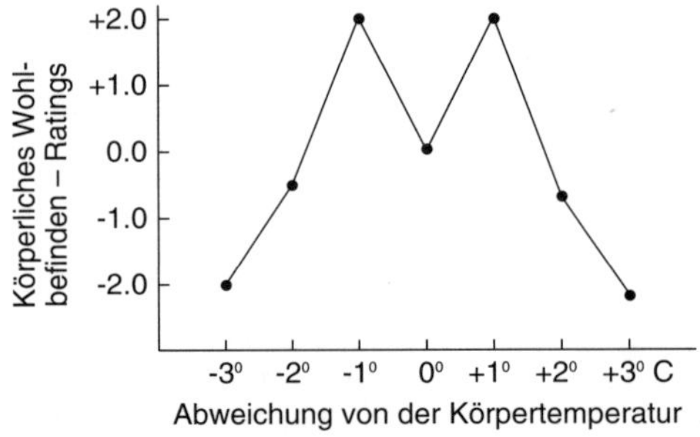

Abb. 13.5

Abb. 13.6

Abbildung 13.5: Schema des Indikationsbereichs der *Trendanalysen* im Zusammenhang mit der Skalenqualität der *X*- und der *Y*-Variablen: Beide Variablen *(UV, AV)* müssen aus sachlogischen Gründen zumindest *ordinal* skaliert sein (s. Beispiel in Abb. 13.6). (Nach Sarris, 1968)

Abbildung 13.6: M-förmiger Trend für die Beziehung zwischen dem Grad des körperlichen Wohlbefindens (Ordinate) und der Abweichung der Wassertemperatur von der eigenen Körpertemperatur. – (Fiktives Datenbeispiel). (Modifiziert nach Matheson et al., 1978)

Ω Hervorzuheben ist: Eine solche besondere funktionale Beziehung (*M*-förmiger Trend) hätte ohne trendanalytische Versuchsplanung nicht aufgedeckt werden können (Ω Orig 13.1).

Ω Orig 13.1
Einstellungsänderung durch Angsterzeugung: Ein medizinisch-sozialpsychologisches Feldexperiment

(Janis & Feshbach, 1969)

Die Wirkungen *persuasiver* (überredender) Massenkommunikation, wie sie vor allem in der Werbung und in der Wahlpropaganda hervorgerufen werden, haben Janis u. Feshbach (1969) in einem medizinisch-sozialpsychologischen *Feldexperiment* als Reaktionen auf experimentell erzeugte Angst untersucht.

Vier Gruppen von 15jährigen amerikanischen Oberschülern wurden im Rahmen eines Hygiene-Unterrichts mehrere Varianten eines Bildvortrags über *Zahnpflege* dargeboten (jeweils n = 50 Probanden; 3 Experimentalgruppen, 1 Kontrollgruppe). Neben neutralen Informationen über Zahnwachstum u.a.m. wurden entweder *starke, mäßige* oder aber *schwache* Warnungen vor möglichen Folgen einer Vernachlässigung der Zahnhygiene vermittelt, um auf diese Weise unterschiedlich starke Befürchtungen („Angst") und daraus resultierende Verhaltensänderungen zu evozieren und vergleichend zu überprüfen.

Die *Variante 3* („starke" Warnung) enthielt Hinweise auf Zahnschmerzen, Zahnziehen, Sekundärleiden wie Krebs oder Erblindung, Zahnverfall usw., die verbal und durch abschreckende Dias dargestellt wurden, in gewisser Weise vergleichbar mit der Art der Zahnmittelwerbung im Fernsehen. – Die *Variante 2* („mäßige" Warnung) ließ die Sekundärleiden aus, wies vor allem auf den Zahnarztbesuch allgemein hin und erwähnte global Schmerzen in mäßig warnendem Ton. – Die *Variante 1* („schwache" Warnung) appellierte mit relativ neutralen Informationen verbal und visuell – schematische Darstellungen, Dias nur von gesunden Zähnen – lediglich an die grundsätzliche Zahnpflegebereitschaft der Versuchsteilnehmer. – Die *Variante 4* – ein thematisch abweichender Vortrag über die Funktion des Auges *ohne* jede Angsterregung – stellte die „Kontrollbedingung" dar.

Auf diese Weise wurde der *Trendfaktor* dieses unifaktoriellen, aber mehrstufigen Versuchsplans realisiert. Als *Vorher*-Messung dienten eine Woche *vor* den Bildvorträgen erhobene Fragebogenangaben auf Schlüsselfragen zur Zahnhygiene, eingestreut zwischen vielen anderen Fragen zur Gesundheit und Körperpflege. Die *Nachher*-Messungen erfolgten einmal unmittelbar im Anschluß an den Bildvortrag und dann – die hauptsächlich interessierenden Nachwirkungen erfassend – eine Woche später, wiederum mit Hilfe von Fragebögen (Tab. A).

Auf einer 5stufigen Ratingskala hatten die Befragten zur Dauer, zum Kraftaufwand, zum Ausmaß der gereinigten Oberfläche und zur Bürstenführung beim Zähneputzen eine Woche *vor* dem Vortrag und eine Woche *danach* ihre Einstellung zu bekunden. Die recht niedrigen Werte der *Vorher*-Messung hatten keine wesentlichen Unterschiede zwischen den vier Gruppen aufgezeigt. Demgegenüber ergab die *Nachher*-Messung in bezug auf eine durch Angst erworbene Konformität mit den Zahnpflege-Vorschlägen bei der mit dem stark angsterzeugenden Dia-Vortrag (Variante 3) behandelten Gruppe die *geringste* Wirkung, bei der Gruppe, die der mäßig angsterregenden Kommunikationsvariante 2 ausgesetzt worden war, eine *mittlere* Wirkung und bei der nur *schwache* Befürchtungen evozierenden Vortragsvariante 1 eine hochgradig verläßliche Zunahme der Konformität, jeweils verglichen mit der Kontrollgruppe.

Während die direkt an die Bildvorträge anschließende Befragung verschiedene Typen affektiver Reaktionen aufdeckte – wie etwa:

„Diese greulichen Bilder von schlechten Zähnen und kranken Mundhöhlen ..." – „Ich glaube, es ist gut, daß man erschrickt ..." – „Lassen Sie Bilder über die schlimmen Zähne weg, und bringen Sie mehr über Zähneputzen!" –,

ergab die Untersuchung bei allen drei Experimentalgruppen eine signifikante Einstellungsänderung in Richtung auf die Vorschläge zur Zahnpflege des Vortrags, allerdings mit unterschiedlicher Ausprägung. Denn im Gegensatz zur *naiven* (alltagspsychologischen) Einstellung ergab sich hier

Tabelle A: Unifaktorieller Zufallsgruppenversuchsplan mit einem *Trendfaktor* zum Feldexperiment von Janis u. Feshbach (1969) über Einstellungsänderungen als Auswirkung angsterregender Massenkommunikation. – Design $R-p_{tr}$.

Design 1.2	Mehrgruppenversuchsplan mit Vorher-Messung (p = 4 Versuchsgruppen): *Design* $R-4_{tr}$.

	Versuchs-gruppe	Vorher-Messung	Treatment *X* *Angsterzeugung*	Nachher-Messung
R	*1*	$\bar{Y}_{1\ vor}$	X_1 („schwach")	$\bar{Y}_{1\ nach}$
	2	$\bar{Y}_{2\ vor}$	X_2 („mäßig")	$\bar{Y}_{2\ nach}$
	3	$\bar{Y}_{3\ vor}$	X_3 („stark")	$\bar{Y}_{3\ nach}$
	4	$\bar{Y}_{4\ vor}$	X_0 (Kontrolle)	$\bar{Y}_{4\ nach}$

AV: Einstellungsänderung in Prozent ($\bar{Y}$)

eine umgekehrt *U*-förmige (bitone) Beziehung zwischen der Angsterregung (*X*) und der Einstellungsänderung ($\bar{Y}$; Abb. A).

In der Diskussion der Versuchsergebnisse weisen die Experimentatoren zur Erläuterung der durch die besonders *starken* Reize (Variante 3) *geringsten* Einstellungsänderung auf eine *„defensive Vermeidungstendenz"* – wie folgt – hin:

Wenn persuasive Massenkommunikation optimale Wirkungen erzielen will und nicht auf starke „Angstappelle" verzichten zu können glaubt, so muß sie der bewirkten hochgradigen emotionalen Spannung durch ergänzende Beruhigungsstimuli zur Entspannung verhelfen. Sonst treten Vermeidungstendenzen in Form von Bagatellisierung und Ignorierung der angsterregenden Warnungen auf.

Möglicherweise gilt diese Feststellung allgemein und bleibt nicht auf das hier dargestellte medizinisch-sozialpsychologische Feldexperiment beschränkt. Jedenfalls warnte Janis (1951) bereits vor etwa 40 Jahren vor *Übertreibungen von Angstappellen,* auch für den Fall, daß sich eine Bevölkerung durch entsprechende *Zivilschutz*-Kommunikationen

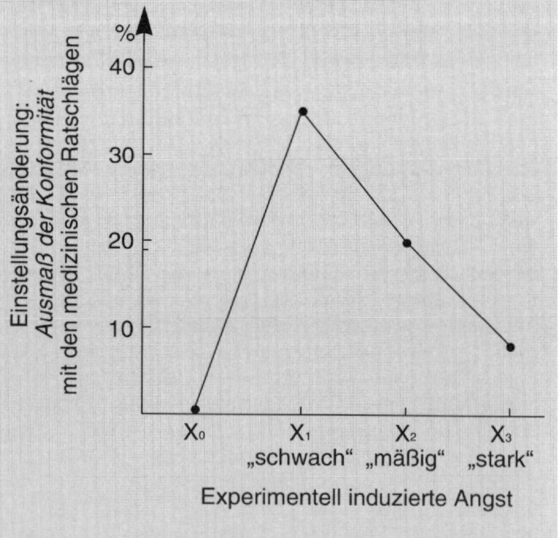

Abbildung A: Ergebnisse des medizinisch-sozialpsychologischen Feldexperiments von Janis u. Feshbach (1969) zur Untersuchung der Auswirkung angsterregender experimenteller Bedingungen in einer persuasiven Massenkommunikationssituation: X_0 *keine* Angsterregung; X_1 *schwache*, X_2 *mäßige*, X_3 *starke* Angsterregung.

auf die Gefahren eines unmittelbar bevorstehenden Atomkriegs einzustellen hätte.

Abgesehen von diesem zuletzt zitierten spekulativen Hinweis sprechen die Versuchsergebnisse dafür, daß Einstellungsänderungen am günstigsten durch eher *schwach* bis *mittel*-stark besorgniserregende und vorwiegend *informative* Warnungen bewirkt werden (vgl. das experimentelle Ergebnis für die Bedinung X_1 = Variante *1*: *schwacher* Angstappell, Abb. A).

Literatur

Janis, I. L.: Air war and emotional stress. New York: McGraw-Hill, 1951.

Janis, I. L. & Feshbach, S.: Effects of fear-arousing communications. Journal of Abnormal and Social Psychology, 1953, *48*, 78–92. (Deutsch: Auswirkungen angsterregender Kommunikationen. In: M. Irle (Hrsg.), Texte aus der experimentellen Sozialpsychologie. Neuwied: Luchterhand, 1969.)

Wie das trendanalytische Designing verdeutlicht, ist es ohnehin das Hauptziel einer jeden experimentellen Forschung, die unabhängige(n) Variable(n) – d. h. die *Inputs* (*UV*) – möglichst quantitativ systematisch zu manipulieren, um so einschlägig relevante *Verhaltensgesetze* auffinden bzw. bestätigen zu können (s. Bd.1, Kap. 6.1). Während diesem grundsätzlich bedeutsamen Sachverhalt durch *trendanalytisches* Experimentieren heutzutage besonders in der *Allgemeinen Psychologie* immer mehr Rechnung getragen wird, trifft dies in anderen Teilgebieten der Psychologie – wenn überhaupt – weit weniger zu, als sachlich möglich und methodologisch zu fordern ist. – Ein weiteres Beispiel für einen *trendanalytischen* Versuch mit unabhängiger Zufallsgruppenbildung findet sich in Ω Orig 19.1 (Kap. 19.3; s. auch Ω Orig 20.1, Kap. 20.1).

Während die oben angeführten Beispiele die Bedeutung des trendanalytischen Experimentierens konkretisieren, kann das damit Gemeinte auch anhand eines *Negativbeispiels* illustriert werden: Im Falle einer einfachen Zweigruppenuntersuchung können nämlich auch durchaus irrige Schlußfolgerungen aus den erhobenen Daten bzgl. der eigentlichen *UV-AV*-Beziehung gezogen werden (Abb. 13.7). Auch können verschiedene *Zweistichproben*-Untersucher, welche jeweils andere

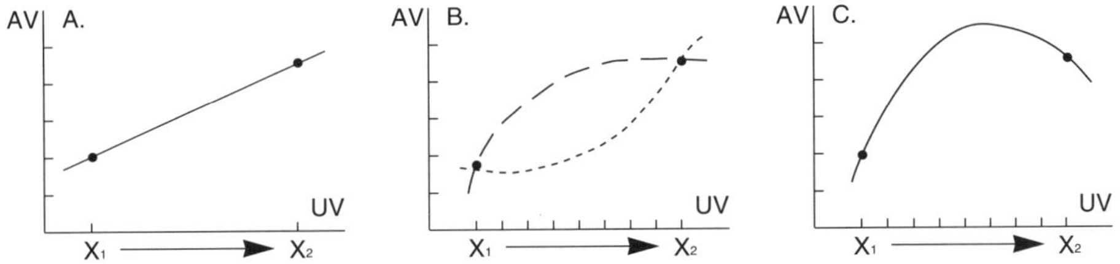

Abbildung 13.7: Zur Indikation eines Mehrstichprobendesigns: Zwei gemäß einem Zweistichprobenversuchsplan – unter den Bedingungen X_1 und X_2 – korrekt berechnete Durchschnittswerte werden in der graphischen Darstellung üblicherweise durch eine *Gerade* miteinander verbunden; dabei wird die Annahme einer linearen Beziehung zwischen *UV* und *AV*, meist stillschweigend, gemacht (A.). – Demgegenüber kann die tatsächliche Beziehung z. B. eher *positiv* (. . .) oder eher *negativ* (. . .) beschleunigt sein (B.) – oder gar *non-monoton,* z. B. *biton* (C.) sein. – Die gesamte *UV-AV*-Beziehung läßt sich grundsätzlich durch die Verwendung eines *Mehrstichprobenversuchsplans* geeignet untersuchen, im Sinne einer *trendanalytischen* Designverwendung. (Modifiziert nach McGuigan, 1990)

UV-Bereiche (X_i, X_j) prüfen, dann u. U. zu diametral entgegengesetzten Befunden bzw. Schlußfolgerungen aus ihren jeweils limitierten Datensätzen gelangen, ohne daß sie sich des Grundes hierfür bewußt sind (vgl. den linken vs. rechten Trendabschnitt in Teilbild C von Abb. 13.7).

Vor- und Nachteile der Mehrstichprobenversuchspläne
(unifaktorielle Designs für unabhängige Gruppen)

Im Vergleich zu den Zweistichprobenversuchsplänen zeichnen sich *Mehrstichprobendesigns* – im Sinne von unifaktoriellen Designs mit drei oder mehr Zufallsstichproben – grundsätzlich dadurch aus, daß sie ein Mehr an inhaltlich und methodisch relevanten Daten verbürgen und somit dem Spezialfall (Zweigruppenplan) überlegen sind. Dies wird im Falle der Verwendung der wichtigsten Variante des unifaktoriellen Designs, nämlich des *trendanalytischen* Versuchsplans, besonders deutlich. Denn *polytone* (mehrästige) Trendverläufe können nicht durch Zweistichprobendesigns, sondern nur mit Hilfe von trendanalytischen Versuchsplänen aufgedeckt werden.

Vorteile: Während die Vorzüge der Zweistichprobendesigns mit Zufallsgruppenbildung naturgemäß auch den (unifaktoriellen) Mehrstichprobenversuchsplänen eigen sind (s. S. 65), weist der letztgenannte Designtyp zusätzlich noch weitere wesentliche Vorteile auf:

Zum einen erlaubt die Benutzung eines Mehrstichprobendesigns eine breitere und damit auch sachrepräsentativere empirische Analyse des zu untersuchenden Gegenstands, als dies *ceteris paribus* für die Verwendung eines Zweistichprobenversuchsplans gilt. Der hier herausgestellte Fall des *trendanalytischen* Forschens illustriert das auf anschauliche Weise. Zum anderen ist es ökonomischer, anstelle der sukzessiven Anwendung mehrerer Zweigruppendesigns (z. B. durch verschiedene Untersucher in verschiedenen Experimenten) von vornherein eine einzige Mehrstichprobenuntersuchung zu planen und durchzuführen.

Darüber hinaus ist dieses Vorgehen auch bzgl. der empirischen *Kontrolle* von möglichen Randbedingungen (Störfaktoren) im Sinne der Erhöhung der *internen Validität* günstiger. Ferner ist die Benutzung von Mehrstichprobendesigns auch in *inferenzstatistischer* Hinsicht von Vorteil, weil hierdurch der *Zufallsfehler* gegenüber einer mehrfachen Verwendung und Auswertung von Zweigruppenversuchsplänen verringert wird.

Nachteile: Ein in der Forschungspraxis gelegentlich vorgebrachter Einwand, welcher sich auf den relativ hohen Versuchsaufwand bezieht (*Zeit, Kosten* usw.), ist in Wirklichkeit nur ein scheinbarer Nachteil dieses Designtyps. Denn abgesehen davon, daß das Kriterium der *Ökonomie* – wenn überhaupt – für den Wissenschaftler immer nur von sekundärer Bedeutung sein kann, ist im vorliegenden Fall die simultane Untersuchung von mehreren Gruppen, mit entsprechend *mehreren* Bedingungen, letztlich auch in ökonomischer Hinsicht günstiger, als dies die sukzessive Anwendung von mehreren Zweistichprobendesigns ermöglichen würde.

Als ein wirklicher Nachteil des unifaktoriellen Mehrstichprobendesigns gilt in der Tat nur, daß auch *unifaktorielle Designs* – im Vergleich zu *mehrfaktoriellen* Versuchsplänen – meistens der tatsächlichen *Komplexität* des Untersuchungsgegenstands nicht gerecht werden, da nämlich Verhalten grundsätzlich *multikausal* determiniert ist, d. h. durch mehr als nur durch einen einzigen Faktor bedingt wird.

Statistische Auswertung. – Für die Datenauswertung ist hier die *Varianzanalyse* für unabhängige Stichproben die Methode der Wahl, da sie eine simultane Überprüfung der Gesamtwirkung aller Stufen einer *UV* erlaubt. Im Falle eines intervallskalierten sowie normalverteilten Datenmaterials (bzgl. der *AV*-Werte) wird die *parametrische* Varianzanalyse benutzt; liegt demgegenüber lediglich rangskaliertes Datenmaterial vor, ist die Durchführung einer sog. *verteilungsfreien* (nicht-parametrischen) Varianzanalyse angezeigt. Im Falle von Häufigkeitsdaten (Nominalskala) ist eine Chi^2-Analyse anzusetzen.

Die Lehrbücher der Statistik enthalten jeweils ausführliche Beschreibungen dieser verschiedenen inferenzstatistischen Auswertungsverfahren (s. S. 202). Das Grundprinzip der Varianzanalyse wird in Band 1 (Kap. 7.3) kurz erläutert.

Im Falle der Verwendung eines *trendanalytischen* Designs ist eine entsprechende *statistische Trendanalyse* durchzuführen. Statistische Trendanalysen stellen Spezialfälle von Varianzanalysen dar. Während die Varianzanalyse eine Verallgemeinerung des (zweiseitigen) t-Tests ist, entspricht die statistische Trendanalyse einer Verallgemeinerung des t-Tests mit *einseitiger* Fragestellung (s. ○ Illu 18.1, S. 275).

Multifaktorielle Designs

Die zweite Untergruppe der Mehrstichprobenversuchspläne besteht aus den sog. *mehrfaktoriellen* (multifaktoriellen) Designs. Unter einem mehrfaktoriellen Versuchsplan versteht man die Verallgemeinerung der unifaktoriellen Versuchsplanung auf den Fall des Einflusses von *zwei, drei* oder *mehr* unabhängigen Faktoren in ein und derselben Versuchsanordnung. Ein Beispiel für die Bedeutung des damit Gemeinten enthält die oben zit. Originaluntersuchung über *Traumforschung* (s. Ω Orig 12.1, S. 36 f).

Der einfachste Fall eines *„mehr“*-faktoriellen Designs ist der sog. *2 x 2* – Zufallsgruppenversuchsplan, d. h. ein Design mit *zwei* Faktoren *(UV)*, die jeweils nur zwei Abstufungen (*Stufen* = „Bedingungen“) aufweisen und somit die Untersuchung von 2 x 2 = 4 Zufallsgruppen erfordern (Design 1.3). Eine erste Erweiterung dieses Designs ist z. B. ein *2 x 3* – oder ein *3 x 4* – Zufallsgruppenversuchsplan usw.: *Hauptdesign (3) RR – p x q* (Design 1.3).

Untersuchung von Wechselwirkungen. – Abgesehen davon, daß die Relevanz der simultanen Untersuchung von zwei oder mehr Faktoren unmittelbar einleuchtet, erlaubt ein solches Vorgehen zusätzlich die Analyse der besonderen Art des *Zusammenwirkens* der jeweils untersuchten Faktoren mit ihren Bedingungskombinationen. Denn die gleichzeitige Berücksichtigung von zumindest *zwei* Faktoren in einer Untersuchung läßt auch und gerade die Möglichkeit des Nachweises von sog. Wechselwirkungen (*Interaktionen*) der einzelnen Faktoren zu, falls solche besonderen Kombinationseffekte tatsächlich existieren.

In inhaltlicher Hinsicht entsprechen Wechselwirkungen dem gestaltpsychologischen Postulat, demzufolge *„das Ganze* (hier: Gesamtwirkung) *mehr als (durch) die Summe seiner Teile“* (hier: Einzeleffekte) verursacht ist. Formal bedeutet dies, daß die Einzelfaktoren im Falle von Wechselwirkungen *nicht-additiv* zusammenwirken; in graphischer Veranschaulichung dargestellt, meint das, daß die Ergebnistrends bei Wechselwirkungen *nicht-parallel* zueinander verlaufen. Dieser Sachverhalt wird anhand der in Abbildung 13.8 dargestellten klassischen Beispiele sensu Campbell u. Stanley (1963,

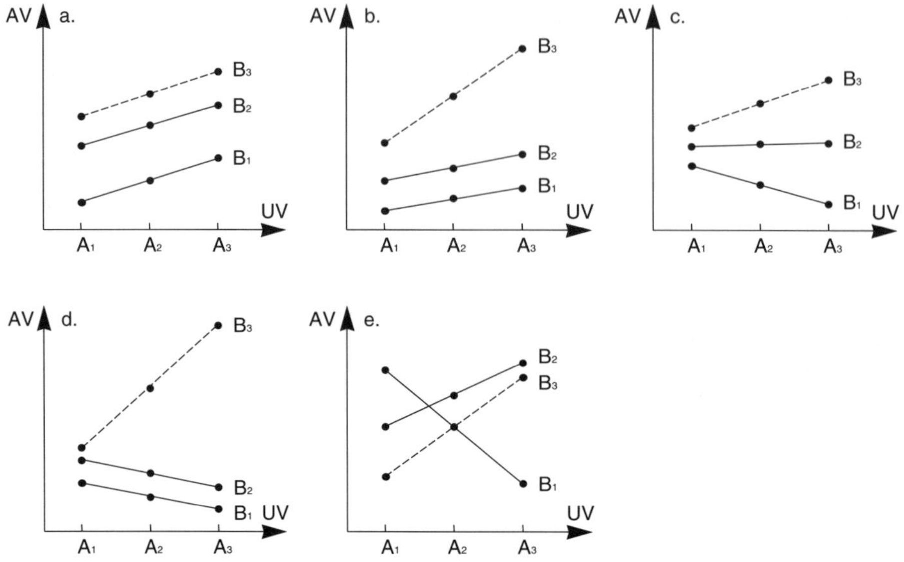

Abbildung 13.8: Typische Ergebnisse einer *zweifaktoriellen* Untersuchung der jeweils *dreifach* abgestuften Faktoren *A* und *B*. Nur im Fall *a* (links oben) liegt keine Wechselwirkung vor, wohingegen alle übrigen Fälle (*b* bis *e*) verschiedene signifikante *Interaktionen* zeigen. – (Der B_3-Trend ist einfachheithalber stets als *steigend* angenommen worden). (Modifiziert nach Campbell & Stanley, 1966).

1966) auf einfache Weise illustriert. Liegt eine Wechselwirkung vor, dann gilt grundsätzlich, daß die Größe des jeweiligen Effekts des einen Faktors (*A*) von der weiligen Stufe des anderen Faktors bzw. der anderen mituntersuchten Faktoren (*B*, *C*, ...) abhängt.

Das Konzept der *Wechselwirkung* läßt sich systematisch mit Hilfe des graphischen Beispiels eines zweifaktoriellen Designs (*A* x *B*) – hier mit je drei experimentellen Stufen (1, 2 und 3) pro Faktor – im Anschluß an Campbell u. Stanleys (1966) Originaluntersuchung verdeutlichen (Abb. 13.8 *a* bis *e*).

In den Teilabbildungen *a* bis *e* sind die typischen Fälle der jeweils 3 x 3 = 9 Bedingungskombinationen dargestellt (A_1B_1, A_2B_1, A_3B_1, ..., A_2B_3, A_3B_3). Dabei weist nur die Teilabbildung *a* eine *Nullwechselwirkung* auf (Paralleltrends = keine Interaktion). Alle übrigen Fälle (*b* bis *e*) zeigen dagegen signifikante *Interaktionen.*

Während nur im Falle einer fehlenden *Wechselwirkung (a)* im Hinblick auf Faktor *A* legitimerweise generalisiert werden darf (*A*: $\bar{Y}_3 > \bar{Y}_2 > \bar{Y}_1$), ist dies für die übrigen Fälle (*b* bis *e*) nicht – bzw. nicht ohne weiteres – statthaft. Dabei wird hier einfachheitshalber der jeweilige B_3-Einzeltrend durchgehend als *steigend* angenommen, wohingegen die B_1- und B_2-Trends teils steigen, teils fallen. Nur wenn die Wechselwirkung für *A ordinal* ist, kann auch generalisiert werden. Dann und nur dann gilt für alle Stufen von *B*, daß $Y_3 > \bar{Y}_2 > \bar{Y}_1$ ist. – Im einzelnen gilt für die vier typischen *Wechselwirkungs*-Fälle z. B. das Folgende: (*b*) *ordinale* Wechselwirkung infolge des B_3-Trends; (*c*) *disordinale* Wechselwirkung – bzgl. der B_2-Stufe weist *A* keinerlei Effekt auf; (*d*) *disordinale* Wechselwirkung infolge des B_3-Trends und (*e*) komplexe *disordinale* Wechselwirkung mit einer *reziproken* Interaktion für die beiden B_1- und B_3-Trends.

Das dem Laien ungewohnte Denken in *Wechselwirkungen* zwischen zwei oder mehr Faktoren ist demgegenüber für den Experimentalpsychologen heutzutage ein zentrales Anliegen eines jeden guten Designing geworden (Fisher, 1953, 1956). Während hierauf ein *wissenschaftshistorischer* Rückblick in Kapitel 18.2 erfolgt, wird hier zunächst ein experimentelles Beispiel für den *RR-2 x 2*-Versuchsplan angeführt, um so das Gemeinte zu veranschaulichen; danach folgt ein Beispiel für ein *RRR-2x2x2*-Designing.

Beispiel 1: Wechselwirkungen bei der akustischen Rückmeldung (Bäumler, 1970)

In verschiedenen psychologischen Zusammenhängen interessiert die Frage nach der besonderen Art des Zusammenwirkens zweier verschiedener sog. *Interferenz*-Faktoren im Hinblick auf die Verhaltensleistung von Personen (z. B. Leseleistung). – Beispielsweise handelt es sich dabei um die sog. *verzögerte akustische Rückmeldung* (VAR), die unter diversen Versuchsbedingungen zu typischen *Sprechstörungen* („Stottern") führt und unter dem Namen *Lee*-Effekt bekannt geworden ist. In Verbindung damit kann die Interferenzwirkung auch mit Hilfe des sog. *„Stroop"*-Tests geprüft werden, durch welchen das *Farbe-Wort*-Interferenzphänomen untersucht wird (s. *Grundversuch 6:* „Verzögerte Sprachrückmeldung und Farbe-Wort-Interferenz", *PrB*, Bd. I, Kap. 6.1).

Aufgrund einiger früherer Versuche ist zu erwarten, daß die beiden *Interferenz*-Faktoren *A* („Stroop") und *B* („Lee") eine ganz bestimmte *Wechselwirkung* miteinander aufweisen, eine *positive* oder aber *negative* Interaktion. Demgegenüber haben neuere Untersuchungen zu Befunden geführt, die eher eine sog. *Additivitäts*-Hypothese stützen (Bäumler, 1970). Die verschiedenen Versuchshypothesen sind in Abbildung 13.9 graphisch veranschaulicht.

In einem *Praktikumsexperiment,* dessen Aufbau und Durchführung in PrB, Bd. I, Kap. 6.2 beschrieben sind, lassen sich diese 2 x 2 = 4 Bedingungskombinationen (A_1B_1, A_1B_2, A_2B_1, A_2B_2) leicht in einem einfachen *2 x 2*-Zufallsgruppendesign realisieren (Tab. 13.7).

Hier genügt der Hinweis, daß Bäumler (1970) mit Hilfe eines anderen Versuchsplans *keinen* Interaktionseffekt für die beiden Interferenzfaktoren ermittelte. Das bedeutet, daß sich der *Stroop*- und der *Lee*-Effekt – im Sinne der *Additivitäts*-Hypothese – voneinander *unabhängig* auf die Leseleistungen der Probanden auswirkten.

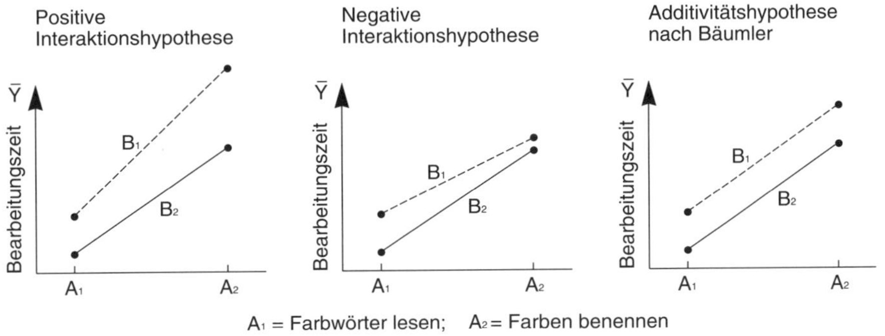

Abbildung 13.9: Zwei konkurrierende *Wechselwirkungs*-Hypothesen über den Zusammenhang von *Farbe-Wort-Interferenz* (Faktor *A*) und *verzögerter akustischer Rückmeldung* (Faktor *B*). (Modifiziert nach Sarris, 1985)

Tabelle 13.7: Zweifaktorieller Zufallsgruppenversuchsplan zur Prüfung von konkurrierenden Wechselwirkungs-Hypothesen für *Farbe-Wort-Interferenz* (Faktor *A*) und *verzögerte akustische Rückmeldung* (Faktor *B*). – Design RR – p × q.

Design 1.3 Zweifaktorieller Zufallsgruppenplan mit Faktor *A* (p = 2) und Faktor *B* (q = 2): *Design RR – 2 × 2.*

R

	Faktor A („Stroop-Bedingung")	*Faktor B* („Verzögerte akustische Rückmeldung") B_1 „ohne„	B_2 „mit"
R	A_1 „Farbwörter lesen"	$\bar{Y}_{11}$ Gruppe 1	$\bar{Y}_{12}$ Gruppe 2
	A_2 „Farben benennen"	$\bar{Y}$ Gruppe 3	$\bar{Y}$ Gruppe 4

AV: Bearbeitungszeit in Sekunden ($\bar{Y}$)

Wie dieses hier nur kurz behandelte Untersuchungsbeispiel zeigt, ist die Frage des Nachweises von *Wechselwirkungen* (Interaktionen) durchaus von inhaltlichem Interesse; ja, sie ist z. T. sogar von größerem Erkenntnisinteresse als der Nachweis von einfachen *Haupteffekten* für die beiden zu untersuchenden Interferenzfaktoren. – In diesem Zusammenhang ist an ein mathematisches *Konflikt*-Modell von Anderson (1962) zu erinnern, das keine Interaktionen zwischen den *„Appetenz"*- und den *„Aversions"*-Faktoren (Gradienten) vorhersagt und in Band 1 (Kap. 2.3) dargestellt ist.

Während der einfachste mehrfaktorielle Versuchsplan naturgemäß das *2 x 2* – Zufallsgruppendesign ist, läßt sich demgegenüber die Anzahl der Faktoren, aber auch die Anzahl der Bedingungen pro Faktor, theoretisch unbegrenzt erhöhen und ist nur durch praktische Erwägungen beschränkt. Dazu wird im Anschluß an das Methodenlehrbuch von Matheson et al. (1978) auf eine Arbeit hingewiesen, in der von einem *RRR – 2 x 2 x 2* – Zufallsgruppendesign Gebrauch gemacht wurde.

Beispiel 2: Wechselwirkungen von Faktoren des „Brainstorming" (Dillon et al., 1972)

In dieser Untersuchung prüften Dillon et al. (1972) den Einfluß der drei Faktoren *„Video-Training"* (Faktor *A*), *„Praxis"* (Faktor *B*) und *„Alleiniges Arbeiten* vs. *Gruppenarbeiten"* (Faktor *C*) — mit jeweils zweifacher Abstufung – auf die Produktion von *„Brainstorming"*-Ideen (AV). Dieses dreifaktorielle Experiment wurde an insgesamt 2 x 2 x 2 = 8 Zufallsgruppen mit je 12 Probanden durchgeführt (96 Studenten an der University of California at Berkeley, USA). Die Brainstormingaufgabe, die sich auf ein zu damaliger Zeit besonders heikles Thema, nämlich die Eskalation des Vietnamkriegs bezog, bestand darin, möglichst viele kreative Lösungsideen für die Beendigung dieses Krieges zu finden.

Die drei Faktoren bestanden im einzelnen aus (A) *„Vorführung“* (A_1) vs. *„Nicht-Vorführung“* (A_2) eines zehnminütigen Films mit allgemeinen didaktischen Hinweisen für ein kreatives Brainstorming: (B) zehnminütige *„Einübung“* (B_1) vs. *„Nicht-Einübung“* (B_2) in die Praxis des Brainstorming; (C) *„individuelles“* (C_1) vs. *„gruppenspezifisches“* (C_2) Arbeiten in der eigentlichen Brainstormingphase. Dabei wurde die Gesamtzahl verschiedener Ideen in jeder der insgesamt 8 Gruppen als *AV* gewählt. In Tabelle 13.8 ist der Versuchsplan der Untersuchung wiedergegeben.

Tabelle 13.8: Mehrstichprobenversuchsplan zur Untersuchung des Einflusses von „Video-Training“ (Faktor A) und „Praxis“ (Faktor B) im Brainstorming sowie „Allein- vs. Gruppenarbeit“ (Faktor C) auf die Produktion von Ideen. Design RRR – $p \times q \times r$.

Design 4.2 Dreifaktorieller Versuchsplan mit Zufallsgruppenbildung auf den Faktoren A (p = 2), B (p = 2) und C (r = 2):
Design RRR – 2 × 2 × 2.

RR

R

Faktor A („Video-Training“)	Faktor B („Praxis“)			
	B_1 („Einübung“)		B_2 („Nicht-Einübung“)	
	Faktor C („Allein. Arbeiten vs. Gruppenarbeit“)		*Faktor C* („Allein. Arbeiten vs. Gruppenarbeit“)	
	C_1 („Allein. Arbeiten“)	C_2 („Gruppen-arbeit“)	C_1 („Allein. Arbeiten“)	C_2 („Gruppen-arbeit“)
A_1 („Vorführung”)	$\overline{Y}_{111}$ Gruppe 1	$\overline{Y}_{112}$ Gruppe 2	$\overline{Y}_{121}$ Gruppe 3	$\overline{Y}_{122}$ Gruppe 4
A_2 („Nicht-Vorführung“)	$\overline{Y}_{211}$ Gruppe 5	$\overline{Y}_{212}$ Gruppe 6	$\overline{Y}_{221}$ Gruppe 7	$\overline{Y}_{222}$ Gruppe 8

AV: Durchschnittliche Anzahl verschiedener Ideen ($\overline{Y}$)

Gemäß der Logik eines *mehrfaktoriellen* Versuchsplans lassen sich die in Tabelle 13.9 enthaltenen Befunde dieses Experiments konsequenterweise nach

- drei *Haupteffekten* (A, B, C)
- drei *Zweierwechselwirkungen* (AxB, AxC, BxC) und
- einer *Dreierwechselwirkung* ($AxBxC$)

klassifizieren. Abgesehen davon, daß die Untersuchung zu einigen inhaltlich überraschenden Resultaten führte, interessiert hier in erster Linie die systematische Darstellung dieser insgesamt 3+3+1 = 7 *Einzelergebnisse* eines *AxBxC* -Designs, nämlich:

1. *Haupteffekte:*

1.1 *Faktor A („Video-Training“)*: Statistisch *signifikanter* Effekt. – Das Training *reduzierte* die durchschnittliche Anzahl der Brainstormingideen (*unerwartetes* Ergebnis).

1.2 *Faktor B („Praxis“)*: Statistisch *signifikanter* Effekt. – Das vorangehende Sicheinüben in die Technik des Brainstorming erhöhte *nicht* die durchschnittliche Anzahl von Brainstormingideen (*unerwartetes* Ergebnis).[3]

1.3 *Faktor C („Alleiniges Arbeiten vs. Gruppenarbeit“)*: Statistisch *signifikanter* Effekt zugunsten der individuellen Produktion. – Das alleinige Arbeiten führte – im Durchschnitt – zu *mehr* Brainstormingideen (*erwartetes* Ergebnis).

2. *Zweierwechselwirkungen:*

2.1 *Interaktion A x B („Video-Training x Praxis“.)*: Statistisch *signifikanter* Effekt. – Die durchschnittliche Anzahl der Brainstormingideen war größer, wenn die Studenten *ohne* Filmvorführung sich praktisch in das Brainstorming eingeübt hatten; unter der Nicht-Einübungs-Bedingung resultierte kein Videotrainings-Effekt (*unerwartetes* Ergebnis).

2.2 *Interaktion A x C („Video-Training x Alleiniges Arbeiten vs. Gruppenarbeit“)*: Statistisch *signifikanter* Effekt. – Video-Training hatte für die Gruppenarbeit keinerlei positiven Effekt, sondern *reduzierte* sogar – paradoxerweise – die durchschnittliche Anzahl von Brainstormingideen bei individuellem Arbeiten (*unerwartetes* Ergebnis).

2.3 *Interaktion B xC („Praxis x Alleiniges Arbeiten vs. Gruppenarbeit“)*: Statistisch *nicht signifikanter* Effekt (*keine* Hypothese).

Tabelle 13.9: Ergebnisse des Experiments zur Untersuchung des Einflusses dreier Faktoren auf die Produktion von Ideen in der *„Brainstorming“*-Untersuchung von Dillon u. Mitarb. (1972): Durchschnittliche Anzahl produzierter Ideen in jeder der 8 Gruppen. (Modifiziert nach Matheson et al., 1978)

„Videotraining“ (Faktor *A*)	„Praxis“ (Faktor *B*)				
	B_1 „Einübung“		B_2 „Nicht-Einübung“		
	C_1 „Allein. Arbeiten“	C_2 „Gruppen-arbeit“	C_1 „Allein. Arbeiten“	C_2 „Gruppen-arbeit“	Ø
A_1 „Vorführung“	*39.67*	*16.33*	*50.00*	*13.67*	29.92
A_2 „Nichtvorführung“	*74.67*	*18.33*	*51.33*	*12.67*	39.25
Ø	57.17	17.33	50.67	13.17	
	37.25		31.92		

[3] Strenggenommen liegt ein wissenschaftlich vertretbares Ergebnis immer nur im Falle der *Zurückweisung,* nicht aber der Beibehaltung einer Nullhypothese (H_o) vor (vgl. Kap. 18.2).

3. *Dreierwechselwirkung:*

3.1 *Dreierinteraktion A x B x C („Video-Training x Praxis x Alleiniges Arbeiten vs. Gruppenarbeit“)*: Statistisch *nicht-signifikanter* Effekt. – Die drei Faktoren – zusammengenommen – zeigten keinerlei Interaktion (*keine* vorangehende gerichtete Hypothese).

Diese Untersuchung, welche die Überlegenheit des *individuellen* Brainstorming gegenüber einem gruppenspezifischen Produzieren von „Ideen“ demonstriert, hat zu folgenden Hauptergebnissen geführt:

(1) Aufgrund des *Videotrainings* resultierten eher kontra-produktive Brainstormingideen (Haupteffekt bzgl. Faktor *A*).

(2) Das *Videotraining* reduzierte die durchschnittliche Anzahl der Brainstormingideen ausgerechnet bei *individuellem* Arbeiten (Wechselwirkung *A x C*).

(3) Das praktische Sicheinüben in das Brainstorming ergab nur im Falle eines fehlenden Videotrainings eine durchschnittlich höhere Ideenproduktion (Wechselwirkung *A x B*).

Bei aller gebotenen Zurückhaltung gegenüber dieser Untersuchung stellt sich doch die Frage, ob und inwieweit das *Videotraining* (Faktor *A*) überhaupt ein relevantes Mittel zur Förderung des kreativen Potentials der untersuchten Probanden war. Auch dürfte eine nur zehnminutige *praktische Einübung* (Faktor *B*) in die allgemeine Brainstormingtechnik zu kurz sein, um das beabsichtigte didaktische Untersuchunsanliegen hinreichend zu gewährleisten. Ferner ist zu fragen, ob nicht die untersuchten Faktoren von vornherein im Sinne eines *trendanalytischen* Vorgehens jeweils zumindest dreifach hätten abgestuft werden müssen (s. Abb. 13.7, S. 73). – Zwecks Vermeidung einer blinden Rezeption auch der inhaltlichen Aspekte einer solchen Arbeit erscheint der Hinweis auf derlei Fragen geboten; dem an dieser Untersuchung interessierten Leser wird die Lektüre der Originalarbeit von Dillon et al. (1972) ohnehin empfohlen. (In dem Lehrbuch von Matheson et al., 1978, dem dieses dort ausführlich zitierte Untersuchungsbeispiel entnommen ist, wird auf diese Fragen nicht eingegangen; zum *kritischen Lesen* von Forschungsarbeiten vgl. Kap. 19.2).

Wie die *Beispiele 1* und *2* zeigen, stellt die systematische Untersuchung von *Wechselwirkungen* zwischen zwei oder mehreren Faktoren ein zentrales Anliegen der experimentellen Psychologie dar. An anderer Stelle wird die Bedeutung von *Wechselwirkungen* erneut herausgestellt (s. Ω Orig 20.1). Ohne die systematische Mitberücksichtigung des Konzepts der *Wechselwirkung* („Interaktion“) verliefe psychologisches Forschen in der Tat nicht nur verkürzt, sondern sogar blind und fehlerhaft, wie unten anhand von weiteren Untersuchungsbeispielen demonstriert wird.

Andererseits darf das Folgende bei der Untersuchung von Wechselwirkungen nicht übersehen werden:

In der Psychologie findet man kaum Arbeiten mit mehr als drei Faktoren bei jeweils drei oder mehr Einzelbedingungen pro Faktor (z.B. macht die Realisierung eines vierfaktoriellen Designs mit *3* x *5* x *4* x *5* – Einzelbedingungen im Falle von 10 Probanden pro Bedingung bereits die Untersuchung von 10 x 300 = 3000 Probanden erforderlich!). Abgesehen von der praktisch notwendigen Einschränkung der in eine Untersuchung einzubeziehenden Bedingungskombinationen ist auch die Interpretation von *Wechselwirkungen* zwischen mehr als drei verschiedenen Faktoren beim derzeitigen theoretischen Stand der Psychologie (noch) nicht möglich. – Ein Beispiel für eine gut *interpretierbare* Wechselwirkung zwischen nur zwei Faktoren liefert demgegenüber die Untersuchung von Broadhurst (1959): Mit Hilfe des dort verwendeten *RR – 4 x 3 –*

Designs kann das dort gefundene gesetzmäßige Zusammenwirken (Interaktion) der beiden Faktoren *„Motivation“* (Faktor *A*) und *„Aufgabenschwierigkeit“* (Faktor *B*) bezüglich der Leistungseffektivität (*AV*) psychologisch inhaltlich zufriedenstellend interpretiert werden (s. Ω Orig 20.1, S. 333 ff).

Vor- und Nachteile der Mehrstichprobenversuchspläne mit Zufallsgruppenbildung (multifaktorielle Designs)

Im Vergleich zu den unifaktoriellen Designs leisten die mehrfaktoriellen Mehrstichprobenpläne erheblich mehr. Dies ist gleichermaßen von psychologisch inhaltlicher wie von methodologischer Bedeutung.

Im Falle der Verwendung von mehrfaktoriellen Designs liegt das vor, was heutzutage unter *moderner* Versuchsplanung für praktisch alle Bereiche der biomedizinischen sowie der sozialwissenschaftlichen Forschung zu verstehen ist. Dabei ist die enge Verschränkung von Versuchsplanungsfragen mit Belangen der (mathematischen) *Statistik* augenfällig (z. B. Bredenkamp, 1980; Hager & Westermann, 1983). Dies gilt grundsätzlich für alle mehrfaktoriellen Designtypen, also auch für Mehrstichprobenversuchspläne mit *wiederholten Messungen* (s. Kap. 13.2) sowie für diejenigen der *Blockbildung* (s. Kap. 13.3).

Vorteile: Im Vergleich zu den unifaktoriellen Designs liefert die Benutzung von mehrfaktoriellen Stichprobenplänen sehr viel mehr an experimentell-statistischer Dateninformation, wobei – neben den *Haupteffekten* für zwei oder mehr unabhängige Variable (*UV*) – die möglichen *Wechselwirkungen* (Interaktionen) zwischen den untersuchten Faktoren erfaßt werden können.

Zwecks geeigneter Verwendung der multifaktoriellen Designs sind pro Faktorenstufenkombination („Zelle“) üblicherweise zumindest 5 bis 15 Einzeldaten von Probanden erforderlich, wobei auch für diesen Designtyp gilt, daß die Zuverlässigkeit und die Präzision mit der Anzahl der untersuchten Merkmalsträger (Versuchsteilnehmer, Versuchstiere) wachsen.

Nachteile: In allgemeiner methodologischer Hinsicht weist dieser Designtyp keinerlei grundsätzliche Nachteile auf. Allerdings müssen dabei zwei wichtige Einschränkungen beachtet werden. Zum einen impliziert die Aufnahme von z. B. mehr als drei *UV* ein rasches *Anwachsen* der Anzahl möglicher Wechselwirkungen zwischen den untersuchten Faktoren. Dies wiederum kann zu Interpretationsproblemen führen, insofern man nicht bereits *vor* Durchführung gerade von mehrfaktoriellen Experimenten klare Wechselwirkungs-*Hypothesen* aufgestellt hat, die ihrerseits von psychologisch inhaltlicher Relevanz sein müssen. Zum anderen sind die relativen Kosten und Nutzen dieses Versuchsplanungstyps im Vergleich zu Alternativdesigns stets besonders sorgfältig abzuwägen. Denn als Alternative zu dem vorliegenden mehrfaktoriellen Designtyp sind die beiden oben angegebenen Versuchsplanungstypen – Designs mit *Wiederholungsmessung* oder mit *Blockbildung* – besonders dann in Betracht zu ziehen, wenn dadurch der Umfang an Probanden erheblich reduziert werden kann.

Statistische Auswertung. – Die sog. *mehrfaktorielle Varianzanalyse* ist für diesen Designtyp die statistische Methode der Wahl, da mit ihrer Hilfe typischerweise sämtliche

Haupteffekte und *Wechselwirkungen* inferenzstatistisch überprüft werden können. Im übrigen gelten alle bereits im Zusammenhang mit der unifaktoriellen Versuchsplanung gegebenen Auswertungshinweise sinngemäß (s. S. 74).

13.2 Versuchspläne mit wiederholten Messungen

Die in diesem Kapitel bisher dargestellten Versuchspläne mit *Zufallsgruppenbildung* basieren samt und sonders auf einem Vergleich der Mittelwerte zwischen den experimentell verschieden behandelten Versuchsgruppen – im Anschluß an die angloamerikanische Terminologie hat sich daher für diese auch der Begriff *„Between"*-Designs („between-groups designs") eingebürgert. Eine grundlegende Alternative zu diesem Designtyp stellen demgegenüber die *„Within"*-Designs („within-groups designs") dar. Mit dieser Bezeichnung ist gemeint, daß für sämtliche experimentellen Bedingungen nur eine einzige Versuchsgruppe herangezogen wird, innerhalb derer die Vergleiche zwischen den Auswirkungen (Effekten) einer oder mehrerer *UV* vorgenommen werden; d. h. ein und dieselben Versuchsteilnehmer werden *wiederholt* untersucht, und zwar unter sämtlichen den Untersucher interessierenden Bedingungen (Designtyp mit *„wiederholten Messungen"*).

Während also für die „Between"-Designs die Mittelwertsvergleiche bzgl. der *AV* zwischen jeweils mehreren experimentell unterschiedlich behandelten Gruppen stattfinden, wird im Falle der *„Within"*-Designs (*repeated-measurements* designs) ein und dieselbe Versuchsteilnehmergruppe zu verschiedenen Zeitpunkten des Gesamtversuchs unter allen Bedingungen getestet, und es werden dann die dabei erhaltenen Werte entlang der *AV innerhalb* dieser einen Gruppe miteinander verglichen. Im folgenden werden die verschiedenen Versuchspläne mit *wiederholten Messungen* – entsprechend der Einteilung der Zufallsgruppendesigns – nach *Zwei-* versus *Mehrstichprobenversuchsplänen* voneinander unterschieden. Von psychologiegeschichtlichem Interesse ist dabei die Tatsache, daß früher die Entscheidung für einen dieser beiden Designtypen mehr oder weniger eine Frage des intuitiven Forschungsverständnisses eines Untersuchers war, wohingegen sich heute weitgehend eine Forschungsstrategie durchgesetzt hat, die von beiden Designtypen im Sinne einer einander *ergänzenden* Funktion Gebrauch macht. Es sei noch darauf aufmerksam gemacht, daß in den Anfängen der experimentellen Psychologie des vorigen Jahrhunderts die Untersuchungen gerade auf der Basis von solchen Designs mit *wiederholten Messungen* durchgeführt wurden, z. B. in der Wahrnehmungspsychologie und der Psychophysik sensu Fechner (1860) oder in der Gedächtnispsychologie sensu Ebbinghaus (1885).

Zweistichprobenversuchspläne

Wenn eine einzige Versuchsgruppe unter *zwei* verschiedenen experimentellen Bedingungen getestet wird, liegt diesem Verfahren ein Zweistichprobenversuchsplan mit *wiederholten Messungen* zugrunde (Design 2.0). Der Zweistichprobenversuchsplan mit *wiederholten* Messungen stellt die einfachste und zugleich auch ökonomischste Variante dieses Designtyps dar, der die Untersuchung ein und derselben Versuchsgruppe unter zwei veschiedenen experimentellen Bedingungen vorsieht. Ein einfaches Beispiel illustriert das damit Gemeinte:

Nehmen wir an, es soll die Wirksamkeit zweier verschieden stimulierender Drogen (D_1, D_2) auf die motorische Aktivität von Ratten – gemessen durch die Anzahl richtiger Sprungversuche (*AV*) beim Unterscheidungslernen – untersucht werden (Abb. 13.10). Es sind für diese (fiktive) Untersuchung insgesamt $N = 10$ Versuchstiere vorgesehen, die unter *beiden* pharmakologischen Bedingungen zu testen sind. Dabei wird ein hinreichend großes Zeitintervall zwischen den verschiedenen Drogenbehandlungen gewählt (Kontrolle der separaten Drogenwirkung für D_1 und D_2). Im übrigen wird die eine Hälfte der Versuchstiere zunächst unter Bedingung D_1, danach unter D_2, hingegen die andere Hälfte zunächst unter Bedingung D_2, danach unter D_1 untersucht (Kontrolle der Bedingungsabfolge durch *Ausblancierung*). Dem Versuch liegt demnach ein *Zweistichprobenversuchsplan* mit wiederholten Messungen zugrunde (Tab. 13.10).

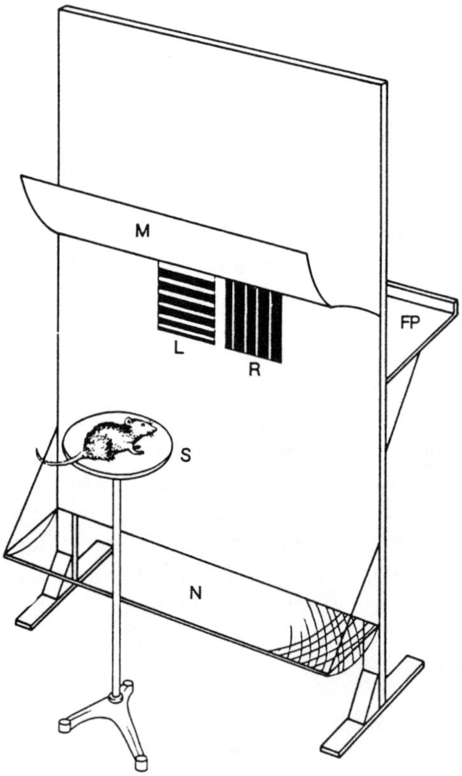

Abbildung 13.10: Eine Ratte beim *Unterscheidungslernen:* Querstreifen- versus Längsstreifenmuster zweier Türklappen. Bei jeder falschen Wahl fällt das Tier in das Sprungnetz dahinter. – Schema der Lashleyschen Sprungapparatur: *FP* = Futterplatz (bei richtiger Wahl), *L* = linke und *R* = rechte Türklappe, *S* = Sprungstand, *N* = Netz (bei falscher Wahl). (Nach Orbach, 1982)

Tabelle 13.10: Versuchsplan zur Untersuchung der Wirkung zweier verschieden stimulierender Drogen (D_1, D_2) auf die motorische Aktivität von Ratten beim Unterscheidungslernen (fiktives Experiment). – Design W–2N.*

Design 2.0	Zweistichprobenversuchsplan mit wiederholten Messungen auf Faktor D für p = 2 Behandlungen an N = 10 Versuchstieren: *Design W–2 × 10.*

W

Vt-Nr.	Faktor D („Drogenbehandlung") *D₁*		*D₂*	
1	$Y_{1.1}$	$\bar{Y}_1$	$Y_{1.2}$	$\bar{Y}_2$
2	$Y_{2.1}$		$Y_{2.2}$	
.	.		.	
.	.		.	
.	.		.	
10	$Y_{10.1}$		$Y_{10.2}$	

AV: Anzahl richtiger Sprungversuche ($\bar{Y}$)

* Jedes Within-Designschema geht zunächst von *Einzel*-AV-Werten $Y_{1.1}$, $Y_{1.2}$, ... – nicht von gemittelten Werten $\bar{Y}_1$, $\bar{Y}_2$, ... – aus.

Tabelle 13.11: Versuchsplan eines (Praktikums-)Experiments zum Nachweis der Abhängigkeit der *Begriffsbildung* („Konzepterwerb", *AV*) vom Abstraktionsgrad der zu lernenden Objekte (*UV*). – Design W–2N.

Design 2.0	Zweistichprobenversuchsplan mit wiederholten Messungen auf dem Faktor A für p = 2 Treatments und N Probanden: *Design W–2N.*

W

Pb-Nr.	Faktor A („Abstraktionsgrad") *A₁* „konkret"		*A₂* „abstrakt"	
1	$Y_{1.1}$	$\bar{Y}_1$	$Y_{1.2}$	$\bar{Y}_2$
2	$Y_{2.1}$		$Y_{2.2}$	
3	$Y_{3.1}$		$Y_{3.2}$	
.	.		.	
.	.		.	
.	.		.	
N	$Y_{N.1}$		$Y_{N.2}$	

AV: Anzahl der Bilddarbietungen bis zur richtigen Silbenzuordnung ($\bar{Y}$)

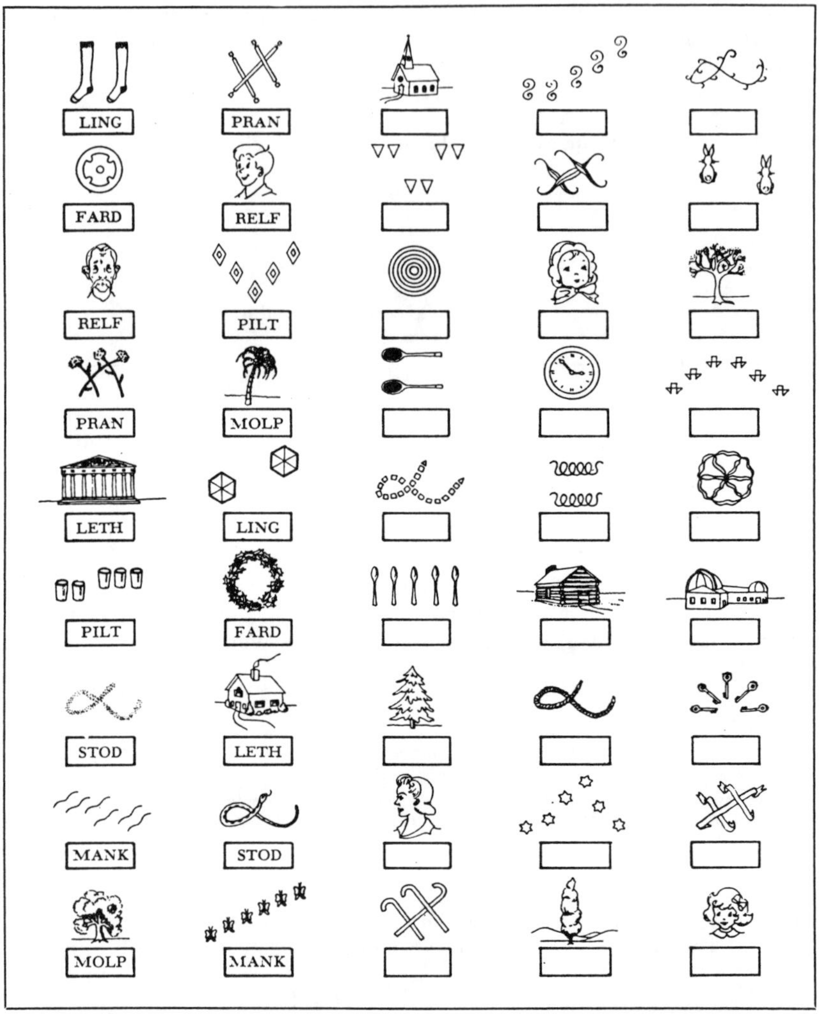

Abbildung 13.11: Materialvorlage zur Untersuchung von *Begriffsbildung* („Konzepterwerb") beim Erwachsenen. Vgl. auch Text zu ◇ Demo 14.1 (S. 140 ff). (Nach Kagan & Havemann, 1972)

Da hier nur das allgemeine Designing diese Experiments interessiert, wird auf eine diesem Zweigruppenversuch entsprechende Untersuchung in dem Kurzlehrbuch von Miller (1975, Chap. 5) verwiesen, welches überdies die statistische Auswertung dieses Designtyps behandelt (vgl. auch das Beispiel von McGuigan, 1990, Chap. 11). – Das nachfolgende Beispiel, das in Anlehnung an einen Praktikumsversuch über *Begriffsbildung* erfolgt (*PrB,* Bd. I, Kap. 4), enthält eine weitere Illustration für die Anwendung des Zweigruppendesigns mit wiederholten Messungen.

Beispiel: Begriffsbildung als „Konzepterwerb" (Heidbreder, 1947)

Humanpsychologische Experimente zur Begriffsbildung („Konzepterwerb") befassen sich mit der Untersuchung der Abhängigkeit des Erwerbs neu zu erlernender Begriffe z. B. vom *Abstraktionsgrad (UV)* verschiedener Objektklassen. Dabei werden dem Probanden typischerweise mehrere Bildserien mit Objekten verschiedenen Abstraktionsgrades gut durchmischt mit der Aufgabe dargeboten, jedes einzelne Bild sukzessive bzgl. eines im Versuchsablauf erst noch zu findenden Oberbegriffs zu klassifizieren. Sämtlichen Bildern liegt jeweils eine zu lernende sinnfreie Silbe („Oberbegriff") zugrunde. Der Proband muß also im Verlauf des Versuchs die für das jeweilige Bild zugeordnete Silbe richtig benennen, wobei der Versuchsleiter stets die entsprechende *Rückmeldung* gibt („falsch" bzw. „richtig"). Als Maß für die Begriffsbildungsleistung gilt die Anzahl der Darbietungen bis zur richtigen *Silbenzuordnung* (*AV*). – Anhand der aus Abbildung 13.11 ersichtlichen Begriffsbildungsaufgabe läßt sich – vereinfacht – die Versuchssituation für die Probanden veranschaulichen:

Dem Versuchsteilnehmer wird zunächst in der Einübungsphase die *erste* Spalte der in der Abbildung enthaltenen Objekte und Silben dargeboten, danach dann die *zweite* Spalte, wobei der Vl jeweils den zuzuordnenden richtigen Begriff angibt, usw. Allmählich lernt dann der Proband, aufgrund der mehrfachen Darbietung ein und derselben Bilder nach den *gemeinsamen* Merkmalen der verschiedenen Objekte zu suchen bzw. diese zu entdecken.

Der Leser versuche seinerseits, diese Aufgabe nachzuvollziehen, indem er die jeweils leeren Kästchen in der Abbildung mit der entsprechenden Silbe ausfüllt. Dazu hilft der folgende Hinweis für die dritte Spalte der Abbildung: Es passen zu den betreffenden Bildern – von oben nach unten – die Begriffe *LETH, MANK, FARD, LING, STOD, PILT, MOLP, RELF, PRAN.*

Im einfachsten Versuchsfall wird der Abstraktionsgrad nur *zweifach* experimentell abgestuft, nämlich nach „konkreten" (A_1) versus „abstrakten" (A_2) Begriffen (Tab. 13.11). – Demgegenüber wird auf den um eine weitere, d. h. dritte experimentelle Stufe ausgebauten Versuchsplan dieses Praktikumsexperiments, zusammen mit dessen typischen Hauptbefunden, weiter unten eingegangen (S. 91 f).

Ein weiteres Beispiel für die Verwendung des Zweistichprobendesigns mit *wiederholten* Messungen enthält das nachstehende Übungstransfer-Experiment (Ω Orig 13.2; ferner Klauer, 1987, 1990). Auch in diesem Untersuchungsfall kann dieses einfache Design eingesetzt werden. Ω

Ω Orig 13.2
Transfereffekte beim Lösen von Denkaufgaben

(Haslerud & Myers, 1958)

Bezeichnenderweise trifft man Varianten des allgemeinen Prinzips der Versuchsplanung mit *Wiederholungsmessungen* (Wahl einer einzigen Versuchsgruppe) besonders häufig im Bereich der Wahrnehmungspsychologie, aber auch der Kognitionspsychologie an. Beispielsweise wird häufig ein und dieselbe Versuchsgruppe unter sämtlichen Bedingungen eines Problemlösungs-Experiments geprüft.

Gerade zur Untersuchung von sog. *Transfer*-Effekten ist die Verwendung eines Designs mit *Wiederholungsmessungen* besonders angezeigt, wie das hier vorzustellende Experiment von Haslerud u. Myers (1958) verdeutlicht (modifiz. nach L. B. Christensen, 1977). Die beiden Autoren verwendeten diesen Designtyp bei ihrer Untersuchung des *Übungstransfers* im Falle von individuell gefundenen Lösungsprinzipien bei einfachen Denkaufgaben. Das Experiment hatte zwei Phasen. In der ersten, der *Übungsphase,* galt es, an einem bestimmten Übungsmaterial (X_0) sich die Lösungsregeln entweder nach Vorlagen oder aber selbständig anzueignen; in der zweiten, der *Testphase,* waren damit andere Aufgaben (X_1) zum Nachweis der vermuteten Transfereffekte zu lösen.

Wie in der Übungsphase zunächst Aufgaben gestellt wurden, die bereits die Lösungsregeln enthielten, und erst danach solche, bei denen die Probanden die Lösungsprinzipien selbständig zu finden hatten, enthielt auch das neue Aufgabenmaterial der Testphase (X_1) sowohl unselbständig als auch selbständig zu lösende Items. Damit ließ sich prüfen, ob und inwieweit die Probanden die eingangs auf unterschiedliche Weise erworbenen Lösungsregeln auf neue Problemlösungssituationen übertragen (*transferieren*) konnten.

Wie leicht zu erkennen, liegt hier ein unifaktorieller Eingruppenversuchsplan mit *Wiederholungsmessungen* vor (Tab. A). Das *Hauptergebnis* dieser Untersuchung ist in Abbildung A schematisch wiedergegeben. Wie man sieht, haben die Probanden erwartungsgemäß von dem Training in der ersten Phase profitieren können; und zwar hauptsächlich in dem Sinne, daß ihre Leistungen deutlich höhere Werte bei den

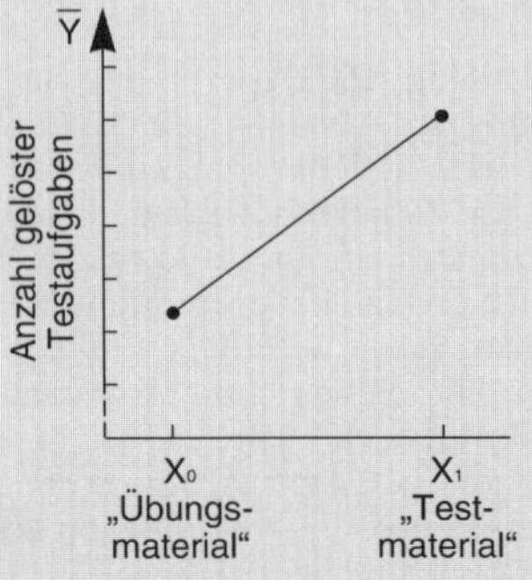

Abbildung A: Hauptergebnis der Untersuchung von *Transfer*-Effekten beim Lösen von Denkaufgaben. (Nach Haslerud & Myers, 1958)

Tabelle A: Versuchsplan des denkpsychologischen Experiments von Haslerud u. Myers (1958) zum Nachweis von *Transfer*-Effekten. – Design W–2 N.

Design 2.0 Zweistichprobenversuchsplan mit wiederholten Messungen auf dem Faktor X für p = 2 Treatments: *Design W–2N.*

W

Pb-Nr.	*Faktor X* „Untersuchungsmaterial" X_0 „Übungsmaterial"		*Faktor X* „Untersuchungsmaterial" X_1 „Testmaterial"	
1	$Y_{1.0}$		$Y_{1.1}$	
2	$Y_{2.0}$		$Y_{2.1}$	
3	$Y_{3.0}$	$\bar{Y}_0$	$Y_{3.1}$	$\bar{Y}_1$
.	.		.	
.	.		.	
.	.		.	
N	$Y_{N.0}$		$Y_{N.1}$	

AV: „Anzahl der gelösten Testaufgaben" ($\bar{Y}$)

selbständig zu lösenden Aufgaben am Ende der Testphase aufweisen, verglichen mit dem Leistungsanstieg bei den Aufgaben am Anfang, die bereits die Lösungsregeln enthielten.

Eine methodenkritische *Anmerkung* zu diesem denkpsychologischen Experiment sei noch hinzugefügt: Es wäre strenggenommen besser gewesen, hätten die Untersucher noch eine zweite Gruppe von Versuchsteilnehmern als *Kontrollgruppe* überprüft, die nämlich in der Übungsphase transfer*irrelevante* Denkaufgaben zu lösen erhalten hätte. Auf diese Weise wäre der spezielle Transfereffekt der eigentlichen Experimentalbedingung methodisch einwandfrei nachzuweisen gewesen. Denn es ist – obwohl im vorliegenden Fall recht unwahrscheinlich – zumindest theoretisch möglich, daß bereits ein *unspezifisches* Üben von Problemlösungsaufgaben (Kontrollbedingung) zu einer Leistungssteigerung auch bei den selbständigen Lösungen der Testaufgaben führt.

Literatur

Christensen, L. B.: Experimental methodology. Boston, Mass.: Allyn & Bacon, 1977.
Haslerud, G. & Myers, S.: The transfer value of given and individually derived principles. Journal of Educational Psychology, 1958, *49*, 293-298.

Eine der wichtigsten versuchsplanerischen Entscheidungen betrifft die Ausgangsfrage einer Untersuchung, ob nämlich ein *„Between“*- oder ein *„Within“*-Design zu wählen ist. Abgesehen von der ins Auge springenden Untersuchungsöknomie des Designs mit wiederholten Messungen – geringe Probandenanzahl, allerdings mehrfache Untersuchungszeit – ist ein besonderer Vorteil des *Within*-Designs die wesentlich *geringere* Datenstreuung (im Vergleich zum *Between*-Design) mit der Konsequenz, daß die experimentellen Effekte typischerweise klarer nachweisbar sind. Im Jargon der Designexperten spricht man von einem größeren *„Signal-Rausch“*-Abstand zugunsten des *Within*-Designs, wobei hier *Signal* den experimentellen Effekt im Sinne der Primärvarianz und *Rauschen* die Fehlerstreuung meint (vgl. Kap. 11.2).

Dieser wichtige Sachverhalt läßt sich an Beispielen verdeutlichen, die eine numerische Gegenüberstellung von Versuchsdaten, unter *Within*- versus *Between*-Designing gewonnen, vorsehen. Für ein solches Beispiel sei auf Kapitel 16.2 (Ω Orig 16.1) vorverwiesen.

Vor- und Nachteile der Zweistichprobenversuchspläne mit Wiederholungsmessungen

Der Zweistichprobenversuchsplan mit *wiederholten* Messungen stellt eine wichtige Alternative zum Zweistichprobendesign mit zwei Zufallsgruppen (Kap. 13.1) oder zu dem hierzu analogen Blockversuchsplan mit zwei Gruppen (Kap. 13.3) dar. Eine Entscheidung für die Wahl gerade dieses Designtyps richtet sich einerseits nach den sachlogisch jeweils erforderlichen Kontrollgegebenheiten und andererseits – vorgeordnet – nach der jeweiligen inhaltlichen Fragestellung einer Untersuchung.

Vorteile: Im Vergleich zu den beiden anderen genannten Designtypen erlaubt das Design mit wiederholten Messungen die Testung von verhältnismäßig wenigen Probanden (bzw. Versuchstieren). Außer diesem organisatorisch häufig wichtigen Vorteil ist die Fehlerstreuung *ceteris paribus* im allgemeinen wesentlich reduziert, da hier die bei einem Mehrgruppenversuchsplan anfallende zusätzliche Variationsquelle (*„Between“*-Varianz) fortfällt, insofern – was meistens zutrifft – die intraindividuelle Fehlervarianz kleiner als die interindividuelle Varianz ist.

Nachteile: Immer wenn die Gefahr von sog. *Übertragungseffekten* (carry-over effects) nicht ausgeschlossen werden kann (s. Bd. 1, Kap. 8.2), ist dieses Design kontraindiziert. Im Falle von drohenden Übertragungseffekten (Wechselwirkung zwischen *UV* und Bedingungsabfolge) hilft häufig eine Kombination von zwei Maßnahmen: (a) Wahl eines hinreichend großen *Zeitabstands* zwischen den beiden Versuchssitzungen und (b) *Ausbalancierung* (s. Kap. 15.1) der Abfolge der beiden Versuchsbedingungen (X_1, X_2). Dabei ist zu beachten, daß der Untersucher hinsichtlich der tatsächlichen Wirksamkeit dieser Kontrollmaßnahmen seinerseits nachweispflichtig ist.[4] Im Zweifelsfall wähle man daher einen *anderen* Designtyp. – Ferner hängt es von der jeweiligen Fragestellung ab, ob und inwieweit es tatsächlich *ökonomischer* ist, ein und dieselbe Versuchsgruppe zweimal oder aber zwei verschiedene Versuchsgruppen jeweils nur einmal zu untersuchen. Diese praktisch nicht unerhebliche Frage ist zu einem möglichst frühen Zeitpunkt der Versuchsplanung abzuklären (s. Kap. 16.1).

Im übrigen gilt auch der für den Zweigruppenplan angeführte mögliche Nachteil, der darin besteht, daß man anstelle eines eigentlich angezeigten Mehrstichprobendesigns nur zwei experimentelle Bedingungen untersucht.

Statistische Auswertung. – Die statistische Auswertung für den Zweistichprobenversuchsplan mit wiederholten Messungen unterscheidet sich im *deskriptiven* Fall üblicherweise nicht, hingegen im *inferenzstatistischen* Fall bedeutsam von der Auswertung für den Zweigruppenplan. Im letztgenannten Fall wird nämlich der t-Test für *abhängige* („korrelierende") Stichproben benutzt bzw. im nicht-parametrischen Fall ein zu diesem analoges Verfahren, der Wilcoxon W-Test.

Mehrstichprobenversuchspläne

Wie im Fall des Zufallsgruppendesigns gibt es auch für den vorliegenden Versuchsplanungstyp zwei verschiedene *Mehrstichproben*-Varianten. Dabei handelt es sich beidesmal um solche Versuchspläne, bei denen drei oder mehr experimentelle Bedingungen vorgesehen sind. In dem einen Fall liegt aber ein *unifaktorieller* Versuchsplan mit mehr als zwei Bedingungen vor, in dem anderen Fall ein *mehrfaktorielles* Design mit zumindest zwei Faktoren, die ihrerseits wenigstens je zwei experimentelle Stufen aufweisen (2 x 2-Design).

[4] Manche Methodologen sind gegenüber der Verwendung von Versuchsplänen mit *Wiederholungsmessungen* reserviert und betonen, daß die *Zufallspläne* (mit einmaliger experimenteller Untersuchung) – wo immer es möglich ist, sie anzuwenden – die vergleichsweise höhere interne und externe Validität besitzen. Naturgemäß läßt sich diese Frage nicht unabhängig vom zu erforschenden *inhaltlichen* Untersuchungsbereich beantworten. Zum Beispiel äußerte sich ein Kenner der Versuchsplanungsmetholodologie wie folgt: „Inbezug auf die Versuchspläne mit wiederholten Messungen bin ich nicht so optimistisch, wie Sie als Psychophysiker es sein müssen (bzw. dürfen). Leider habe ich zu oft beobachtet, daß gerade Versuchspläne mit Meßwiederholungen nicht oder höchstens bezüglich der Hauptwirkungen von Behandlungsfaktoren reproduzierbar sind." (Persönl. Kommunikation, Schreiben von G. A. Lienert an den Verf., Juni 1985).

Unifaktorielle Designs

Die unifaktoriellen Versuchspläne, die eine direkte Verallgemeinerung des Zweistichprobenplans mit wiederholten Messungen auf drei oder mehr Bedingungen darstellen, werden hier als *W – pN* – Designs (p = 3, 4, ... Stufen) bezeichnet und sind eines unserer zehn Hauptdesigns, nämlich *Hauptdesign (4) – W-pN* (Design 2.1: s. Tab. 13.1, S. 58). Ähnlich wie der unifaktoriellen Designtypvariante für mehrere Versuchsgruppen kommt auch dem vorliegenden unifaktoriellen Eingruppendesign für mehr als zwei Bedingungen große Bedeutung zu. Auch hier besteht ein solcher Versuchsplan aus einer Kombination mehrerer „Zweier"-Designs, allerdings ebenfalls mit dem methodisch wichtigen Unterschied, daß dieser Vergleich von mehreren Bedingungen experimentell und statistisch nicht in verschiedenen experimentellen Arbeitsprojekten, sondern in ein und demselben Projekt erfolgt.

Während im oben behandelten Experiment ein Versuchsplan mit nur zwei Abstraktionsstufen vorgestellt wurde, basiert der dort erwähnte eigentliche (Praktikums-)Versuch tatsächlich auf einer dreistufigen (p=3) Bedingungsvariation (Tab. 13.12). Von Interesse ist dabei noch, daß hier die *UV* („Abstraktionsgrad" des Lernmaterials) ein *Trendfaktor* ist, da dessen *drei* Abstufungen (A_1, A_2 und A_3) zumindest rangskaliert sind. Genauso wie im Fall des Mehrgruppendesigntyps wird auch im vorliegenden Fall zwischen einfachen (nominalskalierten) und trendanalytischen (rangskalierten) De-

Tabelle 13.12: Versuchsplan eines *trendanalytischen* (Praktikums-)Experiments zur Begriffsbildung mit den drei *UV*-Stufen A_1, A_2, A_3 („Abstraktionsgrad"). (Vgl. dagegen Tab. 13.11, S. 85). – Design W – p_{tr}N.

Design 2.1 Unifaktorieller Mehrstichprobenversuchsplan mit wiederholten Messungen auf dem Faktor A für p = 3 Stufen und N Probanden: *Design W–3_{tr}N.*

W

Pb-Nr.	*Faktor A* „Abstraktionsgrad" A_1 „konkret"		A_2 „mittel"		A_3 „abstrakt"	
1	$Y_{1.1}$		$Y_{1.2}$		$Y_{1.3}$	
2	$Y_{2.1}$		$Y_{2.2}$		$Y_{2.3}$	
3	$Y_{3.1}$	$\overline{Y}_1$	$Y_{3.2}$	$\overline{Y}_2$	$Y_{3.3}$	$\overline{Y}_3$
.	.		.		.	
.	.		.		.	
.	.		.		.	
N	$Y_{N.1}$		$Y_{N.2}$		$Y_{N.3}$	

AV: Anzahl der Bilddarbietungen bis zur richtigen Silbenzuordnung ($\overline{Y}$)

signvarianten unterschieden. Die Bedeutung dieser Unterscheidung erhellt der in dem Experiment zur Begriffsbildung (Konzepterwerb) gewonnene typische Hauptbefund, der den experimentellen „Trend" (*AV*) als Funktion des dreistufig gewählten Abstraktionsgrads (*UV*) erkennen läßt (Abb. 13.12).

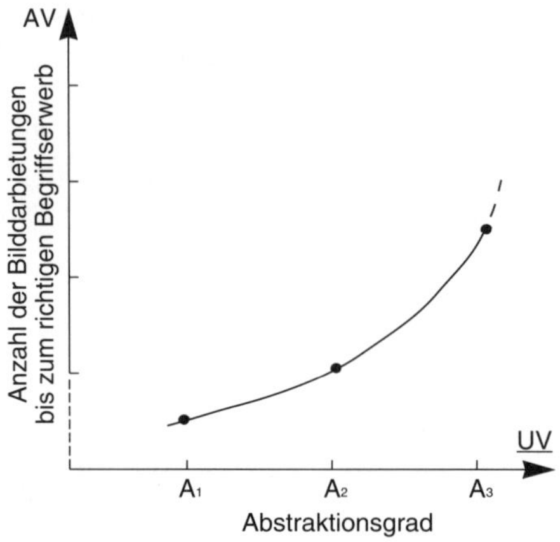

Abbildung 13.12: Trendanalytischer Hauptbefund bei einem (Praktikums-)Experiment zur *Begriffsbildung*: Abstraktionsgrad der dargebotenen Bildobjekte (*UV*, dreistufig). (Nach Sarris, 1985)

Ein weiteres Beispiel für einen trendanalytischen unifaktoriellen Versuchsplan ist das bereits einleitend erwähnte Experiment zur Dosis-Wirkungs-Prüfung (Forth, 1966). In dieser Arbeit wurde der fragliche Dosisbereich eines zu untersuchenden Sedativums in insgesamt *zehn* Abstufungen ($X_1, X_2, X_3, \ldots, X_{10}$) an ein und derselben Probandengruppe systematisch geprüft – erst aufgrund dieser trendanalytischen Versuchsplanung war der Nachweis eines (paradoxen) *tritonen* – anstelle eines trivialen monotonen – Wirkungstrends möglich (s. Abb. 11.2, S. 13). Dieses experimentelle Resultat, dessen methodische Voraussetzungen ausführlich an anderer Stelle diskutiert wurden (Sarris, 1968), hätte mithilfe eines drei- oder gar nur zweistufig konzipierten Designs nicht erzielt werden können! – Es versteht sich, daß auch das oben behandelte (fiktive) Experiment mit wiederholten Messungen an Ratten, das lediglich eine zweifache Dosisabstufung (D_1, D_2) vorgesehen hat, von einer *trendanalytischen* Versuchsausweitung entsprechend profitieren würde (s. S. 84).

Es sei darauf hingewiesen, daß gerade im Bereich der wahrnehmungspsychologischen Grundlagenforschung – insbesondere im Bereich der *Psychophysik* – trendanalytische (unifaktorielle) Designs besonders häufig anzutreffen sind (vgl. z. B. die Untersuchung des Emmertschen Gesetzes in ◇ Demo 5.1 oder die Prüfung des Stevensschen Potenzgesetzes in ◇ Demo 7.1, Bd. 1; s. hier Fußnote 4, S. 90)

Vor- und Nachteile der Mehrstichprobenversuchspläne mit wiederholten Messungen (unifaktorielle Designs)

Im Vergleich zu den einfachen Zweistichprobendesigns zeichnen sich die unifaktoriellen Mehrstichprobenversuchspläne mit wiederholten Messungen an ein und derselben Versuchsgruppe dadurch aus, daß diese dem Untersucher wesentlich mehr an qualitativer und quantitativer Information garantieren. Die moderne psychologische Forschung kann infolgedessen gerade auf diesen Designtyp – *Hauptdesign (4)* – keinesfalls verzichten.

Vorteile: Mittels des unifaktoriellen Mehrstichprobendesigns lassen sich die einschlägig interessierenden Variablen (*UV*) wesentlich sachrepräsentativer untersuchen, als dies im Fall eines Zweistichprobenplans möglich ist. Speziell ist dabei der *trendanalytische* Forschungsfall zu beachten. Denn erst die trendanalytische experimentelle Prüfung eines *UV-AV*-Zusammenhangs eröffnet auch bei diesem Design die Möglichkeit zum Auffinden von quantitativen Gesetzen in der Psychologie.

Im übrigen gelten alle oben für den Zweistichprobenfall angeführten Vorteile naturgemäß auch für die unifaktorielle Mehrstichprobenvariante.

Nachteile: Die Indikation dieses Designs gilt mit einer einzigen Einschränkung. Immer dann nämlich, wenn eine theoretisch und experimentell substantielle *Wechselwirkung* mit einem anderen Faktor als der untersuchten *UV* zu erwarten ist bzw. schon realiter existiert, wird die Benutzung dieses unifaktoriellen Versuchsplans naturgemäß invalide und ineffizient. Denn ein multikausal determinierter Sachverhalt kann grundsätzlich nur durch die Verwendung von zwei- oder mehrfaktoriellen Versuchsplänen schlüssig geprüft werden.

Statistische Auswertung. – Für die inferenzstatistische Datenauswertung ist auf die sog. unifaktorielle Varianzanalyse für *abhängige* (korrelierende) Stichproben als die Methode der Wahl zurückzugreifen. Im Falle des Vorliegens eines Trendfaktors (*UV*) sehen derlei statistische Analysen die Verwendung von bestimmten Prüfkalküls vor, mit deren Hilfe monotone, bitone usw. – allgemein: polytone – Trendkomponenten sukzessive auf statistische Signifikanz geprüft werden können: *„Trendanalysen“*; s. Kap. 18.2). In neueren Statistiklehrbüchern sind die Rechenschritte solcher Auswertungsverfahren im einzelnen beschrieben. Auch für diesen Fall existieren *verteilungsfreie* Trendanalysen, auf deren Bedeutung das Buch von Lienert (1979, 1985) eingeht (ferner Bortz et al., 1990).

Multifaktorielle Designs

Analog dem Mehrgruppen-Designing existieren auch für den vorliegenden Versuchsplanungstyp mit Wiederholungsmessungen sog. *multifaktorielle* Designs, die im Falle der gleichzeitigen Prüfung von zwei oder mehr Faktoren an ein und derselben Versuchsgruppe eingesetzt werden. Der zweifaktorielle Versuchsplan – hier als *Hauptdesign (5)* $WW\text{-}(p \times q)\ N$ bezeichnet (s. Tab. 13.1, S. 58) – ist dabei der einschlägig wichtigste Plan (Design 2.2).

Ein solches zweifaktorielles Design wurde in diesem Band bereits an einem *Beispiel* angeführt. Es handelt sich um den zweifaktoriellen Versuchsplan mit $p = 4$ und $q = 2$

experimentellen Abstufungen des Schlafforschungsexperiments von Jovanovič (1978). Es wurde dort als ein positives Beispiel für psychologisches Experimentieren, in Abhebung von einer methodisch nicht befriedigenden („ungültigen") Versuchsplanung zitiert (s. Ω Orig 12.1, S. 36 f). Hierauf – und auch auf die Tatsache, daß mittels der Benutzung dieses Designtyps eine biopsychologisch interessante *Wechselwirkung* (Interaktion) zwischen den beiden untersuchten Faktoren nachgewiesen werden konnte – wird daher noch einmal hingewiesen.

○ Im übrigen wird hier, als ein weiteres Beispiel für den Einsatz des multifaktoriellen Designtyps bei ein und derselben Gruppe von Probanden, auf einen *vier*faktoriellen Versuchsplan aufmerksam gemacht, der in der klassischen Arbeit von Brunswik u. Reiter (1937) Verwendung fand – nämlich auf einen *3 x 3 x 3 x 7*–Versuchsplan mit wiederholten Messungen auf allen vier Faktoren (○ Illu 13.1; Reed, 1988, chap. 8). In diesem Zusammenhang wird auch die keineswegs unproblematische Beziehung zwischen *Faktorenrepräsentativität* und *Phänomenrepräsentativität* behandelt.

○ Illu 13.1
Multifaktorielle Komponenten der Eindrucksbildung: „Systematisches" vs. „repräsentatives" Design

Für die *multifaktorielle* Versuchsplanung ist zu beachten, daß nicht nur die Anzahl der *„systematisch"* zu variierenden Einflußgrößen als solche interessiert, sondern darüber hinaus auch von Bedeutung ist, ob und inwieweit die Faktoren *„repräsentativ"* für das zu Untersuchende sind. Es kommt m.a.W. nicht nur darauf an, möglichst viele Faktoren mit Hilfe ein und desselben Versuchsplans zu variieren, sondern es interessiert dabei natürlicherweise auch deren allgemeine *Untersuchungsrepräsentativität* (s. Bd. 1, Kap. 9.3). Diese Frage, die von grundsätzlicher Bedeutung ist, wurde zum ersten Mal ausführlich von Egon Brunswik in dessen inzwischen klassischer Monographie *„Perception and the Representative Design of Psychological Experiments"* (1956) ausführlich untersucht – aber bis heute noch nicht befriedigend gelöst. Das damit Gemeinte wird hier mit Hilfe eines vielzitierten Experiments zur sog. *Eindrucksbildung* bei der Personenwahrnehmung (person perception) illustriert:

Die Psychologie beschäftigt sich bereits des längeren mit dem Problem, wie es zu Urteilsbildungen in der Personenwahrnehmung kommt. Konkret stellt sie sich die Frage: Wie müssen die „Einzelbestandteile" eines Gesichts aussehen, damit es zum Beispiel zu Aussagen kommt wie „das ist ein *liebenswürdiger* Mensch", „das ist ein *kluger Kopf*" usw.? – Diese Frage wurde in einem Experiment von Brunswik u. Reiter (1937) untersucht. Die Versuchsvorlage (Untersuchungsmaterial) dieses Experiments findet sich in Abbildung A.

Aus dem Alltag wissen wir, daß die meisten Menschen es sich leicht zutrauen – und auch praktizieren –, aufgrund des *Gesichtsausdrucks* eines anderen Menschen sich eine Reihe von Meinungen über ihn zu bilden wie zum Beispiel über dessen *„Intelligenz"*, über dessen *„Charakter"* usw. (s. Bd. 1, Kap. 1.1).

Bei Betrachtung dieses Untersuchungsmaterials kann man schon ahnen, wie Bruns-

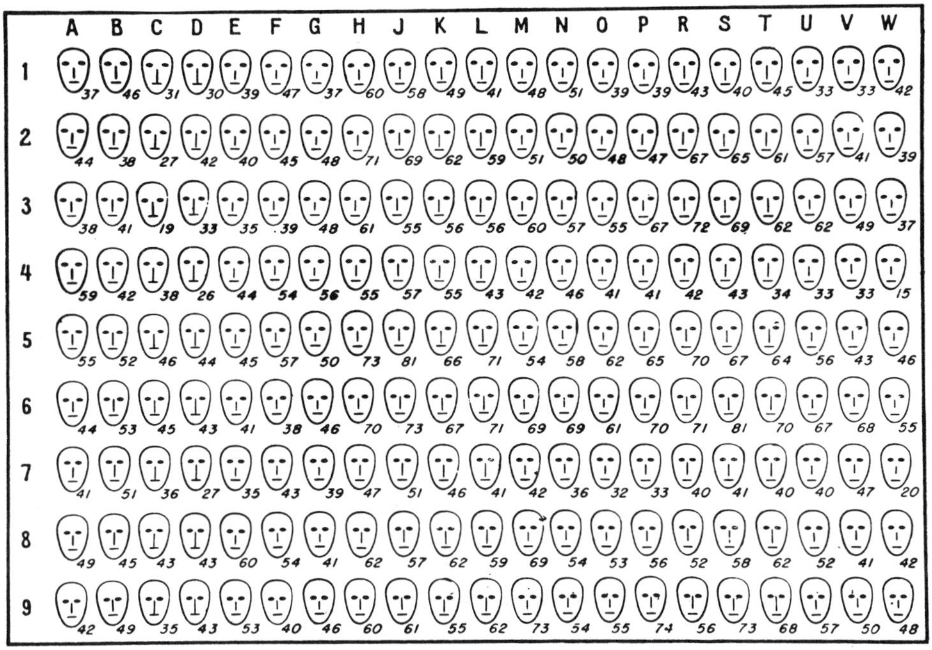

Abbildung A: Die 189 Gesichtsschemata aus der Untersuchung von Brunswik u. Reiter (1937).

wik u. Reiter (1937) seinerzeit *designtechnisch* vorgegangen sind: Der *Augenabstand* wurde mehrfach variiert, d. h. in den Gesichtsschemata liegen die Augen entweder weit auseinander; oder aber der Abstand ist etwa mittelgroß oder eng (3 Stufen). Weiter wurden die *Stirnhöhe* und die *Mundhöhe* – ebenfalls jeweils dreifach – variiert, dazu sogar siebenfach die *Nasenlänge*. Damit ergaben sich 189 verschiedene Kombinationen der Gesichtsmerkmale (9 *Zeilen* x 21 *Kolumnen* in Abb. A). Diesem Experiment lag demnach ein vierfaktorielles Design (4 Trendfaktoren) mit *Wiederholungsmessung* auf allen vier Faktoren zugrunde:
Design $W_{tr}W_{tr}W_{tr}W_{tr}$ – 3 x 3 x 3 x 7.

Bei den Versuchsergebnissen handelt es sich um die Durchschnittswerte der Urteile von N = 10 Versuchsteilnehmern, welche die insgesamt 9 x 21 = 189 Gesichtsschemata jeweils auf sieben Eigenschaften hin zu beurteilen hatten. – Einige der *Hauptergebnisse* sind: Als sog. „Normalgesicht" wurde in der Untersuchung meistens die Gesichtsvorlage mit dem Kennzeichen *H 5* gewählt (Abb. A). Ein hoher Mund wirkte auf die meisten Versuchsteilnehmer als „jung" und „heiter". Des weiteren ergab sich, daß eine überlange Nase – ähnlich wie eine sehr kurze Nase – den Eindruck „unintelligent" erzeugte.

Im vorliegenden Rahmen interessiert besonders die folgende kritische Frage: Liegt dieser Untersuchung wirklich ein *„repräsentatives"* Design (representative design), im Sinne von Brunswiks (1956) eigener Forderung, zugrunde? – Es ist dabei zu bedenken, daß es sich bei dieser Eindrucksbildungsuntersuchung um ein reines *Laborexperiment* handelt, bei dem unbekannt bleibt, ob die natürliche Eindrucksbildung tatsächlich im Sinne der hier implizierten mosaikförmigen Kombination von einzelnen Gesichtsmerkmalen verläuft – jedenfalls sehen im Alltag „freundliche Menschen“, „kluge Köpfe“ usw. anders als die von Brunswik untersuchten Laborschemata aus.

Tatsächlich ist es sehr unwahrscheinlich, daß die in Brunswik u. Reiters Laborexperiment (1937) zugrundegelegte Untersuchungsanordnung die zu untersuchende Eindrucksbildung wirklich hinreichend repräsentativ zu erfassen erlaubt. Während man das hier illustrierte Problem bis heute noch nicht befriedigend gelöst hat, meinen viele Autoren – im Sinne von Brunswik (1956) –, dafür bessere Methoden entwikkeln zu müssen (Wertheimer, 1984). Andere jedoch machen darauf aufmerksam, daß nicht so sehr „repräsentatives“ als vielmehr „systematisches“ sowie extremes Variieren von möglichen Einflußfaktoren die eigentliche Priorität habe, um so nämlich überhaupt erst die experimentelle Relevanz von Haupt- und Nebenbedingungen für ein zu untersuchendes Phänomen empirisch erfassen zu können (Parducci, 1984).

Literatur

Brunswik, E.: Perception and the representative design of psychological experiments. Berkeley: University of California Press, 1956.

Brunswik, E. & Reiter, L.: Eindrucks-Charaktere schematisierter Gesichter. Zeitschrift für Psychologie, 1937, *142*, 67-134.

Parducci, A.: Perceptual and judgmental relativity. In: V. Sarris & A. Parducci (Eds.), Perspectives in psychological experimentation: Toward the year 2000. Hillsdale, N. J.: Erlbaum, 1984.

Wertheimer, M.: The experimental method in nineteenth- and twentieth-century psychology. In: V. Sarris & A. Parducci (Eds.), Perspectives in psychological experimentation: Toward the year 2000. Hillsdale, N. J.: Erlbaum, 1984.

Zu dem in ○ Illu 13.1 dargestellten Versuch zur Eindrucksbildung („Personenwahrnehmung“) seien noch zwei ergänzende Hinweise gegeben. Im Falle der Prüfung von relativ vielen Faktoren werden die Untersuchungsergebnisse typischerweise unübersichtlich (z. B. lassen sich die dann anfallenden zahlreichen *Wechselwirkungen* in der Regel kaum noch sinnvoll interpretieren). Auf diesen Sachverhalt wurde bereits im Zusammenhang mit dem Mehrgruppen-Designing mit Hilfe eines anschaulichen Beispiels aufmerksam gemacht (s. S. 80). Der andere Hinweis bezieht sich darauf, daß das *Praktikumsbuch* verschiedene Experimente vorsieht, die auf diesem wichtigen Designtyp basieren (*PrB*, Bd. I, Kap. 2; Bd. II, Kap. 12; Bd. III, Kap. 16).

Vor- und Nachteile der Mehrstichprobenversuchspläne mit Wiederholungsmessungen (multifaktorielle Designs)

Im Vergleich zu den Zweistichproben-Designvarianten sowie auch zu den unifaktoriellen Designs weisen die *multifaktoriellen* Versuchspläne im allgemeinen weitere erhebliche Vorteile auf. Darum stellt das (zweifaktorielle) *Hauptdesign (5)* einen der wichtigsten Versuchspläne der heutigen psychologischen Forschung dar.

Vorteile: Abgesehen davon, daß auch mittels dieses Designtyps trendanalytisches Experimentieren möglich ist, kommt hier noch hinzu, daß *Wechselwirkungen* (Interaktionen) zwischen zwei oder mehr Faktoren untersucht und als solche nachgewiesen werden können, insofern diese realiter existieren. – Im übrigen gilt das, was für die Mehrgruppendesigns mit Zufallsgruppenbildung schon an anderer Stelle festgehalten ist *ceteris paribus* auch für den vorliegenden multifaktoriellen Eingruppen-Designtyp.

Nachteile: Während dieser Designtyp grundsätzlich keine besonderen Nachteile aufweist, sind doch die beiden folgenden Gesichtspunkte zu berücksichtigen:

Im Falle der simultanen Prüfung von vielen Faktoren (d. h. mehr als drei oder vier Faktoren) lassen sich die *Wechselwirkungen* praktisch kaum noch interpretieren. Als eine Grundregel gilt deshalb, daß bereits *vor* der eigentlichen Versuchsdurchführung geeignete Wechselwirkungshypothesen aufzustellen sind. (In der Psychologie gibt es bis heute kaum theoriengestützte Wechselwirkungen höherer Ordnung.) – Außerdem ist zu beachten, daß vielfach die Kosten des Experiments sehr rasch ansteigen, wenn multifaktoriell – dazu noch mit jeweils mehr als zwei Stufen – gearbeitet wird.

Statistische Auswertung. – Für diesen Designtyp ist die sog. *multifaktorielle Varianzanalyse* für abhängige („korrelierende") Stichproben die statistische Methode der Wahl (*ANOVA* = *Analysis of Variance*).[5] Mit ihrer Hilfe können die jeweiligen *Haupteffekte* und die *Wechselwirkungen* inferenzstatistisch auf Signifikanz überprüft werden. Im übrigen gelten alle bereits im Zusammenhang mit der unifaktoriellen Versuchsplanung gegebenen Auswertungshinweise sinngemäß auch hier.

13.3 Blockversuchspläne

Der dritte und letzte Haupttyp der strengen experimentellen Designs ist unter dem Namen *Blockversuchsplan* – oder auch: „Versuchsplan mit *parallelisierten* (‚gematchten') Gruppen" – bekannt. In gewisser Hinsicht stellt dieser Designtyp einen Kompromiß zwischen den Designs der beiden oben behandelten Haupttypen dar, indem er die Vorteile des Designs mit Wiederholungsmessungen mit denen des Zufallsgruppenplans verbindet. Denn dem Designtyp des Zufallsgruppenexperiments ähnelt der Blockversuchsplan insofern, als hier *verschiedene* experimentelle Gruppen unter den verschiedenen Versuchsbedingungen untersucht werden; und mit dem Versuchsplantyp mit wiederholten Messungen an ein und derselben Versuchsgruppe ist das Blockdesign deswegen verwandt, weil es aufgrund einer Kontrolle der *Between*-Varianz die Verwendung derselben statistischen Auswertungsverfahren erlaubt, die für die Designs mit wiederholten Messungen an einer – und nur einer – Versuchsgruppe gelten.

Manche Textbuchautoren subsumieren diesen besonderen Designtyp unter die Designs mit *wiederholten* Messungen, weil sie der Ansicht sind, daß der statistische Aspekt – bezüglich dessen die oben vermerkte Verwandtschaft zu den Designs mit wiederholten Messungen in der Tat gegeben ist – wichtiger als der experimentelle Sachverhalt der Konstitution verschiedener Versuchsgruppen sei (z. B. Matheson et al., 1978). Dagegen wäre nur dann nichts einzuwenden, falls eine solche Subsumierung vornehmlich einem *statistischen* Anliegen dienen soll (wie dies z. B. für ein Lehrbuch eines Statistikers für *Statistik* lernende Studenten zutrifft). Da das vorliegende Lehrbuch aber das Basiswissen bzgl. des *Experiments* in der Psychologie vermitteln will, wird infolgedessen ein vornehmlich pragmatischer Standpunkt eingenommen und daher hier jegliche

[5] Die *ANOVA* berücksichtigt immer nur die Auswertung einer einzigen Meßvariablen (*AV*); hingegen ist im Falle des Vorliegens von *mehreren* Meßvariablen die *MANOVA* angezeigt (s. Kap. 15.3).

Subsumierung unter einen der beiden oben behandelten Haupttypen der (strengen) experimentellen Versuchsplanung vermieden.

Während sich die verschiedenen Methodenlehrbücher bzgl. der Behandlung von Blockversuchsplänen verhältnismäßig stark voneinander unterscheiden, folgt die hier gewählte Darstellung im wesentlichen dem Textbuch von McGuigan (1990, Chap. 10). Danach ist zu beachten, daß der *Blockversuchsplan* stets die *zusätzliche* Erhebung von besonderen experimentell-statistischen Daten erforderlich macht, wobei eine solche vorausgehende Datenerhebung den folgenden drei Bedingungen zu genügen hat:

- Vor der eigentlichen experimentellen Bedingungsvariation muß der Untersucher zunächst sorgfältig planen, zusätzliche Daten von den zu untersuchenden Probanden zu gewinnen, um diese später systematisch in die experimentelle Versuchsplanung einbringen zu können.
- Diese zusätzlichen (personenspezifischen) Daten müssen bezüglich einer quantitativ definierten Variablen („Organismusvariable“) erhoben werden, welche mit der abhängigen Variablen (*AV*) des eigentlichen Experiments möglichst hoch *korreliert.* Dabei kann es sich z. B. um die Variablen *Alter, Geschlecht, Intelligenz, Konzentration* usw. handeln, insofern diese nur statistisch zuverlässig mit der abhängigen Variablen (*AV*) des Designs korrelieren.
- Aufgrund dieser *Vor*(-test)-Daten werden die später experimentell zu untersuchenden Probanden in sog. *homogene* („parallelisierte“) Untergruppen aufgeteilt. Dies geschieht dadurch, daß die zunächst ranggeordneten *Vor*-Daten in statistisch gleiche (homogene) „Blöcke“ aufgeteilt werden – und zwar in *zwei* homogene Blöcke im Falle einer *zwei*stufigen Bedingungsvariation, in *drei* Blöcke im Falle einer *drei*fachen Bedingungsvariation, ..., in *k* Blöcke im Falle einer *k*-fachen Bedingungsabstufung.

Während damit einerseits die *Between*-Varianz (Nachteil des Zufallsgruppenplans) optimal reduziert werden kann, wird gleichzeitig auch die Gefahr von experimentellen Übertragungseffekten (Nachteil des Designtyps mit wiederholten Messungen) eliminiert. Im folgenden werden die wichtigsten Subtypen der Blockversuchspläne wiederum nach *Zwei-* und *Mehrstichprobenversuchsplänen* voneinander unterschieden.

Zweistichprobenpläne mit Blockbildung

Unter einem *Blockversuchsplan* wird ein Design mit *parallelisierten* („gematchten“) Versuchsgruppen verstanden, bei dem die miteinander experimentell zu vergleichenden Versuchsgruppen zuvor bzgl. einer (oder mehrerer) (Vortest-)Variablen (Y_{vor}) in sich gleichartig („homogen“) zusammengestellt sind. Wie unten gezeigt, werden dabei Ausgangsunterschiede *zwischen* („between“) verschiedenen Versuchsgruppen auf besondere Weise minimiert.

Das allgemeine Prinzip des Designs mit zwei parallelisierten Versuchsgruppen – *Hauptdesign (6) B(R)-2n* (Design 3.0) – wird durch das nachfolgende Beispiel erläutert. Ziehen wir dazu das oben dargestellte Experiment zur *Begriffsbildung* (S. 86 f) nochmals heran, diesmal aber – aus Vergleichsgründen – mit der Absicht, zwei *verschiedene* Probandengruppen zu untersuchen. Dabei soll die eine Gruppe nur die „konkreten“

(Bedingung A_1), hingegen die andere nur die „abstrakten" (Bedingung A_2) Lernmaterialien richtig zu klassifizieren haben (AV = Anzahl der Bilddarbietungen bis zur richtigen Silbenzuordnung). Nehmen wir weiter an, daß uns für diesen Versuch insgesamt nur N = 10 erstsemestrige Studenten verschiedener Fachrichtungen als Probanden zur Verfügung stehen, die nun in zwei Versuchsgruppen aufzuteilen sind. Da eine einfache Zufallsaufteilung bei einer so *kleinen* Gesamtgruppe durchaus eine (zufällige) ungleiche Gruppenbildung ergeben könnte, soll die Probandenzuordnung zu den beiden Untergruppen mittels eines dafür geeigneten *Vortests* erfolgen (Wahl eines *blockbildenden Tests):*

Blockbildungsprozedur. – Als Vortest werden hierzu die beiden HAWIE-Untertests *GF* (*Gemeinsamkeiten finden*) und *ZS* (*Zahlen-Symbol*-Zuordnung) benutzt. Man erhält aufgrund einer solchen *Vortestung* der zehn Studenten die in Tabelle 13.13 dargestellten – bereits nach Rängen geordneten (Spalte 1) – Leistungspunktwerte (Spalte 2). Anhand der Vortestwerte werden danach – in einem nächsten Schritt – die Probanden 1 und 2, 3 und 4 usw. miteinander gepaart, wobei die Zuordnung der Probanden zu *Gruppe 1* (A_1) bzw. *Gruppe 2* (A_2) per *Zufall* erfolgt (Spalten 3 und 4). Wie man erkennt, entstehen auf diese Weise zwei parallelisierte Gruppen, wobei die Tatsache, daß die Einzelwerte und die Mittelwerte des Vortests jeweils paarweise gleich sind, auf eine *homogene* Blockbildung verweist ($\bar{Y}^1_{vor} = \bar{Y}^2_{vor} = 18$). Dabei wird jedes so parallelisierte Paar *1, 2, ..., 5* auch als – in sich homogener – *„Block 1", „Block 2", ..., „Block 5"* bezeichnet; man spricht in diesem Sinne gelegentlich auch von *statistischen Zwillingen*, für welche gilt, daß sie als Paarlinge („within") homogen, aber als Paare untereinander („between") heterogen sind. Das bedeutet, daß die n = 5 Paare der Vortestdaten in sich jeweils vergleichbar geworden, aber untereinander verschieden geblieben sind und somit das Ziel einer statistischen *Homogenisierung* der beiden experimentellen Gruppen optimal erreicht ist – so als ob jedes einzelne Versuchspaar aus „Zwillingen" bestünde.

Tabelle 13.13: Beispiel für die *Vortestung* einer Probandengruppe (N = 10) und die Herstellung einer Rangordnung aufgrund der dabei erhaltenen Vortestdaten (Schritt A). Die dann zu in sich jeweils homogenen *Paaren* („Blöcken") zusammengestellten Daten illustrieren das zweistufige Blockdesign (Schritt B). – In Klammern – Spalte (3) und (4) – die *Rangwerte* der (hypothetischen) Vortestdaten.

Schritt A			*Schritt B*	
(1) Pb-Nr.	(2) IQ-Untertest-wert	Homogene Paare („Blöcke")	(3) Gruppe 1 (A_1)	(4) Gruppe 2 (A_2)
1	20	*Paar 1*	20 (*2*)	20 (*1*)
2	20			
3	19	*Paar 2*	19 (*3*)	19 (*4*)
4	19			
5	18	*Paar 3*	18 (*5*)	18 (*6*)
6	18			
7	17	*Paar 4*	17 (*8*)	17 (*7*)
8	17			
9	16	*Paar 5*	16 (*10*)	16 (*9*)
10	16			
			$\bar{Y}^1_{vor}=18$	$\bar{Y}^2_{vor}=18$

Nach erfolgter Blockbildung wird dann der eigentliche experimentelle Versuch mit den beiden parallelen Versuchsgruppen so durchgeführt, wie dies ansonsten im Falle einer Zufallsgruppenuntersuchung geschehen würde. Tatsächlich aber liegt hier ein zweistufiges *Blockdesign* (B) mit n = 5 homogenen Paaren vor, die im übrigen per *Zufall* (R) der einen (A_1) oder aber der anderen (A_2) experimentellen Bedingung zugeordnet sind (Tab. 13.14).

In diesem Beispiel sind wir von diesbezüglich optimalen (Vortest-)Datenverhältnissen ausgegangen; denn es sollte das Grundprinzip der Blockbildung möglichst einfach verdeutlicht werden. Im Realfall ist demgegenüber eine solche *ideale* Paarbildungsvoraussetzung kaum gegeben. Man wird sich dementsprechend mit einer relativ *geringeren* Homogenisierung zu begnügen haben. Ferner ist auch darauf hinzuweisen, daß wir nicht mit Sicherheit wissen, wie hoch der oben vorgeschlagene Vortest (HAWIE-Untertests *GF*, *ZS*) mit der *AV* des Designs tatsächlich korreliert. Diese beiden Hinweise illustrieren einmal mehr die Tatsache, daß hierauf nicht etwa ein mathematisch orientierter Statistiker, sondern nur der mit den einschlägigen psychologischen Sachverhältnissen vertraute Versuchsplanungsexperte geeignet antworten kann. Sollte im vorliegenden Fall die Korrelation z. B. zwischen r = 0.40 und r = 0.60 (mittelhohe Korrelation) liegen, dann dürfte dieses Blockdesign dem Zufallsgruppendesign mit Ω Recht vorgezogen werden. Im übrigen enthält Ω Orig 13.3 ein Beispiel für einen zweistufigen Blockversuchsplan, welches von realen Daten ausgeht (s. Baddeley, 1982, 1986; Gregg, 1986).

Tabelle 13.14: Zweistufiger Blockversuchsplan für ein Experiment zum Nachweis der Abhängigkeit der *Begriffsbildung* („Konzepterwerb") vom Abstraktionsgrad des Lernmaterials. Vgl. dagegen die Tabelle 13.11 (S. 85). – Design B(R) – 2n.

Design 3.0	Unifaktorieller Blockversuchsplan mit n = 5 homogenisierten Probandenpaaren und zweifach abgestuftem Faktor A: *Design B(R) – 2 × 5.*

R

Block*	*Faktor A* „Abstraktionsgrad" A_1 „konkret"		A_2 „abstrakt"	
1	$Y_{1.1}$		$Y_{1.2}$	
2	$Y_{2.1}$		$Y_{2.2}$	
3	$Y_{3.1}$	$\bar{Y}_1$	$Y_{3.2}$	$\bar{Y}_2$
4	$Y_{4.1}$		$Y_{4.2}$	
5	$Y_{5.1}$		$Y_{5.2}$	

AV: Anzahl der Bilddarbietungen bis zur richtigen Silbenzuordnung ($\bar{Y}$)

* Die *Paare 1, 2, ..., 5* werden wie statistische „Zwillinge" behandelt.

Ω Orig 13.3
Verbales Training und Denkleistungssteigerung bei vierjährigen Kindern

(Issing & Ulrich, 1969)

Wenigstens im frühen Kindesalter scheint das Bekräftigen verbaler Ausdrucksgehalte die Entwicklung von Denkleistungen positiv zu beeinflussen. Von dieser Grundannahme gehen natürlicherweise nicht nur Eltern, Verwandte, Kindergärtner usw. aus, sondern auch Experten der Pädagogik sowie der Pädagogischen Psychologie.

Im Zusammenhang mit früheren Arbeiten interessierten sich Issing u. Ullrich (1969) für dieses Problem; sie gingen bei ihrer Versuchsplanung dabei von der Überlegung aus, daß etwa das 4. bis 5. Lebensjahr eine pädagogisch-psychologisch kritische Zeitphase bzgl. des vermuteten Grundzusammenhangs darstelle. Bei der Absicht, den erwarteten Effekt eines intensiven Verbalisierungstrainings auf die Denkleistungen von Kindern zu untersuchen, ist daher besonders an diese Zeitspanne zu denken. So legten die Untersucher ihrem Experiment die Hypothese zugrunde, daß von zwei verschiedenen Gruppen vierjähriger Kinder, die über einen Zeitraum von einem Monat täglich systematisch betreut werden, die mit einem intensiven Verbalisierungstraining (X_1) geförderte Gruppe gegenüber der verbal nicht-bekräftigten Gruppe (X_0) eine statistisch signifikante IQ-*Leistungssteigerung* (*AV*) aufweist.

In Kenntnis der Tatsache, daß IQ-Leistungen (und deren Veränderungen) typischerweise von vielen Faktoren abhängen und sich im übrigen schon im frühen Kindesalter erhebliche Sprach- und Denkleistungsunterschiede zeigen, wählten die Autoren für die insgesamt 2 x 15 = 30 vierjährigen Kinder einen Versuchsplan mit *Blockbildung*.

Dazu wurde als Vortest der auch später zur Messung der eigentlichen Design-*AV* verwendete Stanford-Binet-Intelligenztest benutzt; auf diese Weise sicherten sich die Autoren von vornherein eine relativ *hohe* Korrelation zwischen den Vortest- und den Nachtest-IQ-Daten. Die erfolgte Blockbildung (Parallelisierung) der beiden Versuchsgruppen zeigt Tabelle A.

Gemäß der Versuchshypothese wurden die beiden Versuchsgruppen unterschiedlich behandelt (X_0 : allgemeine spielorientierte Zuwendung ohne verbale Bekräftigung; X_1: betont starke verbale Bekräftigung bei der spielorientierten Zuwendung: vgl. Tab. B). Am Ende dieser einmonatigen unterschiedlichen Behandlung wurden die Kinder nochmals demselben Intelligenztest unterzogen. (Eine Erörterung von etwaigen sog. *Sensitivitätseffekten* sensu Campbell & Stanley, 1966, fand nicht statt; die Frage von möglichen *Transferleistungen* in Konkurrenz zu der eigentlich zu untersuchenden *IQ*-Leistungssteigerung blieb ebenfalls ungelöst).

Die in Abbildung A veranschaulichten Hauptergebnisse dieser Untersuchung weisen eine deutliche Stützung der Ausgangs-

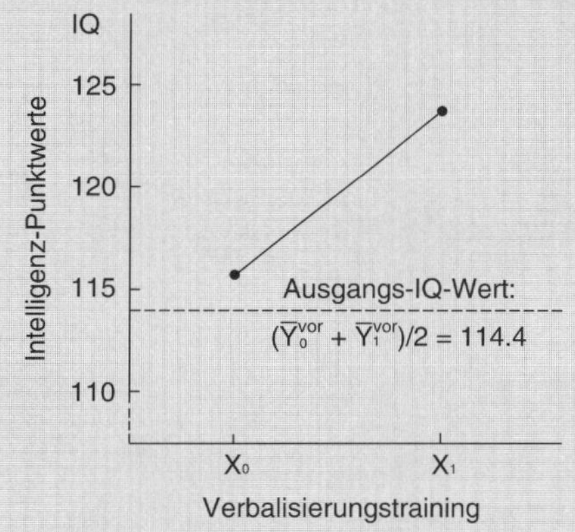

Abbildung A: Ergebnisse einer Untersuchung über den Einfluß eines Verbalisierungstrainings auf die Denkleistungen vierjähriger Kinder. (Nach Issing & Ullrich, 1969)

Tabelle A: Vortestung einer Probandengruppe von N = 30 vierjährigen Kindern und Herstellung einer Rangordnung aufgrund der dabei erhaltenen IQ-Untertestwerte (Schritt A.). Die dann zu in sich jeweils homogenen *Paaren* („Blöcken") zusammengestellten Daten illustrieren das zweistufige Blockdesign zum Nachweis des Einflusses verbalen Trainings auf die Denkleistungen der Probanden (Schritt B.). – In Klammern – Spalte (3) und (4) – die *Rangwerte* der Vortestdaten. (Nach Issing & Ullrich, 1969)

A.			B.	
(1) Pn-Nr.	(2) IQ-Vortest-Werte	Homogene Blöcke	(3) Gruppe X_0	(4) Gruppe X_1
1 2	121 121	*Paar 1*	$Y^{vor*}_{1.0}$ *(2)*	$Y^{vor}_{1.1}$ *(1)*
3 4	120 120	*Paar 2*	$Y^{vor}_{2.0}$ *(3)*	$Y^{vor}_{2.1}$ *(4)*
5 6	119 119	*Paar 3*	$Y^{vor}_{3.0}$ *(6)*	$Y^{vor}_{3.1}$ *(5)*
. . .	. . .	. . .	. . .	. . .
29 30	107 107	*Paar 15*	$Y^{vor}_{15.0}$ *(29)*	$Y^{vor}_{15.1}$ *(30)*
			$\bar{Y}_0^{vor} = 113.9$	$\bar{Y}_1^{vor} = 114.4$

* In der Originalarbeit sind die Vortestwerte nur für die Durchschnittsergebnisse ($\bar{Y}_0^{vor}$, $\bar{Y}_1^{vor}$), nicht aber für die 2 × 15 = 30 einzelnen IQ-Werte angegeben.

Tabelle B: Zweistufiger Blockversuchsplan zum Nachweis der Denkleistungssteigerung bei vierjährigen Kindern durch einmonatiges verbales Training (X_1) gegenüber einer Kontrollgruppe (X_0) für das Experiment von Issing u. Ullrich (1969). – Design B(R)–2n.

Design 3.0 Unifaktorieller Blockversuchsplan mit zweifach abgestuftem Faktor X für n = 15 homogenisierte Probandenpaare: *Design B(R)–2 × 15.*

R

B	Block*	*Faktor X* „Verbalisierungstraining" X_0 „kein"		X_1 „intensiv"	
	1	$Y_{1.0}$	$\bar{Y}_0$	$Y_{1.1}$	$\bar{Y}_1$
	2	$Y_{2.0}$		$Y_{2.1}$	
	3	$Y_{3.0}$		$Y_{3.1}$	
	. . .	. . .		. . .	
	15	$Y_{15.0}$		$Y_{15.1}$	

AV: Intelligenz-Punktwerte ($\bar{Y}$)

* Die *Paare 1, 2, … 15* werden wie statistische „Zwillinge" behandelt.

hypothese aus. Danach profitiert die Denkleistung von Kindern bereits durch ein einmonatiges intensives Verbaltraining statistisch signifikant (t-Test bei $p < 0.01$).

Abgesehen davon, daß man wissen möchte, auf welche Weise genau, wie stark und wie lange pro Tag dieses einmonatige Verbalisierungstraining die *IQ-Leistungen* der einen Kindergruppe (X_1) tatsächlich beeinflußt hat, verlangt die Arbeit zumindest noch den Hinweis auf die beiden nachfolgenden Gesichtspunkte. Die Autoren betonen ihrerseits zu Recht, daß eine *differentielle* Untersuchung der IQ-Veränderungen (z.B Verbal- vs. Handlungs-Werte) wünschenswert gewesen wäre, aber aus praktischen Gründen nicht realisiert werden konnte. Ferner wäre die Untersuchung von zumindest einer *weiteren* Kontrollgruppe nützlich gewesen, nämlich einer Gruppe von solchen Kindern, die über denselben Zeitraum weder spielerisch noch verbaliter gefördert wurden.

Literatur

Issing, L. J. & Ullrich, B.: Einfluß eines Verbalisierungstrainings auf die Denkleistungen von Kindern. Zeitschrift für Entwicklungspsychologie und Pädagogische Psychologie, 1969, *1*, 32-40.

Auf einen besonderen Fall der Blockversuchsplanung sollte in diesem Abschnitt noch aufmerksam gemacht werden. Es handelt sich um ein Design mit einer sog. *Jochkontrolle* („yoked control"). Bei diesen besonderen Subdesigntyp geht es ebenfalls um eine möglichst rigorose Konstanthaltung der Ausgangsbedingungen, aber im Gegensatz zu der oben dargestellten statistischen Blockbildung liegt bei der Jochkontrolle ein „Matching" bzgl. der unmittelbaren experimentellen *Umgebung* vor, mit dem Ziel, die Umgebungsverhältnisse für die Versuchsgruppen maximal *konstant* zu halten. Das damit Gemeinte wird an dem Beispiel der bekannten Untersuchung von Held u. Hein (1963) leicht einsichtig.

Diese Autoren testeten an jungen Katzen, die von Geburt an im (fast) Dunkeln aufgezogen worden waren, die spezielle *Anlage-Umwelt*-These, daß nämlich das visuelle Wahrnehmungslernen (a) die eigene aktive Bewegung des Wahrnehmenden zur Voraussetzung hat und (b) an kritische entwicklungsphysiologische Perioden (sog. sensible Phasen) gebunden ist. Dazu arbeiteten sie mit einer von ihnen selbst entwickelten Versuchsapparatur, die seitdem unter dem Namen *„Katzenkarussell"* bekanntgeworden ist (Abb. 13.13). Während eine der beiden jungen Katzen, ein „aktives" Versuchstier, sich im Kreise bewegt, zieht es damit gleichzeitig das andere („passive") Tier mit und garantiert so eine für beide Tiere *gleiche* „Umwelterfahrung" erster visueller Eindrücke. Wenn sich also das „aktive" Kätzchen z.B. nur wenig (oder aber: viel) bewegte, dann erhielt das andere ebenfalls nur wenig (oder aber: viel) an Wahrnehmungseindrücken über die Zeit (Umgebungskonstanthaltung). Die Katzen, die auf diese Art *paarweise* („gematcht") untersucht wurden, erhielten ihre visuelle Lernerfahrung immer nur in der Karussell-Apparatur.

Die dann nach einiger Zeit an den Tieren vorgenommenen visuellen Wahrnehmungstests (z.B. zur Prüfung auf korrekte Objektfixierung) konnten von den *aktiven* Kätzchen jeweils ohne weiteres bewältigt werden, wohingegen sich die *passiven* Tiere so verhielten, als ob sie blind seien. Einige andere Beispiele für den Einsatz dieser Designtechnik finden sich bei Matheson et al. (1978, Chap. 9).

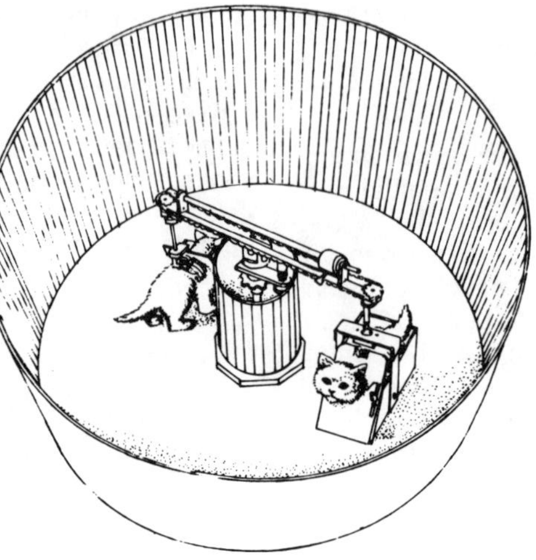

Abbildung 13.13: Das *„Katzenkarussel“* (kitten carrousel) von Held u. Hein (1963) – ein Beispiel für eine sog. *Jochkontrolle* zwecks Blockbildung –, mittels derer die experimentelle Umgebung zweier im übrigen verschieden behandelter Versuchstiere („aktiv“ vs. „passiv“ bewegt) maximal konstant gehalten wird. (Aus: Krech et al., 1985)

Vor- und Nachteile der Zweistichprobenpläne mit Blockbildung

Insoweit es gelingt, die mit diesem Designtyp – *Hauptdesign (6)* – verbundene wichtigste Voraussetzung zu erfüllen, d. h. eine möglichst hoch mit der Design-*AV* korrelierende Vortestvariable zu finden, bezüglich derer dann eine Gesamtversuchsgruppe geeignet zu Untergruppen „gematcht“ (parallelisiert) wird, weist das Blockdesign gegenüber den beiden zuvor behandelten Hauptdesigns entscheidende Vorteile auf. Denn in einem solchen Fall vermeidet man die beiden Nachteile der anderen Designs – nämlich einerseits die verhältnismäßig geringe Präzision der Zufallsgruppendesigns (s. Kap. 13.1) und andererseits die schwer auszuschließende Anfälligkeit gegenüber Übertragungseffekten der Designs mit wiederholten Messungen (s. Kap. 13.2) – zugunsten von intern höchst validen experimentellen Analysen. Speziell gilt das hier Festgestelle auch und gerade für jegliches *Jochkontrollen*-Designing.

Demgegenüber gibt es jedoch – wenigstens aus heutiger Sicht – zwei erhebliche Nachteile dieses Designtyps, die man nicht übersehen darf. Zum einen ist die oben genannte Hauptvoraussetzung für die Versuchsplanung nur recht selten gegeben; d. h. daß sich in der Forschungspraxis geeignete, hoch korrelierende Vortestvariablen wesentlich weniger leicht finden lassen, als sich dies der Anwender wünschen möchte.[6] Außerdem

[6] Strenggenommen gilt auch der folgende Einwand gegen den routinemäßigen („blinden“) Einsatz des Blockversuchsplans: „Ungleiche“ Gruppenbildungen können auch beim *Parallelisieren* noch insofern resultieren, als ja meistens nur ein einziges Merkmal für die Blockbildung berücksichtigt wird. Das eigentliche Ziel der Parallelisierung (Blockbildung), die Reduktion der Fehlervarianz, kann u. U. mißlingen, wenn nämlich keine dafür geeigneten *Vortest*-Variablen gefunden werden (Edwards, 1972).

scheuen offensichtlich viele Untersucher den mit der Benutzung eines solchen Designtyps verbundenen höheren Versuchsaufwand bei der Vortestdatenerhebung.

Statistische Auswertung. – Alle die für eine Auswertung von Zweistichprobendesigns mit wiederholten Messungen in Frage kommenden inferentiellen Tests sind auch für diesen Designtyp verwendbar. Denn die Daten dieses Versuchsplanungstyps werden aus *statistischer* Sicht so interpretiert, als ob sie von einer – und nur einer – Versuchsgruppe mit wiederholten Messungen gewonnen wären (vgl. S. 90).

Mehrstichprobenversuchspläne mit Blockbildung

Wie bei den Zufallsstichprobendesigns (Kap. 13.1) und den Versuchsplänen mit wiederholten Messungen (Kap. 13.2) so gibt es auch für diesen Designtyp eine Mehrstichprobenvariante, die ihrerseits nach *unifaktoriellen* (p ⩾ 3 Stichproben) und *mehrfaktoriellen* Versuchsplänen (z. B. 2 x 2 – Designs) unterteilt wird. Beispielsweise läßt sich der oben in Tabelle 13.14 (S. 100) veranschaulichte zweistufige (p = 2) Experimentalfall sehr leicht auf einen dreifach (p = 3) abgestuften Versuchsplan mit Blockbildung ausweiten (Tab. 13.15) – ohnehin sieht ja das Originalexperiment eine (zumindest) dreifach abgestufte Bedingungsvariation vor, da hier ein *Trendfaktor* vorliegt (vgl. Tab. 13.12, S. 91, in Verbindung mit Abb. 13.12, S. 92).

An dieser Stelle können wir uns mit diesen Hinweisen auf die mehrfaktoriellen Blockdesign-Varianten begnügen. Denn zum einen ist gezeigt geworden, daß hierbei beson-

Tabelle 13.15: Ausweitung eines zweistufigen Blockdesigns auf eine *dreifach* abgestufte („Abstraktionsgrad“: A_1, $A2$, A_3) Versuchsplanvariante eines *trendanalytischen* Experiments zur Begriffsbildung (vgl. Tab. 13.14). – Design B(R) – p_{tr}n.

Design 3.1 Unifaktorieller Mehrstichproben-Blockversuchsplan mit dem Trendfaktor A (p = 3 Stufen) und n = 5 homogenen Blöcken: *Design* $B(R)-3_{tr} \times 5$.

R

Block*	Faktor A „Abstraktionsgrad“					
	A_1 „konkret“		A_2 „mittel“		A_3 „abstrakt“	
1	$Y_{1.1}$		$Y_{1.2}$		$Y_{1.3}$	
2	$Y_{2.1}$		$Y_{2.2}$		$Y_{2.3}$	
3	$Y_{3.1}$	$\overline{Y}_1$	$Y_{3.2}$	$\overline{Y}_2$	$Y_{3.3}$	$\overline{Y}_3$
4	$Y_{4.1}$		$Y_{4.2}$		$Y_{4.3}$	
5	$Y_{5.1}$		$Y_{5.2}$		$Y_{5.3}$	

AV: Anzahl der Bilddarbietungen bis zur richtigen Silbenzuordnung ($\overline{Y}$)

* Die *Dreier-Blöcke 1, 2, ... 5* werden wie statistische „Drillinge“ behandelt.

Tabelle 13.16: Musterbeispiel für die Vortestung einer Probandengruppe (N = 15) und die Herstellung einer Rangordnung aufgrund der dabei erhaltenen Vortestdaten (Schritt A). Die dann zu in sich jeweils homogenen *Dreier-Blöcken* zusammengestellten Daten illustrieren das dreistufige trendanalytische Blockdesign (Schritt B). – In Klammern – Spalte (3) bis (5) – die Rangwerte der (hypothetischen) Vortestdaten.

Schritt A			*Schritt B*		
(1) Pb-Nr.	(2) IQ-Untertest-wert	Homogene Dreier Blöcke*	(3) *Gruppe 1*	(4) *Gruppe 2*	(5) *Gruppe 3*
1 2 3	20 20 20	*Drillinge 1*	20 (*3*)	20 (*1*)	20 (*2*)
4 5 6	19 19 19	*Drillinge 2*	19 (*5*)	19 (*6*)	19 (*4*)
7 8 9	18 18 18	*Drillinge 3*	18 (*7*)	18 (*9*)	18 (*8*)
10 11 12	17 17 17	*Drillinge 4*	17 (*10*)	17 (*11*)	17 (*12*)
13 14 15	16 16 16	*Drillinge 5*	16 (*15*)	16 (*14*)	16 (*13*)
			$\overline{Y}^1_{vor} = 18$	$\overline{Y}^2_{vor} = 18$	$\overline{Y}^3_{vor} = 18$

* Die *Dreier-Blöcke 1, 2, ... 5* werden wie statistische „Drillinge" behandelt.

ders das *Vortest*-Rationale interessiert, das sich aber im Mehrstichprobenfall grundsätzlich nicht anders stellt als beim Zwei- bzw. Dreistichproben-Designtyp (Tab. 13.16). – Zum anderen gelangen in der heutigen Forschungspraxis aus den oben für den Zweistichprobenfall angeführten Gründen kaum *mehrfaktorielle* Blockdesigns zum Einsatz.

Vor- und Nachteile der Mehrstichprobenpläne mit Blockbildung

Es gelten die bereits für die Zweistichprobenvariante dieses Designtyps angegebenen Vor- und Nachteile auch für den Mehrstichprobenfall. Allgemein aber ist ein verstärkter Einsatz dieses wichtigen Versuchsplanungstyps in der psychologischen Grundlagenforschung zu empfehlen.

Statistische Auswertung. – Ebenso wie für die Zweistichprobenvariante gilt auch für die Mehrstichproben-Blockdesigns das statistische Prinzip, wonach die anfallenden Blockdesigndaten so behandelt werden, als ob sie von einer einzigen Versuchsgruppe mit wiederholten Messungen auf allen experimentellen Stufen stammten. Daher werden auch die für diesen Designtyp (s. Kap. 13.2, S. 93) zu verwendenden statistischen Prüfverfahren analog für die vorliegenden Mehrstichprobendesigns benutzt.

◇ Demo 13.1
Zufallsgruppendesigning: Gedächtnisleistung in Abhängigkeit von der Einprägungstechnik

Das Gedächtnis gilt in der Allgemeinen und in der Differentiellen Psychologie als einer der Hauptfaktoren intelligenten Verhaltens. Viele psychologische Untersuchungen befassen sich auch heute mit gedächtnispsychologischen Problemstellungen. Denn immerhin kann z. B. ein ausgesprochen „gutes“ Gedächtnis in vielen Lebenssituationen von entscheidender Bedeutung sein, etwa in Prüfungen, Vorstellungsgesprächen usw. Es interessiert dabei die Frage, auf welche Weise ein Mensch Eindrücke „speichern“ und „abrufen“, d. h. länger behalten kann.

Bietet man Versuchsteilnehmern eine Reihe von Begriffen zum Auswendiglernen an, so kann man je nach Einprägungstechnik verschieden gute Ergebnisse erwarten. Zwei solcher Techniken sollen hier miteinander verglichen werden. Dazu sind zwei gleich große Zufallsgruppen – mit insgesamt N = 12 Versuchsteilnehmern – zu bilden und dann diese beiden Gruppen in zwei verschiedenen Sitzungen zu testen. (Der Versuch kann auch hintereinander als Einzelexperiment bzw. in kleinen Untergruppen durchgeführt werden). – Diesem Versuch liegt ein sog. *Zweigruppenversuchsplan mit Vorher-Nachher-Messung* zugrunde (Tab. 13.17).

Untersuchungsschritte

1. Aufgabe für *Gruppe 1* und *Gruppe 2:* Vorhermessungen ($\overline{Y}_{1vor}$ und $\overline{Y}_{2vor}$)

Instruktion: „Lesen Sie die folgende Wortliste *dreimal* hintereinander möglichst rasch, aber konzentriert durch (20 Einzelbegriffe).

Holzfäller	Ente	Gemüse	Mauer
Karotte	Möbel	Instrument	Kaufmann
Rollschuh	Strumpf	College	Königin
Hecke	Kissen	Nagel	Ding
Kolonie	Geliebte	Zaun	Ziege

Legen Sie danach die Wortliste beiseite, und notieren Sie dann die Wörter, die Sie behalten haben.“

Die Gedächtnisleistungen der einzelnen Probanden werden in einer *Übersichtstabelle* festgehalten (s. Anh. D. 1.2, Tab. A. 5). Später sind anhand dieser Tabelle der Mittelwert $\overline{Y}$ zu bilden und der Prozentwert der Durchschnittsleistung beider Gruppen zu berechnen (z. B. 8 Wörter, behalten von 20 gelesenen Wörtern: $\frac{8}{20}$ = 40 %). Auf diese Weise resultieren die beiden sog. Vorhermessungen $\overline{Y}_{1vor}$ und $\overline{Y}_{2vor}$.

2a) *Aufgabe für Gruppe 1: Treatment* (X_1) und Nachher-Messung ($\overline{Y}_{1nach}$)

Die Probanden der *Gruppe 1* (Kontrollgruppe) lernen die Wörter genau in der angegebenen Reihenfolge auswendig. Sie haben 8 Min. Zeit dafür. Danach ist die Wortliste zu verdecken und die behaltenen Wörter sind dann aufzuschreiben. – Die Resultate der einzelnen Probanden werden wie diejenigen der 1. Aufgabe quantifiziert ($\overline{Y}_{1nach}$).

2b) *Aufgabe für Gruppe 2: Treatment* (X_2) und Nachher-Messung ($\overline{Y}_{2nach}$)

Die Probanden der *Gruppe 2* sollen aus den vorgegebenen Wörtern eine „sinnvolle“ (möglichst interessante) *Geschichte* machen und diese dann aufschreiben. Danach sind in dieser Geschichte die 20 zu behaltenden Wörter zu unterstreichen. Auch hierfür sind 8 Min. Zeit vorgesehen. Danach ist die Wortliste zu verdecken und die behaltenen Wörter sind dann wiederum aufzuschreiben. – Die Ergebnisse werden wie diejenigen der Gruppe 1 quantifiziert ($\overline{Y}_{2nach}$).

Die unter *Treatment 2* produzierten Geschichten sind häufig recht amüsant zu lesen, wie das folgende *Beispiel* zeigt:

„Ein *Holzfäller* stürmt aus dem Wald, läuft um eine *Hecke* herum *Rollschuh* und kommt an einer *Kolonie*

Tabelle 13.17: Versuchsplan mit Zufallsgruppenbildung zur Erprobung zweier Mnemotechniken: Lernen ohne Sinnzusammenhang (Methode 1, X_1) versus Lernen mit Sinnzusammenhang (Methode 2, X_2). – Design R–2a.

Design 1.1	Zufallsgruppenversuchsplan: Zweigruppen-Design mit Vorher-Nachher-Messung. (p = 2 Versuchsgruppen): *Design R – 2.*

	Versuchsgruppe	Vorher-Messung	Treatment X „Methode des Erlernens“	Nachher-Messung
R	*1*	$\bar{Y}_{1\ vor}$	X_1 „sinnloses“ Lernen	$\bar{Y}_{1\ nach}$
	2	$\bar{Y}_{2\ vor}$	X_2 „sinnvolles“ Lernen	$\bar{Y}_{2\ nach}$

AV: Anzahl der behaltenen (reproduzierten) Wörter ($\bar{Y}$)

von *Enten* und *Ziegen* vorbei. Plötzlich tritt er auf einige *Möbel*stücke und zerreißt dabei seinen *Strumpf* – gerade als er das *Kissen* mit den *Karotten* sieht, auf dem seine *Geliebte* liegt. Er denkt: „Ein solches *Gemüse* kann für einen *College*-Studenten ein nützliches *Instrument* sein. Aber wo ist der *Nagel*, dieses *Ding*, für den *Zaun* oder die *Mauer*, über die der *Kaufmann* oder die *Königin* kletterte?“

3. Die Rohwertergebnisse werden wieder in der *Übersichtstabelle* festgehalten (s. Anh. D. 1.2, Tab. A. 5); danach sind die Durchschnittswerte sämtlicher *Vorher*- und *Nacher*-Messungen der beiden untersuchten Gruppen in das Koordinatensystem einer *Auswertungsgraphik* einzutragen (s. Anh. D. 1.2, Abb. A. 2).

4. Abschließend vergleiche und interpretiere man die erhaltenen Datentrends im Zusammenhang mit den hier in Abbildung 13.14 veranschaulichten Befunden des Originalversuchs von Bower u. Clark (1969).

Dieses Originalexperiment, bei dem die Probanden 12 verschiedene Wörterlisten zu lernen und aus dem Gedächtnis wiederzugeben hatten, erbrachte gut gesichterte Unterschiede (Abb. 13.14). Danach werden sinnlos aneinandergereihte Wörter sehr viel schlechter behalten als in einen *Sinnzusammenhang* gestellte Begriffe. Ein solches – zu erwartendes – Ergebnis ist beispielsweise für die Nutzung günstiger *Mnemotechniken* bei der Planung und Anleitung schulischer Lernprozesse von großer praktischer Bedeutung.

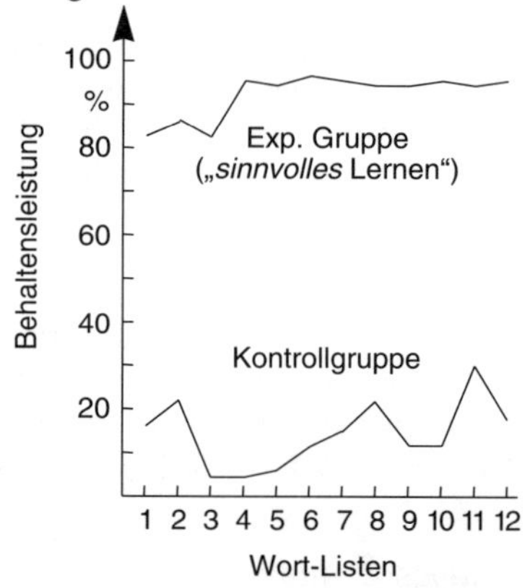

Abbildung 13.14: Ergebnisse der Erprobung zweier *Mnemotechniken*: Lernen von Begriffen aus Wortlisten *mit* (Experimentalgruppe) und *ohne* Sinnzusammenhang (Kontrollgruppe). (Nach Bower & Clark, 1969)

Literatur

Bower, G. H. & Clark, M. C.: Narrative stories as mediators für serial learning. Psychonomic Science, 1969, *14,* 181-182.

Einzel- oder Gruppenversuch

Zusammenfassung

Die im eigentlichen Sinne streng *experimentellen* Versuchspläne schalten gezielt mögliche Störfaktoren durch verschiedene Prozeduren aus. Sie werden nach drei Hauptdesigntypen, nämlich den *Zufallsgruppenplänen,* den Designs mit *Wiederholungsmessungen* sowie den *Blockversuchsplänen* eingeteilt.

Versuchspläne mit Zufallsgruppenbildung (*R*andomisierung, *R*) sehen die Aufteilung der Gesamtheit der Versuchsteilnehmer in zwei oder mehrere Untergruppen nach dem *Zufall* vor. Bei gleichen Ausgangsbedingungen für alle wird jede Untergruppe je einer der verschiedenen experimentellen Behandlungen per Zufall unterworfen. Die Versuchspläne mit Zufallsgruppenbildung nennt man auch *„Between"* (group)-Designs. – Bei den *Zweistichprobenversuchsplänen* mit Zufallsgruppenbildung gibt es drei Varianten, nämlich Designs ohne Vorher-Messung und solche mit Vorher-Messung sowie das sog. Salomon-Drei-Gruppen-Design. Demgegenüber sind bei den *Mehrstichprobenversuchsplänen* unifaktorielle von mehrfaktoriellen Designs zu unterscheiden, wobei die zuletzt genannten Versuchspläne die Prüfung des Einflusses nicht nur eines einzigen experimentellen Faktors, sondern die Untersuchung von zwei oder mehr voneinander unabhängigen Faktoren (*UV*) erlauben.

Versuchspläne mit *w*iederholten Messungen (*W*) sind für die Untersuchung an nur einer einzigen Probandengruppe konzipiert, die aber wiederholt untersucht wird, und zwar jedes Mal unter einer *anderen* experimentellen Bedingung, so daß die jeweiligen experimentellen Effekte miteinander zu vergleichen sind. Diese Versuchspläne heißen auch *„Within"* (group)-Designs, da sie die experimentellen Unterschiede innerhalb ein und derselben Probandengruppe messen. Auch bei diesem zweiten Haupttyp der experimentellen Designs werden *Zweistichproben-* von *Mehrstichprobenversuchsplänen* – analog dem ersten Haupttyp – unterschieden.

*B*lockversuchspläne [B(R)] stellen den dritten Haupttyp der strengen experimentellen Designs dar. Sie vereinen Merkmale der beiden erstgenannten Designtypen. Wie die Zufallsgruppenversuchspläne sehen auch die Blockdesigns zwei oder mehrere Probandengruppen vor. Mit den Versuchsplänen mit wiederholten Messungen haben sie ein und dieselben statistischen Auswertungsverfahren gemeinsam, was aufgrund der sachimmanenten Logik der *Blockbildung* (empirisch-statistische Parallelisierung) ermöglicht wird.

Alle drei Haupttypen der streng experimentellen Versuchspläne werden an Untersuchungsbeispielen erläutert und sind mit Hinweisen auf ihre jeweiligen Vor- und Nachteile sowie auf die statistische Ergebnisauswertung versehen.

Kapitel 14

Mischversuchspläne und multivariate Versuchsplanung

Die Darstellung der *Michversuchspläne* baut auf der Kenntnis der in den vorigen Abschnitten vorgestellten Designs auf, wohingegen die kurze Behandlung der *multivariaten* Designs direkt an das im ersten Band Dargestellte anschließt (Bd. 1, Kap. 9.3). Beide Designtypen lassen sich als wichtiger Ausbau der klassischen Versuchsplanung begreifen. Eine andere wesentliche Entwicklung der neueren Versuchsplanungsmethodologie ist dem nächsten und letzten Kapitel von Teil III vorbehalten (Kap. 15).

In dem ersten Unterkapitel werden die allgemeinen Grundlagen der Mischdesigns behandelt (Kap. 14.1) und danach einige besonders häufig anzutreffende Varianten dieses Versuchsplantyps vorgestellt (Kap. 14.2). Auf das experimentelle multivariate Designing geht – mit einem Exkurs über den multivariat-experimentellen Forschungsansatz – das dieses Kapitel beschließende Unterkapitel ein (Kap. 14.3). Wie in den vorangegangenen Kapiteln des Lehrbuchs wird auch in diesem Kapitel auf eine möglichst einfache und vornehmlich pragmatisch orientierte Übersichtsdarstellung Wert gelegt; auf Vollständigkeit wird also auch hier zugunsten der Vermittlung von elementaren Grundkenntnissen verzichtet.

14.1 Grundlagen der Mischversuchspläne

Unter einem *Mischversuchsplan* („mixed design“) hat man ein zwei- oder mehrfaktorielles Design zu verstehen, bei dem die einzelnen Faktoren *verschiedenen* Design-Haupttypen (z. B. Zufallsgruppenfaktor, Faktor mit wiederholten Messungen, Blockfaktor) entsprechen. In diesem Sinne stellt der hier zu behandelnde Designtyp einen *„gemischten“* Typ der Versuchsplanung dar. Da in den Lehrbüchern bis heute eine einheitliche Begriffsverwendung für „Mischversuchspläne“ offensichtlich nicht besteht – auch im deutschsprachigen Bereich hat sich z. B. Bredenkamp (1980, Kap. V.3.2) dazu nur allgemein geäußert – wird hier von der obigen Definition eines „Mischplans“ ausgegangen, um dann weitere Merkmale dieses Hauptdesigntyps anzuführen. Nach der Herausstellung einiger Vorzüge dieser Versuchsplanung wird schließlich auf wichtige Gefahren im Falle einer unkritischen (blinden) Benutzung von *Mischdesigns* aufmerksam gemacht.

Allgemeines konzeptuelles Anliegen

Gemäß obiger Definition ist ein Mischversuchsplan ein zwei- oder mehrfaktorielles Design mit Faktoren, die jeweils verschiedenen Hauptdesigntypen entstammen (vgl. Yaremko et al., 1983). Bezüglich der Symbolabfolge werden dabei die Randomisierungsfaktoren vor den Wiederholungsfaktoren und die letztgenannten wieder vor den Blockfaktoren (oder weiteren Faktoren) notiert. Beispielsweise kann dann – wie unten gezeigt wird – ein *2 x 3*-Mischversuchsplan ein *RW*-, *RB(R)*-, *RO*-Mischdesign oder auch ein *WB(R)*, *WO*-Mischdesign, aber auch ein *B(R)Q* Mischdesign sein; ferner kann ein *2 x 3 x 4*-Mischversuchsplan ein *RWB(R)*-, *RWO*-Mischdesign oder auch ein *WB(R)O*-Mischversuchsplan sein usw.[1]

[1] Da selbst ein *quasi-experimenteller* Faktor (*Q*), aber auch ein *korrelativer* Faktor (*O*) in den Mischplan einbezogen werden kann, ändert sich dann auch dementsprechend die experimentelle Stringenz bzw. Aussagekraft der Untersuchungsergebnisse bzgl. solcher *Misch*-Faktoren (vgl. dazu allgemein Tab. 13.1, S. 58). – Auf diese Faktoren geht die vorliegende *Systematik der Versuchspläne* an späterer Stelle noch besonders ein.

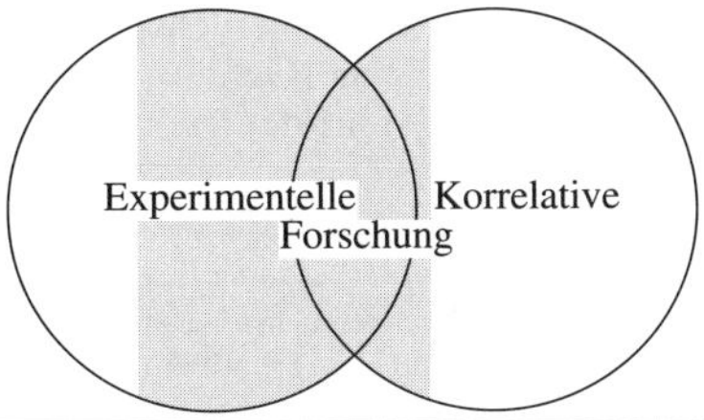

		1 Strenges Experiment	2 Quasi-Experiment	3 Ex post facto	Korrelative Untersuchung	4 Vorexperimentelle Untersuchung
I	Kausaltheoretische Hypothese vor Versuchsbeginn vorhanden und hinreichend begründet	+	+	(+)	–	–
II	Experimentelle Variablen manipulierbar bzw. manipuliert	+	+	–	–	–
III	Alle übrigen Versuchsbedingungen kontrollierbar bzw. kontrolliert	+	–	–	–	–

Abgesehen von der einfachen Symbolabfolgeregelung ist vor allem wichtig zu wissen, daß ein Mischversuchsplan alle möglichen Faktorenkombinationen zuläßt und somit äußerst *flexibel* für die jeweilige inhaltliche Fragestellung einer experimentalpsychologischen Versuchsplanung herangezogen werden kann.

Beispiel: In einer dreifaktoriellen (fiktiven) Studie über die Schreibleistungen im Büro wird ein *2 x 3 x 4*-Mischversuchsplan verwendet, wobei die Faktoren *Gehalt* (*R*), *apparativer Bürokomfort* (*W*) und *Alter* (*O*) der Probanden *zwei-, drei-* und *vierfach* abgestuft sind ($RW_{tr}O_{tr}$-Design; s. Tab. 14.1). Ein solcher *RWO*-Designtyp wird unten näher ausgeführt. Anstelle dieses dreifaktoriellen Mischdesign-Beispiels könnte man sich auch, je nach Fragestellung, ein *RRW*- oder ein *RWW*-Design – mit jeweils beliebig vielen Stufen auf jedem dieser drei Faktoren – denken.

Eine ganz andere – hier nicht vertretene – Konzeption bringt demgegenüber das amerikanische Textbuch von Neale u. Liebert (1973, Chap. 7). Diese Autoren beschränken die Verwendung des Mischdesigns allein auf *experimentell-korrelative* Versuchspläne, die *RO*-Designs. Es wird nämlich dort definiert:

„ ... *ein Mischdesign ist ein Versuchsplan bei dem Probanden aus zwei oder mehr diskreten* (gemeint: verschiedenen) *und tpyischerweise nicht-überlappenden Populationen verschiedenen Bedingungen zugeordnet werden.* – Beispielsweise könnten in dem einfachsten Fall (eines 2 x 2 – faktoriellen Designs) die Probanden zuerst nach dem Geschlecht aufgeteilt und danach zufällig einem Treatment oder einer no-treatment-Bedingung zugeordnet werden. Das Design ist *gemischt,* da der erste Faktor der Untersuchung (Geschlecht) nicht eine experimentelle (oder Treatment-) Bedingung ist, wohingegen die zweite Variable (z. B. das Aussetzen einer Art sozialen Einflusses) ein Treatment ist."

Tabelle 14.1: Dreifaktorieller Mischversuchsplan zur (fiktiven) Untersuchung der Abhängigkeit der Schreibleistungen im Büro vom Gehalt (Faktor A, zweistufig), von dem apparativen Bürokomfort (Faktor B, dreistufig) und dem Alter (Faktor C, vierstufig) der Probanden. – Design $RW_{tr}O_{tr} - p \times qr$.

Design 4.4 Dreifaktorieller Mischversuchsplan mit Zufallsgruppenbildung für Faktor *A* (p = 2) und wiederholten Messungen auf den Trendfaktoren *B* (q = 3) und *C* (r = 4), einem Organismusfaktor: *Design RWO – 2 × 3 × 4.*

$W_{tr}O_{tr}$

	Faktor A („Gehalt")	*Faktor C* („Alter") *C*1 *Faktor B* („appar. Bürokomf.") *B*1	*B*2	*B*3	*C*2 *Faktor B* („appar. Bürokomf.") *B*1	*B*2	*B*3	. . .	*C*4 *Faktor B* („appar. Bürokomf.") *B*1	*B*2	*B*3
R	A_1	$\bar{Y}_{111}$ Gruppe 1	$\bar{Y}_{112}$ Gruppe 1	$\bar{Y}_{113}$ Gruppe 1	$\bar{Y}_{121}$ Gruppe 2	$\bar{Y}_{122}$ Gruppe 2	$\bar{Y}_{123}$ Gruppe 2	. . .	$\bar{Y}_{141}$ Gruppe 4	$\bar{Y}_{142}$ Gruppe 4	$\bar{Y}_{143}$ Gruppe 4
	A_2	$\bar{Y}_{211}$ Gruppe 5	$\bar{Y}_{212}$ Gruppe 5	$\bar{Y}_{213}$ Gruppe 5	$\bar{Y}_{221}$ Gruppe 6	$\bar{Y}_{222}$ Gruppe 6	$\bar{Y}_{223}$ Gruppe 6	. . .	$\bar{Y}_{241}$ Gruppe 8	$\bar{Y}_{242}$ Gruppe 8	$\bar{Y}_{243}$ Gruppe 8

AV: Schreibleistungen im Büro ($\bar{Y}$)

Der Vorteil dieser Definition besteht, abgesehen von ihrer bestechenden Einfachheit, in der Herausstellung des Grundgedankens eines *experimentell-korrelativen* Designing in der Psychologie. Das wiederum kommt zwar dem Hauptanliegen des vorliegenden Lehrbuchs entgegen, verkürzt aber aufgrund der einseitigen Festlegung auf das *RO*-Designprinzip das tatsächlich wesentlich umfangreichere Spektrum der *Mischversuchsplanung.* Hinzu kommt noch die folgende Überlegung: Gerade weil der von Neale u. Liebert (1973) zu Recht so wichtig behandelte *RO*-Designtyp nicht nur ganz im Sinne der vorliegenden *Systematik der Versuchspläne* seine Bedeutung hat, sondern weil er darüber hinaus sogar das konzeptuelle *Leitmotiv* der neueren Entwicklung der experimentellen Psychologie ist, wird hier eine solche Definition der Mischdesigns als zu limitiert zurückgewiesen.

Drei Prinzipien der Mischversuchsplanung

Bis zu diesem Punkt in diesem Abschnitt über gemischte Designs sind bereits zwei ihrer *konzeptuellen* Hauptmerkmale angesprochen worden: zum einen das Prinzip der flexiblen Kombination der Gütemerkmale von Faktoren aus verschiedenen Hauptdesignklassen und zum anderen das Prinzip des experimentell-korrelativen Froschungsmodells. Wir wiederholen hier die mit diesen beiden Prinzipien verbundenen Überlegungen und gehen hierauf jeweils ein wenig genauer ein, bevor dann noch ein weiteres – das dritte – Hauptmerkmal der Mischdesigns herausgestellt wird.

(1) *Prinzip der Gütemerkmalskombination.* – Eine der wesentlichen Möglichkeiten und Aufgaben von *Mischdesigns* ist die versuchsplanerisch geschickte (positive) Kombination aller derjenigen Merkmale der verschiedenen Hauptdesigntypen, die für die

jeweils gegebene Untersuchungssituation optimal sind. Wenn etwa in dem weiter oben angeführten Beispiel einer Untersuchung des Einflusses des *Gehalts* (Faktor *A*) auf die Arbeitsleistung einer Schreibkraft (*AV*) natürlicherweise nur ein *Zufallsgruppen-(R)*-Designing methodisch optimal ist (Kontrolle von Übertragungseffekten) – allenfalls käme alternativ hier noch eine Blockbildungs-[B(*R*)]-Variante in Betracht – so stellt andererseits die Verwendung des *Wiederholungsmessungs-(W)*-Prinzips bei der Einführung einer weiteren untersuchungsrelevanten Einflußgröße (*apparativer Bürokomfort*, Faktor *B*) ebenfalls eine positive Nutzung des Hauptmerkmals dieses zweiten Designtyps dar (ökonomische Kontrolle von interindividuellen Differenzen). Soll realistischerweise noch eine dritte Variable (*Alter* der Bürobediensteten, Faktor *C*) in der Untersuchung mitberücksichtigt werden (Kontrolle des „Organismus"-Einflusses), dann liegt zusätzlich eine *Organismusvariable* (*O*) – eine Variable des sog. *korrelativen* Designing – vor. In Tabelle 14.2 ist der schematische Aufbau eines solchen „gemischten" Designing veranschaulicht, welches – in Ergänzung eines limitierten unifaktoriellen Versuchsplans – einen 2. (*W*) und einen 3. Faktor (*O*) in das Experiment mit einbezieht. Weiter unten wird ein weiteres Beispiel für die Verwendung eines solchen dreifaktoriellen RWO-Designs gegeben.

Tabelle 14.2: Aufbau eines multifaktoriellen 2 × 2 × 2 – *Mischversuchsplans* (schematisch vereinfacht): Aus einem unifaktoriellen (1. Schritt) *R*-Design (A_1 = „Gehaltsstufe 1", A_2 = „Gehaltsstufe 2") wird durch Hinzufügen eines *W*-Faktors (B_1 = „Bürokomfort 1", B_2 = „Bürokomfort 2") ein zweifaktorielles *RW*-Design (2. Schritt); durch Hinzufügen einer *O*-Variablen (C_1 = „Altersstufe 1", C_2 = „Altersstufe 2") dann ein dreifaktorielles 2 × 2 × 2-Mischdesign (3. Schritt). – (Für das hypothetische Beispiel wird bei *1.* und *2.* dieselbe Gesamtprobandenzahl $N_1 = N_2 = 10$ Pbn angenommen, hingegen für das *RWO*-Design bei *3.* die doppelte Probandenanzahl N = 40 Pbn.)

1. R-Design

R	A_1 „Gehalt 1"	A_2 „Gehalt 2"
	10 Pbn	10 Pbn

2. RW-Design

R / W	A_1 „Gehalt 1"		A_2 „Gehalt 2"	
	B_1 „Büro-komf. 1"	B_2 „Büro-komf. 2"	B_1 „Büro-komf. 1"	B_2 „Büro-komf. 2"
	5 Pbn	5 Pbn	5 Pbn	5 Pbn

3. RWO-Design

R / W / O		A_1 „Gehalt 1"		A_2 „Gehalt 2"	
		B_1 „Bürokomf. 1"	B_2 „Bürokomf. 2"	B_1 „Bürokomf. 1"	B_2 „Bürokomf. 2"
	C_1 „Alter 1"	5 Pbn	5 Pbn	5 Pbn	5 Pbn
	C_2 „Alter 2"	5 Pbn	5 Pbn	5 Pbn	5 Pbn

(2) *Prinzip des experimentell-korrelativen Forschungsmodells.* – Außer dem Ziel einer möglichst optimalen Kombination verschiedener Hauptdesignsklassen kann ein Forscher dem sensu Cronbach (1957, 1975) u. a. relevanten Gesichtspunkt einer allgemein- und differentiell-psychologisch adäquaten Versuchsplanung gerecht werden, d. h. vom *experimentell-korrelativen* Grundmodell des modernen Designing Gebrauch machen wollen. Während dieses und das zuerst benannte Anliegen sich nicht nur nicht ausschließen, sondern einander sinnvoll ergänzen können, muß man aber andererseits für den konkreten Versuchsplanungsfall beachten, daß je nach Schwerpunkt des Untersuchungsinteresses das konkrete Designing einer Forschungsstudie sehr verschieden ausfallen kann.

Unter weiterer Benutzung des obigen Mischdesign-Beispiels würde etwa ein sensu Cronbach u. a. interessierter Forscher die Mituntersuchung gerade des („korrelativen") *Organismusfaktors* (*O*) – in dem Beispiel: das Alter (C) – besonders betonen und dementsprechend eine *feinere* Faktorenabstufung, z. B. eine sechsstufige Altersvariation verlangen. Ja, er könnte berechtigterweise auch eine *weitere* („korrelative") Organismusvariable (z. B. *Geschlecht, Schulbildung* oder *Introversion/Extraversion*) mit in die Untersuchung einbeziehen wollen (und dafür etwa den Faktor *B* = „apparativer Bürokomfort" ununtersucht lassen). Im letztgenannten Fall würde er dann einen *ROO*-Versuchsplan benutzen. Demgegenüber könnte ein vornehmlich vom Interesse der Wirtschaftlichkeit des Experiments geleiteter Forscher eher an der feineren (z. B. fünffachen) Abstufung des Faktors A („Gehalt") interessiert sein und dann aus diesem Grund einen *5 x 2 x 2*-Versuchsplan ($R_{tr}WO$) verwenden.

Während beide Design-Perspektiven legitim sind – und einander im Prinzip nicht ausschließen – kann aber der jeweilige Schwerpunkt des Erkenntnisinteresses das konkrete Designing stark beeinflussen. Ein Beispiel, das im Sinne des experimentell-korrelativen Grundmodells sensu Cronbach u. a. zu verstehen ist, findet sich an anderer Stelle (s. S. 123; vgl. auch die Beispiele in Bd. 1, ○ Illu 9.1).

(3) *Prinzip der Sekundär- und Fehlervarianzkontrolle.* – Aus einer weiteren und dritten Zielsetzung heraus kann das oben eingeführte (allgemeine) *RWO*-Beispiel ebenfalls benutzt werden. Hat man es nämlich mit der Kontrolle von Sekundärvariablen zu tun und will man im konkreten Fall aus einer sog. *Sekundärvariablen* eine *unabhängige* Variable – im Sinne des *Max-Kon-Min*-Prinzips der Versuchsplanung (s. Kap. 11.1) – machen, dann wird damit wiederum ein anderes Hauptziel des Designing verfolgt. Es ist dies bekanntlich das Anliegen der *Kontrolle* der Sekundär- und der Fehlervarianz.[2] Unter dem Blickwinkel dieses dritten Prinzips betrachtet, können für das dreifaktorielle Mischdesign-Beispiel etwa der Faktor B („apparativer Bürokomfort") und der Faktor C („Alter") auch als bloße *Kontrollvariable* („Kontrollfaktoren") gelten, deren Mituntersuchung lediglich eine experimentell präzisere Prüfung des primär interessierenden Faktors A („Gehalt") erlaubt.

[2] Manche Autoren (z. B. Christensen, 1977, Chap. 6) bezeichnen ein *RO*-Design im Sinne der Sekundärkontrolle als einen bestimmten Typ von *Blockdesign* („matching design"). Dem können wir uns schon aus didaktisch-systematischen Gründen nicht anschließen (s. in unserem Sinne auch Matheson et al., 1978, Chap. 9). Richtig ist aber, daß die Wahl eines *RO*-Designs eine versuchsplanerisch interessante Alternativstrategie zum *Blockbildungs*-Designing darstellt (vgl. Kap. 13.3, S. 97 f).

Es versteht sich, daß dieser Forschungsaspekt ebenfalls seine genuine Berechtigung hat und sich im übrigen auch mit den beiden vorher genannten Anliegen u. U. verknüpfen läßt – aber er muß es keineswegs. Wenn sich z. B. ein unter den beiden erstgenannten Aspekten (1) und (2) untersuchender Forscher eventuell besonders für die *Wechselwirkungen* zwischen den Faktoren A („Gehalt"), B („apparativer Bürokomfort") und C („Alter") interessiert, etwa weil er eine motivations- und entwicklungspsychologische Theorie bezüglich dieser Faktoren aufgestellt hat und diese nun prüfen will, sind Wechselwirkungen unter dem zuletzt genannten Blickwinkel vielleicht nicht interessant, sondern u. U. sogar von höchst lästiger Bedeutung (s. dazu die graphischen Beispiele für disordinale Wechselwirkungen in Abb. 13.8, S. 76).

Zusammenfassend und schlußfolgernd stellen wir fest:

Wie das oben Dargestellte hauptsächlich zeigen soll, gibt es gerade für die *Mischversuchsplanung* sehr verschiedene Forschungsperspektiven, von denen wir die drei wichtigsten angeführt haben. Das Gemeinte gilt zwar in gewisser Weise für andere zwei- und mehrfaktorielle Designbenutzungen ebenfalls (z. B. im Falle der Verwendung von *RRR*-, *WWW*-Designs usw.), aber doch keineswegs mit derselben Grundsätzlichkeit, wie dies vergleichsweise für die Mischdesigns zutrifft. – Im folgenden Abschnitt wird je ein Hauptbeispiel für *RW*-, *RO*- und *RWO*-Designverwendungen gegeben.

14.2 Typen von Mischversuchsplänen

Mit der Übersicht über die *RW*-, *RO*- und *RWO*-Designs wird hier die Darstellung der Hauptdesigns der vorliegenden *Systematik der Versuchsplanung* fortgesetzt (vgl. Tab. 13.1, S. 58). Schon aus einfachen Gründen der Systematik bei der Darstellung der Versuchspläne wird für die nächsten drei Pläne – die Hauptdesigns (7), (8) und (9) – jeweils ein zentrales Beispiel angeführt.

Dabei wird im folgenden auf zwei besondere Darstellungsgesichtspunkte Wert gelegt. Erstens soll bei jedem der drei nachfolgenden Beispiele nur eines der drei im vorigen Abschnitt herausgestellten Prinzipien der Mischversuchsplanung hauptsächlich betont werden, um so die gewünschte Verständlichkeit zu erhöhen. Diese gewisse prononcierte Einseitigkeit der Darstellung ist aber – andererseits – nicht in dem Sinne mißzuverstehen, als bestünde etwa eine wissenschaftlich feste Zuordnung dieser Mischdesigns zu einem der drei genannten Planungsprinzipien – das Gegenteil ist jeweils der Fall. Zweitens sind die Beispiele so gewählt, daß *Querverbindungen* in der Thematik und Designmethodik zu anderen Beispielen im Gesamtunterrichtswerk erkennbar sind. Auch dies erfolgt im Sinne einer effektiveren Lehr- und Lernbarkeit jener Hauptgesichtspunkte, auf die es besonders ankommt.

RW-Designs

Bei der Behandlung der Designs mit *Zufallsgruppenbildung* (*R*; s. Kap. 13.1) und mit *Wiederholungsmessung* (*W*; s. Kap. 13.2) ist vermerkt worden, daß diesen jeweils *verschiedene* elementare Vorzüge – aber auch Nachteile – zukommen. Wenigstens in allgemeiner Form ist auch festgestellt worden, daß es nicht immer leicht ist, zwischen diesen beiden Designtypen eine geeignete Auswahl zu treffen, insofern man sich im konkreten Fall für den einen *oder* anderen Typ zu entscheiden hat, was in der Forschungspraxis in der Tat öfters vorkommt. In diesem Zusammenhang wird hier ein

Vorverweis auf einen späteren Abschnitt in diesem Buch gegeben, in dem jener heikle Fall der Versuchsplanung angeführt wird, bei dem die Anwendung des einen (*R*) oder aber des anderen (*W*) Grunddesigns jeweils völlig andere Versuchsresultate bedingt (s. Kap. 16.2, bes. Ω Orig 16.1).

Das nachfolgende Untersuchungsbeispiel für ein RW-Designing – *Hauptdesign 7: RW (p x q) N* – zeigt, wie sich die Prinzipien beider (Haupt-)Designtypen (*R*, *W*) einfach miteinander verknüpfen lassen. Es wird in diesem Sinne ein Beispiel für das weiter oben erläuterte *Prinzip (1)* gegeben, wonach die Kombination von verschiedenen Vorzügen aus der Nutzung von verschiedenen Designtypen zu einem größtmöglichen Gewinn führen kann.

Faktoren der Verkehrsschilderkennung: Anzahl von Verkehrszeichen und deren Darbietungsdauer (v. Klebelsberg & Kallina, 1963)

Die Wahrnehmung jedweder Objekte und deren Zeichen wird naturgemäß durch deren Anzahl (Faktor *A*) und die Dauer (Faktor *B*) der Darbietung determiniert. Die Bedeutung dieser beiden Faktoren für verkehrspsychologische Fragestellungen ist vielfach experimentell belegt worden. Dabei interessiert u. a. auch das *trendanalytische* Zusammenwirken dieser Faktoren im Sinne von *Wechselwirkungen* (Interaktionen). (Das Konzept der *Wechselwirkung* ist in Kap. 13.1, S. 75 ff und das der *Trendanalyse* ist in Kap. 13.1, S. 68 ff behandelt). – Eine der klassischen verkehrspsychologischen Arbeiten über den Einfluß der genannten Faktoren *A* und *B* ist im *Grundversuch 11* des *Praktikumsbuchs* dargestellt (*PrB*, Bd. II, Kap. 11.2).

Der Tabelle 14.3 ist der zweifaktorielle trendanalytische Versuchsplan des Experiments zur Wirkungsprüfung der beiden unabhängigen Variablen „Anzahl" (A_1, A_2, A_3) und „Dauer" (B_1, B_2, B_3, B_4, B_5) der Darbietung von Verkehrszeichen zu entnehmen. Wie man sieht, stellt in diesen *RW*-Mischdesign der Faktor A („Anzahl") eine *R*-Variable, hingegen der Faktor B („Dauer") eine *W*-Variable dar.

Für die Wahl gerade dieses Mischdesigns ist die folgende Überlegung ausschlaggebend: Zwecks Vermeidung von schwer auszuschließenden *Übertragungseffekten* (s. Kap. 13.2) ist für die Untersuchung von Faktor *A* ein Design mit Zufallsgruppenbildung angezeigt (*R*-Designing). Auf diese Weise wird der ansonsten kaum erfolgreich *auszubalancierende* Abfolgeeffekt grundsätzlich ausgeschlossen. Hingegen soll bzgl. des Faktors *B* (*W*-Designing) der für den Wiederholungsmessungs-Versuchplan typische Vorteil einer besseren *Zufallsfehlerkontrolle* genutzt werden. Die Tatsache, daß bei derlei Untersuchungen der Angewandten Psychologie charakteristischerweise auch die Untersuchungsökonomie eine Rolle spielt, spricht hier ebenfalls für die Wahl eines *W*-Designing wenigstens für den Faktor *B*, stellt aber im vorliegenden Zusammenhang einer Laborstudie zur Verkehrspsychologie nur einen untergeordneten Gesichtspunkt dar.

Zu den Ergebnissen eines solchen verkehrspsychologischen Grundversuchs ist darauf hinzuweisen, daß erwartungsgemäß die *Haupteffekte* beider Faktoren (A, B) experimentell und statistisch hoch signifikant sind und darüber hinaus diese Variablen ebenfalls gesichtert interagieren (Abb. 14.1).

Im vorliegenden Fall der Versuchsplanung liegt der Hauptakzent des Forschungsinteresses zweifellos auf der Prüfung der *Wechselwirkungen* der beiden wahrnehmungsrele-

Tabelle 14.3: Zweifaktorieller *Mischversuchsplan* zum Nachweis der Abhängigkeit des Erkennens von Verkehrsschildern von der Anzahl (Faktor *A*) und der Darbietungsdauer (Faktor *B*) sowie der Wechselwirkung beider Faktoren nach der Untersuchung von v. Klebelsberg u. Kallina (1963). – Design $R_{tr}W_{tr} - p \times q$.

Design 4.3: Zweifaktorieller Mischversuchsplan mit Zufallsgruppenbildung für Trendfaktor *A* (p = 3) und Wiederholungsmessung auf Trendfaktor *B* (q = 5): *Design RW – 3 × 5.*

W_{tr}

R_{tr}

Faktor *A* („Anzahl")	Faktor *B* („Dauer")				
	B_1	B_2	B_3	B_4	B_5
A_1	$\overline{Y}_{11}$ Gruppe 1	$\overline{Y}_{12}$ Gruppe 1	$\overline{Y}_{13}$ Gruppe 1	$\overline{Y}_{14}$ Gruppe 1	$\overline{Y}_{15}$ Gruppe 1
A_2	$\overline{Y}_{21}$ Gruppe 2	$\overline{Y}_{22}$ Gruppe 2	$\overline{Y}_{23}$ Gruppe 2	$\overline{Y}_{24}$ Gruppe 2	$\overline{Y}_{25}$ Gruppe 2
A_3	$\overline{Y}_{31}$ Gruppe 3	$\overline{Y}_{32}$ Gruppe 3	$\overline{Y}_{33}$ Gruppe 3	$\overline{Y}_{34}$ Gruppe 3	$\overline{Y}_{35}$ Gruppe 3

AV: Anzahl der richtig erkannten Verkehrsschilder ($\overline{Y}$)

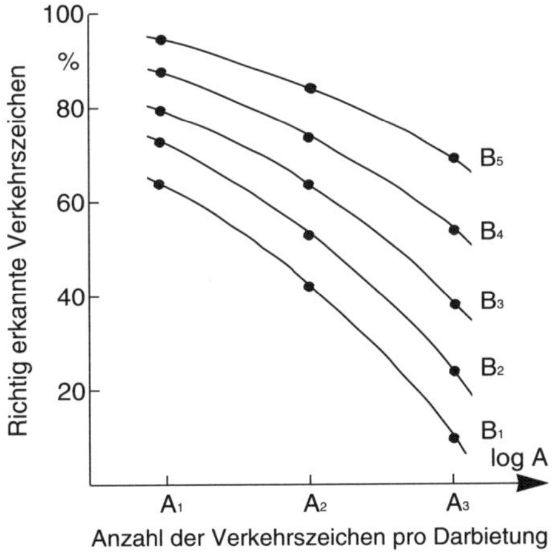

Abbildung 14.1: Versuchsresultate, die auf einem $R_{tr}W_{tr}$-Mischdesign beruhen: Veranschaulichung der erwarteten Ergebnisse des (hypothetischen) zweifaktoriellen verkehrspsychologischen Experiments mit dem dreistufigen Faktor *A (R*-Designing; Abszisse: „Anzahl der Verkehrszeichen pro Darbietung", *2, 4, 8* Zeichen) und dem fünfstufigen Faktor *B (W*-Designing „Darbietungszeit"; *200, 400, . . ., 1000* msec). – Abgesehen von den signifikanten *Haupteffekten* für *A* und *B* ist auch deren *Wechselwirkung* ($A \times B$) statistisch signifikant (*non*parallele Trends).

vanten Faktoren A und B. Damit folgt die Studie vornehmlich dem oben unter (1) genannten *Prinzip der Gütemerkmalskombination* der Mischdesigns (s. S. 114 f). Mit dem Nachweis der signifikanten Wechselwirkungseffekte wird im übrigen die große methodische Bedeutung des psychologischen Experiments auch außerhalb des „Labors" belegt; und dies insofern, als etwa die Diskussion um die *Geschwindigkeitsbegrenzung* für Kraftfahrzeuge auf unseren Straßen u. a. durch das Wissen um die einschlägigen experimentalpsychologisch gesicherten Tatsachen des menschlichen Wahrnehmens und Reagierens versachlicht werden kann (Chapanis et al., 1949; Hoyos, 1964; Undeutsch, 1963).

Auf eine gänzlich andere, nämlich *sozialpsychologische* Fragestellung im Rahmen der Verkehrspsychologie geht das *Arbeitsprojekt 7* des Praktikumsbuchs ein (*PrB*, Bd. III, Kap. 19.2).

RO-Designs

Die zentrale Bedeutung der *RO*-Versuchspläne (Design 4.1) – hier in der *Systematik der Versuchspläne* als *Hauptdesign (8): RO-pxq* bezeichnet – wird in der heutigen Fachliteratur nicht in Zweifel gezogen. Darauf eigens hinzuweisen, ist deshalb wichtig, weil bis vor kurzer Zeit gerade die mehr *statistisch* orientierten Abhandlungen über die "Versuchsplanung" bei psychologischen Experimenten die relativ schwierig analysierbare Bedeutung und Funktion von *O*-(„Organismus"-)Variablen eher beklagten (z. B. Winer, 1971).

In der Tat gilt: Es lassen sich *per definitionem O*-Variable n i c h t experimentell *manipulieren;* somit ist diesbezüglich der experimentell-statistischen Methodik der *Kausalanalyse* von *O*-Variablen – mit und ohne Wechselwirkung – von vornherein eine natürliche Grenze gesetzt. Da an diesem Sachverhalt grundsätzlich festzuhalten ist, haben einige mehr theoretisch als forschungspraktisch ausgerichtete Lehrbücher ihr Augenmerk hauptsächlich auf die *R*-, *W*- und *B(R)*-Designs gelenkt. Es ist demgegenüber das Verdienst besonders von Campbell u. Stanley (1963 ff), Cattell (1976) und Cronbach (1957, 1975) in den USA, aber auch von Eysenck (z. B. 1980, 1981, 1984) in England sowie von Lienert (1962, 1973, 1979, 1985) und Janke (1964, 1982, 1983) in Deutschland, die *experimentell-differentielle* Methodologie entwickelt und verbreitet zu haben.[3] Damit kommt dem *RO-Designing* heute eine eminent wichtige Rolle zu. Dies gilt unbeschadet der Tatsache, daß die durch *RO*-Designs gewonnenen Befunde nicht immer methodisch und inhaltlich einwandfrei interpretiert werden können. Auch dafür wird unten ein Beispiel gegeben, nachdem zunächst die Arbeit des britischen Psychologen Leith (1974) angeführt wird (Ω Orig 14.1).

Ω

[3] Während sich der Begriff *Differentielle Psychopharmakologie* (W. Janke, G. A. Lienert) – zumindest im deutschsprachigen Bereich – durchgesetzt hat, sollte man u. U. die psychologisch-inhaltlichen Arbeitsgebiete der übrigen o. a. Methodologen hierzu analog benennen: *Differentielle Allgemeinpsychologie* (R. B. Cattell, H.-J. Eysenck), *Differentielle Sozialpsychologie (D. T. Campbell) und Differentielle Erziehungspsychologie* (Cronbach, Stanley). Auch im angloamerikanischen Bereich ist diesbezüglich noch kein solcher Benennungsvorschlag erfolgt.

Ω Orig 14.1
Persönlichkeit und Lehrmethodeneffekte – eine semiexperimentelle Studie

(Leith, 1974)

Im Bereich des pädagogisch-psychologischen Experimentierens sind bekanntlich „harte" Fakten besonders schwer zu gewinnen, wie jeder Kenner z. B. der Schulpsychologie weiß. Man sagt dann gern, daß das menschliche Lernen so *komplex* sei und daher die Experimentalpsychologie mit ihrem heutigen Methodenarsenal einschlägig interessante Zusammenhänge noch nicht befriedigend entdecken könne. Aber stimmt dies wirklich, noch dazu in solch pauschaler Wertung? – Zugegebenermaßen gelingen, selbst im Labor, psychologische Experimente, z. B. auch Praktikumsversuche, keineswegs immer. Und gerade im Bereich des kognitiven Lernens lassen sich vielfach vermeintlich gut belegte „Fakten" nur schwer – wenn überhaupt – replizieren (vgl. Smith, 1970; McGuigan, 1978, Chap. 11; s. auch *PrB*, Bd. I, Kap. 5, *Grundversuch 5*: „Einsichtsvolles versus mechanisches Lernen"; Bd. II, Kap. 9, *Grundversuch 9*: „Kreativität und Originalität"). – Vielleicht ist zumindest in solchen Interessenfeldern die heutige Methodologie der Experimentalpsychologie noch nicht weit genug entwickelt?

Insofern diese so generelle kritische Frage überhaupt richtig gestellt ist, gibt es aber, wie man heute weiß, zumindest einen triftigen Grund dafür, daß etwa die systematische *Lehr- und Lernmethoden*-Variation und andere einschlägige Variablenveränderungen in der Tat häufig unergiebig gewesen sind, indem z. B. keinerlei (*AV-*)*Effekte* (Haupt- und Nebeneffekte) nachzuweisen waren. Das Beispiel der *experimentell-korrelativen* Untersuchung von Leith (1974) ist dafür instruktiv. Denn diese Arbeit zeigt auf exemplarische Weise, wieso bestimmte Lehr- und Lernmethoden, die miteinander experimentell verglichen werden, gleich gut

Tabelle A: Zweifaktorieller Mischversuchsplan zum Nachweis des Einflusses zweier verschiedener Lehr- und Lernmethoden (Faktor *A*) auf die Leistungen zweier verschiedener Persönlichkeitstypen (Organismusfaktor *B*) für die semiexperimentelle Studie von Leith (1974). – Design *RO* – p × q.

Design 4.1 Zweifaktorieller Mischversuchsplan mit Zufallsgruppenbildung auf dem Faktor *A* (p = 2) und statischer Gruppenbildung für den Faktor *B* (q = 2): *Design RO – 2 × 2.*

O

	Faktor A („Lernmethoden")	*Faktor B* („Persönlichkeitsmerkmal") B_1 „Introvert."	B_2 „Extravert."
R	A_1 „Entdeckungsl."	$\bar{Y}_{11}$	$\bar{Y}_{12}$
	A_2 „Rezeptives L."	$\bar{Y}_{21}$	$\bar{Y}_{22}$

AV: Lernleistungen in Punktwerten ($\bar{Y}$)

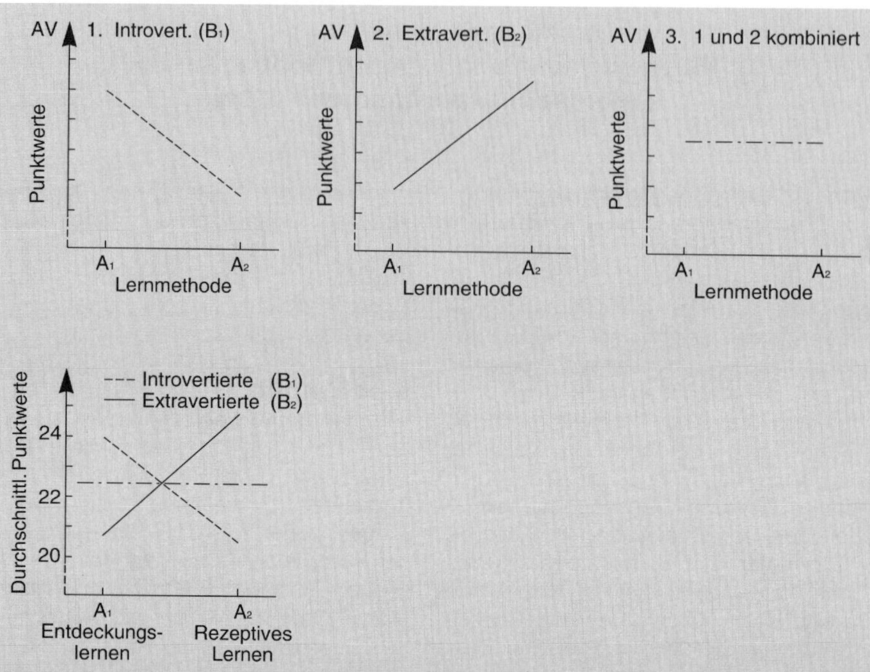

Abbildung A: Untersuchungsergebnisse eines Experiments zur Erforschung des Zusammenhangs von Persönlichkeit und Lehrmethodeneffekten. Das *semiexperimentelle RO*-Design ergab differentielle Effekte (unten) des zweistufigen *Methodenfaktors* (*R*-Designing; Abszisse: A_1, A_2) infolge der *disordinalen* Wechselwirkung mit dem zweistufigen *Persönlichkeitsfaktor* (*O*-Designing; B_1, B_2). Die oberen *Teilabbildungen 1, 2* und *3* beziehen sich auf drei verschiedene hypothetische Versuchssituationen: *1* = Untersuchung nur von Introvertierten (spezifische Subpopulation); *2* = Untersuchung nur von Extravertierten (spezifische Subpopulation); *3* = *Datenkombination* (gestrichelter Paralleltrend) führt zu einem *falschen* Befund (statistischer Mittelungsartefakt). (Modifiziert und ergänzt nach Leith, 1974)

(oder auch gleich schlecht) anschlagen, d. h. pädagogisch-psychologische Experimente scheinbar fehlschlagen. Der einfache, aber basale Grund dafür liegt in der *Zudeckung* von tatsächlich existenten experimentellen Effekten infolge der Nichtberücksichtigung von Persönlichkeitsvariablen! Demgegenüber bezog Leith (1974) in seiner eigenen Arbeit einen *Persönlichkeitsfaktor* (*O*) explizit ein, wie dem Design dieser *RO*-Untersuchung zu entnehmen ist (Tab. A). In der Untersuchung, in der Leith Lernleistungen von *Introvertierten* und von *Extravertierten* (*O*-Designing) mit Hilfe der Methode des sog. *Entdeckungslernens* gegenüber einer des *rezeptiven Lernens* (*R*-Designing) miteinander verglich, resultierten sehr verschiedene – nämlich *differentiell* relevante – Lernleistungen für die beiden verschiedenen Persönlichkeits-*Typen*. Die Befunde sind in Abbildung A dargestellt. Abgesehen von dem allein schon inhaltlich wichtigen Hauptresultat interessiert hier in erster Linie dessen methodologischer Aspekt.

Im Falle daß man von einer solchen *disordinalen* Wechselwirkung zwischen *Persönlichkeit x Lernleistung* nichts weiß, geht man als Untersucher praktisch blind an den Untersuchungsgegenstand heran und prüft die Effekte von derlei Lern- und Lehrmethoden an zuvor nicht-gruppierten Probanden. Das bedeutet, man *mittelt* die für Introvertierte und die für Extravertierte erhaltenen Einzeldaten heraus; d. h. es werden real existierende Effekte als solche nicht mehr erkannt, wie aus Abbildung A ebenfalls zu ersehen ist (s. gestrichelte Linie, Teilabb. A. 3.).

Literatur

Leith, G. O.: Individual differences in learning: Interactions of personality and teaching methods. In: Personality and Academic Progress Proceedings, 14-25. London: Association of Educational Psychologists, 1974. (Zit. nach H.J. Eysenck, 1984.)

McGuigan, F.: Experimental psychology: A methodological approach. (3rd ed.) Englewood Cliffs, N.J.: Prentice-Hall, 1978. (5th ed., 1990)

Smith, N. C.: Replication studies: A neglected aspect of psychological research. American Psychologist, 1970, *25*, 970-975.

Offensichtlich gibt es *differentielle* Haupteffekte sehr viel häufiger, als man dies noch bis vor kurzem geglaubt hat (s. Cronbach, 1975; Bandura, 1980). Diesen Sachverhalt verdeutlicht auch eine medizinisch-psychologische Arbeit, in der ähnliche Befunde erhoben wurden (Downing & Rickels, 1978).

In dieser *RO*-Studie wurde die Wirkung eines bei Angstneurotikern applizierten Psychopharmakons (CDZ, Chlordiazepoxide) auf dessen angstlösende Wirkung geprüft. Der differentielle Effekt zeigte sich hier in der Tatsache, daß das Pharmakon nur bei einer Gruppe von Patienten mit *höherer Schulbildung* („high education"), nicht jedoch bei einer Vergleichsgruppe von Patienten bei zwar derselben Angstsymptomatik, aber mit *niedriger Schulbildung* („low education") wirkte (Abb. 14.2).

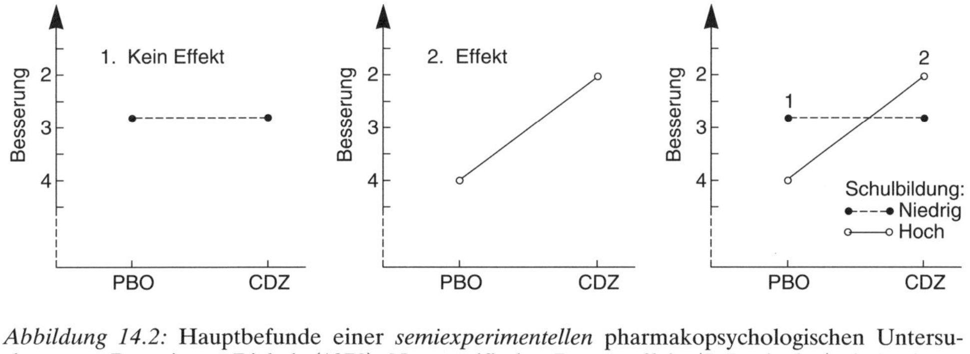

Abbildung 14.2: Hauptbefunde einer *semiexperimentellen* pharmakopsychologischen Untersuchung von Downing u. Rickels (1978): Nonspezifischer Drogeneffekt (*R*-Designing) als Funktion der Schulbildung (*O*-Designing) der Probanden (rechte Teilabbildung). Die Wirkung (*AV*, „Besserung") der angstlösenden Droge Chlordiazepoxide (CDZ) gegenüber einem Placebo (PBO) hängt von der *differentiellen* (nonspezifischen) Organismusvariablen „Schulbildung" ab. Die Teilabbildungen *1* und *2* verdeutlichen diesen differentiell-pharmakopsychologischen Befund unter dem Aspekt der *Artefakt*-Gefahr im Falle der Nichtverwendung des *RO*-Designing.

Die beiden nordamerikanischen Psychopharmakologen R. W. Downing (klinischer Psychologe) und K. Rickels (Psychiater), die in den letzten 25 Jahren eine ganze Anzahl von solchen nonspezifischen („differentiellen") Faktoren untersucht haben, verweisen in einer Übersichtsdarstellung auf das komplexe – kausaltheoretisch noch nicht gefaßte – Zusammenwirken (*Wechselwirkungen*) von medizinischen Therapiefaktoren mit Umweltmilieu- und Arzt-Patienten-Variablen (Downing & Rickels, 1984). Dazu führen die Autoren ein Modell der *nonspezifischen* Drogenwirkung an (Abb. 14.3).

Es versteht sich, daß die hier zitierte – voll der Konzeption des *RO*-Designing verpflichtete – Untersuchung auf das weiter oben behandelte (*2*). *Prinzip des experimentell-korrelativen Grundmodells* abhebt.

Die logische Schlußfolgerung aus solchen und anderen Arbeiten besteht in der konsequenten Beachtung von *differentiell* wirksamen Einflüssen des Organismusfaktors (Janke, 1983; Janke & Netter, 1986, 1990).

Die Ausführungen zu dieser *RO*-Designthematik beschließend, ist auf eine oben lediglich angedeutete, aber noch nicht behandelte *Gefahr* bei der Verwendung gerade dieses

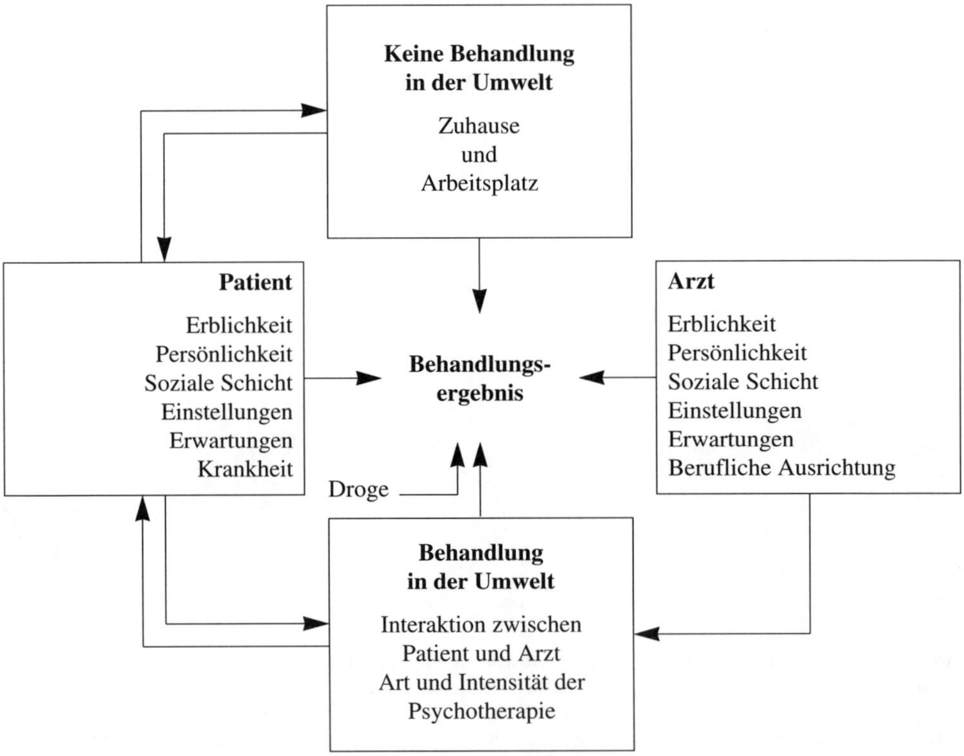

Abbildung 14.3: Das Modell der *nonspezifischen* Drogenwirkung nach Downing u. Rickels (1984).

Versuchsplanungstyps aufmerksam zu machen. Mit Hilfe eines anschaulichen Beispiels, das wir – nur unwesentlich modifiziert – einem Lehrbuch entnehmen, soll diese Gefahr illustriert werden (Neale & Liebert, 1973, Chap. 7). Dazu stelle man sich eine Fortsetzung der oben skizzierten Arbeit von Leith (1974) vor, bei der alternativ (oder zusätzlich) das *Alter* (z. B. *5*, *10*, *15*, *20* J.) der zu untersuchenden Probanden als eine neue *O*-Variable variiert wird.
In Abbildung 14.4 ist das mögliche Ergebnis – für Extravertierte – einer solchen Untersuchung dargestellt. Wie die hypothetischen Datentrends für die einzelnen Altersgruppen zeigen, weist die Methode des sog. *Entdeckungslernens* hier einen klaren Vorteil gegenüber derjenigen des sog. *rezeptiven Lernens* auf, jedenfalls für die meisten Altersgruppen. Wie nun Neale u. Liebert (1973) plausibel machen, ist es in einem solchen Fall recht wahrscheinlich, daß mittels *statistischer* Datenanalyse nicht ohne weiteres die Tatsache entdeckt wird, daß bei *einer* der vier Altersgruppen – *5jährige*-Pbn – keinerlei Methodeneffekt zugunsten des Entdeckungslernens nachgewiesen wird. Es kann m.a.W. gut sein, daß der statistische Test auf *Wechselwirkung* für die beiden versuchsrelevanten Faktoren (*R* und *O*) *insignifikant* ausfällt, obwohl die (hypostasierte) Variableninteraktion *de facto* besteht (vgl. die *Nonparallelität* des Datentrends für die 5jährigen Probanden gegenüber denjenigen der anderen Altersgruppen). Abgesehen von der Frage der Plausibilität solcher möglicher *RO*-Untersuchungsergebnisse – eine statistisch unentdeckte Wechselwirkung![4] – wird aufgrund eines solchen Beispiels dazu geraten, grundsätzlich sämtliche Hauptresultate einer Untersuchung geeignet *graphisch* darzustellen.

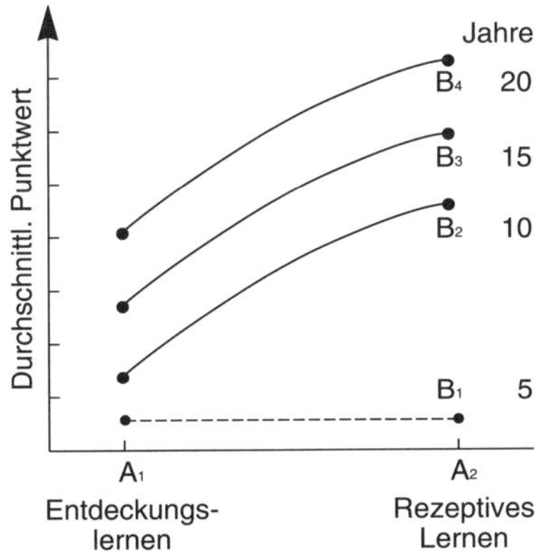

Abbildung 14.4: Versuchsresultate aufgrund eines semiexperimentellen *RO*-Designs: Veranschaulichung der *differentiellen* Effekte zweier verschiedener Lehr- und Lernmethoden (*R*-Designing; Abszisse A_1 und A_2), die eine *Wechselwirkung* mit dem *Alter* (B_1 bis B_4) der Versuchsgruppen haben. Dieser Wechselwirkungseffekt wird aber statistisch nicht entdeckt. (Modifiziert nach Neale & Liebert, 1973)

4 Die *Nicht*-Entdeckung einer Wechselwirkung steht im übrigen im Zusammenhang mit einem übergebührlich hohen ß-Fehler der Statistik (vgl. Kap. 18.2).

Falls man diese Überlegungen beachtet, braucht man sich keine besonderen Sorgen bei der *RO*-Designbenutzung zu machen; denn man *sieht* es ja direkt in der Graphik, daß für die 5jährigen Probanden – im vorliegenden Fall – *kein* Methodeneffekt auszumachen ist. Mit Hilfe einer Dekomposition der *semiexperimentellen* Gesamtdarstellung nach den *R*- und *O*-Einzelfaktoren läßt sich übrigens gut veranschaulichen, daß die beiden unifaktoriellen *R*-Subdesigns, jedes für sich genommen, den Anforderungen des streng experimentellen (Zufallsgruppen-)Designing genügen (Abb. 14.5).

Auf weitere mögliche Gefahren im Falle einer unkritischen Benutzung von *RO*-Plänen und anderen Mischdesigns wird unten nochmals verwiesen.

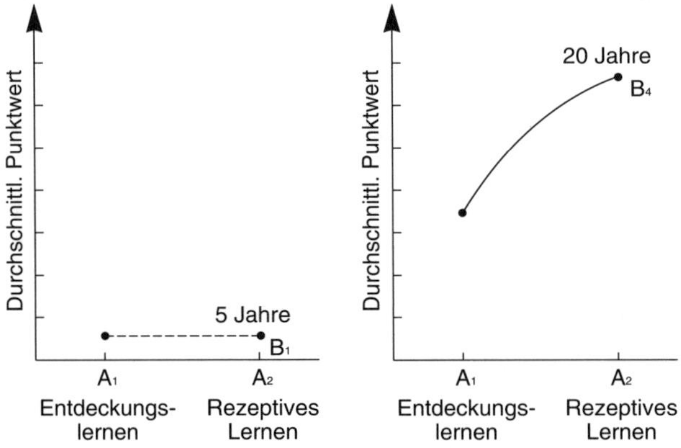

Abbildung 14.5: Dekomposition der zweifaktoriellen Gesamttrenddarstellung von *Abbildung 14.4*: Jedes der beiden Datentrendbeispiele (links: B_1 für die 5 J. alten Pbn; rechts: B_4 für die 20 Jährigen) basiert auf einem *echten* Experiment (*R*-Designing). Da das *Alter* eine korrelative Variable darstellt (*O*-Designing), resultiert aus der Kombination der Alterstrends ein *semiexperimentelles* Gesamtresultat (*RO*-Designing).

RWO-Designs

Bei den *RWO*-Designs (Design 4.2) handelt es sich um Mischversuchspläne mit drei Faktoren, die jeweils einem anderen Designtyp entsprechen (*R*-, *W*- und *O*-Designing). Ein Beispiel für diesen Mischversuchsplan – *Hauptdesign (9): RWO-pxq(N)xr* – ist bereits an anderer Stelle vorgestellt worden (s. S. 113 f). – Man kann sich ein *RWO*-Design als einen aus je zwei einzelnen zweifaktoriellen Subdesigns aufgebauten Versuchsplan vorstellen, also als einen Plan, der eine Kombination von jeweils zweifaktoriellen *RW*-, *RO*- (und *WO*-) Mischplänen darstellt. Insofern enthalten *RWO*-Designs keine grundsätzlich neuen Aspekte gegenüber den bisher vorgestellten Versuchsplänen.

Darum wird hier nur ein kurzes Beispiel für ein *RWO*-Design angeführt, das im übrigen bereits im Zusammenhang mit der Darstellung eines anderen Sachverhalts bekannt gemacht worden ist. Es handelt sich um die Untersuchung der Bedingungen für das Entstehen von *„Halb- und Scheinwissen – eine kognitionspsychologische Analyse“* (Bd.

1, Kap. 5). Das dort im einzelnen beschriebene Experiment, das als ◇ Demo 5.1 abgehandelt ist, erlaubt die Untersuchung der Abhängigkeit des naiven Scheinwissens (*AV*: Anzahl von *falschen* Antworten auf vermeintliche Wissensfragen) von den Faktoren A = *„Wissenskontext“* (*R*-Designing) und B = *„Studienabschnitt“* (*O*-Designing). Der Versuch basiert infolgedessen auf einem zweifaktoriellen *RO*-Mischdesign. Ein *W*-Designing ist dort also gar nicht vorgesehen. Das Design läßt sich aber leicht zu einem *dreifaktoriellen RWO*-Versuchsplan ausbauen, wenn zusätzlich die *Instruktionsgebung* experimentell variiert wird (Tab. 14.4).

Dazu kann – als Faktor C – eine „sorgfältige“ vs. „rasche“ Aufgabenbearbeitung unterschieden werden (*Zeitabstand* von etwa 4 Wochen zwischen der zweimaligen Vorlage ein und desselben Versuchsmaterials). Dementsprechend stellt dieser zweistufige Faktor C mit seinen beiden Abstufungen (C_1, C_2) eine weitere unabhängige Variable dar, die hier als *W*-Faktor anzugeben wäre.

Dieses zur Bearbeitung zu empfehlende – durchführungstechnisch wenig aufwendige, dazu sehr lehrreiche – dreifaktorielle *RWO*-Experiment basiert auf einem Designing, das besonders dem oben (S. 116) angeführten *3.* Prinzip der Mischversuchspläne zuzurechnen ist, d. h. dem *Prinzip der Sekundär- und Fehlervarianzkontrolle.* Denn sowohl

Tabelle 14.4: Dreifaktorieller semiexperimenteller Mischversuchsplan zum Versuch (◇ Demo 5.1, Bd. 1, Kap. 5) über die Abhängigkeit des Halb- und Scheinwissens vom jeweiligen *Kontext* (*R*-Designing; Faktor A: „Sinnzusammenhang“), vom *Studienabschnitt* (*O*-Designing; Faktor B: „Anfänger“ vs. „Fortgeschrittene“) der Probanden und von der *Instruktionsgebung* (*W*-Designing; Faktor C: „sorgfältige“ vs. „rasche“ Aufgabenbearbeitung). – Design RWO – p × q × r.

Design 4.4 Dreifaktorieller Mischversuchsplan: Faktor A mit Zufallsgruppenbildung (p = 3), Organismusfaktor B (q = 2) und Faktor C mit Wiederholungsmessung (r = 2): *Design RWO – 3 × 2 × 2.*

WO

Faktor A („Kontext“)	Faktor C („Instruktion“) C_1 („sorgfältig“) Faktor B („Studienabschnitt“) B_1 („Anfänger“)	B_2 („Fortgeschr.“)	C_2 („rasch“) Faktor B („Studienabschnitt“) B_1 („Anfänger“)	B_2 („Fortgeschr.“)
A_1 „geograph.“	$\bar{Y}_{111}$	$\bar{Y}_{112}$	$\bar{Y}_{121}$	$\bar{Y}_{122}$
A_2 „biolog.“	$\bar{Y}_{211}$	$\bar{Y}_{212}$	$\bar{Y}_{221}$	$\bar{Y}_{222}$
A_3 „medizin.“	$\bar{Y}_{311}$	$\bar{Y}_{312}$	$\bar{Y}_{321}$	$\bar{Y}_{322}$

R

AV: Anzahl der kontextbeeinflußten Deutungen für das Kunstwort „Schuken“ ($\bar{Y}$)

in dem zweifaktoriellen Originalfall (*RO*) als auch in der dreifaktoriellen Variante (*RWO*) ist die *R*-Variable der wichtigste dieser zu untersuchenden Faktoren, und dies vor allem deshalb, weil die experimentelle Wirkungsanalyse des „Kontexts", in den die vermeintlichen Wissensfragen eingebettet sind, das Hauptanliegen der Demonstration darstellt. Demgegenüber konstituieren die beiden übrigen Faktoren vor allem *Kontrollvariable* („Kontrollfaktoren"), wobei sich aufgrund der Einführung sowohl des *W*-Faktors (Kontrolle der *intra*individuellen Fehlervarianz) als auch des *O*-Faktors (Kontrolle der *inter*individuellen Fehlervarianz) die experimentell-statistische Präzision dieses Experiments erhöht.

◇ Auf eine weitere Demonstration, die zu einer Bearbeitung einer Untersuchung mit einem *WO*- bzw. *RWO*-Design einlädt, wird hier vorverwiesen (◇ Demo 14.1, S. 140).

Vor- und Nachteile der Mischversuchspläne

Grundsätzlich treffen alle Vorzüge, aber auch alle Nachteile auf die Verwendung von Mischdesigns zu, wie sie im einzelnen für die verschiedenen Designhaupttypen gelten.

Vorteile: Zu den hervorstechendsten Vorteilen im Sinne von methodologisch wichtigen Besonderheiten bei den Mischversuchsplänen zählen die ihnen eigenen drei Hauptmerkmale, die hier als die *Drei Prinzipien der Mischversuchsplanung* (S. 114 ff) behandelt sind. Während das (1) *Prinzip der Gütemerkmalskombination* und das (3) *Prinzip der Sekundär- und Fehlervarianzkontrolle* Hauptmerkmale darstellen, die für sämtliche Mischdesigns (z. B. *RRW*-, *WWB(R)*- oder *RWO*-Designs) charakteristisch sind, ist das (2) *Prinzip des experimentell-korrelativen Forschungsmodells* ein Merkmal, das nur den *semiexperimentellen* Mischversuchsplänen (z. B. *RO*-, *WO*-, *RWO*-Designs) eigen ist. Die hier als *semiexperimentelle* Mischdesigns bezeichneten Versuchspläne – die nicht mit den in Kapitel 15.1 behandelten quasi–experimentellen Designs zu verwechseln sind – haben nicht nur den Vorteil, daß ihre entsprechenden Subdesign-Varianten ohnehin ihren strengen experimentellen Designcharakter behalten, sondern sie weisen darüber hinaus auch den nur ihnen eigenen Vorzug auf, daß sie die *experimentelle* und die *korrelative* Grundlagenforschung auf eine gemeinsame Basis stellen (Bartussek et al., 1990).

Nachteile: Sicherlich bringt der Einsatz von Mischversuchsplänen – und nicht zuletzt auch der des *semiexperimentellen* Mischdesigning – einige Gefahren mit sich, die man kennen muß, um sich gegen diese methodisch schützen zu können. Wenn man dies aber tut, dann weisen Mischdesigns im wesentlichen keine Nachteile, sondern eher nur die oben herausgestellten Vorteile auf. Eine der für die semiexperimentellen Designs geltenden Gefahren muß besonders beachtet werden, nämlich ihre relative statistische Intensivität beim Nachweis von *RO*-Wechselwirkungen. Eine andere Gefahr, deren praktische Relevanz aber u. W. noch nicht gut erforscht ist, besteht in einer sorglosen Verwendung von entweder (a) *Extremgruppen* oder aber (b) *medianhalbierten* Abstufungen für den korrelativen *O*-Faktor. Man sollte grundsätzlich wenigstens $p = 3$ verschiedene *O*-Abstufungen in einen Versuchsplan einplanen. Bzgl. der zuletzt angesprochenen Gefahr wird hier auf die schon an anderer Stelle aufgezeigte allgemeine Schwäche einer (irrepräsentativen) Zwei-Punkte-Untersuchung verwiesen (s. Abb. 13.7, S. 73). Ein praktisches Beispiel für eine Medianhalbierung (2 *O*-Stufenbildung) wird in ◇ Demo 14.1 gegeben. In diesem Zusammenhang ist noch darauf hinzuweisen, daß die in diesem Kapitel behandelten *O*-Designing-Beispiele – typischerweise – immer nur von der Prüfung von *zwei Typen* ausgehen. Davon abgesehen ist aber das *O*-Mischdesigning namentlich in der Pädagogischen Psychologie und in der Klinischen Psychologie, speziell der Psychotherapieforschung – und damit auch in allen Bereichen der psychologischen *Evaluationsforschung* – angezeigt.

Statistische Auswertung. – Die Auswertung von Mischdesign-Daten macht die Anwendung von statistischen Prüfverfahren erforderlich, die grundsätzlich schon für die Analyse von Daten gelten, die mit den diese Designs konstituierenden Einzelfaktoren der verschiedenen Hauptdesigntypen in Beziehung stehen. Es überwiegt hier die *varianzanalytische* Datenauswertung für multifaktorielle Designs (Bortz, 1989).

14.3 Multivariate Versuchsplanung

In diesen Unterkapitel werden einige einführende Informationen über das multivariate experimentelle Designing gegeben. Nach der Darstellung der allgemeinen konzeptuellen Grundlagen der multivariaten Versuchsplanung wird ein experimentelles Beispiel behandelt, daß diesen Designtyp charakterisiert.[5]

In der Unterrichtspraxis gehören die *multivariaten* experimentellen Designs immer noch nicht zum festen Bestandteil der Ausbildung. Dies hängt z. T. damit zusammen, daß die Aneignung dieser Verfahren erheblich höhere mathematisch-statistische Ansprüche stellt, als das vergleichsweise für die *univariaten* Designtypen zutrifft. Im Hinblick auf das Unterrichtsanliegen dieses vornehmlich für den *ersten* Studienabschnitt konzipierten Lehrbuchs wird hier nur auf das Basale dieser Verfahren eingegangen und im übrigen auf die Fachliteratur verwiesen.

Allgemeines konzeptuelles Anliegen

Die *multivariate* experimentelle Versuchsplanung bezieht sich auf ein Designing, das – im Gegensatz zu dem bisher in der Systematik der Versuchspläne behandelten *univariaten* Fall – die Einbeziehung von zwei- und mehr abhängigen Variablen vorsieht (*multipler AV*-Fall). Abgesehen davon, daß mit dem *multivariaten* Designing die Verwendung bestimmter statistischer Testverfahren einhergeht, interessiert hier vorrangig das Prinzip des multivariaten experimentellen Designing.

An einem bekannten Untersuchungsbeispiel wird das hier Wesentliche dargestellt (Design 1.0 multivariat), bevor ein etwas ausführlicheres Forschungsbeispiel behandelt wird.

In einer Reihe von bahnbrechenden biochemischen Untersuchungen zur Frage *„Verändert die Umwelt die Anatomie und Funktionsweise (Neurophysiologie) des Gehirns?“* untersuchte der nordamerikanische Psychologe M. R. Rosenzweig (1962, 1972) an Ratten die Abhängigkeit der biochemisch-anatomischen Zustandsveränderungen des

[5] Auf die sog. multivariaten *korrelativen* Versuchsanordnungen wird aus Gründen der *Systematik der Versuchspläne* nicht hier, sondern in Kapitel 15.3 eingegangen.

Gehirns (*multiple AV:* $\overline{Y}^{(1)}$, $\overline{Y}^{(2)}$, $\overline{Y}^{(3)}$, ..., $\overline{Y}^{(6)}$) von einer zweistufig variierten *UV* (*Umgebungseinfluß*: X_1 = „abwechslungsreich", X_2 = „monoton"). Da anstelle nur einer einzigen *AV* sechs verschiedene abhängige Variablen (AV_1, AV_2, AV_3, ..., AV_6) vorlagen, basierte dieses Experiment auf einem *multivariaten* Zweistichprobendesign (Tab. 14.5). Die Tiere der beiden Versuchsgruppen, die 80 Tage in der entsprechend variierten Umwelt lebten, wurden danach getötet, um die Gehirne extrahieren und

Tabelle 14.5: Multivariater Zweigruppenplan mit Zufallsgruppenbildung für das biopsychologische Experiment von Rosenzweig et al. (1968). Die in Abhängigkeit von der *zweifach* (X_1, X_2) variierten *Umwelt* registrierten biochemischen Werte des Gehirns von Rattengruppen wurden nach *sechs* verschiedenen Kriterien gemessen (AV_1, AV_2, AV_3, ..., AV_6). – Design R – 2 (multivariat).

Design 1.0 multivariat	Zweigruppenplan mit Zufallsgruppenbildung – *multivariater* Fall mit m = 1, 2, 3, ... abhängigen Variablen, AV_1, AV_2, AV_3, ..., AV_m: *Design R – 2 – multivariate Extension.*

	Versuchs-gruppe	Vorher-Messung	Treatment X („Umwelt")	Nachher-Messung
R	*1*	–	X_{abw} („abwechslungsreich")	$\overline{Y}_1^{(1)}$, $\overline{Y}_1^{(2)}$, $\overline{Y}_1^{(3)}$, ..., $\overline{Y}_1^{(6)}$,
	2	–	X_{mon} („monoton")	$\overline{Y}_2^{(1)}$, $\overline{Y}_2^{(2)}$, $\overline{Y}_2^{(3)}$, ..., $\overline{Y}_2^{(6)}$

AV_1: „Gewicht der Großhirnrinde" ($\overline{Y}^{(1)}$); AV_2: „Gewicht des Occipitallappens" ($\overline{Y}^{(2)}$); ..., AV_{16}: „Größe der Zellkörper" ($\overline{Y}^{(6)}$).

untersuchen zu können. Die biochemische Untersuchung der Rattengehirne erbrachte die hier ausschnitthaft in Abbildung 14.6 wiedergegebenen Resultate. Die *Balken*-Darstellung für die (multiple) *AV* zeigt, daß die biochemisch relevanten Werte für die in einer „abwechslungsreichen" (X_1) Umwelt aufgezogenen Versuchstiere *insgesamt* deutlich günstiger (zwischen ca. 4 % bis 14 %) waren als die der anderen Versuchsgruppe (X_2: „monotone" Umwelt). (Die prozentualen Abweichungswerte bzgl. der Wirkungen von X_1 versus X_2 sind hier ranggeordnet dargestellt, um so die Bedeutung der Verwendung von verschieden stark anschlagenden *AV*-Indikatoren hervorzuheben).[6]

Abgesehen davon, daß die Befunde dieser Untersuchung noch nichts über die eigentliche *Kausalkette* der Determinanten der äußeren Umweltbeeinflussung der Rattengehirne aussagen (Rosenzweig, 1984; Renner & Rosenzweig, 1987), interessiert hier noch

[6] Hier wie allgemein gilt für das statistische Rationale der multivariaten Versuchsplanung noch der folgende Grundsatz: Es ist zu zeigen, daß z. B. AV_1 und AV_2 – oder auch AV_1 *und* AV_3, ..., AV_5 *und* AV_6 usw. – nur *gemeinsam,* nicht jedoch AV_1 getrennt von AV_2 – oder auch AV_1 getrennt von AV_3, ..., AV_5 getrennt von AV_6 – eine Wirkung zeigen (vgl. dazu die angegebene Fachliteratur auf S. 202).

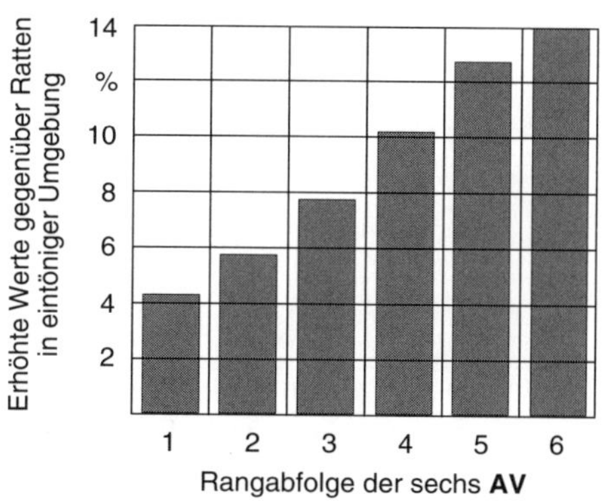

Abbildung 14.6: Ergebnisse des *multivariaten* biochemischen Experiments von Rosenzweig et al. (1968) für *sechs* der untersuchten Indikatoren, AV_1, AV_2, AV_3, ..., AV_6, hier entlang der Abszisse ranggeordnet abgetragen. Die vertikalen Balken (Ordinate) zeigen die *prozentualen* Abweichungen bei Ratten aus der *abwechslungsreichen* (X_{abw}) gegenüber in *monotoner* (X_{mon}) Umwelt gehaltenen Tieren. *1* = Gewicht der *Großhirnrinde*; *2* = Gewicht des *Occipitallappens; 3* = Gesamtmenge an *Eiweiß*; *4* =Menge an *Cholinesterase; 5* = Menge an *weißer Substanz* (Gliazellen); *6* = Größe der *Zellkörper*. (Vereinfacht nach Vester, 1975)

mehr, daß man den Fall des *multivariaten* experimentellen Designs in praktisch sämtlichen Forschungsbereichen der Psychologie antreffen kann – nämlich immer dann, wenn die jeweils relevante *AV* nicht univariat, sondern durch *zwei, drei* oder *mehr* verschiedene Meßreihen (Indikatoren) repräsentiert ist. Dadurch wird naturgemäß die Wahrscheinlichkeit dafür, daß das *hypothetische Konstrukt* (s. Bd. 1, Kap. 6.1) der jeweils interessierenden *AV* tatsächlich sachrepräsentativ untersucht wird, entscheidend erhöht.

Die Bedeutung dieses wichtigen Sachverhalts wird anhand eines Beispiels aus der sozialpsychologischen Forschung unterstrichen. In einer Studie von Zimbardo (1975), welche der Analyse einiger Bedingungen menschlichen aggressiven Verhaltens galt, wurde in einem später als „Gefängnisspiel" bekannt gewordenen Experiment eine unausgelesene freiwillige Studentengruppe an der Stanford University (USA) in *„Gefangene"* (X_1) und *„Wärter"* (X_2) zufällig eingeteilt und dabei die Abhängigkeit des *Sozialverhaltens* (AV_1, AV_2, AV_3, ..., AV_{11}) geprüft. Das hierbei verwendete Forschungsdesign entspricht wiederum dem des multivariaten Zweistichprobenversuchsplans der oben angeführten Arbeit (vgl. Tab. 14.5), nur daß hier nicht 6, sondern 11 verschiedene *AV*-Indikatoren geprüft worden sind. Die in Abbildung 14.7 dargestellten Befunde machen zum einen deutlich, daß die zweistufige experimentelle *Rollen*-Variation insgesamt einen massiven Effekt bzgl. des (studentischen) Sozialverhaltens von „Gefangenen" und „Wärtern" hatte; zum anderen zeigte sich aber auch, daß die *AV*-Maße im einzelnen von diesem experimentellen Effekt sehr unterschiedlich betroffen waren (vgl. in der Abb. 14.7 die Abstufung dieser Effekte, in ihrer Größe nur in etwa ranggeordnet: von *links* nach *rechts*). Man kann daher auch sagen: Hätte Zimbardo z. B. nur die *AV*-Indikatoren *9*, *10* oder *11* in seine Studie einbezogen, so wären die tatsächlich zu verzeichnenden Aggressionsunterschiede, die sich hier ja vornehmlich in

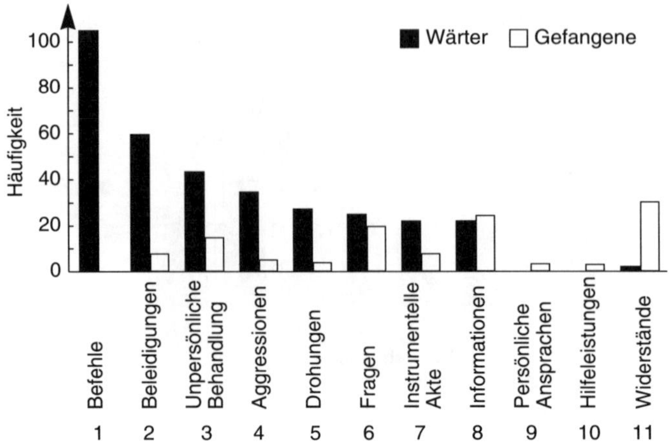

Abbildung 14.7: Multivariates Ergebnis einer sozialpsychologischen Untersuchung menschlich aggressiven Verhaltens in Abhängigkeit von einer zweistufigen Bedingungsvariation: Interaktionsprofil von 11 Beobachtungsvariablen (k = 11; *1*=AV_1, *2*=AV_2, ... *11*=AV_{11}) für *„Wärter“* und *„Gefangene“* in dem (simulierten) *Gefängnisspiel* von Zimbardo (1975). (Nach Zimbardo, 1983)

den Indikatoren *1*, *2*, ... bis etwa *5* niederschlagen, überhaupt nicht erfaßt worden. Das illustriert einmal mehr die Bedeutung einer sachgerechten *AV*-Repräsentativität durch hierfür jeweils geeignete Maße.

Die beiden obigen Beispiele zeigen, daß die Nutzung des multivariaten Versuchs für die gesamte experimentelle Psychologie von Interesse ist. Das gilt auch unabhängig davon, daß die konkrete Anwendung des multivariaten Designing bis heute unterentwickelt ist. Mittels eines Beispiels aus einem Bereich der experimentellen Motivations- und Sozialpsychologie – der *Konfliktforschung* – wird die *multifaktorielle* Forschung ○ (gegenüber der dort noch kaum verwendeten *multivariaten* F.) illustriert (○ Illu 14.1; Heckhausen, 1989).

○ Illu 14.1
Multifaktorielle Determinanten des (multivariaten) Konfliktverhaltens

Auch der Laie auf dem Gebiet der Psychologie wird die Feststellung, daß menschliches und tierisches Verhalten und Erleben meist durch mehrere Faktoren zugleich bestimmt, d. h. letztlich *multifaktoriell* verursacht seien, leicht verstehen und als selbstverständlich akzeptieren, obwohl wir uns alle im Alltag vielfach so verhalten, als ob die Welt *monokausal* strukturiert, d. h. unsere Handlungen jeweils nur auf eine einzi-

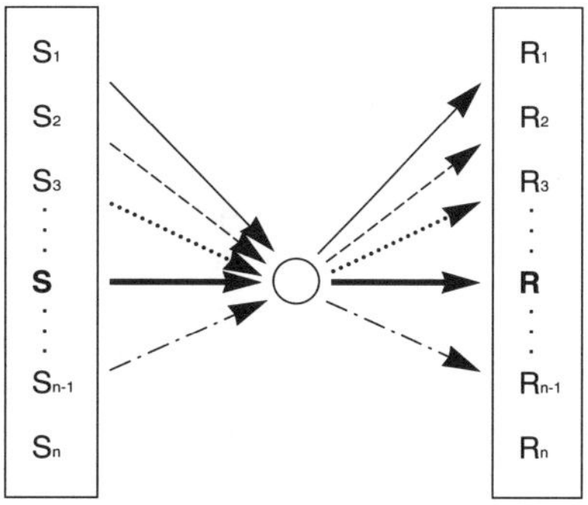

Abbildung A: Schematische Darstellung des allgemeinen *multifaktoriellen-mulitvariaten S-O-R*-Modells in der Psychologie. Die Symbole $S_1, S_2, \ldots, S_n$ entsprechen verschiedenen *Faktoren* (unabhängigen Variablen), wohingegen die Symbole $R_1, R_2, \ldots, R_n$ verschiedene *Reaktionsmerkmale* (abhängige Variablen) meinen. In dem Schema entspricht – einfachheitshalber – der *UV* S_1 die *AV* R_1, der *UV* S_2 die *AV* $R_2, \ldots$, der *UV* S_n die *AV* S_n. Diese Darstellung *idealisiert* den tatsächlichen allgemeinen *UV-AV*-Zusammenhang erheblich, da bis heute in den meisten Untersuchungsbereichen der Psychologie eine *sachnotwendige* Zuordnung der S_iR_j-Variablen nicht gegeben ist. (Modifiziert und ergänzt nach Royce, 1970)

ge Verhaltenstendenz zurückführbar seien. Wohl weniger bekannt und im Alltagsdenken weniger einfach nachvollziehbar ist aber die Tatsache, daß auch bzgl. der *AV*-Seite nicht nur der hierzu analoge Fall, d. h. der klassische *univariate* Fall – es wird nur eine einzige *AV*-Variable untersucht – existiert, sondern daß man an einen *multivariaten* Untersuchungsfall (zwei oder mehr *AV*-Variable werden gleichzeitig untersucht) ebenso zu denken hat und daß dieser sogar der forschungspragmatisch realistischere Untersuchungsfall ist.

In dieser Illustration interessiert, wie man ein solches multifaktoriell determiniertes und multivariates Verhalten mit seinen einzelnen Determinanten und Auswirkungen mit Hilfe von hierfür geeigneten Modellen und Versuchsplanungen erfassen kann. Einfachheitshalber werden wir uns aber mit allgemeinen Hinweisen begnügen, wobei wir als Beispiel den bekannten Untersuchungsansatz von Neal E. Miller zur *Konfliktforschung* heranziehen. Es interessiert als Ausgang dazu etwa die Frage, wie man die (unifaktoriell-univariate) These *„Auf Frustration folgt Aggression“* (Dollard et al., 1939) auf den experimentalpsychologischen Prüfstand stellen kann. Diese klassische Konzeption ist grundsätzlich durch mehrdimensionale Modellvorstellungen zu ersetzen, wie etwa durch die der späteren *Konfliktforschung.*

Die Frage nach der angemessenen Untersuchung von „multifaktoriellen“ Zusammenhängen ist lediglich die *eine* Seite des Konfliktgeschehens, nämlich die Seite des *unabhängigen* Variablenkomplexes (*UV*; Input); und sie bleibt solange unbefriedigend behandelt, bis nicht auch die *andere* Seite des Verhaltens – nämlich die Seite des *abhängigen* Variablengefüges (*AV*; Output) mitberücksichtigt wird (Abb. A). Es ist hierbei zu beachten, daß es nicht nur zahlreiche „Eingangsgrößen“ auf Seiten der *UV* („multifaktorieller“ Fall), sondern auch sehr viele „Ausgangsgrößen“ auf Seiten der *AV* („multivariater“ Fall) gibt. Unter Berücksichtigung dieses grundlegenden Sachverhalts stellt das in Abbildung A dargestelle Schema den allgemeinen Fall des *S-(O)-R-Modells* dar.

Lange Zeit betrachtete man menschliches Verhalten in Konflikten mit Hilfe des von Freud im Jahre 1894 entwickelten *Verdrängungsschemas.* Nach Freud kommt es zu einer „Verdrängung“, wenn Konflikte, die durch zu starke und von der Mitwelt nicht mehr akzeptierte Impulse ausgelöst werden, durch *Verschiebung* der „Triebkräfte“ auf andere Objekte oder in andere Verhaltensweisen ihre unmittelbare Bedrohlichkeit verlieren.

Zur Verdeutlichung des von Freud Gemeinten sei ein Beispiel für *Verdrängung* im Zusammenhang mit dem sog. *Ödipuskomplex* gegeben: Ein Heranwachsender kann einen angestauten Haß auf seinen Vater nicht ausleben und richtet darum seine Aggressivität beispielsweise gegen einen Lehrer („Verschiebung“); oder anstatt den Vater tatsächlich anzugreifen, verlagert er den überstarken Impuls in einen sportlichen oder geistigen Wettbewerb („Sublimierung“) mit dem hier eher seine Niederlage tolerierenden Vater.

Millers Konfliktmodell

Offen blieb in Freuds und seiner Nachfolger Konzeption, wie man sich den Prozeß der Konfliktlösung *in concreto* vorzustellen habe und wie dessen angenommener „Mechanismus" *empirisch* belegt werden könne. Miller (1948, 1959), der den Begriff der „Verdrängung" durch den leichter operationalisierbaren der *Generalisation* ersetzte (womit die Verlagerung der „Triebtendenz" auf andere, *ähnliche* Ziele gemeint ist), entwickelte seine Auffassung vom Ablauf der Konfliktbewältigung mit Hilfe eines von ihm konzipierten *Generalisationsgradienten-Modells* („Konfliktmodell").

Nach Millers (1948, 1959) *Konfliktmodell* wird die Richtung eines etwa durch Furcht vor Sanktionen gehemmten Verhaltens auf andere nahegelegene Ziele abgelenkt – also „generalisiert". Zu der gegenüber Freud differenzierteren Konzeption einer Trieb- oder *Appetenztendenz* fügte Miller (1948) die der Freudschen Hemmung entsprechende Vermeidungs- oder *Aversionstendenz* – grafisch als eine zweite Zielgerade veranschaulicht – hinzu (Abb. B).

Die *Appetenztendenz,* die eigentlich – der X-Achsen-Richtung folgend – das zentrale Ziel Z anstrebt, wird durch das Kräftefeld der *Aversionstendenz*, die – der Y-Achsen-Richtung folgend und ebenfalls auf dasselbe Ziel Z bezogen – dieser entgegenwirkt, um einen bestimmten Betrag „blockiert". Das relative Gewicht dieser beiden Tendenzen wird dabei grafisch durch die *Neigungswinkel* der beiden Gradienten veranschaulicht. Die *Aversionstendenz* wird im allgemeinen gegenüber der *Appetenztendenz* als stärker gewichtet und damit der entsprechende Neigungswinkel als *steiler* angenommen, wie in Abbildung B dargestellt (s. hierzu auch N. H. Andersons, 1962, mathematische Formulierung dieses Konfliktmodells, Bd. 1, Kap. 2.3).

Wichtige Teilkonzepte des *Miller*schen Konfliktmodells sind die *„Ähnlichkeit"* und die *„räumliche Nähe"* zu dem angezielten (bzw. zu vermeidenden) Objekt.

Die Murray-Studie

Auf dem Hintergrund dieser von Miller (1948, 1959) konzipierten *Verschiebungstheorie* („Verdrängung") stellte Murray (1954) im Rahmen einer *angewandten Konfliktforschung* systematische Beobachtungen von Aggressions-Ausrichtungen und -Stärken bei einem *Patienten* an. Die in 17 Therapiestunden registrierten Häufigkeiten aggressiver Äußerungen, die sich gegen seine Mutter, seine Tante und „andere" ihm weniger wichtige Personen richteten, wurden auch nach ihren „Intensitätsgraden" beurteilt, so daß sich die in der *Abbildung C* dargestellten individuellen Aggressionsverläufe über insgesamt 17 Therapiestunden ergaben.

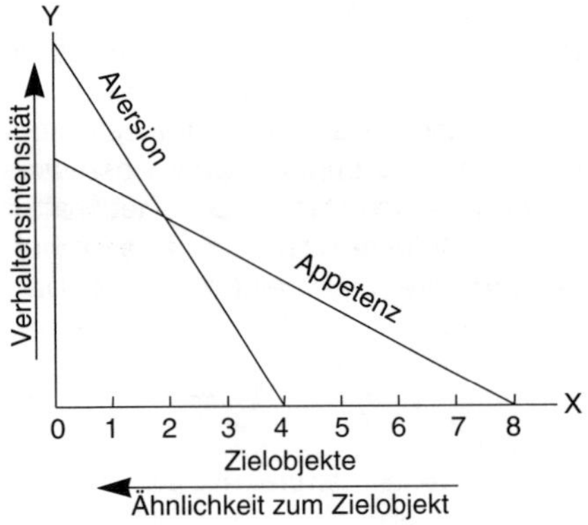

Abbildung B: Zweifaktorielles Modell der Zielgeneralisation in Konfliktsituationen. Appetenz- und Aversionstendenz in Abhängigkeit von der Ähnlichkeit der Zielobjekte mit dem eigentlichen Ziel (Z). (Modifiziert nach Miller, 1948)

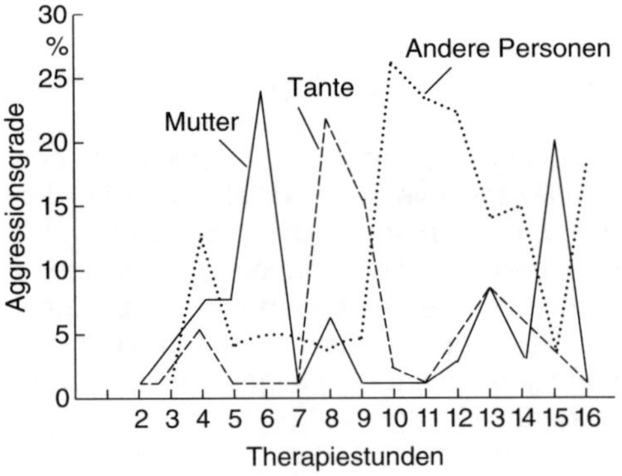

Abbildung C: Graphische Darstellung der beobachteten Aggressionsrichtungen und -intensitäten in einer Untersuchung zur Freudschen Verschiebungstheorie. Äußerungen eines Patienten im Verlaufe von 17 Behandlungsstunden. (Modifiziert nach Murray, 1954)

Eigentlich hatte Murray (1954) erwartet, daß sich die *Aggression* des untersuchten Patienten zuerst gegen die am wenigsten Angst einflößende „andere" *Person,* dann gegen die *Tante* und erst zum Schluß gegen das eigentliche Aggressionsobjekt, die *Mutter,* richten würde. Tatsächlich verlief der Prozeß im Anfang jedoch umgekehrt. Die tatsächlich erhaltene Verlaufsform der Aggressionstendenzen läßt – nach Auffassung des Untersuchers – ein noch komplexeres *Faktorengefüge* beim Prozeß der therapeutischen Konfliktverarbeitung vermuten, als dies die Grafik wiedergeben kann.

Rückblickend muß Murrays (1954) anwendungsbezogene Modellstudie als sehr spekulativ angesehen werden. Denn die behaupteten Beziehungen erwiesen sich weder theoretisch noch empirisch zwingend. Andererseits besteht jedoch der besondere Wert eines solchen Versuchs in der zunehmenden Entwicklung von *neuen* Modellvorstellungen und deren Überprüfungsmöglichkeiten. Diese und andere Untersuchungen legten im übrigen eine weitere Ausdifferenzierung des Konfliktmodells durch Determinanten des Verhaltens nahe. Murray u. Berkun (1955) versuchten, die Verschiebungsvorgänge mittels eines *dreidimensionalen* (dreifaktoriellen) Konfliktmodells zu erfassen.

Das dreidimensionale Konfliktmodell

Zu den beiden im *zweifaktoriellen* Modell (Abb. B) grafisch dargestellten Faktoren („Gradienten") der *Appetenz* und der *Aversion* – die im Hinblick auf das Merkmal der „Ähnlichkeit" der einzelnen Zielobjekte zum *eigentlichen* Zielobjekt Z konzipiert waren – fügten Murray u. Berkun (1955) einen weiteren Faktor, nämlich den der „räumlichen Nähe" der Einzelobjekte zum Zielobjekt Z, hinzu. Auf diese Weise wurde das klassische *Miller*sche Flächen-Modell in ein *räumliches* (dreidimonsionales) überführt (Abb. D).

Die ihre Modellinterpretation abschließende Bemerkung von Murray u. Berkun (1955), daß nämlich die beiden Appetenz- und Aversionstendenz repräsentierenden *Dreiecke* nur „der Einfachheit halber als Ebenen" dargestellt seien und eine „exakte Betrachtung ... möglicherweise die Darstellung gewölbter Flächen" erfordere, weist bereits in die Richtung einer kritischen Einsicht in das sehr viel kompliziertere – durch *mehr* Faktoren bedingte – Konfliktgeschehen.

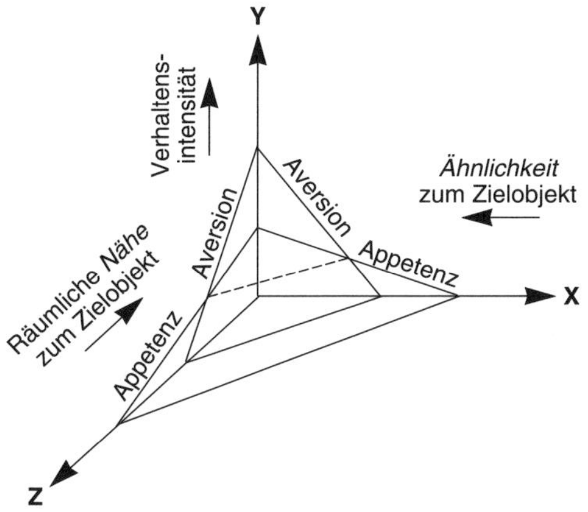

Abbildung D: Dreidimensionales Modell der Zielverschiebung in Konfliktsituationen. Appetenz- und Aversionstendenz, auf das eigentliche Ziel *Z* bezogen, in Abhängigkeit von den Faktoren „Ähnlichkeit der anderen Zielobjekte mit dem eigentlichen" (*X*-Achse) und „Nähe zum Zielobjekt" (*Z*-Achse) sowie der Intensität von Appetenz- oder Aversionstendenz ((*Y*-Achse). (Nach Murray & Berkun, 1955)

Millers (1948, 1959) klassisches Konfliktmodell – seinerseits ein erster Schritt auf dem Wege in die zuletzt genannte Richtung – wurde schon vor einiger Zeit von Feger (1964) als forschungsstrategisch nicht vertretbare *Reduktion* der inzwischen empirisch aufgedeckten „Faktorenbündel" auf nur zwei oder drei zum Zwecke der einfachen Manipulierbarkeit und Formalisierbarkeit beschränkte Dimensionen kritisiert.

Sicherlich ist es richtig, daß die „Reduktion" menschlicher Konflikte auf nur zwei oder wenig mehr *Determinanten* (Faktoren) eine Simplifizierung des realen Prozesses darstellt, die – wenn überhaupt – einen nur geringen Vorhersage- und Erklärungswert besitzt. Andererseits sind aber verbale Konflikttheorien – wie die Forschung zeigt – umso unbefriedigender, weil sie *beliebig* sind (Blalock, 1969).

Der multifaktorielle (multivariate) Untersuchungsansatz

Im Zusammenhang mit *Versuchsplanungsfragen* ist im Anschluß an Anderson (1962) zu beachten, daß – wie immer eine zukünftige Konfliktmodellkonzeption aussehen mag – ein jeder einschlägig relevante Untersuchungsansatz in methodischer Hinsicht von einem *mehrfaktoriellen* Design auszugehen hat, weil dessen Vorteil gerade darin besteht, daß gegenüber „unidimensionalen" Konzeptionen (wie z. B. die eingangs genannte klassische Frustrations-Aggressions-These) die statistische Methode der „Varianzanalyse" eine simultane Untersuchung sowohl der *Einzelfaktoren* (Haupteffekte) als auch deren theoretisch meist bedeutsamen *Wechselwirkungen* (Interaktionen) erlaubt.

Traditionellerweise hat sich die Experimentalpsychologie lediglich um die planmäßige Untersuchung der *UV*-Seite gekümmert und damit die der Sache nach zu fordernde Analyse auch der *AV*-Seite bis vor kurzem fast völlig vernachlässigt (Cattell, 1966). Erst mit der Entwicklung der für den „multivariaten" Untersuchungsfall wesentlich komplizierteren statistischen Methodologie zeichnet sich seit den letzten Jahren wenigstens im Bereich der psychologischen *Grundlagenforschung* eine Beachtung des hier in Abbildung A dargestellten allgemeinen *multifaktoriellen-multivariaten* Untersuchungsfalls ab. – Dazu hier noch ein kurzes multivariates Datenbeispiel (Abb. E).

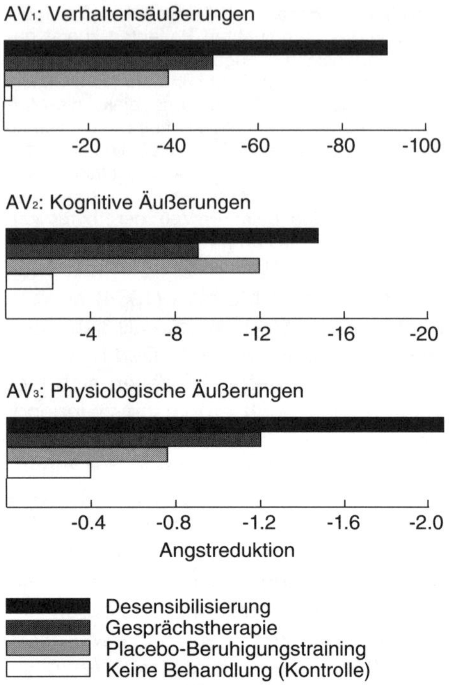

Abbildung E: Beispiel für ein *multivariates* Experiment von Paul (1966) zum Vergleich dreier Psychotherapiemethoden (*UV*, 3stufig) zur Angstreduktion, gemessen nach drei verschiedenen Angstmaßen (AV_1, AV_2, AV_3). (Modifiziert nach Ruch & Zimbardo, 1974)

Auf der Basis eines *multivariaten* Designing wurde vergleichend je eine der folgenden Psychotherapiemethoden zur Angstreduktion angewendet (Paul, 1966): 1. *Desensibilisierung* = Entspannungstraining, mehrwöchig, mit Hilfe von Vorstellungen typischer Angstsituationen und jeweils anschließenden Muskelentspannungsübungen; 2. *Gesprächstherapie* = einsichtsorientierte Therapie durch Bewußtmachung der Wurzeln der Angst; 3. *Placebo-Beruhigungstraining* unter Einfluß von unwirksamen Tabletten (Placebo) therapeuteninaktive Probandenbeschäftigung (Kontrolle a). Eine 4. Gruppe (Kontrolle b) erfuhr keinerlei Behandlung. Während als allgemeine *AV* die *Angstreduktion* galt, wurden die Probanden aller Gruppen diesbezüglich auf verschiedene Einzelmerkmale hin untersucht, und zwar nach *Verhaltensäußerungen* (AV_1), mit von Beobachtern vorgenommenen Ratings, *kognitiven* Äußerungen (AV_2) sowie nach *physiologischen* Reaktonen (AV_3). Dabei zeigte sich, daß die Technik der *Desensibilisierung* bezüglich aller drei Indikatoren (AV_1 bis AV_3) zur höchsten Angstreduktion führte – ein Ergebnis, welches das wissenschaftliche und praktische Vertrauen in die Effektivität gerade dieser therapeutischen Methode für den betreffenden Indikationsbereich sehr viel stärker erhöhte, als wenn nur ein einziger Idikator (*AV*) gewählt worden wäre (s. zur Psychotherapieforschung ○ Illu 15.1, Kap. 15.1).

Abschließend halten wir im Sinne von Feger (1964) fest: Im Rahmen zukünftiger „Konfliktforschung" bedeutet die Mitberücksichtigung des *multivariaten* Untersuchungsfalls grundsätzlich eine wesentlich realistischere Behandlung eines jeden konkreten Untersuchungsfalls, auch wenn hiermit verbunden der Untersuchungsaufwand erheblich vergrößert wird. Der große Untersuchungaufwand dürfte in der Tat einer der Gründe dafür sein, warum das klassische Millersche Modell bis heute noch nicht auf den allgemeinen *multifaktoriellen-multivariaten* Fall erweitert worden ist.

Literatur

Anderson, N. H.: On the quantification of Miller's conflict theory. Psychological Review, 1962, *69*, 273-286.

Blalock, H. M., Jr.: Theory construction: From verbal to mathematical formulations. Englewood Cliffs, N. J.: Prentice-Hall, 1969.

Cattell, R. B.: The scientific analysis of personality. Chicago: Aldine, 1965/Penguin Books, 1966.

Dollard, J., Doob, L. W. Miller, N. E., Mowrer, O. H. & Sears, R. R.: Frustration and aggression. New Haven: Yale University Press, 1939.

Feger, H.: Neobehavioristische Konfliktforschung (Sammelreferat). Archiv der gesammelten Psychologie, 1964, *116*, 424-449.

Freud, S.: Die Abwehr-Neuropsychosen. Versuch einer psychologischen Theorie der akquirierten Hysterie, vieler Phobien und Zwangsvorstellungen und gewisser halluzinatorischer Psychosen. Neurol. Centralbl. 10, 11 (1894). (Zit. nach O. Mannoni, Sigmund Freud in Selbstzeugnissen. Reinbeck: Rowohlt, 1971).

Miller, N. E.: Theory and experiment relating psychoanalytic displacement to stimulus-response generalization. Journal of Social and Abnormal Psychology, 1948, *43*, 155-178.

Miller, N. E.: Liberalization of basic S-R concepts: Extension to conflict behavior, motivation, and social learning. In: S. Koch (Ed.), Psychology – a study of a science. (Vol. II) New York: McGraw-Hill, 1959.

Murray, E. J.: A case study in a behavioral analysis of psychotherapy. Journal of Abnormal and Social Psychology, 1954, *49*, 305-310.

Murray, E. J. & Berkun, M. M.: Replacement as a function of conflict. Journal of Abnormal and Social Psychology, 1955, *51*, 47-56.

Paul, G. L.: Insight vs. desensitization in psychotherapy. Stanford: Stanford University Press, 1966.

Wie der ○ Illu 14.1 entnommen werden kann, ist der multifaktorielle-*multivariate* Untersuchungsansatz in der experimentellen Psychologie noch wenig systematisch entwickelt. Diese Bewertung gilt generell und hat nichts direkt mit dem besonderen Forschungsstatus der „Konfliktforschung“ sensu N. E. Miller zu tun. Der Konfliktbereich wurde hier nur als ein die experimentalpsychologische Grundlagenforschung illustrierendes Beispiel – stellvertretend für alle übrigen Bereiche – angeführt. Andererseits verbinden wir mit dem oben Dargestellten doch noch etwas mehr, nämlich die wisssenschaftsmethodologisch ausgerichtete Erwartung, daß das multifaktoriell-multivariate Forschungsanliegen – mehr und mehr – in eine modell- und theoriengeleitete Phase des experimentell-korrelativen Designing mündet.

Exkurs: Ein experimentelles Untersuchungsbeispiel

Alle oben angeführten Beispiele für multivariates Forschen in der Psychologie basieren nicht auf Untersuchungen, die ihrerseits von vornherein im Sinne eines eigentlichen multivariaten Designing und seiner Datenanalyse geplant, durchgeführt und ausgewertet worden wären. Es wurde vielmehr eher intuitiv in den bisher herangezogenen Arbeiten von der multivariaten Designing-Forschungsstrategie Gebrauch gemacht; d.h. die berichteten Befunde sind lediglich aus didaktischen Gründen so vorgestellt worden, als hätte diesen ein solches multivariates Design von vornherein zugrundegelegen.

Es ist daher naheliegend, daß der Leser – nunmehr mit dem Hauptanliegen dieser Art des Designing besser vertraut – im folgenden auch ein Beispiel für eine von *vornherein* als multivariat geplante experimentelle Studie kennenzulernen wünscht. Eine solche Laborstudie ist z. B. die von Mossholder (1980). Diese experimentell-angewandte Arbeit, welche sich mit dem Einfluß von arbeitspsychologisch relevanten Variablen auf die *intrinsische Motivation* bezieht, wird hier in Anlehnung an den Unterrichtstext von Spector (1981) leicht gekürzt zitiert.

Intrinsische Motivation als Funktion zweier verschiedener Faktoren (Mossholder, 1980)

Der Experimentator ging auf Seiten der *UV* nach einem einfachen *2 x 2*-Zufallsgruppenversuchsplan (s. Kap. 13.1) vor. Die *AV* wurde dagegen jeweils mit drei voneinander unabhängig erfaßten Maßen untersucht.

Der Studie lag die Ausgangshypothese zugrunde, daß Personen, die an einer bestimmten Tätigkeit ohnehin schon *interessiert* sind, auch ohne konkrete *Zielvorgabe* für diese Tätigkeit bereits *intrinsisch* motiviert sind; bei einer eher *langweiligen* Arbeit werde die intrinsische Motivation für solche Leute mit eigener Zielvorstellung eher höher als für Leute ohne eine derartige Zielvorstellung ausfallen (*Wechselwirkungshypothese)*. Im Versuch wurden vom Experimentator einerseits der Faktor A mit A_1 = „Ziel" (goal) versus A_2 = „kein Ziel" (no-goal) gesetzt und als Faktor B andererseits eine B_1 = „langweilige" gegenüber einer B_2 = „interessanten" Aufgabe gestellt. Dabei wurden für die $2 \times 2 = 4$ gewählten Zufallsgruppen von zu untersuchenden Personen jeweils drei verschiedene Maße zur Erfassung der *intrinsischen Motivation* (globale *AV*) erhoben, nämlich AV_1 = „Aufgabenpersistenz", operational definiert als die Zeit, die ein Proband auch nach dem eigentlichen Versuchsende an der betreffenden Aufgabe noch weiterarbeitet (Verhaltensmaß), dazu ferner AV_2 = „Aufgabeninteresse" und AV_3 = „Arbeitszufriedenheit", die beiden letzten jeweils durch einen Fragebogen untersucht. Der für diese zweifaktorielle trivariate Untersuchung verwendete Versuchsplan ist in Tabelle 14.6 wiedergegeben.

Mossholder (1980) unterzog die in seiner arbeitspsychologischen Studie erhaltenen Daten einer *multivariaten Varianzanalyse* (multivariate analysis of variance, *MANOVA*), in der alle drei erhobenen Einzelmaße simultan zu einem Gesamtmaß verarbeitet wurden, und führte – nach Erhalt von einschlägig hoch signifikanten Ergebnissen – drei verschiedene univariate Varianzanalysen (univariate analysis of variance, ANOVA) durch, getrennt für jedes der drei Einzelmaße. Im wesentlichen resultierte dabei ein statistisch signifikanter experimenteller *Wechselwirkungseffekt*, nachgewiesen sowohl durch die MANOVA als auch ergänzend durch die drei ANOVAs (Holm, 1979). Während somit die von diesem Untersucher aufgestellte *Wechselwirkungs*-Hypothese eine experimentell statistische Unterstützung fand, erwiesen sich die multivariaten *Haupteffekte* der beiden Faktoren (*A*, *B*) als nicht signifikant. – Die in Abbildung 14.8 wiedergegebenen Befunde illustrieren die nachgewiesene *A x B*-Wechselwirkung auf graphische Weise als *Non-Parallelität* der experimentellen Datentrends für AV_1, AV_2 und AV_3.

Diese Arbeit verdeutlicht die nachfolgenden Hauptgesichtspunkte bei einer multivariaten experimentellen Untersuchung: (a) Die von dem Untersucher gewählte globale *AV* („intrinsische Motivation") ließ sich anhand dreier verschiedener Einzelmaße (AV_1,

Tabelle 14.6: Multivariater Zufallsgruppenversuchsplan mit drei abhängigen Variablen (AV_1, AV_2, AV_3) zur Untersuchung der intrinsischen Motivation (AV) als Funktion zweier je zweifach abgestufter unabhängiger Variablen, „Zielvorgabe" (A) und „Aufgabeninhalt" (B). – Design RR – p × q (multivariat).

Design 1.3: multivariat	Zweifaktorieller Zufallsgruppenplan mit Faktor A (p = 2) und Faktor B (q = 2): *Design RR – 2 × 2* (multivariate Extension).

R

Faktor A „Zielvorgabe"	*Faktor B* „Aufgabeninhalt" B_1 („langweilig")	B_2 („interessant")
A_1 („Ziel")	$\overline{Y}^{(1)}_{11}$ $\overline{Y}^{(2)}_{11}$ $\overline{Y}^{(3)}_{11}$	$\overline{Y}^{(1)}_{12}$ $\overline{Y}^{(2)}_{12}$ $\overline{Y}^{(3)}_{12}$
A_2 („kein Ziel")	$\overline{Y}^{(1)}_{21}$ $\overline{Y}^{(2)}_{21}$ $\overline{Y}^{(3)}_{21}$	$\overline{Y}^{(1)}_{22}$ $\overline{Y}^{(2)}_{22}$ $\overline{Y}^{(3)}_{22}$

R

AV_1 = Aufgabenpersistenz ($\overline{Y}^1$), AV_2 = Aufgabeninteresse ($\overline{Y}^2$), AV_3 Arbeitszufriedenheit ($\overline{Y}^3$)

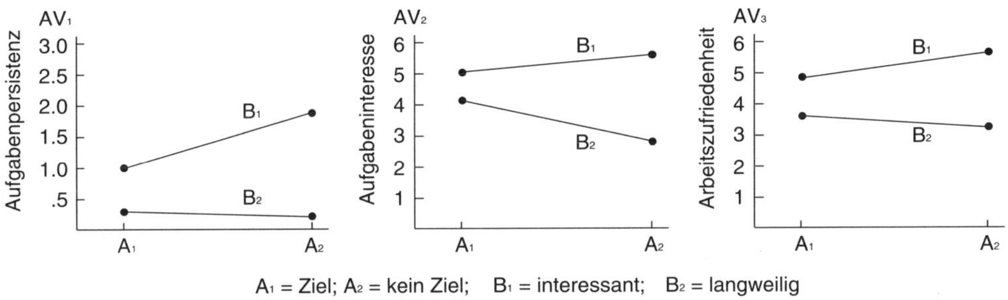

Abbildung 14.8: Hauptergebnisse eines *multivariaten* (AV_1, AV_2, AV_3) arbeitspsychologischen Experiments, das auf einem 2 x 2faktoriellen Design basiert. (Nach Mossholder, 1980)

AV_2, AV_3) definieren. (b) Dabei folgte die Untersuchung einem zweifaktoriellen *2 x 2*-Zufallsgruppendesign. (c) Für die Datenanalyse wurden eine *MANOVA* und danach drei *ANOVA*s durchgeführt, die konsistente Resultate erbrachten.

Vor- und Nachteile der multivariaten Versuchspläne

Im wesentlichen bringt die Planung und Durchführung von *multivariaten* Experimenten in der Psychologie grundsätzlich deshalb Vorteile mit sich, weil hierdurch die Datenbasis im Sinne einer sachrepräsentativeren, aussagekräftigeren *AV*-Erfassung verbessert wird. So sind alle hier ausgewählten Datenbeispiele zu verstehen.

Nachteile ergeben sich dann, wenn Untersuchungsaufwand und Ertrag der Datengewinnung in keinem ökonomisch vernünftigen Verhältnis zueinander stehen. Denn nicht immer erhält der Forscher multivariate Datensätze, die sehr viel mehr über das hinausgehend aussagen, was man nicht auch mit einfachen univariaten Untersuchungen erfahren könnte; und nicht immer erhält man nur aufgrund des schlichten Einsatzes von multivariaten experimentellen Verfahren Ergebnisse, die ihrerseits unbedingt „besser“ als univariate Ergebnisse interpretierbar sind. Auch ist der oben angesprochene Aspekt der vergleichsweise sehr viel höheren Voraussetzung bzgl. mathematisch-statistischer Kenntnisse – inklusive statistischer Computer-Analysetechniken – im Auge zu behalten.

Statistische Auswertung

Die sog. multivariate Varianzanalyse (*Multivariate Analysis of Variance, MANOVA*) wird in Verbindung mit der (multiplen) univariaten Varianzanalyse (*Analysis of Variance, ANOVA*) eingesetzt. Insofern sich bei der Durchführung einer MANOVA entsprechende statistisch-signifikante Haupt- und Wechselwirkungseffekte nicht ergeben, ist die Durchführung von einzelnen ANOVAs üblicherweise statthaft, wenn man das statistische *a-Risiko* für die *ANOVAs* entsprechend adjustiert (vgl. allgemein Kap. 18.2).

◇ Demo 14.1
Erwerb von konkreten und abstrakten Begriffen – eine experimentell-korrelative Untersuchung

Das Erlernen von Begriffen, die *Konzeptbildung*, ist sehr häufig in Experimenten untersucht worden. Hier soll in Anlehnung an Heidbreder (1946) die Untersuchung des Begriffserwerbs in Abhängigkeit von dem dreistufigen (X_1, X_2, X_3) Abstraktionsgrad des jeweiligen Begriffstyps demonstriert werden.

Untersuchungsschritte

1. Mit Hilfe einer sog. *Gedächtnistrommel*, einer Apparatur mit einem Fenster, in dem für meßbare Demonstrationszeiten experimentelles Anschauungsmaterial vorgegeben wird, zeigt der Versuchsleiter den Versuchsteilnehmern Zeichnungen von bestimmten Objekten. Das Anschauungsmaterial nach Kagan u. Havemann (1972) ist hier bereits in ähnlichem Zusammenhang vorgestellt worden (Abb. 13.11, S. 86). Eine besonders einfache nicht-apparative Versuchsmaterialvorgabe ist in *PrB* (Bd. I, Kap. 4) beschrieben.

Beim Vorzeigen eines jeden *Bildes*, dessen Name zu lernen ist, nennt der Versuchsleiter den zugehörigen einsilbigen *„Begriff“*, ein Kunstwort, das in den ersten beiden Spalten bereits unter dem Bild mit angegeben ist. Der Proband hat sich diesen Begriff einzuprägen, d. h. zuerst nachzusprechen und dann beim Vorzeigen von Bildern aber der dritten und den folgenden Spalten bei jedem neuen Bild den passenden „Namen" (Begriff) zu nennen. Jedesmal, wenn der Proband beim Vorzeigen eines Bildes den ihm zugehörig erscheinenden Begriff genannt hat, nennt der VI seinerseits den richtigen „Namen" und bestätigt so oder korrigiert gegebenenfalls die Leistung des Probanden (Lernen mit *Rückmeldung*).

Den Versuchsteilnehmern wird nicht gesagt, daß *„Begriffsbildung"* untersucht wird, sondern der VI teilt ihnen lediglich mit, daß es sich um ein Gedächtnisexperiment handele. Im Laufe der Untersuchung *merken* jedoch die meisten Probanden, daß bestimmte dieser einsilbigen sinnlosen Bezeichnungen sich wiederholen. Sie beginnen, nach einem *gemeinsamen Merkmal* der verschiedenen, aber durch denselben Begriff bezeichneten Bilder zu suchen.

Der *Versuchsplan* dieser Demonstration entspricht – bis zu diesem Punkt – nur einem einfachen dreistufigen *unifaktoriellen* Design mit Wiederholungsmessung (Tab. 14.7).

Die Erfassungsschwierigkeit der Begriffe läßt sich wie folgt beschreiben: Die meisten Versuchsteilnehmer lernen zuerst, daß RELF ein *Gesicht*, LETH ein *Gebäude* und MOLP einen *Baum* bedeuten. Dann merken sie, daß FARD für etwas *Kreisförmiges,* PRAN für zwei *Diagonalen*, die von einer dritten durchtrennt werden, und STOD für eine *Schlinge* stehen. Am schwierigsten zu meistern sind die Begriffe, die *Zahlen* bedeuten: LING = *2*, PILT = *5* und MANK = *6*.

2. Als *Organismusvariable* („korrelierender" Faktor B) eines hierauf aufbauenden semiexperimentellen *WO*-Mischdesigns soll eine *kognitive* Variable an den Probanden wie folgt mituntersucht werden. Allen Versuchsteilnehmern werden die Aufgaben der beiden HAWIE-Untertests *ZS* („Zahlensymbol-Test") und *GF* („Gemeinsamkeiten finden") zur Bearbeitung vorgelegt. Diese beiden Untertests finden sich in dem von Bondy (1955) herausgegebenen Buch des Hamburg - Wechsler - Intelligenztests. Zwecks Vermeidung von Irritationen der Pbn sollten die Aufgaben nicht als „Intelligenz" messende Items, sondern vielmehr als „Puzzleaufgaben" vorgestellt werden. (Einem Anfänger oder Laien ist nämlich unbekannt, daß man mit derlei kurzen psychologischen Untertests die „Intelligenz" ohnehin nicht

Tabelle 14.7: Unifaktorieller Versuchsplan mit Wiederholungsmessung auf dem Faktor X (Begriffe für Bildvorlagen) mit drei Stufen steigenden Abstraktionsgrades (X_1 = konkrete Objekte, X_2 = Formen, X_3 Zahlbegriffe) für den Demonstrationsversuch der Abhängigkeit der Begriffsbildung (*AV*) vom Abstraktionsgrad der Begriffe. – Design $W_{tr} - p_{tr}$ (N). (Nach Heidbreder, 1946)

Design 2.1 Unifaktorieller Versuchsplan mit wiederholten Messungen auf dem Faktor X für p = 3 Treatments und N = 5 Probanden: *Design* $W_{tr} - 3_{tr} \times 5$.

W_{tr}

Pb-Nummer	Faktor X (Vorgabe verschiedener Begriffe) X_1 „Objekte"		X_2 „Formen"		X_3 „Zahlen"	
1	$Y_{1.1}$		$Y_{1.2}$		$Y_{1.3}$	
2	$Y_{2.1}$		$Y_{2.2}$		$Y_{2.3}$	
3	$Y_{3.1}$	$\overline{Y}_{1.0}$	$Y_{3.2}$	$\overline{Y}_{2.0}$	$Y_{3.3}$	$\overline{Y}_{3.0}$
4	$Y_{4.1}$		$Y_{4.2}$		$Y_{4.3}$	
5	$Y_{5.1}$		$Y_{5.2}$		$Y_{5.3}$	

AV: *Anzahl der Durchgänge bis zum Erlernen des jeweiligen Begriffs* ($\overline{Y}$)

Tabelle 14.8: Semiexperimentelles Mischdesign (*WO*), aus dem einfachen Versuchsplan für das Experiment zur Begriffsbildung von Heidbreder (1946) erweitert durch Mituntersuchung einer Organismusvariablen („korrelierender" Faktor B „Intelligenz"), zweifach gestuft in Gruppe B_1 („Leistungsstarke") und B_2 („Leistungsschwache"), für ◇ Demo 14.1 – Design $W_{tr}O - p_{tr} \times q$.

Design 4.1 a Zweifaktorielles semiexperimentelles Mischdesign mit dreistufigem Faktor A (p = 3) und zweistufigem Faktor B (q = 2): *Design* $W_{tr}O - 3_{tr} \times 2$.

W_{tr}

O

Faktor B Pbn-Gruppen	A_1 „Objekte"	*Faktor A* „Begriffe" A_2 „Formen"	A_3 „Zahlen"
B_1 „Leistungsstarke"	$\bar{Y}_{11}$	$\bar{Y}_{12}$	$\bar{Y}_{13}$
B_2 „Leistungsschwache"	$\bar{Y}_{21}$	$\bar{Y}_{22}$	$\bar{Y}_{23}$

AV: Anzahl der Durchgänge bis zum Erlernen des jeweiligen Begriffs ($\bar{Y}$)

reliabel, d. h. statistisch zuverlässig messen kann.)

Nach erfolgter Erhebung dieser Testdaten werden die Punktwerte (Vortestwerte) gemäß den bei Bondy (1955) beschriebenen Richtlinien ausgewertet, so daß für jeden der insgesamt N = 10 Probanden die Testpunkte bekannt sind. Der Punktwert eines Pb bestimmt sich aus dem Mittelwert der beiden Untertestwerte. Schließlich werden die Daten der N Probanden ranggeordnet, und die Gesamtgruppe wird *medianhalbiert* in zwei Gruppen von je 5 Pbn unterteilt. Die eine Gruppe von N_1 = 5 Pbn, die „Leistungsstarken", repräsentiert die eine Stufe (B_1), die andere (N_2 = Pbn), die „Leistungsschwachen", die andere Stufe (B_2) dieser korrelativen Organismusvariablen. In Tabelle 14.8 ist das zweifaktorielle Design dieses semiexperimentellen *WO*-Mischdesigns enthalten.

Der Versuch zeigt, daß man in der Regel zuerst die Begriffe für *konkrete* Objekte lernt, dann diejenigen für *Formen* und schließlich die für *Zahlen* behält, also Begriffe mit steigendem Abstraktionsgrad schwieriger erwirbt.

Literatur

Bondy, C. (Hrsg.): Hamburg-Wechsler-Intelligenztest für Erwachsene (HAWIE). Bern: Huber, 1955.

Heidbreder, E.: The attainment of concepts: I. Terminology and methodology. Journal of Gerneral Psychology, 1946, *35* (2), 173-189.

Kagan, J. & Havemann, E.: Psychology: An introduction. New York: Harcourt, Brace & Jovanovich, 1972.

Einzel- oder Gruppenversuch

Zusammenfasung

Mischversuchspläne sind zwei- oder mehrfaktorielle Designs, bei denen Faktoren aus verschiedenen Hauptdesigntypen miteinander kombiniert sind (z. B. *RW*-, *RO*-, *RWO*-Designs).

Die für die moderne Experimentalpsychologie typische Mischversuchsplanung orientiert sich an der Optimierung von den drei Hauptprinzipien des Designing: (1) optimale Kombination der allgemeinen Gütekriterien der Versuchsplanung, (2) Kontrolle der Sekundär- und Fehlervarianz nach dem *Max-Kon-Min*-Prinzip und (3) Zugrundelegung des allgemeinen experimentell-korrelativen Forschungsmodells.

Die *multivariate* Versuchsplanung bezieht sich auf Untersuchungen, die nicht nur eine einzige abhängige Variable (*AV*), sondern zwei oder mehr abhängige Variablen in ein und demselben Experiment vorsehen (multipler *AV*-Fall). Es wird somit der experimentelle Einfluß eines oder mehrerer Faktoren (*UV*) auf zwei oder mehrere gemessene Variablen (AV_1, AV_2, ... AV_k) untersucht, wobei das Problem der Sachrepräsentativität der jeweils gewählten Meßvariablen von Bedeutung ist (*Indikatormethodologie*).

Kapitel 15

Quasi-experimentelle, Ex post facto- und korrelative Versuchspläne

In diesem letzten Kapitel von Teil III werden zunächst die Versuchspläne der weniger gut kontrollierten (bzw. kontrollierbaren) Experimente – die quasi-experimentellen Designs – in der Psychologie behandelt (Kap. 15.1). Danach wird auf solche Versuchsanordnungen eingegangen, bei denen keinerlei experimentelle Manipulation der Hauptvariablen stattfindet (Kap. 15.2 und 15.3).

Im Rahmen dieser *Systematik der Versuchspläne* ist es konsequent, außer dem erstgenannten Hauptdesigntyp, dem heute methodologisch weitgehend akzeptierten Versuchsplan, dem sog. *quasi-experimentellen* Designtyp, auch die beiden zuletzt angeführten Versuchsanordnungen, d. h. die *Ex post facto-* und die *Korrelations-*Anordnungen, zu behandeln. Dies geschieht aus zwei Gründen: Zum einen verlangt eine am allgemeinen Kausalmodell der Forschung orientierte Experimentalpsychologie auch die geeignete Abgrenzung gegenüber den nicht streng begründeten bzw. begründbaren (oder überhaupt non-experimentell eingesetzten) Methoden der Erkenntnisgewinnung. Zum anderen entspricht es dem Anliegen des in diesem Lehrbuch vertretenen *experimentell-korrelativen* Grundmodells der psychologischen Forschung, daß der korrelative Untersuchungsansatz seinen ihm gebührenden Ort im Rahmen einer im übrigen streng experimentell orientierten Psychologie hat. Auf konzeptuell-definitorische Besonderheiten wird an jeweils passender Stelle hingewiesen.

15.1 Quasi-experimentelle Versuchspläne

Unter *quasi-experimentellen* Versuchsplänen versteht man allgemein solche Designs, die in der Experimentalpsychologie einen kausaltheoretisch deutlich geringeren Status als die streng experimentellen Versuchspläne besitzen. Im Vergleich zu den letzteren

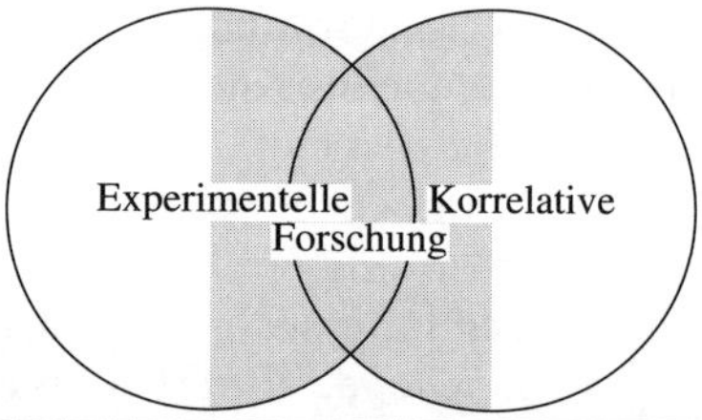

		1 Strenges Experiment	2 Quasi-Experiment	3 Ex post facto	3 Korrelative Untersuchung	4 Vorexperimentelle Untersuchung
I	Kausaltheoretische Hypothese vor Versuchsbeginn vorhanden und hinreichend begründet	+	+	(+)	–	–
II	Experimentelle Variablen manipulierbar bzw. manipuliert	+	+	–	–	–
III	Alle übrigen Versuchsbedingungen kontrollierbar bzw. kontrolliert	+	–	–	–	–

Designtypen (Kap. 13) einerseits und den non-experimentellen Versuchsanordnungen (Kap. 15.2 und 15.3) andererseits nehmen die *quasi-experimentellen* Designs infolgedessen eine mittlere Stellung ein. Mit den strengen Designs verbindet sie das Hauptmerkmal der *experimentellen* Variierbarkeit von relevanten Untersuchungsfaktoren; dagegen spielen die diversen, die interne Validität gefährdenden *Sekundärfaktoren* bei den hier abzuhandelnden Subdesigns des „quasi"-experimentellen Designingansatzes

Tabelle 15.1: Neun Klassen von typischen Faktoren, welche die *interne Validität* von experimentellen Befunden im Sinne von verschiedenen *Variablenkonfundierungen* beeinträchtigen („Artefakte"). – (Vgl. Bd. 1, Kap. 9.3).

Validitätsbeeinträchtigender Störfaktor	Kurze Charakterisierung des Artefakts
1. *Zeitgeschehen* (history)	Die beobachteten Effekte gehen nicht alleinig auf die experimentelle Bedingungskonstellation (X_A, ...), sondern (zusätzlich) auf unkontrollierte *zwischenzeitliche* Ereignisse zurück.
2. *Reifung* (maturation)	Wenn sich der zu Untersuchende bezüglich von inneren biologischen (oder/und psychosozialen) Reifungsmerkmalen verändert, ist mit *reifungsbedingten* Effekten zu rechnen, die den eigentlichen experimentellen Befund überlagern.
3. *Mehrfache Testung* (test sophistication)	Besonders bei mehrfacher Erhebung derselben Meßdaten an ein und demselben Individuum können die während des zweiten (dritten, ...) Meßzeitpunkts erhobenen Daten aufgrund vorangegangener *Testung* beeinflußt sein (z. B. sensibilisierende Erfahrung im Umgang mit einem Test).
4. *Instrumentierung* (instrumentation)	Die gemessenen Werte gehen z. T. auf die (zwischenzeitlich erfolgte) Veränderung der Meßinstrumente zurück (z. B. aufgrund mangelnder *Objektivität* und *Reliabilität* eines Tests).
5. *Statistische Regression* (regression)	Werden mehr oder weniger extrem verschiedene Leistungsgruppen z. B. mithilfe eines Vortests gebildet, dann kann die mangelnde Reliabilität (Testzuverlässigkeit) des Meßinstruments zu einer statistischen „Regression" zur Mitte bei der zweiten (experimentellen) Testung führen.
6. *Auswahlverzerrung* (selection)	Bei nicht-zufälliger Bildung von Versuchsgruppen können die damit von Anfang an bestehenden systematischen Ausgangsdifferenzen zwischen den Gruppen den eigentlichen experimentellen Effekt überlagern.
7. *Ausfalleffekte* (experimental mortality)	Fallen im Untersuchungsverlauf Probanden von verschiedenen Versuchsgruppen aus, so kann das die eigentlichen experimentellen Effekte beeinflussen, insofern die Ausfallquote für die Gruppen systematisch verschieden ist.
8. *Versuchsleitereffekte* (experimenter-bias effects, e. g. Rosenthal effect)	Bleiben die Eigenschaften, Verhaltensweisen oder/und Versuchserwartungen des Untersuchers unkontrolliert, kann das eine systematische Beeinträchtigung der eigentlichen experimentellen Befunde nachsichziehen.
9. *Interaktive Effekte* (interactive effects, carry-overeffects)	Wird ein Individuum unter verschiedenen experimentellen Bedingungen untersucht und bleiben dabei *Übertragungseffekte* unkontrolliert, können dadurch die experimentellen Befunde verfälscht werden.

eine nicht zu vernachlässigende Rolle, wie dies für die später im Kapitel zu behandelnden non-experimentellen Versuchsanordnungen ohnehin typisch ist.

In diesem Unterkapitel wird zunächst auf das allgemeine konzeptuelle Anliegen solcher quasi-experimentellen Designs in der Experimentalpsychologie eingegangen, bevor dann die wichtigsten drei Subtypen vorgestellt werden – nämlich die *Zeitreihenversuchspläne, Einzelfallversuchspläne* sowie *Versuchspläne mit Ausbalancierung.* Am Ende dieses Unterkapitels wird ferner auf die sich stürmisch entwickelnde sog. *Klein-N*-Versuchsplanung aufmerksam gemacht.

Allgemeines konzeptuelles Anliegen

Zunächst ist darauf hinzuweisen, daß die *Definition* der quasi-experimentellen Designs in der Fachliteratur nicht einheitlich ist, worauf z. B. im Lehrbuch von Neale u. Liebert (1973, 106) hingewiesen wird. Dem entspricht, daß die zu diesem besonderen Design hinzugerechneten Subtypen ihrerseits untereinander recht verschieden sind.

Es wird hier ein pragmatischer Standpunkt insofern eingenommen, als die für diese *Systematik der Versuchspläne* notwendige Charakterisierung der quasi-experimentellen Versuchspläne durch die von Campbell u. Stanley (1963 ff) seinerzeit eingeführte Liste mit den neun Faktoren erfolgt, welche die interne Validität einer experimentellen Untersuchung mehr oder weniger stark beeinträchtigen. Diese validitätsmindernden Faktoren sind hier in einer tabellarischen Übersicht wiedergegeben; es wird an das über diese Störfaktoren Ausgeführte erinnert (Tab. 15.1; s. Bd. 1, Kap. 9.3; ferner Kap. 11.1 in diesem Band).

Unter Zugrundelegung der in Tabelle 15.1 aufgelisteten validitätsmindernden Faktoren stellen demnach quasi-experimentelle Versuchspläne solche Designs dar, bei denen eine oder mehrere dieser Sekundärfehlerquellen methodisch nicht befriedigend kontrolliert bzw. kontrollierbar sind. Es ist meist nicht die Unzulänglichkeit (z. B. Laxheit) des Untersuchers, sondern vielmehr die *Natur* des psychologischen Untersuchungsobjekts selbst, welche nur eine geringe Kontrolle der die interne Validität bedrohenden Faktoren ermöglicht, als dies vergleichsweise für die strengen experimentellen Designs zutrifft. Damit im Zusammenhang ist auch das (multiple) Prinzip der *Randomisierung* verschiedentlich – mehr oder weniger stark – gefährdet bzw. beeinträchtigt.[1]

Im *quasi-experimentellen* Fall können jeweils einzelne dieser neun validitätsbeeinträchtigenden Faktoren eine Rolle spielen; es kann auch sein, daß zwei oder gar mehrere dieser Störfaktoren (Sekundärvarianzquellen) gleichzeitig von Bedeutung sind. Es ver-

[1] Von methodologischem – z. T. auch von methodisch-historischem – Interesse ist der Umstand, daß die Originalarbeit von Campbell u. Stanley (1963, 1966) bzgl. des Prinzips der *Randomisierung* im Zusammenhang mit quasi-experimentellen Designs in den verschiedenen heute verwendeten Lehrbüchern sehr unterschiedlich ausgelegt wird. Bei Campbell (1968, 259) z. B. heißt es dazu: „The phrase ‚quasi-experimental design‘ refers to the application of an experimental mode of analysis and interpretation to a body of data not meeting the full requirements of experimental control“ (s. Tab. 15.1, S. 147). – Hier schließen wir uns McGuigan an (1990, Chap. 13; s. auch Yaremko et al., 1983, 186), wonach nämlich bei *„quasi“*-experimentellen Plänen die Randomisierung keineswegs immer – im Gegensatz zum (vorexperimentellen) statischen Gruppenvergleich (s. Kap. 12.3) – von vornherein beeinträchtigt ist (s. auch Christensen, 1977, 198 f; vgl. dagegen Neale & Liebert, 1973, 107; Matheson et al., 1978, 95).

steht sich, daß eine (*quasi-*)experimentelle Untersuchung umso weniger valide ist, je mehr Störfaktoren kombiniert auftreten. Andererseits gibt es der Natur der Sache nach bestimmte Untersuchungssituationen, die das klassische strenge („rigide") Experiment nicht zulassen, sondern nur durch die quasi-experimentellen Designs eine optimale Forschungsanalyse erfahren. In diesem Zusammenhang sind die beiden folgenden Gesichtspunkte von *wissenschaftsprogrammatischer* Bedeutung.
Es sind dies

(1) die Überlegung, daß sich quasi-experimentelle Forschung und (streng) experimentelles Designing nicht nur nicht ausschließen, sondern einander – im Gegenteil – ergänzen, ja sogar wechselseitig bedingen; und zum anderen

(2) die Einsicht in die Tatsache, daß das namentlich mit der *Differentiellen Psychologie* verbundene Erkenntnisinteresse durch den Einsatz bestimmter quasi-experimenteller Designs substantiell intensiviert werden kann.

Diese beiden zentralen Gesichtspunkte der quasi-experimentellen Versuchsplanung bedürfen noch vor Darstellung der einzelnen Subdesigns einer Erläuterung. Es wird darauf im nächsten Abschnitt, der die *Typen von quasi-experimentellen Versuchsplänen* allgemein einführt, eingegangen. – Übrigens ist ein quasi-experimentelles Designing nicht mit einer „semi"-experimentellen Versuchsplanung zu verwechseln. Denn im Falle eines *semi*experimentellen Designing liegt grundsätzlich ein zwei- oder auch mehrfaktorieller Plan vor, bei dem mindestens einer dieser Faktoren eine streng experimentelle Variable (*R*-Designing) ist, der andere oder weitere Faktoren dagegen eine *korrelative* Variable (*Organismusfaktor, O*-Designing) sein müssen (s. Kap. 14.2).

Typen von quasi-experimentellen Versuchsplänen

Es werden im Rahmen der vorliegenden Systematik der Versuchspläne (a) *Zeitreihenversuchspläne,* (b) *Einzelfallversuchspläne* und (c) *Versuchspläne mit Ausbalancierung* behandelt. Diese Subdesigntypen charakterisieren – *pars pro toto* – die allgemeine „quasi"-experimentelle Versuchsplanung hinreichend. Im übrigen wird auf das einschlägige Schrifttum hingewiesen (Cook & Campbell, 1979). Die beiden oben angesprochenen Gesichtspunkte der wechselseitigen Verklammerung von (streng) *experimentellen* und *quasi-experimentellen* Forschungsanliegen verdienen besondere Beachtung:

(1) *Wechselseitige Ergänzung von experimenteller und quasi-experimenteller Forschung.* – Experimentelle und quasi-experimentelle Forschung schließen einander – wenigstens in der Psychologie – nicht aus, sondern leisten im Gegenteil weit mehr, wenn sie zusammen und nicht jeweils isoliert – wie bisher meist geschehen – eingesetzt werden. Dafür gibt es grundsätzliche Belege – ein Sachverhalt, der letztlich mit der *Konvergenz* (konvergenten Evidenz) von verschiedenen Datensätzen zusammenhängt. Dazu mögen die beiden folgenden Daten-*Beispiele* genügen:

– *Experimentelle Zeitreihenuntersuchungen.* – Unter einer experimentellen Zeitreihenstudie versteht man gewöhnlich die quantitative Analyse eines experimentell ausgelösten Prozesses über die Zeit, wobei jeweils *vor* und *nach* dem experimentellen Eingriff (*X*) Messungen vorgenommen werden. Das läßt sich z. B. bei jedem *lernpsychologi-*

schen Experiment zeigen. Wählen wir dazu ein Beispiel des *verbalen Konditionierens* (Abb. 15.1):

In der Graphik ist eine Lernkurve für eine Probandengruppe wiedergegeben, die in einem Konditionierungsexperiment *vor* (Zeitabschnitt *A*) und *nach* (Zeitabschnitt *B*) der Einführung einer besonderen Verbalisierungsbedingung (*X*) das Anwachsen der vier- bzw. fünfmal geprüften konditionierten Reaktionen zeigt (4 Y_{vor}- vs. 5 Y_{nach}-Messungen). Während nach Einführung der zum Zeitpunkt t_0 gesetzten experimentellen Bedingung (*X*) ein deutliches *Ansteigen* der Lernkurve feststellbar ist, liegt bis zu dieser Stufe des Experiments – im Sinne der *Campbell*schen Liste – eine *Konfundierung* zwischen dem Treatment *X* und einigen der validitätsbeeinträchtigenden Faktoren vor (s. bes. die Faktoren *1*, *3* und *5* in Tab. 15.1).

Tatsächlich ist dieses lernpsychologische Experiment durch die Untersuchung zweier zusätzlicher Lerngruppen *kontrolliert* durchgeführt worden (Abb. 15.2): Die eine der beiden Kontrollgruppen erhielt keinen besonderen verbalen Instruktionshinweis (X_0); die andere Kontrollgruppe wurde überhaupt nicht dem betreffenden Konditionierungsprogramm ausgesetzt, sondern erhielt nur ein verbales *Pseudotraining* (non-*X*).

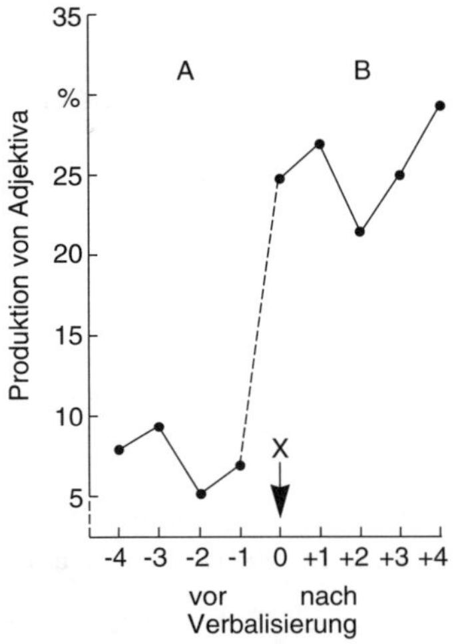

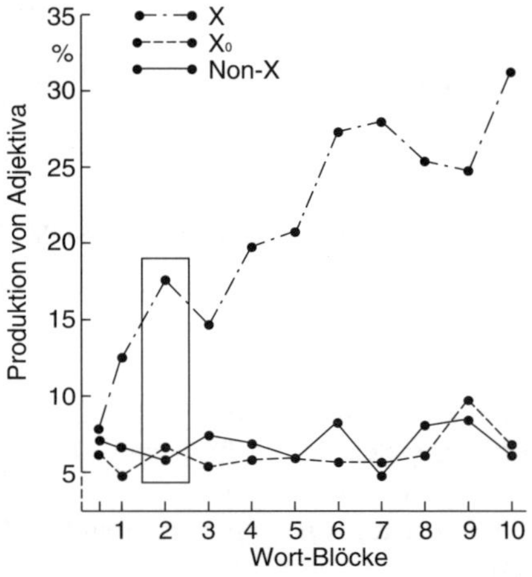

Abb. 15.1

Abb. 15.2

Abbildung: 15.1: Beispiel für einen einfachen *Zeitreihenversuch* in einem Experiment zur verbalen Konditionierung: Datentrend für die Produktion von Adjektiva (in Prozent) *vor* (links) und *nach* (rechts) Einführung der Verbalisierungsbedingung (*X*).

Abbildung 15.2: Zeitreihenversuch mit drei experimentellen Versuchsgruppen, d. h. zwei Kontrollgruppen (s. die beiden *unteren* Datentrends, die in etwa parallel zur *X*-Achse verlaufen) und einer experimentellen Gruppe (Konditionierungstraining *X*: *oberer* Trend: s. Abb. 15.1). – Im Falle der Registrierung nur eines einzigen Meßwerts (*AV*) pro experimenteller Bedingung läge ein einfaktorielles Mehrgruppendesign vor (*Design R – p*; vgl. Kap. 13.1); dieser Fall wird durch den graphisch herausgestellten Datenausschnitt veranschaulicht (vertikales Rechteck). – (Nach Spielberger & DeNike, 1966)

Während strenggenommen für alle drei Versuchsgruppen die validitätsbeeinträchtigenden Zeiteinflüsse und deren im einzelnen unbekannten Wechselwirkungen mit den Treatment-Abstufungen (X_1, X_0 und non-X) unkontrolliert wirksam gewesen sind, gibt es jedoch gute Gründe zu der Annahme, daß der experimentelle Hauptbefund vor allem auf die Einführung des experimentellen Treatment (X) zurückzuführen ist. Das heißt, wir nehmen für diesen lernpsychologischen Versuch ein – einigermaßen – *valides* Design an.

Von Interesse ist ferner: Abgesehen davon, daß prinzipiell alle human- und animalpsychologischen Lernexperimente einem solchen Vorgehen folgen, bezieht sich der in Abbildung 15.2 unmarkierte Ausschnitt (*Block 10:* in der Graphik *rechts*) auf den *statischen* Endzustand eines üblicherweise mit dem *Zufallsgruppendesign* (Design 2.1) untersuchten (Lern-)Vorgangs in der Zeit. Dadurch aber, daß hier Messungen über jeweils mehrere Zeitpunkte *vor* und *nach* der jeweiligen Behandlung vorliegen, ergänzen einander der *quasi*-experimentelle Faktor (Anzahl der Lernblöcke) und die *experimentelle* Variable (Aufmerksamkeitsbedingungen X_1, X_0, *non-X*).

Hinzuzufügen ist allerdings, daß die Ergebnisse des hier dargestellten Zeitreihenexperiments umso stringenter im Sinne des *„Aufmerksamkeits“*-Effekts zu interpretieren sind, je besser gesichert ist, daß die verschiedenen Versuchsgruppen tatsächlich *zufällig* den verschiedenen Bedingungen ausgesetzt wurden. Dieser Hinweis gilt unbeschadet der Tatsache, daß hierauf häufig in den Lehrbüchern nicht deutlich genug abgehoben wird. Anders formuliert: es ist z. T. schwierig, den Fall einer sog. (streng) *experimentellen* Zeitreihenuntersuchung von dem einer (nur) *quasi-experimentellen* Untersuchung an vorgegebenen Gruppen abzugrenzen.

– *Designing mit Wiederholungsmessung* (*W*). – Im Grunde genommen leiden alle psychologischen Versuche, die auf einem *W*-Designing basieren, an der Tatsache, daß es schwierig – und im konkreten Einzelfall ohnehin so gut wie unmöglich ist –, das Vorliegen von *Übertragungseffekten* (carry-over effects) logisch und experimentell-statistisch völlig auszuschließen. Selbst wenn besonders ausgeklügelte sog. *Ausbalancierungspläne* zum Zwecke der Kontrolle von Abfolgeeffekten zum Einsatz kommen, ändert sich an diesem Grundsatz strenggenommen nichts. Denn man hat es dann – im Gegenteil – zusätzlich noch mit einer Konfundierung der mit jener Ausbalancierung gegebenen Abfolge und den eigentlichen experimentellen Bedingungen zu tun – ein inzwischen allgemein anerkannter Sachverhalt, auf den bereits von Campbell u. Stanley (1963) explizit hingewiesen wurde. An dieser Stelle soll die Betonung darauf gelegt werden, daß selbst ein strenger experimenteller Hauptdesigntyp wie das *W*-Design bzgl. seines konkreten Einsatzes in der psychologischen Forschungswirklichkeit dem „quasi“-experimentellen Designtyp offensichtlich viel *verwandter* ist, als man es diesem etwa *vor* Campbell u. Stanleys (1963) Arbeit allgemein zugesprochen hätte.

(2) *Gruppen- versus Einzeldatensätze und quasi-experimentelles Designing.* – In dem Ausmaß, in dem der Nachweis von experimentellen Effekten auch beim einzelnen *Individuum* ($N = 1$) oder bei einer Kleingruppe von Individuen interessiert, wird damit notwendigerweise das Gebot der *Randomisierung* gelockert bzw. aufgegeben; d. h. es wird schrittweise unrealistisch. Das ist auch der Grund dafür, daß die klassische Versuchsplanung das Zufallsgruppendesigning mit möglichst *großen* Stichproben vorgesehen hat. Damit im Zusammenhang steht auch, daß experimentelle *Gruppenmittelwerte* – gewonnen auf der Basis des klassischen Zufallsstichprobendesigning – gegen *Artefak-*

te ihrerseits nicht immer gefeit sind. Das damit Gemeinte zeigt der Vergleich der in Abbildung 15.3 (oben) enthaltenen Graphik mit derjenigen von Abbildung 15.4. Das (hypothetische) Datenbeispiel – welches dem Lehrbuch von Neale u. Liebert (1973, Chap. 8) entnommen ist und sich seinerseits an die Originalarbeit von Sidman (1960) anlehnt – basiert auf der Überlegung, daß ansonsten valide erhobene Einzeldaten, falls diese statistisch (z. B. arithmetisch) *gemittelt* werden, zu Durchschnittsergebnissen führen, die ihrerseits durchaus artifiziell sein können, weil diese die individuellen Einzeltrends *nicht* repräsentieren. Es sei darauf aufmerksam gemacht, daß sich dieses Datenbeispiel, das ein hypothetisches ist, hier wiederum auf *zeitabhängige* (Einzel-)Datensätze bezieht.

Offensichtlich sind derlei artifizielle Ergebnisse im Rahmen einer *Prozeß*-Forschung, wie wir diese – natürlicherweise – vor allem in der gesamten Lernpsychologie, aber auch in der Entwicklungspsychologie und in der Pädagogischen Psychologie, dazu in der gesamten Psychophysiologie und der Biopsychologie sowie in der Medizinisch-Klinischen Psychologie kennen, immer dann nicht auszuschließen, wenn dort *Gruppen* von Einzeldaten zur Verrechnung kommen. Dafür gibt es viele empirische Einzelbelege. Heutzutage besteht daher auch kein Zweifel mehr daran, daß die Entwicklung von Verfahren für das experimentell-statistische Einzelfalldesigning nicht zuletzt aufgrund des hier gezeigten kritischen Sachverhalts zu verstehen ist. Während hier das experimentelle Einzelfalldesigning, das aufgrund der Einwirkungsmöglichkeiten validitätsgefährdender Faktoren zu den *quasi-experimentellen* Versuchsplänen gerechnet wird, für sich genommen angreifbar wird – sobald es nicht durch den Einsatz von klassischen experimentellen Designs die entsprechend ergänzende Unterstützung durch konver-

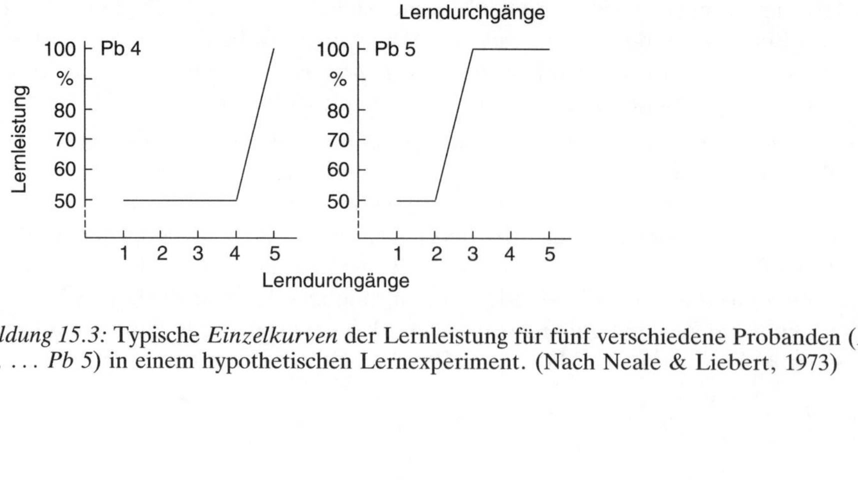

Abbildung 15.3: Typische *Einzelkurven* der Lernleistung für fünf verschiedene Probanden (*Pb 1, Pb 2, ... Pb 5*) in einem hypothetischen Lernexperiment. (Nach Neale & Liebert, 1973)

gente Datenreihen erfährt –, gilt das Umgekehrte für das klassische experimentelle Designing ebenso grundsätzlich, wie oben illustriert (Möbus & Nagl, 1983; Barlow & Herson, 1984; Gregson, 1983, 1988).

Eine etwa nur auf dem konsequenten *N=1*-Designing basierende Experimentalpsychologie bedeutete allein schon aufgrund von dessen mangelnder populationsspezifischer Relevanz für interindividuelle Differenzen eine forschungsstrategische Fiktion. Umgekehrt ist eine konsequent an *Gruppendaten* orientierte experimentelle Versuchsplanung zumindest für die sach- und individuumrepräsentative Untersuchung eines Geschehens in der Zeit („Prozeßforschung") methodologisch angreifbar und wäre auf die Dauer unfruchtbar. Worauf es vielmehr ankommt, ist die Schaffung und Nutzung empirisch und theoretisch wichtiger Paradigmen experimentalpsychologischer Forschung, die eine systematische Erhebung von sowohl *Gruppen-* als auch *Einzeldaten* erlauben, welche zu einander ergänzenden Ergebnissen führen.

In vielen Bereichen der gesamten Psychologie hat eine so verstandene Designingstrategie zu wichtigen Fortschritten gerade in den letzten etwa 30 Jahren der Experimentalpsychologie geführt. In diesem Sinne ist die Bedeutung der *Beispiele* für den Einsatz der im folgenden dargestellten Subdesigntypen zu verstehen.

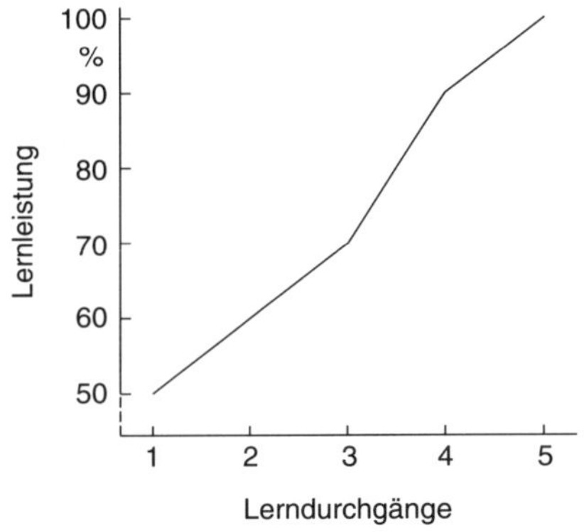

Abbildung 15.4: Durchschnittskurve, die aus einer einfachen Mittelung der Einzelkurven für die fünf verschiedenen Probanden (*Pb 1, Pb 2, ... Pb5*) resultiert, wie in *Abbildung 15.3* wiedergegeben (*Mittelungsartefakt*). (Nach Neale & Liebert, 1973)

Zeitreihenversuchspläne

Wie oben mithilfe eines lernpsycholgischen Beispiels erläutert, dient ein experimenteller *Zeitreihenversuchsplan* stets der Untersuchung eines *prozeßauslösenden* Ereignisses (Treatment als „Intervention") über die Zeit (Abb. 15.1 u. Abb. 15.2, S. 150 f). Die im Rahmen einer solchen sog. Prozeßforschung relevanten „Behandlungen" (Interventionen) können dabei von vielfältigster Natur sein, je nach dem einschlägigen Untersuchungsbereich. In der psychologischen Grundlagenforschung – etwa in der gesamten Lernpsychologie, der Entwicklungspsychologie, aber auch in der Psychophysiologie – ist die Prozeßforschung von zentraler Bedeutung. In der angewandten psychologischen

Forschung findet sie naturgemäß größtes Interesse, z. B. im Bereich der Medizinisch-Klinischen Psychologie usw. Dies bereits oben Festgestellte wiederholen wir hier, um von vornherein zu betonen, daß gemäß den verschiedenen Einsatzinteressen von Zeitreihenversuchsplänen eine große Anzahl von heterogenen Subdesigns existiert.

Tabelle 15.2: Allgemeiner experimenteller *Eingruppen*-Zeitreihenversuchsplan mit jeweils mehreren *Vorher*- und *Nachher*-Messungen. – Design Q(X) – p.

Design Q.3a Quasi-experimenteller *Einzelgruppen*-Versuchsplan mit mehreren (t = 4) Meßabschnitten *A* (Kontrolle) und *B* (Treatment *X*) bei ein und derselben Versuchsgruppe (*ABAB*-Abfolge): *Design Q (X) – 4_i*.

Q

Versuchs-gruppe	Meß-Abschnitt A (Kontrolle)	Treat-ment *X*	Meß-Abschnitt B (Treatment)	Meß-Abschnitt A (Kontrolle)	Treat-ment *X*	Meß-Abschnitt B (Treatment)
1	$\overline{Y_1}\,\overline{Y_2}\,\overline{Y_3}\,\overline{Y_4}$ (...) Ⓐ	*X*	$\overline{Y_5}\,\overline{Y_6}\,\overline{Y_7}\,\overline{Y_8}$ (...) Ⓑ	$\overline{Y_9}\,\overline{Y_{10}}\,\overline{Y_{11}}\,\overline{Y_{12}}$ (...) Ⓐ	*X*	$\overline{Y_{13}}\,\overline{Y_{14}}\,\overline{Y_{15}}\,\overline{Y_{16}}$ (...) Ⓑ

Der einfachste und dementsprechend auch am wenigsten anspruchsvolle experimentelle Zeitreihenversuchsplan ist ein Design mit mehreren *Vor*- und *Nachher*-Messungen an einer einzigen Gruppe unter einer einzigen Bedingung (Tab. 15.2). Dieses Design, dessen Einsatz nur sehr wenige Kontrollen ermöglicht, liegt der oben erwähnten Studie mit nur einer einzigen experimentellen Bedingung zugrunde (Abb. 15.1, S. 150). Das Design, dessen vierstufige Abfolge seiner zeitlichen Abschnitte ein sog. *ABAB*-Plan ist, wird heutzutage nur als *Ausgangsdesign* (Design Q.3a) für quasi-experimentelle Zeitreihenuntersuchungen, d. h. als Bestandteil eines *multiplen* Gruppendesigns (Design Q.2) mit anderen (Sub-)Zeitreihen für weitere experimentelle Gruppen bzw. Kontrollgruppen verwendet (Tab. 15.3, S.156).

Ein Beispiel für den *Eingruppen*-Zeitreihenplan aus der psychiatrischen Psychotherapieforschung enthält die Abbildung 15.5 (mit einer *BAB*-Variante der Zeitabschnittabfolge):

In dieser in Hilgard et al. (1979) referierten Untersuchung wurde eine Gruppe von N = 44 schwerst-geistesgestörten Patienten (Ptn) in ihrem in ein „Labor“ umgewandelten Anstaltsgelände dazu angehalten („trainiert“), ganz einfache, zuvor aber genauestens festgelegte Tätigkeiten zu verrichten. Dafür erhielten die Ptn Belohnungseinheiten (sog. tokens), die wie Geld benutzt werden konnten. Dieser Versuch, der in t = 3 Zeitsabschnitte (*B*-*A*-*B*) à 20 Tage aufgeteilt war, also insgesamt 60 Tage dauerte, führte zu massiven *Lerneffekten* bei diesen ansonsten als nicht mehr lernfähig bezeichneten Menschen, jedoch nur für die 1. und die 3. Phase (*B*-Phasen). Wurde den Ptn die Belohnung entzogen, wie dies für die 2. Phase (Kontrollphase *A*) zutraf, dann fiel die Arbeitsleistung schon bis zum dritten Tag danach rapide ab und sank dann weiter bis praktisch hin zu Null. – (Es wird leider nicht berichtet, ob derlei Versuche auch über wesentlich längere Zeiträume, etwa mit entsprechend länger anhaltenden Effekten – sog. *Langzeiteffekten* – durchgeführt wurden.)

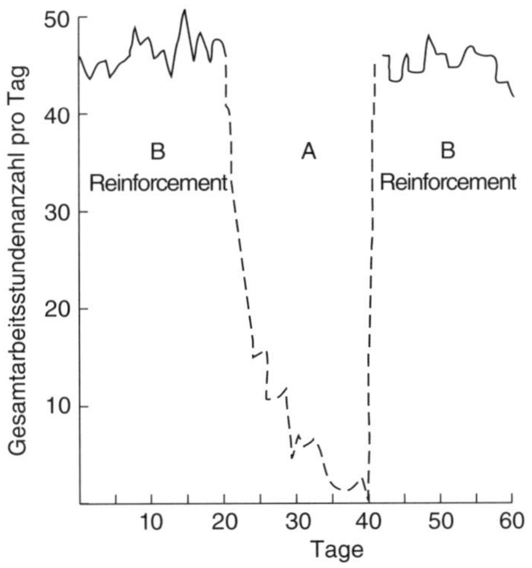

Abbildung 15.5.: Beispiel für einen *Eingruppen*-Zeitreihenversuchsplan aus der psychiatrischen Therapieforschung (mit einer *BAB*-Variante der Zeitabschnittabfolge).

Eine erste Erweiterung des Eingruppenzeitreihenversuchs auf mehrere, z. B. p = 3 verschiedene Gruppen und Bedingungen stellt das in Tabelle 15.3 enthaltene *Mehrgruppen-Zeitreihendesign* dar, das allerdings nur für vorgegebene („statische") Gruppen gilt (Design Q.2). Dieser quasi-experimentelle Versuchsplan, der in seiner Zweigruppenvariante und im Falle von jeweils nur einer einzigen Vor- und Nachmessung als der („vor-experimentelle") Zweigruppenversuchsplan mit statischer Gruppenbildung bekannt ist (Design Q.1 = Design 0.3; s. Kap. 12.3), wird in der vorliegenden Version als ein für Forschungszwecke u. U. relevantes Design angesehen – jedenfalls dann, wenn die Forderung nach einer Zufallsgruppenbildung aus triftigen Gründen praktisch nicht erfüllbar ist (McGuigan, 1990, Chap. 13). Demgegenüber steht das in der heutigen Forschungsmethodologie häufiger verwendete experimentelle Zeitreihendesign: der Mehrgruppen-Zeitreihen Versuchsplan mit *Zufallsgruppenbildung* (Tab. 15.4).

Dieses Design – hier als *Hauptdesign (10)*: Q(R)-p x t (Design Q.4a) bezeichnet – liegt dem bereits oben besprochenen lernpsychologischen Experiment zugrunde (Abb. 15.2, S. 150). Der Versuchsplan stellt eine *Verallgemeinerung* auch des unifaktoriellen Mehrstichprobendesigns mit Zufallsgruppenbildung dar (s. Design 1.2, Kap. 13.1, Tab. 13.6).[2]

Für diesen Designtyp der experimentellen Zeitreihenforschung wird als Beispiel auf die Untersuchung von Ehlers u. Cohen (1966) hingewiesen. In ihrer Arbeit verglichen die Autoren die Abhängigkeit eines künstlich erschwerten Zahlennachsprechens (*AV*) bei sog. akustischer Rückkopplung unter zwei verschiedenen experimentellen Instruk-

[2] Bezeichnenderweise spielt das Prinzip der *Randomisierung* auch im Falle der Zeitreihenexperimente eine wichtige Rolle. Allgemein kann man sagen, daß ein wesentliches Merkmal für die Spannweite der methodologischen Güte bei diesem Design wie auch bei anderen quasi-experimentellen Designs mit der Erfüllung versus Nichterfüllung (bzw. Nichterfüllbarkeit) der Zufallsgruppenbildung gegeben ist.

Tabelle 15.3: Designschema des *Mehrgruppen*-Zeitreihenversuchsplans, dargestellt am Beispiel von p = 3 (statischen) Versuchsgruppen mit jeweils verschiedener experimenteller Behandlung (X_1; X_2; X_3; bzw. X_0). Dieses quasi-experimentelle Design ist eine Extension des Eingruppenzeitreihenversuchsplans. – Design Q(O) – p × t.

Design Q.2 Quasi-experimenteller mehrfacher Zeitreihenversuchsplan mit mehreren Vorher-Nachher-Messungen ($t = 6$) an mehreren experimentell behandelten, aber vorgegebenen Versuchsgruppen ($p = 3$): *Design Q(O) – 3 × 6.*

Q

O

Versuchs-gruppe	Vorher-Messungen	Treatment X	Nachher-Messungen
1	$\bar{Y}_{1.1}$ $\bar{Y}_{1.2}$ $\bar{Y}_{1.3}$ (...)	X_1	$\bar{Y}_{1.4}$ $\bar{Y}_{1.5}$ $\bar{Y}_{1.6}$ (...)
2	$\bar{Y}_{2.1}$ $\bar{Y}_{2.2}$ $\bar{Y}_{2.3}$ (...)	X_2	$\bar{Y}_{2.4}$ $\bar{Y}_{2.5}$ $\bar{Y}_{2.6}$ (...)
3	$\bar{Y}_{3.1}$ $\bar{Y}_{3.2}$ $\bar{Y}_{3.3}$ (...)	X_3 (X_0)	$\bar{Y}_{3.4}$ $\bar{Y}_{3.5}$ $\bar{Y}_{3.6}$ (...)

Tabelle 15.4: Hauptdesign 10: Designschema des *Mehrgruppen*-Zeitreihenversuchsplans mit *Zufallsgruppenbildung (R)*, dargestellt am Beispiel von p = 3 Versuchsgruppen mit jeweils unterschiedlicher Behandlung (X_1; X_2; X_3 bzw. X_0). – Design Q(R) – p × t. (Die im Designschema enthaltene *Klammer* verweist auf den Fall des Vorliegens von einer – und nur einer – Messung pro experimenteller Bedingung: Im *Grenzfall* geht dieses Zeitreihendesign über in einen einfaktoriellen Mehrgruppenversuchsplan.)

Design Q.4a Quasi-experimenteller mehrfacher Zeitreihenversuchsplan mit mehreren Vorher-Nachhher-Messungen (t = 6) an mehreren experimentell behandelten Zufallsversuchsgruppen (p = 3): *Design Q(R) – 3 × 6.*

Q

R

Versuchs-gruppe	Vorher-Messungen	Treatment X	Nachher-Messungen
1	$\bar{Y}_{1.1}$ $\bar{Y}_{1.2}$ [$\bar{Y}_{1.3}$ (...)	X_1	$\bar{Y}_{1.4}$] $\bar{Y}_{1.5}$ $\bar{Y}_{1.6}$ (...)
2	$\bar{Y}_{2.1}$ $\bar{Y}_{2.2}$ $\bar{Y}_{2.3}$ (...)	X_2	$\bar{Y}_{2.4}$ $\bar{Y}_{2.5}$ $\bar{Y}_{2.6}$ (...)
3	$\bar{Y}_{3.1}$ $\bar{Y}_{3.2}$ $\bar{Y}_{3.3}$ (...)	X_3 (X_0)	$\bar{Y}_{3.4}$ $\bar{Y}_{3.5}$ $\bar{Y}_{3.6}$ (...)

Tabelle 15.5: Zweigruppenzeitreihenversuchsplan des Experiments von Ehlers u. Cohen (1966) zur Untersuchung des Einflusses der Instruktion (*I*: „kinästhetische“ vs. *II*: „kognitiv-sprachliche“ Konzentration) auf die Anzahl von Lesefehlern unter verzögerter Sprachrückmeldung, dargestellt für die insgesamt *11 Meßabschnitte* der zwei Versuchstage: Design Q(R) – p × t. – (Die Originaluntersuchung sah noch die Einführung einer weiteren Versuchsgruppe als Kontrollgruppe vor).

Design Q.4a	Zweigruppenzeitreihenversuchsplan mit p = *2* randomisierten Experimentalgruppen und insgesamt *t* = 11 Meßabschnitten: *Design Q(R) – 2 × 11.*

Q

R

Faktor X „Instruktion“	Meßzeitpunkte (t) 1. Tag t_1	t_2	t_3	...	Treatment X t_6	t_7	2. Tag t_8	...	t_{11}
I („kinästhetisch“)	$\overline{Y}_{1.1}$	$\overline{Y}_{1.1}$	$\overline{Y}_{1.3}$	...	$\overline{Y}_{1.6}$	X_1 $\overline{Y}_{1.7}$	$\overline{Y}_{1.8}$	...	$\overline{Y}_{1.1}$
II („sprachl. kognitiv“)	$\overline{Y}_{2.1}$	$\overline{Y}_{2.2}$	$\overline{Y}_{2.3}$	...	$\overline{Y}_{2.6}$	X_2 $\overline{Y}_{2.7}$	$\overline{Y}_{2.8}$	...	$\overline{Y}_{2.11}$

AV: Anzahl der Lesefehler unter verzögerter Sprachrückmeldung ($\overline{Y}$)

Tabelle 15.6: Allgemeiner Zweigruppenzeitreihenversuchsplan zur Überprüfung eines *Psychotherapieeffekts* mit jeweils mehreren Vorher- und Nachher-Messungen: Extension von Meehls (1954) *Minimumdesign* in der Psychotherapieforschung.

Design Q.4a	Zweigruppenzeitreihenversuchsplan mit zwei randomisierten Experimentalgruppen und jeweils mehreren Vorher-Nachher-Meßzeitpunkten (t):*Design Q(R) – 2 × t.*

Q

R

Versuchsgruppe	*Vorher-Messungen* t_1 vor	t_2 vor	t_3 vor	...	*Treatment X* „Therapie“	*Nachher-Messungen* t_4 nach	t_5 nach	t_6 nach	...
1	$\overline{Y}_{1.1}$ vor	$\overline{Y}_{1.2}$ vor	$\overline{Y}_{1.3}$ vor	...	X_1 „Therapie“	$\overline{Y}_{1.4}$ vor	$\overline{Y}_{1.5}$ vor	$\overline{Y}_{1.6}$ vor	...
2	$\overline{Y}_{2.1}$ vor	$\overline{Y}_{2.2}$ vor	$\overline{Y}_{2.3}$ vor	...	X_0 „keine Therapie“	$\overline{Y}_{2.4}$ nach	$\overline{Y}_{2.5}$ nach	$\overline{Y}_{2.6}$ nach	...

AV: Verhaltensänderung: Therapieerfolg ($\overline{Y}$)

tionsbedingungen, nämlich zum einen unter der Bedingung „Konzentration auf Mund- und Zungenbewegung" (X_1 = kinästhetischer *Set*) und zum anderen unter der Bedingung „Konzentration auf das Zahlennachsprechen" (X_2 = sprachlich-kognitiver *Set*). Dieser Versuch, dem eine Hypothese der Autoren im Rahmen einer neu zu entwickelnden *Stotterer*-Therapie zugrundelag, wurde unter Hinzuziehung von verschiedenen *Zufallsgruppen* – über verschiedene Trainings-Zeitabschnitte hinweg (1. Tag: t_1, t_2, t_3, ..., t_6; 2. Tag: t_7, t_8, ..., t_{11}) – durchgeführt und basiert folglich auf einem *Zufallsgruppen-Zeitreihendesign* (Tab. 15.5).

Die Versuchsresultate weisen auf die beiden hier interessierenden Sachverhalte mit aller wünschenswerten Deutlichkeit hin (Abb. 15.6): Zum einen resultierten experimentell klar nachweisbare Effekte im Sinne der Ausgangshypothese der Untersucher; zum anderen aber zeigten sich relativ starke zeitabhängige *Schwankungen* der Daten zu den verschiedenen Meßzeitpunkten – ein für die Analyse von Prozeßverläufen charakteristisches Resultat (s. ferner *PrB*, Bd. III, Kap. 14.4.2.

Mit dem Hinweis darauf, daß der *Mehrgruppen*-Zeitreihenversuchsplan eine *Verallgemeinerung* des Mehrstichprobendesigns ohne multiple Vor- und Nachmessungen dar-

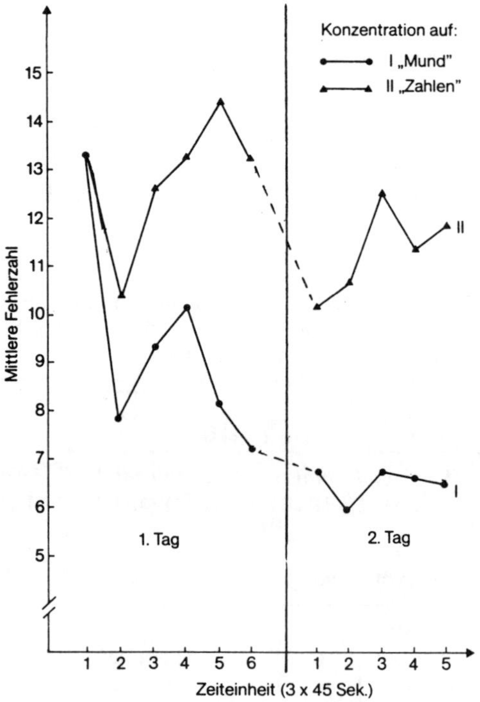

Abbildung 15.6.: Ergebnisse einer Untersuchung zur Adaptation von Leseleistungen beim Vorlesen von Zahlen unter *VAR*-Bedingung gemäß zweier verschiedener Instruktionen (*I, II*). (Daten aus Ehlers & Cohen, 1966)

stellt, läßt sich noch eine methodologisch einfache Verbindung zu dem Plan herstellen, den Meehl (1954) als das sog. *„Minimumdesign“* in der *Psychotherapieforschung* definiert hat (○ Illu 15.1). ○

Exkurs: Psychotherapieforschung als Prozeßforschung. – Der amerikanische Methodologe und Psychologe Paul E. Meehl (University of Minnesota) legte im Jahre 1954 die *Minimalkriterien* für die – nicht nur von ihm – geforderte *Erfolgsforschung* in der Psychotherapie fest („Minimumdesign“). Das Besondere an der – heutzutage selbstverständlichen – Forderung nach einer *Überprüfung* von wissenschaftlich verbreiteten Therapien jedweder Art bestand gar nicht in dieser Forderung an sich, sondern vielmehr darin, daß Meehl sich, selbst als Psychotherapeut tätig, an die wissenschaftliche Öffentlichkeit in Form eines ethisch-moralischen Appells wandte und dabei dann die Frage nach der wissenschaftlichen Seriosität psychotherapeutisch *illegitimen* (ungeprüften) Handelns stellte.

Aus heutiger Sicht erscheint Meehls Definition des *Minimumdesign* als gar nicht provokativ, sondern eher als methodisch bescheiden – ja, limitiert; und dies deshalb, weil die Untersuchung eines jeden Heilungsprozesses – also auch die eines psychotherapeutischen Besserungsgeschehens – grundsätzlich den Einsatz einer Überprüfung durch einen experimentellen *Zeitreihenversuch* verlangt. Infolgedessen stellt Meehls Minimumdesign nur einen Teil der eigentlich erforderlichen Designing-Voraussetzungen für eine adäquate Psychotherapie-*Erfolgsforschung* dar (Tab. 15.6; Smith et al., 1980; Stiles et al., 1986; Grawe et al., 1990; Schulte & Margraf, 1990)[3].

Weitere Beispiele für Zeitreihenversuchspläne finden sich auch in den beiden nachfolgenden Abschnitten über experimentelle *Einzelfalldesigns.*

[3] Konsequenterweise werden hier Untersuchungen, die zwar auf der Basis von Zufallsgruppen durchgeführt sind, aber grundsätzlich dem *quasi-experimentellen* Typ eines Zeitreihenversuchs (Prozeß- bzw. Erfolgsforschung) angehören, anstelle von *R* mit Q(R) symbolisiert.

○ Illu 15.1
Psychotherapieforschung – zwischen vorwissenschaftlichem Status und experimenteller Erfolgsforschung

In dem Lehrbuch der Psychologie von Brown u. Herrnstein (1975) wird hervorgehoben, daß selbst Freud, wenigstens in der Frühphase der Entwicklung der Psychoanalyse, mit der Erstellung von *„Erfolgsstatistiken“* für seine damalige „Hysteriker“-Klientel begonnen habe; aber er habe schon sehr bald wieder darauf verzichtet, weil seine klinische Evidenz für ihn hinreichende Validität besessen habe. Dazu äußern sich die beiden amerikanischen Autoren wie folgt:

„Es gibt da einen Unterschied zwischen der Art von kontrollierter Evidenz, die Freud seinerseits 1896 in Zahlen angab, und der hier berichteten. Man ist sich ziemlich sicher in der Vermutung, daß Nicht-Hysteriker tatsächlich inzestiöse

Kindheitserlebnisse wohl nur selten erleben; und so ist Freuds Bericht, daß es im Falle von Hysterikern 18 von 18 untersuchten Patienten waren, genau das, was jeder hören wollte. Niemand hätte gesagt: ,Gut, es kann aber doch sein, daß ein jeder, sei er hysterisch oder nicht, solche Erfahrungen macht!' Anders steht es mit der Wahrscheinlichkeit, von einer Neurose geheilt zu werden. Heilung ist nichts Ausgefallenes, sondern wahrscheinlich etwas sehr Selbstverständliches, besonders über einen Zeitraum von mehreren Jahren hin, den die Psychoanalyse braucht." (Brown & Herrnstein, 1975, S. 595; übersetzt vom Verf.)

Bekanntlich hat gerade die psychoanalytische Bewegung mit ihren verschiedenen Schulrichtungen auf die empirisch systematische Überprüfung von Psychotherapieeffekten von jeher verzichtet. Ja, sie verbot geradezu den Versuch, die (von ihr behaupteten) *Heilerfolge* auf methodisch kontrollierte Weise zu prüfen, da – wie argumentiert wurde – eine entsprechende Erfolgsforschung den psychodynamischen Heilungsprozeß lediglich störe bzw. diesen gar unmöglich mache. Auch heute halten viele Psychoanalytiker an diesem Credo fest (s. Bd. 1, Kap. 5.1).

1. Anfänge der Psychotherapie-Erfolgsforschung

Seit etwa 30 Jahren hat sich diese einst bestehende *vor-* (bzw. pseudo-)wissenschaftliche Einstellung zur Psychotherapieforschung geändert. Wie Abbildung A zeigt, hat seit dieser Zeit die Anzahl der *kontrollierten* Begleituntersuchungen sprunghaft zugenommen. Dabei ist es besonders dem Londoner Psychologen H. J. Eysenck (1952, 1961) zu verdanken, daß dieser es als erster gewagt hatte, der psychoanalytischen Bewegung die provokative Frage vorzulegen, ob denn diese „Heilmethode" überhaupt Erfolge aufzuweisen habe. Damit löste Eysenck eine Flut von positiven und negativen Repliken aus und weckte – dies ist wohl Eysencks wesentlichstes Verdienst – gleichzeitig ein breites Interesse an empirisch orientierten Forschungsarbeiten in der Psychotherapie (s. auch Meehl, 1970).

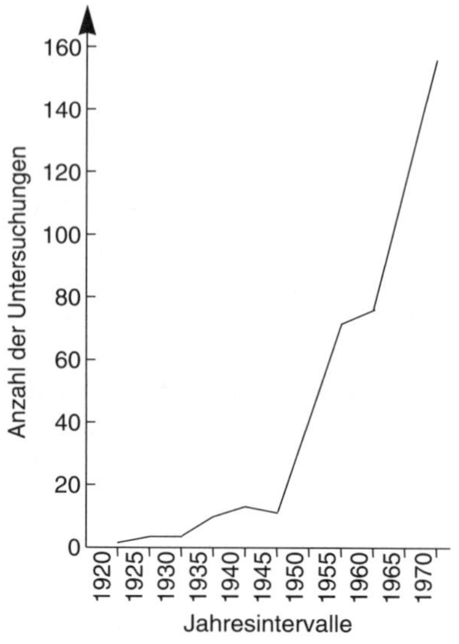

Abbildung A: Häufigkeitsverteilung von 501 psychotherapeutischen Fallstudien zur *Erfolgsforschung* in 5-Jahres-Intervallen (nicht eingeschlossen Untersuchungen zur Verhaltenstherapie). Seit dem Erscheinen von Eysencks (1952, 1961) kritischen Übersichtsarbeiten wuchs die Anzahl der psychotherapeutischen Arbeiten *sprunghaft* an.

Gleichgültig, ob nun zwischen Eysencks (1952) Ausgangsarbeit und dieser Zunahme von Psychotherapie-*Erfolgsuntersuchungen* eine Art „Kausalzusammenhang" besteht oder nicht; auf jeden Fall macht die obige Abbildung deutlich, daß sich die Therapeuten der Notwendigkeit einer Überprüfung von Therapieeffekten zunehmend bewußt geworden waren.

In seiner Ausgangsarbeit nahm Eysenck (1952) eine vergleichende *statistische* Analyse bzw. *Reanalyse* der Daten aus früheren Arbeiten anderer Forscher zu den Behandlungseffekten der *Psychoanalyse* und der *Psychotherapie* (nichtanalytische Therapie) vor. Eysenck zufolge ergab sich hierbei für die Psychoanalyse ein wenig erfreuliches Bild (Tab. A):

Während die Psychotherapeuten (Nichtanalytiker) in insgesamt 64 % ihrer Fälle eine *„Besserung"*, eine *„starke Besserung"* oder gar eine *„vollständige Heilung"* erzielten, blieben die Psychoanalytiker – gemäß den Eysenckschen Berechnungen – mit nur

Tabelle A: Ergebnisse psychoanalytischer Fallstatistiken aus verschiedenen Institutionen und Kliniken zur Psychotherapie-Erfolgsforschung. (Nach Eysenck, 1961)

*Quellen**	*Anzahl der Fälle*	*Prozente der „geheilten" Fälle* *Prozente der „sehr gebesserten" Fälle* *Prozente der „gebesserten" Fälle*
Psychoanalytische Berichte		
Fenichel (1920–1930)	484	39 %
Kessel & Hyman (1933)	34	62 %
Jones (1926–1936)	59	47 %
Alexander (1932–1937)	141	50 %
Knight (1941)	42	67 %
Alle Fälle	760	44 %
Eklektische psychotherapeutische (nicht-psychoanalytische) Berichte		
Durchschnittsberechnung aus 19 Studien	7293	64 %

* Zusammenstellung der Einzeldaten nach Bergin (1971)

44 % solcher Behandlungserfolge weit hinter diesen zurück.

Mehr als die enttäuschende Erfolgseinschätzung psychoanalytischer Behandlung hatte die meisten Psychoanalytiker Eysencks Ergebnisinterpretation empört: Ein Vergleich der obigen Prozentsätze von 64 % und 44 % zeige – so Eysenck –, daß die vermeintliche Überlegenheit der psychoanalytischen Therapie der *empirischen Evidenz* entbehre. Jedenfalls enthielten diese Daten keinerlei positive Beweiskraft inbezug auf die behauptete Methodeneffektivität. Die vermeintlich gesicherten „Heilerfolge" seien auf *Spontanremissionen* zurückzuführen.

Die von Eysenck (1952, 1961) mitgeteilten sehr niedrigen *Erfolgsquoten* der Psychoanalytiker wurden allerdings in späteren Arbeiten *nicht* voll bestätigt. So hat z. B. eine über mehr als zehn Jahre hin geführte Untersuchung Heilerfolge in etwa zwei Dritteln der psychoanalytisch untersuchten Fälle zeigen können (Brown & Herrnstein, 1975).

Insbesondere Bergin (1971) gelangte zu einem komplizierteren Ergebnis, als dies die in Tabelle A wiedergegebene Datenzusammenstellung erkennen läßt.

In einem Resumée stellte Bergin (1971) dazu fest:

„Eine Nachuntersuchung dieser (von Eysenck und anderen herangezogenen Psychotherapie-) Studien läßt erkennen, wie vieldeutig die Originaldaten sind. Verschiedene Prozentangaben über die Heilerfolge könnten aus der vom Untersucher benutzten *Methode der Datenverarbeitung* abgeleitet oder als *abhängig von seinen gewählten Kriterien* betrachtet werden. Es wird aber auch deutlich, daß Eysenck ein Bündel sehr scharfer Kriterienmaßstäbe an die Daten angelegt hat, so daß (auf diese Weise) diese extrem niedrigen Heilerfolgswerte herauskamen." (Bergin, 1971, S. 218; Hervorhebung durch den Verf.)

Wie stark die mit den Auffassungsunterschieden zwischen Eysenck (1952) und Bergin (1971) einhergehenden *Diskrepanzen* zwischen den Datenberechnungen tatsächlich waren, ist der Tabelle B abzulesen. Selbst wenn man konstatiert, daß einfache Rechenfehler (!) und Abbildungsungenauigkeiten bei den Untersuchern mit zu den Diskrepanzen beigetragen haben mögen, so ist doch klar, daß das Ausmaß der Datenunterschiede erschreckend hoch ist.

Wie hat eine methodisch *adäquate Versuchsplanung* in der Psychotherapieforschung auszusehen?

2. Allgemeine Prinzipien der Versuchsplanung in der Psychotherapie-Erfolgsforschung

Mit seiner Monografie über Methoden und Ergebnisse von Psychotherapie-Erfolgsstudien formulierte Meehl (1954) die *Mindest-*

Tabelle B: Ergebnisse zur psychoanalytischen Erfolgsforschung: Gegenüberstellung der *Reanalysen* von psychoanalytischen Fallstudien durch Eysenck (A) aus dem Jahre 1961 und Bergin (B) 1971. Die jeweiligen Summen der Prozente von „geheilten" Fällen, „sehr gebesserten" und „gebesserten" Fällen (einschließlich der „nur leicht gebesserten" Fälle) sind in den Statistiken (A) und (B) z.T. sehr verschieden, da Eysenck (1961) und Bergin (1971) verschiedene Auswertungskriterien benutzt haben. (Modifiziert nach Brown & Hernstein, 1975, aufgrund der Datenzusammenstellung von Bergin, 1971)

Quellen*		*A* *Eysenck (1961)*	*B* *Bergin (1971)*
Fenichel (1930) (Berlin)	484	39 %	91 %
Kessel u. Hyman (1933)	25	61 %	68 %
Hyman (1936)	30	–	60 %
Jones (1936) (London)	56	47 %	68 %
Alexander (1937) (Chicago)	142	50 %	69 %
Knight (1941) (Topeka)	41	67 %	76 %
Alle Fälle	753	44 %	83 %

* Zusammenstellung der Einzeldaten nach Bergin (1971)

Tabelle C: Das *Minimumdesign* zur experimentellen Überprüfung von psychotherapeutischen Effekten nach Meehl (1954). Dieser Versuchsplan entspricht den beiden Mindestansprüchen, die bei einer jeden *Therapieerfolgs*-Untersuchung zu beachten sind (Zufallsgruppenbildung: Vorher-Nachher-Messung). – (Noch besser ist allerdings der in *Tab. D* dargestellte *erweiterte* Versuchsplan).

Design 1.1 Zweigruppenplan mit Vorher-Nachher-Messung: *Design R – 2.*

	Versuchs-gruppe	Vorher-Messung	Treatment *X* „Therapie"	Nachher-Messung
R	*1*	$\bar{Y}_{1\ vor}$	X_1 „Therapie"	$\bar{Y}_{1\ nach}$
	2	$\bar{Y}_{2\ vor}$	X_0 „keine Therapie"	$\bar{Y}_{2\ nach}$

AV Verhaltensänderung: Therapie-„Erfolg" ($\bar{Y}$)

ansprüche, die man an eine akzeptable Psychotherapiestudie zu stellen hat, wie folgt (Konzept eines *Minimumdesigns*):

Es muß neben der Experimentalgruppe zumindest eine *Kontrollgruppe* geben; beide Gruppen müssen derselben Grundpopulation von Patienten entstammen, wobei die Klienten der einen oder der anderen Gruppe nach dem Zufall zuzuordnen sind (Tab. C; zur Bedeutung des Umfangs von weiteren Vergleichsgruppen s. Abb. D, S. 165).

Weiterhin sollten im Idealfall *homogene Paare* von Patienten hinsichtlich wichtiger anderer Variablen wie Aufnahmediagnose, Alter und vorangegangene Behandlungsart usw. gebildet und damit die Datenvarianz besser kontrolliert werden (s. „Blockversuchsplanung", Kap. 13.3). Das Prinzip der *Zufallsgruppenplanung* muß aus sachlogischen Gründen in jedem Fall beachtet werden.

Die *Abbildung B* gibt eine schematische

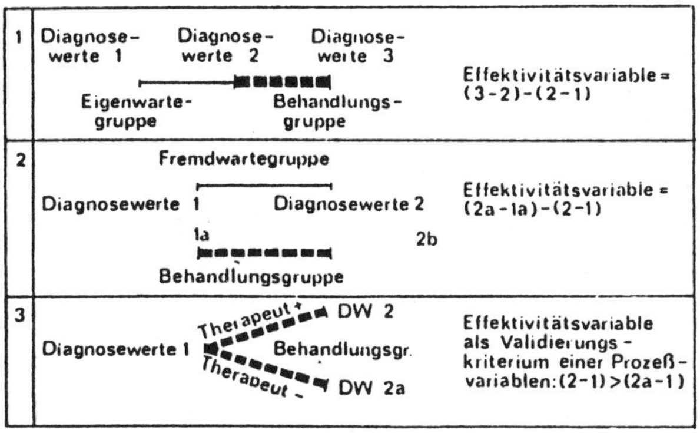

Abbildung B: Drei verschiedene von Helm (1972) diskutierte Versuchspläne zur Überprüfung von *Psychotherapieeffekten.* Dem *dritten* Versuchsplan räumt Helm schon deswegen die besten Erfolgsaussichten ein, weil dieser nicht nur den Prinzipien einer in sich stringenten Versuchsplanung folgt, sondern darüber hinaus auch dem *praktischen* sowie *ethischen* Bedürfnis Rechnung trägt, sämtliche zu behandelnde Patienten von Anfang an einer Therapie zu unterziehen (Verzicht auf eine „Wartegruppe"). (Sarris & Lienert, 1974; Sarris & Rey, 1981)

Übersicht über drei in der heutigen psychotherapeutischen Forschung einsetzbare Designalternativen wieder (Helm, 1972). Einzelheiten zu diesen und anderen Designalternativen in der Psychotherapieforschung sind der Literatur zu entnehmen. Ferner ist von Bedeutung:

In jedem Fall ist von einer simplifizierenden Behandlung der Methodenproblematik in der Psychotherapieforschung zu warnen. Wie der Leser bemerken wird, befindet sich die Psychotherapieforschung noch eher in einem Anfangsstadium, das durch zahlreiche *widersprüchliche* methodische und inhaltliche Voraussetzungen und Einzelbefunde gekennzeichnet ist. Nach Bergin (1971) krankt die *Psychotherapieforschung* noch immer daran, daß bis heute sowohl die verschiedenen Techniken (Methoden) der bisher vorgeschlagenen Psychotherapien als auch die Arten der *Versuchsplanung* noch zu wenig *differenziert* sind, um dem jeweiligen Einzelfall gerecht zu werden.

Was für methodische Grundforderungen an eine zukünftige psychotherapeutische Vergleichsforschung legen die bisherigen Ergebnisse der letzten rd. 30 Jahre nahe? – Im folgenden wird diese Frage unter drei verschiedenen Aspekten behandelt.

3. Methodische Forderungen an die weitere Psychotherapie-Erfolgsforschung

Zunächst sei angemerkt, daß eine vergleichende Psychotherapieforschung bisher vornehmlich nur im angloamerikanischen Bereich betrieben wird. Dies ist eine bedenkliche Tatsache, die vielerlei Gründe hat, aber vermutlich auch mit der z. T. noch immer mangelnden *Methodenausbildung* bei den Psychotherapeuten in Europa zu tun hat. In der Tat haben die in einer modernen Psychotherapieforschung zu beachtenden methodischen *Standards* einem umfangreichen Kenntnisstand in der psychologischen Methodenlehre zu entsprechen, wobei verschiedene miteinander verknüpfte Methodenfragen der *Psychodiagnostik, Versuchsplanung* und *Statistik* zu beachten sind. – Die nachfolgende Behandlung der drei *Grundforderungen* an die zukünftige Psychotherapieforschung erläutert das damit Gemeinte.

(1) *Das jeweils verwendete (psychodiagnostische) Klassifikationssystem muß eindeutig sein.* – Im Falle von *hetorogenen* Störungsausprägungen und deren Symptomen in den einzelnen klinischen Gruppen lassen sich Untersuchungsergebnisse

meist nicht eindeutig interpretieren; ja, es kann aufgrund von fehlerhaften Klassifikationsverwendungen sogar *Artefakte* geben, die als solche nicht immer leicht aufgedeckt werden.

Ein typisches Beispiel für eine zumindest *mißverständliche* Benutzung der einschlägig relevanten „Erfolgskriterien" findet sich in dem oben zitierten Berechnungsbeispiel, das für ein und denselben Datensatz zwei verschiedene „Resultate" einfach deshalb enthält, weil die beiden Untersucher (Statistik A: Eysenck; Statistik B: Bergin) jeweils von einer anderen Kategorienverwendung ausgingen (s. Tab. A, B).

Allein schon die *Zusammenfassung* von „geheilten" versus „gebesserten" (sowie „sehr gebesserten") Fällen zu ein und derselben Kategorie sollte grundsätzlich vermieden werden und stattdessen eine getrennte statistische Auswertung für jede einzelne Subkategorie vorgenommen werden. Ansonsten kann es passieren, daß zwei verschiedene Therapieverfahren als „gleich gut" beurteilt werden, obschon etwa in dem einen Fall 80 % *gebesserte* gegenüber 20 % *„geheilten"* Patienten, hingegen im anderen Fall etwa 20% gebesserte gegenüber 80 % „geheilten" Patienten zu verzeichnen sind.

Ein Beispiel dafür, wie die Forderung nach einer psychodiagnostisch hinreichenden Klassifikationskontrolle verletzt wird, enthält die in *Abbildung C* veranschaulichte Gegenüberstellung von sog. „Schizophrenie"-Punktwerten für schizophren Erkrankte (Ptn) und für eine Vergleichsgruppe von klinisch unauffälligen Probanden (fiktives Datenbeispiel):

Daß die schizophrenen Patienten gegenüber den klinisch unauffälligen Versuchsteilnehmern im Durchschnitt höhere „Schizophrenie" – Skores aufweisen, mag man zunächst als einen (hinreichenden) Beleg für die Validität des benutzten Fragebogens ansehen. Aber eine solche *Validitäts-Annahme* wäre methodisch angreifbar. Es ist nämlich aufgrund dieser beiden Datensätze nicht auszuschließen, daß ein solcher Fragebogen gar nicht „Schizophrenie" – in dem spezifischen, klinisch eigentlich intendierten Sinne – mißt, sondern lediglich irgendeine allgemeine, unspezifische „Befindlichkeit" (z. B. „generelles Unwohlsein") erfaßt, wie man diese vielleicht auch bei „Neurotikern", „Depressiven" usw. finden könnte.

Entsprechend müßte neben dieser einen Kontrollgruppe mit klinisch Unauffälligen zumindest noch eine weitere *klinische* Kontrollgruppe (z. B. Patienten mit einer sog. endogenen Depression) in die Untersuchung miteinbezogen werden.

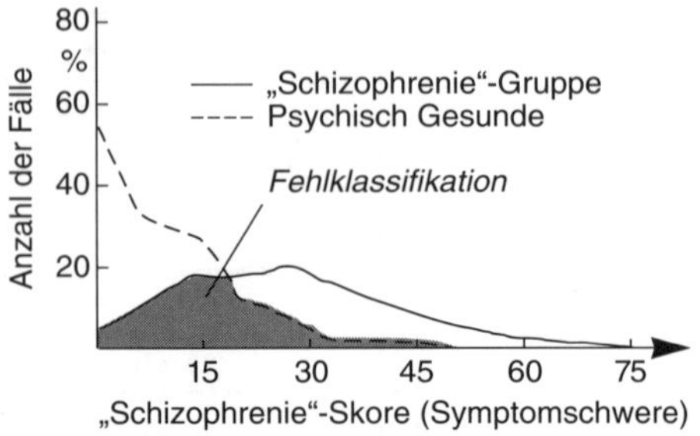

Abbildung C: Klassifikationsprobleme in der Klinischen Psychodiagnostik: (Fiktive) Verteilung von „Schizophrenie"-Punktwerten aufgrund eines psychodiagnostischen Fragebogens für klinisch unauffällige Probanden (links) und für *schizophrene* Patienten (rechts). Abgesehen von dem relativ großen *Überlappungsbereich* („Fehlklassifikation"; schraffierter Teil, Mitte), welcher die mangelnde Diskriminationsfähigkeit eines klinischen Fragebogens (Punktebereich zwischen 0 und 50 Skaleneinheiten) in typischer Weise abbbildet, sagen die Daten noch nichts über die *Schizophrenie-Spezifizität* aus.

(2) *Die Wahl einer oder mehrerer „Kontrollgruppen" muß design- und methodenspezifischen Erfordernissen entsprechen.* – Die Frage nach den jeweils „adäquaten" Versuchskontrollen ist keineswegs mittels eines einfachen Routineverfahrens zu beantworten, sondern die Wahl der „Kontrollgruppen" richtet sich nach der jeweiligen inhaltlichen Problemstellung. Auch wird eine empirische Vergleichsuntersuchung nicht schon deshalb zu einem „experimentellen", d. h. *kausaltheoretisch* anspruchsvollen Versuch, weil etwa für geeignete statistische „Kontrollen" (Wahl von vergleichbaren Altersgruppen usw.) gesorgt wurde.

Für die Psychotherapieforschung führt die allgemeine Forderung nach der Beachtung von design- und methodenspezifischen Kontrollen zu folgender *Grundregel:*

Will man die Effektivität einer bestimmten *Therapie A* (Treatment X_1) überprüfen, dann *vergleiche* man diese nicht nur gegenüber einer *Non-Therapie* (Treatment X_0), sondern darüber hinaus zumindest mit einer weiteren rivalisierenden *Therapie B* (Treatment X_2).

Tabelle D: Der Mehrgruppen-Versuchsplan mit *Zufallsgruppenbildung* und Vorher-Nachher-Messung zur Überprüfung des Therapieeffekts des sog. „aktiven Modellernens" in der Verhaltenstherapie gegenüber zwei weiteren Therapiemethoden (*passives* Modellernen; Technik der *Desensibilisierung*) und einer Kontrollbedingung. – Design R – p. (Nach Bandura et al., 1969)

Design 1.2 Mehrgruppen-Design mit Vorher-Messung (p = 4 Versuchsgruppen): Design R – 3.

R

Versuchs-gruppe	Vorher-Messung	Treatment *X*	Nachher-Messung
1	$\overline{Y}_{1\ vor}$	X_1 „modeling" aktiv	$\overline{Y}_{1\ nach}$
2	$\overline{Y}_{2\ vor}$	X_2 „modeling" passiv	$\overline{Y}_{2\ nach}$
3	$\overline{Y}_{3\ vor}$	X_3 „Desensibilisierung"	$\overline{Y}_{3\ nach}$
4	$\overline{Y}_{4\ vor}$	X_0 „keine Therapie"	$\overline{Y}_{4\ nach}$

AV: Durchschnittliche $\overline{\text{A}}$nzahl von Annäherungsreaktionen (Therapie-„Erfolg", $\overline{Y}$)

Ein gutes Beispiel für die Erfüllung dieser Grundregel stellt die psychotherapeutische Vergleichsstudie von Bandura dar (Bandura, 1970; Bandura et al., 1969). Mittels eines *Vorher-Nachher-Mehrgruppen*-Versuchsplans mit insgesamt vier verschiedenen Zufallsstichproben wurde die Hypothese der besonderen therapeutischen Überlegenheit des *Modellernens* unter aktiver (Treatment X_1) versus passiver (Treatment X_2) Einbeziehung der Klienten in den psychotherapeutischen Prozeß untersucht (Tab. D).

Hierzu verglich Bandura die beiden (Teil-)Bedingungen mit einer dritten lerntheoretisch orientierten therapeutischen B., nämlich mit der *Desensibilisierung* (Treatment X_3), sowie mit einer „Kontroll"-Bedingung (X_0, Nicht-Behandlung). Als therapeutisches Paradigma diente in dieser Untersuchung die Therapie von „Schlangenphobie". Mit anderen Worten: Unter Berücksichtigung des in der obigen Grundregel enthaltenen Prinzips einer *versuchsspezifischen* Therapiekontrolle verglich Bandura zwei bzw. sogar drei verschiedene psychotherapeutische Bedingungen sowie eine non-therapeutische Situation miteinander. Die Ergebnisse verdeutlichen den methodologischen wie auch den praktischen Wert dieses versuchsplanerisch guten – allerdings aufwendigen – Vorgehens (Abb. D).

Banduras Untersuchung zeigte: Obschon sich alle drei therapeutischen Bedingungen als im Vergleich zur Kontrollbedingung er-

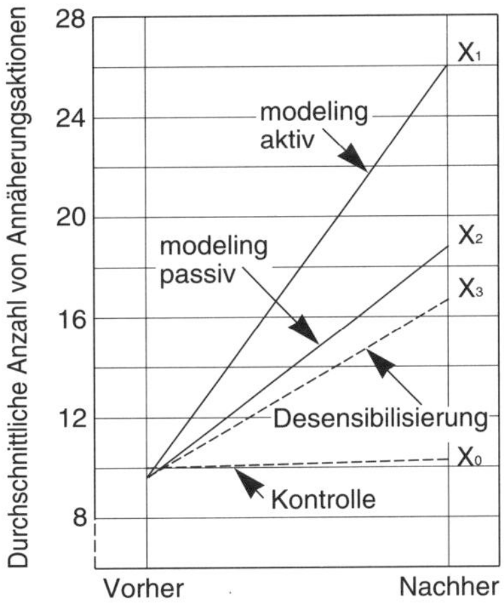

Abbildung D: Therapeutisch positive Reaktionen unter vier Bedingungen: Ergebnisse der vergleichenden Psychotherapieerfolgs-Untersuchung von Bandura et al. (1969) aufgrund eines Versuchsplans mit Vorher-Nachher-Messungen und mit mehreren Zufallsgruppen (s. Tab. D). (Nach Zimbardo, 1983)

folgreich in dem Sinne erwiesen, daß nach der Behandlung jeweils eine „Besserung" des gesamten psychischen Zustandsbildes der jeweiligen Klientengruppen erreicht war, schnitt die Technik des aktiven *Modellernens* (X_1) relativ zu den anderen therapeutischen Bedingungen am besten ab.

Hätte z. B. ein anderes Untersuchungsteam nur die Therapie X_3 (Desensibilisierung) gegenüber einer Nicht-Behandlung (Kontrolle X_0) untersucht, dann wäre zwar der entsprechende Therapieeffekt eingetreten, aber dessen relative Schwäche wäre mangels einer besseren *Vergleichsbasis* (Vergleichstherapien) unentdeckt geblieben; die Gefahr einer einseitigen Dateninterpretation wäre gar nicht gesehen worden.

(3) *Die äußeren Bedingungen („Randbedingungen") eines Therapievergleichs sind ebenfalls zu kontrollieren.* – Im Sinne eines möglichst präzisen experimentellen Vorgehens bei der Planung und Durchführung von vergleichenden Therapiestudien sind ferner auch die besonderen biosoziologischen Merkmale der Patienten (Alter, Geschlecht, Bildungsgrad, Länge der Erkrankung usw.) sowie einige bedeutsame Therapeutenvariablen (Geschlecht, Alter, Berufserfahrung) wenigstens *ansatzweise* in Rechnung zu stellen. Wie leicht einzusehen, stößt allerdings eine solche Forderung sehr rasch auf *praktisch*-ökonomische Grenzen. Andererseits muß man sich zumindest dieser theoretisch notwendigen Forderung *bewußt* sein, um die „Abweichungen" des praktischen Vorgehens vom Untersuchungsideal wenigstens nachträglich in Rechnung stellen zu können.

Die zusätzliche Forderung nach einem *Doppelblindversuch* in der Psychotherapieforschung lautet wie folgt:

„Die Forderung nach Doppelblindversuchen, aufgestellt zur Kontrolle von Erwartungen der Therapeuten und Klienten hinsichtlich des Ergebnisses, ist bei Untersuchungen an Stichproben mit psychischen Störungen kaum zu erfüllen. Nur durch weitgehende Automatisierung von Versuchsablauf und Datenerhebung ist diese Fehlerquelle einigermaßen zu kontrollieren. Neben den Erwartungen des Versuchsleiters sind die Erwartungen der Versuchspersonen und ihre oft nicht erkannten sozialen Zwänge bei der Datenerhebung nach der Therapie besonders zu beachten. Bei Verwendung nicht-klinischer Kontrollgruppen können unterschiedliche Freiwilligkeit an der Versuchsteilnahme, eventuelle, mit dem Status des hospitalisierten Patienten verbundene Ängste oder unterschiedliche Informationen über die Untersuchungszusammenhänge das Ergebnis entstellen." (Butollo, 1978, 1139)

Auf *Fehlerquellen* bei der Nichtbeachtung der einzelnen Rahmenbedingungen weist Butollo (1978) anhand von einigen Untersuchungsbeispielen hin. Den verschiedenen methodologischen *Erfordernissen* entspricht die gegenwärtige Praxis der Psychotherapieforschung bisher sicherlich in einem nur höchst bescheidenen Ausmaß. Aber obwohl die planmäßige Kontrolle von Psychotherapieeffekten in Forschung und Praxis z. Z. noch immer rückständig ist, darf jedoch in Zukunft eher mit einem Anstieg von designtechnisch besseren Arbeiten in der Psychotherapieforschung gerechnet werden.

Literatur

Bandura, A.: Modeling therapy. In: W. S. Sahakian (Ed.), Psychopathology today: Experimentation, theory, and research. Itasca, Ill.: F. E. Peacock, 1970. (Zit. nach Zimbardo & Ruch, 1978).

Bandura, A., Blanchard, E. B. & Ritter, B.: Relative efficacy of desensitization and modeling approaches für inducing behavioral, affective, and attitudinal changes. Journal of Personality and Social Psychology, 1969, *13*, 173–199.

Bergin, A. E.: The evaluation of therapeutic outcomes. In: A. E. Bergin & S. L. Garfield (Eds.), Handbook of psychotherapy and behavior change: An empirical analysis. New York: Wiley, 1971.

Brown, R. & Herrnstein, R. J.: Psychology. London: Methuen, 1975.

Butollo, W. H.: Das systematische Experiment. In: L. J. Pongratz (Hrsg.), Handbuch der Klinischen Psychologie (2. Halbbd.). Göttingen: Hogrefe, 1978.

Eysenck, H. J.: The effects of psychotherapy: An evaluation. Journal of Consulting Psychology, 1952, *16*, 319–324.

Eysenck, H. J.: The effects of psychotherapy. In: H. J. Eysenck (Hrsg.), Handbook of abnormal psychology: An experimental approach. New York: Basic Books, 1961.

Freud, S.: The aetiology of hysteria. (Original 1896.) In: The standard edition of the complete psychological works of Sigmund Freud. Vol. III, pp. 191–221. London: Hogarth, 1962. (Zit. nach Brown & Herrnstein, 1975.)

Helm, J.: Psychotherapeutische Gespräche als Gegenstand der Forschung. In: J. Helm (Hrsg.), Psychotherapieforschung. Berlin: VEB Deutscher Verlag der Wissenschaften, 1972.

Meehl, P. E.: Clinical versus statistical prediction: A theoretical analysis and a review of the evidence. Minneapolis: University of Minneapolis Press, 1954.

Meehl, P. E.: Some methodological reflections on the difficulties of psychoanalytical research. In: M. Radner & S. Winokur (Eds.), Analyses of theories and methods in physics and psychology. (Minnesota Studies in the Philosophy of Science, Vol. IV.) Minneapolis: University of Minnesota Press, 1970.

Sarris, V. & Lienert, G. A.: Konstruktion und Bewährung von klinisch-psychologischen Testverfahren. In: W. J. Schraml & G. Baumann (Hrsg.), Forschungsmethoden in der klinischen Psychologie II. Bern: Huber, 1974.

Sarris, V. & Rey, E. R.: Allgemeine Grundlagen von klinisch-psychologischen Testverfahren. In: E.-R. Rey (Hrsg.), Klinische Psychologie. (Aktuelle Psychiatrie, Bd. 2). Stuttgart: G. Fischer, 1981.

Einzelfallversuchspläne

Während in der Lehrbuchtradition der Versuchsplanung der Existenz von *N = 1*-Designs bis vor kurzem praktisch keine Bedeutung zugemessen wurde, hat sich diese Situation in den letzten Jahren spürbar verändert (s. beispielsweise McGuigan, 1990, Chap. 12). Maßgeblich für diesen Trend zugunsten der Berücksichtigung auch von *Einzelfallversuchsplänen* sind vor allem die lernpsychologischen Ergebnisse des *operanten Konditionierens* einerseits sowie diejenigen der hierauf größtenteils basierenden *Verhaltensmodifikation* andererseits. Damit hat sich ein grundsätzlicher Einstellungswandel in der gesamten experimentalpsychologischen Versuchsplanung vollzogen. (Yaremko et al., 1983; Schorr, 1984).

In der *N = 1*- und auch *Klein-N*-Forschung gelten bezüglich der zu untersuchenden *AV*-Maße folgende Voraussetzungen (Robinson & Forster, 1979):

- Die Maße sollten psychologisch voll *valide* sein (z. B. Wahrnehmungs- und Lernindikatoren versus Motivationsindikatoren).
- Die Maße müssen voll *objektiv* i. S. d. Testkonstruktion gewinnbar sein.
- Die Maße sollten experimentell gut *manipulierbar* sein.
- Die Maße sollten möglichst *ökonomisch* erhältlich und anwendungsfreundlich weiterverarbeitbar sein (s. *Statistik,* Kap. 18.1 und 18.2).

Einleitend zu diesem Abschnitt ist die methodologische Bedeutung des *N = 1*-Designing im Rahmen des experimentell-korrelativen Modells der psychologischen Forschung herausgestellt worden. Die experimentelle Untersuchung des Einzelfalls basiert demnach auf zwei Grundvoraussetzungen: Die eine ist psychologisch-inhaltlicher Natur und eine solche des grundsätzlichen Erkenntnisinteresses. Die Bedeutung der neueren Einzelfallforschung liegt – im Vergleich zur weitverbreiteten früheren um die Jahrhundertwende – nicht in der Untersuchung eines „einzelnen“ Falles mit der Absicht etwa, bei jedem Individuum das allen Menschen gemeinsame, allgemeine Gesetz zu erfassen (s. dazu Beispiel in Abb. 15.7); sondern es verhält sich genau umgekehrt: man will mit Hilfe der experimentellen Einzelfallforschung gerade auch das für die einzelne Person Charakteristische, das jeweils *Individuelle* herausfinden.

Die andere der beiden Voraussetzungen, auf denen die heutige experimentelle Einzelfallforschung aufbaut, ist vor allem methodologischer Natur und bezieht sich auf die Ausgangsannahme, daß man mit Hilfe der *experimentell* (manipulativ) arbeitenden Methode, die eine konsequente Verwendung von *Versuchsplanung* und *Statistik* meint,

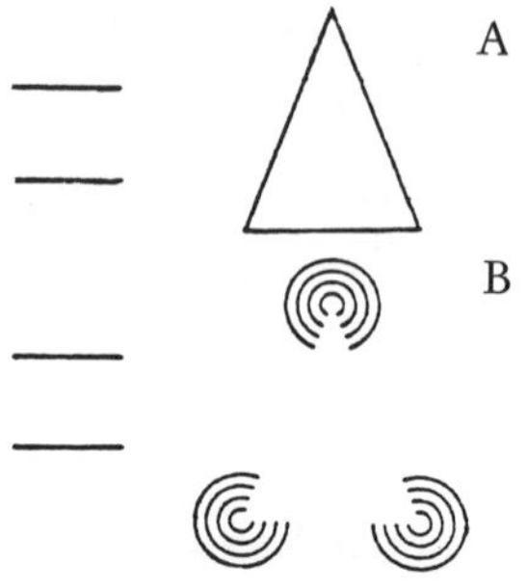

Abbildung 15.7: Beispiel zur experimentellen Einzelfallforschung: Zwei Vorlagen zur Überprüfung der *Ponzoschen Streckentäuschung.* – A. Normalausführung des täuschungsinduzierenden *Kontexts* (Dreieck); B. *Scheinfigur* (konturloses Dreieck) mit virtuellen Konturen. *Aufgabe:* Legt man in Vorlage A. die nebenstehenden gleichlangen parallelen Linien symmetrisch auf das Dreieck, erscheint die obere Linie länger als die untere. Legt man in Vorlage B. analog die beiden gleichlangen parallelen Linien auf die Scheinfigur, das nicht-existente Dreieck: was für eine Wahrnehmungsreaktion wird sich dann ergeben – ebenfalls eine Streckentäuschung im Sinne Ponzos? (Die Lösung befindet sich im *Anhang D.1.3, S. 369).*

Gesetzmäßigkeiten findet, die interindividuelle Differenzen zwischen Personen explizit zulassen. Die in Abbildung 15.8 wiedergegebene Aufzeichnung der Pulsfrequenzveränderungen bei einer Patientin in einer Psychotherapiesitzung (75 Min.) illustriert in diesem Zusammenhang zwei Sachverhalte: Zum einen ergibt diese Aufzeichnung ein *personentypisches* (individuumspezifisches) Kurvenbild, d. h. also eine diese – und nur diese – Patientin und ihre individuelle Situation charakterisierende physiologische Zustandsregistrierung (damit wird auch eine positive Erläuterung der oben getroffenen psychologisch-inhaltlichen Feststellung gegeben). Zum andern illustriert diese physiologische Aufzeichnung aber auch etwas, was gar kein Einzelfallexperiment, sondern vielmehr eine sog. *unkontrollierte* Feldstudie war.

Mit Hilfe einer *unkontrollierten Feldstudie* können bestenfalls – so wie im vorliegenden Beispielfall – nur objektive und reliable Beobachtungen (z. B. physiologische Messungen) vorgenommen werden, die aber keine experimentell-bedingungsanalytische Aussagen zulassen. Das gilt im allgemeinen Fall für Gruppenuntersuchungen genauso wie auch bei jeder Einzelfalluntersuchung (s. Bd. 1, Kap. 3.2). – Dagegen läge eine experimentell-kontrollierte Einzelfalluntersuchung in diesem zuletzt genannten Beispiel erst dann vor, wenn die Pt unter zwei (oder mehr) verschiedenen Bedingungen in bestimmter *ausbalancierter* Abfolge der Behandlungen systematisch untersucht würde (z. B. unter X_1 = „Streß" vs. X_2 = „Non-Streß" usw.). – Der Leser, welcher an dem praktischen Nachvollzug dieser methodologisch instruktiven Gegenüberstellung von unkontrollierter Feldstudie einerseits und experimenteller Einzelfalluntersuchung andererseits interessiert ist, sei auf einen entsprechenden Praktikumsversuch verwiesen (Grundversuch 10: „Physiologische Indikatoren innerer Anspannung", *PrB*, Bd. II, Kap. 10).

Ein Beispiel für das einfachste experimentelle Designing bei einer Einzelfallstudie wird hier aus dem Bereich der *Rauchertherapie* angeführt (modifiziert nach Cozby, 1977). Das in Tabelle 15.7 dargestellte $N = 1$-Design entspricht praktisch dem Eingruppenzeitreihenversuchsplan, nur abgewandelt für einen einzigen Probanden. Dementsprechend ist für das vorliegende *Einzelfall*-Zeitreihenexperiment eine zeitliche Abfolge der *A*- und der *B*-Phasen gegeben, wie dies auch für Gruppendesigns gilt.

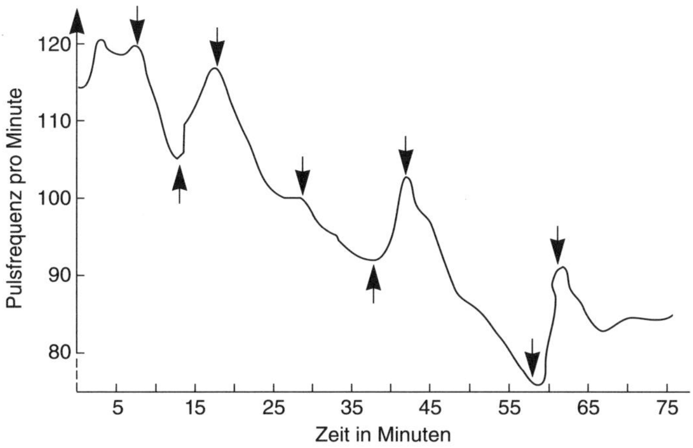

Abbildung 15.8: Aufzeichnung der *Pulsfrequenz* (physiologischer Indikator der *Angst*) einer Patientin während eines psychotherapeutischen Interviews: *Unkontrollierte Feldstudie.* Die Pfeile bezeichnen verschiedene äußere Situationsmerkmale, welche die physiologischen Reaktionen der Patientin – vermutlich – beeinflussen. Ein eigentlicher „Versuchsplan" liegt hier nicht vor; denn die vermeintlich zu entnehmenden „Kausalzuordnungen" (d. h. „ein bestimmtes äußeres Situationsmerkmal ‚bedingt' eine physiologische Veränderung") haben rein spekulativen Charakter. (Modifiziert nach Glass, Wilson & Gottman, 1975)

Tabelle 15.7: Einfacher Zeitreihenversuchsplan (*ABA*-Design) für das *Rauchertherapie*-Experiment nach dem Lehrbuchbeispiel von Cozby (1977). – *Quasi-experimentelles* Einzelfalldesign.

Design Q.3 Quasi-experimenteller Einzelfall-Versuchsplan einer einfachen experimentellen Zeitreihenanalyse bei einem einzigen Probanden (*ABA*-Abfolge): *Design Q(X) – 3.*

Q

Proband	Meß-Abschnitt A (Baseline)	Treatment *X* („Rauchertherapie")	Meß-Abschnitt A (Kontrolle)
1 („Pt A")	$Y_1\ Y_2 \ldots Y_8$ Ⓐ	X („Therapie") Ⓑ	$Y_9\ Y_{10} \ldots Y_{17}$ Ⓐ

AV: „Anzahl der pro Tag gerauchten Zigaretten" (Y)

Ein für ein solches angewandt-praktisches Einzelfallexperiment typisches – hier: positives – Resultat ist in Abbildung 15.9 veranschaulicht. Wie der Graphik zu entnehmen ist, werden von dem Klienten in der Anfangsphase *A* (keine Therapie) rd. 40 Zigaretten pro Tag geraucht. Erst aufgrund eines besonderen „Vertrags"-Systems (*token*) in

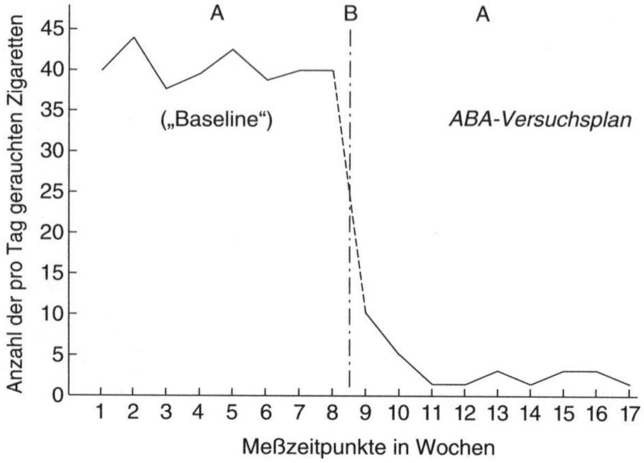

Abbildung 15.9: Reduktion des Zigarettenrauchens im Rahmen eines Therapieprogramms mit einem sog. Kettenraucher. Das mehrwöchige *Therapieprogramm* (B) stellt die experimentelle Bedingung X dar; demgegenüber bedeuten die während der therapiefreien Untersuchungszeit (A) erhobenen Daten die Vorhermessungen (Y_1, Y_2 ... Y_8) und die Nachhermessungen (Y_9, Y_{10} ... Y_{17}). Dieses *ABA*-Versuchsschema entspricht einem sog. einfachen Zeitreihenversuchsplan (s. Tab. 15.7). (Modifiziert nach Cozby, 1977)

der Phase *B* (Therapie) setzt eine drastische Reduktion der Rauchergewohnheit ein, die auch viele Wochen nach Absetzen der Therapie noch anhält (*A*-Phase rechts in der Abb.). Dieses Beispiel wurde übrigens nur wegen der Einfachheit des Designs ($N = 1$–Zeitreihenversuchsplan für einen Probanden) angeführt, aber keineswegs zitiert, um damit einen der typischen Erfolgsfälle der Raucherentwöhnungstherapien zu illustrieren. Gewöhnlich ist allein schon die Gesamtdauer einer solchen Entwöhnungstherapie wesentlich länger, als das für den *Einzelfall* zitierte Beispiel zeigt (vgl. auch Brengelmann, 1984).

Als ein weiteres Beispiel für ein *Einzelfall*-Zeitreihendesign, das anstelle des zuletzt aufgezeigten *ABA*-Plans eine *ABAB*-Abfolge von *Kontroll-* versus *Experimental*-Abschnitten vorsieht, wird – aus einem ganz anderen psychotherapeutischen Bereich stammend – ein Einzelfallexperiment zur Heilung eines schwer autistischen, psychiatrisch auffällig gewordenen 9jährigen Jungen angeführt (nach Christensen, 1977, Chap. 7). Das Kind war mit einer höchst akuten, weil lebensgefährdenden Tendenz der Selbstverletzung (self-injurious behavior) zur Untersuchung und Behandlung eingeliefert und einem Verhaltenstherapeuten anvertraut worden. In Abbildung 15.10 wird die *Häufigkeit* von Selbstverletzungsakten (Ordinate) in Abhängigkeit von der therapeutischen Behandlung (Phase *B*) gegenüber der Nichtzuwendung (Phase *A*) dargestellt, wobei die zeitlichen *Einzelabschnitte* dieser alternierenden *AB*-Phasen auf der Abszisse abgetragen sind.

Wie die Ergebnisse dieser *ABAB-Einzelfall*-Zeitreihenuntersuchung zeigen, sinkt die Rate der masochistischen Selbstverletzungsakte jenes Kindes aufgrund der „experimentellen" Behandlung (*B*) durch den Therapeuten – innerhalb von nur wenigen Ta-

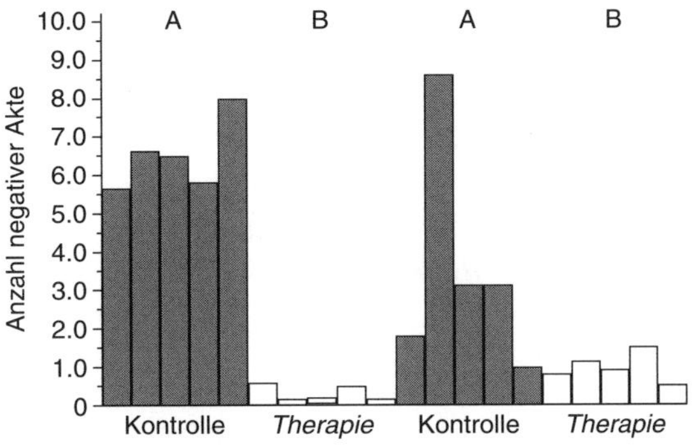

Abbildung 15.10: Beispiel für einen *Einzelfall*-Zeitreihenversuchsplan aus der kinderpsychiatrischen Therapieforschung (mit einer *ABAB*-Variante der Zeitabschnittfolge von *Kontrolle,* d. h. Nicht-Therapie, und *Therapie*). (Modifiz. nach Christensen, 1977)

gen – sehr beachtlich. Abgesehen davon, daß der *Versuchsplan* auch dieser experimentellen Einzelfallstudie im wesentlichen dem des vorigen Beispiels entspricht (Tab. 15.7), interessiert vor allem das Ergebnis einer Nachfolgeuntersuchung (follow-up study). Im vorliegenden Fall wird über die Langzeitwirkung nichts berichtet, jedoch gibt eine analoge Fallstudie darüber Auskunft (s. S. 170).

Im Zusammenhang mit den oben angeführten verschiedenen psychotherapeutischen Untersuchungen und deren Ergebnissen seien wenigstens noch zwei Aspekte bzw. Fragen berührt. (1) Der eine Aspekt ist ein generell methodologischer, nämlich die Frage: Sind die hier zitierten Ergebnisse *reliabel* und *verallgemeinerbar*? (2) Der andere Aspekt betrifft die – besonders schwierige, aber ebenfalls naheliegende – Frage nach der *Vergleichbarkeit* von verhaltenstherapeutischer gegenüber psychoanalytischer *Erfolgsforschung*. – Auf diese beiden Fragen sind z. B. die nachfolgenden Antworten zu geben:

Der *Nachweis* einer Verallgemeinerbarkeit beliebig gleich gearteter klinisch-psychologischer Fälle ist bis heute (noch) nicht erbracht worden. Es ist jedoch klar, daß es wissenschaftlich notwendig und auch aus ethischen Gründen angezeigt ist, mit psychotherapeutischen Methoden zu arbeiten, die daraufhin *kontrolliert* werden können. Vom Methodischen her gesehen ist die *Vergleichbarkeit* der beiden z. Z. am meisten verbreiteten Psychotherapieformen gegeben; hier fällt der Vergleich deutlich zugunsten der *kontrollierten* (kontrollierbaren) Psychotherapieform aus. Hingegen ist dieselbe, aber aus inhaltlicher Sicht gestellte Frage noch heute keineswegs eindeutig zu beantworten. – Eine Erweiterung des $N = 1$-Falls für die Untersuchung von $n = 2$ Probanden wird an anderer Stelle demonstriert [*Design Q.4: Q(R) – pxt:* s. *PrB*, Bd. III, Kap. 14; s. auch McGuigan, 1990, S. 252 ff].

Von methodologisch nicht zu unterschätzender Bedeutung ist in bezug auf die bisher bekanntgewordenen Ergebnisse solcher *Einzelfall*-Zeitreihenexperimente, daß in der Geschichte der experimentellen Psychologie in den letzten 10 bis 15 Jahren zum ersten

Mal so häufig in den Fachzeitschriften und führenden Lehrbüchern über *individuum-* und *gruppenspezifische Gesetzlichkeiten* berichtet wird, die mit Hilfe des systematischen experimentellen Designing gewonnen wurden.

Versuchspläne mit Ausbalancierung

Die sog. *Versuchspläne mit Ausbalancierung* stellen quasi-experimentelle (Kontroll-) Pläne dar, denen jeweils ein *unvollständiges* faktorielles Designing zugrundeliegt. Gerade bei solchen experimentellen Versuchsplänen, die eine Wiederholungsmessung vorsehen, ist die Methode der „Ausbalancierung" angezeigt (*W*-Designing mit einem oder mit mehreren Faktoren). Zwei Beispiele für das konkrete *Ausbalancierungs*-Procedere im Rahmen zweier *Praktikumsversuche* mit unterschiedlicher Thematik sind an anderer Stelle ausführlich dargestellt und bzgl. der einzelnen Arbeitsschritte nachvollziehbar (*PrB*, Bd. I, Kap. 2; Bd. II, Kap. 11).

Im vorliegenden Zusammenhang wird einer der bekanntesten Versuchspläne mit Ausbalancierung vorgestellt, das sog. *Lateinische Quadrat.* Dieses Designing wird in der experimentellen Psychologie relativ häufig verwendet und wird daher auch in verschiedenen Lehrbüchern der Versuchsplanung und der Statistik erläutert. An dieser Stelle werden die im *Handbook of Methods in Psychology* (Yaremko et al., 1983) angeführten Beispiele – in nur geringfügig modifizierter Form – zitiert, da diese Autoren das Wesentliche des *Lateinischen Quadrats* besonders prägnant herausgestellt haben.

– *Beispiel 1:* Zwecks Überprüfung einer (a) Unterrichtsmethode und des (b) bildungssoziologischen Hintergrunds in ihrem Einfluß auf das Lernen (*AV*) werden je 15 Schüler aus drei verschiedenen Schulen untersucht, von jeder der drei Schulen jeweils 5 mit niedrigem, 5 mit mittlerem und 5 mit hohem bildungssoziologischen Status der Eltern. Diesen Schülern werden die in der nachstehenden *Lateinischen-Quadrat*-Anordnung aufgeführten Unterrichtsmethoden dargeboten (Tab. LQ – 1):

Tabelle LQ – 1

	Methode 1	Methode 2	Methode 3
Schule 1	(5) niedr. Status	(5) mittl. Status	(5) hoher Status
Schule 2	(5) mittl. Status	(5) hoher Status	(5) niedr. Status
Schule 3	(5) hoher Status	(5) niedr. Status	(5) mittl. Status

– *Beispiel 2:* Um den Einfluß der Druck- und Schriftart eines bestimmten Unterrichtsmaterials auf den Lernerfolg (*AV*) bei Schülern zu testen, wird eine Schülergruppe per Zufall in vier Untergruppen (Gruppe 1 bis 4) aufgeteilt. Dabei wird jeder Schüler unter jeder der vier verschiedenen Druckschrift- und Schrifttypen-Bedingungen (A bis D) untersucht (Tab. LQ – 2):

Tabelle LQ – 2

	1. Test	2. Test	3. Test	4. Test
Gruppe 1	Druck C	Druck A	Druck B	Druck D
Gruppe 2	Druck B	Druck C	Druck D	Druck A
Gruppe 3	Druck D	Druck B	Druck A	Druck C
Gruppe 4	Druck A	Druck D	Druck C	Druck B

– *Beispiel 3:* Das in Beispiel 2 dargestellte *Lateinische Quadrat* kann leicht zu einem etwas komplexeren Versuchsplan ausgeweitet werden, wenn noch eine weitere *UV* – z. B. eine *O*-Variable als „Between"-Faktor – eingeführt wird; so sind etwa „gute" versus „schlechte" Schüler noch zusätzlich zu testen. Dementsprechend werden in Tabelle LQ – 3 zusätzlich vier weitere Versuchsgruppen mitberücksichtigt:

Tabelle LQ – 3

		1. Test	2. Test	3. Test	4. Test
	Gruppe 1	Druck C	Druck A	Druck B	Druck D
Gute Schüler	Gruppe 2	Druck B	Druck C	Druck D	Druck A
	Gruppe 3	Druck D	Druck B	Druck A	Druck C
	Gruppe 4	Druck A	Druck D	Druck C	Druck B
Schlechte Schüler	Gruppe 5	Druck C	Druck A	Druck D	Druck B
	Gruppe 6	Druck A	Druck D	Druck B	Druck C
	Gruppe 7	Druck D	Druck B	Druck C	Druck A
	Gruppe 8	Druck B	Druck C	Druck A	Druck C

Die drei Beispiele illustrieren alle die für die *Ausbalancierung* allgemein relevante Tatsache einerseits einer *„Konfundierung"* (confounding) zwischen den jeweils zu untersuchenden Faktoren (*UV*) und andererseits der darum gewählten *Darbietungsabfolge* der einzelnen Bedingungen. Diese Tatsache ist für Campbell u. Stanley (1963) mit ein Grund dafür gewesen, die – vermeintlich – strenge Methode des klassischen experimentellen Designing (*W*-Designing) in Frage zu stellen. Den Autoren war die kritische Hervorhebung dieser allgemeinen Schwäche von Ausbalancierungsversuchsplänen offensichtlich wichtig, um so den vergleichsweise niedrigen Status der oben besprochenen quasi-experimentellen Designs indirekt aufzuwerten.

Genauere Hinweise zur Konstruktion und Verwendung von verschiedenen *Ausbalancierungs*-Plänen enthalten die klassischen Lehrbücher zur Versuchsplanung und andere Unterichtswerke. Es sei hinzugefügt, daß eine nur um weniges komplexere Ausbalancierungsanordnung als die des Lateinischen Quadrats unter dem Namen *Griechisch-Lateinisches Quadrat* bekanntgeworden ist (Yaremko et al., 1983).

Exkurs: Klein-N-Versuchsplanung

In der Fachliteratur und heutzutage auch in den Lehrbüchern für die Methodenausbildung wird mehr und mehr über das abgehandelt, was Robinson u. Forster (1979) als *Klein-N*-Versuchsplanung (*small-N designing*) beschrieben und propagiert haben.

Als Hinweis darauf – allerdings nicht als Beweis dafür –, daß in den letzten Jahren die Bedeutung von Untersuchungen zugenommen hat, die nicht mit großen Fallzahlen (*„Groß-N*-Forschung"), sondern mit verhältnismäßig kleinen Stichproben, dafür aber mit umso ausgeklügelteren Versuchsanordnungen operieren, wählen Robinson u. Forster (1979) die *Häufigkeitsverteilung* der publizierten *Fallzahl (N)* pro Untersuchung während 75 Jahren experimentalpsychologischer Forschung (1901–1975). Diese Autoren beziehen sich auf die berichteten Zahlen untersuchter Probanden in den Zeitschriften *Journal of Experimental Psychology* (gegründet im Jahre 1916), *Psychological Review* und *Journal of the Experimental Analysis and Behavior* (im Jahre 1958 gegründet und der *Klein-N*-Versuchsplanung ohnehin von vornherein verpflichtet).

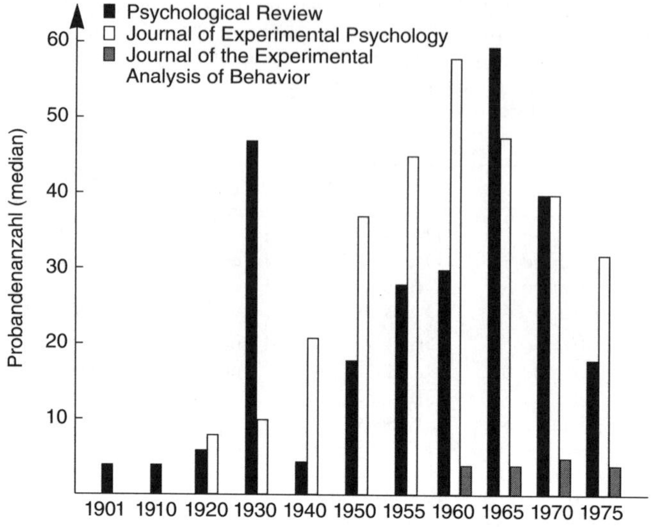

Abbildung 15.11: Entwicklung der *Groß-N-* gegenüber der *Klein-N-Forschung* in einem Zeitraum von 75 Jahren der experimentellen Psychologie. (Nach Robinson & Forster, 1979)

Die in Abbildung 15.11 dargestellte Häufigkeitsverteilung dieser Fallzahlen (*N* pro Untersuchung) bezieht sich auf zeitliche Abstände von jeweils zehn (1901–1950) bzw. fünf (1950-1975) Jahren. Die Graphik zeigt das zunächst starke Anwachsen (1920–1960/65) von etwa 5 bis auf 45 Pbn pro Versuch und dann ein deutliches Absinken (1965–1975) von etwa 55 bis auf 25 Pbn pro Untersuchung für die beiden Zeitschriften *Journal of Experimental Psychology* und *Psychological Review*. Ein solcher merklicher Abfall der Anzahl von Versuchsteilnehmern pro experimenteller Publikation (in den beiden zuletzt genannten Fachzeitschriften) ist in der Tat als sehr bemerkenswert zu bewerten. Eine statistische Interpretation dieser Daten ist aber – wenn überhaupt – nur mit Vorsicht möglich.

Auch wenn solche zeitkorrelativen Daten selbstverständlich nicht beweiskräftig sind, so ist doch unverkennbar die zunächst allgemein ansteigende, dann aber wieder deutlich abfallende *Tendenz* der Probandenfallzahlen pro Jahr. (Bzgl. der Gefahr von unzulässigen Interpretationen zeitkorrelativer Daten vgl. etwa Ω Orig 15.1, S. 181 ff). Ohnehin bedarf es eigentlich keiner solchen Häufigkeitsverteilungsanalyse, um den Autoren darin zuzustimmen, daß nicht so sehr der großen *Fallzahl* als solcher, sondern vielmehr der methodologischen *Stringenz* des jeweils verwendeten Design besonderes Gewicht beizumessen ist.

Ein konkretes Beispiel für den Wert der *Klein-N*-Versuchplanung ist mit dem erfolgreichen experimentellen Arbeiten in der *Psychophysiologie* gegeben. Andere Beispiele wären etwa in der *Tierpsychologie* oder auch in der *Psychoneuropathologie* zu finden. Hier wird auf einen *Praktikumsversuch* verwiesen (Schmielau & Schmielau-Lugmayr, 1990), in dem jeweils Paare von Versuchsteilnehmern entweder unter mentalem „Streß" (X_1) oder unter „Non-Streß" (X_2) psychophysiologisch untersucht werden (*Grundversuch 10:* „Physiologische Indikatoren erlebter Anspannung", *PrB*, Bd. II,

Kap. 10). Es handelt sich bei dem dort zu verwendenden Versuchsplan um eine einfache Abwandlung des Zeitreihendesigns in der Arbeit von Ehlers u. Cohen (1966), die ihre eigene Untersuchung im Rahmen der Entwicklung einer Stotterer-Therapie durchführten (s. S. 155 ff), nur mit dem Unterschied, daß in dem Praktikumsversuch jeweils allein zwei zuvor „gematchte" (s. Kap. 13.3) Probanden untersucht werden. Zweifellos dient ein solches Designing u. a. auch dem Ziel einer möglichst optimalen *Klein-N*-Versuchsplanung.

Im übrigen gilt hierzu ganz allgemein: Weder die große noch die kleine Fallzahl (*N*) sagt allein irgend etwas Verbindliches über die Güte – z. B. die interne Validität – einer Untersuchung aus, ganz abgesehen davon, daß es aus statistisch-methodologischen Überlegungen heraus bestimmte Möglichkeiten der Abschätzung von optimalen Stichprobengrößen für eine Untersuchung gibt (McGuigan, 1990, Chap. 12; Bredenkamp, 1980). Zu beachten ist ferner, daß es wenigstens für einige inhaltlich-methodisch geartete Fragestellungen Untersuchungsansätze gibt, die nicht zuletzt durch die Wahl eines der hier behandelten quasi-experimentellen Designs optimal im Sinne einer *Klein-N*-Versuchsplanung gefördert worden sind (Lienert, 1955). Überdies bestimmt sich das *Klein-N*-Vorgehen nicht nur durch den Typ des gewählten Designing, sondern umgekehrt bestimmt der *Sachgegenstand* und die mit diesem verbundene Fragestellung die Wahl des jeweils bestindizierten Design. Ein Beispiel dafür ist der Bereich des operanten Konditionierens (und der hierauf methodisch aufbauenden Verhaltensmodifikation), wie eingangs vermerkt wurde. Offenbar kommt hier sozusagen die Methode dem zu untersuchenden Sachgegenstand entgegen, wobei der Extremfall für die *Klein-N*-Versuchsplanung naturgemäß das $N = 1$-Designing darstellt.

Vor- und Nachteile der quasi-experimentellen Versuchspläne

In diesem Hauptteil des vorliegenden Kapitels ist besonders der forschungsstrategische Vorteil bei der Verwendung von quasi-experimentellen Designs herausgestellt worden, das sowohl grundsätzlich als auch mit Hilfe von Beispielen aus der Forschungspraxis, insbesondere der psychotherapeutischen Erfolgsforschung. Die Benutzung von quasi-experimentellen Versuchsplänen reflektiert den Wunsch und Willen, gerade in jenen zahlreichen Forschungssituationen in der Psychologie, bei denen die Gefahr der Beeinträchtigung der internen Validität durch Störfaktoren gegeben ist, methodologisch die *Kunst des Möglichen* zu leisten (s. Tab. 15.1, S. 147).

Angesichts der Vielfalt von verschiedenen Subtypen des quasi-experimentellen Vorgehens ist es auch nicht sinnvoll, etwa von „dem" quasi-experimentellen Designing zu sprechen und es generell zu bewerten. Das heißt, es müssen die jeweiligen Vor- und Nachteile immer der entsprechenden *Subtypen* in Betracht gezogen werden. Hier sind drei verschiedene von ihnen behandelt worden, nämlich eine Auswahl von experimentellen *Zeitreihenversuchsplänen*, $N = 1$*-Designs* sowie *Ausbalancierungsplänen:*

Die experimentellen *Zeitreihenversuchspläne* sind forschungsheuristisch von großer Bedeutung, da mit ihrer Hilfe eine *Prozeßforschung* systematisch vorangetrieben werden kann. Das wurde hier an Beispielen solcher Designs und ihrer Varianten gezeigt. Wenn man den oben genannten Hauptgesichtspunkt, nämlich den der „Kunst des Möglichen" im Auge behält, dann gibt es zu der Benutzung gerade eines solchen Subtyps keinerlei Alternative, auch wenn man sich darüber im klaren ist, daß es wiederum innerhalb der

Zeitreihenversuchspläne verschiedene Subvarianten mit je unterschiedlichem methodologischen Stellenwert gibt.

Die *N = 1*-Designs verdienen ebenfalls Beachtung, weil durch den Einsatz dieser Designs die Hoffnung auf einen *Brückenschlag* zwischen der Allgemeinen und der Differentiellen Psychologie genährt wird. Dies gilt unbeschadet der Tatsache, daß bis heute die inferentiell-statistische Auswertungsbasis für diese Versuchspläne z. Z. noch in der Diskussion ist. Nachteilig ist der Umstand, daß bei der Verwendung von experimentellen *N = 1*-Zeitreihendesigns notwendigerweise eine *Konfundierung* von experimenteller Bedingung sowie des äußeren und inneren davon unabhängigen Zeitgeschehens besteht. Schließlich darf nicht übersehen werden, daß eine *Verallgemeinerung* des individuellen Falls auf allgemeine Gesetzlichkeiten bis heute keineswegs gelungen ist. Das ist an dieser Stelle umso kritischer zu betonen, als das vorliegende Lehrbuch für die Anliegen der Allgemeinen und der Differentiellen Psychologie dem experimentell-korrelativen Grundmodell verpflichtet ist.

Die *Ausbalancierungspläne* stellen Versuchsanordnungen für die jeweils günstigste Abfolge von einzelnen experimentellen Bedingungen dar. In der *Systematik der Versuchspläne* interessieren diese Designs aus zwei Gründen; nämlich zum einen, weil sie eine Technik zur bestmöglichen Verwendung eines *W*-Designing (Versuchspläne mit Wiederholungsmessung) bedeuten, und zwar unter dem Aspekt der Bedingungsabfolge und deren Kontrolle; zum anderen, weil ihr Gebrauch zeigt, daß eine sachlogisch stringente resp. strikte Abgrenzung zwischen den „strengen" und den nur „quasi"-experimentellen Versuchsplänen, jedenfalls im Hinblick auf die Forschungspraxis der Psychologie, unrealistisch ist.

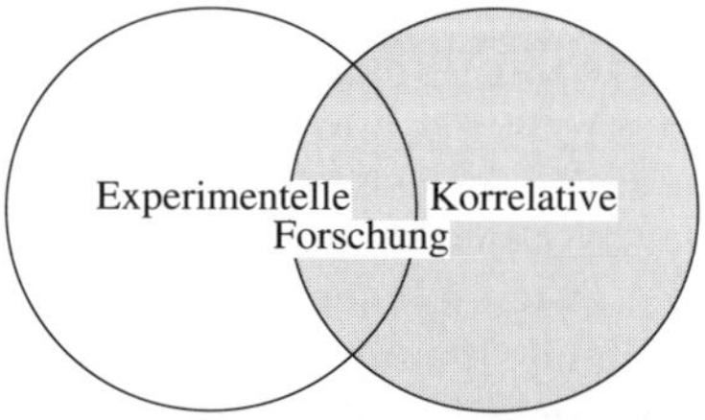

		1 Strenges Experiment	2 Quasi-Experiment	3 Ex post facto	3 Korrelative Untersuchung	4 Vorexperimentelle Untersuchung
I	Kausaltheoretische Hypothese vor Versuchsbeginn vorhanden und hinreichend begründet	+	+	(+)	–	–
II	Experimentelle Variablen manipulierbar bzw. manipuliert	+	+	–	–	–
III	Alle übrigen Versuchsbedingungen kontrollierbar bzw. kontrolliert	+	–	–	–	–

15.2 Ex post facto – Versuchsanordnungen

Bei stämtlichen bisher behandelten Versuchsplan-Typen werden die Veränderungen der abhängigen Variablen (Y) auf *Manipulation* der unabhängigen Variablen (*X*) zurückgeführt. Man kann auch sagen, daß damit *X* als Ursache für *Y* angesehen und somit ein *Kausalzusammenhang* zwischen den beiden Variablen festgestellt bzw. postuliert wird.

Allgemeines konzeptuelles Anliegen

Die *Ex post facto* – Versuchsanordnungen sind der wichtigste Prototyp einer Forschung, die sich um die Ableitung von Kausalzusammenhängen aus *nicht* manipulierten bzw. nicht-manipulierbaren unabhängigen Variablen bemüht. Als *Rahmenbeispiel* für diesen Design-Typ wird im folgenden das allgemeine Schema einer Untersuchung der Ursachen des Lungenkrebses angeführt (nach Kerlinger, 1979).

Man kann die Hypothese, daß Rauchen *Lungenkrebs* verursache, am Menschen nicht durch Manipulation der unabhängigen Variablen „Nikotingenuß" untersuchen. Denn wer wollte wohl seine Probanden etwa per Zufall in zwei Gruppen aufteilen und dann der einen ein absolutes Rauchverbot auferlegen und der anderen Gruppe die – absurde – Anweisung geben, etwa drei Jahrzehnte lang zu rauchen, bis der Untersucher bei den Teilnehmern die Entwicklung eines Karzinoms feststellen oder nicht feststellen kann. Forschungsethische Gründe verbieten selbstverständlich eine solche Realisation von Untersuchungsbedingungen, die selbst bei *Tierversuchen*, etwa im Rahmen einer Erprobung neuer Pharmaka, häufig auf Kritik stoßen.

Folglich können nur *bereits vorhandene* („statische", d. h. vorgegebene) Gruppierungen von „Rauchern" gegenüber „Nichtrauchern" zufallsmäßig ausgewählt und dann diese beiden *Stichproben* in bezug auf Lungenkrebserkrankungen vergleichend untersucht werden. In diesem Fall haben sich die einzelnen Probanden bereits – sozusagen in *Selbstselektion* – entweder der Versuchs- (Raucher) oder der Kontrollgruppe (Nicht-Raucher) „zugeordnet"; d. h. erst *nachdem* diese alternativen Gewohnheiten verfestigt und damit bereits seit langem experimentell nicht faßbare Tatsachen geschaffen wurden, wird deren kausaltheoretische Untersuchung *ex post facto* (post hoc) in Angriff genommen.

Trotz des unzweifelhaften Werts dieser Versuchsanordnung muß deren Ausgangsbasis jedoch kritisch beleuchtet werden: Da sich die beiden Probandengruppen höchstwahrscheinlich nicht nur in bezug auf die (unabhängige) Variable „Nikotingenuß" (*A*), sondern auch durch einige andere Merkmale – z. B. Extraversion, Geschlecht usw. (*B, C, D, ...*) – voneinander unterscheiden, die vom Untersucher kaum vollständig zu erkennen, geschweige denn zu kontrollieren sind, verbieten sich einfache Rückschlüsse von den Veränderungen der abhängigen Variablen *Y* auf eine Kausalwirkung der Variablen *A*. Jede andere Variable *B, C, D, ...* (oder ganze Faktorenbündel) könnte nämlich ebenfalls das Untersuchungsergebnis (mit-)verursacht haben.

Dies ist also der Grund dafür, daß ein auf dieser Ausgangsbasis gewonnenes Untersuchungsergebnis nicht „kausal" interpretiert werden darf. Vielmehr sind solche Befunde *zunächst* als einfache „korrelative" Zusammenhänge zu werten. Erst wenn es dem Untersucher gelingt, auf einer theoretisch und forschungspraktisch akzeptablen Grundlage das vorhandene statistische Datenmaterial so umzuordnen, daß die möglicherweise wirksamen („datenverzerrenden") Störfaktoren *B, C, D, ...* auf statistischem Wege nachträglich (*post hoc*) bezüglich der Versuchsgruppen *kontrolliert* werden, ist es gerechtfertigt, die dann resultierenden statistischen Befunde – *mit aller Vorsicht* – kausal zu interpretieren. Entsprechend wird hier für diese Versuchsanordnung der besondere *hypothetische* Charakter der Kausalinterpretation der korrelativen Ausgangsdaten mit einem Fragezeichensymbol („*?*") als Index zu dem hypothetischen Kausalfaktor „*X*" hervorgehoben (Design E.1).

Gesetzt den Fall, man stellte bei der Gruppe „männliche Raucher" auch noch das Auftreten der Variablen „Ängstlichkeit" (*B*) und „verheiratet mit blonder Frau" (*C*) als ebenfalls für alle Gruppenmitglieder zutreffend fest. Tatsächlich rauchen Männer mit diesen beiden Prädikaten *zufällig* – oder vielleicht doch nicht zufällig? – mehr als nichtängstliche Männer ohne blonde Ehefrauen! Was folgt daraus? Sicher nicht die Berechtigung, Kausalzusammenhänge anzunehmen, und schon gar nicht die Ableitung einer durch „Tatsachen" gesicherten Vorhersage, Männer, die mit blonden Frauen verheiratet, darüberhinaus ängstlich sind und rauchen, seien eher als andere zum Lungenkrebs disponiert. Zumindest müsse man noch weitere mögliche Variablenzusammenhänge in Betracht ziehen, als daß etwa „Ängstlichkeit" kausal mit der Variablen „verheiratet mit blonder Frau" zu verknüpfen und folglich nicht das Rauchen Grund der Entwicklung eines Lungenkrebses sei.

Als allgemeines Fazit aus dem bisher zur *Ex post facto-Anordnung* Dargestellten halten wir an dieser Stelle fest:

Die Ausgangsdaten für die Ex post facto-Anordnung sind nichts anderes als *Korrelationen,* die grundsätzlich auf der Basis einer theoretisch und methodisch legitimen Ursache-Wirkungs-Hypothese nur eine vorsichtige („vorläufige") Kausalinterpetation erfahren dürfen. Zu beachten ist auch: Methodologisch unzulässige Kausalinterpretationen werden eher zu häufig als zu selten vorgenommen, wie der Alltag in Forschung und Lehre leider zeigt.

Beispiele aus der Ex post facto-Forschung

Im folgenden werden zwei Beispiele für Ex post facto-Untersuchungen gegeben. Beide Beispiele sind dem *sozialwissenschaftlichen* Bereich entnommen. Weiter unten wird gezeigt, daß dieser Untersuchungsansatz keineswegs nur auf sozialwissenschaftliche Fragestellungen beschränkt ist.

Beispiel 1
Schulleistung und wirtschaftlicher Erfolg (Christiansen, 1935)

In dem Methodenbuch von Chapin (1956) wird eine frühe Arbeit von Christiansen (1935) beschrieben, in der die (vorgefundene) Korrelation zwischen der Höhe der „Schulleistung" und derjenigen des „wirtschaftlichen Erfolgs" eine *Erklärung* gemäß folgender *Kausalhypothese* erfahren sollte: Je größer der Lernerfolg eines Schülers auf der Oberschule, desto sicherer bedingt dies dessen späteren wirtschaftlichen Wohlstand und umgekehrt.

Zwecks Überprüfung dieser Hypothese verwendete Christiansen (1935) ein *älteres* Datenmaterial – sozusagen *ex post facto* – von Schulabgängern des Jahres 1926 und stellte hieraus eine Stichprobe von rund 2000 Fällen zusammen, die er in eine Gruppe „Schüler *mit* Abschlußexamen" und in eine andere Gruppe „Schüler *ohne* Schulabschlußzeugnis" aufteilte [$(?X_1)$ vs. $(?X_2)$].

Diese ehemaligen Schüler wurden, soweit noch erreichbar, aufgesucht und interviewt. Danach konnten aus beiden Probandengruppen die Daten von je 145 Gruppenmitgliedern herausgefunden werden, so daß schließlich zwei *verschiedene* Schulleistungsgruppen resultierten, die aber – das ist das entscheidende Merkmal der Ex post facto-Anordnung (Tab. 15.8) – einander in *sechs weiteren Variablen B, C, D, ... G,* gleich waren: Durchschnittsnoten (*B*), Alter (*C*), Geschlecht (*D*), Beruf des Vaters (*E*), sozialer Status der Nachbarschaft (*F*) sowie Nationalität der Eltern (*G*).

Die vergleichende Untersuchung dieser beiden Gruppen erbrachte, daß von der Gruppe „ehema-

Tabelle 15.8: Ex post facto – Versuchsanordnung von Christiansen (1935) mit zwei statischen Gruppen zur Untersuchung des kausalhypothetischen Zusammenhangs von „Schulerfolg" (*?X*) und späterem „beruflichem Erfolg". – Design E(?X) – p.

Design E.1	*Ex post facto* – Versuchsanordnung mit zwei vorgegebenen, experimentell nicht behandelten Versuchsgruppen: *Design E(?X) – 2.*

E

Versuchs-gruppe	Vorher-Messung	Treatment (*?X*) („Schulerfolg")	Nachher-Messung
1 („mit Schul-abschluß")	–	$(?X_1)$	$\overline{Y}_{1\ nach}$
2 („ohne Schul-abschluß")	–	$(?X_2)$	$\overline{Y}_{2\ nach}$

AV: Höhe des beruflichen Einkommens ($\overline{Y}$)

lige Schüler *ohne* Schulabschlußzeugnis" 83% der Pbn ein gleich hohes oder sogar höheres Einkommen hatten als die entsprechenden 89% der Gruppe „ehemalige Schüler *mit* erreichtem Abschlußexamen" – ein sehr geringer Unterschied, der die aufgestellte Hypothese *nicht* bestätigte.

In dieser Ex post facto-Studie wurde eine differenzierte statistische Kontrolle der (möglichen) Störbedingungen vorgenommen, um so die beiden Gruppen bis auf die kausaltheoretisch einzig interessierende Variable „Schulleistung" möglichst zu parallelisieren und zu bestmöglichen – hypothetisch-kausal relevanten – Dateninterpretationen zu gelangen.

Beispiel 2
Wohnverhältnisse und soziale Einstellungen (Deutsch & Collins, 1951)

Die amerikanischen Sozialwissenschaftler Deutsch u. Collins beschäftigten sich mit den *Ursachen* für die Einstellung von Weißen gegenüber Schwarzen, die in derselben Wohngegend lebten. Die Arbeit ist in mancher Hinsicht von aktuellem Interesse auch in bezug auf die Sozialprobleme von „Gastarbeitern" in der Bundesrepublik Deutschland.

In dieser Untersuchung wählten Deutsch u. Collins (1951) Wohnsiedlungen aus, die sich in der *unabhängigen* Variablen – nämlich der „Art der Wohnverteilung" (Wohnsiedlungssituation, *?X*) – unterschieden. Innerhalb dieser Siedlung wählten sie weiße Hausfrauen nach dem Zufallsprinzip aus. Die beiden Forscher stellten einerseits eine „Versuchs"-Gruppe zusammen, welche die Erfahrung, mit Schwarzen als Nachbarn in einem Siedlungstyp *ohne* Rassentrennung zu leben, gemacht hatte; sie wählten andererseits – ebenfalls nach dem Zufallsprinzip – eine statistische „Kontrollgruppe", die aus Bewohnern von Wohnsiedlungen *mit* Rassentrennung bestand. Aufgrund dieses Vorgehens kontrollierten die Untersucher eine Reihe von Störfaktoren wie das *sozioökonomische Niveau* der Personen und die *Erfahrung,* in einer Siedlung *mit* bzw. *ohne* Rassentrennung zu wohnen (Tab. 15.9).

Entsprechend ihrem Ergebnis, daß die Wohnsiedlungssituation (*?X*) die Art und das Ausmaß von Vorurteilen tatsächlich beeinflußt, stellten Deutsch u. Collins (1951) in ihrer Untersuchung

Tabelle 15.9: Ex post facto – Versuchsanordnung von Deutsch u. Collins (1951) mit zwei statischen Gruppen von weißen Hausfrauen zur Untersuchung des kausalhypothetischen Zusammenhangs von „Wohnsiedlungssituation" (*?X*) und sozialen Einstellungen gegenüber Schwarzen. – Design E(?X) – p.

Design E.1 Ex post facto – Versuchsanordnung mit zwei vorgegebenen, experimentell nicht behandelten Versuchsgruppen: *Design E(?X) – 2.*

	Versuchsgruppe	Vorher-Messung	Treatment (*?X*) („Wohnsiedlungssituation")	Nachher-Messung
E	*1* („ohne Rassentrennung")	–	(?X_1)	$\overline{Y}_{1\ \text{nach}}$
	2 („mit Rassentrennung")	–	(?X_0)	$\overline{Y}_{0\ \text{nach}}$

AV: Einstellungsverhalten im Fragebogen ($\overline{Y}$)

auch Fragen wie: „Wie standen Sie dazu, in dieser Wohnsiedlung zu leben, bevor Sie hierher zogen? – Haben Sie, nachdem Sie eingezogen sind, sich mit dem Gedanken befreundet, in einer Siedlung zu leben, wo es ‚mehr' – ‚etwa gleichviel' – oder ‚weniger' farbige Familien gibt? Können Sie sich daran erinnern, was Sie von Farbigen hielten, *bevor* Sie in diese Siedlung einzogen?" (Zu den Hauptbefunden dieser Arbeit vgl. Selltitz et al., 1965, 1976).

Eingedenk der Überlegung, daß eine Ex post facto-Untersuchung wenigstens auf solchen Datensammlungen beruht, aus denen – mit einiger Vorsicht – gefolgert werden kann, daß die beiden Gruppen einander *anfänglich* ähnlich waren, haben die Untersucher mittels geeigneter statistischer Erhebungsmethoden erfolgreich solche Untersuchungsmerkmale mitberücksichtigt, die auf die Erfassung von Ereignissen *vor* dem Untersuchungszeitpunkt abzielen.

Exkurs: Epidemiologische Forschung

Auch in den *biomedizinischen* Wissenschaften hat die Ex post facto-Versuchsanordnung ihre methodologische Bedeutung, und zwar besonders in der *Epidemiologie* (Susser, 1973; Pflanz, 1973; Häfner, 1978). In vielen Bereichen der Medizin – insbesondere in der Klinischen Medizin – sieht sich der Untersucher Datensituationen ausgesetzt, die sich ihrerseits zunächst nur auf die bloße Feststellung von *Korrelationszusammenhängen* beschränken. Aber auch hier ist es, wie bereits das oben angeführte Raucherbeispiel zeigen sollte, durchaus möglich, *nachträglich* („ex post") das vorhandene korrelative Datenmaterial im Hinblick auf Ursache-Wirkungs-Beziehungen zu reanalysieren, um dadurch – *versuchsweise* – möglichst einen *quasi*-kausaltheoretischen Status der
Ω ursprünglich vorgefundenen Korrelationen approximativ herzustellen (Ω Orig 15.1).

Ω Orig 15.1
Epidemiologische Untersuchungen von Suicidraten – vergleichende Korrelationsanalysen

(Ruch & Zimbardo, 1974)

Am Beispiel der epidemiologischen Analyse von Suicidraten (Selbstmordraten) soll hier, in Anlehnung an Ruch u. Zimbardo (1974) der methodologisch heikle Versuch von *kausalanalytischen* Interpretationen aufgrund *korrelativer* Daten gezeigt werden (vgl. auch Zimbardo, 1983). Dies dient hier einerseits der Absicht, das medizinisch-psychologische Anliegen der epidemiologischen Forschung verständlich zu machen, aber auch dazu, vor voreiligen Kausalschlüssen einmal mehr zu warnen. Dem methodologisch interessierten Leser wird in diesem Zusammenhang das Methodenbuch für Fortgeschrittene von Cook u. Campbell empfohlen („*Quasi-Experimentation: Design and Analysis Issues for Field Settings*“, 1979; s. auch Huitema, 1986). Im folgenden werden Ruch u. Zimbardos vorsichtige Kausalinterpretationen eingehend nachvollzogen.

In der Bundesrepublik Deutschland betrug nach den Angaben des Statistischen Bundesamtes (1972) im Jahre 1970 der Anteil der Männer an den vollendeten Suiciden 63 % gegenüber 26 % bei den Frauen – das bedeutet ein Verhältnis von etwa 2 : 1. Die Statistiken ergaben, nach Altersgruppen aufgeschlüsselt, das in Abbildung A ersichtliche Bild.

Welches sind die *Ursachen* für Suicide und Suicidversuche überhaupt; und an welchen besonderen Ursachen liegt es, daß Männer im Vergleich zu Frauen soviel mehr Selbstmorde begehen? Ferner: Woran liegt es, daß erst mit zunehmendem Alter bei beiden – Männer und Frauen – die Suicidrate ständig ansteigt, allerdings bei den Frauen nach dem 60. Lebensjahr stagniert, hingegen bei den Männern weiter ansteigt?

Die genauen Verhältniszahlen für die ausgewählten Altersstufen sind der Tabelle A zu entnehmen. Die Daten beruhen auf einer Versuchsanordnung, welche als ein bivariates *korrelatives 2 x 6*-Design zu interpretieren ist. Klarerweise dürfen diese korrelativen Befunde nicht kausal interpretiert werden. Eine Behauptung etwa der Art „Ein Mann im Alter von 35 Jahren begeht mit größerer Wahrscheinlichkeit Selbstmord als eine Frau mit 20 Jahren, ‚*weil*‘ die Variablen *Maskulinität* und *Alterszunahme* Selbstmordabsichten ‚versursachen‘“, ist methodologisch unhaltbar und daher als unzulässig zurückzuweisen.

Anhand des zur Verfügung stehenden statistischen Datenmaterials werden im einzelnen die *möglichen* Verursachungen, so wie diese in der einschlägigen Fachliteratur hypostasiert werden, von Ruch u. Zimbardo (1974) entweder verworfen oder mit der wissenschaftlich gebotenen größtmögli-

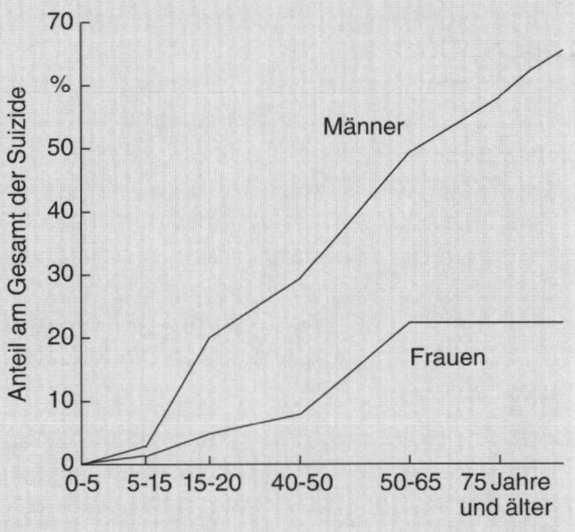

Abbildung A: Anteile am Gesamt der Suicide bei Männern und Frauen in der Bundesrepublik Deutschland im Jahre 1970, getrennt nach Altersstufen. (Nach Angaben des Statistischen Bundesamtes 1972)

Tabelle A: Korrelative bivariate Versuchsanordnung zu einer Suicid-Erhebung in der Bundesrepublik Deutschland für das Jahr 1970, spezifiziert nach den soziologischen Merkmalen *(Organismusvariablen) „Geschlecht"* und *„Alter"*. – Design KK_{tr} – p × q. (Nach den Angaben des Statistischen Bundesamtes 1972).

Design K.2 Eine allgemeine zweidimensionale Chi^2-Versuchsanordnung (zweidimensionale Tafel mit p = 2 und q = 6 Stufen): *Design* $KK_{tr} - 2 \times 6_{tr}$

K_{tr}

K

Variable A („Geschlecht")	Variable B („Alter")					
	B_1 „0–5 J."	B_2 „5–15 J."	B_3 „15–25 J".	B_4 „40–50 J."	B_5 „50–65 J."	B_6 „75 J. u. älter"
♂	0	3	20	30	50	62
♀	0	1	5	8	25	26

chen Zurückhaltung als „möglicherweise" relevant, d. h. als hypothetisch *nicht* auszuschließen erachtet. – Als mögliche Ursachenkomplexe werden insbesondere die *bioklimatischen, soziologischen* (z. B. beruflichen) sowie *persönlichkeitsrelevanten* Zusammenhänge erörtert bzw. verworfen:

Bioklimatische Bedingungen. – Es werden Daten von Maris (1969) herangezogen. In dieser Arbeit wurden u. a. statistisch gut gesicherte korrelative Beziehungen zwischen Jahres- sowie Tageszeiten und der Häufigkeit verübter Suizide aufgedeckt. Sie geschehen meistens im Frühjahr (am seltensten im Winter) sowie am späten Nachmittag (am seltensten am Morgen). – Schlüssige *Erklärungen* für diese und andere ansonsten prognostisch gut gesicherten Zusammenhänge aber können diese Daten nicht liefern.

Soziologische Bedingungen. – Hier werden Statistiken angeführt, wonach etwa der *Familienstand* im Zusammenhang mit der Selbstmordrate gesehen werden kann (Abb. B). Dabei ließen sich wiederum statistisch gut gesicherte Zusammenhänge etwa zwischen stark belastenden Lebensumständen und der Suicidrate feststellen, so daß derlei Daten geradezu ein „Prognose"-Charakter – allerdings noch keine Kausalbedeutung – zukommt (vgl. zu „Vorhersage" und „Erklärung" Bd. 1, Kap. 4.2).

Von soziologischem Interesse ist u. U. auch die Aufschlüsselung der nach den *Berufen* von Selbstmördern erhobenen Daten. Beispielsweise wird berichtet: Suicid verüben Menschen, die durch ihren Beruf überlastet, insbesondere in der Übernahme von Ver-

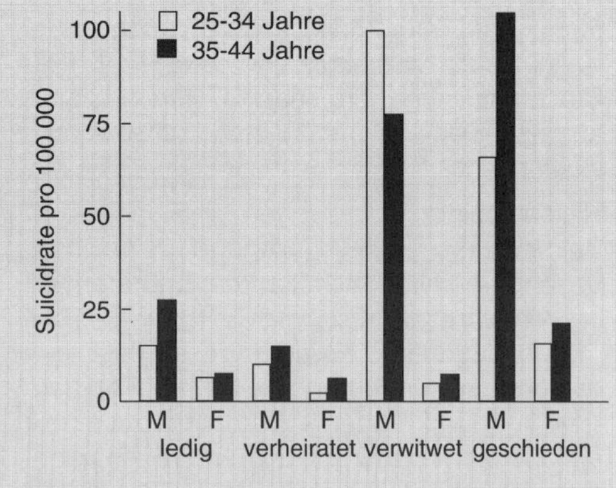

Abbildung B: Suicidrate pro 100 000 der USA-Bevölkerung bei Männern und Frauen je nach Familienstand. (Nach Angaben des *National Office of Vital Statistics, 1959; nach Ruch & Zimbardo, 1974)*

antwortung für das Wohlergehen anderer Menschen überfordert werden. Das *National Institute of Mental Health* veröffentlichte Forschungsergebnisse, nach denen zwischen 1965 und 1967 die Zahl etwa der Ärzte – insbesondere Psychiater –, welche in den USA Selbstmord verübten, größer war als die Zahl der durch Autounfälle, Ertrinken, Flugzeugabstürze und Morde in derselben Zeit ums Leben Gekommenen.

Persönlichkeitsrelevante Bedingungen. – Hier sind mit der Suicidwahrscheinlichkeit korrelativ verknüpfte Persönlichkeitsmerkmale zu nennen, die in *Wechselwirkung* mit den sozialen Lebensumständen eines Suicidgefährdeten stehen können. Beispielsweise behandeln Ruch u. Zimbardo die Rolle des *Abschiedsbrief* (1974, 453) wie folgt:

„Inhaltsanalysen der Abschiedsbriefe von echt entschlossenen Selbstmördern und von Simulanten deckten eine Anzahl von Unterschieden zwischen diesen beiden Gruppen von Dokumenten auf: Die ernstgemeinten gaben genauere Informationen, konkretere Anweisungen, enthielten sexuelle Themen und das Wort ‚Liebe' häufiger ..."

Zusammenfassend halten wir an dieser Stelle fest: Aus den umfangreichen statistisch-*korrelativen* Datensätzen zur Suicidproblematik, die unsere ganze medizinische, klinisch-psychologische und auch gesellschaftlich ausgerichtete Aufmerksamkeit verlangen, wissen wir zumindest in methodischer Hinsicht zweierlei:

(1) Die statistisch gesicherten Zusammenhänge lassen heutzutage bestenfalls nur die Aufstellung von sog. *multivariat-korrelativen* Regressionsgleichungen zu. Eine damit verbundene (multi-)*kausale* Erklärungsbasis – z. B. durch statistische *Pfadanalysen* – für die medizinisch-biosozialen Bedingungen der Suicide ist aber wissenschaftlich bisher noch nicht gefunden worden.*

* Verf. ist der Auffassung, daß ein möglicher Beitrag zur Ursachenerforschung für Suicide ein wichtiger Prüfstein für den epidemiologischen Nutzwert der sog. *Pfadanalyse* sein könnte bzw. sollte. Bisher ist darüber nicht berichtet worden (s. Bentler, 1980; Brandstätter & Bernitzke, 1976).

(2) Das sprichwörtlich bekannte *Kausalbedürfnis* des Menschen findet seinen natürlichen Ausdruck u. a. auch in der epidemiologischen Forschung – hier aufgezeigt am Beispiel eines äußerst ernsten Problems einer Bevölkerungsminorität. Von daher ist gerade in einem solchen Interessenbereich selbst ein nur spekulativer Forschungszugang im Rahmen einer ansonsten streng wissenschaftlichen Forschungsorientierung zu begreifen.

Abschließend ist noch darauf hinzuweisen, daß die *Suicid*--Thematik darüberhinaus die vielfältige Verflochtenheit von substantiellen Erkenntnisinteressen der verschiedenen Wissenschaftbereiche, die es mit dem Menschen zu tun haben, berührt. Nichtsdestoweniger sind aber alle einschlägigen „multidimensionalen" Einzelfakten, die sich bisher zahlenmäßig haben erfassen lassen, in bezug auf ihr tatsächliche Bedeutung als Kausalfaktoren z. Z. noch weitgehend unbekannt.

Literatur

Bentler, P. M.: Multivariate analysis with latent variables: Causal modeling. Annual Review of Psychology, 1980, *31,* 419–456.

Brandstätter, J. & Bernitzke, F.: Zur Technik der Pfadanalyse: Ein Beitrag zum Problem der nichtexperimentellen Konstruktion von Kausalmodellen. Psychologische Beiträge, 1976, *18,* 12–34.

Cook, T. D. & Campbell, D. T.: Quasi-experimentation: Design and analysis issues for social settings. Chicago: Rand McNally, 1979.

Huitema, B. E.: The analysis of covariance and alternatives. (2nd ed.) New York: Wiley, 1986.

Maris, R. E.: Forces in urban suicide. Homewood, Ill.: Dorsey Press, 1969.

National Institute of Mental Health: National Office of Vital Statistics. Unpublished data, 1959. Reported in R. W. Maris, 1969. (Zit. nach Ruch & Zimbardo, 1974.)

Ruch, F. L. & Zimbardo, P. G.: Lehrbuch der Psychologie. Berlin: Springer, 1974.

Statistisches Bundesamt (Hrsg.): Jahrbuch des Statistischen Bundesamtes, 1972. (Zit. nach Ruch & Zimbardo, 1974.)

Zimbardo, P. G.: Lehrbuch der Psychologie. (4. Aufl.) Berlin: Springer, 1983. (8th ed., 1988.)

Aus dem in Ω Orig 15.1 am Beispiel der Quasi-Kausalanalyse von Suicidraten Gezeigten können wir die Grundschwierigkeit erahnen, in der sich der *Epidemiologe* befindet, wenn er mit einer solchen korrelativen Datensituation konfrontiert ist (Holden, 1986; Wintemute et al., 1988). – Allgemein gilt: Derlei Untersuchungssituationen mit ihren jeweils anfallenden Befunden beschränken sich zumeist auf die bloße Feststellung von *Korrelationszusammenhängen,* wobei typischerweise die nachträgliche statistische Kontrolle der (hypothetischen) Störfaktoren *B, C, D,* ... meistens aus *praktischen* Gründen nicht oder nur unvollständig gelingt.[4] Dabei ist auch zu bedenken: Man kann auf der Basis der Ex post facto-Anordnung immer nur eine *Auswahl* unter den jeweiligen statistisch zu kontrollierenden Bedingungen treffen, unter denen in der *Vergangenheit* bereits erfolgte Manipulationen zu beobachten waren; man kann nicht Bedingungen schaffen bzw. diese statistisch kontrollieren, die sich auf *zukünftige* Veränderungen beziehen, eben weil man diese nicht kennt.

Entsprechend dieser Situation hat der Epidemiologe die methodologisch im einzelnen schwierige Aufgabe, einen methodisch-inhaltlich akzeptablen „Mittelweg" zu gehen, der die beiden extremen Vorgehensweisen vermeidet: das bloße Akzeptieren irgendwelcher singulären statistischen Zusammenhänge ohne jede kausaltheoretisch relevante Erklärungsansprüche einerseits sowie das ungeprüfte und damit methodologisch unhaltbare „Hineininterpretieren" eines *Kausalcharakters* in die lediglich statistisch gesicherten Korrelationen andererseits.

Abschließend sei noch darauf hingewiesen, daß es nützlich ist, mit den Aufgaben der Ex post facto-Forschung auf möglichst konkrete Weise vertraut zu werden (s. *PrB,* Bd. III, Kap. 15.4).

Vor- und Nachteile der Ex post facto-Versuchsanordnungen

Verglichen mit den quasi-experimentellen Versuchsplänen, liegt bei der Ex post facto-Versuchsanordnung keinerlei Manipulation seitens eines Untersuchers vor (sondern es wird lediglich auf eine oder mehrere hypothetische „Verursachungen" zurückgeschlossen). Schon aus diesem Grund ist bei der Verwendung dieser Anordnung von vornherein größte Vorsicht geboten. Beispielsweise hat Meehl (1970, 1971) einige der *methodologischen* Grundschwierigkeiten der Ex post facto-Anordnung herausgearbeitet, die auch dann bestehen, wenn man besonders sorgfältig arbeitet. Während dabei die methodischen Komplikationen im einzelnen sehr verwickelt sind, genügt es hier, daß Grunddilemma dieser auf hypothetisch-kausaltheoretische Aussagen zielenden Methode behandelt zu haben. Dabei ist besonders festzuhalten: Schon weil *„post hoc"* hergestellte „Versuchs"- und „Kontroll"-Gruppen *nicht* zufällig den denkbar möglichen Bedingungen (*?X*), nach welchen man sucht, zugeteilt sind, besteht keine exakte Möglichkeit ihrer nachträglichen statistischen Kontrolle.

Der Nachteil der Verwendung einer Ex post facto-Anordnung besteht in der – letztlich – vergeblichen Suche nach möglichen „Kausal"-Beziehungen bei (nur) korrelativen Datensätzen.

[4] Grundsätzlich gilt natürlich auch: Nicht die Berechnung von *Korrelationen* ist entscheidend dafür, ob eine Studie als *korrelativ* oder als *experimentell* einzustufen ist, sondern ausschlaggebend ist das Vorliegen bzw. Nichtvorliegen einer experimentellen Variablenmanipulation.

15.3 Korrelative Versuchsanordnungen

Unter einer korrelativen Versuchsanordnung versteht man einen Versuchsplan, der mit dem Ziel der Prüfung eines *korrelativen* Zusammenhangs zwischen zwei oder mehreren Variablen benutzt wird (Yaremko et al., 1983). Damit ist eine korrelative Untersuchung (*non-manipulativer Forschungsansatz*) klar von einem jeden experimentellen Versuchsplan (manipulativer Untersuchungsansatz) abgegrenzt.

Im letzten Abschnitt dieses Kapitels wird zunächst das allgemeine konzeptuelle Anliegen der korrelativen Versuchsplanung dargestellt; danach werden einige Beispiele für solche Versuchsanordnungen gegeben. In einem Exkurs wird schließlich auf die sog. multivariat-korrelativen Versuchsanordnungen hingewiesen.

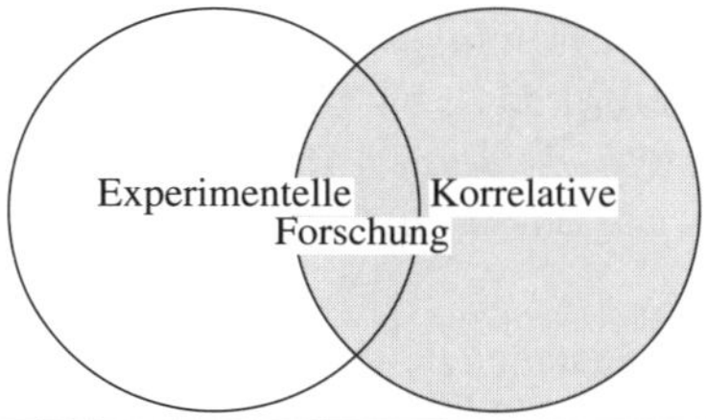

		1 Strenges Experiment	2 Quasi-Experiment	3 Ex post facto	3 Korrelative	4 Vorexperimentelle Untersuchung
				Untersuchung	Untersuchung	
I	Kausaltheoretische Hypothese vor Versuchsbeginn vorhanden und hinreichend begründet	+	+	(+)	–	–
II	Experimentelle Variablen manipulierbar bzw. manipuliert	+	+	–	–	–
III	Alle übrigen Versuchsbedingungen kontrollierbar bzw. kontrolliert	+	–	–	–	–

Allgemeines konzeptuelles Anliegen

Abgesehen davon, daß im Rahmen der Experimentalpsychologie ein jedes Eingehen auch auf korrelative Versuchsanordnungen vor allem einer einfachen Abgrenzung dieser Anordnungen gegenüber den experimentellen (manipulativen) Versuchsplänen dient, ist es darüberhinaus wichtig, den vielfältigen Stellenwert der Verwendung der Korrelationsforschung für das psychologische Experiment zu berücksichtigen. Das allgemeine konzeptuelle Anliegen, das mit der Darstellung von korrelativen Versuchsanordnungen verbunden ist, wird hier nach drei verschiedenen Gesichtspunkten – nach den Aspekten der *Meßmethodologie,* des experimentellen *Designing* und der *statistischen Kontrolle* – erläutert.

Korrelationsforschung und Meßmethodologie. – Die *Zuverlässigkeit* (Reliabilität) und *Gültigkeit* (Validität) von Messungen, die im Hinblick auf die *UV* und die *AV* eines jeden psychologischen Experiments zu beachten sind, lassen sich in der Psychologie nur über die verschiedenen Verfahren der Korrelationsberechnungen bestimmen (s. „Gütekriterien psychologischer Messungen", Kap. 17.1). In der Experimentalpsychologie wird dieser basale Sachverhalt nicht immer gebührend beachtet. Aber unter Bezugnahme auf den in Tabelle 15.1 (s. S. 147) angeführten validitätsbeeinträchtigenden *Faktor 4* (Instrumentarium) sollte man dieser Frage der Meßmethodologie stets eingedenk sein („Indikatormethodologie"; s. Bd. 1, Kap. 7.1, 7.2 u. 9.1).

In jedem psychologischen Experiment sind die jeweils zu verwendenden *UV* und *AV* demnach stets im Hinblick auf die Kriterien der Meßgenauigkeit (Präzision i. S. von Reliabilität) und der *Meßgültigkeit* (i. S. von Validität) zu beurteilen. Ein Beispiel für den korrelativen Forschungsansatz bei der Untersuchung bzw. Prüfung auf gegebene Meßgültigkeit liefert das von Campbell u. Fiske (1959) entwickelte Verfahren, das unter dem Namen *„Multitrait-Multimethod"* eingeführt ist und seine Bedeutung im Rahmen einer *methodenkonvergenten* Sicherung der Konstruktvalidität von *UV* und *AV* hat.

Eine einführende Behandlung findet sich bei Neale u. Liebert (1973, Chap. 6); ein Praktikumsversuch behandelt dieselbe Thematik (s. *Arbeitsprojekt 5:* „Konstruktvalidierung von Aggressionsmessungen: Der Multitrait-Multimethod-Untersuchungsansatz", *PrB*, Bd. III, Kap. 17).

Strenges experimentelles und korrelatives Designing. – Das *korrelative* Designing läßt sich im Zusammenhang mit im übrigen als streng experimentell geltenden Versuchsplänen sinnvoll verwenden. Zwei besonders bekannte Beispiele dafür sind die *Blockversuchspläne* (Kap. 13.3, S. 97 ff) und die *Mischversuchspläne* (Kap. 14.2, S. 117 ff). Wie dort im einzelnen gezeigt, stellt namentlich das *RO*-Designing-Prinzip der Mischversuchsplanung in manchen Bereichen der Psychologie eine der wesentlichen Voraussetzungen für ein experimentalpsychologisch sinnvolles Vorgehen dar. Angesichts der Relevanz eines solchen *korrelativ*-experimentellen Forschens wird daher auf diese Kapitel mit Nachdruck zurückverwiesen.

Korrelativ-statistische Kontrolle in der Experimentalpsychologie. Auch bei streng experimentell durchgeführten Versuchen kommt es vor, daß sich *Zufallsgruppen* z. B. bezüglich ihrer Ausgangsmessungen (Vorhermessungen) statistisch gesichert voneinander unterscheiden. Dieser wahrscheinlichkeitstheoretisch begründbare Sachverhalt hängt damit zusammen, daß selbst beim Walten des reinen Zufalls die Aufteilung einer Gesamtgruppe in Untergruppen zwar äußerst selten, aber doch auch zu voneinander verschiedenen Untergruppen führen kann. Ist dies der Fall, so kann mittels des statistischen Verfahrens der *Kovarianzanalyse* diese Gruppenungleichheit im nachhinein in Rechnung gestellt, d. h. statistisch korrigiert werden (Kap. 18.2).

Während diese drei Aspekte die wichtigsten Gesichtspunkte für den Einsatz von korrelativen Prinzipien im Rahmen des psychologischen Experimentierens sind, gibt es auch noch andere interessante Überlegungen hierzu. Beispielsweise kann das Ausmaß eines experimentellen Effekts die relative Stärke der Wirkung einer *UV* (Primärvariable) auf eine *AV* über eine Korrelation präzise angegeben werden. Oder es kann der Korrelationskoeffizient (*r, Rho*) – anstelle des sonst üblichen Kennwerts der zentralen Tendenz (Mittelwert) – als *AV* fungieren (Matheson et al., 1978). Ferner spielt die statistische

Korrelation zwischen mehreren abhängigen Messungen (AV_1, AV_2, AV_3, …, usw.) bei der Datenauswertung für einen multivariaten experimentellen Versuch eine erhebliche Rolle (s. *MANOVA*, Kap. 14.3, S. 129 f). Wichtig ist aber, daß man im Gegensatz dazu unter sog. *„korrelativer Versuchsplanung“* üblicherweise etwas anderes versteht, nämlich die Korrelation zwischen zwei oder mehr *AV* (abhängigen Variablen) ohne Einschluß irgendwelcher experimenteller *UV* (◇ Demo 15.1). ◇

Im letztdargestellen Sinne haben korrelative Versuchsanordnungen im Rahmen der Experimentalpsychologie keinen systematisch anerkannten Stellenwert. Selbstverständlich bedeutet diese Feststellung nicht etwa eine Negierung der inhaltlichen Relevanz von Datensätzen, die der „korrelativen“ Psychologie – sensu Cronbach (1957, 1975) u. a. – entstammen; das Gegenteil ist vermutlich der Fall. Aber eine auf die Analyse von *Kausalbeziehungen* ausgerichtete Experimentalpsychologie hat in *methodologischer* Hinsicht mit den (puren) *korrelativen Designs* nichts gemein. Anhand der nachfolgenden Beispiele für korrelative Versuchsanordnungen wird das hiermit Gemeinte näher verdeutlicht.

Beispiele für korrelative Versuchsanordnungen

Beispiele für korrelative Versuchsanordnungen finden sich bereits in diesem Band in ○ Illu 11.1 (Kap. 11) sowie in Ω Orig 15.1. Diese werden durch die folgenden drei Kurzbeispiele ergänzt, und das mit der Absicht zu zeigen, daß trotz einer intuitiv „plausiblen“ kausalen Dateninterpretation ein Kausalschluß jeweils unzulässig ist.

Beispiel 1
Geschlechtsrollendifferenzierung als Funktion des Alters und des Geschlechts (aus Hilgard et al., 1979)

Eine entwicklungspsychologische Studie befaßt sich mit dem Nachweis der Abhängigkeit der Geschlechtsrollendifferenzierung (*AV*) von den Variablen *Alter (A)* und *Geschlecht (B)* der Kinder. Das Schema einer solchen Versuchsanordnung ist in Abbildung 15.12 dargestellt.

Faktor A Alter in Jahren

Faktor B Geschlecht

	5	6	7	8
Jungen	15,0	16,4	19,0	21,2
Mädchen	14,7	15,8	17,0	17,3

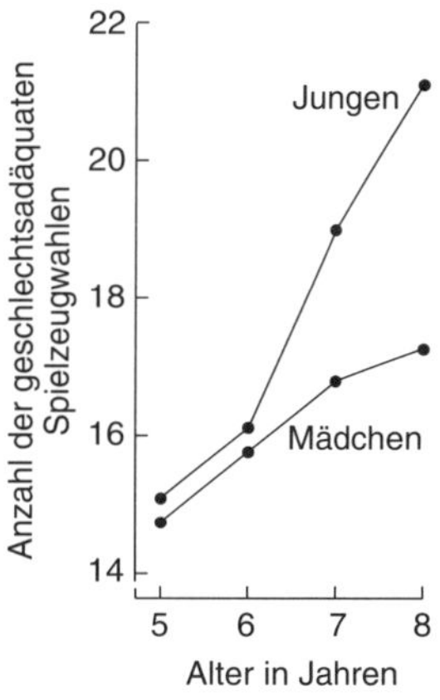

Abbildung 15.12: Zusammenhang zwischen *Alter* (vierfach abgestufter Faktor A), *Geschlecht* (zweifach abgestufter Faktor B) und der Anzahl geschlechtsadäquater Spielzeugwahlen (*AV*) bei 5- bis 8jährigen Jungen und Mädchen. – Links: Schema der Versuchsanordnung mit Ergebnisdaten; rechts: graphische Ergebnisdarstellung. (Nach DeLucia, 1963; zit. nach Hilgard et al., 1979, und Wilkening & Wilkening, 1980)

Wie den altersspezifischen Ergebnistrends zu entnehmen, wächst die geschlechtsadäquate Spielzeugwahl für beide Geschlechter mit zunehmendem Alter, wobei die Jungen diese Geschlechtsrollendifferenzierung deutlich rascher als die Mädchen vollziehen. Es liegt ein Wechselwirkung (nonparallele Alterstrends) in dem Sinne vor, daß mit höherem Alter die diesbezügliche Geschlechtsdifferenz zunimmt. – Das dem Versuchsschema entsprechende *Design* ist in ○ Illu 11.1, Tab. A (S. 15) veranschaulicht und wird hier daher nicht wiederholt.

Während typischerweise jeder von uns eine *Vermutung* („Erklärung") für ein solches Untersuchungsergebnis wie das zitierte hat, ist andererseits doch auch ebenso klar, daß hier keinerlei Kausalinterpretation dieser Daten statthaft ist.

Beispiel 2
Erfindungsreichtum von Wissenschaftlern in Abhängigkeit von Kreativität und sozialer Stabilität (aus Manis, 1971, 1976)

Die Arbeit untersucht den Zusammenhang zwischen dem *Einfallsreichtum* von Wissenschaftlern (*AV*) und deren testpsychologisch erfaßten *„Kreativität"* (UV_1) einerseits sowie deren *„sozialen Stabilität"* (UV_2) andererseits (Abb. 15.13). Die Ergebnisse dieser Untersuchung, deren *korrelatives* Design auf derselben Versuchsanordnung basiert, die in ○ Illu 11.1, Tab. A vorgestellt wurde, machen deutlich, daß eine positive Korrelation zwischen der Höhe der *Kreativität* und dem *Erfindungsreichtum* lediglich für den in einem stabilen Arbeitsverhältnis stehenden Wissenschaftler gilt, während bei den „instabil" beschäftigten Wissenschaftlern diese Beziehung gegenläufig ist; d. h. es besteht eine *disordinale* Wechselwirkung (vgl. Abb. 13.8, S. 76). – Obschon ein solches Ergebnis eine dem Kausalbedürfnis entsprechende *Vermutung* nahelegt, daß auch ein „Genie", wenn es nicht gefördert wird, sozusagen absackt, so ist dies doch eine psychologisierende Erklärung, die wissenschaftlich nicht als stringent nachgewiesen gilt.

Ausführlicher dargestellt und als Praktikumsversuch ausgearbeitet – mit einem anderen Designing – findet sich diese Thematik im *Praktikumsbuch* (s. *Arbeitsprojekt 3:* „Originalität und kreative Leistungen", *PrB*, Bd. III, Kap. 15).

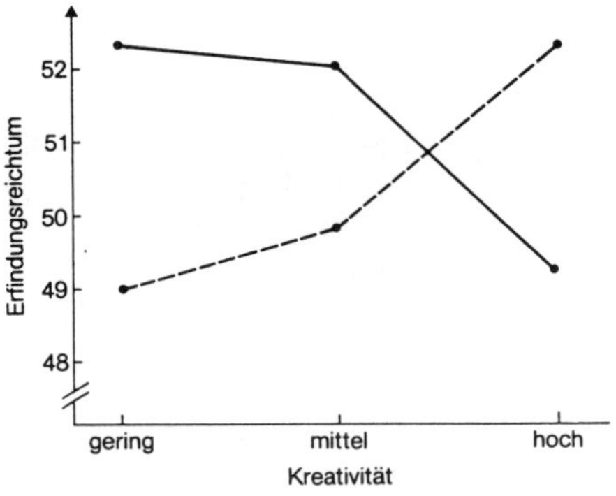

Abbildung 15.13: Erfindungsreichtum (innovativer Leistungsskore, *AV*) von Wissenschaftlern in Abhängigkeit von der allgemeinen Kreativität (Abszisse, UV_1) und dem „stabilen" (---) versus „instabilen" (—) Arbeitsverhältnis (UV_2). – *Korrelative* Untersuchung mit disordinaler Wechselwirkung zwischen UV_1 und UV_2. (Nach Manis, 1971)

Beispiel 3
Körperbau und psychopathologische Typologie: Kretschmers Lehre von „Körperbau und Charakter"

Dieses Beispiel befaßt sich mit der *Korrelation* von Körperbau (leptosom, pyknisch, athletisch) einerseits und einer der drei bekannten Formkreise der endogenen Psychose (Schizophrenie, manisch-depressives Irresein, Epilepsie) andererseits.

Die in Tabelle 15.10 in den einzelnen Zellen enthaltenen Klammerausdrücke entsprechen dem jeweiligen statistischen Erwartungswert (Lienert, 1979); die Zahlen in den stark umrandeteten Zellen liegen statistisch gesichert über den jeweils geklammerten Zahlen, so daß dieses Zahlenmaterial in der Tat einen gesicherten Zusammenhang zwischen *„Körperbau und Charakter"* im Sinne von Kretschmers (1977[26]) Typologie nahelegt. – Allerdings ist bis heute die eigentliche psychopathologische *Verursachung* dieses wissenschaftlich unbestrittenen korrelativen Sachverhalts noch gänzlich unbekannt.

Tabelle 15.10: Korrelative Zuordnung der Häufigkeiten von bestimmten Geisteskrankheiten zu bestimmten Körperbautypen nach Kretschmer. (In Klammern die *statistisch* erwarteten Häufigkeiten, insofern *kein* Zusammenhang besteht). (Zit. nach Hofstätter, 1957)

Körperbau	Geisteskrankheiten		
	Schizophrenie	Manisch-depressives Irresein	Epilepsie
Leptosom	2632 (2114)	261 (549)	378 (608)
Pyknisch	717 (1085)	879 (282)	83 (312)
Athletisch	884 (911)	91 (237)	435 (262)

Ergänzend sei noch hinzugefügt, daß den einfachsten Fall einer *korrelativen K x K-Versuchsanordnung* naturgemäß deren 2 x 2-Plan darstellt, dessen allgemeines Designschema in Tabelle 15.11 enthalten ist. Einer solchen Versuchsanordnung entspricht etwa eine Reduktion aller der in den oben angeführten Beispielen genannten Variablen auf jeweils nur $p = q = 2$ Abstufungen (zum *Vierfelderschema* s. Lienert, 1973, 1978; Bortz et al., 1990).

Exkurs: Multivariate korrelative Versuchsanordnungen

In dem vorangegangenen Abschnitt über *korrelative* Versuchsanordnungen interessierte immer nur der Zusammenhang zwischen je *zwei* Variablen. Die Verallgemeinerung der Untersuchung eines korrelativen Zusammenhangs von zwei auf drei, vier ... oder mehr Variable stellt das dar, was unter der Bezeichnung *„multivariate (Korrelations-) Analyse"* bekannt ist.

Mit der experimentellen Psychologie hat Ronald B. Cattell (1976, 1980) sein *„Handbook of*

Tabelle 15.11: Korrelative Versuchsanordnung: Eine 2 × 2 – Chi^2 – Versuchsanordnung. – Design KK – 2 × 2.

Design K.1 Eine *2 × 2* – Chi^2-Versuchsanordnung* (Vierfeldertafel mit den Häufigkeitssymbolen f_1, f_2, f_3, f_4 zur Berechnung der Chi^2-Prüfgröße für den Zusammenhang der beiden Variablen *A* und *B*): *Design KK – 2 × 2.*

K

		Variable B B_2	B_2	Summe:
K	*Variable A* A_1	f_1	f_2	$(f_1 + f_2)$
	A_2	f_3	f_4	$(f_3 + f_4)$
	Summe:	$(f_1 + f_3)$	$(f_2 + f_4)$	N

* Die Chi^2-Prüfformel für die Vierfeldertafel geht u. a. von den Zeilen- und Spalten-*Randsummen* aus und lautet: $Chi^2 = (f_1\, f_4 - f_2\, f_3)^2 \times N/(f_1 + f_2)\,(f_3 + f_4)\,(f_1 + f_3)\,(f_2 + f_4)$.

Experimental Multivariate Psychology", das auch in deutscher Übersetzung erschienen ist, in Zusammenhang gebracht. Dieses multivariat-korrelativ orientierte Handbuch hat allerdings mit der experimentell-manipulativ ausgerichteten Psychologie nur wenig zu tun, da so gut wie alle Beiträge des Handbuchs ausschließlich dem *korrelativen* Forschungsansatz verpflichtet sind.

Während nicht zu verkennen ist, daß das wissenschaftliche Streben nach *kausalrelevanten* Analysen auch hier vielen der *Korrelationsforschung* verpflichteten Arbeiten gilt, muß andererseits festgestellt werden, daß bis heute der gewünschte Nachweis dafür, daß man auf korrelationsanalytischem Wege „Kausalforschung" leisten könne, nicht erbracht worden ist. Wichtige Arbeiten, die sich mit dieser Grundsatzfrage befassen, stammen z. B. von Bentler (1980), Magnusson (1984) sowie Nesselroade u. Baltes (1984). Im folgenden werden abgrenzungshalber zwei Beispiele für *multivariate* korrelative Versuchsanordnungen gegeben. Damit soll die Bedeutung der multivariat-korrelativen Verfahren ansatzweise erhellt werden.

*Beispiel 4 (multivariat-*korrelativ)
Soziale Schichtzugehörigkeit, Leistungs- und Werteinstellung sowie Erfolgsglauben

Während der vergangenen mehr als dreißig Jahre wurden die Beobachtungen von objektiv meßbaren Leistungsunterschieden in der Schule und am Arbeitsplatz wiederholt zum Anlaß genommen, die Beziehung zwischen Leistungsmotivation und sozialer Schichtzugehörigkeit zu untersuchen (s. allgemein Heckhausen, 1980). Die hier anzuführende Arbeit (Rosen, 1958) hatte die Analyse der Zusammenhänge zwischen den drei Variablen *Schichtzugehörigkeit* (5stufig), *Leistungs- und Werteinstellung* (2stufig) sowie *Erfolgseinstellung* (2stufig) zum Gegenstand. Dieser Untersuchung entspricht die in Tabelle 15.12 dargestellte Versuchsanordnung.

Die *Versuchsresultate* dieser Arbeit wiesen deutliche Unterschiede zwischen den „sozialen Schichten" (Variable *A*) und den „Einstellungen" (Variable *B, C*) auf. Insgesamt ergab sich, daß mittelständische Kinder, deren Eltern anspruchsvolle Wertsysteme als erreichbare Erziehungsziele vertreten, durchaus an Erfolg glauben und dementsprechend auch eine befriedigende Leistungsmotivation entwickeln. Wie schon die vorangegangenen Beispiele deutlich gemacht haben, so zeigt auch dieses Datenbeispiel Zusammenhänge auf, die von großem inhaltlichen Interesse sind. Gleichwohl haben solche *korrelativen* Analysen mit der experimentellen Methode der Ursachenforschung nichts gemein.

Tabelle 15.12: Dreifaktorielle korrelative Versuchsanordnung der Untersuchung von Rosen (1958) zur Analyse des Zusammenhangs zwischen „Schichtzugehörigkeit" (Variable *A*), „Leistungs- und Werteinstellung" (Variable *B*) und allgemeiner „Erfolgseinstellung" (Variable *C*). (Ergebnisse in Klammern; Häufigkeiten f_{ijk} in Prozentangaben).

Design K.3 Dreifaktorielle korrelative Versuchsanordnung (dreidimensionale Chi^2-Kontingenztafel) mit p = 5, q = 2 und r = 2 Stufen:
Design KKK – 5 × 2 × 2.

KK

	Versuchsgruppe („Schichtzugehörigkeit")	Variable B („Leistungseinstellung") B_1 („positive L.") Variable C („Erfolgseinstellung") C_1 („positive E.")	B_1 C_2 („negative E.")	B_2 („negative L.") Variable C („Erfolgseinstellung") C_1 („positive E.")	B_2 C_2 („negative E.")
K	A_1	f_{111} } (83)	f_{112} } (17)	f_{121} } (77)	f_{122} } (23)
	A_2	f_{211}	f_{212}	f_{221}	f_{222}
	A_3	f_{311} (43)	f_{312} (57)	f_{321} (70)	f_{322} (30)
	A_4	f_{411} (30)	f_{412} (70)	f_{421} (33)	f_{422} (67)
	A_5	f_{511} (23)	f_{512} (77)	f_{521} (17)	f_{522} (83)

AV: Häufigkeit von positiver und negativer Erfolgseinstellung (f_{ijk})

Beispiel 5 (multivariat-korrelativ)
Faktorenanalytische Darstellung von Leistungsfaktoren

Die Domäne der multivariat-korrelativen Untersuchungen liegt zweifellos im Bereich der als *faktorenanalytische Forschung* bekanntgewordenen Korrelationspsychologie. Dies illustriert das Beispiel einer Interkorrelationsmatrix für neun Leistungstests (Variable *1, 2, 3, . . ., 9*) nach einer Untersuchung von Guilford aus dem Jahr 1967 (zit. nach Hilgard et al., 1979; Tab. 15.13).

Aus der Darstellung der Ergebnisse dieser Arbeit wird deutlich, daß das der Faktorenanalyse allgemein zugrundeliegende Ziel – nämlich das der Reduktion einer Vielzahl von Einzelkorrelationen, hier: 9 x 8 / 2 = 36 Korrelationskoeffizienten, auf eine möglichst kleine Anzahl von diesen repräsentierenden *Faktoren* – erreicht ist (Abb. 15.14). Das entspricht dem, was auch Overall (1964) zu der heuristischen Konzeption von Faktorenanalysen äußerte.[5]

Unbestreitbar ist, daß multivariat-korrelative Untersuchungsverfahren ein in der Psychologie wichtiges Instrument für die systematische *Ordnung* von Interdependenzen darstellen.

Tabelle 15.13: Datensatz für die multivariate korrelative Versuchsanordnung von Guilford (1967): Untersuchung des Zusammenhangs von neun Leistungstest-Variablen (*1, 2, 3, . . ., 8, 9*). Die Interkorrelationsmatrix enthält die k (k – 1) / 2 = 9 × 8 / 2 = 36 Korrelationskoeffizienten (r), die aufgrund der paarweisen Korrelation der Variablen untereinander resultierten. – (Die umrahmten Korrelationskoeffizienten stellen jeweils besondere Zusammengehörigkeiten verschiedener Testvariabler dar; vgl. dazu Abb. 15.14). (Daten nach Hilgard et al., 1979).

	Interkorrelationsmatrix für neun Leistungstests Leistungstests								
Test	*1*	*2*	*3*	*4*	*5*	*6*	*7*	*8*	*9*
1		.38	.55	.06	.04	.05	.07	.05	.09
2			.36	.40	.28	.40	.11	.15	.13
3				.10	.01	.18	.13	.12	.10
4					.32	.60	.04	.06	.13
5						.35	.08	.13	.11
6							.01	.06	.07
7								.45	.32
8									.32
9									

[5] „. . . factor analysis . . . promises to be one of the most useful research tools in social science and will realize that promise more surely if we strip it of myths and embellishments.“ (Overall, 1964, 275; zit. nach Neale & Liebert, 1973, 119.)

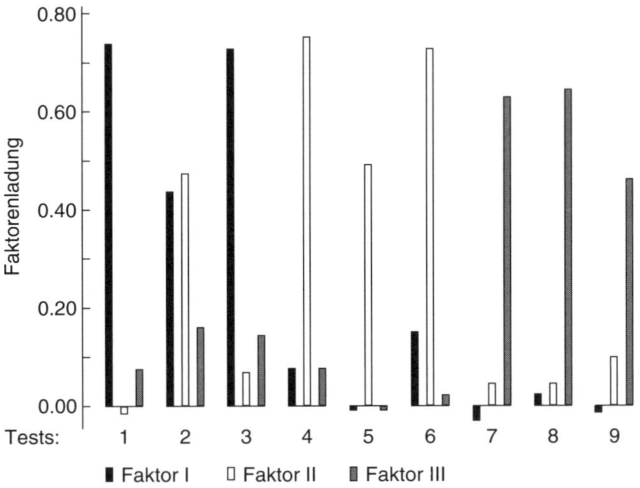

Abbildung 15.14: Graphische Veranschaulichung der faktorenanalytischen Befunde von Guilfords (1967) multivariater Korrelationsanalyse für neun verschiedene Intelligenztestvariable: Die drei gekennzeichneten Testgruppen – d. h. Test *1* bis *3*, Test *4* bis *6* und Tests *7* bis *9* – weisen verschieden hohe *Ladungen* (Korrelationen) mit den drei erhaltenen voneinander unabhängigen Leistungsfaktoren auf (*Faktorenanalyse*). (Nach Hilgard et al., 1979)

Vor- und Nachteile der korrelativen Versuchsanordnungen

Im Rahmen des experimentellen Designing gibt es verschiedene wichtige Aspekte, die mit Hilfe der korrelationsstatistischen Methodologie erfüllt werden. Besonders hervorzuheben sind die meßmethodologischen Aspekte, dann die Gesichtspunkte bzgl. der Blockversuchsplanung und der Mischversuchspläne. Demgegenüber stellen die sog. *korrelativen Versuchspläne* keinen direkten Beitrag zur Experimentalpsychologie dar, da hier – infolge des grundsätzlich nicht-manipulativen Vorgehens – ein völlig anderes methodologisches Arbeiten und Denken vorliegt. Denn kausaltheoretisch relevante Zusammenhänge lassen sich durch nicht-manipulative Methoden der Erkenntnisgewinnung günstigstenfalls immer nur heuristisch formulieren, aber *nie* nachweisen. Im besten Sinne des Wortes stellen bi- und multivariate Interdependenzanalysen Ergebnisse bereit, die den kausaltheoretisch orientierten Forscher zu der Planung und Durchführung von entsprechenden Experimenten anregen. Drei verschieden Aspekte von korrelativen Datensätzen sind aber auch und gerade im Rahmen der neueren experimentalpsychologischen Forschung von besonderem Interesse (s. S. 186 f).

◇ Demo 15.1 Intuition und (Miß-)Verstehen – der *Halo*fehler als subjektive Korrelation

Der sog. *Halofehler* („*Halo*"-Effekt) ist ein für die Personenwahrnehmung typischer Schätzfehler aufgrund eines übergeneralisierenden Gesamteindrucks, den sich der ein Schätzurteil (Rating) Abgebende von einer zu beurteilenden Person macht. Dieses Alltagsphänomen stellt ein ausdruckspsychologisches Paradebeispiel für die Bedeutung der *„Psychologie des ersten Eindrucks"* dar (Hofstätter, 1957). Andererseits ist es auch im psychodiagnostischen Bereich bekannt und wird dort als Ratingfehler bei der Beurteilung einer Person – z. B. aufgrund eines Einstellungsgesprächs von Berufsanwärtern – bezeichnet (Guilford, 1954; Yaremko et al., 1983). So werden beispielsweise Personen, die eher als *ordentlich* eingestuft werden, typischerweise auch als eher *arbeitsmotiviert* eingeschätzt (positiver *Halo*-Effekt); umgekehrt wird jemand, der als wenig *sympathisch* gilt, leichter als weniger *intelligent* eingestuft (negativer *Halo*-Effekt).

Der Halofehler besteht jedesmal aus einer subjektiven Korrelation zweier objektiv nicht korrelierender Merkmale des zu Beurteilenden. Erst im Falle von erlebter Diskrepanz zwischen dem *Eindruck* und der Wirklichkeit kommt einem ein mit dem Halofehler verbundenes *„Miß"*-Verstehen als Sein und Schein in der Personenwahrnehmung zum Bewußtsein.

Der Leser kann sich leicht selbst dieses

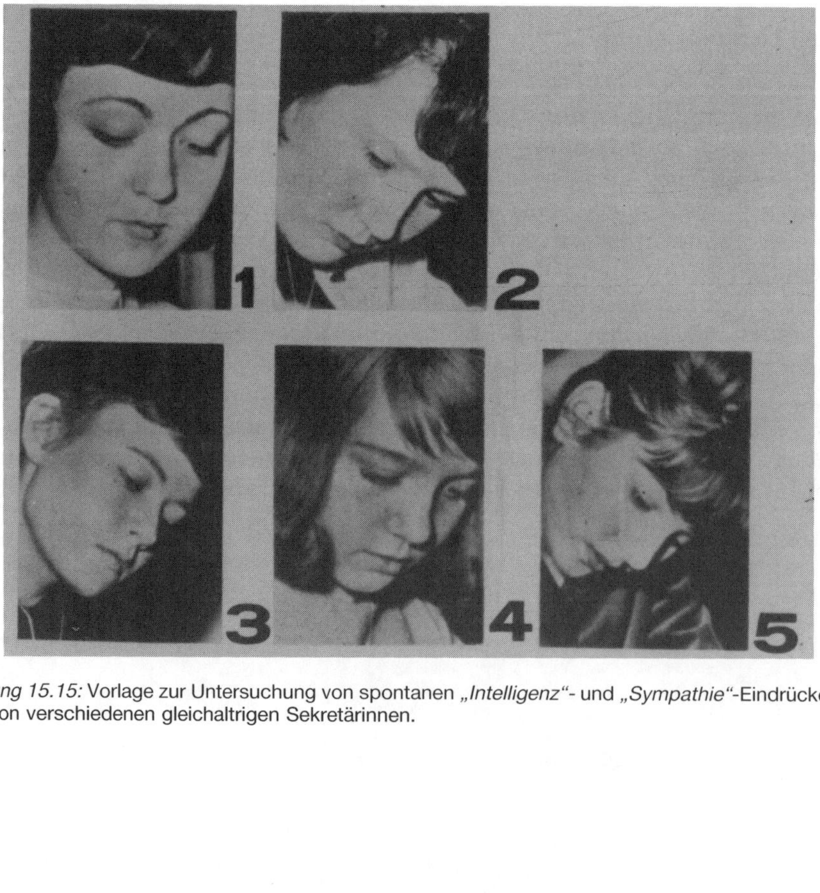

Abbildung 15.15: Vorlage zur Untersuchung von spontanen *„Intelligenz"*- und *„Sympathie"*-Eindrücken: Fünf Fotos von verschiedenen gleichaltrigen Sekretärinnen.

Tabelle 15.14: Protokollblatt zum Demonstrationsversuch des *Halo*-Effekts in der Personwahrnehmung.

Rangreihe I Geschätzte „INTELLIGENZ"			*Rangreihe II* Geschätzte „SYMPATHIE"		
	Rangplatz	Nummer		Rangplatz	Nummer
Besturteil	A	____	Besturteil	A	____
	B	____		B	____
	C	____		C	____
	D	____		D	____
	E	____		E	____

Phänomen demonstrieren, indem er die in Abbildung 15.15 wiedergegebenen Fotos von fünf etwa gleichaltrigen Sekretärinnen einmal nach *„Intelligenz"* (Rangreihe I) und zum anderen nach *„Sympathie"* (Rangreihe II) aufgrund seines spontanen ersten Eindrucks abschätzt (Tab. 15.14).

Obwohl die Variablen „Intelligenz" und „Sympathie" objektiv miteinander nichts zu tun haben (Nullkorrelation; s. Teilabb. B in Abb. 15.16), ergibt sich aber typischerweise eine recht hohe *Korrelation* zwischen den beiden Schätzreihen (s. Teilabb. A). – Der Leser möge, erst *nachdem* er die beiden Rangreihen erstellt hat, den für jede der fünf Personen ermittelten *IQ-Wert* im Anhang nachschlagen (s. Anh. D.1.4, S. 369) und so unbeeinflußt seinen eigenen Eindruck mit der Wirklichkeit vergleichen.

Diese Demonstration eignet sich übrigens auch vorzüglich für eine Gruppenübung. Beispielsweise kann man dann die über die Gruppenteilnehmer *gemittelte* Rangreihe für die fünf Fotos aufstellen und den Rangkorrelationskoeffizienten *Rho* dafür rasch bestimmen.

Zwecks Ausweitung dieses Demonstrationsbeispiels für *bivariate* Korrelationen auf den *multivariat*-korrelativen Untersuchungsfall läßt sich dazu die Methode des *semantischen Differentials* sehr einfach mit heranziehen (s. *PrB*, Bd. I, Kap. 3; Bd. III, Kap. 13).

Einzel- oder Gruppenversuch

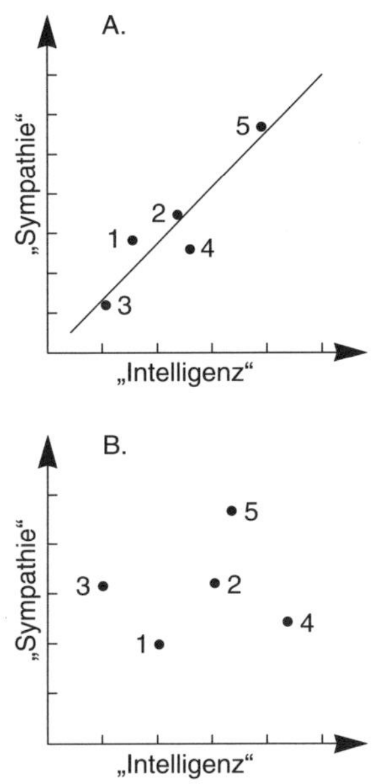

Abbildung 15.16: Veranschaulichung einer hoch positiven Korrelation von „Intelligenz"- und „Sympathie"-Beurteilungen (*A: Halo*-Effekt) gegenüber einer Nullkorrelation (*B:* kein *Halo*-Fehler).

Literatur

Guilford, J. P.: Psychometric methods. (2nd ed.) New York: McGraw-Hill, 1954.

Hofstätter, P. R.: Psychologie. (Fischer-Lexikon Nr. 6) Frankfurt/M., 1957.

Yaremko, R. M., Harari, H., Harrison, R. C. & Lynn, E.: Handbook of methods in psychology: Reference handbook of research and statistical methods in psychology. New York: Harper & Row/ München: Universitätstaschenbuchverlag (UTB), 1982/1983.

Zusammenfassung

Quasi-experimentelle Versuchspläne, die aufgrund der möglichen Einwirkung von Störfaktoren nur eine verminderte interne Validität besitzen, werden hier nach drei Untergruppen aufgeteilt, nämlich in *Zeitreihenversuchspläne, Einzelfallversuchspläne* und *Versuchspläne mit Ausbalancierung.* Der Zeitreihenversuchsplan wird hier besonders im Zusammenhang mit der Erfolgsforschung in der Psychotherapie („Interventionsforschung") illustriert. Auch die beiden anderen quasi-experimentellen Versuchsplantypen werden an verschiedenen Beispielen dargestellt und dabei in einem Exkurs Fragen der *Klein-N*-Versuchsplanung erörtert.

Mit *Ex post facto*-Versuchsanordnungen sind Untersuchungen gemeint, die auf nichtmanipulierten bzw. nicht manipulierbaren Verhaltensbeobachtungen beruhen und erst nachträglich – d. h. erst nach erfolgter Datenerhebung – *statistisch* hergestellt werden mit dem Ziel von besonders vorsichtigen Kausalinterpretationen.

Korrelative Versuchsanordnungen prüfen Zusammenhänge zwischen zwei (*bivariater* Fall) oder mehr (*multivariater* Fall) abhängigen Variablen, und zwar ohne die Manipulation von experimentellen Variablen und damit – typischerweise – ohne den Anspruch auf kausaltheoretische Aussagen.

Stichwörter (Teil III)

Abfolgeeffekte (Bedingungs-)	order effects (of treatments)
ANOVA	*Analysis of Variance (ANOVA)*
Artefakt	artifact
Ausbalancierung	balancing
Auswertung	data analysis
– inferenzstatistische	– inferential analysis
– statistische Auswertung	– statistical analysis
Bedingung, Behandlung	treatment
Beobachtung	observation
– Fremdbeobachtung	– observation of the other
– Selbstbeobachtung	– self-observation
Between-Design	between-group design
Binomialkoeffizient	binomial coefficient
Blockbildung	matching
– homogene Blockbildung	– homogeneous matching
Blockversuchsplan	block design
Chi^2-Test (χ^2)	Chi square test (χ^2)
Darbietungsabfolge	sequence of trials
Daten	data
– harte Daten	– hard data
– weiche Daten	– soft data
Datenanalyse	data analysis
– statistische Datenanalyse	– statistical analysis
Datenfluktuation	data fluctuation
Datenreihen	data sets
– zeitkorrelative Datenreihen	– time-correlated data sets
Datenverzerrung	data bias
Design	design
– Between-Design	– between-group design
– Ex post facto-Design	– ex post facto design
– korrelatives Design	– correlative design
– multifaktorielles (mehrfaktorielles) Design	– multifactorial design
– N=1-Design	– N=1 design
– Within-Design	– within-group design
– zweifaktorielles Design	– two-factorial design
Diagramm	diagram (scattergram)
– Kurvendiagramm	– (frequency) polygon
– Säulendiagramm	– histogram
disordinal	disordinal
Drillinge, statistische	triplets (statistical)
Effekt, experimenteller	experimental effect
Entdeckungsmethode	method of discovery
Epidemiologie	epidemiology
Erfolgsforschung	outcome research
Ethik (Forschungsethik)	research ethics
Evaluationsforschung	evaluation research
Faktor	factor
– Trendfaktor	– trend factor
Faktorenanalyse	factor analysis
Fehlervarianz	error variance
Feldexperiment	field experiment

Fragebogen	questionnaire
Galton-Brett	Galton bar
Gaußsche Normalverteilung	Gauss' normal distribution
Glockenkurve	bell-shaped (normal) distribution
Gradient	gradient
Grundlagenforschung	basic research
Grundmodell	basic model
– experimentell-korrelatives	– experimental-correlational
Gültigkeit	validity
Gütemerkmal	criterion of validity
Halo-Fehler	halo effect
Häufigkeit	frequency
Häufigkeitsverteilung	fequency distribution
Hypothese	hypothesis
– Alternativhypothese	– alternative (rival) hypothesis
– Nullhypothese	– null hypothesis
Indikator	indicator
Indikatormethodologie	indicator methodology
Inferenzstatistik	inferential statistics
Inkompatibilität	incompatibility
Input	input
Instruktion	instruction
Instrumentierung	instrumentation
Interaktion, statistische	interaction, statistical
interindividuell	interindividual
intraindividuell	intraindividual
Item	item
Jochkontrolle	yoked control
Katzenkarussell	kitten gondola (R. Held)
kausal	causal
– monokausal	– monocausal
– multikausal	– multicausal
Kausalinterpretation	causal interpretation
Klassifikation	classification
Klein-N-Versuchsplanung	small-N designing
Konfundierung	confounding
Konstruktvalidierung	construct validation
Kontrolle	control
Korrelation	correlation
Korrelationsanalyse	analysis of correlation
– multivariate Korrelationsanalyse	– multivariate analysis of correlation
Korrelationskoeffizient	correlation coefficient
– Produkt-Moment-Korrelationskoeffizient	– product-moment correlation coefficient
– Rang-Korrelationskoeffizient	– rank correlation coefficient
Kurvendiagramm	frequency polygon
Laborexperiment	laboratory experiment
Lateinisches Quadrat	Latin square design
Manipulation, experimentelle	manipulation, experimental
manipulativ	manipulative
– non-manipulativ	– non-manipulative
Mann-Whitney U-Test	Mann-Whitney U test
MANOVA	*Multivariate Analysis*

	of Variance (MANOVA)
Max-Kon-Min-Prinzip	*Max-Con-Min* principle (F. Kerlinger)
Merkmal	trait
Meßfehler	measurement error
Meßmethodologie	measurement methodology
Messung	measurement
– Nachhermessung	– after-only (design)
– Vorhermessung	– premeasure (baseline measure)
– Vorher-Nachher-Messung	– before-after (design)
Methodenforschung	research of technique
Minimumdesign	minimum design (P. E. Meehl)
Mischversuchsplan	mixed-group design
Modell	model
– räumliches Modell	– topological model
– *S-O-R*-Modell	– *S-O-R* model
multidimensional	multidimensional
Multitrait-multimethod-Ansatz	multitrait-multimethod paradigm
multivariat	multivariate
N=1-Design	N=1 design
Nachfolgeuntersuchung	follow-up study
non-experimentell	non-experimental
Non-Parallelität	non parallel
Normalverteilung	normal distribution
ökologischer Fehlschluß	ecological fallacy
ökologische Validität	ecological validity
Ökonomie	economics
Organismusvariable	organism variable
Output	output
Parallelisieren	matching
parametrisch	parametric
Pascalsches Dreieck	Pascal's triangle
Pfadanalyse	path analysis
Pilotstudie	pilot study
Placebo	placebo
Postulat	postulate
Protowissenschaft	protoscience
Prozeßforschung	process research
Psychodiagnostik	psychodiagnostics
Psychophysik	psychophysics
Punktwert (Skore)	score
quasi-experimentell	quasi-experimental (D. T. Campbell)
Randomisierung	randomization
Rauschen (statistisches)	noise (statistical)
Reanalyse (statistische)	reanalysis (statistical)
Reduktionismus	reductionism
Regression (statistische)	regression (statistical)
– multivariat-korrelative Regression	– multivariate-correlational regression
Regressionsgleichung	regression equation
Reliabilität	reliability
Repräsentativität	representation
– Faktorenrepräsentativität	– factorial representation
– Phänomenrepräsentativität	– phenomenological representation
Säulendiagramm	histogram
Schätzurteil	rating

Schrotschuß-Design	one-shot case study (D. T. Campbell)
Semantisches Differential	semantic differential
semiexperimentell	semi-experimental (V. Sarris)
Sensibilisierung	sensibilization
Sequenzeffekt	sequence effect
Signal (primärer Effekt)	signal (primary experimental effect)
Signifikanz	significance
– praktische Signifikanz	– practical significance
– statistische Signifikanz	– statistical significance
Skala (Meß-)	(measurement) scale
– Intervallskala	– interval scale
– Nominalskala	– nominal scale
– Ordinalskala	– ordinal scale
– Rangskala	– rank scale
– Verhältnisskala	– ratio scale
Skore	score
Solomon-Drei-Gruppen-Versuchsplan	Solomon three-group design
S-O-R-Modell	*S-O-R* model
Spiralenmodell	spiral model
Spontanremission	spontaneous recovery
statischer Gruppenvergleich	static-group comparison
Statistik	statistics
– deskriptive Statistik	– descriptive statistics
– Inferenzstatistik	– inferential statistics
Stichprobe	sample
– Zufallsstichprobe	– random sample
Störfaktor	nuisance variable
Täuschung	faking
Trend	trend
– bitoner Trend	– bitonic trend
– monotoner Trend	– monotonic trend
– polytoner Trend	– polytonic trend
– tritoner Trend	– tritonic trend
Trendanalyse (statistische)	trend analysis (statistical)
Trendfaktor	trend factor
Überprüfungsmethode	test method
Übertragungseffekt	carry-over effect
unifaktoriell	unifactorial
univariat	univariate
Validität	validity
– externe Validität	– external validity
– interne Validität	– internal validity
– Konstruktvalidität	– construct validity
Variable	variable
– Organismusvariable	– organismic variable
Varianz	variance
– Fehlervarianz	– primary variance
– Primärvarianz	– error variance
– Sekundärvarianz	– secondary variance
Varianzanalyse	analysis of variance
– multifaktorielle Varianzanalyse	– multifactorial analysis of variance
– unifaktorielle Varianzanalyse	– unifactorial analysis of variance
– zweifaktorielle Varianzanalyse	– two-factorial analysis of variance
Versuchanordnung	design
– Ex post facto-Versuchsanordnung	– ex post facto design

– korrelative Versuchsanordnung	– correlational design
– non-experimentelle Versuchsanordnung	– non-experimental design
Versuchsplan	design
– Versuchsplan mit Ausbalancierung	– counterbalancing
– Blockversuchsplan	– block design
– Einzelfallversuchsplan	– N=1 design
– experimenteller Versuchsplan	– experimental design
– experimentell-korrelativer Versuchsplan	– experimental-correlational design
– Mehrstichprobenversuchsplan	– multi-group design
– Mischversuchsplan	– mixed-group design
– mit Wiederholungsmessungen	– repeated- measurement design (within group design)
– quasi-experimenteller Versuchsplan	– quasi-experimental design
– semiexperimenteller Versuchsplan	– semi-experimental design
– Solomon-Drei-Gruppen-Versuchsplan	– Solomon three-group design
– vorexperimenteller Versuchsplan	– non-experimental (faulty) design
– Zeitreihenversuchsplan	– time-series design
– Zufallsgruppenversuchsplan	– randomized-group design
– Zweistichprobenversuchsplan	– two-group design
Wahrscheinlichkeit, statistische	probability, statistical
Wechselwirkung	interaction
– disordinale Wechselwirkung	– disordinal interaction
– Dreierwechselwirkung	– three-factorial interaction
– ordinale Wechselwirkung	– ordinal interaction
– Zweierwechselwirkung	– two-factorial interaction
Wiederholungsmessung	repeated measurement
Within-Design	within-group design
Zufall	random
Zufallsfehler	random error
Zuverlässigkeit	reliability
Zwillinge, statistische	twins, statistical

Literaturhinweise (Teil III)

Außer der eingangs (vgl. S. XIII) angegebenen Fachliteratur gibt es für die *Versuchsplanung* in der Psychologie eine Vielzahl von weiteren Einzelwerken als Vertiefung. Davon sind die meisten Schriften allerdings weniger auf das konkrete *Experiment* als vielmehr auf die *Statistik* bezogen.

Einen Einstieg in die Versuchsplanung für bereits Fortgeschrittene bietet der Handbuchartikel von Hager u. Westermann (1983). Abgesehen davon, daß dort eine methodologisch anspruchsvolle Vertiefung des hier in den Grundlagen behandelten Unterrichtsstoffs gegeben ist, enthält dieser Handbuchartikel auch eine umfangreiche Auflistung – auf mehr als 45 Seiten – von weiterführender Literatur (vgl. ferner Glass et al., 1975; Hersen & Barlow, 1976; Cook & Campbell, 1979; Robinson & Forster, 1979; Westermann, 1987). – Der *Anfänger* in psychologischer Methodenlehre sei auf alternative bzw. ergänzende einführende Texte verwiesen (z. B. Matheson, Bruce & Beauchamp, 1978; Bartenwerfer & Raatz, 1979; Henning & Muthig, 1979).

Auch der *multivariate* Fall der Planung und Auswertung von Versuchen wird in dem obengenannten Handbuchartikel dargestellt (Hager & Westermann, 1983; vgl. auch Moosbrugger, 1978).

Bartenwerfer, H. & Raatz, U.: Methoden der Psychologie. (Einführung in die Psychologie, Bd. 6.) Wiesbaden: Akademische Verlagsgesellschaft, 1979.

Cook, T. D. & Campbell, D. T.: Quasi-experimentation: Design and analysis issues for social settings. Chigago: Rand McNally, 1979.

Glass, G. V., Wilson, V. L. & Gottman, J. M.: Design and analysis of time-series experiments. Boulder, Col.: University of Colorado Press, 1975.

Hager, W. & Westermann, R.: Planung und Auswertung von Experimenten. In: J. Bredenkamp & H. Feger (Hrsg.), Hypothesenprüfung. (Enzyklopädie der Psychologie – Forschungsmethoden, Bd. 5.) Göttingen: Hogrefe, 1983.

Henning, H. J. & Muthig, K.: Grundlagen konstruktiver Versuchsplanung. München: Kösel, 1979.

Hersen, M. & Barlow, D.: Single case experimental designs. New York: Pergamon, 1976. (2nd ed., 1984.)

Matheson, D. W., Bruce, R. L. & Beauchamp, K. L.: Experimental psychology: Research design and analysis. (3rd ed.) New York: Holt, Rinehart & Winston, 1978. (5th ed., 1985.)

Moosbrugger, H.: Multivariate statistische Analyseverfahren. Stuttgart: Kohlhammer, 1978.

Robinson, P. W. & Forster, D. F.: Experimental psychology: A small-N approach. New York: Harper & Row, 1979.

Westermann, R.: Strukturalistische Theorienkonzeption und empirische Forschung in der Psychologie: Eine Fallstudie. Heidelberg, Springer, 1987.

Teil IV
Stadien des psychologischen Experiments

Einleitung

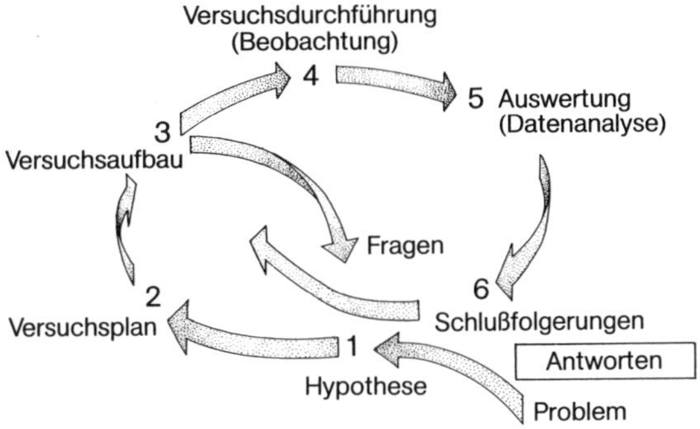

Der Prozeß der wissenschaftlichen Erkenntnisgewinnung in der Experimentalpsychologie ist durch das *Spiralenmodell* des Wissenschaftsfortschritts skizziert und problematisiert worden (Bd. 1, Kap. 5.2, S. 111ff). In dem dort dargestellten Modell sind die einzelnen Stadien einer typischen experimentalpsychologischen Untersuchung als *Stationen* des auf Erkenntnis-„Fortschritt" ausgerichteten Wegs des sog. Versuch und Irrtums gekennzeichnet (*„puzzle"*-Forschung: *Stadium 1* bis *6*).

Dieser *Teil IV* des Lehrbuchs geht auf die einzelnen Stadien bzw. Stationen einer experimentalpsychologischen Untersuchung genauer ein. Zunächst wird nochmals die Rolle der Gewinnung von wissenschaftlich relevanten *Hypothesen* und der hierauf basierenden *Versuchsplanung* dargestellt (Kap. 16). Danach werden die typischen Merkmale des *Versuchsaufbaus* sowie der *Versuchsdurchführung* eines psychologischen Experiments behandelt (Kap. 17). Im Anschluß daran wird ein forschungspraktisch orientierter Überblick über die wichtigsten Grundlagen der deskriptiven sowie inferentiellen *Statistik* gegeben (Kap. 18). Die Behandlung von Fragen der wissenschaftlichen *Kommunikation* (Kap. 19) einerseits sowie der Probleme der Experimentalpsychologie in *Theorie und Praxis* (Kap. 20) andererseits beschließt das Buch.

Kapitel 16

Hypothesenbildung und Versuchsplanung

In diesem Kapitel wird zunächst auf Fragen der Gewinnung von forschungsrelevanten *Hypothesen* eingegangen (Kap. 16.1), bevor dann deren Beziehung zur Versuchsplanung erläutert wird (Kap. 16.2). Wichtig zu wissen ist, daß wissenschaftliche Hypothesen stets *Vorhersagen* implizieren, die empirisch zu prüfen sind (Kap. 16.3).

Während das erste und das dritte Unterkapitel vornehmlich auf die Ausführungen von *Teil I* (Bd. 1) bezogen sind, hingegen das zweite vor allem auf diejenigen von *Teil III* Bezug nimmt, werden hier die wichtigsten Grundlagen rekapituliert und nur dort, wo es geboten erscheint, erweitert.

16.1 Suchen und Generieren von wissenschaftlichen Hypothesen

Den Anstoß zu einer experimentellen Untersuchung gibt naturgemäß eine zunächst eher *globale* Fragestellung (*Problem*), auf die man sich durch systematische Beobachtung der Realität eine Antwort erwartet.

Eine *Fragestellung* wird in eine *Hypothese* umgeformt (Stadium *1*). Unter einer „Hypothese" versteht man eine in spezielle Aussageform gekleidete Fragestellung. In ihrer Aussageform beinhaltet sie bestenfalls bereits einen vorläufigen Lösungsentwurf für das in Frage stehende Problem und gibt somit auch eine vorläufige „Antwort" auf die Fragestellung. Die Hypothese ist dementsprechend eine präzisierte Vermutung. Über deren wahrscheinliche Gültigkeit oder Ungültigkeit kann der Experimentator aufgrund seiner Befunde entscheiden, indem er die in der Hypothese formulierten Aussagen mit den unter kontrollierten Bedingungen gesammelten Beobachtungsdaten konfrontiert.

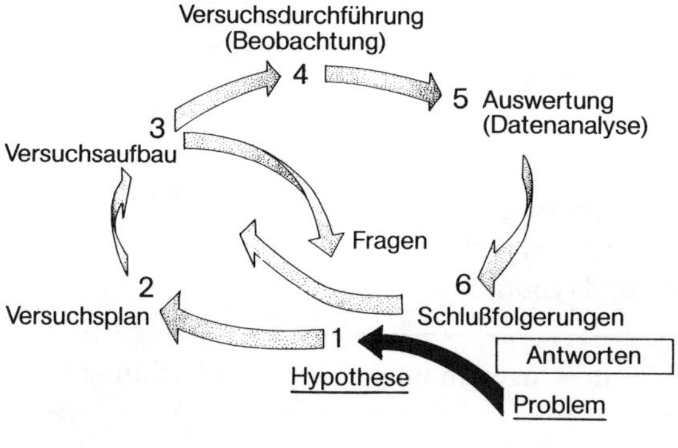

Herkunft von Hypothesen

Forschungshypothesen können unterschiedliche *Quellen* haben; sie können sich aus einem „systematischen" oder aus einem „unsystematischen" Denkansatz ergeben (Lathrop, 1969). Bei einem *systematischen* Denkansatz haben die Hypothesen ihren Ursprung in der Auseinandersetzung mit wissenschaftlichen Theorien bzw. Modellen oder konkreten Forschungsergebnissen (s. Bd. 1, Kap. 2.3).

Die *Hypothesenbildung* kann verschiedene Ziele haben, die einander keineswegs ausschließen; d. h. sie kann entweder auf die

- *Replikation* wichtiger bzw. gut bekannter Untersuchungsbefunde,
- *Klärung* (Aufdeckung) von widersprüchlichen Forschungsresultaten oder
- *Verallgemeinerung* von bisher bekannten singulären Einzelfakten

bezogen sein (○ Illu 16.1; Hobson, 1990). ○

○ Illu 16.1
Die Entdeckung des REM-Schlafes

Gibt es auch in der Psychologie echte „Entdeckungen" in dem Sinne, daß wirklich *neuartige* psychologische Phänomene nachgewiesen werden? In allgemeiner Form ist diese Frage in Kap. 5.2 (Bd. 1) angeschnitten worden. Die Frage ist mit einem klaren *ja* zu beantworten. In der Tat sind bis heute viele Beispiele für Entdekkungen in der Psychologie bekannt geworden. Beispielsweise wurde eine Entdekkung, die für die wissenschaftliche Erforschung der *Schlaffunktionen* von besonderer Bedeutung werden sollte, im Jahre 1952 von Aserinsky, einem Schüler von Kleitman, gemacht (Aserinsky & Kleitman, 1953).

Kleitman interessierte sich für die langsamen, rollenden *Augenbewegungen,* die eine schlafende Person die Nacht über zeigt. Er wollte feststellen, ob ein Zusammenhang zwischen der Häufigkeit des Auftretens dieser Augenbewegungen und der *Schlaftiefe* besteht. Sein Schüler Aserinsky, der die Nacht über diese Bewegungen zu beobachten hatte, bemerkte, daß die schlafende Person in bestimmten Phasen plötzlich ganz *schnell* Augenbewegungen zeigte. Diese Entdeckung führte dazu, die Funktion der *Schlafphasen* mit schnellen Augenbewegungen („*R*apid *E*ye *M*ovements", *REM*) näher zu untersuchen.

Die Untersuchungen haben gezeigt, daß die nach der Art der Augenbewegungen unterschiedenen Schlafphasen–*REM*-Phasen und *NREM*-(Non-REM-)Phasen – sich auch in *funktionaler* Weise voneinander unterscheiden. Der *NREM*-Schlaf wird als ruhiger Schlaf bezeichnet, in dem der Schlafende ruhig atmet, kaum Körperbewegungen zeigt und die Hirnströme im *EEG* eine niedrige Amplitude sowie eine langsame Fre-

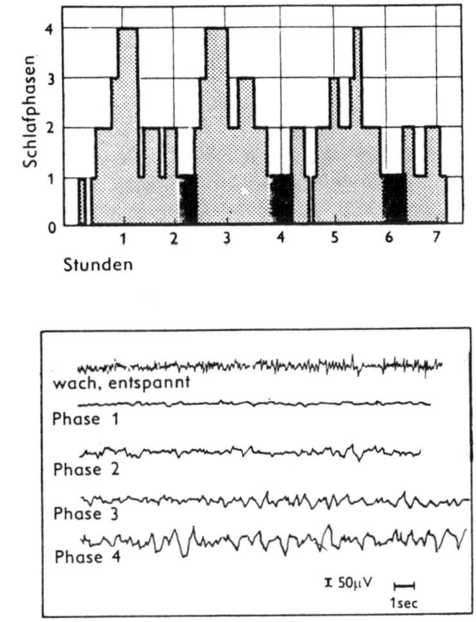

Abbildung A: Physiologische Indikatoren *des Wachens* und *Schlafens.* A. EEG-Wellen während verschiedener *Wach-Schlaf*-Phasen. Bei entspanntem, *wachen* Zustand (*obere* Linie) zeigt sich der sogenannte *Alpha*-Rhythmus. Mit Beginn des *Schlafes* (Phase *1*) wird der Rhythmus unregelmäßiger; bei zunehmender Schlaftiefe (Phase *2 – 4*) treten zunehmend langsamer werdende Wellen bei gleichzeitig wachsender Amplitude auf (*Delta*-Wellen). B. *REM*-Phasen: Verteilung der *REM*-Phasen während eines siebenstündigen Schlafes. (Nach Webb, 1968)

quenz aufweisen. Der *REM*-Schlaf dagegen ist ein „aktiver" Schlaf. Beim Einsetzen von *REM*-Phasen liegt der Körper zwar weiter ruhig, man kann jedoch an Gesicht und Fingerspitzen leichte Zuckungen andeutungsweise erkennen. Ein *Schnarchen* wird gegebenenfalls unterbrochen und die *Atmung* verläuft unregelmäßig. Wenn man die Augenlider des Schlafenden anhebt, hat man den Eindruck, die Augen seien auf etwas Bestimmtes gerichtet und würden es anblicken; der *EEG*-Rhythmus wird unregelmäßig (Abb. A; vgl. auch Ω Orig 12.1, S. 36 f).

Die besondere Funktion des *REM*-Schlafes ist auf experimentellem Wege auf vielfältige Weise untersucht worden. Beispielsweise ging Dement (1960) in einem seiner bekannten Schlafexperimente so vor, daß er den Schlafenden immer dann weckte, wenn eine *REM*-Phase einsetzte (Deprivation des *REM*--Schlafes). Dabei zeigte sich, daß nach einer *REM*-Schlaf-Deprivation die Anzahl der *REM*-Phasen in den darauffolgenden Nächten anstieg: Während z. B. einer der Versuchsteilnehmer in der ersten Nacht sieben *REM*-Phasen hatte, zeigte er in der fünften Nacht bereits fünfzehn solcher Phasen usw. Dieser Anstieg von *REM*-Phasen weist darauf hin, daß der Körper einen „Nachholbedarf" an *REM*-Schlaf hat, woraus geschlossen worden ist, daß der *REM*--Schlaf eine besondere biopsychologische Bedeutung hat. In der Tat haben weitere Untersuchungen gezeigt, daß systematischer *REM*-Schlafentzug zu psychischen Störungen führt; beispielsweise wurden die Teilnehmer ängstlich und konnten sich nur schwer konzentrieren (Dement, 1960, 1974).

Literatur

Aserinsky, E. & Kleitman, N.: Regularly occuring periods of the motility and concomitant phenomena during sleep. Science, 1953, *118,* 273–274.

Dement, W.: The effect of dream deprivation. Science, 1960, *131*, 1705–1707.

Dement, W.: Some must watch while some must sleep. San Francisco: Freeman, 1974.

Webb, W. B.: Sleep: An experimental approach. New York: Macmillan, 1968.

Bei einem eher *unsystematischen* Denkansatz unterscheidet man bzgl. der Hypothesenbildung *wissenschaftliche Neugier, Intuition* sowie *kreativen Zufall* voneinander. Dabei zeigt sich deutlich: Nicht nur in der Psychologie, sondern auch in anderen Disziplinen folgt der konkrete Forschungsprozeß nicht immer dem „ordentlichen" Denken. Diese unbestreitbare Tatsache hat manche Wissenschaftstheoretiker (z. B. Feyerabend, 1970) oder auch Psychologen (z. B. Skinner, 1956, 1959) zu der Äußerung geführt, ein methodisch-systematischer Denkansatz sei für den echten wissenschaftlichen Fortschritt unerheblich, ja gegebenenfalls sogar *hinderlich* (s. Bd. 1, Kap. 3.1).

Richtig ist wohl eher, daß *kreatives* Forschen immer sowohl des systematischen als auch des unsystematischen, an Einfallsreichtum gebundenen Denkansatzes bedarf. Das bedeutet für den konkreten Fall zum einen eine souveräne „systematische" Beherrschung des einschlägigen Methodenapparats, zum anderen aber auch den wachen Sinn für das ◇ *Beobachten* und *Entdecken* von Neuem (◇ Demo 16.1, S. 227 f).

Operationalisierung von theoretischen Sätzen

Das Generieren von Hypothesen ist ein wichtiges *heuristisches* Mittel in der experimentellen Forschung. In der Art ihrer Formulierung ist in der Regel gleichzeitig der Grundsatz des methodischen Zugangs zu ihrer Überprüfung gegeben. Denn die Sachverhalte, auf die sich eine Hypothese bezieht, müssen begrifflich so definiert sein, daß sie *beobachtbaren* und möglichst *meßbaren* Tatbeständen in eindeutiger Weise zugeordnet werden können. Mit der Definition der Begriffe müssen also gleichzeitig präzise Beobachtungsanweisungen vermittelt werden. Erst durch eine geeignete Operationalisierung ist es möglich, die Verbindung von *theoretischen Sätzen* zu *Beobachtungssätzen* herzustellen.

In Untersuchungen des Zusammenhangs von *Lernen* und *Ängstlichkeit* kann zum Beispiel das Konzept „Lernen" in sehr unterschiedlicher Weise definiert werden, so daß dementsprechend auch *unterschiedliche* Befunde zu erwarten sind: Nach einem Experiment von Taylor (1951) lernen hoch ängstliche Personen besser als Personen mit niedriger Angst (Abb. 16.1); Spielberger (1966) kommt dagegen in einer anderen Untersuchung zu einem genau umgekehrten Ergebnis (Abb. 16.2).

Welcher Befund ist nun richtig? Eine Analyse der verwendeten Lern-Definitionen zeigt, daß „Lernen" in beiden Fällen auf eine jeweils andere Weise *operationalisiert* wurde. Im ersten Versuch handelte es sich um *klassisches Konditionieren* (Lidschlagkonditionierung als Verhaltensmaß), im zweiten um *schulisches Lernen* (Schulleistung als Verhaltensmaß). Beide Untersuchungsbefunde haben nur im *Kontext* ihres jeweiligen theoretischen und empirischen Begründungszusammenhanges ihre Bedeutung.

Ein allgemeiner Satz, wie etwa *„Ängstlichkeit verbessert das Lernen"* sagt also noch recht wenig aus. Er kann nur pauschal darauf hinweisen, was in etwa in dem Experiment untersucht wurde. Die Bedeutung dieser Aussage wird erst präzisiert, wenn ausgeführt wird, wie *Lernen* und *Ängstlichkeit* im jeweiligen Gesamtzusammenhang operationalisiert wurden (s. Bd. 1, Kap. 6.2).

Diese hier am Beispiel – stark vereinfacht – dargestellte Problematik gilt grundsätzlich, auch wenn die angeführte Gegenüberstellung in gewisser Weise als *extremtypisch* zu bezeichnen ist.

Zwischen der Formulierung der Hypothesen und der Manipulation konkreter unabhängiger Variablen sowie der Beobachtung und Messung von einzelnen abhängigen Variablen besteht demnach ein enger Zusammenhang. Indem die *Hypothese* gleichzeitig Angaben über die experimentelle Handlung („Operation") macht sowie konkrete Meßanweisungen beinhaltet, bestimmen die Möglichkeiten und Grenzen der Manipulation und Messung von Variablen gleichzeitig die Möglichkeiten und Grenzen der Formulierung empirisch überprüfbarer Hypothesen. Von der Art und Weise der *Operationalisierung* der theoretischen Konzepte, d. h. also von der geeigneten Wahl der abhängigen (*AV*) und unabhängigen (*UV*) Variablen, hängt naturgemäß der Geltungsbereich des erhobenen experimentellen Befundes ab: Je repräsentativer die gewählten Variablen für das theoretische Konstrukt selbst sind, umso größer ist der Geltungsbereich des Befundes, d. h. umso höher ist die *Konstruktvalidität* eines Experiments (Cook & Campbell, 1976, 1979).

Die *Widersprüchlichkeit* experimenteller Befunde beruht, wie das obige Beispiel gezeigt hat, nicht selten auf einer unterschiedlichen Operationalisierung von theoretischen Begriffen. Daher fordern Campbell u. Fiske (1959) mit Nachdruck, daß theoretische Begriffe gleichzeitig auf *verschiedene* Weise operationalisiert werden, um auf diesem Wege die Konstruktvalidität eines Experiments zu erhöhen. Nach dem sog.

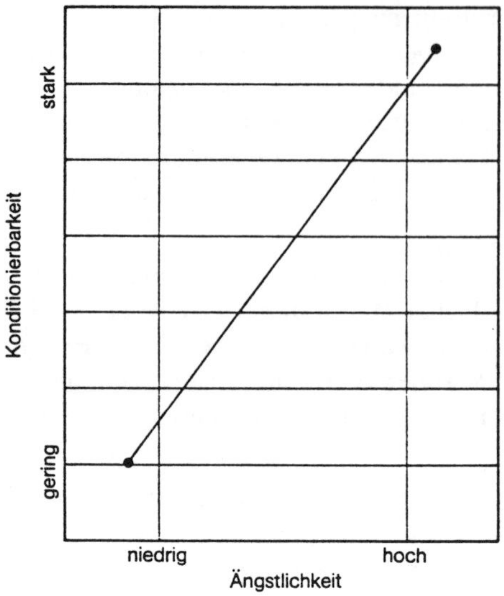

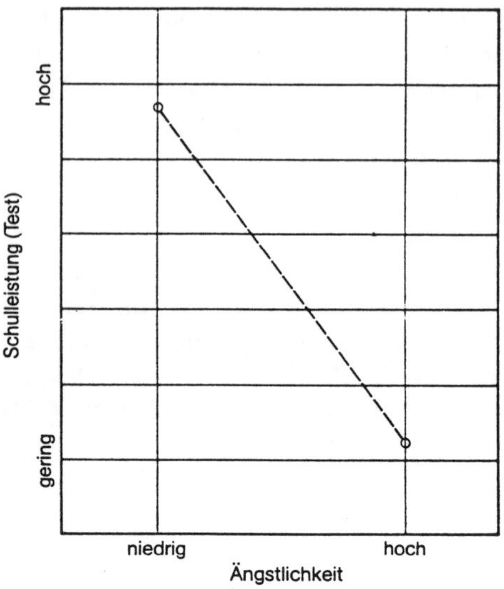

Abbildung 16.1: Abhängigkeit des „Lernens" (*Konditionierbarkeit, AV*) von der „Ängstlichkeit" von Probanden – ein *positiver* Zusammenhang. (Nach Daten von Taylor, 1951).

Abbildung 16.2: Abhängigkeit des „Lernens" (*Schulleistung, AV*) von der „Ängstlichkeit" der untersuchten Probanden – ein *negativer* Zusammenhang. (Nach den Daten von Spielberger, 1966)

„Multitrait-Multimethod"-Ansatz von Campbell u. Fiske (1959) müssen gleichzeitig unterschiedliche Meßverfahren verwendet (*„multimethod"*-Aspekt) werden und die abhängige Variable gleichzeitig auf verschiedene (Teil-)Konstrukte beziehbar sein (*„multitrait"*-Aspekt; s. *PrB*, Bd. III, Kap. 17). Eine Auflistung der typischen *Fehler* bei der Generierung von Hypothesen enthält Tabelle 16.1.

Tabelle 16.1: Typische Fehler bei der Generierung wissenschaftlicher *Hypothesen* (1)

1.	Es wird, eine Hypothese formuliert, die zu allgemein gehalten ist, als daß sie in sinnvoller Weise untersucht werden könnte.
2.	Es werden die Begriffe in der Hypothese nicht operational definiert, so daß deren experimentelle Realisation als abhängige und unabhängige Variablen nicht möglich ist.
3.	Es wird versäumt, rechtzeitig an das Designing des Experiments, an dessen Durchführung sowie an die Auswertung der experimentellen Daten zu denken.
4.	Es wird versäumt, die einschlägige Fachliteratur zu studieren.
5.	Es wird zu sehr auf die Sekundärliteratur geachtet.
6.	Es wird beim Studium der Fachliteratur zu sehr auf die empirischen Befunde und zu wenig auf die angewandten Methoden geachtet.
7.	Bei der Lektüre der Fachliteratur wird das wissenschaftliche Thema nicht genügend eingegrenzt (der Leser „verliert sich" in der Literatur und wird dadurch entmutigt).
8.	Bei der Durchsicht der Fachliteratur werden zu viele Exzerpte angefertigt und dabei nicht klar genug zwischen Wichtigem und Unwichtigem unterschieden.

An dieser Stelle ist festzuhalten: Die Möglichkeiten der experimentellen Methode in der Psychologie sind besonders eng an den *Einfallsreichtum* des Experimentators geknüpft, Fragestellungen derart in Hypothesenform zu formulieren, daß das Experiment eine Antwort auf die häufig recht komplexe Fragestellung geben kann. Dies setzt voraus, daß der Experimentator sich gleichzeitig Techniken und Versuchsanordnungen einfallen läßt, die den psychologischen Sachverhalt in angemessener Weise erforschbar machen (Düker, 1970).

16.2 Hypothesenbildung und Designing

Der *zweite* Schritt des experimentalpsychologischen Vorgehens (*Stadium 2*) – nach der Hypothesenbildung (*Stadium 1*) – ist die Wahl eines geeigneten *Versuchsplans* (s. Teil III). Die Wahl des Designs richtet sich zunächst nach der Problemstellung. Das Designing muß so angelegt sein, daß die Hauptfaktoren des Experiments repräsentiert sind und in optimaler Weise einen Effekt auf die abhängige Variable ausüben können. In diesem Stadium hat sich der Experimentator auch über die möglichen *Störvariablen* bei der Untersuchung des in der Hypothese formulierten Zusammenhangs klar zu werden und sich für geeignete experimentelle Kontrolltechniken zu entscheiden (Wottawa, 1984).

Definition und Kontrolle von UV und AV

Eine saubere Planung des Versuchs bestimmt in entscheidender Weise das Ausmaß der *internen* Validität des Experiments. Der Versuch ist derart zu planen, daß bei der späteren Auswertung die Befunde auf eine möglichst eindeutige *Wenn-Dann*-Beziehung zwischen unabhängigen und abhängigen Variablen zurückführbar sind, die Wirkung von Störvariablen also möglichst auszuschließen ist. Von Bedeutung in diesem Zusammenhang ist die Wahl der Stufen der Hauptfaktoren (unabhängige Variablen, *UV*). Dies läßt sich an einem *Versuchsbeispiel* wie folgt verdeutlichen:

In einer Untersuchung über die Abhängigkeit der *Pulsfrequenz* von dem Schwierigkeitsgrad einer *geistigen* Tätigkeit tritt nicht unbedingt zwischen zwei verschiedenen Bedingungen geistiger Aktivität ein Pulsfrequenz-*Unterschied* auf (Bartenwerfer, 1960). Der *Unterschied* ist erst dann zu erwarten, wenn sich die beiden Aktivitäten bezüglich ihres Schwierigkeitsgrades in deutlichem Maße voneinander unterscheiden. Ein Verfahren zur Erhöhung des Effekts der unabhängigen Variablen auf die Meßwerte der abhängigen Variablen kann demnach darin bestehen, möglichst extreme Varianten der unabhängigen Variablen vorzusehen. Eine Voraussetzung für ein solches Vorgehen ist allerdings das Bestehen einer *monotonen* Beziehung zwischen unabhängigen und abhängigen Variablen; das heißt, daß mit einer Erhöhung respektive Verminderung der Werte der unabhängigen Variablen stets eine Erhöhung bzw. Verminderung der Meßwerte der abhängigen Variablen einhergeht.

Wahl des bestgeeigneten Versuchsplans

Die Schleife von *Stadium 3* (*Versuchsaufbau*) zurück über *Stadium 2* (*Versuchsplan*) zu *Stadium 1* (*Hypothese*) ist noch nicht genauer betrachtet worden; d. h. die sich typischermaßen neu ergebende Festlegung (Redefinition) der *Hypothese(n)*, aber auch des *Versuchsplans* aufgrund der besonderen Erfordernisse der gesamten konzeptuell und auch forschungspraktisch relevanten Untersuchungssituation ist noch offen. Hierunter hat man vor allem folgendes zu verstehen:

Besonders während des Stadiums der *Versuchsplanung* (*2*) werden typischerweise alle diejenigen konzeptuellen („theoretischen") und prozeduralen („praktischen") Erfordernisse eines Experiments *integrativ* bedeutsam. Das heißt, daß der Untersucher die aus seiner allgemeinen Problemstellung und *Hypothesenbildung* (*1*) resultierende *Versuchsplanung* (*2*) mit allen hierauf folgenden weiteren Voraussetzungen des Gesamtexperiments in Übereinstimmung zu bringen hat, soll der geplante Versuch allein schon im *Entwurf* gelingen.[1] – Von daher sind bereits während des Stadiums des Designing zumindest die beiden folgenden *Stadien 3* (Versuchsaufbau) und *5* (Auswertung) konkret mitzubedenken; und zwar müssen bzgl. des Stadiums *3* die apparativen Voraussetzungen des Experiments (s. dazu Kap. 17) und im Stadium der Auswertung (*5*) die Voraussetzungen des Einsatzes der einschlägigen statistischen Prüfverfahren (s. dazu Kap. 18) von vornherein in die Überlegungen mit einbezogen werden. Infolgedessen hat der Experimentator jeweils die gesamte Untersuchungssituation mit allen ihren Stadien schon während des Designing (*2*) im Auge zu behalten.

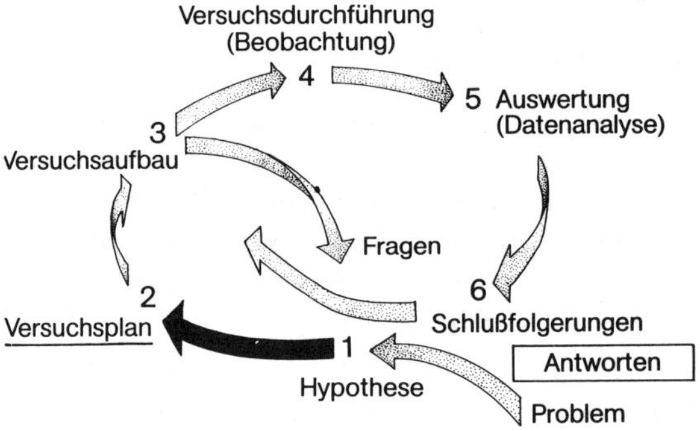

Aus diesem Grund kommt dem Stadium (*2*) der *Versuchsplanung* die zentrale Bedeutung für die gesamte *Planung, Durchführung* und *Auswertung* eines Experiments zu. Damit hängt im übrigen zusammen, daß es gerade für den in der Experimentalpsychologie noch relativ Unerfahrenen meist schwierig, wenn nicht gar unmöglich ist, den bestgeeigneten Versuchsplan für eine gegebene experimentelle Fragestellung zu wählen, und er daher gern die Empfehlung eines Experten in Versuchsplanung sucht – zumal es *„den"* (einzig geeigneten) Versuchsplan gar nicht gibt (s. Kap. 11.2, S. 19 f).

Im folgenden werden verschiedene generelle Gesichtspunkte behandelt, welche die jeweils *sachkritische* Wahl eines speziell bestgeeigneten Designs erleichtern helfen.

[1] Im Rahmen der Testkonstruktion gilt dasselbe analog, worauf z. B. Lienert (1969) hingewiesen hat und *ceteris paribus* von einem *Testentwurf* spricht (s. Sarris & Lienert, 1974). Während sich dieses für die Testkonstruktion geltende Procedere offensichtlich durchgesetzt hat, gibt es – merkwürdigerweise – für die Experimentalpsychologie nichts dergleichen. Das liegt vermutlich daran, daß ein *Experiment* im Unterschied zu einem Test viel weniger einem Kanon von *standardisierten* bzw. *standardisierbaren* Richtlinien unterliegt.

Dazu wird zunächst auf die zu beachtenden Hauptmerkmale eines guten Designing hingewiesen, bevor dann auf ein *Flußdiagramm* aufmerksam gemacht wird, dessen Gebrauch die Designwahl um ein weiteres erleichtern kann.

Im übrigen wird hier vor jedem Versuch, ein forschungsrelevantes Design mittels eines einfachen Routineverfahrens auswählen zu wollen, nochmals gewarnt. Diese Warnung verbinden wir mit dem bedenkenswerten Hinweis von Bredenkamp (1980, Kap. 3.2), daß nämlich allein schon das Problem der *Variablenvalidität* zumindest vier mögliche Fehlerquellen beinhaltet, die die Güte der Ergebnisse eines Experiments beeinträchtigen können:

(1) Mit der eigentlich zu untersuchen *UV* ist ein anderer Faktor *konfundiert,* ohne daß man dies zunächst weiß. (2) Die tatsächliche Effektivität („Durchschlagskraft") der *UV* ist so minimal, daß man keine experimentellen Effekte erhält, obschon in der Natur der Sache selbst ein solcher Effekt existiert; d. h. man lehnt die psychologisch inhaltliche Hypothese ab und schlußfolgert fälschlich: „kein" Effekt. (3) Das benutzte Manipulationsverfahren zur Herstellung der *UV* ist nicht dazu geeignet, das z. B. aus einer Theorie abgeleitete und zu untersuchende Geschehen überhaupt zu induzieren; man weiß dies aber ebenfalls nicht und macht einen anderen Interpretationsfehler. (4) Die *AV* repräsentiert, ohne daß dies bekannt ist, das eigentlich intendierte Variablenkostrukt *nicht.*

Während Bredenkamp (1980) auf diese vier allgemeinen Fehlerquellen näher eingeht, wird darauf verwiesen und das von diesem Autor Intendierte hier auf eine etwas andere, leicht faßliche Weise dargelegt.

Allgemeine Gesichtspunkte für ein gutes Designing. – Während im Zusammenhang mit der Erörterung der verschiedenen Hauptdesigntypen jeweils *einzelne* Merkmale behandelt wurden (Kap. 12 bis 15), finden sich im Einleitungskapitel von Teil III generelle Gesichtspunkte, die das allgemeine Designing in der Experimentalpsychologie betreffen (Kap. 11, S. 9 ff). Auf diese einführenden Überlegungen aufbauend, werden im folgenden fünf *Prinzipien* eines guten Designing angeführt und jeweils am einfachen Beispiel erläutert. Es sind dies das (1) *Max-Kon-Min-Prinzip* (Bd. 1, Kap. 7.3, Kap. 8.2, (2) das *Prinzip des multimethodalen Messens,* (3) das *Prinzip des RO-Designing,* (4) das *Prinzip des N = 1-Designing* sowie (5) das *Prinzip des Zeitreihen-Designing.*

(1) Das *Max-Kon-Min*-Prinzip lautet: „Maximiere die Primärvarianz, kontrolliere die Sekundärvarianz, und minimiere die Fehlervarianz!" Bei der praktischen Beachtung des *Max-Kon-Min*-Prinzips werden konkrete Maßnahmen wirksam, die im einzelnen aus Tabelle 16.2 hervorgehen, wobei dreierlei zu beachten ist:

– Man kann diese Liste von Maßnahmen für das jeweils zu planende Experiment heranziehen, indem man diese Einzelkriterien gegenüber den Aspekten des jeweiligen einzelnen Untersuchungsfalls vergleichend „abcheckt".
– In keinem einzelnen Experiment können sämtliche der hier aufgelisteten Kriterien gleichzeitig realisiert werden. Das geht schon deshalb nicht, weil ein solches Experiment ein *Idealexperiment* wäre, das aber empirisch nicht durchführbar ist. Beispielsweise lassen sich bestimmte Gütemerkmale kaum jemals gleichzeitig optimieren, weil sie einander – zumindest partiell – ausschließen.
– In den verschiedenen Lehrbüchern zur Versuchsplanung gibt es inzwischen eine weitgehende Übereinstimmung bzgl. der wichtigsten Grundlagen und Kriterien eines *guten* Designing; aber im einzelnen gehen die Darstellungen der Autoren mehr oder weniger stark auseinander. Hier ist jegliche apodiktische Kriterienfestlegung ausdrücklich nicht intendiert, sondern lediglich eine didaktisch orientierte Hilfestellung bei der Wahl eines guten Designs beabsichtigt.

Tabelle 16.2: Übersicht über die typischen Maßnahmen zur Gewährleistung der internen Validität gemäß dem *Max-Kon-Min*-Prinzip der Versuchsplanung (Kerlinger, 1979). – Die einzelnen Maßnahmen ergänzen einander nur zum Teil.

---

1. *Maximiere die Primärvarianz* („Signal")
   - Wahl von *Extremgruppen*
   - Wahl von sog. *optimalen* Stufen
   - *Umwandlung* eines Störfaktors in eine weitere experimentelle *UV* („Kontrollvariable")
2. *Kontrolliere die Sekundärvarianz* (systematische Fehler)
   - *Eliminierung* eines Störfaktors
   - *Konstanthaltung* eines Störfaktors für alle Versuchsgruppen und experimentellen Bedingungen
   - *Randomisierung* der Probanden und der Bedingungen
   - *Umwandlung* eines Störfaktors in eine weitere experimentelle *UV* („Kontrollvariable")
   - Nachträgliche statistische Kontrolle: *Kovarianzanalyse**
3. *Minimiere die Fehlervarianz* („Rauschen")
   - Wahl eines *Wiederholungs*- oder *Block*-Versuchsplans
   - Anheben der *Standardisierung* der Untersuchungssituation
   - Erhöhung der Zuverlässigkeit (und Gültigkeit) des *Meßinstruments*

---

* Vgl. Kap. 18.2

(2) *Prinzip des multimethodalen Messens.* – Dieses Prinzip besagt: „Für die *UV* sowie vor allem für die *AV* wähle möglichst zwei oder mehr alternative Operationalisierungen ein und desselben Konstrukts!" (Kap. 16.1, S. 208 f; s. auch *PrB*, Bd. III, *Nachwort*). Wenn man dies tut, dann kann praktisch viel weniger leicht das passieren, was sich in den beiden oben als Beispiel angeführten Untersuchungen ergab, nämlich das Eintreten von einander scheinbar ausschließenden Versuchsresultaten (vgl. S. 209 f). – Im Rahmen eines Praktikumsversuchs wird gezeigt, daß die Aufstellung und Testung einer Theorie, die nicht von diesem Prinzip Gebrauch macht, leicht invalidiert wird (s. *Grundversuch 2*: *„Methodenanalysen zur Größengewichtstäuschung"*, *PrB*, Bd. I, Kap. 2; ferner Bd. III, Kap. 17).

(3) *Prinzip des RO-Designing.* – Das Prinzip lautet: „Führe in das Experiment zusätzlich möglichst eine differentiell-psychologisch bedeutsame Organismusvariable (*O*) ein!"

Dieses zentrale Prinzip der modernen Versuchsplanung ist in Kap. 14.2 (S. 120 bis 128) ausführlich behandelt worden. Angemerkt sei noch, daß man dieses *RO*-Designing auf einfache Weise bei der Erarbeitung der ◇ Demo 14.1 kennenlernen kann (s. 140 ff). – Außerdem ist das Prinzip des *RO*-Designing in Form eines weiteren Praktikumsversuchs schrittweise dargestellt worden (*Grundversuch 8: „Verbales Konditionieren und Persönlichkeitsunterschiede", PrB,* Bd. II, Kap. 8).

(4) *Prinzip des N = 1-Designing.* – Das Prinzip lautet: „Überprüfe die mit Hilfe eines Gruppenexperiments erhaltenen Ergebnisse im Hinblick auf deren Relevanz für den individuellen Fall *N = 1!"*

Dieses Prinzip schließt zumindest die beiden folgenden Aspekte ein:

– Man prüft die im Gruppenversuch erhaltenen Daten bei der Auswertung daraufhin, ob und inwieweit sich gesetzmäßige *individuelle* Datentrends zeigen, die im Einklang mit den statistischen *Mittelwerts*-Ergebnissen stehen (Prüfung auf Vermeidung von statistischen Artefakten; s. Kap. 18.1).

– Man prüft, ob sich im gegebenen Fall die übliche Designwahl mit dem $N = 1$-Experimentalfall bzw. mit dem des *Klein-N*-Designing verbinden läßt (s. S. 167 ff). – Ein Beispiel hierfür gibt Weintraub (1975). Dort wird besonders betont, daß das Methodenschisma zwischen den sensorisch-neurophysiologisch orientierten Wahrnehmungspsychologen (*Klein-N*-Designing) einerseits und den kognitiv-perzeptiv arbeitenden Fachkollegen (*Groß-N*-Designing) andererseits allein schon aus wissenschaftspraktischen Gründen unfruchtbar sei, weil nämlich die verschiedenen Lager bis heute kaum relevant miteinander kommunizierten (s. Kap. 19.3, S. 311 f).

(5) *Prinzip des Zeitreihen-Designing.* – Das Prinzip lautet: „Zusätzlich zu den klassisch zu gewinnenden Daten erhebe weitere *Nachher-*, wenn nicht auch noch *Vorher*-Messungen!“

Ein solches Vorgehen bezweckt, wie in Kap. 15.2 behandelt, der Forderung nach einer zufriedenstellenden Erfassung des einfachen Geschehens in der Zeit für das jeweils gegebene Phänomen zu entsprechen. Auch diesbezüglich ist es wichtig, das elementare Anliegen dieses Prinzips möglichst konkret vor Augen zu haben. Ein ebenso einfaches wie auch nützliches Beispiel dafür stellt die Untersuchung von Phänomenen wie der geometrisch-optischen Täuschungen dar (Abb. 16.3).

Das hier gewählte Beispiel illustriert den Sachverhalt, daß eine *mehrfache* (z. B. *10-*, *25-*, *50-*, *100*-fache usw.) *Darbietung* ein und desselben Müller-Lyerschen Täuschungsmusters gesetzmäßgie *Veränderungen* über die Zeit bei der Wahrnehmung durch die Probanden erbringt (s. *PrB,* Bd. I, Kap. 2.5, *Extension 2.1*).

Die Beachtung aller fünf *Prinzipien* des guten Designing führt natürlicherweise zu erheblich anspruchsvolleren Datensätzen, da erst hierdurch eine empirisch relevante *Verallgemeinerbarkeit* von ansonsten limitiert aussagekräftigen Resultaten gewonnen wird. Allerdings ist konsequenterweise auch das Folgende mitzubedenken: Die dem besseren Designing genügenden Prinzipien gelten zwar allgemein, sagen aber noch nichts über die jeweilige *Theorienbildung* im Hinblick auf den jeweils zu untersuchenden Phänomenbereich aus – sie sind in diesem Sinne theoretisch *neutral* (s. Kap. 11.3, S. 19 f). Andererseits ist eine empirisch *breitere* Untersuchungsbasis unter sonst gleichen Bedingungen der Theorienbildung eher günstig. – Der mögliche kritische Hinweis darauf, daß die konsequente Erfüllung der Implikationen dieser fünf Prinzipien notwendigerweise mit einem – angeblich – unzumutbaren experimentellen *Mehraufwand* an Untersuchungsmitteln (z. B. Untersuchungszeit, Anzahl der Probanden usw.) verbunden ist, kann höchstens den ohnehin *protowissenschaftlich* orientierten Untersucher beruhigen, nicht aber dem nach wissenschaftlichem Fortschritt Suchenden imponieren.

Mit der Formulierung dieser fünf Prinzipien des guten Designing kommen einige Vorteile der verschiedenen Hauptdesigntypen mit zum Ausdruck. Sie sind dabei gleichzeitig als Richtlinien für die Beurteilung des jeweiligen wissenschaftlichen Nutzwertes eines einzelnen psychologischen Experiments zu verstehen.

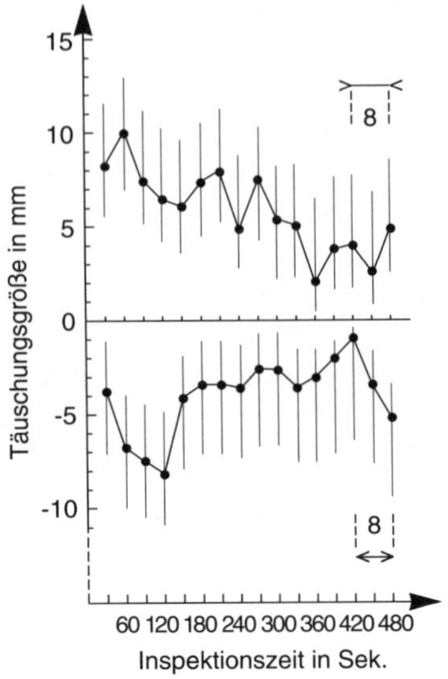

Abbildung 16.3: Veränderung der subjektiven Größe der Müller-Lyer-Täuschungsfigur für die nach *innen* (unten) versus nach außen (oben) gerichteten Pfeilenden, bei variabler Inspektionszeit (die *Abszisse* bezeichnet die *kumulierte* Inspektionszeit bei mehrfacher Darbietung der Täuschungsmuster; die vertikalen Balken illustrieren den jeweiligen Standardfehler $s_{\bar{y}}$). – Die beiden experimentellen Zeitreihentrends zeigen, daß mit zunehmender Inspektionszeit der Täuschungsbetrag graduell *abnimmt* – entgegen der allgemeinen Erwartung, welche sich allerdings auch nur auf den klassischen Fall der einmaligen Prüfung bezieht. (Modifiziert nach Sarris, 1984)

Hinweise zur Wahl des Designs: Flußdiagramm. – Unter der Annahme, daß die nachfolgenden Hinweise nur als eine pragmatische Orientierungshilfe bei der konkreten *Wahl* eines Designs für ein bestimmtes Untersuchungsvorhaben verstanden werden (und nicht etwa als eine Art Kochrezept des experimentalpsychologischen Designing mißverstanden werden), bietet das *Flußdiagramm* in Abbildung 16.4 eine Entscheidungshilfe. In der Graphik ist nur ein *Ausschnitt* des im *Anhang* (Anh. B.2) vollständig wiedergebenen Flußdiagramms enthalten. Hier interessiert nur die *Methodologie* der angemessenen Designwahl.

Die *Art* und das *Ausmaß* experimenteller Kontrolle, wie diese in dem Versuchsplanungsstadium geplant und festgelegt werden, bestimmen gleichzeitig auch einen Großteil der sog. *externen* Validität eines Experiments. Wird z. B. eine sog. „Wiederholungsmessung" (Kap. 13.2) als Kontrolltechnik in einem angewandt-psychologischen Experiment zur Frage des Einflusses der *Lichttönung* (*UV*) auf das *Arbeitsverhalten* (*AV*) untersucht, sind dadurch spezifische Untersuchungsbedingungen vorgegeben, die in der realen Arbeitssituation nicht vorliegen. Die Versuchsteilnehmer haben in einem solchen Experiment die Möglichkeit, verschiedene Lichtfarben vergleichend zu bewerten, so daß eine bedeutend differenziertere Beurteilung erfolgt, als dies gewöhnlich am Arbeitsplatz der Fall ist. Aufgrund eines solchen Experiments könnte daher der Einfluß des Faktors „Lichtfarbe" bei der Arbeitsplatzbeleuchtung auf Arbeitsverhalten
Ω und Arbeitszufriedenheit beträchtlich überschätzt werden. Die Ω Orig 16.1 gibt ein

Beispiel für die Abhängigkeit eines experimentellen Befundes von dem der Untersuchung zugrundeliegenden Versuchsplan.

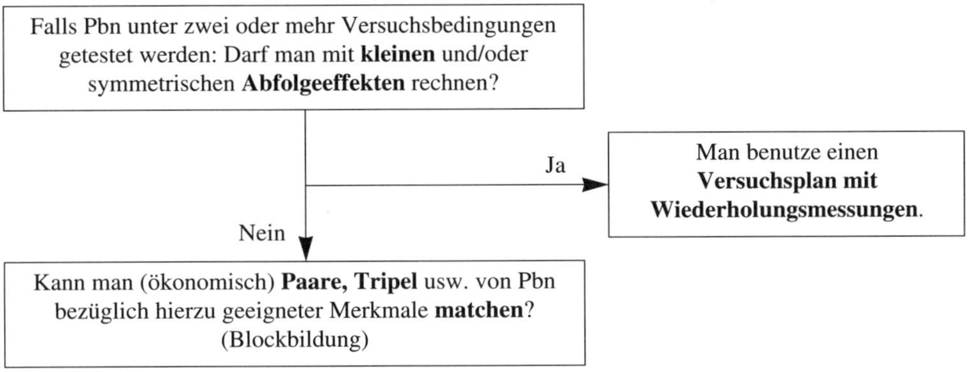

Abbildung 16.4: Flußdiagramm (Ausschnitt) zur Entscheidungshilfe bei der Wahl eines geeigneten experimentellen Designs (vgl. Anhang B.2)

Ω Orig 16.1
Die Abhängigkeit eines Befunds vom experimentellen Design

(Grice & Hunter, 1964)

Zur Frage des Intensitätseffektes eines konditionierten Reizes auf den Lernprozeß sind besonders seit den 60iger Jahren viele Experimente durchgeführt worden. Aufgrund der Befunde solcher Versuche konnte man dieser Variablen lange Zeit keinen nennenswerten Einfluß auf das Lerngeschehen zuschreiben.

Grice u. Hunter (1964) gingen jedoch erneut dieser Frage experimentell nach, da ihrer Ansicht nach die bisherigen Befunde als Produkt des in den Untersuchungen verwendeten *Versuchsplans* zu verstehen seien: die Variable „Reizintensität" war bis dahin stets als „Between"-Faktor realisiert worden (*Zufallsgruppenversuchsplan;* Kap. 13.1); d. h. gewöhnlich wurden *verschiedene* Versuchsgruppen unter den verschiedenen experimentellen Bedingungen untersucht. Gemäß der Überlegung der beiden Autoren könnte es aber sehr wohl sein, daß sich bei der Wahl eines „Within"-Designs ganz andere Untersuchungsbefunde einstellen (*Wiederholungsmessung*) – und dies z. B. deshalb, weil ein und derselbe unter *mehreren* Bedingungen untersuchte Proband die einzelnen experimentellen Bedingungen nicht absolut, sondern *relativ* zueinander bewertet (s. Kap. 13.2).

Grice u. Hunter (1964) führten daraufhin zwei Parallelversuche durch: Das eine Experiment legten sie nach einem „between group"-Design, das andere nach einem „within group"-Design an. – Im *ersten* Experiment erhielt eine Gruppe von Versuchsteilnehmern in insgesamt 100 Lerndurchgängen einen *starken* konditionierten Reiz (100 dB), die andere einen *schwachen* konditionierten Stimulus (50 dB). Die beiden Probandengruppen wurden den experi-

Tabelle A: Versuchsplan („*between* "-Design für Hauptfaktor *A*) von Grice & Hunter (1964) zur Prüfung der Abhängigkeit eines experimentellen Befunds vom verwendeten Design. – Design RW_{tr} – (p × q)N.

Design 4.3 Zweifaktorieller Mischplan mit Zufallsgruppenbildung auf Faktor A (p = 2) und wiederholten Messungen auf Faktor B (q = 5): *Design* $RW_{tr} - 2 \times 5N$.

W_{tr}

R

Faktor A „Lautstärke"	*Faktor B* „Blocks zu je 20 Lerndurchgängen" B_1 „Block 1"	B_2 „Block 2"	B_3 „Block 3"	B_4 „Block 4"	B_5 „Block 5"
A_1 „50dB"	$\bar{Y}_{11}$ Gruppe 1	$\bar{Y}_{12}$ Gruppe 1	$\bar{Y}_{13}$ Gruppe 1	$\bar{Y}_{14}$ Gruppe 1	$\bar{Y}_{15}$ Gruppe 1
A_2 „100dB"	$\bar{Y}_{21}$ Gruppe 2	$\bar{Y}_{22}$ Gruppe 2	$\bar{Y}_{23}$ Gruppe 2	$\bar{Y}_{24}$ Gruppe 2	$\bar{Y}_{25}$ Gruppe 2

AV: Anzahl der konditionierten Reaktionen ($\bar{Y}$)

Tabelle B: Versuchsplan („*within* subject"-Design für Hauptfaktor *A*) von Grice u. Hunter (1964) zur vergleichenden Untersuchung der *Design*-Abhängigkeit eines experimentellen Befundes. – Design WW_{tr} – (p × q) N. (Vgl. dazu Tab. A.)

Design 2.2 Zweifaktorieller Versuchsplan mit wiederholten Messungen auf den beiden Faktoren *A* (p = 2) und *B* (q = 5) bei N = 50 Probanden: *Design* $WW_{tr} - (2 \times 5)\ 50$.

WW_{tr}

Pbn-Nr.	*Faktor B* „Blöcke zu je 20 Lerndurchgängen" B_1 *Faktor A* „Lautstärke" A_1 „50 dB"	A_2 „100 dB"	B_2 *Faktor A* „Lautstärke" A_1 „50 dB"	A_2 „100 dB"	B_3 *Faktor A* „Lautstärke" A_1 „50 dB"	A_2 „100 dB"	B_4 *Faktor A* „Lautstärke" A_1 „50 dB"	A_2 „100 dB"	B_5 *Faktor A* „Lautstärke" A_1 „50 dB"	A_2 „100 dB"
1	$Y_{1.11}$	$Y_{1.12}$	$Y_{1.21}$	$Y_{1.22}$	$Y_{1.31}$	$Y_{1.32}$	$Y_{1.41}$	$Y_{1.42}$	$Y_{1.51}$	$Y_{1.52}$
2	$Y_{2.11}$	$Y_{2.12}$	$Y_{2.21}$	$Y_{2.22}$	$Y_{2.31}$	$Y_{2.32}$	$Y_{2.41}$	$Y_{2.42}$	$Y_{2.51}$	$Y_{2.52}$
.	.	.	.	.	.	.	.	.	.	.
.	.	.	.	.	.	.	.	.	.	.
.	.	.	.	.	.	.	.	.	.	.
50	$Y_{50.11}$	$Y_{50.12}$	$Y_{50.21}$	$Y_{50.22}$	$Y_{50.31}$	$Y_{50.32}$	$Y_{50.41}$	$Y_{50.42}$	$Y_{50.51}$	$Y_{50.52}$
	} $\bar{Y}_{1.1}$	} $\bar{Y}_{1.2}$	} $\bar{Y}_{2.1}$	} $\bar{Y}_{2.2}$	} $\bar{Y}_{3.1}$	} $\bar{Y}_{3.2}$	} $\bar{Y}_{4.1}$	} $\bar{Y}_{4.2}$	} $\bar{Y}_{5.1}$	} $\bar{Y}_{5.2}$

AV: Anzahl der konditionierten Reaktionen ($\bar{Y}$)

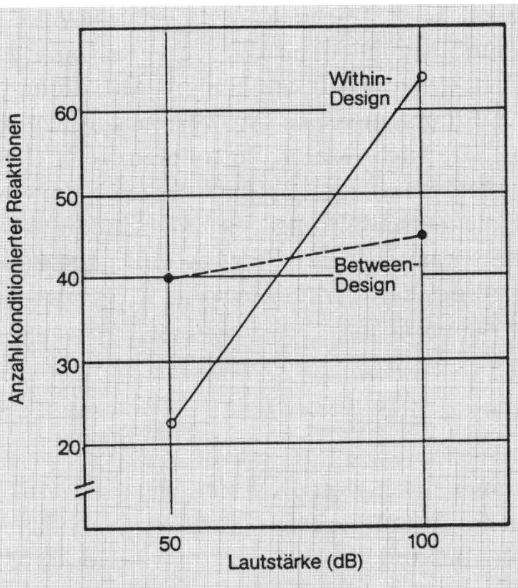

Abbildung A: Anzahl konditionierter Reaktionen für Probanden, deren Lidschlagreflex gemäß zweier verschiedener experimenteller Designs konditioniert wurde: Die Effekte der Intensität des konditionierten Reizes (Ton von *50 dB* oder *100 dB* Lautstärke) sind in einem Versuch mit *wiederholten Messungen* bedeutend ausgeprägter als in einem Versuch mit *Zufallsgruppenbildung* (Nach Grice & Hunter, 1964).

mentellen Bedingungen nach dem *Zufall* zugeordnet (Tab. A). Im *zweiten* Experiment erhielten alle Probanden *beide* Bedingungen, d. h. in insgesamt 100 Lerndurchgängen 50 mal einen *starken* konditionierten Reiz und 50 mal einen *schwachen* konditionierten Stimulus (Tab. B).

Die Ergebnisse stützen die Hypothese der Autoren von der *Design-Abhängigkeit* des experimentellen Befundes: Nur bei der Verwendung des „Within group"-Designs ist die Anzahl der registrierten konditionierten Reaktionen in signifikanter Weise von der Intensität der konditionierten Reize abhängig. – Dieses Forschungsergebnis weist sehr eindrucksvoll auf die besondere Wichtigkeit einer jeweils optimalen Wahl des Versuchsplans eines Experiments zwecks Vermeidung von designbedingten Artefakten hin.

Literatur

Grice, G. R. & Hunter, J. J.: Stimulus intensity effects depend upon the type of experimental design. Psychological Review, 1964, *71*, 247-256.

Tabelle 16.3: Typische Fehler bei der *Versuchsplanung* (2)

1. Es werden zu wenige Versuchsteilnehmer ausgelost, wodurch es zu einem großen *Stichprobenfehler* und daher zu insignifikanten Ergebnissen kommen kann (β-Fehler).
2. Es wird nicht streng auf die *Zufälligkeit* bei der Zuordnung von ausgelosten Versuchsteilnehmern zu den experimentellen Bedingungen geachtet, wodurch es zu einer gerichteten Wirkung von Störvariablen kommen kann.
3. Es wird versäumt, Gruppen in homogene Untergruppen aufzuteilen, obschon eine derartige Blockbildung zu eindeutigeren Resultaten führen könnte.
4. Es werden bei der *Blockbildung* Merkmale verwendet, die nicht oder zu niedrig mit der abhängigen Variablen korrelieren.
5. Es wird die Technik der Ausbalancierung verwendet, obschon *gerichtete* Effekte (Übertragungseffekte) von einer Behandlung auf die andere ausgehen.
6. Es werden die Stufen der unabhängigen Variablen in nicht optimaler Weise gewählt.

In diesem Stadium der Versuchsplanung werden folgenreiche *Vorentscheidungen* getroffen, die neben einer eindeutigen Interpretationsmöglichkeit der Befunde (*interne Validität* und *Konstruktvalidität*) und ihrer Übertragbarkeit auf andere Situationen (*externe Validiät*) auch bereits einen Einfluß auf die statistische Auswertbarkeit (*inferenzstatistische Validität*) haben (Bd. 1, Kap. 9). Nicht selten bestimmen auch die realen Gegebenheiten die Planung des Experimentes, so zum Beispiel die finanziellen Mittel und die Anzahl der Personen, die für die Durchführung des Experiments zur Verfügung stehen. Der Ökonomiegesichtspunkt kann bei der Planung eines Experiments nicht vernachlässigt werden; er darf allerdings dem Erkenntnisprinzip nicht entgegengerichtet sein. – Eine Auflistung von typischen *Fehlern* bei der Versuchsplanung (Designing) enthält Tabelle 16.3.

16.3 Hypothesen als Vorhersagen

In diesem Abschnitt wird auf die Bedeutung einer methodologisch und wissenschaftstheoretisch relevanten *Hypothesenbildung* nochmals aufmerksam gemacht. Nachdem oben die zentrale Funktion des guten Designing behandelt worden ist, wird damit auf die Rückschleife der Bezüge zwischen Stadium (*3*) über (*2*) nach Stadium (*1*) abgehoben. In diesem Zusammenhang steht die Bedeutung der *Prüfbarkeit* („testability") von Hypothesen im Mittelpunkt des Interesses. Dazu werden einige Beispiele gegeben, und zwar besonders für die verschieden *genau* prüfbaren Hypothesen. Darauf einzugehen ist nützlich, weil bis heute in der experimentellen Psychologie vielfach unklar geblieben ist, ob und inwieweit Hypothesen *quantitativ* präzise oder mehr *qualitativ* zu gewinnen und zu untersuchen sind. Am Schluß des Abschnitts werden die wichtigsten *Gütemerkmale* für die Hypothesenbildung angeführt.

Beispiele für prüfbare Hypothesen

Insoweit Hypothesen gemäß den Ausführungen der beiden voranstehenden Abschnitte dieses Kapitels formuliert werden, stellen sie gewissermaßen *Vorhersagen* im Sinne von *„Wenn-dann"*-Beziehungen dar.

In diesem Zusammenhang sind zwei Aspekte ein und desselben Grundsachverhalts relevant. Empirisch sinnvolle Hypothesen müssen immer an der Erfahrungswirklichkeit testbar sein; und zwar: Je genauer die Hypothesen getestet werden können, desto besser sind sie im eigentlich wissenschaftlichen Sinne. Nur insoweit Hypothesen so genau formuliert und damit gut empirisch testbar sind, haben sie damit auch den Charakter von Vorhersagen. Derlei Hypothesen sind Vorhersagen vom Typ der *Wahrscheinlichkeitsvoraussagen* (Bd. 1, Kap. 4.3). Man erinnere sich in diesem Zusammenhang an die drei nachfolgenden *Bedingungen,* die erfüllt sein müssen, wenn man von einer Beziehung der Art *„Wenn X, dann (wahrscheinlich) Y"* sprechen darf – nämlich:

- X geht Y zeitlich voraus
- weitere Bedingungen außer X, auf die Y eine Folge sein könnte, sind nicht wirksam (oder aber durch Randomisierung ausbalanciert)
- die Messung von (X und) Y ist (höchstens) mit einem *Zufallsfehler,* nicht aber mit einem systematischen Fehler behaftet (s. dazu das *Max-Kon-Min*-Prinzip, S. 213 f).

Dieselbe Beziehung läßt sich dann im Sinne einer als Vorhersage zu verstehenden

Hypothese auch folgendermaßen formulieren: *Wenn X* die Ausprägung von *Y* bedingt bzw. dem zu beobachtenden *Y* vorangeht und weitere Bedingungen (Störfaktoren) unwirksam sind, *dann* tritt (wahrscheinlich) *Y* ein.[2]

Bevor das Prinzip dieser allgemeinen Hypothesenbildung aus der Sicht des Experimentalpsychologen spezifiziert wird, sei noch auf ein psychophysiologisches Experiment hingewiesen, das der spätantike Arzt Galenus (130–201 n. Chr.) an einer seiner Patientinnen, die er auf ihre Schlaflosigkeit hin behandelte, durchführte ($N = 1$):

Galenus berichtet, daß diese Patientin während einer seiner ärztlichen Konsultationen die Nachricht erhielt, es werde heute der Tänzer *Alpha* im Theater auftreten. Daraufhin wurden bei ihr deutliche Zeichen der Veränderung in Ausdruck und Farbe des Gesichts sowie an ihrem Puls bemerkbar. Um die vermutete Ursache für diese Veränderungen zu untersuchen, ließ Galenus der Dame daraufhin in den nächsten Tagen von sich aus (fingierte) Nachrichten zukommen, derart daß einmal die Tänzer Eta oder Theta und dann wiederum der Tänzer Alpha auftreten würden. Was Galenus vorhergesagt hatte, trat ein: Während sich bei der Dame keinerlei Ausdrucksveränderungen in den beiden Fällen Eta und Theta zeigten, kam es im Falle von *Alpha* jedoch abermals zu starken *Alterationen* des Ausdrucks. – Worauf Galenus schloß: „So fand ich heraus, daß die Dame in den Tänzer [*Alpha*] verliebt war. Sorgfältige Beobachtungen an den folgenden Tagen bestätigten dies." (Zitiert nach Hofstätter, 1972.)

Offensichtlich verhielt sich Galenus getreu dem kausaltheoretischen Muster der oben angeführten Hypothesenbildung und sagte dementsprechend vorher:

Wenn der Tänzer Alpha im Theater auftritt und meine Patientin erfährt davon (X), *dann* zeigt sie (wahrscheinlich) Anzeichen der Unruhe (Y). Wenn dagegen andere Tänzer auftreten (X_0), dann zeigt sie diese Alterationen (wahrscheinlich) nicht (Y_0).

Gemäß derselben Logik einer *zweistufigen* Bedingungsvariation war übrigens auch das schon an anderer Stelle zitierte Experiment im alten Ägypten geplant und durchgeführt worden, das der einführenden Illustration des Zweistichprobendesigns diente, nur daß dort *zwei* Probandengruppen getestet wurden (s. S. 59 f).

Obwohl es in der heutigen Experimentalpsychologie viele Versuche mit nur *zweistufiger* Bedingungsvariation gibt, wird dieser Designtyp zunehmend seltener und steht dann auch nur noch am Anfang einer Erkundungsphase auf einem neu zu bearbeitenden Gebiet. Das heißt, daß die allgemeinen Ansprüche an die Hypothesenbildung eines psychologischen Experiments heute im Vergleich zu früher wesentlich gewachsen sind. Dementsprechend würde etwa im Hinblick auf den *unifaktoriellen* Designfall die allgemeine Hypothese präziser wie folgt lauten:

Wenn ein *X* (*UV*) mit seinen Abstufungen $X_1, X_2, X_3, \ldots, X_p$ dem zu beobachtenden variablen Ereignis *Y* vorangeht und weitere Bedingungen (Störfaktoren) unwirksam sind, *dann* tritt (wahrscheinlich) *Y* (*AV*) in entsprechend abgestufter Weise ein ($Y_1, Y_2, Y_3, \ldots, Y_p$).

Während für *mehrfaktorielle* Fälle die allgemeine Hypothesenformulierung analog lautet, interessiert an dieser Stelle besonders der Sachverhalt, daß eine genuin relevante Hypothese („*wenn* ..., *dann* ...") heutzutage typischerweise sehr präzise abgestuft formuliert sein muß, um ein wissenschaftlich anspruchsvolles (non-triviales) Experiment zu begründen. Dafür werden im folgenden einige Beispiele angeführt, die ihrer-

[2] In Bd. 1, Kap. 4.2 wurde darauf hingewiesen, daß zwischen *deterministischen* und *probabilistischen* (wahrscheinlichkeitstheoretischen) Erklärungen zu unterscheiden ist. Diese Unterscheidung gilt grundsätzlich auch für alle *Wenn-dann*-Hypothesen.

seits schrittweise den Aspekt des wissenschaftlichen Anspruchs – vom niedrigsten bis zum höchsten – illustrieren.

Zu beachten ist dabei, daß die *statistische Hypothesenprüfung* eine andere, dem Laien ungewohnte *Formulierungsbasis* für die ansonsten gleiche Hypothese hat, indem sie immer von der Aufstellung und Testung der sog. *Nullhypothese* ausgeht (s. Kap. 18.2).

Beispiel 1: Zweistufiges unifaktorielles Experiment

In einem psychologischen Experiment wird die Abhängigkeit der *Pulsfrequenzmeßwerte* (*AV*) von den unter *Streß* (X_1) versus *Non-Streß* (X_o) auszuführenden Kopfrechenleistungen untersucht.

Hypothese: Wenn Kopfrechnen unter *Streß* (X_1) zu leisten ist, *dann* zeigen sich (wahrscheinlich) *höhere* Pulsfrequenzwerte ($\overline{Y}_1$), als wenn die Pulsfrequenz unter Non-Streß (X_o) untersucht wird ($\overline{Y}_o$).

Wissenschaftlich inhaltliche Hypothese: $\overline{Y}_1 \geqslant \overline{Y}_o$ (Arbeitshypothese)
(für die Mittelwertsprüfung)
Statistische Hypothese: $\overline{Y}_1 = \overline{Y}_o$ (Nullhypothese)

Unter Beachtung des oben Geforderten ist klar, daß ein solches Experiment nur eine sehr grobe – wissenschaftlich anspruchslose – Hypothesenbildung zur Voraussetzung hat. Die dargestellten Trends verdeutlichen verschiedene Alternativfunktionen der allgemeinen Art $Y = f(X)$, die aber ein solches zweistufiges psychophysiologisches Experiment nicht zu prüfen vermag (s. Kap. 13.2, Kap. 18.2; vgl. ferner *Grundversuch 10, PrB*, Bd. II, Kap. 10). Wesentlich genauer, als dies im Rahmen einer Einführung möglich ist, behandelt u. a. Bredenkamp (1980) die hier interessierenden Zusammenhänge zwischen *Hypothesenbildung, Versuchsplanung* und *Statistik* (◇ Demo 16.1).

Beispiel 2: Dreistufiges unifaktorielles Experiment (mit Trendfaktor)

In dem in ◇ Demo 14.1 zitierten *Begriffsbildungsexperiment* wird die Abhängigkeit der Lernleistungen (AV) vom Abstraktionsgrad neu zu erwerbender Begriffe in drei Stufen, die einen Trendfaktor (X_1, X_2, X_3) bilden, geprüft.

Hypothese: Wenn konkrete Begriffe (X_1) anstelle von konkret-abstrakten (X_2) oder abstrakten (X_3) im Begriffsbildungsexperiment zu lernen sind, *dann* sind die Lernzeiten für die konkreten Begriffe am *kürzesten* ($\overline{Y}_1$), die für konkret-abstrakte *mittellang* ($\overline{Y}_2$) und die für abstrakte Begriffe am *längsten* ($\overline{Y}_3$).

Wissenschaftlich inhaltliche Hypothese: $\overline{Y}_1 < \overline{Y}_2 < \overline{Y}_3$ (Arbeitshypothese)
(für die Mittelwertsprüfung)
Statistische Hypothese: $\overline{Y}_1 = \overline{Y}_2 = \overline{Y}_3$ (Nullhypothese)

Klarerweise begründet eine solche Hypothesenformulierung die Durchführung eines wesentlich *präziseren* Experiments, als dies vergleichsweise für das *Beispiel 1* zutrifft; d. h. es erlaubt, den Trendtyp der Ergebnisse für $\overline{Y}_1$, $\overline{Y}_2$, und $\overline{Y}_3$ zu prüfen (Abb. 16.5).

Beispiel 3: Zweifaktorielles Experiment mit zwei bzw. drei Stufen (*WO*-Designing)

Beispiel 2 läßt sich ausweiten zu einem zweifaktoriellen Untersuchungsfall, wobei der zweite Faktor eine z. B. zweistufige Organismusvariable ist (◇ Demo 14.1, Tab. 14.8, S. 142). Es wird somit die Abhängigkeit der *Begriffsbildungsleistung* (*AV*) von dem dreistufigen Abstraktionsgrad der Begriffe (UV_A) und dem zweistufigen Persönlichkeitsmerkmal (UV_B) untersucht.

Hypothese A: Siehe *Beispiel 2*.

Hypothese B: Wenn zwei verschieden leistungsstarke Personengruppen (B_1 und B_2) Begriffe neu zu lernen haben, *dann* sind die Lernzeiten der leistungsschwachen Gruppe (wahrscheinlich) *länger* ($\overline{Y}_1$) als die der leistungsstarken ($\overline{Y}_2$).

Wissenschaftlich inhaltliche Hypothese: $\overline{Y}_1 > \overline{Y}_2$ (Arbeitshypothese)
(für die Mittelwertsprüfung)
Statistische Hypothese: $\overline{Y}_1 = \overline{Y}_2$ (Nullhypothese)

Hypothese A × B: Wechselwirkungshypothese.

Zu beachten ist, daß eine solche Hypothese zusätzlich zu der Untersuchung der beiden Faktoren *A* und *B* auch die ihrer Wechselwirkung *A* × *B* beinhaltet. Das Konzept der *Wechselwirkung* (Interaktion) findet sich in Kap. 13.1 ausführlich behandelt. Typischerweise erlaubt die Berücksichtigung gerade von Wechselwirkungen die Prüfung von *nicht-trivialen* Befunden, im vorhergehenden Beispiel umso mehr, als ein *besonderer* Wechselwirkungstyp, nämlich der *differentiell-psychologische* des Mischdesigning, ansteht (Kap. 14.2, S. 120 ff).

Üblicherweise wird im Alltag nur in monokausalen Bezügen gedacht, selten aber werden bifaktorielle bzw. multifaktorielle Determinanten des Verhaltens mit gesehen und schon gar nicht in Bezügen von Wechselwirkungen zwischen zwei oder mehr Faktoren Überlegungen angestellt.

Beispiel 4: Modellgeleitetes zweifaktorielles Experiment (mit Trendfaktoren)

Ein vor mehreren Jahren entwickeltes *mathematisches Modell* zur *Größengewichtstäuschung* sagt die Größe der Täuschung (*AV*) in Abhängigkeit von der physikalischen Schwere (X_A) und dem physikalischen Volumen (X_B) vorher (N. H. Anderson, 1970). Für den modelltheoretisch wichtigeren der beiden Faktoren, das physikalische Volumen (*B*), lautet die Hypothese:

Hypothese B: Wenn das Volumen der ansonsten jeweils objektiv gleich schweren Gewichte klein (B_1), mittel (B_2) oder groß (B_3) ist, *dann* fällt das subjektive Gewichtsurteil vergleichsweise (wahrscheinlich) *schwerer* (Y_1), *gleich* (Y_2) oder *leichter* (Y_3) aus.

Wisssenschaftlich inhaltliche Hypothese: $\overline{Y}_1 > \overline{Y}_2 > \overline{Y}_3$ (Arbeitshypothese)
(für die Mittelwertsprüfung)
Statistische Hypothese: $\overline{Y}_1 = \overline{Y}_2 = \overline{Y}_3$ (Nullhypothese)

Im Vergleich zu *Beispiel 3* weist der vorliegende Hypothesenfall einen entscheidenden Vorteil auf; d. h. er sagt alle drei experimentellen Effekte voraus, nämlich die für die Faktoren *A* und *B* sowie deren Wechselwirkungseffekt *A* × *B* (Abb. 16.5, Teilabb. A).

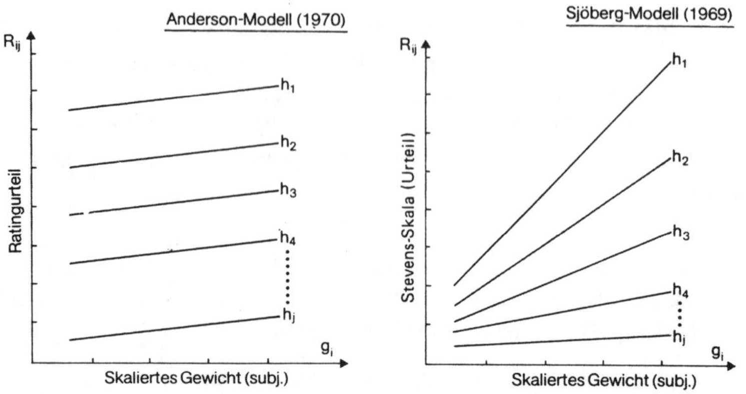

Abbildung 16.5: Schematische Repräsentation zweier mathematischer Modelle, die jeweils unterschiedliche Vorhersagen von *Wahrnehmungstäuschungs*-Trends für die Größengewichtstäuschung machen, wobei g_i das subjektive Gewicht und h_j die subjektive Höhe für verschieden schwere und große physikalische Objekte bedeuten. A: Andersons *Paralleltrend*-Vorhersage; B: Sjöbergs *Wechselwirkungstrend*-Vorhersage. (Nach Sarris, 1985)

Das bedeutet, daß die (Modell-)Hypothese leichter *falsifizierbar* ist (s. zur Modellmethode und zur Theorienbildung Bd. 1, Kap. 2.3). – Beispielsweise könnte ja ein ganz anderes mathematisches Modell ein und dieselben (Größengewichtstäuschungs-)Datensätze ggfs. viel besser vorhersagen und psychologisch inhaltlich erklären. Tatsächlich ist dies im vorliegenden Fall auch wirklich so geschehen: Während der Amerikaner N. H. Anderson (1970) sein Modell der Größengewichtstäuschung untersuchte und die Arbeit darüber veröffentlichte, hatte zur selben Zeit der Schwede L. Sjöberg (1969) an demselben Thema gearbeitet, ein *anderes* mathematisches Vorhersagemodell formuliert, getestet und darüber ebenfalls publiziert (Abb. 16.5, Teilabb. B). Diese voneinander unabhängig entwickelten Modelle mit ihren jeweils verschiedenen *Hypothesen* und *Vorhersagen* für ein und denselben Sachverhalt können unmöglich beide richtig sein; d. h. entweder ist *Modell A* oder *Modell B* falsch – oder beide Modelle sind unzulänglich. Einige Jahre später haben andere Untersucher diesen Widerspruch entdeckt, kritische Nachuntersuchungen durchgeführt und sind dabei zu dem Ergebnis gekommen, daß beide Vorhersagemodelle einen experimentell nur begrenzten Wert haben, da sie bestenfalls nur für die jeweils verschieden gewählten, speziellen Untersuchungsvoraussetzungen gelten – und im übrigen vermutlich beide falsch sind (Birnbaum & Veit, 1974; Sarris & Heineken, 1976; vgl. Sarris, 1985). Das liegt hauptsächlich daran, daß Anderson und Sjöberg jeweils eine andere *Operationalisierung* ihrer *AV* vorgenommen hatten (Kap. 16.1). Damit war in beiden Ausgangsexperimenten die hier als *Prinzip 2* (S. 214) dargestellte Forderung nach einem *multimethodalen* Untersuchungsansatz (Wahl von verschiedenen Indikatoren) nicht erfüllt gewesen (s. *Grundversuch 2:* „Methodenanalysen zur Größengewichtstäuschung“, *PrB*, Bd. I, Kap. 2).

Das zuletzt behandelte Beispiel verdeutlicht drei wesentliche Sachverhalte:

– Je präziser und informationsreicher *Hypothesen* formuliert sind, desto günstiger sind die Voraussetzungen für ihre *Falsifikation* (nur über das allgemein akzeptierte wissenschaftslogische Prinzip der Falsifikation schreitet nach Karl Popper, 1969, eine empirische Wissenschaft voran). Hätten z.B. Sjöberg (1969) und Anderson (1970) keine entsprechenden mathematischen Vorhersagemodelle für die Größengewichtstäuschung entwickelt, wäre die einschlägige *Forschungshypothese* relativ unpräzise geblieben (s. Blalocks Monographie *„From Verbal Thinking to Mathematical Model Building“*, 1970).

– Schon während des Stadiums der Hypothesenbildung (*1*) ist es wichtig, die Erfordernisse des Stadiums des Versuchsaufbaus (*3*) rechtzeitig mit einzukalkulieren, z.B. die Wahl von *mehreren* Indikatoren.

– Das Stadium (*2*) ist und bleibt von zentraler Bedeutung während des gesamten Experiments, aber auch von Anfang an das Stadium der späteren Datenauswertung (*5*). So hat z.B. N.H. Anderson (1970) in Kenntnis der Prüfungsmöglichkeit von Wechselwirkungseffekten das besondere *Designing* seines danach durchgeführten Experiments zur Größengewichtstäuschung vorgenommen.

Gütemerkmale von Hypothesen

Abgesehen davon, daß eine jede gute Hypothesenbildung keinen einzigen der in Tabelle 16.1 (s. S. 216) zusammengestellten typischen Fehler aufweisen darf, sollte sie darüber hinaus noch einige grundsätzliche Gütemerkmale aufweisen. An diese Merkmale wird zu Recht immer wieder erinnert, weil sie einerseits für jede experimentelle Wissenschaft gelten, aber andererseits in der Psychologie als Wissenschaft bisher bestenfalls nur im einzelnen gegeben sind und dann auch nur höchst ansatzweise befriedigen. Im folgenden werden diejenigen Gütemerkmale von Hypothesen angeführt, die man in der einschlägigen Fachliteratur am häufigsten vorfindet. Es sind dies die vier Kriterien der *Testbarkeit und Falsifizierbarkeit,* der *Präzisierbarkeit,* der *Theorienrelevanz* und *Morgan's Kanon* (s. *Occam's Razor*).

Testbarkeit und Falsifizierbarkeit. – Wie im vorigen Abschnitt gezeigt, gilt dieses Gütemerkmal als die eigentliche Voraussetzung für jegliche wissenschaftliche Relevanz einer Hypothese. Dieses Merkmal ist ein allgemein anerkanntes Basiskriterium, das sowohl in den „harten“ als auch in den „weichen“ Bereichen der Psychologie voll akzeptiert wird.

Präzisierbarkeit. – Anhand der Beispiele 1 bis 4 wurde auf einfache Weise das Gütemerkmal der Präzisierbarkeit von Hypothesenbildungen erläutert. Dabei müssen zwei verschiedene Aspekte voneinander getrennt werden. Der eine betrifft die *qualitativ-konzeptuelle Präzision* von Hypothesen. Das hiermit Gemeinte wird durch das *Beispiel 3* illustriert: Aufgrund des *WO*-Designing (Hinzunahme einer konzeptuell wichtigen Variablen) ist eine sehr viel differenziertere, d.h. genauere („präzisere“) Hypothesenbildung erfolgt, als wenn man etwa nur die in *Beispiel 2* dargestellte einfache Subvariante berücksichtigt (Ω Orig 14.1, s. S. 121 ff). – Demgegenüber ist mit *quantitativer Präzision* das gemeint, was anhand von *Beispiel 4* behandelt wurde. Dort ist der Vorhersagewert einer Hypothese im quantitativen Sinne besonders erhöht.

Qualitativer und quantitativer Aspekt der Präzision schließen einander nicht notwendigerweise aus. Allerdings ist es, wie die Forschung zeigt, eine der Hauptschwierigkeiten, die *gleichzeitig* angestrebte Berücksichtigung von sowohl qualitativer als auch quantitativer Präzisierbarkeit für Hypothesenbildungen tatsächlich zu erreichen.

Theorienrelevanz. – Da die Theorienbildung praktisch der Gradmesser für die Bedeutung einer jeden Wissenschaft bzw. eines Wissenschaftsbereichs ist, erscheint es evident, daß aus Theorien abgeleitete Hypothesen von besonderem Wert sind, insofern die Theorien ihrerseits brauchbar sind. Denn auf diese Weise wird der sog. *Beziehungsreichtum* einzelner Hypothesenbildungen im Vergleich zu solchen erhöht, die nicht von Theorien abgeleitet bzw. ableitbar sind.

Morgan's Kanon (Occam's Razor). – Dieses Gütekriterium besagt, daß bei sonst gleichem Voraussagewert einfachere Grundlagen solchen vorzuziehen sind, die eine kompliziertere und damit oft auch wohl spekulativere Basis der Hypothesenbildung zur Voraussetzung haben. Dem physiologischen Psychologen Morgan (1906) verdanken wir dazu die folgende Überlegung, speziell am tierpsychologischen Fall erörtert:

„In no case is an animal's activity to be interpreted in terms of higher psychological processes, if it can be fairly interpreted in terms of processes which stand lower in the scale of psychological ... development." (Morgan, 1906, 59)

Mit dieser Überlegung ist die Forderung verbunden, daß das Verhalten und Erleben von Tieren zunächst mittels einfachster, *sparsamer* Erklärungen zu deuten ist. Beispielsweise sollte man tierisches Verhalten dann nicht als „einsichtsvoll" zu erklären vesuchen, wenn dieses vielleicht sogar auf (komplexere) Instinktketten zurückzuführen ist usw. Analog dazu sollte sich auch die Hypothesenbildung danach richten (Prinzip der Sparsamkeit).

Das mit *„Occam's Razor"* Bezeichnete meint im Grunde dasselbe wie Morgan's Kanon, nur ist es ein *sämtlichen* Wissenschaften gemeinsames Prinzip der sparsamen Hypothesen- und Theorienbildung. In den sog. weichen Bereichen der Psychologie wird vergleichsweise wenig sparsam, hingegen in den sog. harten Bereichen wesentlich sparsamer bei den Hypothesenbildungen vorgegangen (Meehl, 1978).

Im nächsten Kapitel, das sich im wesentlichen mit der Darstellung der Stadien des Versuchsaufbaus (*Stadium 3*) und der Versuchsdurchführung (*Stadium 4*) befaßt, wird gezeigt, wie wichtig das hier über die *Hypothesenbildung* Abgehandelte für die Folgestadien ist. Beispielsweise werden dort auch *reaktive* Meßeffekte (Versuchsartefakte) beschrieben, die dann eintreten, wenn die Versuchshypothesen (Ausgangshypothesen) von Voraussetzungen, die der Versuchsleiter-Versuchsteilnehmer-Kommunikation unangemessen sind, ausgehen (Kap. 17.3).

◇ Demo 16.1
Hypothesengewinnung bei der Beobachtung

Eine besondere Quelle der Hypothesenbildung entstammt der *Intuition* und wird vielfach als „wissenschaftliche Neugier" bezeichnet. Jeder weiß von der eigenen Schulzeit her, was darunter im allgemeinen zu verstehen ist. In allen Erfahrungswissenschaften bildet dabei die erkenntnissuchende – neugierige – *Beobachtung* und Konzeptualisierung einen wesentlichen Ausgang für eine geeignete *Hypothesengewinnung* (s. Bd. 1, Kap. 1.2, 2.1). Ebenso verhält es sich im Falle der experimentellen Psychologie.

Mit Hilfe dieser Demonstration wird ein Beispiel für die mögliche Gewinnung von sachlich fruchtbaren Hypothesen bei der Beobachtung eines besonderen Wahrnehmungsgegenstands gegeben. Ausgang dafür ist ein Phänomen, das erfahrungsgemäß Studierende und Lehrende gleichermaßen unmittelbar beeindruckt und nach seinem Entdecker, dem Amerikaner A. Ames (1951) als die *Amessche Fenstertäuschung* bekannt ist (Ames' trapezoidal illusion).

Das Täuschungsphänomen besteht aus folgendem: Ein trapezartig geschnittenes, fensterartig ausschauendes zweidimensionales Objekt, das vertikal über eine Stange mit einem Motor verbunden ist, wird z. B. im Uhrzeigersinn langsam und stetig bewegt (objektiver Sachverhalt, Abb. 16.6). Nach einiger Zeit *scheint* sich aber das „Fenster" nicht mehr im Uhrzeigersinn zu bewegen, sondern vielmehr *hin- und her* oder aber *vorwärts-rückwärts* zu klappen (subjektiver Sachverhalt). Der Beobachter fragt sich, woran das liegen kann. Warum sehen wir dies, obschon es objektiv klar eine Wahrnehmungstäuschung ist, was man als Beobachter auch wieder weiß?

Für eine geeignete *Hypothesenbildung* ist es sehr nützlich, daß man diese Beobachtung zunächst selbst macht, bevor man sich an einer passenden Erklärung versucht. Es wird daher empfohlen, schrittweise vorzugehen und sich im übrigen diesen sehr einfach selbst herstellbaren Apparat auch einmal zu bauen. Dazu dienen die folgenden Hinweise.

1. Konstruktion des *Amesschen Fensters* (Materialvorlagen befinden sich im Anhang D.2.1, Abb. A.3).

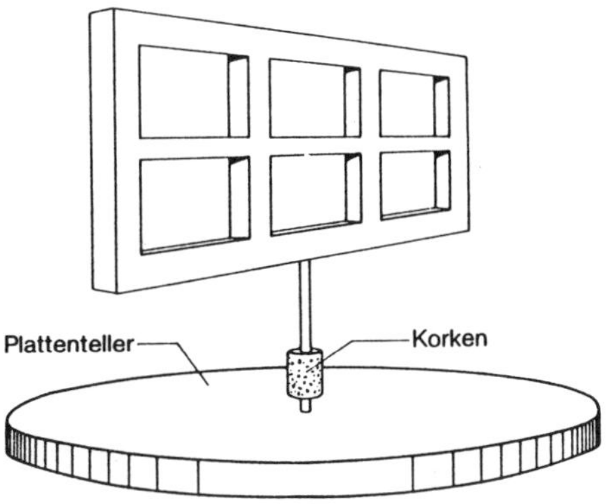

Abbildung 16.6: Konstruktionsschema eines einfach verwendbaren Geräts zur Demonstration einer bekannten Scheinbewegung („Amessches Fenster").

- Schneiden Sie das *trapezförmige* Fenster (Vorlage *1*) entlang den Außenlinien aus und kleben Sie es auf Pappe (einfache Heftumschlagstärke).
- Schneiden Sie dann das Fenster der Vorlage *2* („Rückseite") aus und kleben Sie es exakt gegen dasjenige der Vorlage *1* („Vorderseite").
- Schneiden Sie nun die „Fenster" entlang den Innenseiten aus.
- Befestigen Sie das „Fenster" an einem kleinen, runden Stab (etwa Bleistiftlänge und -stärke).
- Für den Fall, daß Sie über einen Schallplattenspieler verfügen, notieren Sie am besten noch den folgenden Hinweis: Pfropfen Sie auf das untere Ende des Stabes, an dem das Trapezfenster befestigt ist, einen *Korken*. Diesen Korken setzen Sie sodann auf den Metallstift in der Mitte Ihres Schallplattenspielers; setzen Sie danach den Plattenteller Ihres Gerätes in langsame Gangart.

2. *Untersuchungsschritte*

- Nach vorangegangenem Selbstversuch suchen Sie sich dann möglichst eine *zweite* Person als *Versuchsleiter* (Vl) bzw. als Versuchsteilnemer. In einem mäßig abgedunkelten Raum dreht der Vl das Fenster langsam und gleichmäßig, während dieses der Pb in einem Abstand von 3 bis 5 m konzentriert *beobachtet*. – Ab ca. 30 bis 45 sec. tritt in der Regel ein besonderes *Wahrnehmungsphänomen* ein!
- Während Sie das Fenster sich ca. 3 min. weiter drehen lassen, notieren Sie sich als Pb die Häufigkeit des Auftretens des Wahrnehmungsphänomens (z. B. in Strichlistenform).
- Notieren Sie dann *prägnant* Ihre verschiedenen Wahrnehmungseindrücke während des Versuchs (ca. 5 – 10 Schreibmaschinenzeilen).

3. *Hypothesenbildungen*

- Versuchen Sie, eine kurze *Erklärung* dieses besonderen Wahrnehmungsphänomens in eigenen Worten zu geben. – (*Wenn X,* dann wahrscheinlich *Y*...; s. S. 220 f).
- Nennen Sie verschiedene *Einflußgrößen* (div. unabhängige Variable) für das Auftreten dieses Wahrnehmungsphänomens. – Zum *Beispiel*: Wie kann in diesem Zusammenhang die veränderliche Drehgeschwindigkeit des Tellers eines Schallplattenspielers psychologisch sinnvoll genutzt werden? – Ein Hinweis dazu findet sich im *Anhang* D.2.1, S. 370.

Literatur

Ames, A. jr.: Visual perception and the rotating trapezoidal window. Psychological Monographs, 1951, *65,* No. 14 (Whole Nr. 324).

Einzelversuch

Zusammenfassung

Hypothesen, deren Gewinnung das erste Stadium einer experimentalpsychologischen Untersuchung darstellt, sind vorläufige Entwürfe einer Antwort auf ein als relevant erkanntes Problem, über deren Gültigkeit erst die experimentelle Untersuchung entscheiden soll. Sie stehen entweder im Dienste der Replikation von Experimenten, oder sie dienen der Klärung widersprüchlicher Forschungsresultate, ober aber sie sollen der Verallgemeinerung und Extension von bereits anerkannten Forschungsergebnissen nützen.

Zur Gewinnung von methodologisch brauchbaren Hypothesen für die Versuchsplanung müssen die ihnen zugrunde liegenden theoretischen Sätze so operationalisiert sein, daß diese *beobachtbaren* Sätzen entsprechen (*Stadium 1*). Die dabei auftretenden typischen Fehler gilt es zu kennen und zu vermeiden.

Die Formulierung von Hypothesen entscheidet mit über die Wahl eines geeigneten Designs (*Stadium 2*). Es sind fünf Prinzipien für die Hypothesenformulierung zu beachten, (1) das *Max-Kon-Min*-Prinzip, (2) das Prinzip der *multimethodalen* Messung, (3) das Prinzip des *RO*-Designing, (4) das Prinzip des $N = 1$-Designing und (5) das Prinzip des *Zeitreihen*-Designing.

Über den Anspruch hinaus, daß adäquat formulierte Hypothesen immer auch Vorhersagen des zu untersuchenden Verhaltens implizieren, ist ihr forschungsheuristischer Wert nach vier verschiedenen Gütemerkmalen zu beurteilen: *Testbarkeit, Präzisierbarkeit, Theorienrelevanz* und *Sparsamkeit.*

Kapitel 17

Versuchsaufbau und Versuchsdurchführung

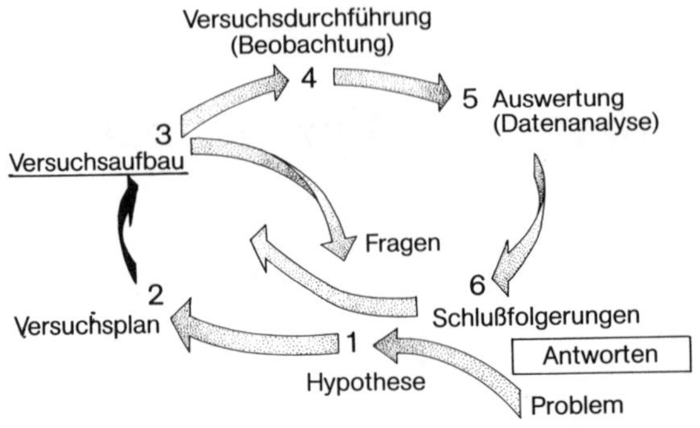

Der Versuchsaufbau (Kap. 17.1) und die Versuchsdurchführung (Kap. 17.2) ergeben sich in Übereinstimmung mit den im vorigen Kapitel ausgeführten Erfordernissen. Außerdem geht ein weiterer Abschnitt auf reaktive Meßeffekte und deren Kontrolle ein (Kap. 17.3).

17.1 Versuchsaufbau

Nach der Festlegung des Designs ist – im *dritten* Stadium – ein bestimmter Versuchsaufbau erforderlich, der geeignet ist, bestimmte Einflußgrößen als unabhängige Variablen auch *de facto* zur Wirkung zu bringen, und der die Wirkung von Störvariablen eliminiert bzw. kontrolliert. Von praktischem Interesse ist dafür zunächst, daß man einen *Zeitplan* entwickelt (Tab. 17.1). – Wichtige Merkmale, die den Versuchsaufbau bestimmen, sind:

- die *Rekrutierung* der Versuchsteilnehmer
- die *Instrumentierung* des Versuchs
- die *Instruktion* der Versuchsteilnehmer.

Auf diese drei Merkmale wird im folgenden näher eingegangen.

Rekrutierung von Versuchsteilnehmern

Gegenstand experimentalpsychologischer Forschung ist vor allem der *Mensch*. Als Teilnehmer an einem Experiment bezeichnet man ihn in der traditionellen Experimentalpsychologie als *„Versuchsperson“*(*„Vp“* oder im Plural *„Vpn“*). Aus diesem Begriff hören allerdings viele, die (meistens) die Wirklichkeit experimentalpsychologischer Forschung nicht kennen, eine seelenlose „Verdinglichung“ des Menschen heraus. Um diese Konnotation zu vermeiden, sprechen wir in diesem Lehrbuch *neutral* vom *„Versuchsteilnehmer“* bzw. *„Probanden“* (*Pb*).[1]

Die Annahme, daß ein Mensch allein schon dadurch, daß er als „Versuchsperson“ an einem Experiment teilnimmt „verdinglicht“ werde, hat Holzkamp (1964) *ad absurdum* geführt. Holzkamp erinnert daran, daß selbst höchst bekannte Psychologen sich untereinander als „Versuchsperson“ zur Verfügung stellten. Er weist pointiert auf die *Lächerlichkeit* der Annahme hin, „daß

[1] Im angloamerikanischen Wortgebrauch heißt es statt „Proband“ seit geraumer Zeit *„participant“* (oder *„observer“*) – anstelle des dort offiziell verpönten *„subject“* (Gillis, 1976). Hier wird daher durchgehend von *Versuchsteilnehmern* (bzw. *Probanden*) gesprochen.

Tabelle 17.1: Zeitplan für die Durchführung einer experimentellen Arbeit (nach Lewin, 1979).

5. April	Formulierung der Arbeitshypothesen.
6. April	Planung (Designing) des Forschungsvorhabens (Entwurf). Wichtige Literatur im Überblick lesen.
10. April	Forschungsprojekt schriftlich festlegen (Rohfassung).
12. April	Korrektur und Ergänzung der Versuchsplanung. – Apparative Methoden und Versuchsdurchführung im einzelnen entwerfen. Mögliche Ergebnisse antizipieren und probeweise skizzieren.
19. April	Abschluß der Versuchsplanung. – Die Arbeitsmaterialien sind vorzubereiten (z. B. Fragebogen- oder Interview-Items zu formulieren).
26. April	Die Untersuchungsmethoden sind genauer auszuarbeiten und in einem Vorversuch mit einigen Versuchsteilnehmern auszuprobieren.
3. Mai	Aufgrund des Vorversuchs sind die apparativen Methoden gegebenenfalls zu revidieren bzw. zu adjustieren. Die Versuchssituation ist im einzelnen festzulegen. – Aufstellung der statistischen Hypothesen (H_0, H_1).
10. Mai	Die Rekrutierung der Versuchsteilnehmer ist vorzubereiten und zu organisieren; Festlegung der Versuchszeiten. Danach ist das *Experiment* durchzuführen. Auflistung der experimentellen Ergebnisse in individuellen Rohdatenlisten.
17. Mai	*Fortsetzung des Experiments.* Abschluß der Datensammlung (bis ungefähr zum 20. Mai in Aussicht nehmen).
24. Mai	Beginn der *Datenanalyse:* alle Daten auflisten, computergerecht aufbereiten; die Häufigkeitsverteilungen und die statistischen Kennwerte berechnen.
29. Mai	Fortsetzung der Datenanalyse: Überprüfung der Hypothesen auf statistische Signifikanzen. – Datenanalyse bis zum 2. Juni abschließen!
5. Juni	Der *Forschungsbericht* ist im Entwurf zu konzipieren.
12. Juni	Der Erstentwurf des Forschungsberichts ist auszuarbeiten, ein Abstract abzufassen. – Letzte Überarbeitung und definitive Schreibmaschinenabschrift bis – spätestens – 12. Juni erledigen!

Herr Dr. Bühler die Herren Professor Külpe und Dr. Dürr, die ihm als ‚Vpn' dienten, in ihrer Würde als menschliche Subjekte angetastet haben könnte oder daß z. B. Wertheimer (1912) in seinem berühmten Experiment über das Phi-Phänomen die Herren Dr. Wolfgang Köhler und Dr. Kurt Koffka, die neben Frau Koffka in seinem Versuch die Rolle der ‚Vpn' übernahmen, auf ethisch nicht vertretbare Weise ‚zum Objekt gemacht' hätte, worauf alle drei gemeinsam die ... Gestaltpsychologie begründeten." (Holzkamp, 1964, 84).

Grundsätzlich ist zunächst festzulegen, auf welchen Personenkreis („Populationsträger") sich die Untersuchung beziehen soll und welchen Geltungsbereich die Untersuchung anstrebt. Hiernach bestimmt sich, wie die Grundgesamtheit definiert wird, aus der eine *Stichprobe* zu entnehmen ist (Kap. 18.1). Die Definition der *Gesamtheit* (*Population*) und das angewandte Verfahren der Stichprobenauswahl bestimmen in entscheidendem Maß die statistische Validität des Experiments; im Sinne einer hohen statistischen Validität des Experiments kommt es bei der Rekrutierung von Teilnehmern darauf an, ein hohes Maß von *Stichprobenrepräsentativität* zu erzielen. Dabei kann sich der Experimentator verschiedener Verfahren bedienen. Eines der wirkungsvollsten ist das der *Zufallsauswahl* (Randomisierung), bei der jede Person als Meßwertträger der zuvor definierten Grundgesamtheit mit ein und derselben Wahrscheinlichkeit in die Stichprobe aufgenommen wird, wobei angenommen wird, daß die jeweilige Stichprobe die Grundgesamtheit befriedigend repräsentiert.

In der Forschung wird häufig auch mit sog. *anfallenden Stichproben* (*Gelegenheitsstichproben*) gearbeitet; d. h. es werden Versuchsteilnehmer herangezogen, die dem Experimentator „gerade zur Verfügung stehen". Dabei handelt es sich bei universitärer Forschung häufig um *Studenten.*

Studenten sind sicherlich *nicht* bezüglich aller Merkmale repräsentativ für die Bevölkerung. Bezüglich derjenigen Merkmale, die in allgemeinpsychologischen Untersuchungen Beachtung finden – wie z. B. die *Sehtüchtigkeit* in wahrnehmungspsychologischen Untersuchungen – kann jedoch davon ausgegangen werden, daß Studenten keine besondere *Subpopulation* bilden.

Instrumentierung

Häufig werden für die Durchführung einer experimentalpsychologischen Untersuchung *technische* Hilfsmittel benötigt, die sehr aufwendig sein können (wie etwa bei *physiologischen* oder *biochemischen* Experimenten).

Die *Geschichte* der Psychologie belegt recht eindrucksvoll die Tatsache, daß – seit etwa der Mitte des vorigen Jahrhunderts – die Entwicklung des Fachs Psychologie als einer empirischen Wissenschaft mit der schrittweisen Entwicklung und stetig zunehmenden Verwendung von *apparativen* Methoden Hand in Hand gegangen ist (Boring, 1950). Von Beginn experimentalpsychologischer Forschung an bestimmten apparative Versuchsanordnungen das Bild des psychologischen Labors. Das erste experimentalpsychologische Laboratorium der Welt wurde im Jahre 1879 von Wilhelm Wundt (1832–1920) in Leipzig gegründet (Bd. 1, Abb. 6.2). Gut ausgestattete psychologische Institute verfügen seit Anfang dieses Jahrhunderts über eigene Mechanikerwerkstätten und seit den siebziger Jahren auch über Elektronikerwerkstätten, in denen die für die Durchführung von Experimenten erforderlichen Gerätschaften hergestellt werden können. Während sich der Experimentalpsychologe noch bis vor kurzem hauptsächlich *mechanischer* Konstruktionen von Untersuchungsgeräten bediente, sind die apparativen Versuchsanordnungen heute besonders stark von der *Elektronik* bestimmt (Brickenkamp, 1986).

Die fortschreitende *Computertechnik* ermöglicht z. B. die Aufdeckung von besonderen *EEG*-Signalen im *Hirnstrombild*; diese als evozierte Potentiale" (*evoked potentials*) bezeichneten Signale scheinen in einem engen Zusammenhang mit bestimmten psychologisch relevanten Variablen, wie etwa der sog. *selektiven Aufmerksamkeit,* zu stehen (Donchin & Lindsley, 1969; Birbaumer & Schmidt, 1991).

Die durch einen *Reiz* (z. B. Lichtsignal) hervorgerufene elektrophysiologische Antwort des Gehirns (*Reaktion*) ist im normalen Hirnstrombild nicht zu erkennen, da die spontane elektrische Gehirnaktivität („Rauschen") um ein Vielfaches größer als die reizunspezifische EEG-Antwort („Signal") ist. Um das im „Rauschen" eingebettete „Signal" herausanalysieren zu können, wird der *elektronische* „Averager" eingesetzt, mit dessen Hilfe das *Signal/Rausch*-Verhältnis zugunsten einer geeigneten Signalerkennung wesentlich erhöht werden kann. Dabei wird die – hypothetisch als Zufallsschwankung aufgefaßte – *EEG*-Spontanaktivität (reizspezifischer Hirnstromverlauf) aufgrund eines fortlaufenden „Mittelns" (*averaging*) zu den verschiedenen Zeitpunkten der Reizdarbietung (Signal) herausgefiltert und somit das reizspezifische „Signal" sichtbar gemacht (Birbaumer, 1975; Guttmann, 1982, 1991; Birbaumer & Schmidt, 1991).

Wissenschaftliche Fragestellungen und technische Entwicklungen stehen also in einem *Wechselwirkungsverhältnis* zueinander. Dies bedeutet allerdings nicht, daß durch den bloßen Einsatz von immer komplizierter werdenden Gerätschaften auch die Untersuchungen wissenschaftlich bedeutsamer würden. Oftmals läßt sich auch mit sehr einfachen technischen Mitteln ein psychologisch wichtiger Sachverhalt aufdecken und weiterverfolgen (◇ Demo 17.1, S. 258 f; Coren, 1986). ◇

Die Instrumentierung eines Experiments kann unterschiedliche *Funktionen* haben, wie im folgenden gezeigt wird (*Kontroll-, Steuer-, Registrier-* und *Meßfunktion*).

Kontroll- und Steuerfunktion. – Zunächst lassen sich Versuchsgeräte (Apparate) dazu verwenden, *Störeinflüsse* zu kontrollieren. Die *Kontrolle* läßt sich apparativ auf verschiedenen Wegen erreichen, nämlich durch: (a) *Eliminierung*; (b) *Abschirmung* und (c) *Konstanthaltung*.

(a) Eine *Eliminierung* von Störeinflüssen ist insbesondere im *sensorischen* Bereich nahezu perfekt möglich. Dazu gibt es technische Anordnungen, die eine fast völlige Ausschaltung sensorischer Reize verschiedener Sinnesmodalitäten gestatten. Zum Beispiel: Eine *schallisolierte Kabine* hält die *Außengeräusche* von dem Versuchsteilnehmer ab (Psychoakustik).

Ein besonders extremes Beispiel für die Eliminierung von Reizen stellen Untersuchungen zur *sensorischen Deprivation* dar, in denen das Erleben und das Verhalten von Individuen unter Bedingungen des Entzuges jeder Art sensorischer Reizung erforscht werden (Abb. 17.1).

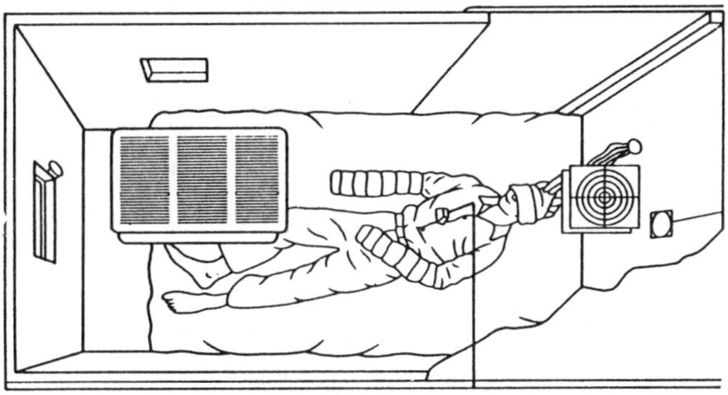

Abbildung 17.1: Kontroll- und Steuerfunktion der Instrumentierung in der Experimentalpsychologie – ein extremes Beispiel für die *Eliminierung* bzw. *Abschirmung* von äußeren Störeinflüssen: Laborversuch zur *sensorischen Deprivation.* (Nach Heron, 1957)

(b) Ist eine Eliminierung von Störeinflüssen nicht möglich oder zu aufwendig, kann man versuchen, deren Wirkung auf den zu untersuchenden Sachverhalt zu mindern, indem man das Untersuchungsobjekt zumindest gegen sie *abschirmt.* Statt zum Beispiel eine schalltote Versuchskabine zu benutzen, welche den Versuchsteilnehmer gegen Außengeräusche vollständig isoliert (Eliminierung), reicht es für bestimmte Fragestellungen aus, die Störgeräusche in ihrem Grad zu *reduzieren*. Eine Abschirmung gegen akustische Einflüsse erlaubt z. B. ein Paar Ohrmuscheln; gegen störende Randstrahlen im Gesichtsfeld beim kurzfristigen Betrachten von Bildvorlagen (optischen Reizvorlagen) schützt ein *Einblicktubus* usw.

Unter bestimmten Bedingungen kann man eine Abschirmung gegenüber von Störeinflüssen auch ohne Reduktion der zu kontrollierenden physikalischen Reize herstellen, und zwar dann, wenn es nur darauf ankommt, daß der Proband eine Störgröße nicht wahrnimmt. Das *Klicken* eines Schalters läßt sich zum Beispiel dadurch eliminieren, daß man den Versuch unter einem bestimmten Geräuschpegel durchführt, in dem das Klickgeräusch des Schalters „untergeht".

(c) Von besonderer Bedeutung sind apparative Verfahren auch dann, wenn es darum geht, eine *Konstanthaltung* der Versuchsbedingungen zu erreichen. Konstante Versuchsbedingungen sind eine wesentliche Voraussetzung für eine exakte *Reproduzierbarkeit* von Versuchen.

Zur Kontrolle der Darbietungsbedingungen *visueller* Gegebenheiten findet man neben *Dia-* und *Filmprojektoren* sowie *Videoanlagen* einige speziell für psychologische Fragestellungen entwickelte Geräte wie etwa das *Tachistoskop.* Zur Kontrolle der Darbietungsbedingungen *akustischer* Gegebenheiten verfügt man im Labor neben dem *Tonbandgerät* häufig über einen *Frequenzgenerator,* der es erlaubt, Töne bestimmter Frequenz und Intensität zu produzieren. Zur Kontrolle der Darbietungsbedingungen *taktiler* Gegebenheiten dient das sog. *Ästhesiometer,* zur Kontrolle kinästhetischer Darbietungsbedingungen das *Ergometer* (z. B. Fahrradergometer).

Einige Versuche erstrecken sich über einen längeren Zeitraum und benötigen sehr *komplexe* Versuchsanordnungen. In solchen Experimenten werden häufig Apparate eingesetzt, die den gesamten Versuchsablauf steuern und überwachen. Der Einsatz derartiger Steueranlagen erlaubt eine *ökonomische* Versuchsdurchführung und erhöht in der Regel die Präzision eines Experiments (z. B. *On-line*-Steuerung durch Computer).

Mit Hilfe einer klassischen *Gedächtnistrommel* ist es z. B. möglich, die einzelnen Items einer Lernreihe (Silben, Zahlen, Begriffe jeweils für eine bestimmte *Zeitdauer* und in einer bestimmten zeitlichen *Sukzession* nacheinander darzubieten; hinter einem mit einem Ausschnitt versehenen Schirm transportiert eine Walze (Trommel) einen Papierstreifen, auf dem die einzelnen Items der Lernreihe geschrieben stehen.

Neben anderen einfachen Steuereinrichtungen – wie z. B. dem *Diapiloten*, mit dem die Projektion von Diapositiva *automatisiert* werden kann – finden sich im Labor auch komplizierte und zum Teil recht variable Steuereinrichtungen bis hin zu elektronischen *Programmsteuerungsanlagen* und *Prozeßrechnern.* Ein Beispiel hierfür stellt etwa ein modern eingerichtetes psychophysiologisches Forschungslabor dar (Abb. 17.3, S. 237).

Registrier- und Meßfunktion. – Der Einsatz von Geräten zum Zwecke der *Messung* erfolgt zunächst einmal im Sinne einer Präzisionserhöhung (Messung von Variablen im Sinne der Registrierung und Kontrolle der *abhängigen* Variablen).

Einfache Beispiele hierfür sind die *Stoppuhr* zur Messung von Reaktionszeiten oder das sog. *Handdynamometer* zur Messung der Muskelkraft. Meßgeräte werden darüber hinaus auch häufig dort eingesetzt, wo es darum geht, Effekte zu messen, die ohne spezielle Geräte *nicht* beobachtet werden könnten, weil sie entweder generell nicht unmittelbar beobachtbar sind – wie elektrobiologische Vorgänge (z. B. *Hirnströme* oder Muskelpotentiale) – oder weil sie *unterhalb* der Wahrnehmungsschwelle des Beobachters liegen (wie etwa sehr schnelle Veränderungen bei den *Augenbewegungen*).

Hierher gehören die Geräte zur Messung von:

- *Bioelektrischen Potentialen*
  Elektroencephalograph (EEG)
  Elektromyograph (EMG)
  Elektrokardiograph (EKG)
  Elektrodermatograph (EDG)
- *Schnellen Veränderungen*
  Augenbewegungskamera
  Tremormeter.

Die Frage nach der psychologischen Bedeutung der mittels dieser Geräte vorgenommenen Messungen kann aufgrund einer bloßen Beschreibung irgendeines Apparats und dessen Handhabung nicht beantwortet werden. Dies kann nur im Zusammenhang mit einer psychologisch-inhaltlichen Begründung der *Meßintentionen* geleistet werden.

Ein gutes Beispiel für eine psychologisch *sinnvoll* begründete Messung wird in *Abbildung 17.2* dargestellt. Die Abbildung gibt eine von Krech (1935) verwendete Apparatur zur Messung der Stärke der *zielgerichteten Motivation* („Nahrungstrieb") von Ratten wieder. Die abgebildete Aufzeichnung der Zugkraft des Tieres wird dabei als *Indikator* für die Stärke des Nahrungstriebs verstanden.

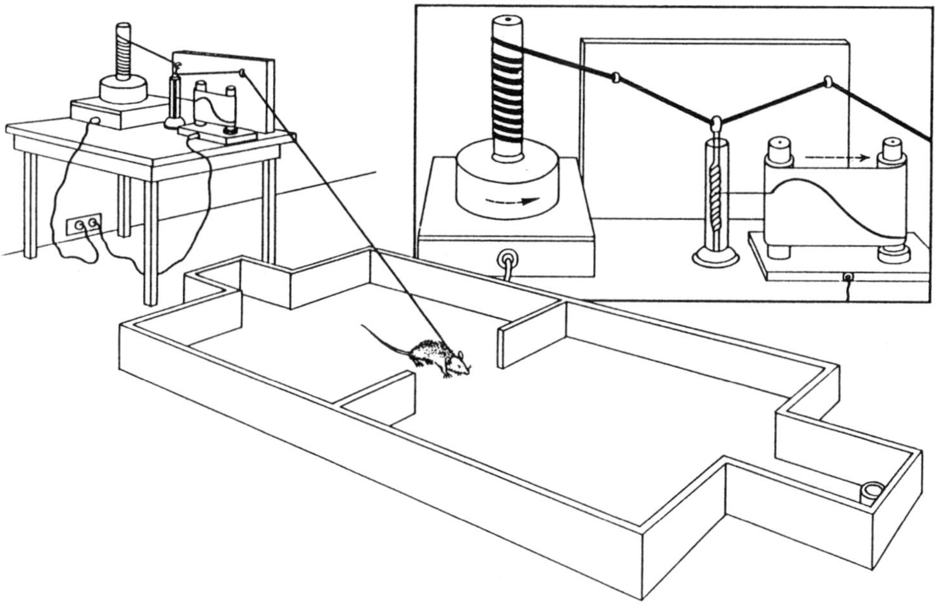

Abbildung 17.2: Beispiel für eine psychologisch sinnvoll begründete Messung (Operationalisierung) von *zielgerichteter* Motivation in einem Tierexperiment von Krech (1935). (Nach Krech et al., 1985)

Tatsächlich wird bei apparativen Verhaltensmessungen zunächst etwas im Sinne der zuvor festgelegten sog. *operationalen* Definition geleistet (Kap. 6.1). Beispielsweise wird mit der Verwendung eines Geräts zur Messung von *Gleichgewichtsbewegungen* zunächst noch nichts über die psychologisch-inhaltliche Bedeutung der betreffenden Meßdaten ausgesagt. Wenn wir allerdings wissen, daß dieser Apparat etwa im Rahmen einer psychopharmakologischen Untersuchung den Schlafmitteleinfluß auf die Psychomotorik erfassen soll, dürfte dessen psychologische Bedeutung leicht einsehbar werden. In diesem Falle soll mittels der Apparatur die allgemeine „psychomotorische Unruhe" erfaßt werden.

Im einzelnen ist die sog. *Indikatormethodologie* in der Psychologie besonders schwierig und bis heute nur ansatzweise entwickelt; und dies deshalb, weil hier vielfach – etwa im Gegensatz zur *Physik* oder *Chemie* – besonders unklar ist *was* eigentlich mittels einer bestimmten Apparatur gemessen wird (Goldiamand, 1958).

Der besondere *Aufbau* einer apparativen Anordnung kann – wie die *Geschichte* der Psychologie wiederholt gezeigt hat – der Grund dafür sein, daß sich bestimmte Hypothesen experimentell *nicht* bestätigen ließen und man daher – voreilig – trotz ihrer Richtigkeit lange Zeit deren Ungültigkeit annahm.

Beispielsweise war über viele Jahre die Annahme, Ratten seien in der Lage, visuelle Muster zu unterscheiden („diskriminieren"), experimentell nicht zu bestätigen (Munn, 1929). Erst durch die Verwendung einer speziellen, von Lashley (1930) entwickelten Apparatur, der sog. *Lashley*schen *Sprungapparatur* (Abb. 13.10, S. 84) wurde es möglich, die visuelle Diskriminationsfähigkeit von Ratten nachzuweisen: Ratten sind tatsächlich fähig, verschiedene visuelle Muster voneinander zu unterscheiden (Orbach, 1982). Das Beispiel belegt zugleich die große Gefahr, aus einer experimentell nicht bestätigten Hypothese auf deren prinzipielle Ungültigkeit zu schließen. Grundsätzlich gilt nämlich, daß die Beibehaltung einer Nullhypothese keinerlei positiven Beweis bedeutet.

Um eine *genaue, objektive* und *ökonomische* Erfassung sowie Speicherung von Beobachtungen oder Messungen zu ermöglichen, setzt man häufig *Registriergeräte* ein.

Neben Filmkamera, Videoanlagen und Magnetophongeräten findet man im Labor auch Schreiber und Drucker sowie elektromagnetische und elektronische Zähler. Es handelt sich hierbei um Apparaturen, welche die Daten zum Zwecke der *statistischen* Weiterverarbeitung aufnehmen und speichern.

Während sich der Experimentalpsychologe noch bis vor kurzem hauptsächlich *mechanischer* Konstruktionen von Untersuchungsgeräten bediente, sind die apparativen Versuchsanordnungen heute besonders stark von der *Elektronik* und Computertechnologie geprägt (Abb. 17.3). Da in diesem Kapitel lediglich ein Überblick über die wichtigsten Apparate der psychologischen Forschungspraxis gegeben werden kann, sei auf die einschlägige *Fachliteratur* verwiesen (z. B. Sidowski, 1966).

Gütekriterien für psychologische Messungen. – Die Art der zu erhebenden Daten ist in allgemeiner Weise bereits durch die operationale Definition der abhängigen und der unabhängigen Variablen in der Hypothese vorgegeben. Für die konkrete Versuchsdurchführung hat der Experimentator jedoch spezielle Verfahren zur Registrierung oder Messung seiner Daten bereitzustellen und darauf zu achten, daß die auf diesem Wege erhobenen Daten auch wirklich die gewünschte abhängige Variable repräsentieren. Insofern hat die Phase der Datenerhebung einen direkten Bezug zur *Konstruktvalidität* des Experiments, da verschieden registrierte oder gemessene Daten in unterschiedlichem Maße das hinter der abhängigen Variablen stehende theoretische Konstrukt repräsentieren können.

Unter Außerachtlassung der design-relevanten Bewertungsaspekte einer „internen"

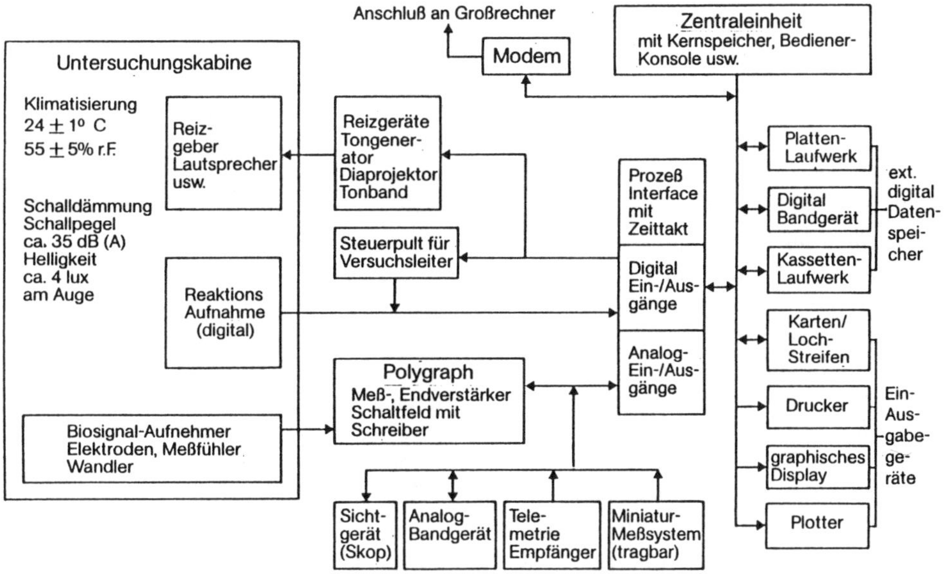

Abbildung 17.3: Beispiel einer elektronisch ausgerüsteten Versuchsanlage in der psychophysiologischen Forschung. – Blockdiagramm eines psychophysiologischen *Labors* mit schallisolierter und klimatisierter Untersuchungskabine. Foto: *Meßplatz* (Vl-Raum) eines psychophysiologischen Forschungslabors. (Nach Fahrenberg et al., 1979; v. Eiff, 1976)

und „externen" Validität wird die Frage der *Gültigkeit* (Validität) im vorliegenden Zusammenhang eher unter *meßtechnischen* Gesichtspunkten behandelt. Von Validität spricht man nämlich auch bezüglich des apparativen Verfahrens selbst. Ein Verfahren ist valide, wenn es das, was es messen soll, auch wirklich mißt. Als sachlogische Voraussetzung für die *Validiät* des Registrierungsverfahrens gelten die beiden Testkonstruktionskriterien der *Objektivität* und *Reliabilität.*

Die Meßergebnisse dürfen nicht vom Untersucher selbst abhängig sein; d. h. verschiedene Untersucher müssen bei ihrer Datenerhebung wenigstens im Prinzip zu identischen Ergebnissen gelangen: Das Verfahren muß so geartet sein, daß es eine intersubjektiv übereinstimmende Auswertung ermöglicht. Diesen Aspekt des Verfahrens nennt man dessen *Objektivität*. In der *Testkonstruktion* wird zwischen *drei* verschiedenen Aspekten der Objektivität unterschieden: *Darbietungsobjektivität, Auswertungsobjektivität* und *Interpretationsobjektivität* (Lienert, 1969).

Mit *Reliabilität* ist die (meßtechnische) Zuverlässigkeit des Verfahrens gemeint. Ein vollkommen reliables Verfahren führt etwa – seine „Objektivität" vorausgesetzt – zu verschiedenen Zeitpunkten im Prinzip zu identischen Meßwerten für ein und denselben Sachverhalt. Meist sind die in der Psychologie angewendeten Verfahren allerdings nicht vollkommen *reliabel*; d. h. die zu verschiedenen Zeitpunkten unter konstanten Bedingungen erhobenen Meßwerte korrelieren nicht hundertprozentig. Die Verfahren haben vielmehr häufig einen „Meßfehler", der ein Maß der Variation der Meßwerte bei wiederholten Messungen ist. Bei der Datenerhebung ist darauf zu achten, daß nur solche Verfahren benutzt werden, deren Meßfehler möglichst klein sind. Von mehreren möglichen Verfahren ist dasjenige mit der höchsten Zuverlässigkeit vorzuziehen.

Von den Bewertungskriterien für die Verfahren der Datenerhebung ist die *Validität* – deren vier verschiedene Einzelaspekte in Bd. 1 (Kap. 9.1 ff) behandelt sind – das zentrale, weil übergeordnete Gütekriterium. Die *Objektivität* und *Reliabilität* der Erhebungsverfahren sind notwendige, wenn auch nicht hinreichende Voraussetzungen für deren „Validität".

Versuchsanweisung

Unabhängig davon, daß eine „Instruktion" klar und einfach die *Versuchsanweisung* enthalten muß, hat sie im Rahmen der Versuchsteilnehmer-Versuchsleiter-*Kommunikation* einen *psychodynamisch* wichtigen Stellenwert, auf den besonders zu achten ist (s. S. 241). Im folgenden werden die wichtigsten Merkmale der „Instruktionsgebung" im Überblick dargestellt.

Funktion und Abfassung der Instruktion. – Ein wesentliches Mittel, einen Versuchsteilnehmer in einer psychologischen Untersuchung zu einem bestimmten *aufgabenspezifischen* Verhalten zu veranlassen, ist die *Versuchsanweisung* bzw. *Instruktion*. Die „Instruktion" hat im psychologischen Experiment *zwei* verschiedene Funktionen:

- Die Instruktion *informiert* den Versuchsteilnehmer über:

  den *Untersuchungsgegenstand* (allgemeiner Zweck des Versuches)
  die *Versuchsanordnung* (z. B. Funktion verschiedener für den Versuchsteilnehmer sichtbarer Apparate)
  die *konkrete Aufgabe.*

- Die Instruktion *motiviert* den Versuchsteilnehmer:

  etwas Bestimmtes im Sinne der psychologischen Fragestellung zu *leisten*
  eine bestimmte *Haltung* während des Versuches einzunehmen (Entspannung, Aufmerksamkeit, Kooperation usw.).

Die *Abfassung* von Instruktionen erfordert vom Experimentator, daß dieser sich bereits im voraus eingehend mit der psychologischen Ausgangssituation seiner Versuchsteilnehmer beschäftigt, d. h. mit ihren Sprachgewohnheiten, ihrem Kenntnisstand (z. B. ihrem intellektuellen Niveau) und mit ihrer allgemeinen Einstellung („*Vor*"-Urteil) dem Experiment gegenüber. Seine Instruktion wird naturgemäß jeweils einen anderen Wortlaut haben, je nachdem ob er etwa *Kinder, Studenten, Arbeiter* oder *Soldaten*, psychisch *Gesunde* oder psychisch *Kranke* usw. als Versuchsteilnehmer (Probanden) zu untersuchen hat.

Allgemein ist bei der Abfassung von Instruktionen auf die *Eindeutigkeit* in der Aussage sowie besonders auf eine *klare* und *straffe* Formulierung (Hervorhebung des Wesentlichen) zu achten. Die Instruktion sollte stets einen direkten Bezug zur konkreten Versuchssituation haben. Sie sollte so klar und eindeutig abgefaßt sein, daß verschiedene Versuchsteilnehmer die Anweisung stets in gleicher Weise auffassen (○ Illu 17.1). ○

○ Illu 17.1
Versuchsanweisung und Instruktionsverständnis

Ein interindividuell gleichbleibendes Verständnis einer konkreten Versuchsanweisung durch die verschiedenen Versuchsteilnehmer ist grundsätzlich im Sinne einer *Konstanthaltung* der Instruktionsbedingungen erforderlich. Eine derartige Konstanz des Instruktionsverständnisses ist jedoch, selbst wenn der Instruktionswortlaut gleich ist, nur im Idealfall zu erreichen. Denn *verschiedene* Personen können ein und denselben Inhalt einer Instruktion verschieden begreifen, falls nämlich die Aufgabe nicht völlig *eindeutig* vorgegeben wird. Dies stellt ein besonderes Methodenproblem einer jeden Experimental- und Testsituation dar.

Dieser Sachverhalt läßt sich im Anschluß an Sader (1959) wie folgt illustrieren: Es wird die Aufgabe gestellt, sechs verschiedene Pappstückchen zu einem *Rechteck* zusammenzusetzen. Diese *Denkaufgabe* genügt folgenden Bedingungen: (a) Die Aufgabe kann ohne weitere Hilfsmittel gar nicht oder nur in überlanger Zeit erledigt werden. (b) Durch die Instruktion werden „Regeln" benannt, bei deren konsequenter Anwendung die Aufgabe sehr schnell zu lösen ist. (c) Die Aufgabe läßt das sukzessive Lösungsverhalten eines Probanden – und damit die Verwendung der vorgegebenen Regeln – deutlich sichtbar werden. An einem solchen Versuch können alle Teilnehmer einer Veranstaltung gleichzeitig teilnehmen.

Jeder Versuchsteilnehmer erhält einen Pappkarton als Unterlage, auf dem vier Rechtecke eingezeichnet sind, deren Seiten *Längsangaben* enthalten. Die vier Rechtecke haben folgende Formate: *6* × *11* cm; *6* × *12* cm; *5* × *11* cm; *5* × *12* cm.

Auf der Unterlage werden sechs Teilstücke eines Rechtecks vom Format 6 x 12 cm ausgebreitet. Die Teilstücke sind auf der einen Seite mit *parallelen* Linien versehen, auf der anderen Seite mit einem *farbigen* Lack gestrichen. Die Pappstücke werden, mit der gelackten Fläche nach oben zeigend, auf der Unterlage in *ungeordneter* Weise verteilt (Abb. A).

Jeder Teilnehmer hat eine Unterlage mit den Teilstücken des Rechteckes vor sich liegen. Zunächst bleibt diese Unterlage durch einen Pappkarton verdeckt und somit für den Versuchsteilnehmer nicht wahrnehmbar. Bei verdeckter Aufgabenanordnung wird den Versuchsteilnehmern die Instruktion für die *Denkaufgabe* gegeben. Die Instruktion hat den folgenden Wortlaut:

„Es handelt sich hier um einen Versuch, bei dem ich Ihnen die Instruktion nur *einmal* geben kann und dann auch keine Rückfragen mehr beantworten werde. – Auf diesem Tisch vor Ihnen werden Sie anschließend sechs Pappstückchen finden. Ihre

Aufgabe wird es sein, diese Pappstückchen zu einem *Rechteck* zusammenzusetzen. Damit Ihnen die Aufgabe leichter fällt, gebe ich Ihnen drei *Regeln* zu Hilfe, nämlich:

- Das fertige Rechteck wird eine Fläche von *72* Quadratzentimetern haben.
- Die Striche auf der Rückseite der Pappstückchen werden beim fertigen Rechteck durchweg in der gleichen Richtung, also *parallel* zueinander, verlaufen.
- Es kommen bei allen sechs Pappstückchen insgesamt nur vier Rechte Winkel vor; diese sind gleichzeitig die Rechten Winkel des Rechtecks."

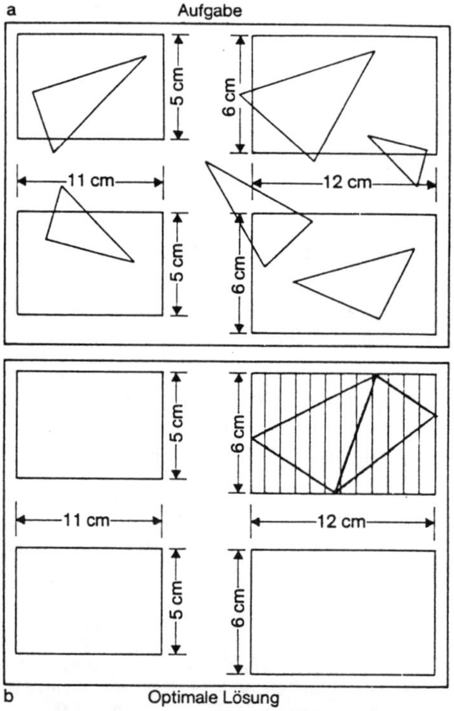

Abbildung A: Versuchsmaterial zur Demonstration von Problemen des *Instruktionsverständnisses. – A:* Ausgangsverteilung der Teilstücke eines Rechtecks auf dessen Unterlage. *B: Lösung* der Aufgabe (die Teilstücke wurden gewendet, so daß die *parallelen* Linien auf ihrer Rückseite sichtbar werden). (Nach Sader, 1959)

Im Anschluß an die Instruktion werden die Versuchsteilnehmer dazu aufgefordert, den *Abdeckkarton* zu entfernen und mit der Aufgabe zu beginnen. Sobald alle Teilnehmer die Aufgabe gelöst haben, beginnt der Versuchsleiter mit der *Exploration,* die Aufschluß über das Vorgehen der Probanden, speziell über deren Beachtung und Anwendung der vorgegebenen *Regeln* bringen soll.

Tabelle A: Auswertungsschema zur vergleichenden Feststellung der Häufigkeiten für die Verwendung der gegebenen Instruktionsregeln. (Nach Sader, 1959)

Regeln	Position der Regelverwendung 1	2	3	f
Rechter Winkel				
72 cm^2				
Parallele				

Um zu veranschaulichen, daß die einzelnen *Regeln* in verschieden hohem Maße beachtet worden sind und auch *interindividuelle* Unterschiede in der Verwendung der Regeln vorliegen, wird vom Versuchsleiter ermittelt, welche Regeln von den einzelnen Versuchsteilnehmern beachtet und in welcher Reihenfolge diese verwendet worden sind. Die auf diese Weise ermittelten Häufigkeiten werden in einem tabellarischen Schema eingetragen (Tab. A).

Wie die Unterrichtspraxis etwa im Rahmen eines experimentellen Praktikums zeigt, erfahren die Teilnehmer sehr anschaulich durch einen solchen Versuch die Bedeutung der Instruktion und des richtigen Instruktionsverständnisses seitens der Probanden. Selbsterprobung ist ein wirksames Mittel zur Illustration einer so wichtigen Phase im Ablauf eines Experiments.

Literatur

Sader, M.: Instruktionsverständnis und Testleistung. Frankfurt a. M.: Kramer, 1959.

Eine als „gelungen“ zu bezeichnende Versuchsanweisung zeichnet sich allgemein durch die folgenden Merkmale einer *Versuchsteilnehmer-Versuchsleiter-Kommunikation* aus:

- Die Instruktion ist so klar und für jedermann verständlich abgefaßt, daß alle Probanden grundsätzlich *dasselbe* Aufgabenverständnis erhalten.

Es ist dabei darauf zu achten, daß die Instruktion – insofern diese wie üblich *mündlich* vorgetragen wird – nicht etwa in einem „*Schrift*deutsch“ abgefaßt ist, sondern dem gesprochenen Wort entgegenkommt. Anderenfalls kann die Instruktionsvorgabe sehr leicht „gekünstelt“ wirken.

- Der Versuchsleiter trägt die standardisierte Instruktion – die er zuvor möglichst *auswendiggelernt* hat – dem Probanden frei vor, und zwar in einer solchen *natürlichen* Weise, daß sich ein jeder Proband individuell angesprochen fühlt.
- Der Versuchsteilnehmer gewinnt *vor, während* und *nach* der Versuchsdurchführung den allgemeinen Gesamteindruck, daß seine Tätigkeit als eine partnerschaftliche „Mitarbeit“ akzeptiert wird – auch wenn der Versuchsleiter *insgesamt* eine „neutrale“ (unvoreingenommene) Haltung bewahrt.

Instruktionstypen. – Es gibt verschiedene *Typen* von Instruktionen, aus denen der Versuchsleiter die der jeweiligen Fragestellung angemessenen auszuwählen hat:

- *Instruktion mit vollständiger Information* (Instruktion mit unmittelbarer und umfassender Aufklärung über das Versuchsziel. – Diese Instruktionsform wird insbesondere bei allen sog. *Leistungsexperimenten* benutzt.

Beispiel: Es soll die Abhängigkeit des Aufmerksamkeitsverhaltens vom Grad des Schlafentzuges untersucht werden. In diesem Fall wird das Versuchsziel dem Versuchsteilnehmer umfassend und von vornherein mitgeteilt.

- *Instruktion mit unvollständiger Information* (Instruktion mit unmittelbarer, jedoch unvollständiger Aufklärung über das Versuchsziel). — Diese Instruktionsform wird immer dann verwendet, wenn eine unmittelbare volle Instruktion die Unwissentlichkeit (Untersuchungs-*Naivität*) der Versuchsteilnehmer gefährden und damit das Untersuchungsziel beeinträchtigen könnte. Es wird in diesem Falle zwar *unvollständig,* aber nicht falsch – im Sinne einer Täuschung – instruiert.

Beispiel: Es soll die Abhängigkeit einer perzeptiv-kognitiven „Einstellung“ unter verschiedenen Kontextbedingungen untersucht werden, indem ein und derselbe Wahrnehmungsgegenstand der einen Versuchsgruppe in einem Kontext A, der anderen Versuchsgruppe dagegen in einem Kontext B dargeboten wird. In diesem Fall wird der Versuchsleiter seine eigentliche Untersuchungsabsicht während des Versuches nicht nennen, sondern die Versuchsteilnehmer lediglich allgemein instruieren, um die für die Versuchsabsicht erforderliche Naivität zu bewahren. Auf der anderen Seite wird jedoch dem Versuchsteilnehmer nichts „Falsches“ in der Instruktion mitgeteilt (s. S. 246 f, Abb. 17.4).

- *Instruktion mit Falschinformation* (Instruktion mit *falschen* Angaben über das eigentliche Versuchsziel). – Diese Instruktionsform ist allein schon aus *ethischen* Gründen problematisch (Kap. 20.2). Sie darf – wenn überhaupt – im Experiment höchstens dann benutzt werden, wenn die beiden oben genannten Instruktionsformen nicht ausreichen, um die für die eigentliche Untersuchungsabsicht erforderliche *Naivität* des Versuchsteilnehmers zu gewährleisten (Ω Orig 17.1). Dieser Instruktionstyp ist Ω gerade im Bereich der experimentellen *Motivations-* und *Sozialpsychologie* häufiger anzutreffen, und zwar dann, wenn etwa Fragen der sog. „sozialen Erwünschtheit“ (*social desirability*) untersucht werden.

Ω Orig 17.1
Zur Frage der „Wissentlichkeit" von Versuchsteilnehmern

(Resnick & Schwartz, 1973)

Einige Untersuchungen erfordern von der Sache her eine *Unwissentlichkeit* auf seiten der Versuchsteilnehmer. Denn „Wissentlichkeit" würde die Haltung der Versuchsteilnehmer in solchen Experimenten derart beeinflussen, daß ein natürliches, spontanes Verhalten nicht mehr möglich wäre, sondern die Gedanken des Probanden über Sinn und Zweck des betreffenden Versuches dessen Verhaltensmöglichkeiten *verändern* würden. Resnick u. Schwartz (1973) demonstrieren dies am Verhalten von *informierten* und *nicht-informierten* Versuchsteilnehmern in einem Experiment zum Problem der verbalen Konditionierung.

Die Autoren verwendeten die sogenannte „Taffel-Technik", die im Anschluß an dessen Erfinder Taffel (1955) in der Lernpsychologie häufig benutzt wird (s. *PrB*, Bd. II, Kap. 8). Sie boten zwei verschiedenen Gruppen von Versuchsteilnehmern der Reihe nach 80 Karten dar, auf denen jeweils ein Verb und darunter sechs Fürwörter (*I, We, You, He, She, They*) standen. Auf jeder Karte war eine andere Reihenfolge von Pronomen vorgegeben. Die Aufgabe der Versuchsteilnehmer bestand darin, aus dem jeweiligen Verb und einem der Fürwörter einen vollständigen *Satz* zu bilden. Vom 21. bis zum 80. Durchgang „verstärkte" der Versuchsleiter Satzbildungen, in denen die Fürwörter *„I"* und *„We"* (Pronomen der *Selbstreferenz*) auftraten. Ermittel wurde, wie häufig diese Pronomina in aufeinanderfolgenden Abschnitten zu je 20 Durchgängen bei der Satzbildung verwendet wurden.

Eine der beiden Gruppen erhielt eine normale Instruktion, wie sie bei derartigen Versuchen üblich ist (*keine Information*); die andere Gruppe wurde darüber hinaus auch über das eigentliche Ziel der Untersuchung und über das Prinzip der Taffel-Technik *informiert* (Tab. A). Wie die Ergebnisse zeigen, hat *„Wissentlichkeit"* einen klaren Einfluß auf das Lernverhalten (Abb. A).

Bei einer vollständigen Information der Versuchsteilnehmer ist demnach der Prozeß operanter Konditionierung in diesem Bereich nicht valide untersuchbar (Dolly & Meredith, 1978).

Resnick u. Schwartz (1973) explorierten im Anschluß an den Versuch die Teilnehmer beider Gruppen. Interessanterweise zeigte diese Exploration, daß die vollständig informierten Versuchsteilnehmer sich in dem Experiment gelangweilt hatten, während die uninformierten Personen großen Spaß empfunden – ja, an dem Versuch sogar mit Begeisterung teilgenommen hatten. Die

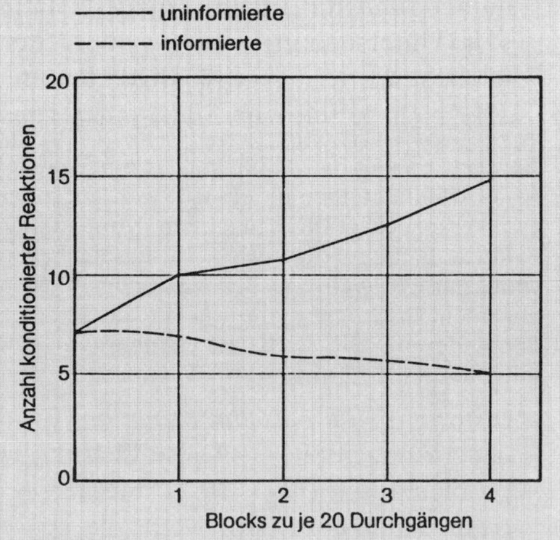

Abbildung A: Häufigkeit der Verwendung „verstärkter" Pronomina (konditionierte Reaktionen) bei *informierten* und *nicht-informierten* Versuchsteilnehmern in einem Versuch zur verbalen Konditionierung. (Nach Resnick & Schwartz, 1973)

Tabelle A: Zweifaktorieller Mischversuchplan des Experiments von Resnick u. Schwartz (1973) zur Prüfung der Abhängigkeit lernpsychologischer Befunde von der *Wissentlichkeit* versus *Nichtwissentlichkeit* (Hauptfaktor *A*) der Probanden inbezug auf die psychologisch inhaltliche Fragestellung des Versuchs. – Design RW_{tr} – (p × q)N. (Der ebenfalls untersuchte Faktor *B*) ist im vorliegenden Zusammenhang von geringerer Bedeutung).

Design 4.3 Zweifaktorieller Mischversuchsplan mit Zufallsgruppenbildung für Faktor *A* (p = 2) und wiederholten Messungen auf Faktor *B* (q = 5): *Design RW_{tr} – (2 × 5)N.*

W_{tr}

	Faktor A „Wissentlichkeit“	*Faktor B* „Abschnitte zu je 20 Durchgängen“ B_0 („Kontroll-Abschnitt“)	B_1 („1. Abschn.“)	B_2 („2. Abschn.“)	B_3 („3. Abschn.“)	B_4 („4. Abschn.“)
R	A_1 („mit W.“)	$\bar{Y}_{1.0}$ Gruppe 1	$\bar{Y}_{1.1}$ Gruppe 1	$\bar{Y}_{1.2}$ Gruppe 1	$\bar{Y}_{1.3}$ Gruppe 1	$\bar{Y}_{1.4}$ Gruppe 1
	A_2 („ohne W.„)	$\bar{Y}_{2.0}$ Gruppe 2	$\bar{Y}_{2.1}$ Gruppe 2	$\bar{Y}_{2.2}$ Gruppe 2	$\bar{Y}_{2.3}$ Gruppe 2	$\bar{Y}_{2.4}$ Gruppe 2

AV: Häufigkeit der Verwendung „verstärkter“ Pronomina ($\bar{Y}$)

Autoren schließen daraus, daß gerade das etwas *Undurchschaubare* die Teilnahme an einem psychologischen Versuch für viele Menschen erst interessant und attraktiv machen kann.

Beispiel: Es soll die Abhängigkeit des *Aggressionsverhaltens* von der Rolle des Versuchsleiters („Versuchsleiterautorität“) untersucht werden (s. hierzu Bd. 1, ◇ 10.1). In einem solchen Fall ist es unmittelbar evident, daß der Versuchsteilnehmer seine „wahre“ individuelle Aggressionsneigung in der Regel nicht im Experiment unmittelbar bzw. ungeschminkt zu zeigen bereit ist, wenn man das eigentliche Untersuchungsziel bereits durch die Instruktion preisgibt. Deshalb wird der Experimentator stattdessen ein anderes, unzutreffendes Versuchsanliegen nennen.

Literatur

Dolly, J. P. & Meredith, V. H.: Effects of implementing (APA) ethical principles in collecting classroom data. Acta Psychologica, 1978, *42*, 367–381.

Resnick, J. H. & Schwartz, T.: Ethical standards as an independent variable in psychological research. American Psychologist, 1973, *28*, 134–139.

Taffel, C.: Anxiety and the conditioning of verbal behavior. Journal of Abnormal and Social Psychology, 1955, *51*, 496–501.

Naturgemäß ist diese letztgenannte Instruktionsform, welche mit *Falschinformation* arbeitet, besonders bedenklich, weil ihre Verwendung das *Vertrauen* einer Person, die sich ja freiwillig dem Versuchsleiter als Versuchsteilnehmer zur Verfügung gestellt hat, belasten kann.

Vor der Wahl eines Täuschungsmanövers in einem psychologischen Versuch muß sich der Versuchsleiter zunächst versichern, daß die „Täuschung“

- unmittelbar *notwendig* ist
- von dem Versuchsteilnehmer vor, während und im Anschluß an den Versuch psychologisch *adäquat verarbeitet* werden kann und außerdem
- keine *ethischen* Prinzipien verletzt.

In *Tabelle 17.2* sind einige der in diesem Stadium häufig gemachten *Fehler* zusammengestellt.

Tabelle 17.2: Typische Fehler beim *Versuchsaufbau* (3)

1.	Es wird versäumt, die relevanten Merkmale der Grundgesamtheit zu definieren.
2.	Es wird eine zu kleine Stichprobe erhoben, so daß eine Aussage über das Verhalten von Individuen in der Grundgesamtheit wegen zu hohen β-Risikos nicht möglich ist.
3.	Die Instruktion ist nicht klar und eindeutig genug abgefaßt; d. h. ein gleichbleibendes Instruktionsverständnis bei den verschiedenen Versuchsteilnehmern ist nicht gewährleistet.
4.	Es werden inadäquate technische Verfahren eingesetzt.
5.	Die Instrumentierung des Versuches ist komplizierter als von der Sache her erforderlich.

17.2 Versuchsdurchführung

Die geplante Versuchsanordnung muß so realisiert werden, daß eine systematische Beobachtung des zu untersuchenden Sachverhaltes möglich ist, ohne daß mit der Durchführung des Experiments der Sachverhalt durch damit verbundene systematische Störeffekte verändert wird.

Bei der Durchführung des Experiments muß der Versuchsleiter daher besonders sorgfältig und umsichtig sein; die beste Planung und Vorbereitung eines Experiments nützen nichts, wenn die konkrete Versuchsdurchführung Mängel aufweist.

Versuchsleiter-Versuchsteilnehmer-Kommunikation

Ein psychologisches Experiment ist nicht allein durch die spezifische, im allgemeinen *standardisierte* Aufgabenstellung seitens des Versuchsleiters und durch die individuelle Aufgabenbearbeitung seitens der Versuchsteilnehmer gekennzeichnet; es sind darüber hinaus einige Komponenten der Versuchssituation zu beachten, die mit der natürlichen Psychodynamik der *Versuchsleiter-Versuchsteilnehmer-Kommunikation* zusammenhängen.

Es sollte von vorneherein klar sein, daß der eigentliche Ablauf eines Experiments durch die komplizierten *Wechselwirkungen* zwischen allen drei „Instanzen“ bestimmt wird; nämlich: (a) *Versuchsleiter,* (b) *Versuchsteilnehmer* und (c) *Versuchssituation.* Im

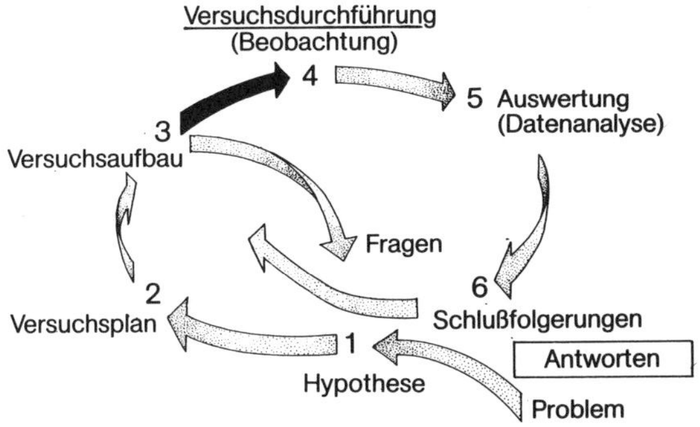

Folgenden werden diese drei Komponenten eines psychologischen Versuchs aus darstellungstechnischen Gründen *nacheinander* behandelt, obschon es selbstverständlich ist, daß diese der Sache nach zusammengehören.

Versuchsleiter. – Im psychologischen Experiment werden durch den Versuchsleiter Bedingungen geschaffen, die bei den Versuchsteilnehmern Prozesse auslösen, deren Ergebnisse zur Überprüfung der aufgestellten Hypothesen dienen sollen. Solche *Prozesse* können sein:

- *Wahrnehmungen*
- *Erinnerungen*
- *Entscheidungen*
- *Emotionen.*

Das Experiment ist dabei generell als eine *soziale Situation* aufzufassen, bei der die einzelnen am Versuch beteiligten Personen – Versuchsteilnehmer und Versuchsleiter („Vl") – eine Rolle übernehmen, die von ihrem *Rollenverhalten* im alltäglichen Leben in aller Regel abweicht:

„... Wir alle spielen viele verschiedene Rollen in unserem Leben. Wenn ich den weißen Laborkittel eines Verhaltenswissenschaftlers trage, dann bemühe ich mich darum, die Organismen (einschließlich der Menschen) objektiv zu erfassen, sie mit ungetrübtem Auge zu sehen und nicht etwa durch eine rosarote Brille. Objektiv sein heißt – jedenfalls teilweise –, sich dem Studienobjekt gegenüber unemotional einzustellen, persönlich oder subjektiv unbeteiligt zu sein. Eine solche ‚hartherzige' Einstellung ist besonders notwendig (und sehr schwierig), wenn man sich mit emotionalen, personenbezogenen oder subjektiv strukturierten Problemen zu befassen hat" (McConnell, 1974, 10).

Das Zitat läßt erkennen, daß der in der Rolle als Vl fungierende Experimentalpsychologe um *Objektivität* und *Unvoreingenommenheit* seinen Versuchsteilnehmern gegenüber bemüht sein muß. Dies ist eine der notwendigen Voraussetzungen für die in einer jeden psychologischen Untersuchung anzustrebende *vertrauensvolle Zusammenarbeit* zwischen Versuchsleiter und Versuchsteilnehmer.

Typische Beispiele für eine emotional *positive* Versuchsteilnehmer-Versuchsleiter-Kommunikation liefern naturgemäß gerade die *entwicklungspsychologischen* Experimente mit Kindern und Jugendlichen. Denn weil bekanntermaßen die kindliche Reaktionsbasis – im Vergleich zu derjenigen des Erwachsenen – besonders stark durch spontan affektiv-situative Komponenten einer jeden Untersuchungssituation bestimmt wird, ist gerade hier die Schaffung einer grundsätzlich positiv getönten *kindgemäßen* Untersuchungsatmosphäre eine unabdingbare Voraussetzung für die Gewinnung (ökologisch) valider Resultate.

Beispielsweise kann die Kindgemäßheit einer *psychophysikalischen* Untersuchungssituation, in der etwa 5jährige Kinder zahlreiche Schwereurteile zu verschiedenen Gewichten abgeben sollen, einfach durch die spielerische Aufgabe des Hebens und Identifizierens von kleinen (versteckten) „Sandeimerchen" – anstelle von objektiv neutralen Laborzylindern – gelöst werden, wie dies etwa die Untersuchungen von Wilkening (1976) verdeutlichten (Abb. 17.4). Typischerweise kann so die Untersuchungssituation für jüngere und ältere Kinder angenehm gestaltet werden.

Abbildung 17.4: Kindgemäßheit einer psychophysikalischen Versuchssituation zur Feststellung der Wahrnehmungsrelativität bei *Schwereeindrücken* verschiedener Gewichte bei Kindern. Im *spielerischen* Versuch wird zur korrekten Identifikation von (versteckten) „Sandeimerchen" aufgefordert. (Nach Wilkening, 1976)

Versuchsteilnehmer. – Ein Versuchsteilnehmer nimmt in aller Regel nicht ohne *bestimmte* konkrete Erwartungen und Vorstellungen über den Sinn und Zweck eines Experiments an einem psychologischen Versuch teil. Entsprechend unterscheidet sich das *Untersuchungsobjekt* der Psychologie prinzipiell von dem irgendeiner anderen experimentellen Wissenschaft wie etwa der Biologie, Physik oder Chemie.

Je nach Vorerfahrung und Persönlichkeitsstruktur kann die Teilnahme an einem Versuch bei verschiedenen Personen von unterschiedlichen kognitiv-emotionalen Zuständen begleitet sein, wie von *Langeweile, Ärger, Furcht, Mißtrauen* oder aber auch von *Neugier, Spieltrieb* und *persönlichem* oder gar *wissenschaftlichem Interesse.* Diese unterschiedlichen kognitiven und emotionalen Voraussetzungen können unter bestimmten Bedingungen einen beträchtlichen Einfluß auf den zu untersuchenden Prozeß haben, insbesondere dann, wenn diese emotionalen Zustände selbst untersucht werden sollen, wie dies etwa in der *Motivations-* und *Emotionspsychologie* der

Fall ist. Es versteht sich, daß der Versuchsteilnehmer sich in der Regel darum bemüht, eine Vorstellung vom „eigentlichen" Zweck des Versuchs zu entwickeln.

Eine Ursache für falsche Hypothesenbildungen von Versuchsteilnehmern im Laborexperiment ist in einem solchen Orientierungsbedürfnis der Teilnehmer zu suchen. Unzureichende *Information* über Sinn und Zweck des Experiments durch den Versuchsleiter kann dazu führen, daß die Teilnehmer eine eigene Deutung vornehmen. Stets versuchen Versuchsteilnehmer, ihrem Tun einen Sinn zu unterstellen. Diese generelle Tendenz hat Orne (1962) experimentell nachgewiesen. Er setzte einer Reihe von Versuchsteilnehmern einen Stoß von 2000 Testbögen mit jeweils 244 Additionsaufgaben vor und stellte den Versuchsteilnehmern ohne irgendwelche Angaben über Sinn und Zweck des Versuchs die Aufgabe, diese Testbögen zu bearbeiten. Dann entfernte er sich mit dem Hinweis, „gelegentlich" wieder hineinzuschauen. Als die Versuchsteilnehmer nach 5 1/2 Stunden immer noch rechneten, gab der Versuchsleiter auf!

Wie Orne (1962) in seiner Arbeit betont, wurde in der an seinen Versuch anschließenden Befragung die Aufgabe von den meisten Versuchsteilnehmern als durchaus „sinnvoll" bezeichnet; sie interpretierten die außergewöhnliche Dauer des Experiments als Charakteristikum eines „*Ausdauer*-Tests". Immer dann, wenn anstelle des vom Versuchsleiter eigentlich intendierten psychologischen Sachverhalts andere psychische Prozesse bei dem Versuchsteilnehmer ablaufen, spricht man von einer sog. *„Objektentgleisung"*.

Gemäß der obigen Darstellung lassen sich verschiedene *Grade* der Unwissentlichkeit der Versuchsteilnehmer voneinander unterscheiden:

- Maximale *Unwissentlichkeit* liegt dann vor, wenn der Versuchsteilnehmer nicht einmal weiß, daß er Objekt eines Versuchs ist. Eine solche Situation ist oftmals bei den sog. Feldexperimenten gegeben.
- Vollständige *Wissentlichkeit* liegt im sog. Selbstversuch vor: Versuchsteilnehmer und Versuchsleiter sind in diesem Fall identisch miteinander, so daß der Versuchsteilnehmer sowohl um die Versuchssituation weiß als auch das Anliegen und den Zweck des Versuchs kennt.

Zwischen den beiden Polen sind viele Abstufungen der Wissentlichkeit möglich. Beispielsweise kann ein Versuchsteilnehmer das generelle Ziel des Versuchs kennen, ohne jedoch die spezifische Aufgabensituation überblicken zu können: Er kann aber auch sowohl bezüglich des Versuchsziels als auch hinsichtlich einer speziellen Aufgabe im Unklaren gelassen werden, dabei aber immerhin wissen, daß er in einer Versuchssituation *sinnvoll* agiert. Ein Beispiel dafür ist die Untersuchung der Veränderung des psychophysikalischen *Kontrasteffekts* unter verschiedenen Lern- und Wahrnehmungsbedingungen (Sarris & Zoeke, 1985). Dabei wird z. B. in einem Gewichthebeversuch („Postspiel") die altersspezifische Unterscheidung der Schwere verschiedener „Päckchen" verlangt und im Anschluß an die Trainingsphase die Beeinflußbarkeit des Schwereurteils durch andere zu hebende Gewichte geprüft (Testphase). Während der Proband in einem solchen Versuch weiß, daß er Gewichte möglichst richtig zu klassifizieren hat („Wissentlichkeit"), ist ihm aber die experimentelle Tatsache der Prüfung der systematischen *Veränderung* des psychophysikalischen Kontrasts unbekannt („Unwissentlichkeit"; vgl. die Daten in Abb. 17.5; s. auch Sarris, 1990).

Versuchssituation. – Neben dem Versuchsleiter mit dessen verschiedenen Einflußnahmen sowie neben dem Versuchsteilnehmer mit dessen besonderen Einstellungen und

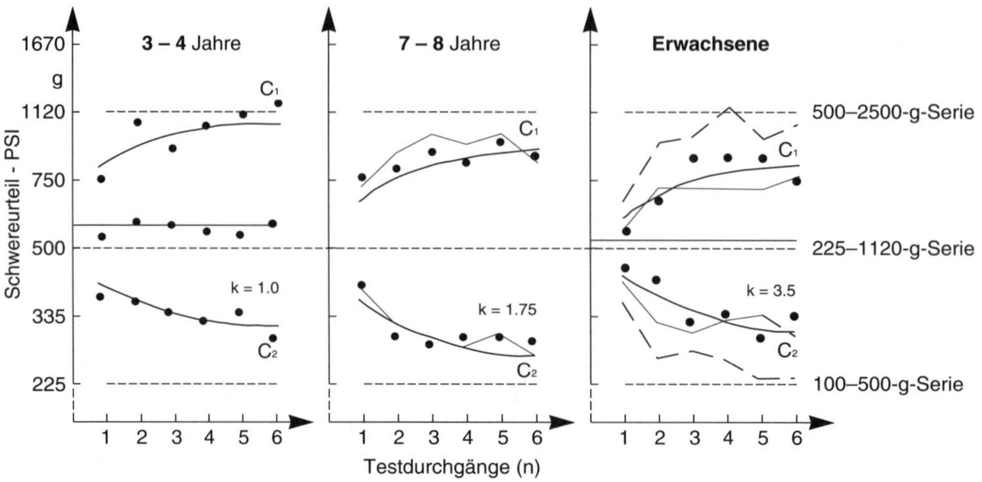

Abbildung 17.5: Ergebnisse eines Gewichthebeexperiments zur Prüfung des altersspezifischen psychophysikalischen Kontrasteffekts (*PSI* = Indikator für das durchschnittliche *Schwereurteil* der drei Altersgruppen als Funktion der Testdurchgänge *n* für eine *leichte,* C_1, und eine *schwere,* C_2, Gewichtsserie). Die Altersgruppen unterscheiden sich vor allem im Hinblick auf das Ausmaß des Kontrasteffekts, hier durch die altersspezifische Steigungskonstante *k* der Datentrends ausgedrückt (k = 1, 1.75, 3.5 für 3- und 4- bzw. 7- und 8-Jährige sowie Erwachsene). Lernkriterium: — 20, — 10, --- 4 Anzahl korrekter Reaktionen im Training. (Nach Sarris & Zoeke, 1985)

mit seinem *Vor*-Wissen, ist als dritte Instanz des psychologischen Experiments die konkrete *Versuchssituation* selbst in Rechnung zu stellen. Es handelt sich dabei generell um alle jene Randbedingungen einer Untersuchung, welche zwar definitionsgemäß nicht mit der eigentlichen psychologischen Fragestellung – und auch nicht mit der allgemeinen Versuchsleiter-Versuchsteilnehmer-Kommunikation – zu tun haben, die aber trotzdem für den konkreten Ablauf eines Experiments von nicht zu unterschätzender Bedeutung sind. Meist handelt es sich hierbei um *äußere* Einwirkungen auf den Versuch, die als „Störeffekte“ zu bewerten sind.

Bereits *vor* der Durchführung eines Experiments ist die Versuchssituation im Hinblick auf derartige Störgrößen zu analysieren; es sind Vorkehrungen zu treffen, welche das Auftreten solcher Störungen möglichst vermeiden. Insbesondere muß sich der Versuchsleiter stets folgende *Fragen* rechtzeitig stellen und entsprechend beantworten:

- Sind Störungen des Versuchs von außen her ausgeschlossen?
- Erlauben die rein physischen Bedingungen des Versuchsteilnehmers die von ihm verlangte Leistung?
- Ist die Atmosphäre des Versuchsraums sowie der gesamten Versuchsdurchführung dem Untersuchungsanliegen angemessen?
- Sind die verwendeten Versuchsapparaturen so angeordnet, daß einerseits der Versuchsleiter sie mühelos benutzen kann und andererseits der Versuchsteilnehmer nicht durch sie abgelenkt oder verunsichert wird?

Gerade aus dem zuletzt genannten Grunde haben im Rahmen einer jeden psychologischen Untersuchung insbesondere die Abfassung und Vorgabe einer gut ausgearbeiteten „Instruktion“ und „Exploration“ ihre methodisch-inhaltliche Bedeutung. Die Einübung in die Benutzung der entsprechenden Techniken ist daher eine wichtige Aufgabe im Rahmen eines jeden experimentalpsychologischen Bemühens.

Instruktionsgebung und Exploration

Das Verhalten des Versuchsleiters bei der Instruktionsgebung muß so beschaffen sein, daß die Versuchsanweisung optimal an die Versuchsteilnehmer übermittelt wird. Wichtige Merkmale einer optimalen *Instruktionsgebung* sind:

- angemessene *Lautstärke*
- klare *Artikulation*
- *Betonung* der besonders wesentlichen Punkte.

Die Instruktion liegt in der Regel zumindest dem Versuchsleiter – in bestimmten Untersuchungsfällen auch dem Versuchsteilnehmer – in *schriftlicher* Form vor. Nur so läßt sich eine Instruktion über mehrere Versuche konstant halten. Dennoch sollte der Versuchsleiter die Instruktion nicht einfach vom Blatt ablesen, sondern diese in freier Form vortragen. Seine Instruktionsgebung sollte er dem Instruktionsinhalt anzupassen versuchen, auf jeden Fall aber Divergenzen zwischen seinem Verhalten und dem, was er sagt, vermeiden.

Eine krasse Divergenz wäre beispielsweise gegeben, falls der Versuchsleiter bei einem Versuch zur „Konzentrationsmessung“ dem Versuchsteilnehmer mitteilte, daß es jetzt wichtig sei, konzentriert zu arbeiten, selbst aber lässig und gelangweilt dasitzt!

Während des Ablaufs eines Versuchs können untersuchungsspezifische Bedingungen eintreten, die vom Versuchsleiter eigentlich nicht vorgesehen sind und die von ihm auch nicht bemerkt werden. Falls solche Störquellen nicht erfaßt werden, geht der Experimentator bei der Interpretation der erhobenen Befunde von Vorbedingungen aus, die eigentlich in seinem Experiment gar nicht geherrscht haben. Eine einfache Möglichkeit, sich gegen diese Gefahr von unerkannten Störquellen des Versuchsablaufs abzusichern, ist die Durchführung einer *Exploration* im Anschluß an den Versuch. Eine Exploration dient grundsätzlich einer nachträglichen Erfassung von Störquellen im Experiment. Da die gedachte Grundgesamtheit der *möglichen* Störfaktoren theoretisch unendlich groß ist, sollte man in der Exploration zunächst von sehr allgemeinen Fragen ausgehen und dann aufgrund der Antworten der Versuchsteilnehmer den Fragenkreis sukzessive eingrenzen.

Des weiteren läßt sich durch die Exploration zusätzlich *qualitative* Information erhalten, die bei der Interpretation der quantitativen Versuchsergebnisse hilfreich sein kann. Welche konkreten Informationen dabei wichtig sind, hängt von dem jeweiligen Versuch ab.

Die *Exploration* hat einen hohen heuristischen Wert, insbesondere dann, wenn es die Frage zu beantworten gilt, ob im Experiment überhaupt die intendierten Bedingungen durch die konkreten experimentellen Handlungen realisiert worden sind. Dieses Problem stellt sich besonders prägnant in der psychologischen *Streßforschung*. In diesem Forschungszweig wird immer wieder ersichtlich, daß durch die Induktion von Belastungen durch definierte „Stressoren“ die Beanspruchung eines Individuums ganz unterschiedlich sein kann und dabei die Bewertung des Stressors durch den Versuchsteilnehmer eine nicht unerhebliche Rolle spielt. Zum Beispiel zeigte sich in vielen Arbeiten zum Problem der Lärmbelästigung, daß ein physiologischer Indikator der Beanspruchung (Pulsfrequenz) nicht mit der *objektiven* Lärmstärke, sondern mit der *erlebten* Lärmbelästigung korreliert. Das Belästigungserlebnis erwies sich im Experiment als abhängig von der individuellen Bewertung der Lärmquelle.

Durch die *Exploration* hat der Versuchsleiter die Möglichkeit abzuschätzen, ob die experimentellen Variablen im konkreten Einzelfall auch wirklich realisiert worden sind. Für die Durchführung einer *Exploration* gilt die folgende Grundregel:

Bei der Exploration ist stets darauf zu achten, daß der Versuchsleiter nicht durch *Suggestivfragen* den Versuchsteilnehmern eine Antwort „in den Mund legt" bzw. auf bestimmte Antworten drängt.

Eine gut durchgeführte Exploration bedarf nicht nur einer guten *Vorbereitung,* sondern verlangt darüber hinaus ein hohes *Einfühlungsvermögen* des Versuchsleiters gegenüber den individuellen Voraussetzungen seiner Versuchsteilnehmer (Kommunikationsfähigkeit, Erwartungen, Interessen usw.). Dies erfordert gründliche Erfahrung in der praktischen Durchführung von psychologischen Untersuchungen.

Die kindliche *Freude* an psychologisch sinnvoll angelegten Untersuchungssituationen zeigt sich in der Regel nicht nur während der unmittelbaren Testkommunikation, sondern kann sich gelegentlich auch nach dem Versuchsende zum Beispiel in Form von kindlichen *Zeichnungen* ausdrücken, in denen eine vorangegangene Untersuchungssituation „nachgespielt" wird (Abb. 17.6; s. Mäckelburg & Hoppe-Graff, 1991).

Abbildung 17.6: Beispiel für die gelungene Gestaltung einer Versuchssituation (*Versuchsleiter-Versuchsteilnehmer*-Interaktion) im psychophysikalischen Experiment mit Kindern: Die Zeichnung eines Kindes (Sonja, 5; 8 J.) stellt den mobilen Laborwagen dar, in dem es untersucht wurde – als Ausdruck der kindlichen Freude während und nach dem Experiment.

Schließlich sei noch angemerkt:

Auch bei bester Planung und Vorbereitung eines Experiments kann selbst dem versiertesten Untersucher ein Fehler passieren; oder die Apparatur fällt aus; oder die Probanden verspäten sich, so daß das Experiment verschoben werden muß usw. (vgl. das sog. *„Murphy's Law"*, zit. im *PrB*, Bd. III, *Nachwort*; vgl. auch Matheson et al., 1978, Chap. 13). Man versuche, dies alles mit Geduld und auch mit ein wenig Humor aufzufangen, d. h. sich nicht entmutigen zu lassen![2]

[2] Auch Kerlinger (1979, 141) hat sich sinngemäß in dieser Weise geäußert und dazu ein eigenes biographisches, *amüsant* zu lesendes Beispiel beigesteuert.

Soweit es die konkrete Fragestellung zuläßt, sollte es sich der Versuchsleiter zur Regel machen, jedes Experiment zunächst im Selbstversuch durchzuführen. Die Erfahrungen, die der Versuchsleiter in der Rolle des Versuchsteilnehmers sammeln kann, sind von *unschätzbarem* Wert für die spätere Formulierung der Instruktion, für das Vorgehen bei der Exploration, bis hin zum besseren Verständnis der erhobenen Befunde (vgl. Introspektion der „Würzburger Schule“, Bd. 1, Kap. 3.1, S. 28 f). – In *Tabelle 17.3* sind einige im Stadium der Versuchsdurchführung häufig vorkommende Mängel aufgeführt.

Tabelle 17.3: Typische Mängel bei der *Versuchsdurchführung* (4)

1. Es wird die jeweils besondere Versuchsleiter-Versuchsteilnehmer-Dynamik (psychodynamische Interaktion) bei der Untersuchung von verschiedenen Bezugsgruppen nicht gebührend in Rechnung gestellt (z. B unpersönlicher, ungenau gestalteter Versuchsablauf).
2. Die Instruktionsgebung sowie die gesamte Versuchsdurchführung sind nicht zuvor an Probanden wiederholt erprobt worden.
3. Der Versuchsleiter hat das eigene Experiment nicht im Selbstversuch kennengelernt.
4. Der Versuchsleiter ist mit den verschiedenen reaktiven Meßeffekten, die sein Experiment betreffen können, nicht vertraut.
5. Es erfolgt keine sorgfältige Exploration im Anschluß an das Experiment.

17.3 Reaktive Meßeffekte und ihre Kontrolle

Die oben dargestellten Instanzen können – jede für sich genommen – einen Effekt auf die Meßwerte der abhängigen Variablen haben und diese in unliebsamer Weise verzerren. Es wird in diesem Zusammenhang von der „Reaktivität“ der psychologischen Messung gesprochen (Bungard & Lück, 1974).

Zum *Beispiel* „reagiert“ ein Versuchsteilnehmer auf die Person des Versuchsleiters und auf dessen Verhalten unter Umständen derart extrem positiv oder negativ, daß es auf diese Weise zu Datenverzerrungen kommt. Oder der – z. B. schlecht ausgebildete bzw. indisponierte – Versuchsleiter „reagiert“ seinerseits inadäquat auf das Verhalten sowie auf die Persönlichkeit seines Versuchsteilnehmers. Oder er handelt in gewissem Maße nicht vorurteilsfrei („unvoreingenommen“) im Hinblick auf seine *Erwartungen* von bestimmten Versuchsergebnissen.

Reaktive Meßeffekte als Versuchsartefakte

Unter einem reaktiven Meßeffekt versteht man demnach eine artifizielle Verzerrung der quantitativen und qualitativen Untersuchungsergebnisse aufgrund von besonderen, psychologisch inadäquaten *Versuchsleiter-, Versuchsteilnehmer-* sowie *Versuchssituations*-Einflüssen.

Die Verantwortung für die Kontrolle aller drei Klassen von möglichen reaktiven Meßeffekten liegt naturgemäß beim Untersucher selbst. Das Auftreten von solchen *Artefakten* ist ein wichtiger Hinweis für die der Sache nach enge Verknüpfung zwischen „Experimentalpsychologie“ einerseits und „Versuchsplanungsmethodologie“ andererseits (Campbell, 1957; Campbell & Stanley, 1966). Es sind also drei Klassen von reaktiven Meßeffekten voneinander zu unterscheiden:

- *Versuchsleitereffekte*
- *Versuchsteilnehmereffekte*
- *Versuchssituationseffekte.*

Versuchsleitereffekte. – Der Begriff *Versuchsleitereffekt* ist ein Sammelbegriff für verschiedene durch den *Vl* verursachte reaktive Meßeffekte. Eine theoretisch befriedigende Subklassifikation dieser Effekte steht noch aus.

Stellt man zum Beispiel einen oder mehrere Versuchsleiter den Versuchsteilnehmern in jeweils verschiedener Weise vor (Variation des Sozialstatus, der Klassenzugehörigkeit bzw. des Sozialprestige) oder läßt man den Versuchsleiter bestimmte sozial erwünschte bzw. nicht-erwünschte Rollen „spielen“, dann lassen sich reaktive Meßeffekte im Experiment nachweisen, welche auf die variierten Merkmale des Versuchsleiters zurückzuführen sind. Dies gilt unbeschadet der Tatsache, daß die durch das Experiment eigentlich zu untersuchenden Sachverhalte mit der „Rolle“ des Versuchsleiters objektiv nichts zu tun haben.

Zu der Frage, welchen Einfluß die Position des Versuchsleiters in einer anerkannten sozialen Hierarchie auf das Verhalten von Versuchsteilnehmern haben kann, führten Ekman u. Friesen (1960) ein *lernpsychologisches* Experiment – wie folgt – durch:

Versuchsleiter in ihrem Experiment waren zwei Soldaten, die den Versuchsteilnehmern – jungen Rekruten – in unterschiedlicher Weise vorgestellt wurden. Einer Gruppe gegenüber wurden die Versuchsleiter als „Offiziere“, einer anderen Gruppe als einfache „Soldaten“ vorgestellt. Den Versuchsplan verdeutlicht Tabelle 17.4.

Tabelle 17.4: Zweifaktorieller Zufallsgruppenversuchsplan des Experiments von Ekman & Friesen (1960) zur Untersuchung der Abhängigkeit der Ergebnisse eines Lernversuchs von verstärkter *„Sympathie“* versus *„Antipathie“* (Faktor *B*) sowie von der sozialen Stellung (*„Rang“*) des Versuchsleiters (Faktor *A*). – Design RR – p × q.

Design 1.3 Zweifaktorieller Zufallsgruppenplan mit Faktor A (p = 2) und Faktor B (q = 2): *Design RR – 2 × 2.*

R

Faktor A „Rang“	*Faktor B* „Verstärkung“ B_1 („Sympathieantworten“)	B_2 („Antipathieantworten“)
A_1 („Offizier“)	$\overline{Y}_{11}$ Gruppe 1	$\overline{Y}_{12}$ Gruppe 2
A_2 („Mannschaftsgrad“)	$\overline{Y}_{21}$ Gruppe 3	$\overline{Y}_{22}$ Gruppe 4

R

AV: Anzahl der Sympathieantworten ($\overline{Y}$)

Aufgabe der Versuchsteilnehmer war es, auf Photographien porträtierte Personen im Hinblick auf *Sympathie* und *Antipathie* zu beurteilen. Die Versuchsleiter verstärkten bei einem Teil der Versuchsteilnehmer die Sympathieantworten, bei einem anderen Teil die Antipathieantworten, indem sie die jeweilige Antwort mit der Bemerkung „gut" kommentierten. Es zeigte sich, daß unter dem „Offizier" (als Versuchsleiter) mehr *Antipathieantworten,* hingegen unter dem „einfachen Soldaten" (als Versuchsleiter) mehr *Sympathieantworten* gegeben wurden. Neben dem Verhalten des Versuchsleiters spielt demnach die *Bewertung* seiner Person durch den Versuchsteilnehmer eine sehr gewichtige Rolle. Die Befunde sind wichtig insofern, als sie zeigen, wie wesentlich die *Neutralität* des Versuchsleiters bei der Erhebung artefaktfreier Versuchsdaten ist.

Neben Effekten, die sich aus der Reaktion der Versuchsteilnehmer auf bestimmte beständige Merkmale des Versuchsleiters, wie zum Beispiel Geschlecht, sozialer Status, Religion usw. ergeben, werden in der Literatur auch *Versuchsleiter-Erwartungseffekte* diskutiert.

In zahlreichen Untersuchungen haben u. a. Rosenthal u. Rosnow (1969) bestätigt gefunden, daß besondere Erwartungen des Versuchsleiters im Hinblick auf die Versuchsergebnisse eben diese entsprechend verändern. Beispielsweise ging es Rosenthal u. Fode (1963) in ihrer Grundlagenstudie darum nachzuweisen, daß die *Erwartung* eines Versuchsleiters bezüglich des Verhaltens von Versuchsteilnehmern – ohne daß er dies selbst beabsichtigt – einen Einfluß auf das tatsächliche Verhalten der Versuchsteilnehmer haben kann (*„Versuchsleiter"*- oder *„Pygmalion"*-Effekt, auch *„Rosenthal-Effekt"* genannt). Diese Untersucher ließen 10 verschiedene Probanden in einem ausdruckspsychologischen Experiment die Rolle des „Versuchsleiters" übernehmen. Die diesen „Versuchsleitern" zugewiesenen Probandengruppen hatten die Aufgabe, verschiedene Personen aufgrund deren Photographie nach dem vermuteten beruflichen „Erfolg" oder „Mißerfolg" zu beurteilen. Den „Versuchsleitern" wurde gesagt, ihre Tätigkeit sei im Rahmen eines *Forschungsprogramms* erforderlich, dessen Anliegen die Entwicklung eines *Tests* für „Einfühlungsvermögen" („Empathie") sei. Ein zweites Anliegen der Untersuchung sei die Überprüfung der in der Fachliteratur bereits als „gesichert" aufgeführten Ergebnisse.

Bis zu diesem Punkt erhielten alle 10 „Versuchsleiter" die gleiche Instruktion. Fünf von ihnen erhielten jedoch dann die Information, daß nach der einschlägigen Fachliteratur der durchschnittliche Schätzwert der Probanden „*+ 5*" betragen müsse; die übrigen 5 Probanden erhielten demgegenüber den Hinweis, daß die Fachliteratur einen durchschnittlichen Schätzwert von „*– 5*" erwarten lasse. – Den Versuchsplan dieses Experiments gibt Tabelle 17.5 wieder.

Die Ergebnisse der beiden *Versuchsleiter*-Gruppen unterschieden sich beträchtlich voneinander. Die Probanden der einen Gruppe gaben ein durchschnittliches Urteil von *+ 4* ab, die der anderen von *– 0,8* (Abb. 17.7). Die beiden Autoren sahen ihren Befund als einen höchst bedeutsamen Beleg für die Gefahr der *Ergebnisverzerrung* aufgrund von Versuchsleitererwartungen an.

Der Harvard-Psychologe R. Rosenthal hat auch in seinen Experimenten zu zeigen versucht, daß dieser *Vl*-Erwartungseffekt nicht allein auf sozialpsychologische Fragestellungen beschränkt ist. Beispielsweise wurde an Lernexperimenten mit Tieren demonstriert, daß auch hier – je nach *Vl*-Erwartung – verschiedene reaktive Messungen

Tabelle 17.5: Unifaktorielles Zweigruppendesign mit Zufallsgruppenbildung des Experiments von Rosenthal u. Fode (1963) zur Überprüfung des *Versuchsleitererwartungs*-Effekts („Rosenthal-Effekt") auf die Ergebnisse eines Personwahrnehmungsversuchs. – Design R – 2.

Design 1.0	Zweigruppenplan: Zufallsgruppenplan ohne Vorher-Messung: *Desing R – 2.*

	Versuchsgruppe	Vorher-Messung	*Treatment* X „Erwartung des Vl"	Nachher-Messung
R	*1*	–	X_1 („+ 5")	$\overline{Y}_1$
	2	–	X_2 („– 5")	$\overline{Y}_2$

AV: Urteil der Versuchsteilnehmer ($\overline{Y}$)

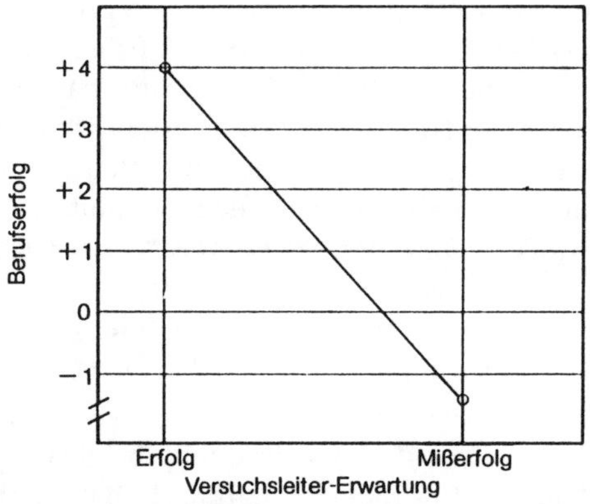

Abbildung 17.7: Ergebnisse einer Untersuchung zur Relevanz des *Versuchsleitererwartungs*-Effekts (reaktiver Meßeffekt) von Rosenthal u. Fode (1963).

resultieren können (Rosenthal & Fode, 1963). Ferner wurde in schulpsychologischen Untersuchungen gezeigt, daß die „Intelligenzmessungen" bei Schülern verschiedener Altersklassen von den experimentell manipulierten Erwartungshaltungen der Lehrer abhängen (Rosenthal & Jacobsen, 1968; vgl. ○ Illu 12.1, S. 42 ff).

Die grundsätzliche Bedeutung solcher Untersuchungen wird leicht einsichtig, wenn man bedenkt, daß in der Regel ein jeder Wissenschaftler bestimmte Einstellungen („Erwartungen") bereits vor Beginn seiner geplanten Untersuchungen hat. Zur Vermeidung von Mißverständnissen sollte an dieser Stelle hinzugefügt werden, daß dieser sog. *Rosenthal-Effekt* nichts mit einer *absichtlichen* Manipulation der Versuchsbedingungen – oder der Versuchsergebnisse – durch den Versuchsleiter zu tun hat. Vielmehr handelt es sich bei diesem Effekt um eine *unabsichtlich* in das Experiment eingeführte Störquelle, die auf eine unmerkliche („verdeckte") *Vp-Vl*-Kommunikation zurückgeführt wird (Rosenthal, 1967). Der experimentelle Nachweis solcher Effekte gelingt allerdings nicht immer einwandfrei, worauf des öfteren in kritischen Stellungnahmen zu Rosenthals Arbeiten hingewiesen wurde (Barber et al., 1969; Elashoff & Snow, 1972).

Zusammenfassend lassen sich folgende *Merkmale eines Versuchsleiters* und seines Verhaltens festhalten, durch die reaktive Meßeffekte bewirkt werden können:

- Geschlecht (auch Hautfarbe, Glaubensbekenntnis)
- Soziale Klassenzugehörigkeit, Prestige
- Freundlichkeit, Wärme, Aggressivität, Kühle
- Anerkennungsbedürfnis, Dominanz
- Erwartungshaltung („Rosenthal-Effekt").

Insbesondere die *sozial-* und *motivationspsychologischen* Experimente können solchen reaktiven Meßeffekten unterliegen. Darüber hinaus sind solche Erwartungen auch in anderen Bereichen der Psychologie zumindest hypothetisch in Rechnung zu stellen. Die einschlägigen Untersuchungen, welche den Nachweis der *Versuchsleiter*-Effekte zum Gegenstand haben, gehen allerdings in der Regel von extremtypischen Variationsbedingungen bei den oben aufgelisteten Einflußgrößen („Störquelle") aus, so daß die Übertragbarkeit der Befunde auf andere experimentelle Situationen (externe Validität) eingeschränkt ist.

Versuchsteilnehmereffekte. – Für das psychologische Experiment sind auch diejenigen Störquellen zu berücksichtigen, welche unter dem Namen *Versuchteilnehmereffekte* erfaßt werden. Diese Art von reaktiven Meßeffekten beinhaltet entweder einen unmittelbaren Einfluß von Eigenheiten der Versuchsteilnehmer auf die experimentellen Daten, oder aber sie leiten sich indirekt aus den Fehlreaktionen des Versuchsleiters ab, der sich durch bestimmte Versuchsteilnehmer-Merkmale in der Bewertung ihrer Leistungen beeinflussen läßt, wie in dem nachfolgend skizzierten *„Sympathie"-Experiment* nachgewiesen:

Zum Nachweis seiner Hypothese, daß der „Sympathie", die ein Versuchsleiter seinen Versuchtsteilnehmern gegenüber empfindet, ein bedeutsamer Einfluß zukommen kann, führte Masling (1959) eine raffiniert einfache Untersuchung durch:

Maslin ließ acht verschiedene männliche Personen als „Versuchsleiter" ein Experiment durchführen, in dem die Versuchsteilnehmer einen sog. *Satzergänzungstest* durchzuführen hatten. Als Versuchsteilnehmer „organisierte" er selbst einige anerkanntermaßen *hübsche* Mädchen, die er jeweils unterschiedlich instruierte: Der eine Teil der Mädchen sollte besonders „freundlich", dagegen der andere Teil sehr „kühl und zurückhaltend" sein (Tab. 17.6).

Die *Protokolle*, welche die „Versuchsleiter" über das Leistungsverhalten ihrer vermeintlichen *Probanden* anzufertigen hatten, unterschieden sich – ganz im Sinne des zu erwartenden Effekts – sehr deutlich voneinander: Die für die „freundlichen" Versuchsteilnehmerinnen ermittelten *Resultate* fielen wesentlich besser aus als diejenigen für die „kühl und zurückhaltenden" Probanden (Abb. 17.8). Dieser Befund wird keineswegs etwa dadurch entwertet, daß dieses Experiment letztlich nur etwas bestätigt, was man

Tabelle 17.6: Zweigruppenversuchsplan mit Zufallsgruppenbildung von Masling (1959) zur Untersuchung der *Versuchsleiter*-Haltung bei der Leistungsbeurteilung von „freundlichen" (X_1) gegenüber „kühlen" (X_2) Versuchsteilnehmerinnen. – Design R – 2.

Design 1.0 Zufallsgruppenversuchsplan mit zwei Gruppen ohne Vorher-Messung (p = 2): *Design R – 2.*

	Versuchsgruppe	Vorher-Messung	Treatment X „Versuchsteilnehmer-Haltung"	Nachher-Messung
R	*1*	–	X_1 („freundlich")	$\overline{Y}_1$
	2	–	X_2 („kühl")	$\overline{Y}_2$

AV: Leistungsbeurteilung der Versuchsteilnehmer durch den „Vl" ($\overline{Y}$)

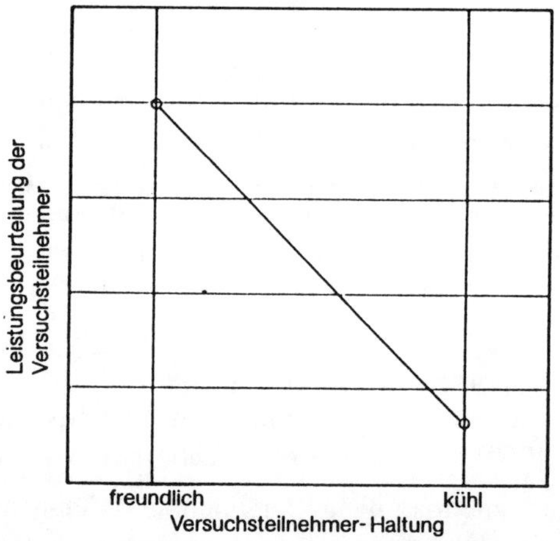

Abbildung 17.8: Ergebnisse einer Untersuchung zur Bedeutsamkeit der *Versuchsteilnehmer*-Haltung (reaktiver Meßeffekt) von Masling (1959).

schon vom Alltag her weiß. Denn zum einen ist das vermeintliche Alltagswissen nicht immer *richtig*; und zum anderen kann ein solcher Untersuchungsansatz sehr viel *genauere* Auskünfte über das Ausmaß solcher datenverzerrender Effekte geben, als dies ohne die Durchführung einer solchen Untersuchung möglich wäre.

Es ist auch von besonderer Bedeutung zu wissen, daß der im Alltag häufig anzutreffende sog. *Halo*-Effekt selbst im psychologisch-wissenschaftlichen Versuch eine Rolle spielen kann (s. ◇ Demo 15.1, S. 194). Es versteht sich daher von selbst, daß ein jeder Untersucher sich eines solchen möglichen Verzerrrungseffekts bewußt sein muß.

Versuchssituationseffekte. – Unter *Versuchssituationseffekten* werden alle diejenigen Einflüsse auf die Meßdaten verstanden, die sich aus den spezifischen Merkmalen des sozialen Umfeldes („Situation") einer Untersuchung ergeben. Solche Effekte können sich aus den Attributen des Umfeldes ergeben, an denen sich der Versuchsteilnehmer orientiert und über die er die Situation, in der er sich im Experiment befindet, *bewertet.* Diese Merkmale reichen von der Gestaltung des *Versuchsraumes* (Goodwin, 1971) über die Art und Weise der *Versuchsabläufe* bis hin zu *Instrumenteneinflüssen* im Versuch.

Zur Vermeidung dieser unerwünschten Effekte ist darauf zu achten, daß die Versuchsteilnehmer die Situation aufgrund deren äußere Merkmale in möglichst neutraler, dem Versuchsziel angemessener Weise erfahren und daß die Situationseinschätzungen intersubjektiv weitgehend konstant sind.

Kontrolle von reaktiven Meßeffekten

Die große Anzahl derjenigen Untersuchungen, durch die „reaktive Meßeffekte" im psychologischen Experiment nachgewiesen werden konnten, ist nicht ohne Einfluß auf die *praktische* Durchführung von Experimenten geblieben:

Es wurden in der Regel methodologisch bessere Experimente gerade in solchen Untersuchungsbereichen durchgeführt, in denen reaktive Meßeffekte besonders eindrucksvoll nachgewiesen werden konnten. – Allerdings: In verschiedenen Arbeiten wurde gezeigt, daß insbesondere die *Vl*-Erwartungseffekte (Rosenthal-Effekte) keineswegs so häufig und massiv auftreten, wie dies von Rosenthal – zum Teil wohl auch unkritisch – behauptet worden ist (Barber et al., 1969; Elashoff & Snow, 1972).

Vor allem im sozialwissenschaftlichen Bereich haben die sog. Rosenthal-Effekte zeitweise zu einem methodologischen Wissenschafts-*Skeptizismus* geführt. Einige Wissenschaftler stellten sich ernsthaft die Frage, ob das „Experiment" überhaupt noch eine sinnvolle Methode der Erkenntnisgewinnung darstelle, wenn in der experimentellen Situation so zahlreiche Artefakte das zu untersuchende Verhalten beeinflussen können.

Der zuletzt genannte Zweifel basiert wohl auf einer grundlegenden Verkennung der tatsächlichen methodologischen Problemsituation. Mittels eines solchen Wissenschaftsskeptizismus gerät man nämlich leicht in einen *logischen Zirkel,* wenn man etwa auf „experimentellem" Wege die prinzipielle Ungültigkeit des psychologischen Experiments nachweisen will (s. Bredenkamp, 1980). So ist denn auch in einer kritischen Stellungnahme zu den Rosenthal-Experimenten die Frage einmal zugespitzt formuliert worden, ob und inwieweit der *Vl*-Effekt seinerseits – falls überhaupt existent – ein „Rosenthal-Effekt" sei (Barber & Silver, 1968).

Tatsächlich ist jeder einzelne Untersuchungsfall für sich gesondert im Hinblick auf etwaige „reaktive Meßeffekte" genau zu überprüfen. Insofern stellt der zuerst genannte Forschungsweg den sachlich fruchtbarsten Zugang zu einer geeigneten Kontrolle von methodisch bedingten Artefakten dar. Allerdings gibt es keine „Patentrezepte" zur

Behebung bzw. Vermeidung von reaktiven Meßeffekten. Aber es lassen sich beispielsweise einige wichtige *Vl*- und *Vp*-Effekte durch die beiden folgenden Methoden wenigstens ansatzweise kontrollieren:

Doppelblindversuch: Weder der *Vl* noch die *„Vp“* erhalten in der konkreten experimentellen Situation Information darüber, unter welchen Versuchsbedingungen und Versuchserwartungen bestimmte Aufgaben eines Experiments zu bearbeiten sind. Besonders in *psychopharmakologischen* Untersuchungen wird diese Methode häufig benutzt.

Einsatz mehrerer Versuchsleiter: Anstelle von nur einem einzigen Versuchsleiter werden verschiedene Personen als Vl eingesetzt, um auf diese Weise einen Datenvergleich anzustrengen. Diese Methode kann u. U. mit besonderen Versuchsplanungsstrategien kombiniert angewendet werden (Rosenthal, 1966).

Generell wird man davon ausgehen können, daß Versuchsleiter- und Versuchsteilnehmereffekte insbesondere dann wirksam werden, wenn andere situative Faktoren, die einen Einfluß auf das Probandenverhalten haben können, in ihrer Wirkung schwach sind und wenn die Versuchssituation für die Versuchsteilnehmer besonders *unstrukturiert* ist, wie dies in denjenigen Untersuchungen der Fall ist, welche die Existenz von *Vl*- und *Vp*-Effekten haben nachweisen können.

◇ Demo 17.1
Bau des Wertheimerschen Schiebers

Keineswegs bei allen experimentalpsychologischen Untersuchungen werden (komplizierte) Apparaturen benötigt. Zwar gibt es Zweige psychologischer Forschung, die besonders stark auf technische Methoden angewiesen sind; aber daneben gibt es auch Teilbereiche, die vielfach *ohne* Apparate auskommen:

Experimentelle *Psychophysiologie* benötigt in jedem Falle apparative Methoden, hingegen lassen sich z. B. experimentelle *Denkpsychologie* oder aber experimentelle *Sozialpsychologie* usw. vielfach auch ohne Geräte betreiben; d. h. solche Teilgebiete der Psychologie kommen u. U. mit den sog. *Papier- und Bleistift-Verfahren* (*„paper-pencil tests“*) aus.

Ein Beispiel für eine besonders einfache apparative Anordnung in der Allgemeinen Psychologie ist der sog. *Wertheimersche* Schieber, mit dem Max Wertheimer (1880–1943) seine für die Entwicklung der Gestaltpsychologie wesentlichen Untersuchungen über Scheinbewegungen durchführte. Das Wesen der sogenannten *Scheinbewegungen* besteht darin, daß objektiv nicht-existente Bewegungen subjektiv dieselbe Realitätsstärke haben wie objektive Bewegungen. Diese Frage nach dem subjektiven Realitätsgehalt von *„Schein“* und *„Sein“* in der Bewegungswahrnehmung kann mit Hilfe des Baues einer einfachen Apparatur untersucht werden. – Dieses Untersuchungsgerät (Abb. 17.9), das Sie nachbauen können, besteht im wesentlichen aus einer *Frontseite* (A), die an bestimmten Stellen (*1, 2* und *3*) *Öff-*

nungen enthält; der „Schieber" (B), der ebenfalls genau lokalisierte Öffnungen aufweist (*1* und *4*), wird hinter der Frontseite rasch von links nach rechts gezogen. Dabei tritt auf der oberen Hälfte der *Frontseite* eine „Realbewegung", auf der unteren Hälfte eine „Scheinbewegung" der betreffenden Öffnung (*schwarzes* Rechteck) auf. Beide Bewegungsformen werden vom Betrachter als *gleich* real erlebt, obschon aus sachlichen Gründen nur die *obere* Bewegung eine *Realbewegung* darstellt.

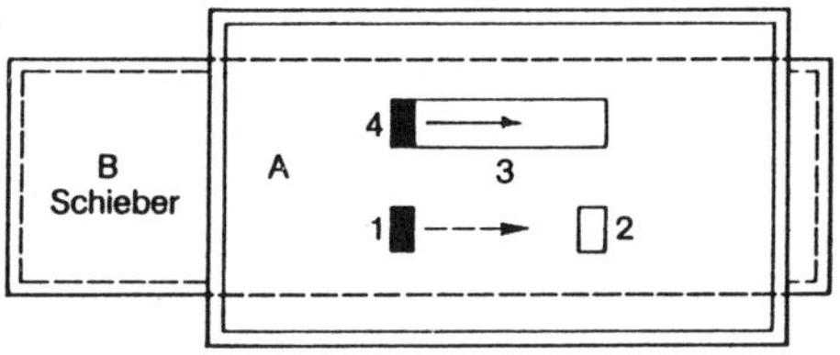

Abbildung 17.9: Konstruktionsschema des *Wertheimerschen Schiebers* zur Demonstration von *Schein-* versus *Realbewegung.*

Zum Nachbau des Wertheimerschen Schiebers (Materialvorlagen befinden sich im *Anh.* D.2.2, S. 370) sind folgende *Konstruktionshinweise* zu beachten:

- Schneiden Sie die beiden Einzelteile (Vorlagen *A* und *B*) des Wertheimerschen Schiebers entlang den Außenkanten aus und kleben Sie diese auf Pappe (etwa doppelte Heftumschlagstärke).
- Schneiden Sie dann die Öffnungen entlang den Innenkanten aus.
- Falzen Sie die entsprechenden Kantseiten entlang den *gestrichelten* Linien.
- Der Schieber wird nun – gemäß der in *Abbildung 17.9* wiedergegebenen Modellskizze – hinter das Vorderteil gesetzt und in die Ausgangsstellung gebracht. Auf diese Weise müssen untereinander auf der *linken* Seite zwei Rechtecksöffnungen zu sehen sein.

Untersuchungsschritte

Für die Demonstration von *Real-* und *Scheinbewegung* sind die folgenden Punkte zu beachten:

- Sobald Sie den Schieber (den Sie mit der linken Hand bewegen) von dessen *Ausgangsstellung* unterhalb der Frontseite (die Sie mit der rechten Hand anfassen) nach *rechts* in die Endstellung gleiten lassen, und zwar bis zu dessen linken gefalzten Endstück (Anschlag), sollten nunmehr auf der rechten Seite oben und unten die beiden Öffnungen untereinander erscheinen.
- Üben Sie dann so lange das möglichst rasche Hin- und Hergleiten des Schiebers (Ausgangs- und Endstellung), bis die Endstellung jeweils exakt und mühelos erreicht wird. (Dabei sollten Sie die Bewegung möglichst locker durchführen und darauf achten, daß der Schieber nicht knickt.)
- Halten Sie den Schieber in der Weise, daß die Öffnungen deutlich zu sehen sind. (Blinzeln Sie dabei mit fast verschlossenen Augen, so daß Sie die Schnittkanten der Öffnungen nicht mehr sehen und dadurch der Eindruck entsteht, daß die Öffnungen aus einer *einzigen* Fläche ausgeschnitten worden seien.)
- Achten Sie bei der Benutzung des Schiebers besonders auf die Bewegung der *oberen* Öffnung („Realbewegung") und dann auf diejenige der unteren Öffnung („Scheinbewegung"). Wechseln Sie mehrfach diese *Einstellungshaltung,* bevor Sie dann versuchen, beide Bewegungsarten simultan zu erfassen und miteinander zu vergleichen.

Das vielleicht Bemerkenswerteste an dieser „apparativen" Demonstration ist der Umstand, daß auf eine verhältnismäßig so einfache Weise ein grundlegender Sachverhalt der zu Beginn dieses Jahrhunderts entwikkelten Gestalttheorie nachvollzogen werden kann (Wertheimer, 1912; s. auch Sarris, 1987 a, b, 1989).

Literatur

Sarris, V.: Max Wertheimer in Frankfurt – über Beginn und Aufbaukrise der Gestaltpsychologie. I. Ausgangsstudien über das Sehen von Bewegung (1910–1912). Zeitschrift für Psychologie, 1987, *195,* 283–310 (a).

Sarris, V.: Max Wertheimer in Frankfurt – über Beginn und Aufbaukrise der Gestaltpsychologie. II. Strukturgesetze der Bewegungs- und Raumwahrnehmung (1911–1914). Zeitschrift für Psychologie, 1987, *195*, 403–431 (b).

Sarris, V.: Max Wertheimer on seen motion: Theory and evidence. Psychological Research, 1989, *51*, 58–68.

Wertheimer, M.: Experimentelle Studien über das Sehen von Bewegungen. Zeitschrift für Psychologie, 1912, *61,* 161–265.

Einzelversuch

Zusammenfassung

Für die Konzeption und Realisation eines jeden Versuchsaufbaus ist u. a. ein *Zeitplan* von praktischer Bedeutung.

Beim *Versuchsaufbau* (*Stadium 3*) bedürfen die Rekrutierung von Versuchsteilnehmern, die Instrumentierung des Experiments sowie die Formulierung der Probandeninstruktion eingehender Überlegung und konkreter Planung. Dazu ist die Kenntnis der wichtigsten herkömmlichen Apparate der psychologischen Forschungspraxis (a) zur Kontrolle und Steuerung sowie (b) zur Registrierung bzw. Messung der Probandenreaktionen von Nutzen. (Am Kapitelende wird ein Beispiel eines einfachen *Apparatebaus* demonstriert.) Ferner ist die praktische Beherrschung der verschiedenen Instruktionstypen unerläßlich, will man eine valide Untersuchung gewährleisten.

Bei der *Versuchsdurchführung* (*Stadium 4*) ist die Berücksichtigung der jeweils verschiedenen Psychodynamik der *Versuchsleiter-Versuchsteilnehmer*-Kommunikation im Rahmen einer bestimmten Versuchssituation von ausschlaggebender Bedeutung. Auf Merkmale des Versuchsleiterverhaltens und auf die mögliche Gefahr von entsprechenden reaktiven Datenverzerrungen wird anhand von verschiedenen Beispielen hingewiesen und dabei gezeigt, wie sich reaktive Meßeffekte, hervorgerufen durch unangemessenes Versuchsleiter- oder auch Probandenverhalten, durch entsprechende Methoden beheben bzw. geeignet kontrollieren lassen.

Kapitel 18

Statistische Datenanalyse und Dateninterpretation

Mit dem *Stadium* (*5*) der *Datenauswertung* erreicht der Untersucher – nach Abschluß des Stadiums (*4*) der Versuchsdurchführung (s. Kap. 17) – den Bereich der *Statistik*. Wie an anderer Stelle betont, sind die für die Datenanalyse angezeigten Auswertungsverfahren schon während des frühen Stadiums (*2*) des *Designing* einzuplanen (s. Kap. 16.1). Darauf wird hier besonders hingewiesen, weil das dem Lehrbuch zugrundeliegende spiralenförmige Modell des Durchlaufens aller typischen Stationen einer Untersuchung eine Vereinfachung der tatsächlich von Anfang an gegebenen wechselseitigen Verklammerung gerade von *Statistik* (*5*) und *Designing* (*2*) bedeutet. Wenn man sich dieser Vereinfachung in der Darstellung bewußt bleibt, dürfte aber das Verständnis der Hauptzusammenhänge nicht leiden.

Das vorliegende Kapitel dient der Aneignung des methodologisch wichtigsten Rüstzeugs, das der Durchführung von statistischen Datenanalysen zugrundeliegt. Da es vornehmlich aus der Sicht der *Versuchsplanung* abgefaßt ist, werden hier lediglich die Grundzüge der Statistik dargestellt, insoweit sie notwendig sind zur Herstellung der relevanten Querverbindungen zwischen dem Designing und der Statistik (Bortz, 1989; Moore & McCabe, 1989; Bortz et al., 1990).

Zunächst wird auf die allgemeinen Grundlagen der Statistik eingegangen, z. B. auf die begriffliche Klärung von Population und Stichprobe, Zufallsvariable und empirischer Variable zwecks Darstellung des Rationale der wichtigsten Kennwerte der *beschreibenden* Statistik (Kap. 18.1). Im Anschluß daran werden die Grundlagen der *inferentiellen* (schlußfolgernden) Statistik behandelt (Kap. 18.2). Für beide Teilthemen werden wiederum Untersuchungsbeispiele angeführt und auch Hinweise gegeben, die häufige Fehler bei der praktischen Benutzung von statistischen Verfahren *vermeiden* helfen. In dem letzten Teil dieses Kapitels wird der Leser mit der Forderung vertraut gemacht, daß eine gute experimentalpsychologische Untersuchung mit dem Abschluß der praktisch-statistischen Datenauswertung keinesfalls endet, sondern daß vielmehr die für die verschiedenen Stadien verwendeten Methoden nochmals kritisch unter die Lupe genommen werden, mit dem Ziel der Herleitung *neuer* wichtiger Fragen (Kap. 18.3).

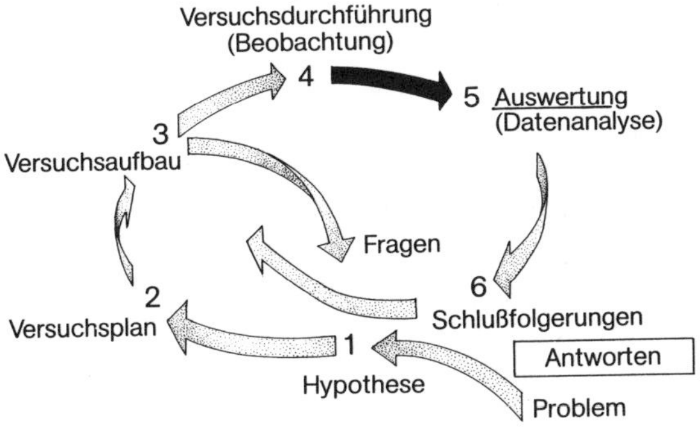

18.1 Statistische Grundlagen und deskriptive Statistik

In diesem Unterkapitel werden zunächst die elementaren Grundlagen der *Wahrscheinlichkeitstheorie* und deren Bedeutung für die praktische Anwendung von statistischen Verfahren behandelt.

Wichtig ist für den mit der Wahrscheinlichkeitstheorie nur wenig vertrauten Leser der Hinweis, daß es für das Verständnis sehr nützlich sein kann, sich mit den statistischen Grundlagen auch von der einfachen *praktischen* Seite her zu befassen. Daher wird in diesem Zusammenhang auf die ◇ Demo 12.1. zurückverwiesen (S. 48 ff). Wer nämlich praktisch nachvollziehen kann, was es bedeutet, z. B. *Stichproben* und *Populationen* voneinander streng zu unterscheiden, hat es erfahrungsgemäß leichter, einen elementaren Einstieg in die Statistik vorzunehmen. Ferner wird hier auch ein Überblick über die Verwendung der wichtigsten *Kennwerte* (Mittelwerte, Streuungen, Korrelationen) der deskriptiven Statistik gegeben.

Allgemeine statistische Grundlagen

Unter den statistischen Grundlagen verstehen wir die elementaren Prinzipien der Wahrscheinlichkeitsrechnung. Dazu gehören die Begriffe *Population* und *Stichprobe*, ferner *Zufallsvariable* und *Wahrscheinlichkeitsfunktion* sowie auch die Unterscheidung von (Populations-) *Parameter* und (Stichproben-) *Kennwert*. Auf diese grundlegenden Konzepte der Statistik wird im folgenden der Reihe nach eingegangen.

Population und Stichprobe. – Unter dem Begriff der *Population* versteht man in der mathematischen Statistik die *Gesamtheit aller (theoretisch) möglichen Beobachtungen bzw. Meßdaten unter bestimmten Bedingungen,* wobei die untersuchten Individuen (bzw. Objekte) als „Datenträger“ bezeichnet werden.

Beispiele für Populations- bzw. Datenträger: Alle Bürger des deutschen Sprachbereichs; *alle* Männer in der Bundesrepublik im Alter zwischen 18 und 40 Jahren; *alle* 19 bis 23 Jahre alten Studenten an deutschen Universitäten; *alle* Psychologie-Studenten im ersten Semester der Universität X. Die *a priori* definierte Gesamtheit der jeweiligen *Einzelmeßwerte* – also nicht die Grundgesamtheit der (möglichen) Personen – ist im statistischen Sinne die *„Population“*.

Die Entnahme einer begrenzten Anzahl von Beobachtungen aus einer Population nach dem Zufall nennt man eine *Zufallsstichprobe.* Dabei soll die strenge Zufälligkeit sicherstellen, daß keine systematische („verzerrte“) Auswahl der Beobachtungen vorliegt, die einen wahrscheinlichkeitstheoretisch sinnvollen Schluß von der „Stichprobe“ auf die „Population“ ausschließen würde; jedes Ereignis, das zu der Gesamtheit aller möglichen Ereignisse (Beobachtungen) der Population gehört, muß also die gleiche Grundwahrscheinlichkeit haben, ein Element der Stichprobe zu werden. Die Beobachtungen an der Stichprobe werden zu *statistischen Kennwerten* („Statistiken“) zusammengefaßt, die als eine Näherung, d. h. *Schätzung* der entsprechenden Parameter der Population aufgefaßt werden.

Mit der ◇ Demo 12.1 kann man die *Entstehung* einer „Normalverteilung“ von Daten einer Zufallsstichprobe von Münzwürfen kennenlernen. Die dazugehörige Population ist die *unendliche* Anzahl von Ereignissen („Zahl“ *oder* „Eichenblatt“) für jeden einzelnen Münzwurf.

Die statistische Population ist also ein *theoretisches Konstrukt*. Die Kenntnisnahme oder Messung aller theoretisch möglichen Beobachtungen ist bei sehr bzw. unendlich großen Populationen praktisch *nie* möglich. Stattdessen nimmt man eine begrenzte Anzahl von statistisch *repräsentativen* Beobachtungen vor und schließt von deren Kennwerten auf die „wahren" Werte, die Parameter der Population.

Zufallsvariable und empirische Variable. – Die Beobachtungen, welche die Population repräsentieren, sind quantifizierte Verhaltensmaße, die als Zufallsvariable *Y* bezeichnet werden. Im folgenden wird die *abhängige* Variable stets mit dem Buchstaben *„Y"* (bzw. *„y"*) bezeichnet. Dies ist deshalb zweckmäßig, weil auch in den *Versuchsplänen* die abhängige Variable (*AV*) immer mit *Y* symbolisiert wird. Zudem entspricht diese Terminologie dem allgemeinen *mathematischen* Ausdruck $Y = f(X)$, wobei *Y* als die von *X* funktional abhängige Größe verstanden wird.

Einer jeden *Zufallsvariablen Y* wird durch eine Messung ein Wert eines definierten Wertebereichs zugeordnet (vgl. hierzu den Abschnitt „Messung", Bd. 1, Kap. 7.2). Diese quantitativen Werte ergeben sich entweder unmittelbar aufgrund der Art der betrachteten Zufallsvariablen (z. B. *Zeit* in Sekunden bei der Messung von Reaktionszeiten), oder sie werden mittels *Konvention* vereinbart (z. B. eine *„1"* für die Zahl und eine *„0"* für das „Eichenblatt" im *Münzwurf*-Versuch). Demgegenüber werden die konkret erhobenen Meßwerte einer Stichprobe aus der Population als die *empirische Variable y* bezeichnet; diese stellen die empirische Realisation der Zufallsvariablen *„Y"* dar.

Wahrscheinlichkeitsfunktion und empirische Verteilung. – Eine Population wird durch die *Wahrscheinlichkeitsfunktion* beschrieben, d. h. durch die Wahrscheinlichkeit des Auftretens jedes einzelnen Wertes der Zufallsvariablen in der Population. Diese Wahrscheinlichkeit ist als ein quantitativer Wert zwischen *„0"* (der Wert tritt in der Population *nie* auf) und *„1"* (der Wert tritt in der Population *stets* auf) aufzufassen; die Summe aller einzelnen Wahrscheinlichkeiten für die Beobachtungen in der Population ist *1*.

Eine *Wahrscheinlichkeitsfunktion* ergibt sich aus den Wahrscheinlichkeitsangaben für jeden möglichen Wert einer Zufallsvariablen *Y*.

Einige typische empirische Verteilungen (Stichprobenverteilungen) veranschaulicht Abbildung 18.1. Darin gibt die Verteilung *A* das Ergebnis von 10 Zufallsstichproben mit je 50 Münzwürfen an: Die empirischen Wahrscheinlichkeiten weichen zum Teil erheblich von der zu erwartenden Verteilung der Zufallsvariablen ab; lediglich in den Stichproben *2* und *10* kommt es zu demjenigen Ergebnis, das die Wahrscheinlichkeitsfunktion der Zufallsvariablen Y (Münzwurf mit den beiden Realisationen y_0 = „Zahl" und y_1 = „Eichenblatt") vorhersagt. Die Verteilung der *Intelligenzmessungen* (B: richtige Lösungen bei N = 100 Beobachtungen) kommt der Wahrscheinlichkeitsfunktion recht nahe, während die empirische Verteilung der *Reaktionszeiten* (*C*) die typischen Abweichungen eines empirischen Befunds gegenüber der theoretischen Erwartung aufweist.

Populations-Parameter und Stichproben-Kennwerte. – In der Regel ist bei den psychologischen Untersuchungen über die oben dargestellten Wahrscheinlichkeitsverteilungen von Zufallsvariablen nicht soviel bekannt, als daß daraus stringente Hypothesen

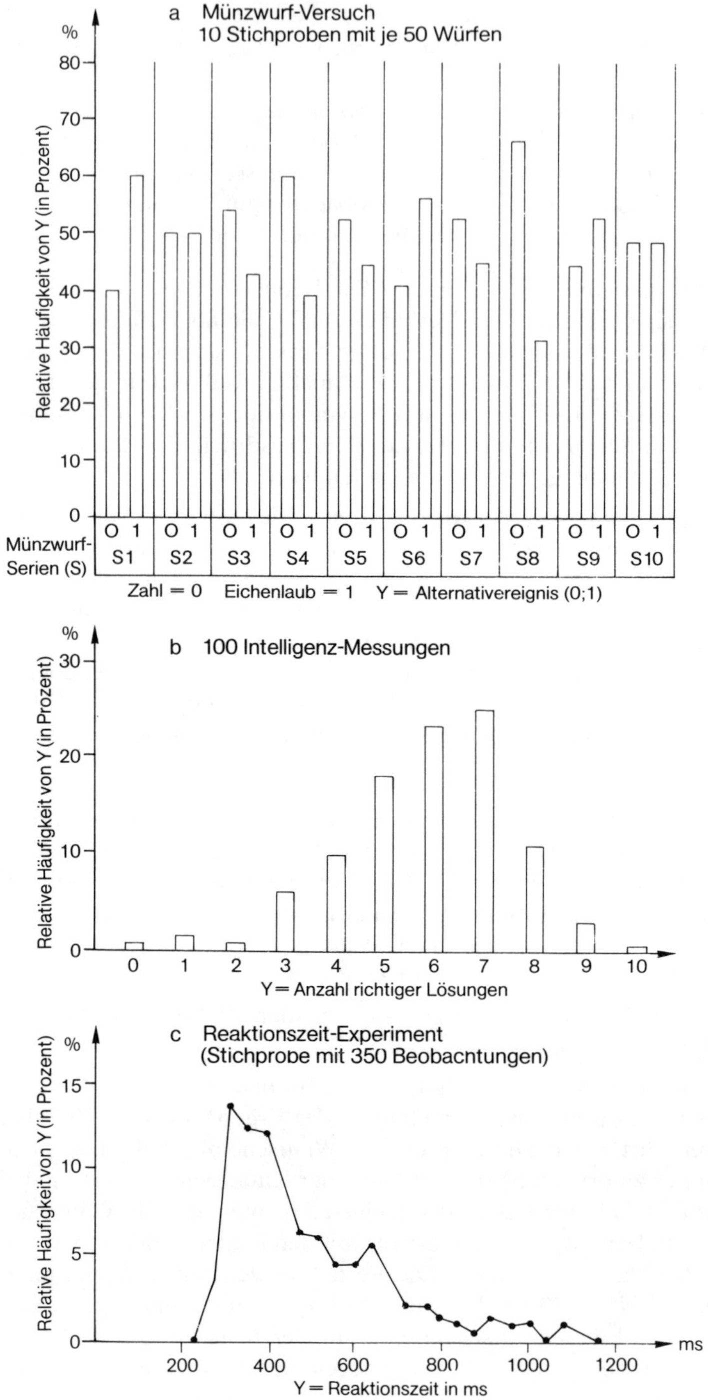

Abbildung 18.1: Typische Ergebnisse aus drei verschiedenen Untersuchungen, die statistische Häufigkeitsverteilungen ergeben haben. – A. *Münzwurf*-Versuch: 10 Stichproben (*S 1* bis *S 10*) mit je 50 Würfen (0-1-Daten). *B. Intelligenz*- (IQ-)Messungen an N = 100 Probanden. C. *Reaktionszeit*-Experiment mit N = 350 Probanden.

über die Verteilung empirischer Variablen abgeleitet werden könnten. Diese Tatsache ist aber insofern nicht schwerwiegend, als Verteilungen durch wenige Maßzahlen hinreichend charakterisiert werden können. Die wichtigsten Merkmale einer Wahrscheinlichkeitsfunktion werden nämlich durch zwei *Parameter* hinreichend repräsentiert: durch den *Mittelwert* μ, den sog. Lageparameter, und durch die *Varianz* σ^2 (Streuungsparameter). Diese beiden Parameter der Wahrscheinlichkeitsfunktion stehen in enger Beziehung zu den sog. Erwartungswerten *E* und *Var E*, welche die mathematisch-statistische Grundlage der Berechnung der Populationsparameter geben (Hays, 1973).

Parameter werden aufgrund der Wahrscheinlichkeitsfunktion einer Zufallsvariablen berechnet. Dabei ist der *Mittelwert* μ ein Maß der zentralen Tendenz der Wahrscheinlichkeitsfunktion, den man sich als den Punkt auf der Abzisse vorstellen kann, an dem die Verteilung im *Gleichgewicht* ist. Der Lageparameter μ ergibt sich aus der Summe der jeweils mit ihrer Wahrscheinlichkeit multiplizierten möglichen Werte der Zufallsvariablen.

Die *Populationsvarianz* σ^2 ist ein Maß der Streuung oder Variabilität der Werte der Zufallsvariablen in der Wahrscheinlichkeitsfunktion; sie reflektiert also deren Breite. Sie wird aus dem Quadrat der durchschnittlichen Abweichungen der Werte der Zufallsvariablen vom Mittelwert μ berechnet. Abbildung 18.2 veranschaulicht mit Hilfe

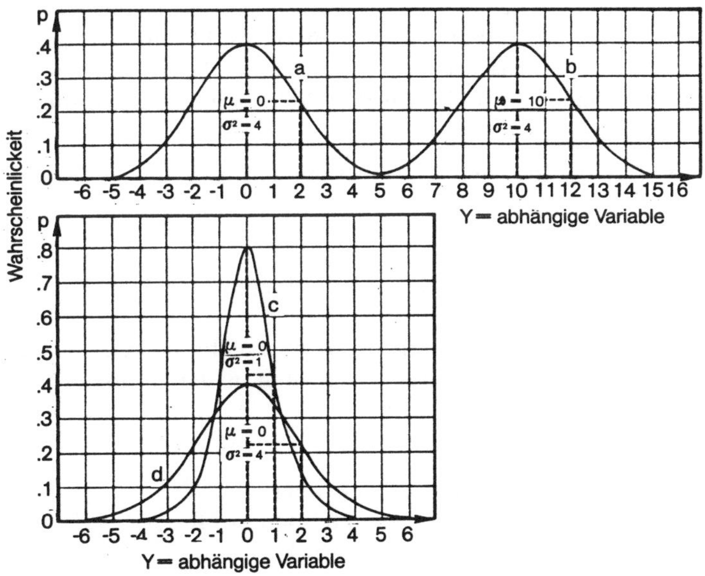

Abbildung 18.2: Verschiedene theoretische Häufigkeitsverteilungen, d. h. *Wahrscheinlichkeitsverteilungen,* bei denen die beiden Parameter – der *Mittelwert* μ („Lageparameter“) und die *Varianz* σ^2 („Streuungsparameter“) – mit Hilfe von vier typischen Verteilungen, die alle der *Normalverteilung* folgen, veranschaulicht sind. – *a* und *b:* unterschiedliche Mittelwerte bei gleicher Varianz; *c* und *d:* unterschiedliche Varianzen bei gleichem Mittelwert.

von vier Verteilungen – die alle der *Normalverteilung* folgen – die Unterschiede zwischen zwei Verteilungen mit unterschiedlichen Mittelwerten *(a, b)* bei gleicher Varianz sowie zwischen zwei Verteilungen mit gleichem Mittelwert und unterschiedlichen Varianzen (c,d). Die *Populationsparameter* werden durch *Stichprobenkennwerte* geschätzt. Dem *Parameter* μ steht dabei das *arithmetische Mittel* $\overline{Y}$ gegenüber, der *Populationsvarianz* σ^2 die *Stichprobenvarianz* s^2.

Deskriptive Statistik

In diesem Abschnitt werden die Kennwerte der zentralen Tendenz und der Dispersion für Stichproben sowie die Kennwerte bivariater Verteilungen dargestellt.

Kennwerte der zentralen Tendenz

Die zentrale Tendenz einer empirischen Verteilung kann durch die folgenden statistischen Kennwerte bestimmt werden:

- *das arithmetische Mittel* (der rechnerische *Durchschnitt*)
- *den Medianwert* (der Fall, der die Verteilung in zwei flächengleiche Hälften teilt)
- *den Modalwert* (der Fall, der am *häufigsten* auftritt).

Die Wahl der jeweiligen Statistik hängt dabei zunächst von der *Skalenqualität* der zu analysierenden Daten ab. Das arithmetische Mittel setzt eine *Intervall*-Skala voraus, der *Medianwert* eine *Ordinal*-Skala, der Modalwert erfordert lediglich eine *Nominal*-Skala (Bortz et al., 1990); neben diesen Einschränkungen durch das jeweilige Skalenniveau, die eine mathematische „obere Grenze" für die drei Kennwerte angeben, können jedoch im Einzelfall – wie unten dargestellt – Gründe dafür sprechen, etwa nur den Medianwert zu berechnen, obwohl nach der Skalenqualität das arithmetische Mittel zulässig wäre (Kirk, 1972).[1]

Allgemein lassen sich die folgenden Gesichtspunkte für diese *Entscheidung bezüglich verschiedener Mittelwerte* anführen:

Das arithmetische Mittel $\overline{Y}$ wird gewählt, wenn
- große Zuverlässigkeit verlangt wird, da $\overline{Y}$ von einer Stichprobe zur anderen üblicherweise nur wenig schwankt
- andere Kennwerte wie z. B. die Varianz anschließend berechnet werden sollen
- die Verteilung symmetrisch ist, insbesondere wenn sie der Normalverteilung angenähert ist
- nach dem „Schwerpunkt" gefragt wird.

Der Medianwert Md_y soll berechnet werden, wenn
- die Verteilung *schief* ist; dies gilt auch und besonders für den Fall, daß Extremwerte auf einer Seite der Verteilung beobachtet werden
- die Untersuchung nach der Lage des Falles in der unteren oder der oberen Hälfte der Meßwertverteilung und nicht nach der genauen Ausprägung des einzelnen Meßwertes fragt (Zuordnung zu *dichotomisierten* Gruppen)

[1] Bis heute sind allerdings die theoretischen Grundlagen des *Messens* in der Psychologie in Diskussion (Orth, 1983).

- aus Zeitgründen eine genaue Bestimmung des arithmetischen Mittels nicht möglich ist
- nur eine unvollständige Verteilung vorliegt.

Der Modalwert Mod_y soll verwendet werden, wenn
- die schnellstmögliche Kenntnis des zentralen Wertes erforderlich ist
- eine grobe Schätzung des Mittels ausreicht oder
- der „typische Fall" benannt werden soll.

Die Berechnung der verschiedenen Kennwerte der zentralen Tendenz wird bei Clauß u. Ebner (1977) sowie bei Bortz (1989) ausführlich erläutert. Auf Seite 273 wird die Berechnung des arithmetischen Mittels $\bar{Y}$ an einem Beispiel gezeigt.

Exkurs: Skalentyp und Statistik

Im einzelnen ist über diese Thematik viel – und häufig *kontrovers* – diskutiert worden, worauf die einschlägige Fachliteratur näher eingeht. Wenigstens an zwei zentralen Stellen ist diese Thematik in diesem Lehrbuch berührt worden, zum einen im Zusammenhang mit der allgemeinen *Meßmethodologie* in der Psychologie (s. Bd. 1, Kap. 7.2), zum anderen im Rahmen der Einführung in die unifaktorielle *Trendanalyse (s. Kap. 13.2, S. 83 ff).*

Im vorliegenden Zusammenhang interessiert aber noch eine andere Frage, nämlich die der tatsächlichen Beachtung der oben angegebenen Richtlinien für die Berechnung der zentralen Tendenz bei jeweils unterschiedlich vorgegebener Skalenqualität der *AV*. Prüft man darauf hin typische Beispiele aus der psychologischen Forschungspraxis, so fällt auf, daß diese Richtlinien keineswegs streng – ja, öfters sogar nur lax – eingehalten werden. Wenn z. B. als *AV* irgendeine Testvariable (z. B. Konzentrations- oder Leistungsvariable, Fragebogenvariable u.a.m.) definiert ist, so muß strenggenommen wenigstens das Vorliegen des *Ordinalskalenniveaus* angenommen und dementsprechend auch eine *Median*-Auswertung vorgenommen werden. Beispielsweise ist im Falle einer Untersuchung, die etwa von *TAT*-Skores (d. h. Punktwerten das *T*hematischen-*A*pperzeptions-*T*ests) als den *AV*-Werten ausgeht, das Vorliegen eines intervallskalierten Datenmaterials kaum anzunehmen (Ω Orig 18.1). Ω

Man kann sich für die Praxis der Datenauswertung u. U. einer gewissen Überlegung bedienen, die davon ausgeht, daß – wenn schon nicht die einzelnen (individuellen) Testrohwerte intervallskaliert sind – wenigstens die *Mediane* ihrerseits *normalverteilt* sind. Dementsprechend soll hier im Hinblick auf die klassische Untersuchung von McClelland et al. (1953) von der Annahme ausgegangen werden, daß dort für jedes Individuum jeweils einzelne *TAT*-Skores gewonnen wurden, die ihrerseits durch *Medianwerte* repräsentiert worden sind. In einem solchen Fall ist dann der weiteren Verarbeitung solcher Medianwerte mit Hilfe von eigentlich Intervallskalenniveau voraussetzenden statistischen Verfahren – in *pragmatischer* (praktischer) Hinsicht – nichts entgegenzuhalten (Lienert, 1986).

Ω Orig 18.1
TAT-Testskala: Studentische Leistungsmotivation und soziale Anreize

(McClelland et al., 1953)

Zur Überprüfung des Einflusses verschiedener experimenteller Arbeitssituationen auf die Leistungsmotivation von Studenten wandten McClelland et al. (1953) den *Thematischen Apperzeptions-Test* (*TAT*) unter den nachfolgenden sechs experimentellen Bedingungen an (*UV* = Situation *I* bis *VI*):

I *Entspannte Arbeitssituation* (X_1): Locker-uninteressiertes Auftreten des VI (niedrige Leistungserwartung)

II *Neutrale Situation* (X_2): Aufgabe weder über- noch unterbewertet (normale Arbeitsatmosphäre)

III *Leistungsorientierte Situation* (X_3): Ankündigung eines Leistungstests (hohe Leistungserwartung)

IV *Erfolgssituation* (X_4): Erfolgreiche Arbeitssituation (positive Leistungsrückmeldung induziert)

V *Mißerfolgssituation* (X_5): Entgegengesetzt zu Situation IV (negative Leistungsrückmeldung induziert)

VI *Erfolg-Mißerfolg-Situation* (X_6): Induktion einer besonders hohen, aber konfliktreichen Arbeitssituation (zunächst positive, dann aber negative Leistungsrückmeldung induziert).

Diesen im einzelnen sorgfältig hergestellten experimentellen Situationsbedingungen I bis VI wurden sechs verschiedene *Zufallsgruppen* von Studenten ausgesetzt. Im Anschluß hieran wurden die Studenten dem *TAT*-Test – einem sog. projektiven Test (s. Lienert, 1969) – unterzogen; aufgrund dieser Testung wurde das Ausmaß der individuellen *Leistungsmotivation* ($\overline{Y}$) erfaßt. – In Abbildung A ist das mittlere Ausmaß der *TAT*-Leistungsmotivation (*AV*, Ordinate) in Abhängigkeit von den verschiedenen experimentellen Bedingungen (X_1 bis X_6, Abszisse) dargestellt. Die Befunde belegen die Hypothese, daß eine *locker-legere* Arbeitssituation (X_1) der Arbeitsmotivation am wenigsten, hingegen die beiden Arbeitssituationen mit z. T. sogar negativer *Leistungsrückmeldung* (X_5 und X_6) dieser am meisten förderlich sind. Unabhängig davon, daß die Untersuchung auf einigen – aus heutiger Sicht – methodisch angreifbaren Voraussetzungen beruht, interessiert hier vor allem die Verwendung der TAT-Variablen als *AV* und deren statistische Verrechnung im Rahmen dieses unifaktoriellen Mehrstichprobendesigns.

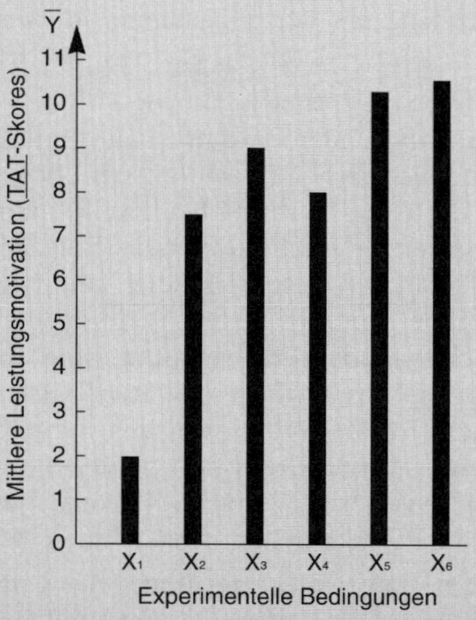

Abbildung A: Ausmaß der *Leistungsmotivation* (*TAT*-Skores) unter 6 verschiedenen Arbeitsbedingungen (X_1, ... X_6): *I: entspannt; II: neutral; III: leistungsorientiert; IV: erfolgsbestimmt; V: mißerfolgsbestimmt; VI: erfolgs- und mißerfolgsbestimmt.* (Nach McClelland et al., 1953)

Literatur

Lienert, G. A.: Testanalyse und Testkonstruktion. (3. Aufl.) Weinheim: Beltz, 1969.

McClelland, D. C., Atkinson, J. W., Clark, R. A. & Lovell, E. L.: The achievement motive. New York: Appleton-Century-Crofts, 1953. (Zit. nach H. Heckhausen, The anatomy of achievement motivation. New York: Academic Press, 1967.)

Kennwerte der Streuung. – Wie in Abbildung 18.2 (S. 267) veranschaulicht, können verschiedene Stichprobenverteilungen durchaus *denselben* Mittelwert aufweisen und dennoch *verschieden* stark streuen. Diese Tatsache wird mit den Kennwerten der Streuung für Stichproben erfaßt. Neben der *Variationsweise* und der durchschnittlichen Abweichung der Meßwerte vom Mittelwert ist von besonderer Bedeutung die *Stichprobenvarianz* s^2 als Schätzung der Populationsvarianz σ^2. Die Stichprobenvarianz s^2 und die *Standardabweichung s*, die sich als Quadratwurzel aus der Varianz ergibt, sind die wichtigsten Streuungsmaße.

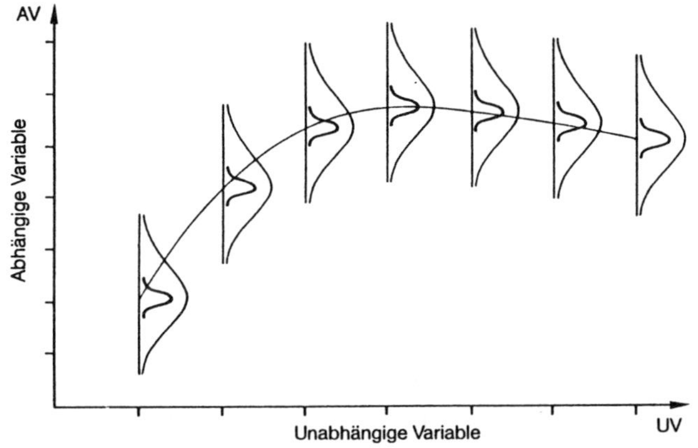

Abbildung 18.3: Datenbeispiel für die deskriptiv-statistische Beurteilung eines Datentrends mit Fehlerstreuung (s): Meßwerteverteilungen für sieben Stufen einer unabhängigen Variablen. Die Annahme des Vorliegens eines statistisch zuverlässigen *umgekehrt U*-förmigen Trends läßt sich mit größerer Sicherheit nur im Falle einer relativ geringen *Streuung* vertreten.

Abbildung 18.3 verdeutlicht die praktische Relevanz der Streuung von Meßdaten für den Nachweis von (Daten-)*Trends*. In der Abbildung sind für sieben Stufen einer unabhängigen Variablen jeweils zwei unterschiedliche Meßwerteverteilungen mit identischem Mittelwert eingezeichnet. Die Meßwerteverteilung mit niedriger Streuung weist auf eine hohe Präzision, hingegen die mit hoher Streuung auf eine geringe Präzision der Messungen hin:

Eine Hypothese über einen bestimmten realen Datentrend, z. B. einen umgekehrt *U*-förmigen Trend, läßt sich hier mit einiger Sicherheit nur unter der Bedingung einer geringen Streuung der Meßwerte feststellen; bei einer großen Variationsweite der Meßwerte lassen sich dagegen, wie die Abbildung ebenfalls veranschaulicht, viele verschiedene Trends einzeichnen, die den Datenverlauf alle gleich gut beschreiben. Die *Standardabweichung* stellt somit ein wichtiges Maß der Datenstreuung dar; sie gibt den mittleren Betrag an, um den die einzelnen Werte vom Mittelwert der Gesamtverteilung abweichen. Je stärker die Werte abweichen („streuen"), desto größer ist die Standardabweichung.

In der *psychologischen Diagnostik* werden die Leistungen, die Individuen in einem psychologischen Test erzielt haben, häufig durch „Standardwerte" ausgedrückt. Die Testwerte fallen gewöhnlich in einen Bereich, der von *drei* Standardabweichungen über dem Mittelwert bis zu drei Standardabweichungen unter dem Mittelwert reicht; nur einige wenige Werte liegen niedriger oder höher. Die Standardabweichung kann auf der Abszisse eines Koordinatensystems, in dem die Verteilung der Testwerte veranschaulicht wird, vom Schwerpunkt der Verteilung (Mittelwert) ausgehend, nach oben und unten abgetragen werden. Für jeden individuellen Standardwert kann auf diese Weise abgelesen werden, wieviel Prozent der Testwerte unterhalb dieses Wertes liegen. Auf diese Weise wird eine *Messung* der Testleistung eines Individuums möglich. Alle Meßwerte psychologischer Tests, z. B. der *Intelligenzquotient (IQ), basieren auf Standardwerten.*

Die Berechnung der verschiedenen Kennwerte der Streuung wird bei Clauß u. Ebner (1977) sowie bei Bortz (1989) ausführlich dargestellt. Im *Arbeitsbuch (ArB)* ist ebenfalls ein Rechenschema enthalten, nach welchem die Varianz (s^2) und die Standardabweichung (s) berechnet werden. Ein Beispiel für eine solche Berechnung ist in Tabelle 18.1 wiedergegeben[2]. Aufgrund der Standardabweichung berechnet man dann den sog. *Standardfehler* des Mittelwerts ($s_{\bar{y}}$), der sich aus der Beziehung

$$s_{\bar{y}} = \frac{s}{\sqrt{N}} \tag{18.1}$$

ergibt.

Der besondere Wert dieser Beziehung liegt darin, daß sie es erlaubt, bei gegebenem Stichprobenumfang die Grenzen der Meßwerteverteilung anzugeben, innerhalb derer der „wahre" Populationsmittelwert μ liegt. Diese Möglichkeit ist bei der Interpretation experimentell erhobener Meßwerte von besonderem Interesse.

Für eine jede Untersuchung stellt sich naturgemäß die Frage nach der *Größe der zu untersuchenden Stichproben.* Das heißt, dem Untersucher ist in aller Regel bereits *vor* der Durchführung seines Experimentes daran gelegen zu wissen, wie viele Personen, Versuchstiere usw. er überhaupt testen muß, um – im Falle von real existierenden experimentellen Effekten – diese mittels eines *Minimums* an Erhebungsaufwand auch tatsächlich nachweisen zu können (Bredenkamp, 1980; McGuigan, 1990).

Die Antwort hierauf hängt von verschiedenen Faktoren ab, die im konkreten Fall nicht alle bekannt sind, so daß man für den jeweiligen Einzelfall bestenfalls nur approximative *Richtwerte* angeben kann. Ein wichtiger Faktor für die ungefähre Bestimmung des zu wählenden Stichprobenumfangs ist die Größe der Population; denn im Hinblick auf die Population werden ja die Zufallsstichproben gebildet. Der Zusammenhang zwichen der *Mindeststichprobe* und der *Gesamtpopulation,* aus der diese gezogen wird, läßt sich auch graphisch darstellen. Wie solche Graphiken zeigen, benötigt man z. B. im Falle eines Populationsumfangs von $\nu = 1000$ Elementen etwa $N = 300$ Stichprobenelemente, hingegen bei $\nu = 10000$ Populationselementen etwa $N = 375$ Stichprobenelemente usw. Wie man erkennt, besteht eine nonlineare Beziehung zwischen Populations- und entsprechendem (Minimum-)Stichprobenumfang (vgl. auch die oben in Formel 18.1 enthaltene nonlineare Beziehung zwischen s und $s_{\bar{y}}$. – Mit Nachdruck sei hervorgehoben, daß eine solche graphische Beziehung nur einen allerersten Eindruck von den tatsächlich in Rechnung zu stellenden Faktoren vermittelt, die es bei der wahrschein-

[2] Das *Arbeitsbuch (ArB),* welches als Begleitbuch für das Praktikumsbuch *(PrB)* dient, enthält in seinem *Appendix* insgesamt *8 Rechenschemata* (Berechnungsbeispiele für *Varianz* und *Streuung, Produkt-Moment-Korrelation, t-Test, F-Test* usw.; vgl. Tab. 18.1).

Tabelle 18.1: Beispiel für die routinemäßige Berechnung der wichtigsten *Kennwerte* für Mittelwert und Streuung (s. *ArB*, App. C.1, *Rechenschema 1*. (Modifiz. nach Musahl et al., 1985)

Berechnung des arithmetischen Mittels ($\overline{Y}$), der Varianz (s^2), der Standardabweichung (s) und des Standardfehlers ($s_{\overline{Y}}$) für N = 20 Beobachtungswerte (Y).

1. *Berechnung des arithmetischen Mittels ($\overline{Y}$)*
   Aufsummierung der einzelnen Meßwerte und Division durch die Anzahl der Werte:

$$\overline{Y} = \frac{\Sigma Y}{N} \qquad \overline{Y} = \frac{108}{20} = 5{,}4$$

Y	d $(Y - \overline{Y})$	d^2 $(Y - \overline{Y})^2$
9	3,6	12,96
9	3,6	12,96
8	2,6	6,76
8	2,6	6,76
7	1,6	2,56
.	.	.
.	.	.
.	.	.
3	– 2,4	5,76
2	– 3,4	11,56
1	– 4,4	19,36
108		*94,42*

2. *Berechnung der Varianz (s^2)*
   Bestimmung der Abweichung der Einzelwerte vom Mittelwert ($Y - \overline{Y} = d$) und Quadrieren dieser Abweichungswerte (d^2). Die Summe der quadrierten Abweichungen vom Mittelwert geteilt durch die Anzahl der Werte minus 1 bildet die Varianz:

$$s^2 = \frac{\Sigma\, d^2}{N - 1} \qquad s^2 = \frac{94{,}42}{19} = \mathit{4{,}96}$$

3. *Berechnung der Standardabweichung (s)*
   Die Quadratwurzel aus der Varianz bildet die Standardabweichung:

$$s = \sqrt{s^2} \qquad s = \sqrt{4{,}96} = \mathit{2{,}23}$$

4. *Berechnung des Standardfehlers ($s_{\overline{Y}}$)*
   Division der erhaltenen Standardabweichung durch $\sqrt{N}$:

$$s_{\overline{Y}} = \frac{s}{\sqrt{N}} \qquad s_{\overline{Y}} = \frac{2{,}23}{4{,}47} = \mathit{0{,}5}$$

lichkeitstheoretisch relevanten Festlegung eines jeweiligen Stichprobenumfangs zu berücksichtigen gilt.

Kennwerte bivariater Verteilungen. – Die bisher dargestellten Kennwerte gelten für die Analyse einer einzigen (*AV*-)Variablen; d. h. damit werden sog. univariate Verteilungen einer Zufallsvariablen beschrieben. In vielen Bereichen der Psychologie gilt das Forschungsinteresse aber besonders der Analyse von „Zusammenhängen" (Korrelationen) *zweier* (oder *mehrerer*) Variablen. Werden etwa zwei Variablen auf ihren Zusammenhang hin untersucht, so spricht man von der Betrachtung *bivariater* Zusammenhänge. Eine solche korrelative Betrachtungsweise liegt auch dann vor, wenn *multivariate* Datensätze vorliegen.

Die Beziehung zwischen zwei Variablen wird durch den Zusammenhang der Meßwert-Verteilungen („*Ko*variation") quantitativ beschrieben. Das Vorliegen einer kausalen Beziehung wird allerdings mit einer hohen Korrelation *nicht* belegt. Man kann vielmehr sagen: Wann immer ein kausaler Zusammenhang vorliegt, ergibt sich damit zwingend eine (hohe) Korrelation; aber: eine hohe Korrelation ist durchaus nicht immer auf eine kausale Beziehung zwischen den beiden betrachteten Variablen zurückzuführen. Eine kausale Beziehung ist also eine *hinreichende, aber keine notwendige Bedingung* für eine hohe Korrelation zwischen zwei Variablen (s. Bd. 1, Kap. 4.1). – Solche Verteilungen lassen sich z. B. in *bivariaten* Streuungsdiagrammen darstellen (Abb. 18.4). Diese vermitteln einen unmittelbaren Eindruck von der Enge des Zusammenhangs zwischen je zwei Variablen:

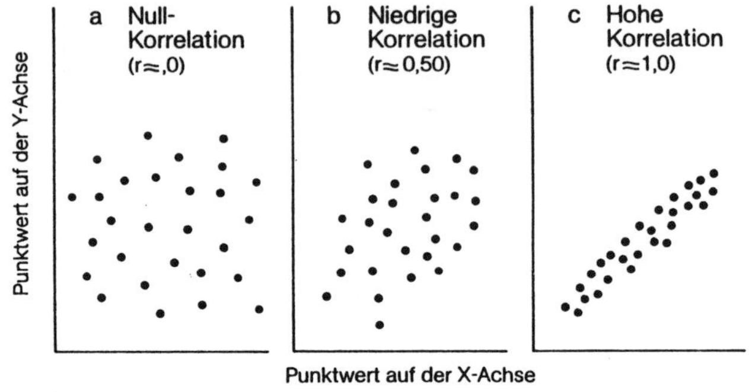

Abbildung 18.4: Graphische Darstellung von jeweils entlang der *X*- und *Y*-Achse verschieden stark streuenden Punktwerten: Drei *bivariate* „Korrelations"-Beispiele. A. *Null-Korrelation*; B. *Niedrige (positive) Korrelation*; C. *Hohe (positive) Korrelation*. Die Punktwerte erhält man durch Eintragung eines Wertepaars für jeden der N Probanden in das *X-Y*-Koordinatensystem.

Eine *Null*-Korrelation ($r_{xy} = 0$) liegt vor, wenn die Meßpunkte aller Probanden, die sich am Schnittpunkt ihrer jeweiligen Meßwerte auf der X- und auf der Y-Skala ergeben, eine kreisförmige Gestalt annehmen. Die Korrelation wird umso höher, je mehr sich die Meßpunkte vom Kreis über eine Ellipse einer Geraden nähern. Nur in dem Fall einer *vollständigen* Korrelation kann der Meßwert eines Probanden fehlerfrei aus der Kenntnis nur eines Skalenwerts für den jeweils anderen vorhergesagt werden; diese Korrelation wird dann quantitativ durch den Wert $r_{xy} = +1.0$ beschrieben. Besteht eine vollständige umgekehrte Beziehung (je höher der eine Wert, desto niedriger der andere), dann spricht man von einer vollständigen *negativen* Korrelation ($r_{xy} = -1.0$).

Der Korrelationskoeffizient *r* erlaubt nicht unmittelbar eine Aussage darüber, wieviel Prozent der Meßwert-*Varianz* zwei Variablen *gemeinsam* haben. Diese Aussage ist erst aufgrund des *Determinationskoeffizienten* möglich; der Determinationskoeffizient r^2 ist der *quadrierte* Korrelationskoeffizient. Multipliziert man r^2 mit 100, erhält man einen Wert, der angibt, wieviel Prozent der Varianz die Werte der beiden korrelierenden Variablen *gemeinsam* haben. In Tabelle 18.2 ist die Beziehung zwischen dem Korrelationskoeffizienten r und dem Determinationskoeffizienten r^2 dargestellt, wobei der Determinationskoeffizient in Prozent ausgedrückt ist.

Korrelationskoeffizienten werden je nach den zu analysierenden Daten durch unterschiedliche rechnerische Verfahren bestimmt. Eine Zusammenstellung der verschiedenen Korrelations- und Kontigenzmaße mit entsprechenden Beispielen findet sich in den einführend zitierten Standardwerken der Statistik (s. S. 202). Die beiden wichtigsten Korrelationskoeffizienten, der *Produkt-Moment-Korrelationskoeffizient r* (nach Pearson-Bravais) für die Analyse des Zusammenhangs zwischen zwei (intervallskalierten) Variablen, und der *Rangkorrelationskoeffizient Rho* nach Spearman (für ordinalskalierte Variable) werden im *ArB, Rechenschema 2,* S. 137, an einem Datenbeispiel veranschaulicht.

Im folgenden finden sich Beispiele für besonders häufig gemachte *Fehler* in der deskriptiven Statistik (○ Illu 18.1, Teil A). Wie leicht es übrigens ist, daß man versehentlich ein statistisches *Artefakt* erzeugt, veranschaulicht die Berechnung einer (scheinbar) ganz einfachen *Korrelation* (◇ Demo 18.1, S. 292 ff). ○ ◇

Tabelle 18.2: Beziehung zwischen der Höhe des Korrelationskoeffizienten (r) und der des Determinationskoeffizienten (r^2), wobei letzterer in *Prozent* ausgedrückt ist.

r	r^2 (in %)
0.00	0
0.05	0.3
0.10	1
0.20	4
0.25	6.3
0.30	9
0.40	16
0.50	25
0.60	36
0.70	49
0.75	56
0.80	64
0.90	81
1.00	100

○ Illu 18.1 (Teil A)
Häufige Fehler bei der Datenanalyse (5)
Statistische Artefakte: Deskriptive Statistik

Es gibt eine Reihe von *typischen* Fehlern („Artefakte") bei der statistischen Datenanalyse, deren Kenntnis unabdingbar ist, um diese bei der eigenen Arbeit zu vermeiden – sei dies nun im Rahmen von eigenen Datenerhebungen oder aber im Zusammenhang mit der kritischen Lektüre von bereits publizierten Untersuchungen anderer (Huff, 1954; Krämer, 1991). Diese Fehler lassen sich nach der deskriptiven (*Teil A*) sowie nach der inferentiellen (*Teil B*, S. 286 ff) Statistik anordnen. Eine Vollständigkeit der nachfolgenden Zusammenstellung ist hier nicht angestrebt. Im folgenden werden sechs besonders häufig anzutreffende Fehler der deskriptiven Datenanalyse angeführt.

1. *Verzicht auf eine graphische Darstellung der Rohwerte.*

Die wohl wichtigste Grundregel einer jeden statistischen Analyse von Rohwerten lautet:

Man nehme zum frühestmöglichen Zeitpunkt eine *graphische* Darstellung der erhobenen Rohwerte vor, um auf diese Weise einen ersten groben Gesamteindruck von der *Datenverteilung* zu erhalten („data snooping").

Die Bedeutung dieser Grundregel wird am *Beispiel* der graphischen Darstellung von Einzeldaten, die zum Zwecke von *Korrelationsberechnungen* erhoben werden, leicht einsichtig. Angenommen, es soll eine Korrelation zwischen den beiden Variablen *X* und *Y* berechnet werden; insofern ein *kurvilinearer* Zusammenhang zwischen X und Y besteht, ist die Verwendung der üblichen Formeln (*r, Rho*) kontraindiziert (Abb. A). Denn in einem solchen Fall führt die Korrelationsberechnung zu einer *Unterschätzung* des wahren Zusammenhangs (Lewis, 1960).

2. *Verzicht auf eine individuelle Rohdatenanalyse*

Die Berechnung von *Durchschnittswerten* (arithmetisches Mittel, Median usw.) beruht auf der stillschweigenden Grundannahme, daß „Durchschnittswerte" die jeweiligen individuellen Einzelwerte am besten *repräsentieren. Obschon diese Annahme allgemein in den empirischen Wissenschaften gilt, gibt es gerade in der Psychologie wichtige Ausnahmen* von dieser Regel.

Als *Beispiel* für eine fehlerhafte Verwendung von Durchschnittswerten enthält *Abbildung B* zwei altersabhängige IQ-Verlaufstrends für zwei verschiedene Probanden (Pb *17* und Pb *234*). Wie man sieht, wächst der IQ-Wert des einen Probanden (Pb *17*) erheblich im Alter von 2 bis 12 Jahren, wohingegen genau das Umgekehrte für den anderen (Pb *234*) gilt. Es ist unmittelbar evident, daß eine statistische *Mitteilung* der Daten dieser beiden Einzeltrends zu sachlich *irrepräsentativen* Ergebnissen führen würde.

Auch im Zusammenhang mit der Untersuchung gerade von *mathematischen Modellen* ist – zumindest *zusätzlich* zur Bestimmung von Durchschnittstrends – eine *individuelle* Einzeldatendarstellung unerläßlich (Anderson, 1981; Sturm, 1990). Auch und gera-

Gewicht (Y_j)	Alter (X_i)								
	6	7	8	9	10	11	12	13	14
142									1
139									
136								1	1
133									
130								1	
127									1
124								1	1
121								1	11
118									11
115									11111
112								1	1
109								11	
106								111	1111
103								11	11
100							11	11111	11
97							1	11	11
94							1	11	1
91							11	11111	
88							11	11	111
85							1111	11	111
82					1	11	1111111	11	11
79					11	111	111111	111	1
76					1	111	111	111	
73					11	11111111	11111		1
70			11	1	11111111	1111111111111	1111	1	111
67			1	1	1111111	1111111	11		11
64			11	11111111111	11111111111	1	1		
61		111	1	1111111	1111	11		1	
58	11	11111	11111	11111111111	1				
55	111	1111	11111111111111	111	11				
52	111	111111	111111111	111	1				
49	11111111	1111111111	111	11					
46	11111111	111111	111						
43	1111111111	11111							
40	1111	1							
37	11								
34									

Abbildung A: Kurvilineare Beziehung zwischen dem *Alter* (X_i) und dem *Gewicht* (Y_j) von N = 360 amerikanischen Kleinkindern (Alter in Monaten, Gewicht in pounds). Neben der Kurvilinearität dieser Beziehung ist außerdem ein klarer *Streuungszuwachs* mit höherem Alter zu verzeichnen. Eine *routinemäßige* Berechnung des meist üblichen Korrelationskoeffizienten r – ohne eine solche visuelle Dateninspektion – führt zu einer fehlerhaften *Unterschätzung* des wahren Zusammenhangs. (Modifiziert nach Lewis, 1960)

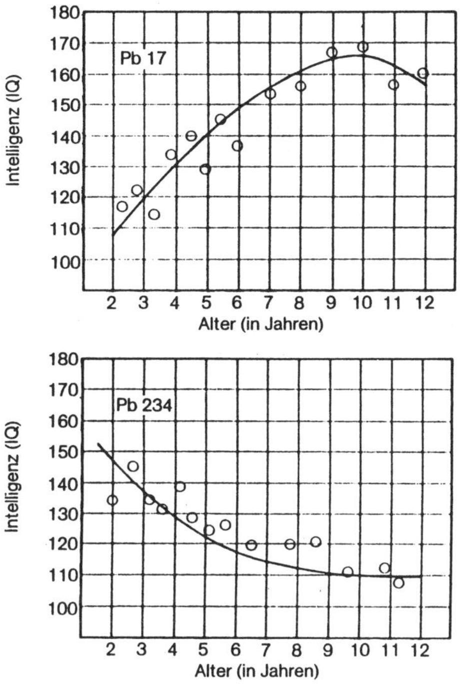

Abbildung B: Kann man von einem „allgemeinen" Anwachsen der *Intelligenz* mit dem Alter sprechen? – Altersabhängige IQ-Verlaufstrends für zwei verschiedene Probanden im Kindesalter. Während für *Pb 17* vom 3. bis 12. Lebensjahr ein stetiges *Anwachsen* seiner IQ-Werte beobachtet wird, ergibt sich für *Pb 234* ein *abfallender* IQ-Verlauf.

de bei anwendungsbezogenen Fragen ist die statistische *Einzelfallanalyse* unumgänglich (Huber, 1973, 1978). – An anderer Stelle dieses Buchs wird die Versuchsplanung des „Einzelfalls" behandelt (Kap. 15.1, S. 167 ff).

Der z. T. gedankenlose Einsatz von *Computern* bei der statistischen Datenauswertung hat beim „Anwender" vielfach zu einem der Sache nach unstatthaften Verzicht auf eine individuelle Rohdatenanalyse geführt.

3. *Verzicht auf eine statistische Berechnung und graphische Veranschaulichung des Stichprobenfehlers* ($s_{\bar{y}}$)

Weit verbreitet in der Forschungspraxis ist – leider noch immer – der Verzicht auf die Berechnung und graphische Veranschaulichung des *„Stichprobenfehlers"* (Standardfehlers) $s_{\bar{y}}$ für den jeweiligen *Mittelwert* eines Datensatzes (Abb. C).

Klarerweise ist ein und derselbe Mittelwertstrend anders zu beurteilen, wenn in dem einen Untersuchungsfall die Datenstreuung (*Fehler*streuung) *gering*, hingegen im anderen Fall *groß* ist. Dies gilt ganz unabhängig von der *„statistischen* Signifikanz" eines jeweiligen Mittelwertstrends; d. h. es wird mit dieser Frage das Problem der *„praktischen"* Signifikanz von statistisch signifikanten Mittelwertsunterschieden berührt (Bredenkamp, 1970; Lienert, 1986).

Wegen der Wichtigkeit einer routinemäßigen Bestimmung dieses statistischen Kennwerts ($s_{\bar{y}}$) wird z. B. in den Auswertungshinweisen zu den *Grundversuchen* des Praktikumsbuchs (*PrB,* Bde. I, II) stets dessen rechnerische Bestimmung verlangt.

4. *Irrepräsentative Untersuchung von Streuungsbereichen*

Bei diesem Untersuchungsfehler haben wir es strenggenommen weniger mit einem

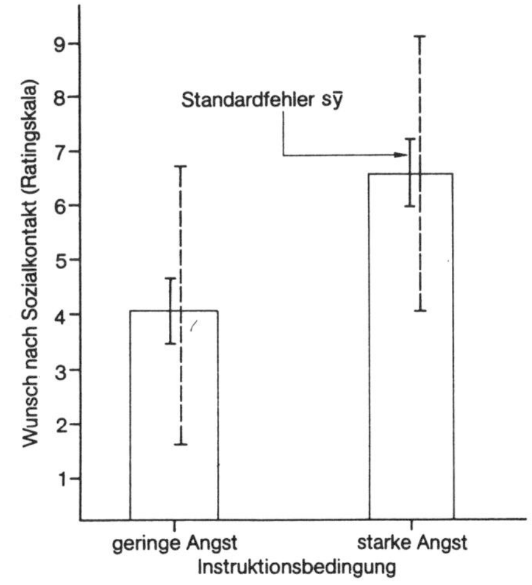

Abbildung C: Graphische Demonstration des *„Standardfehlers"* ($s_{\bar{y}}$) am Beispiel der Versuchsdaten von Schachter (1959), wobei hier als abhängige Variable ein Ratingskalenurteil gilt (*1* = starke Ablehnung, ..., *5* = unentschlossen, ..., *9* = starke Befürwortung des Sozialkontakts). Je nach der Größe des *Standardfehlers* weist die Mittelwertsdifferenz für die „Nicht"-Ängstlichen und die „Ängstlichen" einen *hohen* (---) oder aber einen *niedrigen* (——) Instruktionseffekt auf (Bd. 1, Kap. 7.3).

„statistischen" Fehler als vielmehr mit einem „Versuchsplanungs"-Artefakt zu tun. Allerdings hängen der Sache nach *beide* Aspekte („Statistik" und „Versuchsplanung") schon insofern zusammen, als nämlich häufig erst am *Ende* einer Untersuchung festzustellen ist, ob man die Datenerhebung statistisch repräsentativ oder aber irrepräsentativ vornahm.

Als *Beispiel* für diesen Fehler sei die Untersuchung zwischen zwei Testvariablen Y_1 („Intelligenz") und Y_2 („Konzentration") genannt, wobei hierfür angenommen wird, daß die Untersuchung nur einen limitierten Datenbereich repräsentiert (Sarris & Lienert, 1974; Sarris & Rey, 1981). In einem solchen Fall zeigt sich, daß man zu einer drastischen *Fehlberechnung* (hier: *Unterschätzung*) der eigentlich bedeutsamen statistischen Korrelation gelangt (Abb. D).

Während dieses *Beispiel* der „korrelativen" Psychologie entnommen ist, muß beachtet

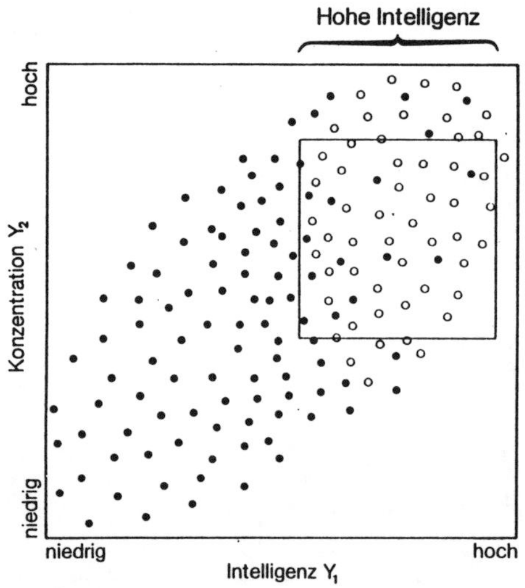

Abbildung D: Graphische Demonstration des Einflusses der Streuungsbreite der Meßwerte auf die Höhe der Korrelation zwischen den beiden Variablen „Konzentration" (Y_2) und „Intelligenz" (Y_1). Werden beispielsweise nur *intelligente* bis *hoch intelligente* Probanden auf den fraglichen korrelativen Zusammenhang zwischen Y_1 und Y_2 untersucht, dann korrelieren die beiden Variablen nicht miteinander – im Vergleich zum umgekehrten Fall, daß Probanden sämtlicher Intelligenzstufen repräsentativ untersucht werden. (Modifiziert nach Sarris & Lienert, 1974; Sarris & Rey, 1981)

werden, daß sich die Frage einer *repräsentativen* (generalisierbaren) Untersuchungsbasis bereits im Laboratorium der „experimentellen" Psychologie immer wieder stellt. So führt etwa McGuigan (1990, chap. 16) mehrere Beispiele für fehlerhafte Schlußfolgerungen aus Experimenten an, die dadurch entstehen, daß – meist aus Ökonomiegründen – zu wenige (oder auch irrepräsentative) Versuchsbedingungen überprüft werden. Beispielsweise suggeriert ein mit Hilfe von nur zwei Versuchsgruppen erhaltenes Zeitmeßpunkte-Resultat eine *lineare* Beziehung zwischen der *UV* und der *AV*, obschon die beiden Meßpunkte durch alle möglichen kurvilinearen Trends gleich gut angepaßt werden können (s. Abb. 13.7, S. 73).

Ein anders gelagertes Beispiel für die mit der Wahl eines irrepräsentativen Datenbereichs bestehende Gefahr von *artifiziellen* Ergebnissen ist der sog. *Extremgruppenvergleich* („statistische Regression"). Es handelt sich hierbei um die experimentelle Testung von nur zwei Versuchsbedingungen, deren Abstufungen auf der betreffenden *UV*-Achse im extrem niedrigen sowie extrem positiven Meßwertebereich liegen (s. Tab. 15.1, S. 147). Der *Extremgruppenvergleich* sollte grundsätzlich nur dann eingesetzt werden, falls es darum geht festzustellen, ob *überhaupt* eine experimentelle Wirkung eintritt, wenn ein bestimmter Faktor variiert wird („Pilot-Studie").

5. *Verzicht auf eine Überprüfung der statistischen Ausgangswerte für einen Vorher-Nachher-Versuchsplan*

Die Zufallsgruppen-Versuchspläne mit Vorher-Nachher-Messung sehen die Bestimmung von „Ausgangswerten" *vor* einer unterschiedlichen Behandlung der betreffenden Gruppen vor (Kap. 13.1). Nun kann es aber schon aus *wahrscheinlichkeitstheoretischen* Gründen sein, daß sich die verschiedenen Gruppen rein *zufällig* im Hinblick auf ihre Ausgangswerte voneinander unterscheiden. Ein einfaches – in der Untersuchungspraxis immer wieder vernachlässigtes – Vorgehen besteht in der nachträglichen statistischen Analyse eben dieser Ausgangswerte (Kontroll-*Checks*).

6. *Berechnung von Indexkorrelationen*
Grundsätzlich basieren Korrelationen rechnerisch auf den jeweiligen *Rohwerten.* Trotzdem kommt es häufiger vor, daß Korrelationsberechnungen nicht anhand der Ausgangsdaten, sondern aufgrund von sog. *abgeleiteten* Daten erfolgen. Im Extremfall kann dies zur Berechnung von sog. *Indexkorrelationen* führen, obschon dies der Sache nach unstatthaft ist. Warum dies so ist, wird in ◇ Demo 18.1, S. 292 f, gezeigt. Auch ein solches Beispiel soll darauf aufmerksam machen, daß statistische Datenanalysen nicht auf einer gedankenlosen Anwendung von „Kochrezepten“ beruhen dürfen, sondern eine klare Beachtung ihrer mathematischen und inhaltlichen Voraussetzungen verlangen.

Literatur

Anderson, N. H.: Foundations of information integration theory. New York: Academic Press, 1981.

Bredenkamp, J.: Über Maße der praktischen Signifikanz. Zeitschrift für Psychologie, 1970, *177*, 310-318.

Huber, H. P.: Psychometrische Einzelfalldiagnostik. Weinheim: Beltz, 1973.

Huber, H. P.: Kontrollierte Fallstudie. In: L. J. Pongratz (Hrsg.), Handbuch der Psychologie. (2. Halbbd.) Klinische Psychologie. Göttingen: Hogrefe, 1978.

Huff, D.: How to lie with statistics. New York: Norton, 1954.

Krämer, W.: So lügt man mit Statistik. Frankfurt a. M.: Campus, 1991.

Lewis, D.: Quantitative methods in psychology. New York: McGraw-Hill, 1960.

Lienert, G. A.: Verteilungsfreie Methoden in der Biostatistik (Bd. I). (3. Aufl.) Meisenheim: Hain, 1986.

McGuigan, F. J.: Experimental psychology: Methods of research. (5th ed.) Englewood Cliffs, N. J., 1990.

Sarris, V. & Lienert, G. A.: Konstruktion und Bewährung von klinisch-psychologischen Testverfahren. In: W. J. Schraml & G. Baumann (Hrsg.), Forschungsmethoden in der klinischen Psychologie II. Bern: Huber, 1974.

Sarris, V. & Rey, E. R.: Allgemeine Grundlagen von klinisch-psychologischen Testverfahren. In: E.-R. Rey (Hrsg.), Klinische Psychologie. (Aktuelle Psychiatrie, Bd. 2). Stuttgart: G. Fischer, 1981.

Sturm, Y.: Klinische Urteilsbildung. Heidelberg: Asanger, 1990.

18.2 Grundlagen der inferenzstatistischen Analyse

Die für die experimentalpsychologische Forschung vielleicht wichtigste Funktion der Statistik – Hypothesentestung auf entscheidungstheoretischer Basis – liegt darin, die sog. inferentiell-statistischen („beweisführende“) Analysen anhand der zuvor mit den Verfahren der deskriptiven („beschreibenden“) Statistik behandelten Ausgangsdaten durchzuführen (Wendt, 1983).

Grundlagen der statistischen Entscheidung

Im Prinzip wird bei der statistischen Entscheidung danach gefragt, ob die statistischen Kennwerte, die zur Beschreibung der jeweiligen Stichproben berechnet worden sind, ein und derselben Population angehören, also auf einen *gemeinsamen* Parameter zurückgeführt werden können und somit nur zufällig voneinander verschieden sind. Diese Problemstellung ist ein Kernstück der Inferenzstatistik; sie wird bzgl. der Frage *„Entstammen beide empirischen Verteilungen derselben Population?“* mit Hilfe von Abbildung 18.5 verdeutlicht. In der Graphik sind zwei ideale Verteilungen von „Rohdaten“ nebeneinander aufgetragen: Der Mittelwert der Verteilung der Gruppe *1* be-

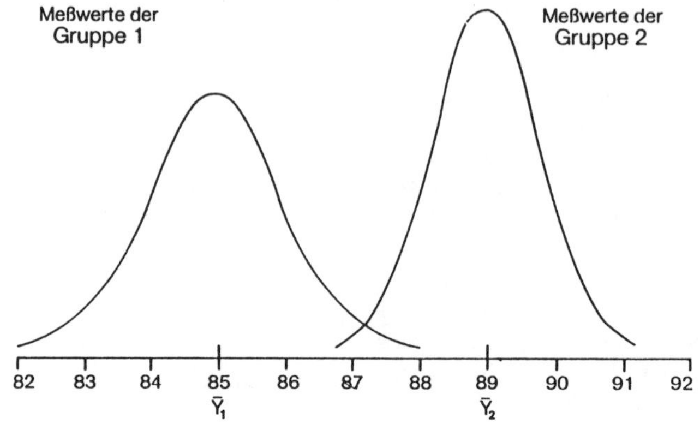

Abbildung 18.5: Ist die Differenz zwischen den beiden Mittelwerten $\overline{Y}_1$ und $\overline{Y}_2$ statistisch „signifikant"? Wenn die in der Abbildung dargestellten Kurven einander überschneiden, dann haben sie nur die kleine weiße Fläche gemeinsam. Durch diese *Fläche* ist die *Wahrscheinlichkeit* dafür repräsentiert, daß die Differenz zwischen den beiden Mittelwerten „zufällig" ist (je *kleiner* diese Schnittfläche, desto *geringer* diese Wahrscheinlichkeit). Die Wahrscheinlichkeit dafür, daß die Mittelwertsdifferenz eine „reale" ist, wird durch die dunklen Flächen repräsentiert (je *größer* insgesamt die dunklen Flächen, desto *größer* ist diese Wahrscheinlichkeit.

trägt $\bar{y}_1$ (85); der Mittelwert der Gruppe *2* beträgt $\bar{y}_2$ (89). Unterscheiden sich die Gruppen voneinander statistisch *signifikant*, so daß der Schluß gerechtfertigt ist, bei den Meßwerteverteilungen handele es sich nicht um Meßwerte aus *einer* Population und der Unterschied könne nicht im Sinne der sog. Nullhypothese interpretiert werden? – Die *Nullhypothese* lautet:

$$H_0\colon \mu_1 = \mu_2 = \mu. \tag{18.2}$$

Es wird bei der Prüfung der Nullhypothese von der zu prüfenden statistischen *Hypothese* ausgegangen, die beiden Stichprobenkennwerte der zentralen Tendenz – die Mittelwerte $\overline{Y}_1$ und $\overline{Y}_2$ – seien *Schätzungen* desselben (Populations-) *Parameters*; folglich sei deren Differenz im statistischen Sinne nicht bedeutsam („Null", d. h. *insignifikant*), eben weil sie noch innerhalb der Zufallsgrenzen der Stichprobenauswahl liege. Die Gültigkeit dieser „Null"-Hypothese kann nur über die Wahrscheinlichkeitsfunktion der Zufallsvariablen, die jedem Wert eine bestimmte Wahrscheinlichkeit zuordnet, entschieden werden. Diese Funktion ist aber in der Regel *nicht bekannt.* Die Entscheidung über die tatsächliche Bedeutung dieses Unterschiedes ist also mit einem gewissen *Risiko* belastet.

Risiken bei der Entscheidung über Nullhypothesen

Bei der Prüfung statistischer Hypothesen wird grundsätzlich die Frage nach der Geltung der Nullhypothese gestellt. Ihr wird eine sog. *Alternativhypothese* H_1 gegenübergestellt, die meist die *eigentliche* Forschungshypothese bzw. Arbeitshypothese darstellt; deren Geltung kann aber in der Regel *nicht* „direkt" geprüft werden. Im obigen Beispiel meint die *Alternativhypothese* das Folgende:

$$H_1 : \mu_1 \neq \mu_2. \tag{18.3}$$

Die Gültigkeit dieser „zweiseitig“ formulierten Hypothese kann nach der Logik mathematisch-statistischer Tests nicht absolut bewiesen werden; sie wird allerdings bestärkt in dem Fall, daß sich die Ergebnisse nicht mit der durch die H_0 formulierten Modellannahme vereinbaren lassen. Daher wird auch grundsätzlich nur die *Nullhypothese* „beibehalten“ oder „verworfen“. In der Forschungspraxis führt das Verwerfen der Nullhypothese zur Annahme der Gültigkeit der Alternativhypothese. Welche *Risiken* dabei durch eine falsche Entscheidung entstehen, wird mit Hilfe von Abbildung 18.6. veranschaulicht.

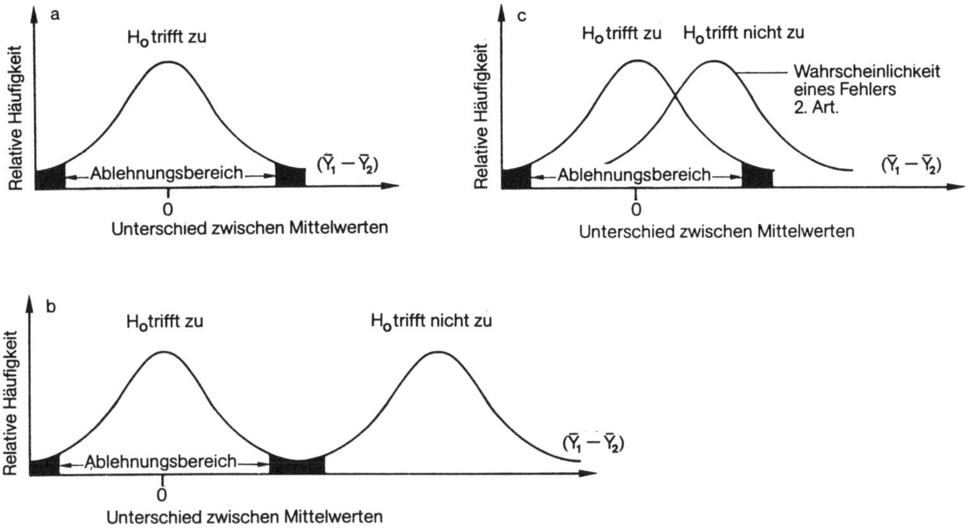

Abbildung 18.6: Hypothetische Verteilungen von Mittelwertsdifferenzen $(\overline{Y}_1 - \overline{Y}_2)$ für die *Nullhypothese und für die Alternativhypothese* in drei möglichen Situationen. (*a*) *kein* Effekt, (*b*) *großer* Effekt und (*c*) *geringer* Effekt der unabhängigen Variablen (*UV*) auf die abhängige Variable (*AV*). (Modifiziert nach Wood, 1974)

In den hypothetischen Fällen wird unter (*a*) eine Verteilung dargestellt, die der Voraussage gemäß der Nullhypothese entspricht, wonach zwischen den Mittelwerten kein Unterschied besteht. Die beiden dunklen Enden der Verteilung kennzeichnen die Ablehnungsbereiche der Nullhypothese. Nur Verteilungen, deren Mittelwerte diesen Bereichen nahekommen, führen also zum Verwerfen der Nullhypothese. Dies ist im Beispiel (*b*) der Fall: Der Mittelwert liegt sogar weit außerhalb der Verteilung der Meßwerte. Es handelt sich also um ein *signifikantes* Ergebnis; d. h. die Nullhypothese wird verworfen. Im Fall (*c*) liegt ebenfalls ein statistisch signifikanter Effekt der unabhängigen Variablen vor. Allerdings haben beide Verteilungen noch erhebliche Gemeinsamkeiten. Der schwarz gezeichnete Bereich gibt die Wahrscheinlichkeit an, einen sog. *Fehler 2. Art* (β-Fehler) zu begehen. Dieser Fehler besteht darin, daß die Nullhypothese beibehalten wird, obwohl sie falsch ist. Dieser Gefahr kann nicht – wie aus der Abbildung leicht zu erschließen ist – dadurch begegnet werden, daß etwa noch schärfere Signifikanzgrenzen errichtet werden; denn das würde zwar den *Fehler der 1. Art* (α-Fehler) – H_0 wird verworfen, obwohl sie gilt – verringern, gleichzeitig aber die Wahrscheinlichkeit eines *Fehlers der 2. Art* (die schraffierte Fläche würde noch weiter anwachsen) erheblich erhöhen. Dieser reziproke Zusammenhang zwischen dem *Fehler 1. Art* und dem *Fehler 2. Art* ist schematisch in Tabelle 18.3 dargestellt.

Tabelle 18.3: Gegenüberstellung von *Fehler 1. Art* (α-Fehler) und *Fehler 2. Art* (β-Fehler) mit den damit verbundenen statistischen Entscheidungsrisiken.

		Tatsächlicher Sachverhalt (Population)	
		Kein Unterschied: Nullhypothese (H_o) ist korrekt	*Realer* Unterschied: Forschungshypothese (H_1) ist korrekt
Entscheidung (Untersucher)	„Daten belegen die Nullhypothese" (H_o)	*Korrekte Entscheidung* (= *kein* Fehler)	Fehler 2. Art (β-Fehler)
	„Daten belegen die Forschungshypothese" (H_1)	Fehler 1. Art (α-Fehler)	*Korrekte Entscheidung* (= *kein* Fehler)

Eine Lösung für dieses Dilemma kann es nur im Sinne eines Kompromisses geben. Wie im Einführungstext von Wood (1974) beschrieben, sind die meisten Forscher an der Minderung beider Fehler interessiert. Eine plausible Lösung dieses Konflikts liegt daher häufig in der Wahl eines *mittleren* statistischen Signifikanzniveaus für die Ablehnung der H_0 von $p = .05$. – Auch die übrigen zitierten Lehrbücher gehen hierauf im einzelnen ein.

Weitere Grundlagen inferentiell-statistischer Verfahren

Eine Pionierleistung besonderer Art stellt das Werk des englischen Statistikers und Biometrikers – des Begründers der *Varianzanalyse* – Sir Ronald A. Fisher (1890–1962) für die Entwicklung der Statistik und Versuchsplanung dar (Preece, 1990). Die Grundlagen dafür schuf Fisher vor etwa einem halben Jahrhundert; es dauerte dann noch etwa weitere 25 Jahre, bis daraufhin ab Mitte der fünfziger Jahre eine wahre Flut von Statistik- und Versuchsplanungsbüchern entstanden ist. Diese Werke unterscheiden sich voneinander teils bezüglich ihres inhaltlichen Anwendungsbereichs, teils im Hinblick auf die mathematisch-statistischen Voraussetzungen sowie auch hinsichtlich der mehr theorie- oder aber mehr praxisbezogenen Darstellung. Gemeinsam aber ist diesen neueren Statistiklehrbüchern das in den beiden obigen Abschnitten Behandelte, insbesondere die Grundzüge der statistischen Wahrscheinlichkeitstheorie und der inferenzstatistischen Entscheidungslogik.

Die Entdeckung von Fisher, daß man in dem Verhältnis der *„Between"*-Varianz (Varianz der Mittelwerte verschiedener Stichproben) zur *„Within"*-Varianz (mittlere Varianz innerhalb der Stichproben) das Kalkül für einen *Signifikanztest* („Varianzanalyse") auf Mittwertsunterschiede hat, ist sicherlich einer der entscheidenden Impulse für

Sir Ronald Aylmer Fisher (1890–1962), Pionier in Versuchsplanung und Statistik (Foto: Antony Barrington-Brown, 1952)

die Akzeptanz der Statistik in den meisten empirischen Wissenschaften geworden. Das Varianzverhältnis (*ratio*), das zu Ehren seines Begründers als der *F*-Test (Fisher's test) in die Fachliteratur eingegangen ist, lautet:

$$F = s^2_b / s^2_w, \tag{18.4}$$

wobei s^2_b die „Between"-Varianz und s^2_w die „Within"-Varianz bedeuten.

Fisher (1925, 1956), dem auch die Einführung weiterer statistischer Konzepte wie die der *Freiheitsgrade* (degrees of freedom), der *Vertrauensgrenzen* (fiducial limits) und der *Nullhypothese* (null hypothesis) zu verdanken sind, hat ferner das statistische Konzept der *Wechselwirkung* (interaction) bzgl. zweier oder mehr Variabler entscheidend geprägt und fortentwickelt. Daher ist es von besonderem Interesse zu wissen, daß kein anderer als Fisher den Beobachtungsdaten selbst die Priorität gegenüber allem anderen, selbst noch vor den statistischen Prüfverfahren, eingeräumt hat und infolgedessen auch jede gedankenlose Anwendung oder nur theoretisch unverbindliche Betrachtung von statistischen Tests ablehnte (s. Bd. 1, Kap. 3).[3]

[3] In einem seiner Standardlehrbücher schreibt R. A. Fisher (1956, p. 100): „The natural sciences can only be successfully conducted by responsible and independent thinkers applying their minds and their imaginations to the detailed interpretation of verifiable observations. The idea that this responsibility can be delegated to a giant computer with *Decision Functions* belongs to the phantasy of circles rather remote from scientific research."

Eingedenk dieser Haltung erscheint es daher umso mehr geboten, einige Gründe dafür anzugeben, warum auch in der psychologischen Forschung auf statistische Prüfverfahren nicht mehr verzichtet werden kann.

Notwendigkeit des Gebrauchs von statistischen Tests. – Nachdem sich Sir Karl Poppers (1936[1], 1984[8]) wissenschaftslogisches Postulat der *indirekten* Erkenntnisvermehrung durch das Prinzip der *Falsifikation* (nicht: Verifikation!) von Hypothesen und Theorien in sämtlichen empirischen Wissenschaften durchgesetzt hat, kommt der methodologisch gebotenen Beachtung der statistischen *Nullhypothese* im vorliegenden Zusammenhang eine entsprechend große Bedeutung zu. Denn wie oben gezeigt, werden wissenschaftlich-inhaltliche Hypothesen zum Zwecke ihrer Prüfung stets als Nullhypothesen formuliert und dann so getestet, daß nur durch deren *Zurückweisung* (falsification, rejection) hypostasierte *Unterschiede* oder *Korrelationen* indirekt bestätigt werden können. Damit entspricht die Benutzung von statistischen Prüfverfahren in ihrem Kern dem allgemeinen wissenschaftstheoretischen Prinzip der empirischen Forschungsarbeit.

Da in sämtlichen Bereichen der Psychologie mehr oder weniger große inter- und intraindividuelle *Datenstreuungen* eher die Regel als die Ausnahme sind, ist infolgedessen die Beurteilung von *zufallskritischen* Effekten infolge von *UV*-Variationen nur durch den Einsatz von *inferentiellen* („beweisführenden") Tests möglich. Daher stellen die statistischen Prüftests die sachlogisch und praktisch wichtigste Entscheidungsinstanz für das Beibehalten oder für die Ablehnung von zuvor gestellten (Forschungs-) Hypothesen dar. Darüber hinaus kommt dem Einsatz der Statistik aber auch noch eine weitere – vielfach übersehene Bedeutung – gerade in der psychologischen Forschung zu, nämlich die, daß erst durch deren Gebrauch eine gewisse Standardisierung des methodischen Denkens und Arbeitens erreicht ist. Damit wird die Frage der Beliebigkeit in der Psychologie heutzutage viel besser als etwa noch vor rund 30 oder mehr Jahren beantwortet. Das gilt unbeschadet des Umstands, daß ein *übertriebener* Gebrauch der Statistik auf Kritik gestoßen ist (Fisher, 1956; McNemar, 1962; Bakan, 1967; Robinson & Forster, 1979; Bredenkamp, 1980).

Einige neuere Entwicklungen der statistischen Methodenlehre, die z. Z. auch in der psychologischen Grundlagenforschung zunehmend Verbreitung finden, sind die folgenden:

- *Multivariate* statistische Prüfverfahren sowohl für die parametrischen als auch die nicht-parametrischen Indikationen (MANOVA, Faktoren- und Clusteranalysen, Konfigurationsanalysen)
- Statistische *Zeitreihenanalysen* inkl. longitudinalen Datenanalysen und stochastischen Datenmodellen
- Statistische *Pfadanalysen* (als *quasi*-kausale Analysemethoden)
- Statistische *Computeranalysen* (wie z. B. Monte-Carlo-Methoden).

Im einzelnen setzen diese Verfahren vertiefte Kenntnisse voraus, die das Ausbildungsniveau für das Grundstudium im Fach Psychologie überschreiten; für diese Prozeduren ist die direkte Anbindung an die *mathematische Statistik* unmittelbar gegeben (s. ferner Fricke & Theiner, 1986; Gigerenzer & Murray, 1988; von Eye, 1990).

Indikation statistischer Prüfverfahren. – Es gibt verschiedene Gesichtspunkte, nach welchen ein Ordnungssystem für die zahlreichen *parametrischen* (verteilungsgebundenen) und *nicht-parametrischen* (verteilungsfreien) Prüfverfahren aufgebaut sein kann (Bortz et al., 1990, Kap. 4.4). Gemäß dem Umstand, daß wir die Statistik im vorliegenden Lehrbuch nicht schwerpunktmäßig behandeln, da es bereits die genannten vorzüglichen Unterrichtswerke in statistischer Methodenlehre gibt (s. S. 202), wird hier lediglich auf die gängigen Verfahren hingewiesen; und dies unter Zugrundelegung eines einfachen Ordnungssystems, das die *Zuordnung* dieser Prüfverfahren zu den verschiedenen anderen Unterrichtswerken möglichst erleichtert. Dazu ist anzumerken, daß in der nachfolgenden Übersicht nur eine kleine *Auswahl* von inferenzstatistischen Tests getroffen ist; z. B. sind einige wichtige andere klassische Prüfverfahren, wie etwa der KOLMOGOROFF-SMIRNOV-Test, nicht angeführt. Die Tabelle 18.4 enthält im übrigen nur einen *Ausschnitt* aus der als „Wegweiser" zu verstehenden Gesamtmatrix der hauptsächlich indizierten statistischen Prüftests, da an dieser Stelle nur die allgemeine Logik dieses Ordnungsschemas interessiert; die vollständige Matrix befindet sich im *Anhang* (Anh. B.3, S. 362).

Tabelle 18.4: Ausschnitt aus der Matrix der statistischen Prüftests (inferenzstatistische Prüfverfahren). – Vgl. Gesamtmatrix in *Anhang B.3* (S. 362).

Skalenniveau der *AV*	*Versuchsplan* („Design") *Zufallsgruppendesign* (*R* bzw. *RR*, ...) Zweigruppenplan	Mehrgruppen- und Mehrfaktorenplan
Nominalskala	χ^2-Test	McNemar-χ^2-Test
Ordinalskala	Mann-Whitney-U-Test	Kruskal-Wallis-H-Test Jonckheere-Trendtest Friedman-Test
Intervall- oder Ratioskala	t-Test für unabhängige Stichproben	Varianzanalyse (ANOVA)*

* *ANOVA* = *Analysis of Variance* für 1 *AV*;
MANOVA = *Varianzanalyse* für *2*, *3* oder mehr *AV*.

In *Tabelle 18.4* sind in der *Kopfleiste* verschiedene Typen der in Teil III behandelten *Designs* angegeben; ferner ist von unten nach oben die Höhe des jeweils gegebenen *Skalenniveaus* abgetragen. – Ganz ähnlich wie diese zweidimensionale Unterteilung ist auch die von Matheson (1978), Lienert (1979, 1986) u. a. vorgenommene Übersicht.

In ○ Illu 18.1 (Teil B) werden einige (häufige) *Fehler* bei der inferenzstatistischen Datenanalyse behandelt. ○

○ Illu 18.1 (Teil B)
Häufige Fehler bei der Datenanalyse (5)
Statistische Artefakte: Inferentielle Statistik

Im folgenden werden drei verschiedene Fehler („Artefakte") angeführt, die man bei der inferentiellen Datenanalyse häufig antreffen kann. Auch diese Beispiele decken – wie bereits einleitend vermerkt – den Bereich möglicher Fehlerquellen keineswegs ab; sie sollen aber als eine weitere *Warnung* vor einem unkritischen Gebrauch des statistischen Methodenapparats dienen. Dieser Hinweis gilt hier umso mehr, als im Rahmen dieses Lehrbuchs der Experimentalpsychologie – schon aus Raumgründen – meist nur *schematische* Auswertungshinweise erfolgen.

1. *Sukzessive Anwendung von t-Tests anstelle einer Varianzanalyse (bzw. Trendanalyse)*

Im Statistikunterricht für Studenten der Psychologie, Pädagogik, Medizin usw. wird üblicherweise der sog. *Zweistichprobenfall* (s. Kap. 13.1) bei weitem genauer und umfangreicher behandelt als der sachlich übergeordnete – grundsätzlich diffizilere – *Mehrstichprobenfall*. Im Extremfall führt dies dazu, daß dem Studenten selbst am Ende eines zweisemestrigen Kursus in statistischer Methodenlehre nicht (bzw. nur ungenügend) klar geworden ist, daß eine sog. *Varianzanalyse* (Mehrfachstichprobenfall) im Prinzip nichts anderes darstellt als den auf den *Mehr*stichprobenfall erweiterten *t-Test* (Zweistichprobenfall).

Die mehrfache Anwendung eines *t-Tests* (Zweistichprobenfall) auf Mittelwertsvergleiche für *mehrere* Stichproben ($p>2$ Stichproben) – anstelle der Durchführung einer tatsächlich indizierten *Varianzanalyse* (Mehrstichprobenfall) – kann unter Umständen zu folgeschweren Pseudoergebnissen (Artefakten) führen, wie im folgenden anhand eines psychopharmakologischen Forschungsbeispiels gezeigt wird.

In einer pharmakologischen Grundlagenstudie hat Forth (1966) den Einfluß eines sedierenden Pharmakon (Schlafmittel) auf die Konzentrationsleistung bei einer Probandengruppe geprüft, die unter allen $k = 10$ verschiedenen Dosisbedingungen untersucht wurde. Dieses Experiment sollte vor allem den *paradoxen* Effekt einer „Leistungssteigerung" unter geringer Dosierung nachweisen (s. hierzu die Forth-Düker-*Modellkurve* in Kap. 11.2, Abb. 11.2, S. 13).

Die Untersuchungsbefunde lassen den von Forth behaupteten Modelltrend – wenn überhaupt – nur schwach erkennen (visuelle Dateninspektion). Bei einer *mehrfachen* (!) Anwendung eines *t*-Tests (für abhängige Stichproben) resultierten allerdings einige statistische „Belege" für das Forth-Düker-Modell. Erst nach Anwendung des hier tatsächlich angezeigten *Trendtests*, anhand von Forths eigenen Daten, stellte sich heraus, daß der hypostasierte Modelltrend empirisch-statistisch *nicht* nachgewiesen werden kann (Sarris, 1968). Bis heute ist übrigens nicht geklärt, ob und inwieweit das Forth-Düker-Modell nun tatsächlich empirisch gilt oder nicht (s. auch Debus & Janke, 1978).

2. *Wahl eines einfachen „Trendtests" anstelle eines „Trenddifferenztests" bei der Überprüfung von quantitativen Modellen*

Wie im *Einführungsteil* dargestellt, kommt der *Modellmethode* im Rahmen der psychologischen Theorienbildung eine besonders große methodologische Bedeutung zu (Bd. 1, Kap. 2.3). Dabei hat das *mathematische Modell* den speziellen Vorteil der exakten „Vorhersage" von Verhaltensausprägungen, die entsprechend mit den empirischen Befunden sehr genau konfrontiert werden können.

Wie testet man einen *Modelltrend*? – Die Antwort lautet: mit einem sog. „Trenddifferenztest", also nicht mit einem einfachen *Trendtest*. Die Bedeutung der Unterscheidung zwischen diesen beiden wichtigen statistischen Überprüfungsansätzen zeigt das folgende Beispiel:

Angenommen es soll die umgekehrt U-förmige Beziehung zwischen „Motivationshöhe" (*UV*) – mit drei experimentellen Stufen – und „Leistungseffektivität" (AV) untersucht werden. Dabei erhalte man den in Abbildung E wiedergegebenen (fiktiven) Datensatz, und zwar in *zweifacher* Darstellungsweise: Während auf der linken Seite dieses Schemas eine einfache Regressionsgerade durch die drei Durchschnittswerte gelegt ist, gibt die rechte Seite dieselben Punkte wieder, diesmal aber durch einen umgekehrt U-förmigen Kurvenzug angepaßt. Welche *Kurvenanpassung* (curve fitting) ist nun die sachlich angemessenere?

Die Beantwortung dieser Frage ist nach zwei verschiedenen Schritten zu geben. Zunächst ist zu wiederholen, daß hier ein Trenddifferenztest – anstelle eines einfachen Trendtests – angezeigt ist, weil gemäß der Yerkes-Dodson-Modellhypothese eine klare Trend-*Vorhersage* getroffen wird (umgekehrt U-förmiger Trendverlauf; s. Kap. 20.1). Es werden folglich die *Differenzen* zwischen den empirischen und den theoretischen Werten zufallskritisch zu untersuchen sein. – Im Falle, daß etwa das Yerkes-Dodson-Gesetz unbekannt wäre und daher auch *keine* Vorhersage hätte getroffen werden können, wäre umgekehrt der sog. einfache Trendtest zu benutzen gewesen („modellfreie" Trendtestung). In einem solchen Fall wäre *sukzessive* inferenzstatistisch auf einen Trend *1.* Ordnung (linear), *2.* Ordnung (quadratisch), *3.* Ordnung, . . ., *n.* Ordnung zu prüfen (Lindquist, 1953; Edwards, 1972).

Was kann nun passieren, wenn ein Untersucher diese Testindikationen nicht genügend kennt, er aber beide Trendtests aufgrund seiner Daten „ausprobiert" und dabei – zu seiner *Überraschung* – feststellen muß, daß je nach Trendtestwahl das eine Mal eine *lineare* Beziehung, das andere Mal aber eine *quadratische* (umgekehrt U-förmige) Trendkomponente nachgewiesen wird? Genau dieser Fall, der bei bestimmten *Streuungsverhältnissen* (Fehlerstreuungen) eintreten kann, ist in Abbildung E dargestellt (die *senkrechten* „Balken" stellen die *Standardfehler-Werte* dar).

Dieser am einfachen Beispiel gezeigte Sachverhalt macht deutlich, wie wichtig eine genaue Unterscheidung zwischen „modellfreier" und „modellbezogener" Trendtestung ist, um der Gefahr eines *Artefakts* vorzubeugen. Ein *Beispiel* mit echten empirischen Daten findet sich in der Literatur im Zusammenhang mit der Überprüfung eines mathematischen „Bezugssystemmodells". Wie nämlich Sarris u. Stolze

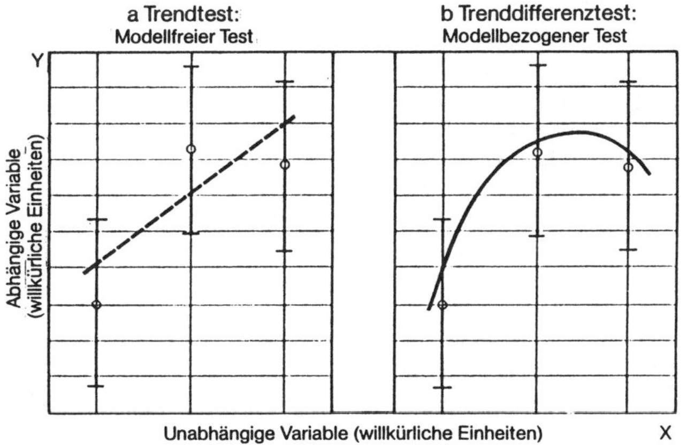

Abbildung E: Unterscheidung eines „modellfreien" *Trendtests* (links) gegenüber einem „modellbezogenen" *Trenddifferenztest* (rechts) bei ein und denselben Mittelwerten und Standardfehlern. Die Wahl des für diesen (fiktiven) Datensatz angemessenen statistischen Prüfverfahrens muß hier nach *theoretisch-inhaltlichen* Gesichtspunkten erfolgen. (Modifiziert nach Sarris & Stolze, 1980)

(1980) – in einer Diskussion von Bredenkamps (1980) experimenteller Datenanalyse – zeigen konnten, wird in dem *modellfreien* Trendtestfall dieser Untersuchung nur eine monotone (lineare) Trendkomponente nachgewiesen, hingegen im Falle einer *modellbezogenen* Analyse ein *non-monotoner* Trend gesichert.

Ganz allgemein gilt die *Regel*, daß die inferenzstatistischen Überprüfungsverfahren nicht etwa wie „Kochrezepte" mehr oder weniger gedankenlos verwendet werden dürfen, sondern – im Gegenteil – nach inhaltlichen und methodologischen (hier: *modelltheoretischen*) Gesichtspunkten einzusetzen sind.

3. *Wahl einer „korrelativen" anstelle einer „varianzanalytischen" Modellprüfung*
In Band 1, Kap. 2.3, wurde anhand von Andersons mathematisch spezifiziertem *„Konflikt"*-Modell das statistische Verfahren der *Varianzanalyse* als die einschlägige *Methode der Wahl* zur Modellprüfung genannt. Man sollte dieses inferenzstatistische Auswertungsverfahren generell als die bestindizierte Technik zur Testung von zwei- oder mehrfaktoriellen Modellen verwenden. In der Forschungspraxis ist allerdings eine *fehlerhafte* Modelltestung weitverbreitet (Birnbaum, 1973, 1974; Anderson, 1976; Anderson & Shanteau, 1976) – nämlich die „Testung" der Modellgüte aufgrund der Berechnung von *Korrelationskoeffizienten.* Das in der Abbildung E wiedergegebene (fiktive) Datenbeispiel kann auch im vorliegenden Zusammenhang als Illustration herangezogen werden. Insofern man nämlich die theoretischen Vorhersagewerte mit den empirischen Daten *korreliert*, ergibt sich – z. B. für den umgekehrt U-förmigen Trendverlauf – eine sehr hohe Korrelation (nahe bei *1*). Die Signifikanz einer solchen Korrelation besagt aber keineswegs, daß das Modell den Daten genügt. Es könnte nämlich sein, daß bei einer *varianzanalytischen* (hier: trenddifferenzanalytischen) Modelltestung statistisch signifikante Abweichungen zwischen Modellwerten und empirischen Daten nachgewiesen werden. Bei der Wahl einer „korrelativen" Modelltestung wird man in aller Regel sein Modell sehr viel weniger leicht *widerlegen* können als im zweiten – dem eigentlich *korrekt* angesetzten – Untersuchungsfall.

Auch dieses Beispiel macht deutlich, daß der Einsatz von „Statistik" – in der Hand des Experten – sicherlich zu einer der großen Errungenschaften der biomedizinischen sowie sozialwissenschaftlichen Disziplinen seit etwa dem zweiten Drittel dieses Jahrhunderts zählt, daß aber derselbe Methodenapparat in der Hand des Unkundigen leicht zu falschen Ergebnissen und Schlußfolgerungen führt.

Literatur

Anderson, N. H.: How functional measurement can yield validated interval scales of mental quantities. Journal of Applied Psychology, 1976, *61*, 677-692.

Anderson, N. H. & Shanteau, J.: Weak inferences with linear models. Psychological Bulletin, 1976, *84*, 1155–1170.

Birnbaum, M. H.: The devil rides again: Correlation as an index of fit. Psychological Bulletin, 1973, *79*, 239–242.

Birnbaum, M. H.: Reply to the devil's advocates: Don't confound model testing and measurement. Psychological Bulletin, 1974, *81*, 854–859.

Bredenkamp, J.: Untersuchungen zum Kontexteinfluß in der Wahrnehmung. In: W. Lauterbach & V. Sarris (Hrsg.), Beiträge zur psychologischen Bezugssystemforschung. Bern: Huber, 1980.

Debus, G. & Janke, W.: Psychologische Aspekte der Psychopharmakotherapie. In: L. J. Pongratz (Hrsg.), Handbuch der Psycholgie (Bd. 8, 2. Halbbd.). Göttingen: Hogrefe, 1978.

Edward, A. L.: Experimental design in psychological research. (4th ed.) New York: Holt, Rinehart & Winston, 1972.

Forth, H.: Über die Wirkung von verschiedenen Dosen eines Schlafmittels auf einige psychische Leistungen. Psychologische Beiträge, 1966, *9*, 3–46.

Lindquist, E. F.: Design and analysis in psychology and education. Bosten: Houghton Mifflin, 1953.

Sarris, V.: Zur Wirkungsintensität verschiedener Schlafmitteldosen: Eine Reanalyse von Forths Daten. Psychologische Beiträge, 1968, *10*, 165–172.

Sarris, V. & Stolze, G.: Theorie und Experiment in der Psychophysik: Kontexeffekte, psychophysikalische Gesetze und psychologische Bezugssystemmodelle. In: W. Lauterbach & V. Sarris (Hrsg.), Beiträge zur psychologischen Bezugssystemforschung. Bern: Huber, 1980.

18.3 Dateninterpretation und Schlußfolgerungen

Im letzten Abschnitt dieses Kapitels erfolgen zunächst einige Anmerkungen zu der *Dateninterpretation*, welche das Schlußstadium (*6*) einer Untersuchung bedeutet. Dabei bezieht sich „Dateninterpretation" einerseits auf alle aus der Untersuchung gezogenen *Schlußfolgerungen* im Hinblick auf die Ausgangshypothesen (Stadium *1*) wie andererseits auf die sich hieraus ergebenden *neuen* Fagen.

Dateninterpretation

Zusätzlich zu – also keineswegs identisch mit – statistischen Testentscheidungen (Stadium *5*) muß die übrige Gesamtheit der methodisch-inhaltlichen Merkmale der vorangegangenen Stadien (*2* bis *4*) für eine jede gute Dateninterpretation beachtet werden. Falls man dies nicht tut, d. h. kurzsichtigerweise nur eines der methodologisch relevanten Stadien als für die Interpretation der Untersuchungsbefunde ausschlaggebend heranzieht, unterliegt man damit automatisch einem *Methodenmonismus* (*Methodenmyopia*).

Demgegenüber ist an die Bedeutung der *Exploration* zu erinnern, die im Anschluß an jedes gut geplante und durchgeführte psychologische Experiment zu erfolgen hat (s. Kap. 17.2, S. 249 f); und dies insofern, als die hieraus gewonnenen *qualitativen* Daten von untersuchungspraktischem, aber auch von theoretischem Wert sein können. Selbstverständlich ist auch die mit dem *Design* zusammenhängende Bedeutung der Ergebnisse und deren Interpretation von größtem Interesse. – Mit Hilfe eines Beispiels soll die Relevanz des hier Gemeinten einmal mehr herausgestellt werden, und zwar besonders um der erfahrungsgemäß weitverbreiteten Gedankenlosigkeit entgegenzuwirken.

Exkurs: Bedeutung der Konzeptualisierung und Operationalisierung von gedächtnispsychologischen Konstrukten.– In einer gedächtnispsychologischen Untersuchung prüfte Lawrence (1966) die Frage, ob Kinder unterschiedlichen Alters ein bestimmtes Lernmaterial in unterschiedlichem Maße subjektiv *organisieren*. Dabei wurde vier Altersgruppen eine Reihe von Bildmotiven dargeboten. Im Anschluß daran sollten die Kinder aus dem Gedächtnis Bildmotive benennen, an die sie sich noch erinnern

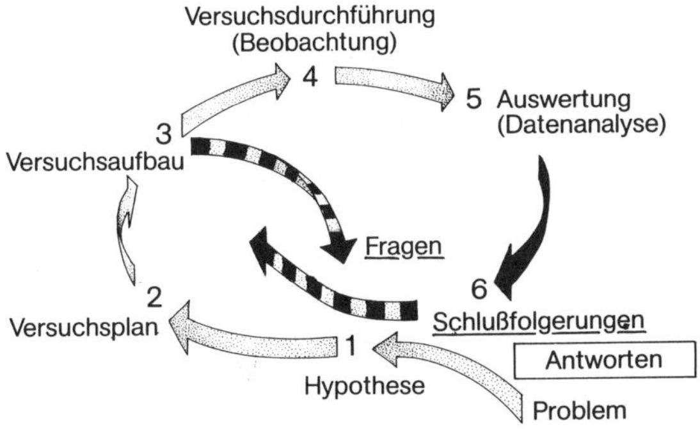

konnten. Jeder Teilgruppe wurde dieselbe Lernreihe insgesamt viermal dargeboten, allerdings in wechselnder Motivreihenfolge. Nach jeder dieser vier Darbietungen wurde die Nennung der jeweils erinnerten Bildmotive verlangt. Der Grad der Organisation des Lernmaterials wurde auf folgende Weise ermittelt: Im Experiment war festgelegt, wie häufig in aufeinanderfolgenden Reproduktionen gleiche Motivpaare auftraten; es kam darauf an festzustellen, in welchem Ausmaß ein Kind eine bestimmte Reihenfolge bei der Wiedergabe der Motive in aufeinanderfolgenden Durchgängen beibehielt.

Der Grad einer solchen subjektiven Organisation wurde nach einer Formel von Tulving (1962) bestimmt. Ein Vergleich der Altersgruppen bzgl. des Ausmaßes der so ermittelten subjektiven Organisation erbrachte keine klare Beziehung zum Alter der Versuchsteilnehmer (Abb. 18.7a). Dieser Befund steht im Widerspruch zu den Befunden anderer Autoren, die einen Anstieg im Ausmaß subjektiver Organisation mit dem Alter feststellten. Sternberg u. Tulving (1978) gingen dieser Diskrepanz mit der Vermutung nach, daß eine unterschiedliche Form der Operationalisierung von „subjektiver Organisation" in den einzelenen Experimenten die Ursache für die widersprüchlichen Ergebnisse sei. Denn Rosner (1971) hatte das Ausmaß subjektiver Organisation nach einer anderen Formel – sensu Anderson u. Watts (1969) – bestimmt. Eine quantitative Reanalyse der Daten von Lawrence (1966) mit dieser Formel bestätigte in der Tat die

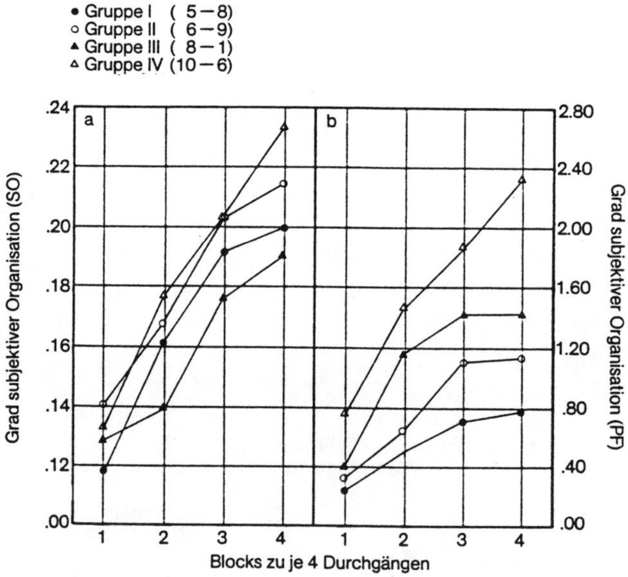

Abbildung 18.7: Verschiedene – einander scheinbar widersprechende – Versuchsergebnisse, veranschaulicht am Beispiel zweier verschiedener Datensätze zur altersspezifischen „subjektiven Organisation" von Lernmaterialien, bei denen die *Operationalisierung* der *AV* jeweils eine andere war. *a:* (*links*) Datensätze für vier Altersgruppen in vier aufeinanderfolgenden Versuchsabschnitten nach Lawrence (1966); *b:* (*rechts*) Datensätze für dieselben Altersgruppen und Versuchsabschnitte nach Tulving (1962). (Nach Sternberg & Tulving, 1978)

Annahme von Sternberg u. Tulving (1978). Es zeigte sich jetzt nämlich eine deutliche Abhängigkeit des Ausmaßes subjektiver Organisation vom Alter der Kinder (s. Abb. 18.7 b).

Das Ergebnis unterstreicht in eindrucksvoller Weise die Forderung nach einer genauen Beachtung der verschiedenen *Operationalisierungen* psychologischer Konstrukte. Ferner zeigt die Arbeit von Lawrence (1966), daß es eigentlich dieser experimentell ausgetragenen Kontroverse gar nicht bedurft hätte, um die vermeintliche „Diskrepanz" (Lawrence) zu früheren einschlägigen Arbeiten zu klären, wäre nämlich das Stadium (*6*) der *Schlußfolgerungen* geeignet genutzt worden. Auf nähere Einzelheiten bzgl. der in diesen Arbeiten verwendeten gedächtnispsychologischen Konstrukte und ihrer Meßoperationen wird in *Grundversuch 7* „Kategoriales Clusterung und subjektive Organisation", *PrB*, Bd. II, Kap. 7.2, eingegangen.

Herleitung neuer Fragen

Das Ergebnis eines Experiments wird, sofern dies möglich ist, in größere *theoretische* Zusammenhänge eingearbeitet. Nicht selten stellen die Ergebnisse eines Experiments, die eine bestimmte Theorie unterstützen, gleichzeitig eine Herausforderung für eine andere Theorie dar. Aus theoriebezogenen Ergebnissen resultieren also in der Regel neue Fragen.

Beispielsweise stehen die vielbeachteten Befunde des Experiments von Schachter u. Singer (1962), nach denen eine empfundene physiologische Erregung je nach kognitiver *Bewertung* durch den Versuchsteilnehmer sowohl als positive als auch als negative Emotion erlebt werden kann, im *Gegensatz* zu früheren Emotionstheorien, nach denen die physiologische Erregung die verursachende Grundlage emotionalen Geschehens ist. Zwar wird die Möglichkeit physiologischer Differenzen zwischen verschiedenen Emotionen nicht ausgeschlossen, aber die kognitive Bedingtheit der emotionalen Qualitäten ist für sie doch entscheidend (Schachter, 1964).

Von Psychophysiologen, die aufgrund ihrer Forschungsergebnisse physiologische Aktivierungsmuster von Emotionen annehmen, haben die Experimente von Schachter eine methodische Kritik erfahren (Erdmann & Janke, 1978).

Eine Entscheidung zwischen den beiden Ansätzen zur Erklärung von Gefühlen ist jedoch aufgrund des Experiments von Schachter u. Singer (1962) nicht möglich, da in dem Versuch *keine* physiologischen Registrierungen vorgenommen worden sind. Um die empirischen Grundlagen für eine derartige Entscheidung zu erhalten, mußten dementsprechend *neue* Experimente geplant und durchgeführt werden, die dann ihrerseits Schachters Ansatz fortentwickelt haben.

Die z. Z. noch immer umstrittenen verschiedenen *Motivations-* und *Emotionstheorien* liefern ein gutes Beispiel dafür, daß es gerade die wissenschaftlichen Kontroversen sind, durch welche Forschungsarbeiten in wichtiger Weise angeregt werden. So sind im Zusammenhang mit den genannten Arbeiten sehr viele kontroverse Untersuchungen durchgeführt worden, ohne daß bisher eine Entscheidung *für* oder *gegen* die kognitiv orientierten Emotionstheorien gefallen wäre (s. Fahrenberg, 1979). Daher stützt die heutige wissenschaftliche Diskussion beide Ansätze – den psychophysiologischen und den kognitionspsychologischen – beim Versuch einer Erklärung der Emotionen. Man geht also davon aus, daß am Zustandekommen einer bestimmten Emotion sowohl physiologische als auch kognitive Prozesse beteiligt sind (Heckhausen, 1989).

Der *Forschungsprozeß* zur Frage nach den Grundlagen emotionalen Geschehens verdeutlicht die Dynamik der experimentalpsychologischen Forschung: Die Antwort, die ein Experiment auf eine Fragestellung gibt, löst in der Regel gleichzeitig *neue* Fragestellungen aus, die wiederum einer empirischen Untersuchung bedürfen usw.

Einige der für dieses Stadium typischen *Fehler* sind in *Tabelle 18.5* aufgelistet.

Tabelle 18.5: Typische Mängel bei der *Dateninterpretation* und den *Schlußfolgerungen* (*6*)

1. Es bleiben die während der vorangegangenen Stadien gemachten Fehler unbemerkt bzw. unkorrigiert (s. Tab. 16.1, S. 210; Tab. 16.3, S. 219; Tab. 17.2, S. 244; Tab. 17.3, S. 251; o Illu 18.1, Teil A, S. 275ff, Teil B, S. 286ff).
2. Die Dateninterpretation konzentriert sich einseitig auf die Perfektion bestimmter Untersuchungsstadien, z. B. nur auf das der statistischen Datenanalyse („Methodenmyopia").
3. Es erfolgt keine abschließende konzeptuelle Neubewertung der für das Experiment benutzten Operationalisierungen von *UV* und *AV*.
4. Es wird die Frage der Generalisierbarkeit der Befunde auf andere Populationen, Situationen und Variablen nicht erörtert bzw. nicht in Form von hypothetischen Schlußfolgerungen für neue Untersuchungen diskutiert.
5. Die Herleitung neuer Fragestellungen orientiert sich nicht bzw. zu wenig an einer systematischen Reanalyse der Befunde im Zusammenhang mit jedem der vorangegangenen Stadien (1) bis (5).
6. Es unterbleibt die für dieses Stadium relevante wissenschaftliche Kommunikation (s. Kap. 19.1).

◇ Demo 18.1
Pseudo-quantitative Datenanalysen: Indexkorrelationen

Bei der quantitativen Beschreibung und Analyse von Versuchsergebnissen geht es in erster Linie darum, komplexe Datensätze überschaubar zu machen und damit die Voraussetzungen für eine *statistische* Überprüfung sowie Interpretation der Daten zu schaffen. Probleme, die mit der Wahl *inadäquater* quantitativer Analyseverfahren verbunden sein können, illustriert folgendes fiktives Beispiel aus dem Bereich der medizinischen Psychotherapie-Forschung (Huff, 1954; Campbell, 1955; Cronbach, 1958).

Mittels eines neuen medizinisch-psychotherapeutischen *Kombinations*-Verfahrens (Verabreichung eines auf biochemisch neuer Grundlage entwickelten Präparats; Erhöhung der allgemeinen sozialen Zuwendung durch das Pflegepersonal; Einsatz von verhaltenstherapeutischen Techniken) soll der allmähliche *Zuwachs* der Zuwendungsbereitschaft eines auf der kinderpsychiatrischen Station untergebrachten *autistischen* Kindes (4; 5 J.) untersucht werden.

Die im einzelnen sorgfältig geplante klinisch-psychologische Untersuchung wird insgesamt ein Jahr lang durchgeführt; jeweils am *Quartalsende* wird die Zuwendungsbereitschaft des Kindes (spontane

Kontaktaufnahme zu Pflegepersonen, Zuwendung zu einem anderen Kind auf der Station usw.) über entsprechend genaue Beobachtungsverfahren für jeweils 2 Tage registriert (Analyse von *Videorecordings*). Am Ende dieser einjährigen Behandlungs- und Beobachtungszeit haben Arzt, Psychotherapeut und Pflegepersonal gleichermaßen den Eindruck einer deutlichen Gesamtverbesserung des kindlichen Sozialkontakts gewonnen, auch wenn das inzwischen 5 1/2 Jahre alte Kind – im Vergleich zu psychisch normalen Kindern – immer noch klinisch erhebliche Verhaltensauffälligkeiten zeigt. Das Forschungsteam interessiert sich jedoch insbesondere für die Betrachtung der vier objektiven Quartalserfolgsmessungen, d.h. für die *quantitative* Zunahme der sozialen Kontaktbereitschaft von einem Quartalsende zum jeweils nächsten (*I, II, III, IV*). – Dabei interessieren die entsprechenden Punktwerte (*absolute* Anzahl von beobachteten sozialen Zuwendungen) weniger; sondern gemäß dem therapeutischen Anliegen ist dem Forscher-Team mehr an der Beurteilung der fortschreitenden *Verbesserung* der kindlichen Kontaktfähigkeit gelegen. Entsprechend werden auch die Zahlenwerte *relativ* verrechnet, indem der Behandlungsfortschritt von *I* zu *II*, von *II* zu *III* sowie von *III* zu *IV* nach den in den Tabellen 18.6 und 18.7 wiedergegebenen Rechenschemata quantitativ bestimmt wird.

Tabelle 18.6: Zunahme des Sozialkontakts eines psychotherapeutisch behandelten autistischen Kindes über die vier Quartale des gewählten Beobachtungszeitraums von einem Jahr (hypothetisches Datenbeispiel). Der *Behandlungsfortschritt* drückt sich in dem Zuwachs der Punktwerte für den Sozialkontakt des Kindes von Quartal I zu II, II zu III usw. aus.

	Quartal I	II	III	IV
Punktwert (Sozialkontakt)	102	149	252	379

Tabelle 18.7: Rechenschema für die Bestimmung der drei *Wachstumsraten* des kindlichen Sozialkontakts von Quartal I zu II, II zu III und III zu IV aufgrund der in *Tabelle 18.6* enthaltenen Punktwerte.

Zuwachs 1:	II. vs. I. Quartal:	$\frac{II - I}{I} = ...$
Zuwachs 2:	III. vs. II. Quartal:	$\frac{III - II}{II} = ...$
Zuwachs 3:	IV. vs. III. Quartal:	$\frac{IV - III}{III} = ...$

Untersuchungsaufgabe

Berechnen Sie anhand des angeführten Rechenschemas den *relativen* Kontaktzuwachs bei dem autistischen Kind von Quartal zu Quartal und tragen Sie dann die relativen Zuwachsraten in ein Schema ein, wie in Abbildung 18.8 angegeben.

Inwieweit stimmt der Datentrend mit dem oben genannten klinischen Gesamteindruck überein? Sofern Sie Diskrepanzen zwischen den objektiven Daten und dem klinischen Eindruck bemerken, prüfen Sie nochmals Ihre Berechnungsergebnisse nach und versuchen Sie eine adäquate Dateninterpretation, bevor Sie die Angaben des *Lösungsschlüssels* einsehen (Anh. D.2.3, S. 371).

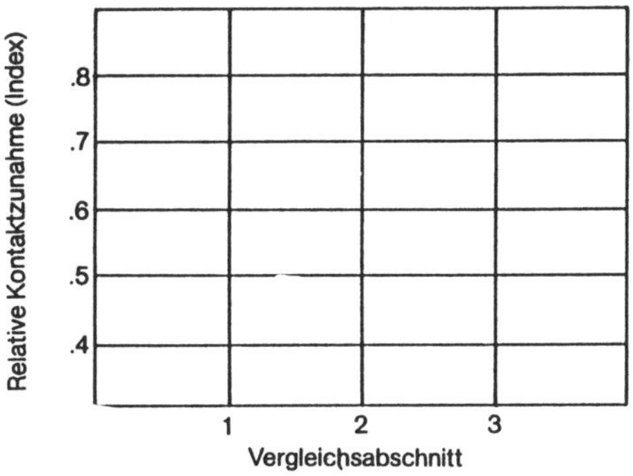

Abbildung 18.8: Auswertungsschema: Berechnung des „Kontakt"-Zuwachses eines autistischen Kindes aufgrund von fiktiven Daten.

Literatur

Campbell, D. T.: An error of some demonstrations of the superior social perceptiveness of leaders. Journal of Abnormal and Social Psychology, 1955, *55*, 694–695.

Cronbach, L. J.: Proposals leading to analytic treatment of social perception scores. In: R. Tagiuiri & L. Petrullo (Eds.), Person perception and interpersonal behavior. Stanford, Calif.: Stanford University Press, 1958.

Huff, D.: How to lie with statistics. New York: Norton, 1954.

Zusammenfassung

Für die *statistische Datenanalyse* und *Dateninterpretation* (*Stadium 5*) sind hauptsächlich die Begriffe Population und Stichprobe, Zufallsvariable und empirische Variable sowie Lageparameter und Populationsvarianz im Rahmen der Wahrscheinlichkeitstheorie von methodologischer Relevanz. Bezüglich der *deskriptiven Statistik* sind beispielsweise die verschiedenen Kennwerte der zentralen Tendenz für Stichproben (arithmetisches Mittel, Medianwert, Modalwert) voneinander zu unterscheiden und dabei auch deren Beziehung zu der jeweiligen Skalenqualität (Meßskala) der zu analysierenden Rohdaten mit zu berücksichtigen. Ferner sind die Kennwerte der Dispersion (Streuung, Quartile) für Stichproben sowie die Kennwerte von bivariaten (generell: multivariaten) Verteilungen von allgemeiner Bedeutung. Es gibt einige besonders häufige Fehler der deskriptiv-statistischen Datenanalyse, die es zu vermeiden gilt.

Zu den Grundlagen der *inferenzstatistischen* (beweisführenden) Datenanalyse – deren Ziel es ist, beweiskräftige Schlußfolgerungen inbezug auf die Ausgangshypothesen eines Experiments zu ziehen – gehört die Verwendung der mathematischen Statistik. Dabei sind vor allem die elementaren Entscheidungsprinzipien der inferentiellen Statistik (*Null-* vs. *Alternativhypothesen*) und die statistischen Tests hervorzuheben, d. h. die *parametrischen* und *nicht-parametrischen* Prüfverfahren. Andererseits ist vor einem übertriebenen bzw. falschen Gebrauch der (inferentiellen) Statistik zu warnen.

Im Anschluß an die statistische Datenanalyse erfolgt die Dateninterpretation inbezug auf die methodisch und inhaltlich zulässigen *Schlußfolgerungen* (*Stadium 6*). Wie wichtig die abschließende kritische Bilanzierung der Versuchsergebnisse – jeweils in Verbindung mit der eingangs vorgenommenen Operationalisierung der Konstrukte – zu nehmen ist, wird ebenfalls am Beispiel erörtert. Aus den Schlußfolgerungen eines Experiments ergibt sich meistens die Herleitung neuer zu überprüfender Fragen.

Kapitel 19

Wissenschaftliche Kommunikation

Der Stand einer Wissenschaft setzt sich aus Wissen und Erkenntnis aller darin arbeitenden Wissenschaftler zusammen. An der Kommunikation von Forschungsinteressen und -ergebnissen ist dementsprechend eine breite wissenschaftliche – und auch nicht-wissenschaftliche – Öffentlichkeit interessiert (Frey, 1990). Natürlich gilt dies für sämtliche Wissenschaften, vielleicht aber für die Psychologie ganz besonders. Wahrscheinlich lädt nämlich die Psychologie als eine Basiswissenschaft vom Menschen über den Menschen zur Kommunikation psychologischer Erkenntnisse besonders ein. Schließlich steht die Psychologie im Schnittpunkt der Interessenbereiche von Natur-, Sozial- und Geisteswissenschaften, wie wir es spätestens seit K. Bühlers (1929) scharfsinniger Analyse wissen (s. Bd. 1, Abb. 2.3) – ein Umstand, der gerade die *Interdisziplinarität* der Psychologie und damit auch die Kommunikation begünstigen oder zumindest erfordern sollte.

Während wir darüber nur wenig Genaues wissen und die Aufgaben für die in der Wissenschaft tätigen Psychologen von vielfältiger Natur sind, dient das vorliegende Kapitel dem Versuch, über die wichtigsten Kommunikationsmittel und -formen der Psychologie als Wissenschaft zu informieren. Im ersten Kapitelteil werden die allgemeinen Aufgaben und die Funktion wissenschaftlicher Kommunikation behandelt. Es wird u. a. auf die *Internationalität* wissenschaftlichen Arbeitens und Kommunizierens hingewiesen und die Bedeutung von Fachzeitschriften und -büchern herausgestellt (Kap. 19.1). Die Funktion von *Forschungsberichten* wird besonders betont, weil Studierende der Psychologie zu allererst die Forschungsberichte anderer (Zeitschriftenaufsätze, Bücher) lesen und verstehen lernen sollen; sie müssen sich darin üben, möglichst selbst solche Berichte anzufertigen (Kap. 19.2). Im Schlußteil dieses Kapitels wird als ein *Exkurs* auf die mangelnde Kommunikation in der Psychologie aufmerksam gemacht; es finden sich dort auch einige Informationen über den tatsächlichen Status der (zeitgenössischen) Psychologie (Kap. 19.3).

19.1 Aufgaben und Funktion wissenschaftlicher Kommunikation

Wissenschaftliche Kommunikation dient der nationalen sowie auch der internationalen Verbreitung – und damit der Weiterentwicklung – von psychologischen Erkenntnissen. Dies hat eine klare und prinzipiell jedermann zugängliche Organisationsstruktur des wissenschaftlichen Gedankenaustausches zur Voraussetzung (*Arbeitstagungen* und *Fachkongresse* sowie *Fachzeitschriften* und *Fachbücher*). Heutzutage dominiert in der experimentalpsychologischen Forschung die englische Sprache als Kommunikationsmittel.

Im Vergleich zu früher – bis etwa noch vor 100 Jahren – ist Wissenschaft heute keine vornehmlich individuelle, lokalspezifische oder nationale Angelegenheit mehr, sondern längst zu einer *internationalen* Sache geworden. Die weltweite gemeinsame Sammlung von Fakten und Einsichten bedarf eines regelmäßigen Informationsaustausches unter den Wissenschaftlern. Erst durch die Möglichkeit, sich gegenseitig über neue Untersuchungsergebnisse, Methoden und theoretische Ansätze zu unterrichten, kann sich eine Wissenschaft kontinuierlich entwickeln. Auf dieser *kommunikativen* Grundlage können sich Forschungsteams bilden, lassen sich Forschungsvorhaben gemeinsam realisieren und können rationellere *Forschungsstrategien* entwickelt werden (Abb. 19.1).

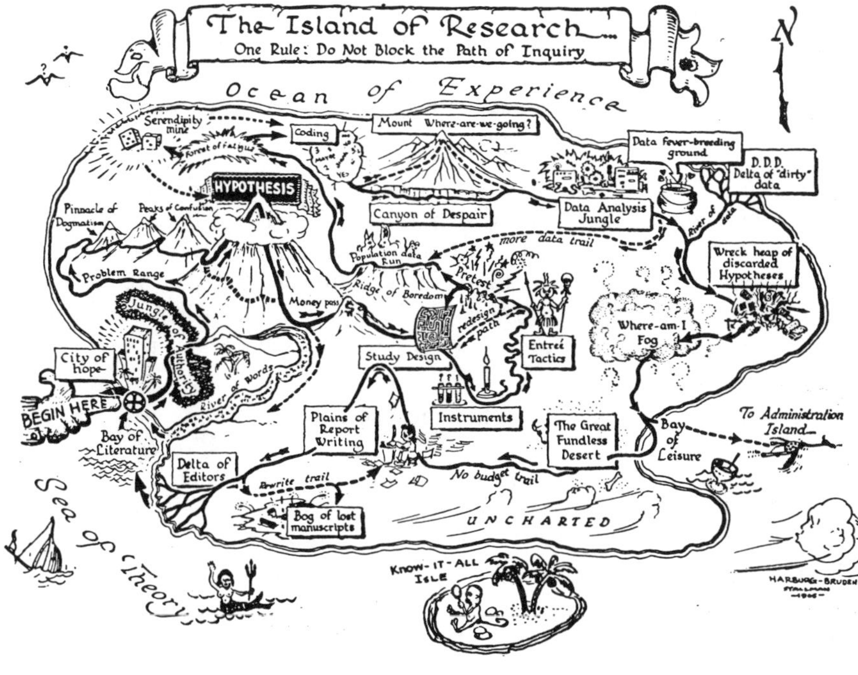

Abbildung 19.1: Die dornige Inselwelt der Forschung („The Island of Research") – eine humorvolle Darstellung aus der Sicht eines der international weitverbreiteten Einführungstexte in der Psychologie. Die Abbildung illustriert, wie der Forschungsalltag als „Puzzle"-Forschung in der Praxis tatsächlich aussehen mag. – Man beachte die Grundregel für Wissenschaftler: *„Do Not Block the Path of Inquiry"*. (Aus Zimbardo & Schmeck, 1971)

Arbeitstagungen und Fachkongresse

Wissenschaftliche Arbeitstagung. – Arbeitstagungen finden auf regional bzw. national und international breiter Ebene statt. Sie verfolgen das Ziel, Erfahrungen und Ergebnisse zu neuen wissenschaftlichen Fragestellungen und Methoden vorzustellen und zu diskutieren. Es werden also aktuelle Forschungsergebnisse (und -fragen) referiert sowie neue Forschungsvorhaben vorgestellt. Arbeitstagungen von allgemeinem Charakter werden meist jährlich durchgeführt. In Deutschland findet z. B. jedes Frühjahr die *„Tagung für experimentell arbeitende Psychologen"* an jeweils einem anderen deutschen, österreichischen oder auch schweizerischen Universitätsort statt. Ferner veranstaltet der „Berufsverband Deutscher Psychologen" (*BDP*) Arbeitstagungen in verschiedenen Bereichen der Angewandten Psychologie.

Die auf Arbeitstagungen behandelten Forschungsergebnisse stellen häufig das Ausgangsmaterial für die in den einschlägigen Fachzeitschriften zu publizierenden wissenschaftlichen Aufsätze dar. Demselben Anliegen dient vielfach auch das sog. *Kolloquium*. Unter dem mit verschiedenen Bedeutungen behafteten Begriff „Kolloquium" versteht man meistens institutsinterne Veranstaltungen mit mehr oder weniger informellem Charakter. Um ihre Erfahrungen mit bestimmten neuen Inhalten, Techniken,

Methoden und Ergebnissen auszutauschen, laden Wissenschaftler einander gegenseitig zu Kolloquien ein. In der Regel erhalten Universitätsstudenten während ihres zweiten Studienabschnitts Gelegenheit, an solchen institutsinternen Veranstaltungen teilzunehmen. Gelegentlich wird der Terminus „Kolloquium" synonym mit dem der „wissenschaftlichen Arbeitstagung" verwendet.

Wissenschaftlicher Kongreß. – Kongresse haben die Aufgabe, einen breiteren Kreis von Fachkollegen über den neuesten wissenschaftlichen Stand der Psychologie möglichst repräsentativ – bereits übergreifend – zu informieren. Im übrigen referieren auch hier die Experten aus den verschiedenen Bereichen der Psychologie über aktuelle Entwicklungen auf ihrem jeweiligen Spezialgebiet. Beispielsweise findet im deutschsprachigen Bereich der Kongreß der „Deutschen Gesellschaft für Psychologie" (*DGfPs*) alle zwei Jahre statt.

Einen Eindruck davon, welches die thematischen Schwerpunkte bei dem heutigen Stand der Psychologie sind, vermitteln die *Kongreßberichte* (*Proceedings*). Im Vergleich zu den Tagungs- und Kongreßbeiträgen von vor etwa 75 Jahren – oder auch noch vor 50 bis 30 Jahren – haben die Absolutzahlen sowie auch die Themenvielfalt der Einzelbeiträge zugenommen. Die Themen reflektieren die gesamte Bandbreite der biomedizinisch orientierten und sozialwissenschaftlichen Bereiche der Psychologie.

Fachzeitschriften und Fachbücher

sind wohl das bedeutsamste wissenschaftliche Kommunikationsmittel. Die Einzelbeiträge für die Fachzeitschriften werden von Wissenschaftlern verfaßt bzw. herausgegeben. Die Autoren und Herausgeber sowie die von den Herausgebern bzw. Verlagen herangezogenen Gutachter entscheiden über die Annahme einer zur Veröffentlichung eingereichten Arbeit. Sie berücksichtigen hierbei neben formalen und sprachlichen Aspekten insbesondere das wissenschaftliche, d. h. das methoden- und erkenntniskritische Niveau des Beitrags.

Im Anhang des *Praktikumsbuchs* befindet sich eine Auflistung der wichtigsten fachpsychologischen Zeitschriften des In- und Auslands mit der Angabe ihrer jeweiligen inhaltlichen bzw. methodischen Schwerpunkte (*PrB*, Bd. III, Anh. A.1). Die dort gegebene Übersicht verdeutlicht die zentrale Rolle des Experiments in den verschiedenen Teilbereichen der Psychologie.

Die Anzahl der *Publikationen* in den Fachzeitschriften ist im Laufe der Zeit so erheblich angestiegen, daß es schon in einem engeren Fachgebiet dem einzelnen Wissenschaftler nicht mehr möglich ist, alle Veröffentlichungen, die thematisch interessant wären, zu verfolgen, geschweige denn zu lesen. In der internationalen Fachliteratur der Psychologie erscheinen heutzutage jährlich über 25000 wissenschaftliche Abhandlungen; d. h. es werden durchschnittlich in der Stunde mehr als 3 Arbeiten veröffentlicht. Abbildung 19.2 zeigt, in welchem Ausmaß allein im deutschsprachigen Raum die Publikationsflut im Laufe der ersten 70 Jahre dieses Jahrhunderts angestiegen ist (Pawlik, 1975).

Als Konsequenz aus dieser Situation hat sich während der letzten Jahre auch im deutschsprachigen Raum immer mehr die Forderung durchgesetzt, Forschungsberichte prägnant, überschaubar und möglichst einheitlich zu gestalten. Es wurden Regeln aufgestellt, nach denen wissenschaftliche Berichte auszuformen sind. Solche Regeln sollen

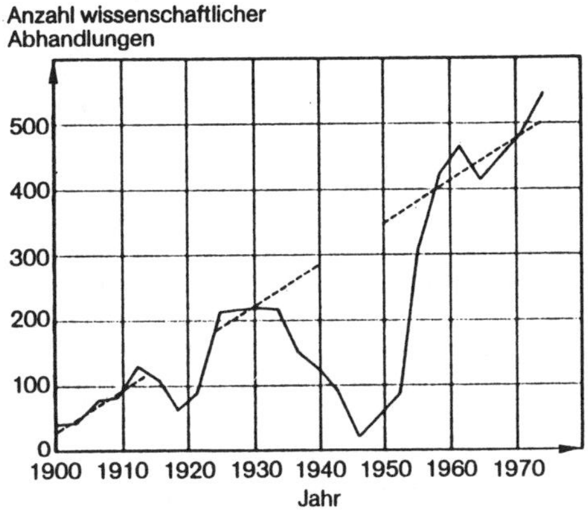

Abbildung 19.2: Zunahme der Anzahl der Abhandlungen in den deutschsprachigen psychologischen Zeitschriften im Zeitraum von 1900 bis 1970. (Man beachte den Einbruch zwischen den Jahren 1933 und 1955). – (Nach Pawlik, 1975)

einen formal identischen Aufbau von Berichten gewährleisten, wodurch dem Leser eine gezielte Informationsentnahme und -verarbeitung ermöglicht wird (Deutsche Gesellschaft für Psychologie, 1987).

Eine besondere Hilfe bei der Suche und dem Auffinden von einzelnen einschlägigen Arbeiten, die man z. B. auch als Psychologiestudent benötigt (Seminar- und Examensarbeit), bieten die monatlich erscheinenden Hefte der *Psychological Abstracts*. Dieses Nachschlagewerk enthält zusätzlich zu seinen Autoren- und Sachverzeichnissen noch die *Zusammenfassungen* sämtlicher Bücher und Fachzeitschriftenbeiträge, die in Wissenschaftsorganen der gesamten Welt publiziert sind.

Internationalität versus Provinzialismus. – Dem internationalen Informationsaustausch sind naturgemäß sprachliche Grenzen gesetzt. Um eine wissenschaftliche Arbeit der internationalen Öffentlichkeit vorzustellen, müssen Psychologen in englischer Sprache publizieren. Auf diese Notwendigkeit haben Lienert (1977) und Eysenck (1980) mit Nachdruck hingewiesen. In diesem Zusammenhang wird diskutiert, ob nicht Englisch als Fachsprache eingeführt und auch in nationalen Publikationsorganen in englischer Sprache geschrieben werden sollte. Hiergegen werden jedoch Einwände erhoben und – nicht zu Unrecht – auf die Gefahren einer sprachlichen „Monokultur" hingewiesen (Traxel, 1979).

In seinem Aufsatz *„Internationalität oder Provinzialismus, zur Frage: Sollten Psychologen in Englisch publizieren"* wirft Lienert (1977) eine Reihe von provozierenden Fragen zu diesem Problem der wissenschaftlichen *Kommunikation* in der Psychologie auf. Einige von Lienerts *Thesen* lauten auszugsweise (in Klammern die Nummern der im Original aufgestellten Thesen):

- „Deutschsprachige Psychologen, deren Arbeit international beachtet und diskutiert werden soll, müssen – wo und wie immer – in Englisch publizieren (*These 1*) ..., da Englisch inzwischen die weltweite Kommunikations-Fachsprache geworden ist" (*These 2*).

- „Der ohne Zweifel beste Weg, Englisch zu publizieren, besteht ... darin, sich – auf welchem Weg immer – die englische Fachsprache (zumindest des eigenen Forschungssektors) anzueignen. Den erfolgreichsten Weg hierzu sehe ich darin, ein Studien- oder Nachstudienjahr an einer englischsprachigen Universität zuzubringen und dort Kurse zu nehmen oder zu halten" (*These 4*).
- „Es geht bei der Diskussion um Internationalität gegen Provinzialismus nicht nur um Publikationen und Zeitschriften; es geht ebensosehr um Vorträge und Diskussionen auf überregionalen Kongressen und Symposien; auf ihnen müssen sich *Jungwissenschaftler* darstellen und behaupten können, wenn sie die nationale Forschung international artikulieren und repräsentieren sollen. Ich selbst habe es leidvoll erlebt, wie hart es sein kann, diesem Desiderat zu genügen, wenn man mit 5 Jahren Schul-Englisch in die Arena zu steigen hat. Ein *Studienjahr* hätte ich gerne drangegeben, wenn mir diese Erfahrung erspart geblieben wäre" (*These 6*).

(Lienert, 1977; Hervorhebungen durch V. S.)

Mit diesen Thesen sind verständlicherweise manche der seinerzeit in Deutschland wirkenden Wissenschaftler – vornehmlich der älteren Generation – nicht einverstanden gewesen. Ohne in diese ohnehin fast abgeschlossene Diskussion eintreten zu wollen, interessiert im vorliegenden Sachzusammenhang jedoch noch das Folgende:

– Es ist bezeichnend für die deutschsprachige Psychologie, daß über die Frage des Publizierens (auch) in *Englisch* überhaupt noch diskutiert werden mußte, und das unter Beteiligung eines Teils von führenden Experten dieses Fachs. Eine solche Diskussion wäre vergleichsweise in der Physik, Chemie, Biologie oder in den meisten Gebieten der Medizin undenkbar, da dort schon seit langem alles Wesentliche entweder nur oder aber zusätzlich in englischsprachigen Fachzeitschriften veröffentlicht wird.

– Für den Fall, daß der in Lienerts (1977) Aufsatz vertretene Standpunkt zur Frage, ob Psychologen in Englisch publizieren sollten, der Sache nach zu Recht besteht, müßte das – *nolens volens* – auch eine Konsequenz für das Studium der Psychologie haben, zumindest für die Hauptfachstudierenden in Psychologie. In einem solchen Fall hätten die Psychologiestudenten einen Teil der psychologischen Fachliteratur *von Anfang an* in der angloamerikanischen Originalliteratur zu studieren.

– Der gesamte Trend der vergangenen Jahre seit Lienerts (1977) thesenartig formulierter Forderung hat dieser Entwicklung Recht gegeben, gleich auf welcher Seite man steht. Belege dafür sind: In einigen prominenten deutschen Zeitschriften ist man zum Publizieren in englischer Sprache übergegangen, z. B. in den *Archives of Psychology*, dem *German Journal of Psychology*, den *Methods in Psychology* und dem *Psychological Research*. Führende Psychologieexperten sind in verschiedenen international renommierten englischsprachigen Zeitschriften Mitherausgeber oder Mitglieder des Beratungsgremiums für die Herausgeber geworden (*z. B. Acta Psychologica, Biological Psychology, Motivation and Emotion, Psychophysiological Psychology*). – Immer mehr Wissenschaftler der jüngeren Generation publizieren heutzutage u. a. *auch* in englischsprachigen Zeitschriften.

◇ Im Zusammenhang mit diesen Überlegungen wird auf ◇ Demo 19.1 hingewiesen. Dort finden sich näher zu untersuchende *Zusammenfassungen* von Arbeiten verschiedener Autoren. Einige dieser Zusammenfassungen sind mit Bedacht in der *englischen* Originalsprache belassen (S. 320 ff).

Die Frage der *Internationalität* der wissenschaftlichen Kommunikation betrifft auch das

Anliegen von wissenschaftlichen Besuchsreisen von oder nach deutschen Universitätsorten und speziellen Institutionen und Forschungszentren.

Über die Psychologie, wie sie in anderen Ländern betrieben wird, informieren sowohl Arbeiten, die von Psychologen dieser Nationen in englischer Sprache veröffentlicht wurden (s. Sexton & Misiak, 1976; Irle, 1977) als auch Aufsätze, die ausländische Psychologen, die die Gelegenheit hatten, sich über das Fach in dem jeweiligen Land zu informieren, in ihrer eigenen Sprache veröffentlicht haben (z. B. Murch & Wesley, 1966). Im nordamerikanischen *Annual Review of Psychology* werden gelegentlich Arbeiten veröffentlicht, in denen über die aktuelle Psychologie in einem bestimmten Lande berichtet wird (z. B. Ardila, 1981; H.-D. Schmidt, 1982). Ferner ist von R. Corsini (1984) ein mehrbändiges Handbuch in englischer Sprache erschienen, in dem die zeitgenössische Psychologie, wie sie in den einzelnen Ländern betrieben wird, dargestellt ist.

19.2 Aufbau und Struktur eines Forschungsberichts

In diesem Abschnitt wird zunächst auf die Literatur zur Anfertigung von wissenschaftlichen Arbeiten hingewiesen, bevor die wichtigsten Bestandteile eines Forschungsberichts behandelt werden. Auf die Bewertungskriterien für Forschungsberichte wird abschließend eingegangen (○ Illu 19.1, S. 304 f). ○

Allgemeine Hinweise zur Abfassung eines wissenschaftlichen Berichts

Im folgenden werden die „Bausteine" eines experimentalpsychologischen Arbeitsberichts behandelt. Dabei begnügen wir uns mit den notwendigsten Hinweisen, d. h. mit solchen, die vor allem im Hinblick auf die Abfassung eines sachlich angemessenen *Praktikumsberichts* von Bedeutung sind. Weitere Angaben können den einschlägigen experimentalpsychologischen Lehrbüchern entnommen werden (Hager & Spies, 1991). Dabei berücksichtigen alle Anleitungen für die Abfassung wissenschaftlicher Arbeiten das in den USA verlegte sog. *Publication Manual* (American Psychological Association, 1983).

Bestandteile eines Forschungsberichts

Ein Forschungsbericht setzt sich nach diesen Regeln aus verschiedenen Abschnitten zusammen. Jeder Abschnitt hat eine besondere Funktion und soll dieser Funktion gemäß gestaltet werden. Die wesentlichen Abschnitte eines Berichts sind:

- *Zusammenfassung*
- *Einleitung*
- *Methode*
- *Ergebnisse*
- *Diskussion.*

„Zusammenfassung". – Einem wissenschaftlichen Bericht wird stets eine *Zusammenfassung* vorangestellt. Sie informiert in aller Kürze über die wesentlichen Inhalte aller Einzelabschnitte des Berichts (s. ◇ Demo 19.1). Die Informationen in der Zusammenfassung eines jeden Arbeitsberichts können folgendermaßen aufgegliedert werden:

- Darstellung des allgemeinen Problems
- Beschreibung der Stichprobe
- Angaben zur Versuchsanordnung
- Hinweise zum Versuchsablauf
- Benennung des zentralen Ergebnisses
- Andeutung der wichtigsten Diskussionspunkte.

Die *Überschrift* (Titel) soll – in knapper Form – das allgemeine Problem des Berichts erkennen lassen. Sie soll zusätzlich, soweit möglich, die besondere Untersuchungsmethode anzeigen.

„Einleitung". – Sie soll das allgemeine Problem in einem weiteren Rahmen darstellen, aus dem sich die speziellen Hypothesen und Methoden der Untersuchung logisch stringent ableiten lassen. Bei der Abfassung der *Einleitung* empfiehlt sich die Abfolge:

- Einbettung des Problems in den übergreifenden Zusammenhang
- Hinweis auf die Theorien, die für das Problem relevant sind
- Beschreibung derjenigen Untersuchungen, an die sich die Fragestellung anlehnt; d. h. Benennung des methodischen Vorgehens, der Ergebnisse und der zentralen Schlußfolgerungen in gestraffter Form
- Kurzzusammenfassung des gegenwärtigen Wissensstands in dem jeweiligen Problembereich
- Darstellung von Anknüpfungspunkten der eigenen Fragestellung
- Formulierung der spezielle(n) Versuchshypothese(n), am besten in Form eines hypothetischen „experimentellen Satzes", welcher unter Benutzung von geeigneten operational definierten Termini aus einem „theoretischen Satz" hergeleitet wird.

Am Ende einer Einleitung müssen die Versuchshypothesen in Form eines oder mehrerer *experimenteller Sätze* (Operationalisierung der *UV* und der *AV*, s. Kap. 17.1) aufgestellt sein, welche auf den zuvor erörterten früheren theoretischen und/oder empirischen Befunden basieren.

Im Gegensatz zu den hier im Vordergrund des Interesses stehenden *Praktikumsberichten* wird in einem Forschungsbericht auf die explizite Ausformulierung eines *„experimentellen Satzes"* häufig verzichtet, und zwar deshalb, weil für den wissenschaftlichen Autor sowie für den in Psychologie ausgebildeten Leser unterstellt wird, daß der Kontext der Einleitung den jeweiligen zu überprüfenden „experimentellen Satz" *hinreichend* verdeutlicht. In Abweichung von dieser vereinfachenden Kommunikationsform unter Wissenschaftlern empfiehlt es sich für den Studenten, in der Einleitung des Praktikumsberichts eine klare Trennung zwischen „theoretischen" und „experimentellen" (operational festgelegten) Sätzen vorzunehmen.

„Methode". – In dem *Methoden-Abschnitt* eines Forschungsberichts müssen alle relevanten Verfahrensdetails beschrieben werden; die Angaben sollen ausreichen, um den Versuch in der ursprünglichen Weise *wiederholen* zu können. Bei der Abfassung des Methodenabschnitts eines Praktikumsberichts empfiehlt sich eine *Untergliederung*, welche zumindest die folgenden Gesichtspunkte berücksichtigt:

1. *Versuchsteilnehmer*

- Relevante Merkmale der Stichprobe (Alter, Geschlecht usw.)
- Verfahren der Stichprobenauswahl

2. *Versuchsmaterial*
- Detaillierte Beschreibung des verwendeten Versuchsmaterials
- Eventuell Zeichnungen, welche die benutzten Versuchsmaterialien sowie den gesamten (apparativen) Versuchsaufbau (z. B. Materialanordnung, Sitzanordnung von Versuchsteilnehmer und Versuchsleiter) veranschaulichen

3. *Versuchsablauf*
- Schrittweise Beschreibung des Versuchsablaufs
- Wichtigste Schritte der nach Abschluß des eigentlichen Versuchs vorgenommenen Exploration

4. *Versuchsplan (Design)*
- Erläuterung der experimentellen und nicht-experimentellen Versuchsbedingungen unter genauer Angabe der einzelnen empirisch relevanten Variablen
- Beschreibung der Kontrolle möglicher Störvariablen (Randomisierung, Blockbildung usw.).

Diese Untergliederung des Methodenabschnitts entspricht der Standardform eines jeden guten Versuchsberichts. Die Beschreibung der einzelnen Methodenschritte sollte möglichst konkret gehalten sein, um so dem Leser ein klares Bild von dem Versuchsaufbau und der Versuchsdurchführung zu vermitteln. Obschon die Struktur der hier genannten Gesichtspunkte eines Methodenabschnitts unmittelbar evident erscheint, zeigt doch die Erfahrung, daß es gar nicht so einfach ist, im konkreten Fall eine voll befriedigende Darstellungsweise auch dieses Berichtsteils zu erreichen.

„Ergebnisse“. – Im *Ergebnisteil* werden die statistisch verarbeiteten Hauptbefunde im Hinblick auf die der Einleitung zu entnehmende(n) Fragestellung(en) bzw. Hypothese(n) dargestellt. Die individuellen Rohdaten des Praktikumsversuchs sollten in einem *Anhang* beigefügt werden. Das Ergebniskapitel muß eine überschaubare Darstellung der Befunde enthalten, die es dem Leser ermöglicht, zu einer genauen Bewertung zu gelangen. Konkret müssen dabei folgende Punkte beachtet werden:

- Schrittweise Beschreibung der Ergebnisse, damit der Leser diese nachvollziehen kann
- Wahl einer übersichtlichen Darstellungsweise
  Graphische Darstellungen oder Tabellen, wenn Verständnis und Übersichtlichkeit der Hauptbefunde dadurch gefördert werden
- Tabellen und Graphiken müssen ausreichend beschriftet werden, d. h. mit einer Legende versehen sein; sie sollten möglichst ohne Lektüre des Haupttexts verstanden werden können
- Darstellung der Daten im Hinblick auf die in der Einleitung formulierten Hypothesen
- Angabe der verrechneten Werte der verwendeten statistischen Verfahren (*Korrelationskoeffizienten, t-* und *F*-Werte usw.)
- Möglichst objektive Beschreibung der Daten und Vermeidung einer eigenen Bewertung.

Genauso wie in dem Methodenteil eines Untersuchungsberichts sollte auch in dem Ergebnisteil eine nüchterne, aber prägnante Darstellungsweise angestrebt werden, welche die *Unvoreingenommenheit* (Sachlichkeit, Neutralität) des Verfassers erkennen läßt.

„Diskussion". – Sie soll im wesentlichen den Kommentar des Autors zu seinen Ergebnissen beinhalten und dabei auch ersichtlich machen, worin er – im Vergleich mit anderen Forschungsarbeiten – den besonderen wissenschaftlichen Beitrag seiner Untersuchung sieht. Bei der Abfassung eines *Praktikumsberichts* ist es hilfreich, die Diskussion folgendermaßen zu gliedern:

- Möglichst klare Aussage darüber, ob die Hauptbefunde für oder gegen die Versuchshypothesen sprechen
- Gegebenenfalls Darlegung möglicher Gründe dafür, daß die Ergebnisse die Hypothesen nicht bzw. nur ansatzweise, d. h. tendenziell bestätigen
- Vergleich der Ergebnisse mit denen anderer Untersuchungen
- Formulierung eines psychologisch sinnvollen Erklärungsansatzes für die Hauptbefunde
- Diskussion der Ergebnisse im Hinblick auf alternierende oder konkurrierende Erklärungsversuche
- Vorschläge für etwaige Verbesserungen der Versuchsanordnung im Falle einer nochmaligen Durchführung des Experiments
- Vorschläge für weitere wichtig erscheinende Untersuchungsansätze, insoweit diese in einem konkreten und unmittelbaren Zusammenhang mit dem eigenen Experiment gesehen werden können.

Bei der Abfassung der „Diskussion" zu einem Bericht sollte man beachten, daß im Prinzip ein jedes Experiment niemals zu endgültigen Aussagen bezüglich komplexer psychologischer Fragestellungen gelangen kann: Im besten Falle führt ein gut durchdachtes und solide durchgeführtes Experiment zu relativ gut gesicherten singulären Aussagen, welche ihrerseits zu *neuen* Fragestellungen Anlaß geben (s. Kap. 18.3).

„Literaturverzeichnis" – Ein wissenschaftlicher Text bezieht sich in der Regel auf bereits vorliegende Veröffentlichungen. Diese müssen *genau* zitiert werden und durch Angaben der Bezugsquellen im Literaturverzeichnis aufgeführt werden. Das *Literaturverzeichnis* bildet den Abschluß einer Arbeit.

○ Illu 19.1
Kriterien für die Bewertung eines Forschungsberichts

Die Beurteilung und Bewertung eines wissenschaftlichen Forschungsberichts richten sich nach einer Reihe von Kriterien, die im folgenden *stichwortartig* aufgeführt sind:

1. *Wissenschaftliche Korrektheit der Darstellung*

- Richtige Darstellung von faktischen, theoretischen sowie methodischen Einzelheiten und Zusammenhängen
- Richtige Schlußfolgerungen aus den empirischen und theoretischen Erkenntnissen

2. *Wissenschaftliche Klarheit der Darstellung*
- Stoffspezifische Eindeutigkeit bei der Wahl von Begriffen und Formulierungen
- Verzicht auf thematisch weniger wichtige Details, aber Beachtung einer in sich geschlossenen, die wesentlichen inhaltlich-methodischen Zusammenhänge explizierenden Darstellung
- Hinweis auf weiterführende Untersuchungen auf der Basis der durch den Versuch erzielten Ergebnisse

3. *Bevorzugung eines fachspezifischen Darstellungsstils*
- Vermeidung von persönlichen Einschüben zugunsten eines möglichst neutralen, fachadäquaten Ausdrucks- und Darstellungsstils
- Qualitative und quantitative Ausgewogenheit der einzelnen Berichtsteile bezüglich der Länge und Art des Gesamtberichts
- Angemessene *Auswahl* von Datenübersichten im Haupttext (*Tabellen, Abbildungen*)

4. *Technische Qualität der Berichtsabfassung*
- Korrektes Zitieren aller einschlägig wichtigen Fachliteratur innerhalb des Textes sowie im Literaturverzeichnis
- Sachangemessene Konstruktion und Beschriftung von Tabellen und Abbildungen
- Korrekte Wiedergabe der wichtigsten statistischen Kennzahlen innerhalb des Haupttextes
- Speziell bei *Praktikumsberichten:* Anfertigung eines in sich gut geordneten *Anhangs*, welcher eine in sich leicht verständliche Übersicht über die Rohdaten des Versuchs und eine Zusammenstellung von weiteren, versuchsspezifisch wichtigen Datenübersichten enthält (statistische Einzelanalysen, weitere Tabellen und Abbildungen, Explorationsergebnisse).

Diese Übersicht über die wichtigsten Qualitätsmerkmale und Beurteilungskriterien einer wissenschaftlichen Arbeit ist nur im Sinne von *allgemeinen Richtlinien* zu verstehen, die im jeweiligen Fall stets besonders zu gewichten sind. Die Anwendung solcher Beurteilungskriterien kann allerdings durch verschiedene Gutachter zu unterschiedlichen Bewertungen ein und derselben wissenschaftlichen Arbeit führen. Davon ist nicht nur die Psychologie betroffen, sondern jeder andere Wissenschaftszweig auch. Außerdem sind – gelegentlich – Darstellungen *neuer* Fragestellungen und Untersuchungsergebnisse im Vergleich etwa zu der von bereits konventionellem Wissensgut einer zum Teil einseitigen Begutachtung ausgesetzt.

Kontroverse Begutachtungen: Ein Fallbeispiel (aus Matheson et al., 1978)

Dort wird auf einen extremen Fall einer gegensätzlichen Begutachtung ein und desselben zur Publikation eingereichten wissenschaftlichen Zeitschriftenartikels aufmerksam gemacht. Es handelt sich um die Briefe zweier verschiedener Herausgeber an den Autor des Artikels:

Herrn Dr. X
Psychologie-Department
Universität Z 13. März 19..

Sehr geehrter Herr Dr. X,

Ich erhielt dieser Tage die Gutachten über Ihren zusammen mit Dr. Y verfaßten Artikel "..."Beide Gutachter empfehlen die Ablehnung Ihres Manuskripts. Ich bedauere, daß ich mich der Bewertung der Gutachter anschließen muß und sende Ihnen hiermit Ihren Artikel zurück. Bitte seien Sie aber versichert, daß wir gern weitere Artikel von Ihnen und Ihren Kollegen, in denen über Ihre Forschungsarbeit mit ... Kindern berichtet wird, entgegennehmen werden.

Mit freundlichen Grüßen

Der Herausgeber

Dieses Schreiben war seinerzeit vom Herausgeber der Zeitschrift *Journal of Abnormal Psychology* verfaßt worden. – Und hier die Stellungnahme des damaligen Herausgebers der Zeitschrift *Journal of Abnormal Child Psychology:*

Herrn Dr. X
Psychologisches Institut
Universität Z 14. Mai 19..

Sehr geehrter Herr Dr. X

Ihre Arbeit "..." ist von uns zur Veröffentlichung angenommen worden. Die Gutachter haben eine Reihe von weniger wichtigen stilistischen Änderungen im Manuskript vorgeschlagen. Aber anstatt Sie damit zu belasten, werde ich den Text selbst redigieren. Sie werden natürlich Gelegenheit erhalten, alle Veränderungen zu überprüfen, sobald die Korrekturabzüge vorliegen.

Mit freundlichen Grüßen

Der Herausgeber

Bei diesen beiden Stellungnahmen handelt es sich um *reale* Fälle (die allerdings nicht die Regel der wissenschaftlichen Publikationspraxis darstellen). Derartig krasse Unstimmigkeiten sind bei methodisch und theoretisch anspruchsvoll angelegten Untersuchungen – erfahrungsgemäß – sehr viel seltener als dies etwa für den Fall von unsystematisch durchgeführten Untersuchungen oder für nichtempirische Abhandlungen gelten kann.

Literatur

Matheson, D.W., Bruce, R.L. & Beauchamp, K.L.: Experimental psychology: Research design and analysis. (3rd. ed.) New York: Holt, Rinehart & Winston, 1978.

Im *fortlaufenden Text* können sowohl wörtliche Zitate von Autoren eingearbeitet als auch nur allgemeine Verweise auf ihren Beitrag gegeben werden.

– *Beispiel* für die Einarbeitung eines Zitats in den fortlaufenden Text:

> ... er behauptete, daß „beim Lernen sinnloser Silben oder zusammenhangloser Worte ... die aus irgendeinem Grund auffallenden, z. B. die komisch klingenden Glieder, vorwiegend behalten werden“ (Ebbinghaus, 1919, 706 f.), und meinte, daß die lustvolle Gefühlsbetonung eine größere assoziierende Kraft habe als die unlustvolle.

– *Beispiel* für einen Literaturverweis:

> Smith (1970) verglich Reaktionszeiten ...
>
> oder:
>
> In einer neueren Untersuchung über Reaktionszeiten (Smith, 1970) wurde ... verglichen.

Im *Literaturverzeichnis* werden alle Autoren aufgelistet, welche für die Erstellung des Berichts herangezogen wurden. Die Anordnung folgt folgenden Regeln:

1. Autorennamen folgen alphabetisch aufeinander
2. Mehrere Autoren mit gleichem Namen werden nach dem Anfangsbuchstaben des ersten Vornamens alphabetisch geordnet
3. Mehrere Arbeiten desselben Autors werden nach der Jahreszahl ihres Erscheinens geordnet.

Bücher werden folgendermaßen angeführt:
– Name
– Initial des Vornamens
– Titel des Buches

- Erscheinungsort
- Verlag
- Erscheinungsjahr.[1]

Beispiel: (a) Hubel, D. H.: Eye, brain, and vision. (Scientific American Library.) New York: Freeman, 1988.
(b) Wottawa, H. & Hossiep, R.: Grundlagen psychologischer Diagnostik. Göttingen: Hogrefe, 1987.

Zeitschriftenartikel werden folgendermaßen angegeben:
- Name des Autors
- Initial des Vornamens
- Titel der Arbeit
- Name der Zeitschrift
- Jahrgang der Zeitschrift[1]
- Bandnummer
- Seiten von ... bis.

Beispiel: Herrmann, T.: Nützliche Fiktionen: Anmerkungen zur Funktion kognitionspsychologischer Theorienbildung. Sprache und Kognition, 1983, *2*, 88–89.

Wird ein Artikel aus einem *Sammelwerk* zitiert, werden über die Angaben zu diesem Artikel hinaus auch die Angaben zum Sammelwerk selbst gemacht:

Beispiel: Müller, K.: Denken und Lernen als Organisieren. In R. Bergius (Hrsg.): Handbuch der Psychologie. Band I, 2. Halbband: Allgemeine Psychologie, Lernen und Denken. Göttingen: Hogrefe, 1964.

Ein *Literaturverzeichnis* enthält die vollständigen bibliographischen Angaben aller im Bericht angeführten Arbeiten. Ein Leser des *Praktikumsberichts* kann häufig schon aufgrund einer Überprüfung des Literaturverzeichnisses feststellen, ob und inwieweit die Regeln einer technisch einwandfreien Berichterstattung beachtet worden sind; dies gibt Anhaltspunkte für die Beurteilung der wissenschaftlichen Sorgfalt (oder aber Sorglosigkeit!) des Gesamtberichts.

Allgemeine Bewertungskriterien

Notwendigerweise sind nicht nur die wissenschaftlichen Arbeiten ihrerseits zu einem Teil *subjektiv* geprägt, sondern auch die an solche Arbeiten herangetragenen *Beurteilungskriterien* sind z. T. ebenfalls nicht voll *objektiv* anzuwenden, selbst bei noch so großem Bemühen seitens des Begutachters. Dies ist nicht nur ein Aspekt der Fehlbarkeit des Menschen, sondern zeigt auch die Grenzen wissenschaftlich-sozialen Kommunizierens (s. ○ Illu 19.1).

Ein Beispiel für das Beurteilen von studentischen Versuchsberichten findet sich bei McGuigan (1990, App. 8). Es illustriert, daß der Abfassung von Berichten eine besonders große Bedeutung zukommt – eine Tatsache, die der eine oder andere Studierende erfahrungsgemäß immer wieder frustriert zur Kenntnis nimmt; aber: auch das Verfassen eines guten Versuchsberichts ist *erlernbar!* – Von Bedeutung für wissenschaftliches

[1] Seit einigen Jahren gibt es im deutschsprachigen Raum *Richtlinien,* die eine Voranstellung der Jahreszahl (Erscheinungsjahr) vorsehen: z. B. „Herrmann, T. (1983) ...“ (Deutsche Gesellschaft für Psychologie, 1987; Hager & Spies, 1991).

Kommunizieren ist auch und gerade das kritische Lesen von Fachartikeln und -büchern. Diese Feststellung ist eigentlich eine Selbstverständlichkeit. Doch im vorliegenden Zusammenhang soll dieser Hinweis als Ermutigung in dem Sinne dienen, daß man im Laufe des Studiums lernt, die Publikationen wissenschaftlicher Arbeiten nicht nur passiv zur Kenntnis zu nehmen, sondern auch aktiv kritisch aufzunehmen.

Ein *Beispiel* für genaues und kritisches Lesen ist dem folgenden Abdruck einer Seminararbeit zu entnehmen, welche die Studentin (2. Sem.) *Sigi Senckenberg*[2] bereits vor vielen Jahren im Rahmen einer einführenden experimentalspsychologischen Übung angefertigt und in der Lehrveranstaltung den anderen Studierenden vorgetragen hat. Es handelt sich bei diesem Referat um eine *methodenkritische Analyse* des Originalaufsatzes von Schachter u. Singer (1962) mit dem Titel „Cognitive, Social, and Physiological Determinants of Emotional State". – Angemerkt sei noch, daß im vorliegenden Zusammenhang weniger der Stil der Referatsabfassung, sondern vielmehr die studentische Leistung einer genauen, sachkritischen Lektüre interessiert.

Übung: "Experimentelle und quasi-experimentelle Versuchsplanung in der Psychologie"

Versuch von Schachter & Singer: Cognitive, social, and physiological determinants of emotional state (1962).

(1) Fragestellung

Es geht im vorliegenden Experiment darum aufzuzeigen, daß Emotionen nicht in erster Linie durch bestimmte körperliche Erregungszustände hervorgerufen werden, sondern daß kognitive Faktoren bei ihrem Zustandekommen wesentlich mitwirken. Im einzelnen stellen Schachter & Singer (1962) folgende Hypothesen auf:

1. Befindet sich ein Individuum in einem physiologischen Erregungszustand, für den es keine adäquate Erklärung besitzt, wird es seinen Zustand und seine Gefühle im Rahmen der jeweiligen Situation unterschiedlich interpretieren, d.h., derselbe körperliche Erregungszustand wird von ihm einmal z.B. als "Freude", in einer anderen Situation als "Wut" gedeutet.
2. Hat dagegen ein Individuum während eines körperlichen Erregungszustandes eine plausible Erklärung (z.B. Kenntnis von einer vorher verabreichten "Spritze"), so besteht kein Interpretationsbedürfnis dieser körperlichen Symptome, und in derselben Situation treten die bei der "nichtinformierten" Person (vgl. oben) charakteristischen Emotionen nicht auf.
3. So wie die unter 2. genannten reinen körperlichen Symptome nicht ausreichen, Emotionen hervorzurufen, sind auch kognitive Faktoren allein nicht in der Lage, Emotionen zu wecken.

[2] Der Name wurde als *Pseudonym* gewählt. – Die ohnehin nur als *Kurzreferat* aufgegebene Seminararbeit wird hier gekürzt wiedergegeben.

(2) Methode

Am Versuch nahmen 183 männliche Probanden (Pbn) eines Psychologie-Einführungs-Kurses teil.

Versuchsablauf: Im Experiment wurde sowohl das Ausmaß der physiologischen Erregung (I) (durch die Vergabe verschiedener Spritzen) als auch der Grad der Verfügbarkeit einer angemessenen Erklärung für diesen Erregungszustand (II) sowie die jeweils zur Interpretation der körperlichen Zustände führenden situativen Bedingungen (III) wie folgt variiert:

Alle Pbn glaubten, eine Vitaminspritze zu erhalten, deren Wirkung auf die Wahrnehmung später untersucht werden sollte; 125 Personen bekamen in Wirklichkeit eine Adrenalininjektion verabreicht, der Rest erhielt eine unwirksame Kochsalzlösung (Placebo) (I). - Während man den Pbn mit der Kochsalzlösung und der Hälfte der Adrenalin-Pbn nichts über die sie zu erwartenden körperlichen Veränderung sagte, wurde ca. 1/3 der Adrenalin-Pbn wahrheitsgemäß über die sie zu erwartenden vorübergehenden Nebenwirkungen (Herzklopfen, Zittern, Erröten, Hitzegefühle) der "Vitaminspritze" informiert (II).- Um die Pbn mit den verschiedenen "kognitiven" Erklärungsmöglichkeiten zu versehen, wurde jeder Pb für ca. 20 Minuten in einen Warteraum gebracht (dort sollte sich angeblich die Wirkung der Vitamin-Spritze erst nach 20 Minuten einstellen), in dem sich bereits ein anderer "wartender" Mit-Pb (heimlicher Vl-Mitarbeiter) befand. In der "euphorischen" Situation (die sowohl Adrenalin- und Placebo-Pbn als auch "nicht-informierte" Pbn absolvierten) blödelte der "Mit-Pb" absichtlich herum und versuchte - indem er Papierflieger baute, mit Papierbällen warf, im Raum umherhüpfte usw. - den naiven (echten) Pb zum Mitmachen zu animieren. In der "dysphorischen" Situation kritisierte der "Mit-Pb" ärgerlich die Fragen eines zu beantwortenden Fragebogens, schrieb z.B. unverschämte Bemerkungen an den Rand, zerriß später den Fragebogen und animierte den Pb, es ihm gleich zu tun (III).

Die Messung des emotionalen Zustands erfolgte einmal über trainierte Beobachter (denen die individuellen Bedingungsapplikationen unbekannt waren: "Blindversuch"!) durch Einwegscheiben und zum anderen über ein von jedem Pb auszufüllendes Selbst-Rating über die Gefühle am Ende der Sitzung.

(3) Ergebnisse

Der Grad der experimentell erzeugten "Euphorie" sah - kurz zusammengefaßt - folgendermaßen aus: "Nichtinformierte" (d.h. nicht vorgewarnte) Adrenalin-Pbn → "Informierte"-Adrenalin-Pbn → Placebo-Pbn. - Bei dem experimentell erzeugten "Ärger" war die Reihenfolge analog: "Nichtinformierte"-Adrenalin-Pbn → "Informierte-Adrenalin-Pbn → Placebo-Pbn. Den Autoren galten obige Ergebnisse als Bestätigung der Ausgangshypothesen.

Zur Kritik dieser Ergebnisinterpretation siehe unten, Punkt (5) "Kritische Diskussion".

(4) Versuchsplan

Es handelt sich - im Prinzip - um einen symmetrischen 2x2x2 faktoriellen Versuchsplan (Zimmermann, 1972), bei dem allerdings - wie aus untenstehender Abbildung ersichtlich - der "Placebospritzeneffekt" (suggerierte körperliche Symptome der Placebo-Spritze) nicht untersucht wurde.

I_1 = über Spritzenwirkung informiert

I_2 = über Spritzenwirkung nicht informiert

S_1 = euphorische Situation

S_2 = dysphorische Situation

A = Adrenalinspritze

P = Placebospritze.

	S_1		S_2	
A	I_1	I_2	I_1	I_2
P		I_2		I_2

(5) Diskussion und Methodenkritik

Über die Zuteilung der einzelnen Pbn auf die Versuchsbedingungen (Zufallsauswahl, "matching" etc.?)ist nichts bekannt. - Wie oben erwähnt, ist von den Autoren nicht begründet worden, warum sie die Wirkung der "Placebospritze" nicht genauer untersuchten. Evtl. hätten die Placebo-Pbn bei derselben "Information" wie die Adrenalin-Pbn doch zum Teil auch die Symptome (nun durch "Suggestion") an sich selbst erlebt.

Zum weiteren scheint mir die exp. Bedingung "physiologische Erregung, für die der Pb keine Erklärung besitzt" nicht hinreichend realisiert worden zu sein. Ein Pb, welcher eine Spritze erhalten hat, auch wenn sie angeblich noch so harmlos ist, kann darin die Erklärung für körperliche Veränderungen suchen. Falls nicht ethische Gründe dagegen sprächen (diese wären überdies auch schon bei der Spritzenverabreichung von Adrenalin zu problematisieren gewesen!), wäre m.E. eine systematischere sowie medikamentös-spezifischere Pharmakaverabreichung angezeigt gewesen (an einer Stelle ihres Forschungsberichts weisen übrigens die Autoren selbst auf das Problem einer hinreichenden Wirkungsspezifitäts-Überprüfung hin; vgl. dort S. 386).

Weiter müßten die Hypothesen exakter als statistische Trendhypothesen im Sinne der späteren Ergebnisse formuliert werden; Pbn mit "plausiblen" Erklärungen haben nämlich nicht etwa keine Emotionen, sondern nur geringere als solche ohne plausible Erklärungen gezeigt.

Literatur

Schachter, S. & Singer, J.E.: Cognitive, social, and physiological determinants of emotional state. Psychological Review, 1962, 69, 379-399.

Zimmermann, E.: Das Experiment in den Sozialwissenschaften. Stuttgart: Teubner, 1972.

Bezüglich des Referats von *Sigi Senckenberg* (Pseudonym) ist noch anzumerken, daß hier längst *vor* den publizierten Kritiken an dieser bekannten Originalarbeit das *Fehlen* eines dem Experiment zugrundeliegenden vollständigen Designing gefunden worden ist. Damit liefert diese studentische Leistung ein gutes Beispiel für das kritische Lesen und Verarbeiten von wissenschaftlichen Texten.

19.3 Exkurs: Mangelnde wissenschaftliche Kommunikation

Wie oben erwähnt, ist wissenschaftliches Forschen oft eine „dornige" Suche nach Erkenntnisgewinnung. Die *Inselwelt der Forschung* („The Island of Research") ist also keineswegs ein Garten Eden, gesegnet mit Früchten, die der Wissenschaftler leicht erkennen kann und dann nur noch zu pflücken braucht (Abb. 19.1, S. 297). Vielmehr bedeutet wissenschaftliche Forschung *„Puzzle"*-Arbeit, die meistens nicht geradlinig zum Erfolg führt. Ein Beispiel für eine solche „Puzzle"-Forschung ist die des Biopsychologen und medizinischen Psychologen, Nobelpreisträger Roger S. Sperry, die in einem Zeitraum von 25 bis 40 Jahren schließlich zu einem großen *Gesamterfolg* – und dazwischen auch zu manchen Mißerfolgen – geführt hat. Sein Aufstieg ist in einer lesenswerten Abhandlung von Swazey u. Worden (1975) beschrieben worden (Trevarthen, 1990).

In diesem *Exkurs* wird nicht auf individuelle Karrieren abgehoben. Es sollen Hauptsymptome und -quellen für mangelndes wissenschaftliches Kommunizieren aufgezeigt werden, weil hiervon ganze Inhaltsbereiche in der Psychologie betroffen sind, die von Interesse für viele der in Forschung und Praxis stehenden Psychologen sind.

Allgemeine Voraussetzungen für mangelnde wissenschaftliche Kommunikation

Nur wenn Wissenschaftler sich dem allgemein verbindlichen *Kodex* stellen, sind die praktischen Voraussetzungen für wissenschaftliches Kommunizieren gegeben. Dort aber, wo gewisse Schulrichtungen einander geradezu befehden – vor allem weil die wissenschaftstheoretischen Grundlagen sowie auch die meist verborgenen anthropologischen Voraussetzungen nicht miteinander in Einklang zu bringen sind – bleibt Interkommunikation aus; oder es wird *fehlkommuniziert.* Auch aus der Wissenschaftsgeschichte anderer Fächer ist so etwas bekannt. Beispielsweise löste die Wissenschaft der *Astrophysik* die Pseudowissenschaft der *Astrologie* keineswegs von einem Jahr zum anderen reibungslos ab. Vielmehr dauerte dieser Vorgang, je nachdem aus welcher Beurteilerperspektive man ihn betrachtet, viele Jahrzehnte (wenn nicht gar einige Jahrhunderte) an den Hohen Schulen des Abendlandes, unseren Universitäten (Teichmann, 1985).

In der Psychologie, die weithin noch als *Protowissenschaft* einzustufen ist (Bd. 1, Kap. 5.1), sind bis heute zumindest zwei kardinale Probleme nicht bzw. nicht zufriedenstellend gelöst:

– Das Fehlen eines oder mehrerer *Theoriensysteme*, innerhalb derer die Einzelfächer der Psychologie ihren eigenen Ort finden und ausbauen könnten, hat die Erkenntnissuche immer wieder zu Rückschlägen und Enttäuschungen geführt (s. *„Peaks of Confusion", „Canyon of Despair"* usw. in Abb. 19.1). Auf solchem Grund können sich dann wechselseitig Ignoranz und letztlich auch irrationale Fehden in den gegnerischen Arbeits- und Denkrichtungen entwickeln. Dabei hat sich in der Psychologie auch immer wieder die Kritik gerade am *Experiment* entzündet, vielleicht deshalb, weil die Gesamtheit der Erkenntnissuchenden davon nicht hinreichend überzeugt werden konnte (Churchland, 1986; Bunge & Ardila, 1990).

– Die theoretisch und praktisch wirksamen *Spannungen*, die sich aus den oft sehr heterogenen Erkenntnisansprüchen der *Grundlagenforschung* in der Psychologie einerseits und der handlungsorientierten *Angewandten Psychologie* andererseits ergeben, haben ihren konkreten Niederschlag in mangelnder Kommunikation gefunden (Bd. 1, Kap. 5.3). Es kommt erschwerend hinzu, daß die Psychologievertreter – bisher vergebens – nach begründeten Lösungen für praktische Antworten auf die existentiellen Fragen unserer Zeit suchen (Ardila, 1984a, 1984b; Pečjak, 1984). Die mangelnde wissenschaftliche Kommunikation dürfte angesichts solcher Probleme bei manchem dazu führen, daß sich auf der einen Seite ein *Wissenschaftsskeptizismus* entwickelt, welcher auf der anderen Seite die Suche nach Kommunikation zurückweist und möglichenfalls sogar verdorren läßt (Rosemeier et al., 1990).

Wie wirkt sich ein wissenschaftlich ungünstiges Allgemeinklima konkret in der *(Non)-Kommunikationspraxis* aus? Hier wird nur ein einziges Beispiel aus der Fachliteratur angeführt, obwohl weitere leicht danebenzustellen wären. Ein *extremtypisches Beispiel* hierfür stellt die auch heute noch im deutschsprachigen Bereich vorzufindende mangelhafte, ja meist völlig fehlende Kommunikation unter den verschiedenen Gruppen der *Psychotherapeuten* dar, sei es, daß sie an den Universitäten oder in außeruniversitären Kliniken, Beratungsstätten oder aber in ihrer jeweiligen Privatpraxis wirken. In der Tat ist hier festzuhalten:

„Die verschiedenen Schulen der Psychotherapie wollen voneinander in einem oft *irrationalen* Ausmaß nichts wissen. Sie tendieren dazu, ein *Sendungsbewußtsein* zu entwickeln, in dem andere Schulen keinen Platz haben. Sie werden sogar als Gegner und Konkurrenten im eigenen Existenzkampf erlebt." (Toman, 1978, 1820f; Hervorhebung durch V. S.)

Dieses Beispiel erhebt keinen generellen Gültigkeitsanspruch, zumal – auch in Deutschland – die Anzahl derjenigen Fachleute zuzunehmen scheint, die an wissenschaftlicher Kommunikation interessiert sind und die meist im angloamerikanischen Ausland vorgelegten vergleichenden Forschungsergebnisse zur Kenntnis nehmen. Abgesehen davon ist die Gefahr einer einseitigen Informationswahrnehmung und Informationsverbreitung im Prinzip für jeden Wissenschaftler und für jede Wissenschaftsausrichtung („Schule") der Psychologie – so z. B. auch für die *Verhaltens-* und die *Gesprächstherapie* – gegeben. Umso mehr ist eine beständige *interkommunikative* Kontrolle der eigenen und der fremden Forschungsarbeiten unerläßlich.

Soziale Akzeptanz von Forschungsergebnissen

Auch in diesem Abschnitt begnügen wir uns mit nur einem einzigen Beispiel – *pars pro toto* – für das hier Interessierende hinsichtlich *mangelnder Kommunikation* in der Psychologie. Dabei wird auf ein weiteres Problem für die wissenschaftliche Psychologie im allgemeinen sowie für deren Kommunikationsstrukturen im besonderen aufmerksam gemacht. Es ist dies die Sorge um die geeignete soziale *Akzeptanz* von Forschungsresultaten. Es sind dies Ergebnisse, die z. T. weder innerhalb noch außerhalb der Gemeinschaft der Wissenschaftler ins Bild zu passen scheinen, und zwar vor allem deshalb, weil diese Forschungsresultate unser *Menschenbild* gefährden könnten.[3]

Man erinnere sich an die Schicksale solcher Forschungsergebnisse auch in anderen Disziplinen, z. B. an manche bahnbrechende Ergebnisse der *Physik*, der *Biologie* während der vergangenen zwei und mehr Jahrhunderte. Auch hier „bedrohten", ja „zerstörten" gewisse Entdeckungen (z. B. Darwins) das Bild des Menschen und seiner Welt. So ist z. B. die leidvolle Überwindung des Ptolomäischen Weltsystems durch das *heliozentrische* W. – Galileis Credo: *„Und sie bewegt sich doch . . . !"* – eines der klassischen Beispiele für den Kampf um die soziale Akzeptanz von Neuentdeckungen; ein anderes ist die Durchsetzung der Darwinschen *Abstammungslehre* des Menschen am Ende des 19. Jahrhunderts. Auch in vielen ähnlichen Fällen hat sich die soziale (und die religiöse) *Akzeptanz* von wissenschaftlichen Erkenntnissen immer erst langsam entwikkelt, in der Bevölkerung, in der Kirche und selbst in den Wissenschaften.

Das folgende *Untersuchungsbeispiel* referiert einige der bahnbrechenden Befunde des nordamerikanischen Sozialwissenschaftlers Stanley Milgram (1963, 1974), die in der Fachwelt einige Betroffenheit auslösten (Ω Orig 19.1). Das Beispiel demonstriert, zu wieviel Bösem der Mensch selbst in einer objektiv harmlosen Umwelt – in einem experimentalpsychologischen Laboratorium – gegenüber seinem Mitmenschen fähig ist – oder doch nicht? Ω

Ω Orig 19.1
Milgrams „Gehorsamkeits"-Experimente – Streit um mangelnde soziale Akzeptanz?

(Milgram, 1963, 1974)

Eine Fortsetzungsarbeit zum (fiktiven) „Elektroschock"-Experiment von Milgram (1963), welche die Frage nach der „Lebensnähe" psychologischer Untersuchungsthemen in drastischer Weise berührt, behandelt den Einfluß der *Nähe* des „Täters" zum „Opfer" (Milgram, 1974; vgl. Bd. 1, Kap. 10, ◇ 10.1).

Unter vier verschiedenen Bedingungen, die einen *Trendfaktor* konstituieren (*UV* mit *Rangskalen*-Dignität), hatten die Versuchsteilnehmer ihrem – vermeintlichen – Opfer (fiktive) „elektrische Schläge" zu verabreichen:

X_1: Bei der Variante *Fernrückkopplung* konnte der Proband das „Opfer" weder sehen noch hören – dessen (gespielte) Reaktionen wurden lediglich indirekt durch Lichtzeichen eines Signalkastens vermittelt (*Abb. A*).

X_2: Bei der Variante *akustische Rückkopplung* wurden zusätzlich akustisch wahrnehmbare Proteste (Tonbandaufnahme) des dem VI assistierenden „Opfers" vermittelt.

X_3: Bei der Variante *Raumnähe* saß das „Opfer" mit im selben Raum, und zwar auf wenige Meter Entfernung vom Probanden, war also bei seiner Simulation von Schmerzempfindungen zu sehen und zu hören.

X_4: Bei der Variante *Berührungsnähe* saß der Proband unmittelbar neben dem

[3] Zur Frage der *Relevanz* psychologischer Forschung haben in Deutschland Bredenkamp (1971), Albert u. Keuth (1973), Heckhausen (1976) u. a. publiziert (s. auch Herrmann, 1985).

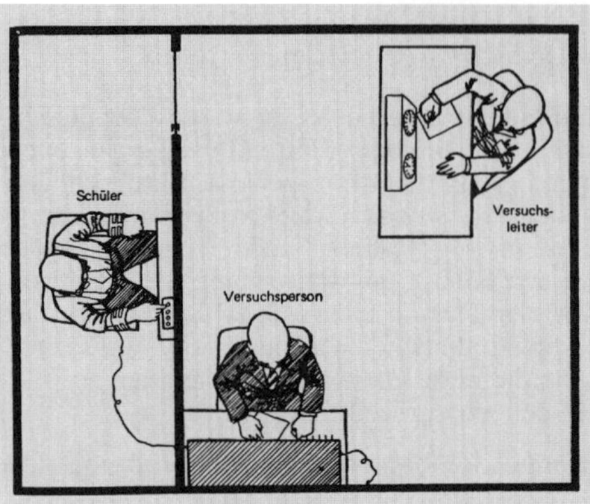

Abbildung A: „Elektroschock"-Experiment von Milgram (fiktive Versuche): Schematische Darstellung der Versuchsbedingung *„Fernrückkopplung"* (Fernraum). Der zu untersuchende Proband sowie das „Opfer" – ein Mitspieler des Versuchsleiters – befinden sich in *getrennten* Räumen. (Nach Milgram, 1974)

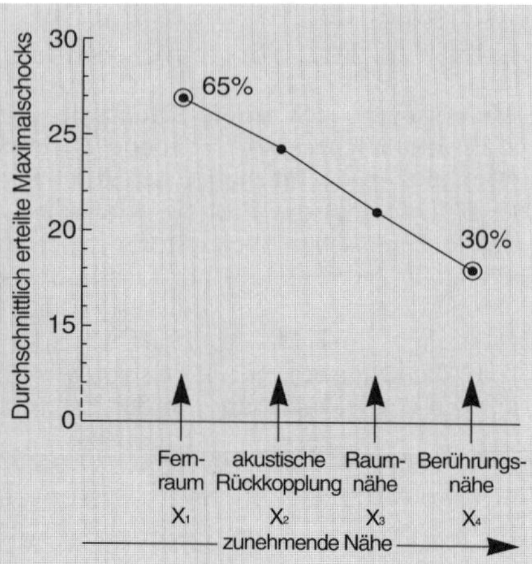

Abbildung B: Trendanalytische Untersuchungsergebnisse zum (fiktiven) Elektroschock-Experiment von Milgram. Die Daten bestätigen die Hypothese, daß zunehmende *Nähe* zum „Opfer" die Gehorsamkeitsbereitschaft verringert. (Modifiziert nach Milgram, 1974)

Tabelle A: Trendanalytischer Versuchsplan zur Untersuchung der Abhängigkeit der *„Gehorsamkeitsbereitschaft"* von der – in vier Stufen (X_1 bis X_4) – variablen *Nähe* des Probanden zum „Opfer" im (fiktiven) Elektroschock-Experiment von Milgram (1974). – Design $R-p_{tr}$.

Design 1.2 Unifaktorieller trendanalytischer Zufallsgruppenversuchsplan ohne Vorhermessung mit p = 4 Versuchsgruppen: *Design* $R - 4_{tr}$.

	Versuchsgruppe	Vorher-Messung	Treatment X „Nähe zum Opfer"	Nachher-Messung
R	*1*	–	X_1 „Fernrückkopplung"	$\bar{Y}_{1\ nach}$
	2	–	X_2 „Akustische Rückkopplung"	$\bar{Y}_{2\ nach}$
	3	–	X_3 „Raumnähe"	$\bar{Y}_{3\ nach}$
	4	–	X_4 „Berührungsnähe"	$\bar{Y}_{4\ nach}$

AV: Gehorsamkeitsbereitschaft ($\bar{Y}$)

Opfer“ und hatte diesem den vermeintlichen „Elektroschock“ direkt zuzufügen.

Mit Hilfe dieses trendanalytischen Designs – Mehrstichprobenversuchsplan mit $p_{tr} = 4$ Zufallsgruppen – sollte geprüft werden, ob die Gehorsamkeitsbereitschaft von Versuchsteilnehmern bei wachsender *Nähe* zum „Opfer“ (d. h. wachsende Rückkoppelung der – fiktiven – Schmerzreaktionen des „Opfers“) *abnehmen* werde (*Tab. A*).

Das in *Abbildung B* wiedergegebene Ergebnis des Experiments bestätigte die eingangs aufgestellte Trendhypothese eindrucksvoll.

In der *Interpretation* seiner Ergebnisse weist Milgram (1974) auf den eingeschränkten Erkenntnisbereich des Probanden bei der *„Fernraum“*-Anordnung (X_1, X_2) als möglichen Enthemmungsgrund bei der fiktiven Schmerzverabreichung hin. Er gibt aber auch die Möglichkeit zu bedenken, daß Menschen einander ungehemmter bestrafen, wenn das Opfer dem Täter nicht – wie in der „Raumnähe“ und „Berührungsnähe“-Anordnung (X_3, X_4) – zusieht. Außerdem ist das „Opfer“ im Falle der „Fernraum“-Bedingung ein Außenseiter und der Proband ist ganz der *„Autorität“* des ihn anweisenden VI ausgesetzt. Befindet sich dagegen das „Opfer“ in der unmittelbaren *Nähe* des Probanden, so kann sich der Pb leichter mit diesem identifizieren und sich sogar gegen den VI „verbünden“!

Die zahlreichen Nachuntersuchungen und Fortsetzungsexperimente zu Milgrams Ausgangsversuchen dienten vor allem dem Anliegen der besseren Beantwortung der Frage nach dem *Warum* dieser wohl die meisten Menschen ebenso überraschenden wie auch erschreckenden *Gehorsamkeitsbereitschaft.* Heute wird von der Annahme des Zusammenwirkens mehrerer verschiedener *Ursachen* für ein solches „gehorsames“ (autoritätskonformes) Verhalten ausgegangen (Zimbardo, 1983, Kap. 16).

Literatur

Milgram, S.: Behavioral study of obedience. Journal of Abnormal and Social Psychology, 1963, *67*, 371–378.

Milgram, S.: Obedience to authority: An experimental view. New York: Harper & Row, 1974. (Deutsch: Das Milgram-Experiment: Zur Gehorsamkeitsbereitschaft gegenüber Autorität. Hamburg: Rowohlt, 1982.)

Zimbardo, P. G.: Lehrbuch der Psychologie. Berlin: Springer, 1983.

Die vor rund 30 Jahren von Milgram (1963ff) durchgeführten – später dann erweiterten Arbeiten – zum blinden „Gehorsamkeitsverhalten“ sind nicht nur in den USA, sondern auch in anderen Ländern wie etwa in Deutschland, England und Australien *repliziert* worden. Im wesentlichen wurden die Ausgangsbefunde, wie oben dargestellt, voll bestätigt. Aus diesem Grund werden die Milgramschen Hauptresultate heute in den international am weitesten verbreiteten Einführungswerken zitiert.

Vielleicht wird man sich aber fragen, inwiefern gerade dieses Untersuchungsbeispiel mangelnde *soziale Akzeptanz* sowie mangelnde *wissenschaftliche Kommunikation* illustriert. Schließlich sind Milgrams Arbeiten, in den 60er Jahren stark umstritten, nach relativ wenigen Jahren in den Standardlehrbüchern zitiert worden. Es wurde von vielen Autoren besonders stark der *ethische* Aspekt der Milgramschen Untersuchungen angegriffen: Häufig wurde dabei Milgrams eigenes Vorgehen als „unethisch" bezeichnet; d. h. ihm wurde vorgeworfen, er habe die *Menschenwürde* der von ihm untersuchten Probanden verletzt (Baumrind, 1963, 1964).

Hatte Milgram dies wirklich getan? Diese legitime Frage ist bis heute nicht ausdiskutiert worden, so daß hier schon deswegen auf die einschlägige Literatur hingewiesen wird. Das führt zu der *Grundsatzfrage* nach einer adäquaten Behandlung von Probanden in psychologischen Experimenten. Dazu haben sich viele Wissenschaftler in den letzten Jahren geäußert (s. Bd. 1, Kap. 10.3; ferner *ArB*, App. 2: *„Ethische Prinzipien für das psychologische Experiment"*). – An dieser Stelle zitieren wir auszugsweise zwei führende Experimentalpsychologen, die sich gerade im Hinblick auf Versuche in der Sozialpsychologie geäußert haben, wie folgt:

„Geben Sie allen Teilnehmern des Versuchsteilnehmerpools zu Beginn des Semesters bekannt: Sie werden an ungefähr der Hälfte der Experimente in diesem Semester teilnehmen. Um der Validität des Experiments willen wird es nötig sein, daß der Experimentator Ihnen seine genauen Untersuchungsabsichten ganz oder teilweise verbirgt oder sogar andere als die eigentlichen nennt. Bis zu dem Zeitpunkt, wenn alle Daten gesammelt worden sind, werden wir Sie nicht darüber informieren können, was für Experimente das waren und welches Ziel sie wirklich verfolgten. Wir garantieren Ihnen, daß Sie in keine mögliche Gefahr geraten und daß Ihre Privatsphäre nicht angetastet wird. Ihre Antworten werden vollkommen anonym behandelt" (Campbell, 1969, 370).

„Der Untersucher hat alle Versprechungen und Verpflichtungen zu erfüllen, die er dem Teilnehmer gegenüber geäußert hat.

Der Untersucher ist verpflichtet, den Teilnehmer durch geeignete Maßnahmen vor physischen und psychischen Unannehmlichkeiten, Schäden und Gefahren zu schützen. Bestehen derartige Risiken, so muß er den Teilnehmer in vollem Umfang davon unterrichten und sich dessen Einwilligung versichern, bevor mit der Untersuchung begonnen bzw. fortgefahren wird.

Nach Beendigung der Datenerhebung ist der Untersuchungsteilnehmer in vollem Umfang über die Art und den Zweck der Untersuchung aufzuklären. Dies schließt auch die Beseitigung von Mißverständnissen bezüglich der Untersuchung ein, die beim Teilnehmer in deren Verlauf entstanden sind.

Die vom Teilnehmer im Rahmen der Untersuchung erhaltenen Informationen und Daten sind absolut vertraulich."

(McGuigan, 1978, zit. nach Diehls Übersetzung, 1979, 289; s. ferner McGuigan, 1990, App. D).

Aber es ist noch etwas bzgl. der oben gestellten Frage nach der Bedeutung von Milgrams Experimenten für den in diesem Abschnitt vorrangig interessierenden Aspekt hinzuzufügen. Gemeint ist hier die Tatsache, daß derlei Befunde in der breiten Psychologengemeinschaft – weder national noch international – genügend ausführlich diskutiert werden. Liegt dies vielleicht daran, daß Milgrams Befunde nicht *„sozial akzeptabel"* sind (Lewin, 1976, Chap. 15; persönl. Kommunikation des Verf. mit P. G. Zimbardo, Herbst 1982)? – Es versteht sich, daß die mit Milgrams Untersuchungen aufgeworfenen Fragen noch heute von Bedeutung sind und daher auch weiter der differenzierten Diskussion bedürfen.

In diesen und anderen Fällen geht es stets um Fragen, die das *Selbstverständis* unseres Menschenbildes entscheidend tangieren. Zusätzlich zu der auf den methodologisch korrekt geführten Beweis ausgerichteten fachwissenschaftlichen Diskussion spielt natürlicherweise immer auch das menschliche Ausgangsinteresse eine Rolle. Darunter kann – muß aber nicht – wissenschaftliche Kommunikation leiden.

Ideologische Voraussetzungen für mangelnde Kommunikation

Im folgenden haben wir es mit der Mißachtung der wissenschaftlichen Grundregel zu tun, die in *Abbildung 19.1* (s. S. 297) enthalten ist („*One Rule: Do Not Block the Path of Inquiry*"). Spätestens wenn das Gebot der *Nicht*-Behinderung wissenschaftlichen Strebens verletzt wird, muß die Gemeinschaft der Wissenschaftler aufhorchen. Im folgenden werden zwei *Beispiele* für das Gemeinte angeführt. Beide Beispiele sind verschieden gelagert, aber beide verstoßen gegen das obengenannte Hauptgebot. Dabei sollen die Namen der Autoren kaum interessieren, da es hier um die Illustration allgemeiner Sachverhalte geht (natürlich ist ansonsten das wissenschaftlich notwendige *Belegen* ohne Autorenzitierung nicht möglich).

Im ersten Beispiel – nach Bredenkamps (1980) Darstellung – geht es um die Bewertung des wissenschaftlich publizierten Vorschlags, daß die *Methode des Experiments*, wenigstens im sozialwissenschaftlichen Untersuchungsbereich, „abgeschafft" werde. Im zweiten Beispiel für mangelnde wissenschaftliche Kommunikation handelt es sich um die Fabrikation von Falsifikaten.

Beispiel 1: Über die *„Abschaffung"* des Experiments

Gelegentlich, wenn experimentalpsychologische Untersuchungen nicht das gewünschte Ergebnis erbringen, ist man darüber enttäuscht, weil man sich als Forscher meistens viel Mühe bei der Planung, Durchführung und Auswertung seiner Untersuchung gemacht hat. Es ist aber die Frage, welche Konsequenzen der Experimentator daraus ziehen kann. Das – zum Teil amüsante – Untersuchungsbeispiel, das zu solcher Art Enttäuschung Anlaß geben könnte, wird leicht modifiziert nach McGuigan (1990, chap. 14) referiert:

Bei der Durchführung eines einfachen Lernexperiments wurden zwei verschiedene Versuchsleiter (Vl_1, Vl_2) eingesetzt. Im Original heißt es dann wörtlich:

„Der erste Versuchsleiter war eine junge Dame, attraktiv, mit sanfter Stimme und zurückhaltend im Umgang, etwa mittelgroß und feingliedrig. Der zweite Versuchsleiter war eine sehr männliche Gestalt, 1 Meter 85 groß, mit einem Gewicht von schätzungsweise 110 Kilo; er hatte viele Züge eines unbeherrschten Charakters, wie man sie bei einem Bauern oder einem Schiffskapitän erwarten mag. Vielleicht wichtiger noch als ihr tatsächlicher Altersunterschied von etwa 12 Jahren war der Unterschied in ihrer altersmäßigen Erscheinung: Die junge Dame machte den Eindruck einer Absolventin einer höheren Schule, während der männliche Versuchsleiter oft versehentlich für einen Fakultätsangehörigen gehalten wurde." (Binder et al., 1957, zitiert nach McGuigan, 1990, 312).

Dem Experiment lag ein zweifaktorieller Mischversuchsplan mit dem 7stufigen Quasi-Faktor „Anzahl der Lernblöcke" (A_1 bis A_7) und der 2stufigen Variablen „Versuchsleiter" (B_1, B_2) zugrunde (Tab. 19.1).

Die Ergebnisse dieses Versuchs, die in Abbildung 19.3 wiedergegeben sind, lassen eine disordinale *Wechselwirkung* zwischen diesen beiden Faktoren erkennen. Hätte man beispielsweise nur drei oder gar zwei Lernblöcke vorgegeben, wäre die Dateninterpretation völlig anders ausgefallen, als es hier für den vorliegenden Datensatz zutrifft. In jedem Fall wußte der Untersucher nicht, wie er diesen Datensatz *konklusiv* interpretieren sollte. – (Vor der Gefahr einer artifiziellen *Mittelung* wird in diesem Lehrbuch an verschiedenen Stellen *gewarnt*; vgl. z. B. ○ Illu 18.1, Teil A, S. 276f).

Tabelle 19.1: Zweifaktorieller Versuchsplan eines Lernexperiments zum Nachweis des Einflusses der „Anzahl der Lernabschnitte“ (Faktor A) und unterschiedlicher „Versuchsleiter“ (Faktor B) auf die Lernergebnisse („durchschnittliche Anzahl feindseliger Worte“, *AV*). – Design Q_{tr} (R) – p × q.

Design: Q.2	Zweifaktorieller Mischversuchsplan mit 7stufigem quasi-experimentellen Faktor (q = 7) und 2stufigem Zufallsgruppenfaktor (p = 2): *Design Q (R) – 7 × 2.*

Q

	Faktor B „Versuchsleiter“	Faktor A „Anzahl der Lernabschnitte“ A_1	A_2,	....	A_7
R	B_1 „weibl. Vl“	$\overline{Y}_{1.1}$	$\overline{Y}_{1.2}$	....	$\overline{Y}_{1.7}$
	B_2 „männl. Vl“	$\overline{Y}_{2.1}$	$\overline{Y}_{2.2}$	....	$\overline{Y}_{2.7}$

AV: Durchschnittliche Anzahl feindseliger Worte ($\overline{Y}$)

Es kann sein – aber es muß keineswegs so sein – daß man als Untersucher angesichts paradoxer, scheinbar uninterpretierbarer Ergebnisdaten die *Segel streicht* und sich dann in weiterem Experimentieren nicht mehr versucht (s. etwa *„Canyon of Despair“*, Abb. 19.1, S. 297). Überhaupt gibt es zahlreiche weitere Versuchsleiter-Versuchsteilnehmer-Effekte, welche Versuchsergebnisse *invalidieren*: Grund genug, für den einen oder anderen Experimentator, zu verzagen (Kap. 17.3, S. 251 ff). – Darf man aber als Wissenschaftler hieraus schlußfolgern, daß man das psychologische Experiment am

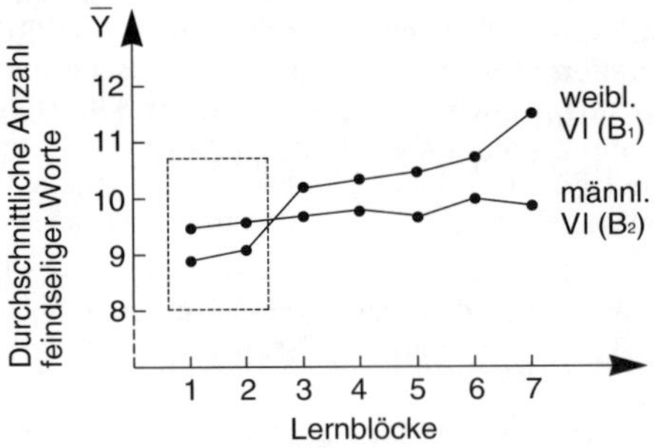

Abbildung 19.3: Ergebnisse eines Lernexperiments zum Nachweis des Einflusses der „Anzahl der Lernabschnitte“ (Faktor *A*) und zweier verschiedener „Versuchsleiter“ (Faktor *B*) auf die Anzahl feindseliger Worte (*AV*). (Der *gestrichelte* Ausschnitt bezieht sich auf die beiden Anfangslernabschnitte.) – (Modifiziert nach McGuigan, 1990)

besten einfach „abschafft"? Bredenkamp (1980, Kap. IV) verneint diese Frage. Dabei weist er auf die mangelnde Logik einer solchen „Schlußfolgerung" hin (s. auch Bd. 1, Kap. 2.1, Tab. 2.2 *„Häufige Fehler beim logischen Schließen"*):

Der „... Nachweis spezieller Artefakte (ist) selten geführt worden. Verwunderlich ist deshalb die Aussage Mertens (1975), mit der er das Schlußkapitel seines Berichts über die Sozialpsychologie des Experiments einleitet (S. 179):
'Nachdem sich die positivistische Position eines Objektivitätsstandards bei der bislang als am objektivsten angesehenen Methode – dem Laboratoriumsexperiment – ... nicht länger vertreten läßt, sollten Sozialforscher bewußt die Chance ergreifen, den Menschen als soziales und historisch sich veränderndes Wesen zu begreifen ... und ihn am Handlungsprozeß der Erforschung als Subjekt zu beteiligen. Dieses Prinzip steht im Mittelpunkt der Aktionsforschung.' Wie immer auch die vorliegenden Befunde zur Sozialpsychologie bewertet werden mögen: Es sind weitgehend experimentelle Befunde, die Mertens für eine ‚Abschaffung' des Experiments plädieren lassen. Mit der ‚Objektivität' dieser Untersuchungen ist es jedoch, vorsichtig ausgedrückt, zumindest nicht besser bestellt als bei den Experimenten, die ‚abgeschaft' werden sollen." (Bredenkamp, 1980, 47).

Bredenkamp hat mit dieser *Replik* Recht. Denn es entfernt sich ein jeder Wissenschaftler von der Wissenschaft selbst – der genuinen *Inselwelt der Forschung* – wenn er das Experiment einfach „abgeschafft" wissen möchte. Er stellt sich dann m. a. W. nicht mehr den Aufgaben einer Wissenschaft und den mit diesen verbundenen, aber zu überwindenden Schwierigkeiten.

Vielleicht sollte man in Ergänzung zu Bredenkamp noch hinzufügen, daß der von ihm kritisierte Autor immerhin für sich in Anspruch nehmen darf, wenigstens klar und ehrlich das ausgedrückt zu haben, was manche anderen Wissenschaftskollegen damals in den siebziger Jahren an deutschen Universitäten nur gedacht, aber zu publizieren sich nicht getraut haben (McFarland, 1980; Bunge, 1980, 1981)?

Wie dem auch sein mag; das Beispiel zeigt, daß der Wunsch nach „Abschaffung" der besten Nachweismethode einer empirischen Wissenschaft, des *Experiments*, die wissenschaftliche Kommunikation in der Psychologie nicht nur nicht fördert, sondern geradezu lähmt.

Beispiel 2: Fabrikation von *Falsifikaten*

Hierunter wird im abschätzigen Sinne das verstanden, was unter der Bezeichnung *„Lug und Trug im Namen der Wissenschaft"* zu begreifen ist. Jemand, der wissenschaftliche Daten fabriziert, die nie erhoben worden sind, aber trotzdem solche Falsifikate als wissenschaftlich verbürgt publiziert, belastet sich selbst und die wissenschaftliche Gemeinschaft:

„Der Täuschungseffekt ... liegt vor, wenn ‚Resultate' veröffentlicht werden, die so nicht eingetroffen sind. Derartige Täuschungen werden bei *Mendel* und *Newton* vermutet (Barber, 1976, 37), in der psychologischen Forschung neuerdings bei *Sir Cyril Burt* ..." (Bredenkamp, 1980, 41).

Die Regel *„Do Not Block the Path of Inquiry"* – also die Grundlage wissenschaftlicher Kommunikation – ist hier schwer verletzt worden, wobei natürlicherweise der moralisch-ethische Aspekt der *Verwerflichkeit* hinzukommt. Der Skandalfall um Sir Cyril Burt (1883–1971), einen ehemals angesehenen britischen Psychologen, dem posthum die systematische Fabrikation von Falsifikaten im Rahmen seiner *Vererbungstheorie* der Intelligenz nachgewiesen worden ist – seine Pseudothese: ca. 75 % der Intelligenz sind vererbt – ist in einer umfangreichen Monographie minutiös beschrieben worden (Hearnshaw, 1980).

Diese beiden extremen Beispiele zeigen vor allem zwei Dinge:

- Ideologisch begründete Vorannahmen verleiten typischerweise zu unwissenschaftlichem Verhalten, das u. a. auch die mangelnde wissenschaftliche Kommunikation bedingt (s. Bd. 1, ○ Illu 5.1: *„Das Denken in Stereotypen“*).
- Es ist notwendig und im Namen der Wissenschaft gut, daß schon der Studierende von der (gelegentlichen) Verletzung des hier herausgestellten *Hauptgebots* des (gemeinsamen) wissenschaftlichen Strebens weiß und in diesem Sinne gewarnt ist: *„Do Not Block the Path of Inquiry“*!

Wenn dieser *Exkurs* den Leser nachdenklich stimmt, dann wird damit dem Anliegen entsprochen, daß die in den beiden vorangegangenen Teilkapiteln behandelten Grundsätze des *positiven* wissenschaftlichen Kommunizierens gebührend beachtet werden.

◇ Demo 19.1
Die Funktion der Zusammenfassung von Forschungsberichten

Als ein Standard wissenschaftlicher Kommunikation wird einem Forschungsbericht – meistens ein Zeitschriftenaufsatz – eine *Zusammenfassung* (Abstract) vorangestellt. Die Zusammenfassung informiert in aller Kürze über das Wesentliche der Forschungsarbeit (s. S. 301 f).

Untenstehend werden fünf verschiedene *Zusammenfassungen* von Arbeiten zu dem Thema *„Über die Bedeutung der Gliederung des Lernmaterials für die Behaltensleistung von Kindern und Jugendlichen“* vorgestellt (*A* bis *E*). Die Aufgabe dieser Demonstration besteht darin, nach Prüfung der jeweiligen „Zusammenfassung“ zu entscheiden, ob die betreffende Arbeit für das einschlägige Thema vermutlich von unmittelbarer Bedeutung ist oder nicht. – Diese Aufgabe ist nur scheinbar einfach; in Wirklichkeit erfordert ihre Lösung bereits ein gewisses wissenschaftliches Verständnis. (nach Wilkening & Wilkening, 1980):

Man notiere sich stichwortartig nach der Prüfung einer jeden *Zusammenfassung*, welchen Hinweisen man entnommen hat, daß die betreffende Arbeit für das genannte Thema von Bedeutung sein könnte.

Zusammenfassung A

Aus: Anders, T. R., Fozard, J. L.: Effects of age upon retrieval from primary and secondary memory. Development al Psychology, 1973, *9*, 411–415.

The retrieval process of young (X_1 = 21 years) and old (X_2 = 56 years) subjects were compared in both primary and secondary memories. Subjects of both age groups conducted several exhaustive retrieval searches in primary memory. The speed of the young subjects' searches was about twice as fast as those of old subjects. Similarly, all of the subjects conducted several exhaustive searches in secondary memory. All searches of secondary memory were slower. Young subjects maintained, however, their speed advantage over old subjects. Discussion centered on the role that old subjects' slowed retrieval searches play in their more general learning-memory deficit.

Kommentar:

. . . .
. . . .
. . . .
. . . .

Zusammenfassung B

Aus: Worden, P. E.: The development of the category-recall function under three retrieval conditions. Child Development, 1974, *45*, 1054–1059.

First, third, and fifth graders sorted picture of animals and houshold items into either 2 or 6 categories. Subjects were then given a standard „free" recall (free), were reminded of the categories (informed), or were required to recall items from one category at a time (blocked). Recall was found to be a function of number of categories in the sort, and there were no differences in recall.

Kommentar:

. . . .
. . . .
. . . .
. . . .

Zusammenfassung C

Aus: Wilkening, K., Sarris, V. & Wilkening, F.: Transitivity of length: A comparison of different experimental procedures. Perceptual and Motor Skills, 1976, *43*, 639–646.

A sample of 48 children (4,8 – 8,7 yrs.) was tested for transitivity using the well-known experimental procedures of Braine, Smedslund, and Lindenbaum and Blum, which differ with respect to the assessment technique as well as to the critical transitivity age. Taking the original criteria as a basis, the main findings of each of the studies cited above could on the whole be confirmed. A closer analysis of the data obtained in this investigation showed, however, that the original criteria are quite arbitrary and not comparable among themselves. Therefore, a new scoring principle based on the conventional statistical reasoning is proposed. Application of this principle to all three procedures resulted in a convergence of the transitivity age on about 5 yrs.

Kommentar:

. . . .
. . . .
. . . .
. . . .

Zusammenfassung D

Aus: Smith, G. J. W. & Carlsson, I.: Can preschool children be creative? A perceptgenetic study of 4-6-year-olds. Archives of Psychology (Archiv für Psychologie), 1983, *135*, 37–53.

Creativity was studied in 47 4-6-year-old preschool children. The main instruments of the study were a special perceptgenetic (PG) test, the Meta-Contrast Technique (MCT), Piaget's Landscape test, and a half-structured interview pertaining to play and fantasy life. The children also made drawings and clay figures. In the older and more mature children, who had also started to internalize their defensive reactions in the MCT, creativity was measured by the PG test correlated with creativity as estimated in the interview and by independent judges of the child's artistic products. The results show that no stable conception of creativity is possible until the perceptual processes are firmly rooted in the child's private inner world.

Kommentar:

. . . .
. . . .
. . . .
. . . .

Zusammenfassung E

Aus: Giesen, H.: Beziehung zwischen transponalem Verhalten und Verbalisation bei Vorschulkindern. Psychologische Beiträge, 1971, *14*, 95–123.

Zum entwicklungspsychologischen Aspekt des transponalen Verhaltens wurden zwei Versuchsreihen mit dem Größer-Kleiner-Problem und eine Untersuchung mit dem

Mittelgrößenproblem durchgeführt. Generell wurde die Hypothese bestätigt, daß Vorschulkinder, deren transponales Verhalten gegenüber Veränderungen der absoluten Größenausprägungen in einem Unterscheidungsproblem relativ invariant ist, auch ein verallgemeinertes Verständnis des Lösungsprinzips äußern. Die Differenzierungskraft anderer Entwicklungsmerkmale war gering und unzuverlässig; sie nahm umso mehr ab, je weniger die Merkmale mit der befragten Verbalisation zusammenhingen. In der Versuchsreihe zum Mittelgrößenproblem waren die individuellen Distanzgradienten so heterogen, daß die Gruppenwerte kein getreues Abbild der Einzelleistungen liefern konnten.

Kommentar:

....
....
....
....

Im *Anhang* (Anh. D.2.4, S. 371) findet sich ein *Lösungshinweis* zu dieser Demonstrationsaufgabe.

Einzel- oder Gruppenversuch

Zusammenfassung

Theoriengestützte und experimentell abgesicherte Erkenntnisse sind in hohem Maße als Inhalte – nationaler und internationaler – wissenschaftlicher *Kommunikation* geeignet. Solche Erkenntnisse können auf sowohl institutsinternen als auch universitätenübergreifenden Arbeitstagungen sowie auf Kongressen, deren Inhalte sich auch in Fachzeitschriften und Fachbüchern niederschlagen, kommuniziert werden.

Aufbau und Struktur eines Forschungsberichts sind – wie bereits bei einer knappen *Zusammenfassung* (Abstract) – von wissenschaftlich kommunikativer Bedeutung, sobald sie den Standards und Regeln dafür folgen. Am Beispiel einer studentischen Seminararbeit wird gezeigt, wie wichtig allein das genaue, d. h. kritische *Lesen* der Fachliteratur ist.

Mangelnde wissenschaftliche Kommunikation signalisiert das Fehlen einer gemeinsamen methodologischen Grundlage wissenschaftlichen Denkens und Arbeitens. Demgegenüber dient eine jede effektive Kommunikationsbemühung der sozialen Akzeptanz von potentiell relevanten Forschungsergebnissen. Dies zeigt auch das Beispiel von ethische Prinzipien berührenden Untersuchungen.

Kapitel 20

Ausblick: Theorie und Praxis des psychologischen Experiments

In diesem Schlußkapitel erfolgt eine Bilanzierung dessen, was als Hauptgegenstände der vorangegangenen Kapitel über die methodologischen Grundlagen der Experimentalpsychologie interessiert. Dabei beschränkt sich das Kapitel auf die Behandlung von Aspekten, die im Rahmen einer integrativen Betrachtung von Bedeutung sind, unter Anführung weiteren Datenmaterials.

a) c)

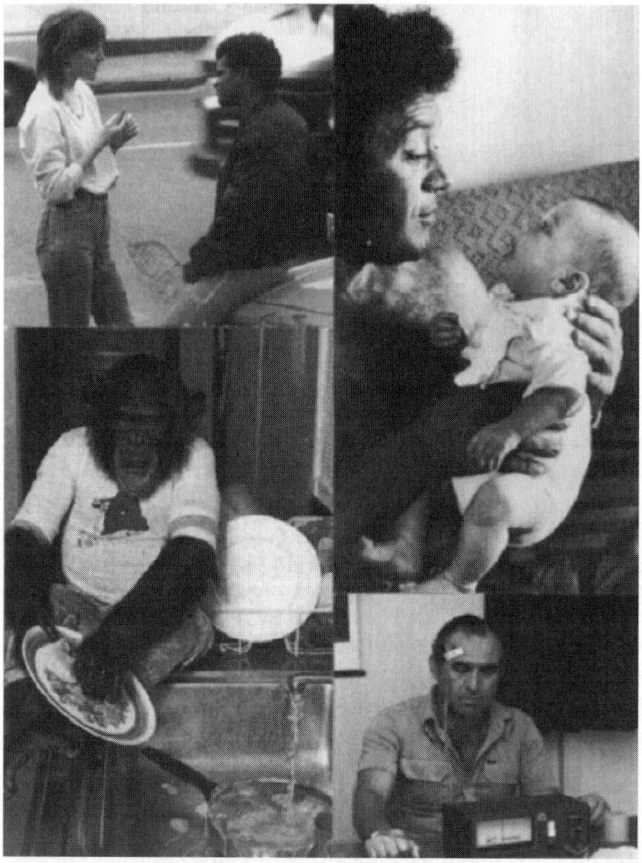

b) d)

Abbildung 20.1: Ausgewählte Themen der heutigen psychologischen Grundlagenforschung.

a) Sozialer Kontakt (*Sozialpsychologie*): Entstehung von Zu- und Abneigung, beobachtet im Feldexperiment (Bickman & Henchy, 1972).

b) Sprachtraining bei Affen (*Biopsychologie*): Mitberücksichtigung des sozialen Kontexts im Tierexperiment – der Affe Nim Chompsky beim Tellerwaschen in der menschlichen Umwelt (Terrace, 1979; Spear, 1984; Roitblat, 1987).

c) Vater-Kind-Beziehung (*Entwicklungspsychologie*): Bedeutung der emotional-sozialen Zuwendung für die normale Kindesentwicklung (Harlow & Mears, 1979; Fthenakis, 1984).

d) Biofeedback (*Medizinische* bzw. *Klinische Psychologie*): Fortlaufende Rückmeldung der Hirnstromaktivität eines Patienten in einem $N = 1$-Experiment (Birbaumer & Schmidt, 1989; Schmielau & Schmielau-Lugmayr, 1990).

Die Frage der wissenschaftlichen Bewährung des psychologischen Experiments steht hier im Mittelpunkt. Es wird davon ausgegangen, daß die beste angewandte Psychologie und psychologische Praxis stets auf einer möglichst exakten psychologischen Grundlagenforschung basieren sollten (Abb. 20.1). Dem damit verbundenen Rückblick in die Vergangenheit der experimentellen Psychologie schließen sich Betrachtungen über die Zukunft an; d. h., es werden die heutigen und zukünftigen Probleme und Erfordernisse der Experimentalpsychologie angesprochen:

Im ersten Kapitelteil wird an die Grundforderung des wissenschaftlichen *Beweises* von psychologischen Erkenntnissen und Befunden erinnert. Obschon heute noch viele ungelöste Probleme in der Psychologie bestehen, bleibt das Experiment doch die *via regia* der psychologischen Forschung (Kap. 20.1). Das betrifft auch diejenigen Fragen, welche die anwendungsbezogenen und praktischen Aspekte der Experimentalpsychologie berühren, selbst wenn es noch heute viele Diskrepanzen zwischen dem hohen Anspruch an das gute psychologische Experiment und seiner Realisierung gibt (Kap. 20.2). Abschließend wird der Blick in die Zukunft des psychologischen Experiments gerichtet, um so die möglichen Entwicklungen der Experimentalpsychologie abzuschätzen (Kap. 20.3).

20.1 Experimentieren und wissenschaftlicher Beweis

Eines der Hauptanliegen eines Methodenlehrbuchs für die Psychologie ist es, aufzuzeigen, daß auch in diesem Fach der wissenschaftliche Beweis und die experimentelle Beweispflicht eine zentrale Rolle spielen.

Wissenschaftliche Beweispflicht und psychologisches Experimentieren

Die wissenschaftliche Beweissituation gleicht in manchen Teilbereichen der Psychologie einer nahezu vorwissenschaftlich orientierten Disziplin. Ein extremes, aber aussagekräftiges Beispiel dafür liefert die *Parapsychologie* insofern, als diese Pseudowissenschaft eine Fülle von wissenschaftstheoretischen Problemen aufweist, die bis heute ungelöst sind (Guttmann & Bestenreiner, 1991; vgl. Bd. 1, Kap. 5.1).

Im folgenden wird hierauf illustrierend eingegangen, wobei die *Parapsychologie* nur ein extremes (Negativ-)Beispiel dafür ist, daß die wissenschaftliche Beweispflicht das *A und O* einer Wissenschaft ist (○ Illu 20.1). – Positivbeispiele folgen weiter unten. ○

○ Illu 20.1
Wissenschaftliche Beweispflicht und Beweisnot – aufgezeigt am Beispiel parapyschologischer Forschung

Seit alters hat man spektakuläre Einzelfälle von *Hellsehen, Gedankenübertragung* und *Weissagung* gesammelt und analysiert. Schon deren exzeptioneller Status – als in jeder Hinsicht „aus dem Rahmen" des Gewöhnlichen fallende Randerscheinungen im Leben der Menschen – sowie der hohe Grad von Skepsis, der ihnen von den meisten Wissenschaftlern entgegengebracht wird, rechtfertigen das Interesse auch der Psychologen an solchen parapsychologischen Untersuchungsgegenständen – ja, lassen ein solches Forschungsinteresse geradezu als *notwendig* erscheinen. Denn Wissenschaft hat sich auch um die Sonderphänomene sowie um die besonders diffizilen Inhalte der Lebenserscheinungen zu bemühen (Krech et al., 1974, S. XX, Box 1.4).

Man bedenke im übrigen, was die *sozialen Konsequenzen* bedeuten könnten – *Gutes? Schlimmes?* – wenn beispielsweise einmal eine Person, *falls* sie über die fraglichen paranormalen Eigenschaften verfügte, diese planvoll im Sinne ihrer eigenen subjektiven Erkenntnis- und Handlungsinteressen gegenüber ihrer Gemeinschaft einsetzte!

Selbst wenn es richtig ist, daß die parapsychologischen Phänomene legitime Forschungsgegenstände darstellen, so ist doch zunächst zu fragen, warum eigentlich die Gegner der Parapsychologie so skeptisch gegen die Annahme der Existenz von parapsychologischen Phänomenen eingestellt sind. Ist es mangelnde Glaubensfähigkeit oder gar eine arrogante Leugnung des Übernatürlichen (Paranormalen), welches wir eben zur Zeit nicht fassen können? Nur einige wenige Psychologen sind der Auffassung, daß es bis zum heutigen Tage hinreichend viele und auch überzeugende Einzelbelege für die Existenz etwa des (behaupteten) Phänomens „Außersinnliche Wahrnehmung" gäbe (z. B. Rhine & Pratt, 1962; Rhine & Brier, 1968; McConnell, 1969, 1971; Bender, 1970, 1973); *die meisten Psychologen sind diesen Problemen gegenüber sehr skeptisch* (etwa McConnell, 1974; Weil, 1974).

Wie stehen Sie selbst zu derlei Fragen? Wie einer der Versuche eines amerikanischen *Praktikumsbuchs* zeigt, ist die Beschäftigung mit dieser Thematik für den Psychologieunterricht weiterhin von Interesse (Tab. A mit einigen Beispielen von Hergenhahn, 1970, Chap. 11).

Natürlich hat in der Wissenschaft nicht eine „Mehrheit" der Forschenden gerade deshalb recht, weil sie eine bstimmte Auffassung als Majorität vertritt. Andererseits darf aber auch nicht von der bloßen lexikalischen Existenz solcher *magisch* klingenden Wörter bzw. Kürzel wie *ESP, Psi* usw. auf die reale Existenz der Phänomene geschlossen werden. Die bis heute nicht entschiedene wissenschaftliche Kontroverse zwischen Befürwortern und Gegnern der Annahmen der Parapsychologie muß einzig und allein auf *methodischem* Wege beantwortet werden.

Man muß nicht selbst an parapsychologische Phänomene glauben, um deren Bedeutung geeignet prüfen zu können (Nissen, 1970). Es gibt daher auch zahlreiche wissenschaftliche *Experimente,* mit deren Hilfe die parapsychologischen Behauptungen der *Telepathie,* der *Telekinese* usw. überprüft worden sind. Je sorgfältiger dabei die experimentellen *Kontrollen* (Campbell, 1969) gewährleistet sind, desto weniger ist die Existenz solcher Phänomene – in aller Regel – nachzuweisen. – Ist es überhaupt *plausibel,* daran zu glauben, daß etwa ein „Sender" bestimmte Zeichnungen entwirft und diese dann einem sog. „anerkannten Medium" als „Empfänger" per Gedankenübertragung übermitteln kann (Wilson & Holroyd, 1979; s. Abb. A)?

Glaube und Skepsis gegenüber parapsychologischen Phänomenen

In dem Lehrbuch von Atkinson et al. (1990) werden die Gründe für die *skeptische Haltung* der meisten Wissenschaftler gegenüber den parapsychologischen (okkulten) Phänomenen genannt und im einzelnen erläutert. Wir schließen uns dieser dort vertretenen Auffassung an und nennen die wich-

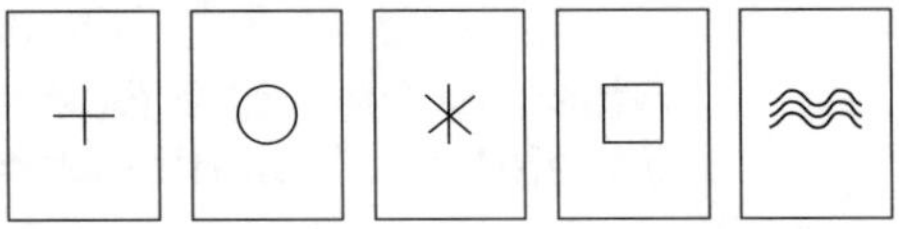

Abbildung A: Versuchsmaterial: Karten mit verschiedenen Symbolen, die dem Versuch der Überprüfung von *Gedankenübertragung* zwischen einem Versuchsteilnehmer als „Sender" und einem anderen als „Empfänger" dienen sollen.

Tabelle A: Auswahl von Items aus einem Fragebogen zur Untersuchung von Meinungen über sehr ungewöhnliche (paramormale) Dinge und Gedanken. (Nach Hergenhahn, 1970)

Erläuterung: Dies ist ein Fragebogen mit Aussagen zu den verschiedensten Dingen und Gedanken. *Wie stehen Sie persönlich zu bestimmten Meinungen?* Hinter jeder Aussage werden vier mögliche Antworten darauf angeführt – bitte wählen Sie spontan jeweils nur diejenigen aus, die für Sie am besten zutrifft. Bei diesem Fragebogen gibt es keine „richtigen" oder „falschen" Antworten. – Sie sollten in jedem Falle eine der dargebotenen Alternativen auswählen.

– Außersinnliche Wahrnehmung oder die Fähigkeit, Informationen aus anderen Quellen als durch die normalen Sinneswahrnehmungen zu erhalten, ist:

a) eine Fähigkeit, die wir alle in einem gewissen Ausmaß haben
b) eine Fähigkeit, die nur wenige Auserwählte besitzen
c) gar nicht existent
d) Glücksache und im Bereich der Wahrscheinlichkeit.

– Die schrecklichen Schneemenschen im Himalaya-Gebirge erklärt man sich am besten als:

a) eine Tiergattung, die sich dort in vielen Jahrhunderten weit weg von aller Zivilisation entwickelt hat
b) eine Sinnestäuschung der Bergbewohner, die diese Wesen so gesehen haben, weil sie diese so zu sehen wünschten
c) einen primitiven Menschenstamm, der sich infolge seiner relativen Isoliertheit anders als „normal" entwickelt hat
d) eine Fabel, welche die Bergbewohner erfunden haben, um bei Touristen Interesse für ihre Gegend zu wecken.

– Fliegende Untertassen lassen sich am besten erklären als:

a) Flugzeuge von Bewohnern anderer Planeten
b) Fluggeräte, die entweder unserem Staat oder einer anderen Regierung gehören und bis zu ihrer vollständigen Ausreifung geheim gehalten werden sollen
c) optische Täuschungen, verursacht durch irgendwelche physikalischen Eigenschaften des Weltraums
d) gar nicht existierend und von niemandem wirklich gesehen.

– Einzelfälle von Personen, die sich an ein Leben vor ihrer Geburt erinnern oder es sogar zurückrufen können, erklärt man sich am besten als:

a) Beweis dafür, daß die meisten von uns schon einmal ein anderes Leben vor ihrer Geburt geführt haben
b) eine überzeugende Tatsache, die die Möglichkeit einer früheren Existenz aber nur nahelegt
c) Geschichten, die man einem unwissenden Publikum verkaufen will
d) Nachweis, daß manche Menschen an ein früheres Leben glauben, was aber wahrscheinlich nicht wahr ist.

– Kontakte mit Verstorbenen sind

a) unmöglich
b) für jeden von uns möglich, aber nur unter bestimmten Umständen
c) für einige Auserwählte möglich
d) irgendwann einmal möglich, aber gegenwärtig können sie noch nicht hergestellt werden.

– Wunder wie das Schreiten über das Wasser oder die Verwandlung von Wasser in Wein sind:

a) möglich
b) unmöglich
c) Vergangenheit, waren aber offensichtlich einmal möglich
d) rein psychologisch zu erklären, existieren jedoch nicht als Faktum.

---

tigsten Gründe für die Skepsis gegenüber parapsychologischen Phänomenen:

– Sehr viele angebliche *Belege* für die Existenz paranormaler Erscheinungen haben sich bei sorgfältiger Nachüberprüfung als *falsch* erwiesen. Dort wo die Unrichtigkeit nicht aufgedeckt werden konnte, hat andererseits die wissenschaftliche Analyse auch nicht die „Richtigkeit" der beigebrachten Belege nachweisen können.

– Ein großer Teil der *statistischen* (wahrscheinlichkeitstheoretischen) Belege für die „Überzufälligkeit" des Auftretens bestimmter okkulter Erscheinungen enthält schwerwiegende methodische bzw. methodologische *Unzulänglichkeiten,* wobei diese fehlerhaften Arbeiten auffallenderweise zugunsten der Annahme der Existenz von parapsychologischen Phänomenen irren. Insofern hier nicht triviale methodische Unzulänglichkeiten oder aber etwa Täuschungsmanöver eine Rolle spielen, könnte ein Grund für die erwähnten Unstimmigkeiten der sog. *Versuchsleitereffekt* sein, auch unter der Bezeichnung *Pygmalion-Effekt* oder *Rosenthal-Effekt* bekannt (s. Kap. 17.3).

- Ein Grundmerkmal der behaupteten parapsychologischen Erscheinungen stellt deren relative *Seltenheit* und *Instabilität* dar (mangelnde Häufigkeit und Reliabilität ihres Auftretens selbst bei bestimmten „begabten" Medien). Damit entziehen sich diese Phänomene grundsätzlich einer *systematischen* Untersuchung wenigstens mit Hilfe der bisher bekannten Nachweismethoden (Problem der Unüberprüfbarkeit).
- Es existiert keine *Theorie*, mit deren Hilfe sowohl die „normalen" als auch die fraglichen „paranormalen" (paralogischen) Erscheinungen sinnvoll *gedeutet, erklärt* und *vorhergesagt* werden könnten. Für viele Wissenschaftler, die der Parapsychologie gegenüber eher eine *neutrale* Haltung einnehmen, bedeutet diese Einschränkung einen Grund für ihr *mangelndes Interesse* an einer Beschäftigung mit diesen Problemen.

Die angeführten Einwände sind zusammengenommen ernstzunehmen; andererseits stellen sie natürlich – aus sachlogischen Gründen – keinerlei Beweis für oder gegen die *Nonexistenz* von bestimmten ESP-Erscheinungen dar.

Beweispflicht einer Wissenschaft

Damit verbunden ist ein allgemeines *forschungslogisches* Problem, nämlich das der *Beweislast* bzw. *Beweispflicht* einerseits und das der „Beweisnot" andererseits in den empirischen Wissenschaften. Weil die Untersuchungen von parapsychologischen Phänomenen einen extremtypischen Paradefall für die zu fordernde Praktik einer jeden wissenschaftlich legitimen Beweisführung darstellen, wird dieser Fragenkomplex auch in fast allen Textbüchern zur Einführung in die Psychologie behandelt (z. B. Krech et al., 1974, 1982; Zimbardo, 1988; Atkinson et al. 1990).

Hier interessiert die forschungslogische und forschungssystematische Bedeutung des Erkenntnisstrebens besonders, weil das vorher Ausgeführte als Beispiel für einen notwendigerweise zu beachtenden *Grundsatz* empirischen Forschens genommen werden soll. Generell gilt, daß ein Wissenschaftler, der die Existenz eines nicht unmittelbar erkennbaren Phänomens behauptet, zu einem *empirischen Nachweis* verpflichtet ist – ein Bemühen, das selbstverständlich der betreffenden Wissenschaftsdisziplin allgemein aufgegeben ist. – Für diesen Sachverhalt zwei Beispiele aus der Wissenschaftsgeschichte der *Chemie* und der *Physik*:

In der *Chemie* stellten – unabhängig voneinander – der Russe D. I. Mendeljew und der Deutsche L. Meyer (1869) das sog. *Periodische System* der chemischen Elemente auf (Anordnung nach steigendem Atomgewicht unter Wiederholung gleicher Eigenschaften). Dadurch wurden Voraussagen über seinerzeit noch unentdeckte Elemente möglich. Deren Existenz wurde dann später nach und nach erwiesen, so die des Radiums 1898 durch Pierre und Marie Curie.

In der *Astrophysik* stellte im 19. Jahrhundert der Franzose U. Leverrier aufgrund von Bahnabweichungen des Uranus die These von der Existenz eines noch nicht bekannten Sternes auf. Jahre später entdeckte ihn der Deutsche J. G. Galle (1846); es war der *Neptun*.

Systematisches beweisführendes Vorgehen in der Forschung verlangt also nach Aufstellung einer Existenzannahme deren zweifelsfreien *öffentlichen* Beleg; und zwar auf empirischer Basis, bevor das hypothetisch Angenommene als solches zur spekulativen Ableitung sogar von „Schlußfolgerungen" aus dem doch erst zu Beweisenden eingesetzt werden darf. Denn bis heute liegen – allen halbwissenschaftlichen und anderen Darstellungen zum Trotz – exakte Beweise für die Existenz der (angeblichen) zahlreichen parapsychologischen Einzelphänomene nicht vor. Das bedeutet nun auch für die heutige Situation der Parapsychologie, daß es noch nicht zulässig ist, spekulativ angenommene außersinnliche *Kräfte* einzelnen angeblich „begabten" Menschen zuzuschreiben. Es müssen vielmehr die einzelnen Untersuchungsgegenstände der Parapsychologie sorgfältig ausgewählt, eingegrenzt und unter exakt kontrollierten Bedingungen erneut auf die Probe gestellt werden.

Wissenschaftliche Nachweismethoden

Einzig und allein das *Laborexperiment* kann hier die *Prüfmethode der Wahl* sein.

Manche *Anhänger* der Parapsychologie wollen das Labor-Experiment nicht als Beweismethode gelten lassen. Die Versuchssituation beeinträchtige, verringere die paranormalen Kräfte; diese seien nicht zu jeder Zeit abrufbar. Oder sie argumentieren, eine Laborsituation sei zu lebensfern; denn sie biete bestenfalls einen winzigen Ausschnitt des Untersuchungsgegenstandes, so daß schon von daher eine Entfaltung der „wahren" *medialen Kräfte* verhindert oder zumindest behindert werde usw.

Solche Einzelargumente sind zunächst vielleicht plausibel. Allerdings überzeugen sie dann nicht, wenn sie auf dem falschen (meist unbewußten) Gedanken basieren, zuerst müsse der Skeptiker die Nonexistenz der fraglichen Phänomene nachweisen und nicht der Glaubensanhänger seinerseits den positiven Beweis für die behauptete Phänomenexistenz antreten.

Wie bereits oben festgestellt, gilt als der oberste wissenschaftliche Grundsatz der ernstgemeinte Versuch einer Bereitstellung oder Benennung von positiven Belegen, in jedem Einzelfall, wobei zwischen *Wissen* und *Glauben* („Gefühl der absoluten Wahrheit": Zimbardo & Ruch, 1978, 232) streng zu trennen ist. Nicht statthaft ist der Versuch, sog. *Glaubenssätze* als vermeintlich „wissenschaftlich bewiesen" auszugeben, falls nämlich *de facto* nicht die richtigen wissenschaftlichen *Beweismethoden* eingesetzt worden sind.

Welches sind nun die zu fordernden Beweismethoden? Wie überprüft man die Existenz eines bestimmten parapsychologischen Phänomens? Besonders die *beweisführende Statistik* – mit ihren sog. inferentiellen (schlußfolgernden) statistischen Methoden – spielt hier eine zentrale Rolle (s. Kap. 18.2).

Abschließend sei nochmals der *pseudowissenschaftlichen Argumentation* begegnet, die – konträr zu allen allgemein anerkannten wissenschaftlichen Grundregeln – den *Beweis der Nonexistenz* „außersinnlicher" Phänomene als zulässige oder gar hinreichende Methode zu deren Existenzbeweis verlangt. Ein solches Ansinnen, das weniger wissenschaftlichem Handeln als vielmehr den Wurzeln eines *mystischen Glaubens* entstammt (Topitsch, 1965), ist abzulehnen. Wie sollten etwa *Zweifler* an der Existenz eines hypostasierten chemischen Elements oder an dem Vorhandensein eines noch unbekannten Sternes anders vorgegangen sein, als daß sie sich geduldig bemüht hätten, jene Phänomene in den postulierten Bereichen zu *finden*?

So kann es also immer nur darum gehen, die Existenz welcher Phänomene auch immer *positiv* nachzuweisen. Das bedeutet denn auch für die Parapsychologie, daß sie die Annahmen bezüglich der Existenz bestimmter außersinnlicher Phänomene erst noch nachzuweisen hat; auch sie ist *beweispflichtig.*

Literatur

Atkinson, R. L., Atkinson, R. C., Smith, E. E. & Bem, D. J.: Introduction to psychology. (10th ed.) New York: Harcourt, Brace & Jovanovich, 1990.

Bender, H.: Parapsychologie. Bremen: Schünemann, 1970.

Bender, H.: Verborgene Wirklichkeit. Olten: Walter, 1973.

Campbell, D. T.: Prospective: Artifact and control. In: R. Rosenthal & R. L. Rosnow (Eds.), Artifact in behavioral research. New York: Academic Press, 1969.

Hergenhahn, B. R.: A self-directing introduction to psychological experimentation. Belmont, Calif.: Brooks/Cole, 1970.

Krech, D., Crutchfield, R. S. & Livson, N.: Elements of psychology. (3rd ed.) New York: Knopf, 1974. (4th ed., 1982).

McConnell, J. V.: Understanding human behavior. New York: Holt, Rinehart & Winston, 1974.

McConnell, R. A.: ESP and the credibility in science. American Psychologist, 1969, *24*, 531–538.

McConnell, R. A.: ESP curriculum guide. New York: Simon & Schuster, 1971.

Nissen, K. D.: Einstellungen deutscher Psychologiestudenten zu parapsychologischen weltanschaulichen Problemen. Zeitschrift für Parapsychologie und Grenzgebiete der Psychologie, 1970, *12*, 186–193.

Rhine, J. B. & Brier, R. (Eds.): Parapsychology today. New York: Citadel Press, 1968.

Rhine, J. B. & Pratt, J. G.: Parapsychologie – Grenzwissenschaft der Psyche. Bern: Franke, 1962.
Topitsch, E.: Mythische Modelle in der Erkenntnislehre. Studium Generale, 1965, *18*, 400–418.
Weil, A.: Parapsychology: Andrew Weil's search for the true Geller. Psychology Today, 1974, *10*, 45–50; 75–82.
Wilson, C. & Holroyd, S.: Große Mysterien: Rätsel des menschlichen Geistes. Mannheim: Columbus, 1979.
Zimbardo, P. G. & Ruch, F. L.: Lehrbuch der Psychologie. (3. Aufl.) Berlin: Springer, 1978.
Zimbardo, P. G.: Psychology and life. (12ed.) Glenview, Ill.: Scott, Foresman & Co., 1988.

In Anerkennung einiger gut verbürgter Bemühungen von Parapsychologen der heutigen Zeit soll hier deren praktische Bedeutung – nämlich die der Warnung vor Scharlatanierie im Namen der Wissenschaft – nicht übersehen werden (z. B. Bender, 1970). Dies gilt unbeschadet der Tatsache, daß es zu einem großen Teil die Parapsychologie war, die dazu beigetragen hat, das Bild der Psychologie in der Öffentlichkeit eher herabzusetzen und die Entwicklung der Psychologie zur Wissenschaft zu hemmen (s. dazu auch Bd. 1, Kap. 1.2).

Möglichkeiten und Grenzen des psychologischen Experiments

Insgesamt betrachtet setzen viele Vertreter der Psychologie im In- und Ausland großes Vertrauen in die Psychologie, in dem Sinne, daß sie ihr zutrauen, sie sei als Wissenschaft *methodologisch* bereits gut begründet. Jedenfalls trifft dies heutzutage viel eher zu als beispielsweise noch vor etwa 50 Jahren. Das gilt, auch wenn mancherorts bedauert wird, daß die Psychologie als Wissenschaft nicht hinreichend gefördert wird (Irle & Strack, 1983; Heckhausen, 1984). – Was vermag hierbei eine gute *Theorienbildung* zu leisten?

Aufgabe einer guten Theorie ist es, bereits erhobene oder noch zu erhebende Daten gedanklich korrekt und möglichst einfach zu ordnen, d. h. so zu strukturieren, daß dadurch *Erklärungen* und *Vorhersagen* möglich werden (Abb. 20.2, S. 332; s. ferner Bd. 1, Kap. 4.3). Es ist wichtig, sich immer wieder des Umstands bewußt zu werden, daß in der Psychologie vielfach unzureichende – d. h. unzulässige – *Erklärungen* vorgenommen werden („Pseudoerklärungen"). In Tabelle 20.1 sind verschiedene *Haupttypen von Erklärungen*, jeweils mit einem Beispiel, einander gegenübergestellt, wobei die ersten vier *Pseudoerklärungen* sind und die übrigen eventuell brauchbare Erklärungen darstellen (Bunge, 1985).

Die in der Psychologie bisher entwickelten Theorien unterscheiden sich sowohl inbezug auf die Tiefe (z. B. Exaktheit) als auch bezüglich der Breite ihres Geltungsanspruchs. Beispielsweise kann man zwischen *Maxi-* und *Minitheorien* unterscheiden (Legge, 1975): Die ersten beziehen sich auf Verhaltensweisen und den ihnen zugrundeliegenden allgemeinen Geltungsanspruch; die letzteren sind in ihrem Bereich eher begrenzt. So sind etwa die klassischen Persönlichkeits- und Lerntheorien der ersten Hälfte dieses Jahrhunderts ausgesprochene Maxitheorien; zu den Minitheorien gehört demgegenüber z. B. L. Sjöbergs (1969) Größengewichtstäuschungs-Modell (s. Kap. 16.2). Zweifellos herrschen in der Psychologie von heute – experimentell gesichert bzw. absicherbar – die sog. *Minitheorien* vor.

Tabelle 20.1: Haupttypen von Erklärungen in der Psychologie: Pseudoerklärungen (Typ 1 bis 4) und potentiell brauchbare Erklärungen (Typ *5* bis *10*). (Modifiziert nach Bunge, 1985)

(1) *Tautologische* Erklärung: Geistiges Geschehen wird mit Begriffen von geistigen Fähigkeiten erklärt.
Beispiel: Wir behalten etwas im Gedächtnis, weil wir mit Erinnerungsfähigkeit begabt sind (E. Spranger).

(2) *Teleologische* Erklärung: Ziele oder Absichten werden einem Geschehen unterstellt.
Beispiel: Ziel des Träumens ist, unseren Schlaf zu sichern oder unsere Wünsche zu erfüllen (S. Freud).

(3) *Mentalistische* Erklärung: Verhaltensweisen oder geistigen Begebenheiten wird anderes geistiges Geschehen von ganz anderer Art zugeschrieben.
Beispiel: Perzeptive Wahrnehmung ist der Entwurf von Hypothesen (R. Gregory).

(4) *Metaphorische* Erklärung: Vorgänge werden durch Analogievergleich mit physikalischen oder sozialen Vorgängen gedeutet oder mit tierischem Verhalten oder Computerprozessen verglichen.
Beispiel: Gedächtnis ist enkodierte Information (G. A. Miller)

(5) *Genetische* Erklärung: Verhalten wird durch Vererbung erklärt.
Beispiel: Intelligenz ist (z. T.) angeboren. (W. Stern)

(6) *Entwicklungsbezogene* Erklärung: Das Verhalten der Lebewesen wird auf biologische oder mentale Entwicklungsstufen zurückgeführt.
Beispiel: Das Auftauchen bestimmter Fähigkeiten ist neurophysiologisch als Reifung des Nervensystems zu erklären (D. O. Hebb).

(7) *Umweltbezogene* Erklärung: Sinnesreize oder andere Außenweltfaktoren werden als Verursacher eines Geschehens angenommen.
Beispiel: Erziehung ist allmächtig (J. B. Watson).

(8) *Evolutionäre* Erklärung: Das Vorteilhafte oder Nachteilige eines Verhaltens oder einer geistigen Eigenschaft wird zur Erklärung herangezogen.
Beispiel: Da Vogelgesang und menschliche Sprache die Kommunikation erleichtern, wurden diese Verhaltensweisen durch evolutionäre Anpassung bevorzugt ausgebildet. (Ch. Darwin)

(9) *Neurophysiologische* Erklärung: Verhalten und Erleben werden auf Mechanismen des Nervensystems zurückgeführt.
Beispiel: Lernen ist die verstärkte Ausbildung der Synapsenverbindungen im Gehirn; Vergessen ist ihre Rückbildung (J. C. Eccles).

(10) *Misch*erklärung: Verhalten und Erleben werden mit Hilfe von zwei oder mehr Faktoren aus den Typen (5) bis (9) erklärt.
Beispiel: X war bis zu einem Alter von 10 Jahren unfähig, schreiben und lesen zu lernen, weil sein Gehirn durch Unterernährung und anregungsarme Umweltbedingungen in seiner Reifung zurückgeblieben war.

Für die Beurteilung der Bedeutung des Experiments in der Psychologie ist an der Überlegung festzuhalten, daß der wissenschaftliche Wert des Experiments im Hinblick auf die psychologische *Theorienbildung* zu beurteilen ist. Grundsätzlich hat das Experiment – über seine methodologische Rolle bei der Ursache-Wirkung-Analyse hinaus – dort eine besondere Bedeutung, wo es zum Zwecke der Entwicklung psychologischer Theorien Verwendung findet. Demnach hängen „Experiment“ und „Theorie“ engstens

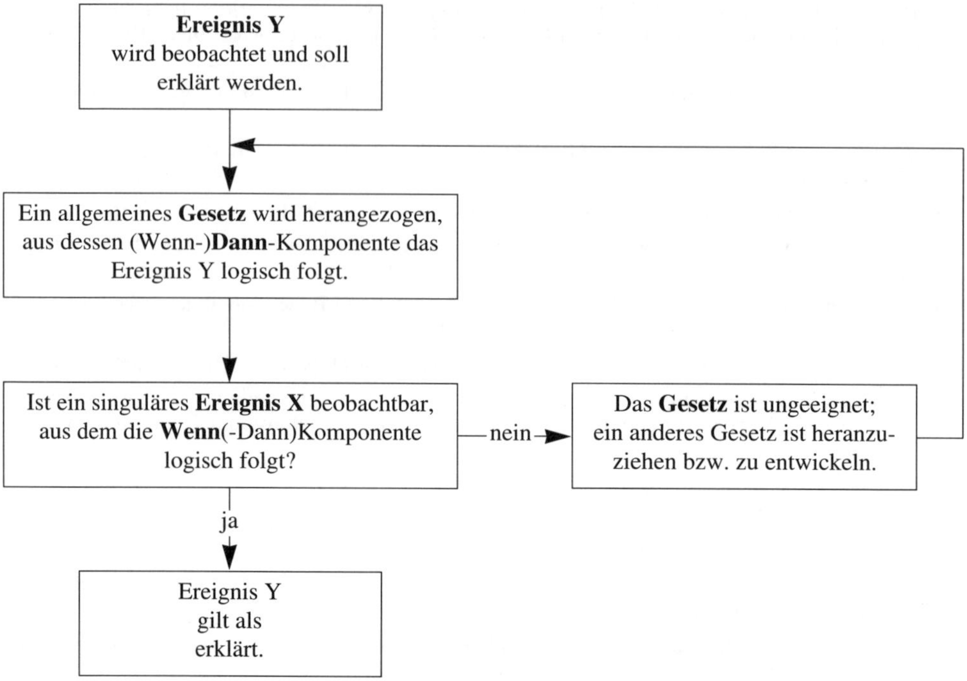

Abbildung 20.2: Der allgemeine Vorgang des Erklärens – vereinfacht als Flußdiagramm dargestellt. (Modifiziert nach Küttner, 1979)

zusammen (s. Bd. 1, Kap. 2.3). Dies bedeutet auch, daß die Möglichkeiten des Experiments als Methode der Erkenntnisgewinnung in der Psychologie nicht unabhängig von den Theorien zu sehen sind, aus denen der Psychologe seine experimentell zu überprüfenden Hypothesen ableitet; denn die im Experiment gewonnene wissenschaftliche Erfahrung wird durch Theorien und Hypothesen in eine bestimmte Richtung gelenkt. So weist Popper (1976, 72) in diesem Sinne darauf hin, daß alle Beobachtungssätze immer schon Interpretationen im Lichte von theoretischen Annahmen sind, d. h., daß theoriefreie Beobachtung eigentlich nicht möglich ist.

Ein für die Forschungspraxis bedeutsames Problem ist das folgende: Die Möglichkeiten der experimentellen Methode sind eng an den *Einfallsreichtum* (Kreativität) des Experimentators geknüpft; d. h. sie sind abhängig von seinem Geschick, Annahmen und Hypothesen so zu formulieren, daß das Experiment eine Antwort auf die in der Regel komplexe psychologische Fragestellung geben kann. Auch hängt der Erfolg eines Experiments stets von der Fähigkeit des Untersuchers ab, solche Techniken und Versuchsanordnungen zu finden, die ein psychologisches Problem erforschbar machen.

Über die Grenzen und Möglichkeiten der Experimentalpsychologie (Düker, 1970). – Die eigentlichen Grenzen der Anwendbarkeit des Experiments kommen in der folgenden Überlegung von Düker deutlich zum Ausdruck:

„Die Anwendbarkeit des Experiments hört auf, wenn die Ungefährlichkeit seiner Durchführung nicht gesichert werden kann, oder wenn sittliche Forderungen es verbieten. Es hat auch dort eine Grenze, wo es nicht möglich ist, die wesentlichen Bedingungen eines psychischen Geschehens experimentell hervorzurufen. Die Grenzen des psychologischen Experiments sind aber nicht so eng, wie vielfach angenommen wird. Auf keinen Fall sollte aus der Tatsache, daß auf manchen Gebieten der Psychologie unvollkommen, auf anderen noch gar nicht experimentiert worden ist, geschlossen werden, diese Gebiete seien dem Experiment verschlossen. Die experimentellen Möglichkeiten in der Psychologie sind noch längst nicht ausgeschöpft.“ (Düker, 1970, 32).

Diese Überlegung ist zwar noch allgemein gehalten; sie gibt noch keine Handlungsanweisungen für den konkreten Fall. Aber an dieser Stelle interessiert ohnehin die generelle Bewertung des Experiments in der Psychologie:

„Das Experiment ist heute zwar die ergiebigste Tatsachenquelle der Psychologie, jedoch haben die übrigen empirischen Methoden ihre Bedeutung nicht verloren, auch die Gelegenheitsbeobachtung nicht. Aufgrund gelegentlicher Beobachtungen in Schulklassen, an Arbeitsplätzen, in Betrieben und auch sonst im täglichen Leben werden viele Experimente angeregt. Sie sind auch unerläßlich bei Erforschung von Geschehnissen, die nicht experimentell hervorgerufen werden können. So ist z. B. wichtig, etwas zu erfahren über Erlebnisse bei Unfällen, in Paniksituationen, bei Sofortentscheidungen in Gefahr und ähnlichen Ereignissen. Die Fruchtbarkeit von Berichten über solche gelegentlichen Erlebnisbeobachtungen läßt sich erhöhen, wenn sie systematisch gesammelt und zu einer Kasuistik ausgestaltet werden.“ (Düker, 1970, 32).

Die *Grenzen* der Durchführung von Experimenten liegen insbesondere dort, wo eine Gefahr für den Versuchsteilnehmer bestehen könnte oder ethische Prinzipien verletzt werden. Neben solchen und anderen praktischen Grenzen des Experiments ist natürlich auch nach den *methodologischen* Grenzen der Aussagekraft von psychologischen Experimenten zu fragen. Es ist dies vor allem die Frage nach der Generalisierbarkeit (Beispiel in Ω Orig 20.1) der in einem solchen Einzelexperiment gewonnenen Ergebnisse, worauf in diesem Lehrbuch mehrfach aufmerksam gemacht worden ist („Geltungs- und Gültigkeitsbereich“). Ω

Ω Orig 20.1
Motivationsstärke und Leistung: Geltungsbereich des Yerkes-Dodson-Gesetzes

(Broadhurst, 1957)

Das *Yerkes-Dodson-Gesetz* (1908) besagt, daß zwischen der Motivationshöhe (Abszisse) und der Leistung (Ordinate) eine *umgekehrt U*-förmige Beziehung besteht (Abb. A). Demnach erreicht man im Falle einer mittleren Motivationslage die höchsten Leistungswerte und bei geringer, aber auch bei besonders hoher („überhöhter“) Motivation jeweils niedrigere Punktwerte.

Man stelle sich dazu etwa die *Examenssituation* eines Studenten vor, der die Fragen seines Prüfers bei überhöhter Leistungsbreitschaft („hypertrophem“ Ehrgeiz) beantwortet. Ohne einen solchen Motivationsdruck, also bei etwas mehr Gelassenheit würde er nach der Vorhersage des Yerkes-Dodson-Gesetzes wesentlich *bessere* Prüfungsleistungen erzielen.

Um den *Geltungsbereich* des Yerkes-Dodson-Gesetzes zu untersuchen, führte der britische Psychologe Broadhurst einen

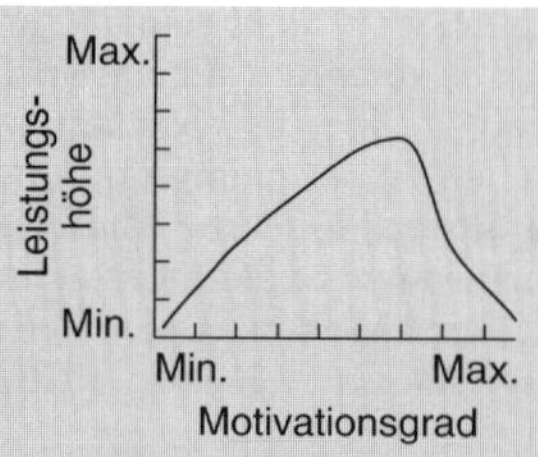

Abbildung A: Das Yerkes-Dodson-Gesetz: Umgekehrt U-förmige Beziehung zwischen dem *Motivationsgrad* (Abszisse) und der *Leistungshöhe* (Ordinate). Bei *mittlerer* Motivationslage erreicht man ein Leistungs-Maximum.

zweiten Bedingungsfaktor ein, die *Schwierigkeit* einer Aufgabe, gestuft nach *„schwer"*, *„mittelschwer"* und *„leicht"*. Auf diese Weise resultierte ein zweifaktorieller Versuchsplan mit Zufallsgruppenbildung für beide *Trendfaktoren* (Tab. A). Broadhursts Versuchstiere, auf Helligkeitsdiskriminierung trainierte Ratten, hatten bei *4* experimentell manipulierten *Motivationsniveaus* (Luftholenkönnen) und *3 Schwierigkeitsstufen* (Helligkeitsgrade) Schwimmleistungen zu erbringen. Als Indikatoren der Leistung galten Schwimmzeit und Trefferanzahl bei 100 Versuchswiederholungen im Unterwasserlabyrinth.

Der auf diesem bifaktoriellen *trendanalytischen* Versuchsplan (Design $R_{tr}R_{tr}$ – 4 x 3) basierende Untersuchungsbefund ist in Abbildung B schematisch dargestellt. Wie man sieht, stellt die *Aufgabenschwierigkeit* eine entscheidende Zusatzvariable dar, die im klassischen Yerkes-Dodson-Gesetz (Abb. A) unberücksichtigt bleibt. Offensichtlich gilt das Gesetz – wenn überhaupt – nur für *schwere* bis *mittel*-schwere, nicht aber für *leichte* Problemsituationen (Wechselwirkung). Abgesehen von der generellen Bedeutung der Untersuchung von *zwei*

Tabelle A: Zufallsgruppenversuchsplan des Originalexperiments von Broadhurst (1957) zum Nachweis der Wirkung verschiedener *Motivationsgrade* (Faktor A, 4stufig) und unterschiedlicher *Aufgabenschwierigkeit* (Faktor B, 3stufig) auf die Schwimmleistungen seiner Versuchstiere. – Design $R_{tr}R_{tr}$ – p × q.

Design 1.3 Zweifaktorieller Zufallsgruppenplan mit Faktor A (p = 4 Stufen) und Faktor B (q = 3 Stufen): *Design* $R_{tr}R_{tr}$ *– 4 × 3.*

R

Faktor A Motivation	*Faktor B* Schwierigkeit *B₁* leicht	*B₂* mittel	*B₃* schwer
A₁ gering	$\bar{Y}_{11}$ Gruppe 1	$\bar{Y}_{12}$ Gruppe 2	$\bar{Y}_{13}$ Gruppe 3
A₂ gering-mittel	$\bar{Y}_{21}$ Gruppe 4	$\bar{Y}_{22}$ Gruppe 5	$\bar{Y}_{23}$ Gruppe 6
A₃ mittel-hoch	$\bar{Y}_{31}$ Gruppe 7	$\bar{Y}_{32}$ Gruppe 8	$\bar{Y}_{33}$ Gruppe 9
A₄ hoch	$\bar{Y}_{41}$ Gruppe 10	$\bar{Y}_{42}$ Gruppe 11	$\bar{Y}_{43}$ Gruppe 12

R

AV: Schwimmleistung (Trefferanzahl $\bar{Y}$)

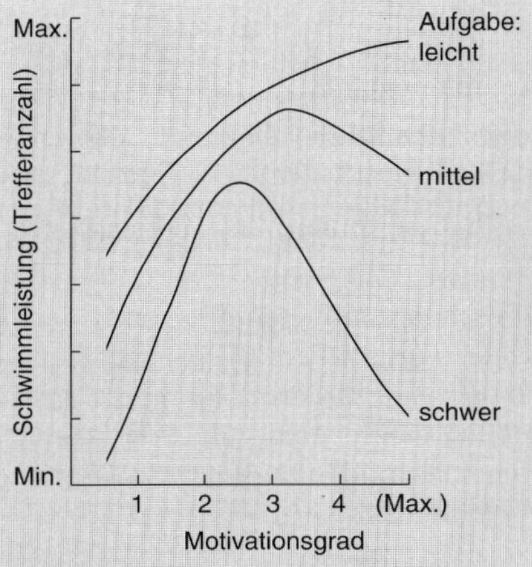

Abbildung B: Modifikation des Yerkes-Dodson-Gesetzes nach den Versuchsergebnissen von Broadhurst (1957). Das *Gesetz* gilt – strenggenommen – nur für *schwere* bzw. *mittel*-schwere Aufgaben. – (Schematische Darstellung).

(oder mehr) Faktoren in ein und demselben Experiment – Untersuchungsmöglichkeit von *Wechselwirkungen* (Interaktionen) – ist noch folgendes anzumerken:

Bisher ist das Yerkes-Dodson-Gesetz mit seiner Ergänzung durch Broadhurst (1957) noch nicht quantitativ genauer bestimmt, d. h. etwa als mathematisches Modell gefaßt worden, obwohl dies die zweifaktorielle Ergebnisdarstellung nahelegt (Abb. B). – Bei einem solchen Quantifizierungsversuch wäre auch die von Broadhurst (1959) aufgezeigte Wirkung eines *Organismusfaktors* – nämlich individuell unterschiedliches Reaktionsverhalten aufgrund differentieller „Emotionalität" (der Versuchstiere) – zu berücksichtigen. Die Kontrolle dieses Organismusfaktors erfordert – typischerweise – die Wahl eines *Mischversuchsplans* (Kap. 14.2).

Literatur

Broadhurst, P. L.: Emotionality and the Yerkes-Dodson Law. Journal of Experimental Psychology, 1957, *54*, 345–352.

Broadhurst, P. L.: The interaction of task difficulty and motivation: The Yerkes-Dodson Law revised. Acta Psychologica, 1959, *16*, 321–338.

Yerkes, R. M. & Dodson, J. D.: The relation of strength of stimulus to rapidity of habit-formation. Journal of Comparative and Neurological Psychology, 1908, *18*, 459–482. (Zit. nach Broadhurst, 1959).

Bei aller gebotenen Vorsicht im Hinblick auf eine Akzeptierung der von Broadhurst (1957, 1959) erhaltenen Befunde (Ω Orig 20.1), läßt sich mit einiger Sicherheit sagen, daß das dieser Untersuchung zugrundeliegende experimentelle Vorgehen einen Schritt in die richtige Richtung der Grundlagenforschung darstellt. Denn hierdurch wird das Problem der *Beliebigkeit* des Generierens und Interpretierens von „scheinbar" kontroversen Datensätzen (Abb. B) erheblich verringert (vgl. zur *Anwendung* z. B. Kleinbeck, 1991; Schuler, 1991).

20.2 Angewandte Grundlagenforschung und psychologische Praxis

Die in diesem Lehrbuch durchweg vertretene Auffassung sei nochmals herausgestellt: *Die beste psychologische Praxis ist und bleibt immer eine solche, die wissenschaftlich gut fundiert ist.*

Nehmen wir dazu noch einmal das auf, was Düker (1970) dazu veranlaßt hatte, seinen oben zitierten Aufsatz – mit dem Plädoyer für eine geeignete Weiterentwicklung der Experimentalpsychologie – zu veröffentlichen. Es war dies eine *Kritik* an der Veröffentlichung von Chapanis (1967), einem international angesehenen Vertreter der Angewandten Psychologie, insbesondere der Industriepsychologie. Diese Arbeit, die bereits in Bd. 1, Kap. 9.3, erwähnt ist, besagt zusammengefaßt:

- Psychologische Experimente entbehren jeder Lebensnähe (fehlende Generalisierungsmöglichkeiten im Sinne externer Validität).
- Die Ergebnisse der Experimentalpsychologie haben keinen Anwendungsbezug für praktische Probleme (s. auch Edwards, 1984).

Der erste dieser beiden Kritikpunkte wird allein schon durch Befunde von Broadhurst (1957, 1959) zumindest abgeschwächt, abgesehen von Dükers (1970) Replik. Aber auch bezüglich des zweiten Kritikpunktes sehen dies viele andere Experimentalpsychologen heute anders als Chapanis damals. In der Tat gibt es eine Fülle von Beispielen, die zeigen, daß sich *Grundlagenforschung* einerseits und *praxisrelevante Forschung* andererseits keineswegs ausschließen, sondern einander ergänzen (Abb. 20.3).

Dazu ein weiteres Beispiel aus dem sozialwissenschaftlichen Forschungsbereich um Stanley Schachter (1959). Es handelt sich dabei um *Fortsetzungsarbeiten* von Schachters eigener Ausgangsuntersuchung. Von methodologischer und inhaltlicher Bedeutung ist der Umstand, daß diese weiteren Arbeiten wichtige mehrfaktorielle *Wechselwirkungen* zwischen den von Schachter seinerzeit noch nicht mituntersuchten Faktoren feststellen konnten. Auf diese Fortsetzungsexperimente wird auch deshalb aufmerksam gemacht, weil Schachters Originaluntersuchung in Bd. 1, Kap. 7.2 u. 8.2 als Ausgangsbeispiel für psychologisches Experimentieren ausführlich dargestellt ist.

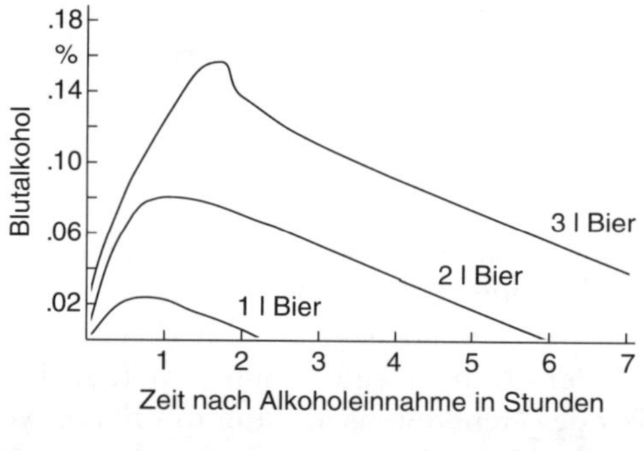

Abbildung 20.3: Alkoholkonzentrations-Kurven in Abhängigkeit von der eingenommenen Alkoholmenge und der nach der Alkoholeinnahme verstrichenen Zeit. (Hypothetische Datentrends nach Heimstra & McDonald, 1973)

Untersuchung von Freundschaft und Sympathie – ein Beispiel für anwendungsrelevante Forschung

Die Schachters (1959) Ausgangsuntersuchung fortsetzenden Experimente anderer Untersucher sind unter zwei Aspekten zu begreifen, nämlich dem der *Methodenqualität* der Experimente und dem der *Anwendungsrelevanz* ihrer Ergebnisse. Zunächst wird die Bedeutung von überzeugend interpretierbaren *Wechselwirkungen* illustriert (s. Kap. 13.2; s. auch Kap. 16.3; ferner ○ Illu 13.1). – Allgemein stellt auch

Bredenkamps (1980, Kap. 3.1) Monographie die Relevanz von Wechselwirkungen heraus (Abb. 20.4). Die Analyse der verschiedenen Bedingungen des Wunsches nach *Sozialkontakt* ist infolge der vor mehr als 30 Jahren entstandenen Arbeit von Schachter eines der bevorzugten Themengebiete der experimentellen Sozialpsychologie geworden. Die Bedeutung dieses Forschungsthemas wird hier unter einem *methodologischen* Blickwinkel behandelt (s. ferner Auhagen & Witte, 1990).

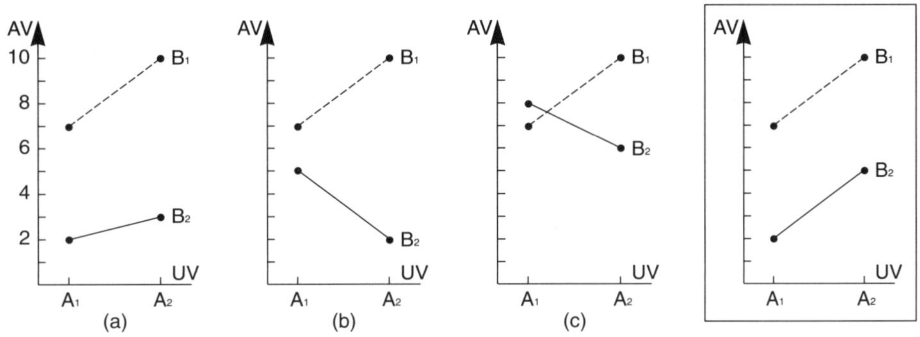

Abbildung 20.4: Typische Beispiele für *Wechselwirkungen* (Interaktionen) von zwei Faktoren, vereinfacht dargestellt mit jeweils nur zwei Merkmalsabstufungen. *a: Ordinale; b* und *c: disordinale* Wechselwirkung der Faktoren *A* und *B* im Vergleich zur Noninteraktion (*keine* Wechselwirkung; s. *Paralleltrends* in der Teilabb. rechts). (Nach Bredenkamp, 1980).

In diesem Zusammenhang ist der Hinweis geboten, daß in Schachters Originaluntersuchung viele wichtige Fragen noch überhaupt nicht berührt, geschweige denn empirisch untersucht worden sind. Beispielsweise stellt allein schon die Tatsache, daß das Ausgangsexperiment die Variation nur eines einzigen experimentellen Faktors vorsah (unifaktorieller Versuchsplan: *Design R – 2*), eine grobe Vereinfachung der mittlerweile bekannten Befundsituation dar. Denn erst im Falle einer experimentellen Analyse von zumindest *zwei* verschiedenen Faktoren in ein und derselben Untersuchung läßt sich die Frage von *Wechselwirkungen* (Interaktionen) zwischen verschiedenen Einflußgrößen sinnvoll stellen bzw. empirisch beantworten. Als Illustration des damit Gemeinten wird hier die auf einem *zweifaktoriellen* (bifaktoriellen) Versuchsplan basierende Arbeit von Sarnoff u. Zimbardo (1961) herangezogen. Das Experiment dieser beiden Autoren überprüfte – im Sinne ihrer *psychoanalytisch* orientierten Ausgangshypothese einer Unterscheidung zwischen „Furcht" und „Angst" – die interagierende Auswirkung dieser beiden Variablen auf den Wunsch nach Sozialkontakt.

Psychoanalytiker definieren, im Sinne Sigmund Freuds, „Furcht" als eine objektiv begründete Angst (*Realangst*), d. h. als Emotion gegenüber einem tatsächlich gefährlichen Objekt oder Ereignis, hingegen „Angst" als eine weitgehend *irrationale* bzw. sogar „neurotische" Erregung, d. h. als eine von objektiv harmlosen Reizen ausgelöste Emotion.

Ein Mensch, der *Angst* hat, ist sich i. a. der Unangemessenheit seiner Emotion bewußt und reduziert diese durch Verdrängung. Im übrigen vermeidet er die Mitteilung seiner Angst an andere. Demgegenüber erwartet jemand, der *Furcht* hat, von seinen Mitmenschen eher konkrete Hilfe – wenigstens aber Anteilnahme – angesichts eines objektiv gefährlichen Objekts oder Ereignisses, das auch von anderen als bedrohlich eingeschätzt wird.

Sarnoff u. Zimbardo (1961) untersuchten die differentiellen Auswirkungen von *Angst* und *Furcht* auf den Wunsch nach sozialem Kontakt, um so den grundlagenwissenschaftlichen Wert dieser psychoanalytischen Hypothese zu überprüfen. – Ihr 2 x 2-Versuchsplan ist in *Tabelle 20.2* wiedergegeben.

Es wurden insgesamt N = 72 Studienanfänger, Psychologiestudenten der Yale University, aufgeteilt nach 4 Zufallsgruppen à 18 Probanden, untersucht. Dabei wurden *Furcht* (Faktor *A*) und *Angst* (Faktor *B*) jeweils *niedrig* oder *hoch*gradig erzeugt, indem die verschiedenen Gruppen mit jeweils verschiedenen Ankündigungen bzgl. einer bevorstehenden biomedizinischen Untersuchung konfrontiert wurden. Das Experiment folgte Schachters (1959) Ausgangsversuch, insoweit geringe (A_1) versus starke (A_2) Furcht induziert wurde; zusätzlich aber zu diesen beiden „Furcht"-Bedingungen wurden hier noch die beiden „Angst"-Bedingungen B_1 und B_2 (objektiv irrelevante Elektroden an Armen und Mund) eingeführt. Die Probanden aller vier Untergruppen sollten – wie in Schachters Versuch – wählen, ob sie die vorgebliche Wartezeit bis zum Beginn des eigentlichen (fiktiven) Experiments allein oder lieber in Gesellschaft anderer Mitbetroffener verbringen wollten (Herstellung der *AV*).

Tabelle 20.2: Zweifaktorieller Zufallsgruppenversuchsplan zur Untersuchung der Wirkung von geringer bzw. starker „Furcht" (A_1 bzw. A_2) und geringer bzw. starker „Angst" (B_1 bzw. B_2) auf den Wunsch nach sozialem Kontakt ($\bar{Y}$). Design RR – p × q. (Nach Sarnoff & Zimbardo, 1961)

Design 1.3 Zweifaktorieller Zufallsgruppenplan mit Faktor A (p = 2 Stufen) und Faktor B (q = 2 Stufen): *Design RR – 2 × 2.*

R

Faktor A „Furcht"	*Faktor B* „Angst" B_1 gering	B_2 stark
A_1 gering	$\bar{Y}_{11}$ Gruppe 1	$\bar{Y}_{12}$ Gruppe 2
A_2 stark	$\bar{Y}_{21}$ Gruppe 3	$\bar{Y}_{22}$ Gruppe 4

R

AV: Wunsch nach Sozialkontakt ($\bar{Y}$)

Die Ergebnisse des Experiments zeigten, daß der Wunsch nach sozialem Kontakt, wie hypostasiert und bereits durch Schachter (1959) nachgewiesen, mit wachsender *Furcht* steigt, daß aber für die Reaktionen auf die *Angst*bedingungen genau das Gegenteil zutrifft (Abb. 20.5). Damit wurde der theoretischen Unterscheidung von *„Angst"* und *„Furcht"* im Anwendungsbereich der Psychoanalyse empirische Bestätigung zuteil.

In einem *Nebenexperiment* waren zuvor aus den Reaktionen der Versuchsteilnehmer auf vier sog. *Blacky*-Karten (projektives Testverfahren für Kinder und Jugendliche) mit den Themen Geschwisterrivalität, Leistung und Saugen die von den Probanden bevorzugten *Abwehrmechanismen* erschlossen worden, etwa einen Monat noch bevor sie

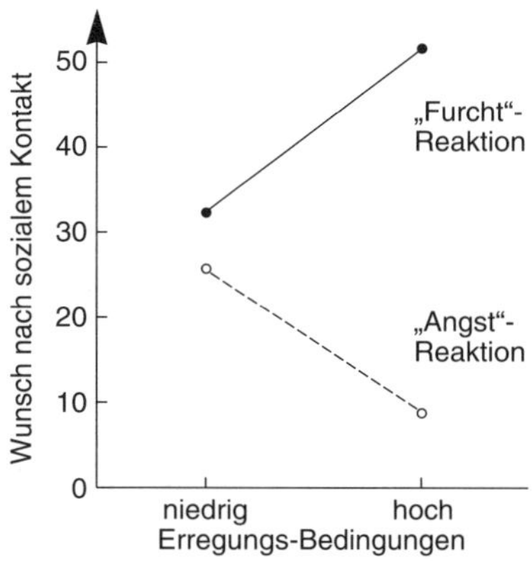

Abbildung 20.5: Ergebnisse des Experiments zur Untersuchung der Abhängigkeit des Wunsches nach sozialem Kontakt – von niedrig oder hoch erregter „Furcht" bzw. „Angst". (Nach Sarnoff & Zimbardo, 1961)

einer der vier Behandlungen (A_1, A_2; B_1, B_2) nach dem Zufall in Gruppen zugeordnet wurden.

In einem weiteren *Nebenexperiment* hatten die Versuchsteilnehmer im Anschluß an die jeweilige Instruktion für den Hauptversuch, die durch Dias, auf denen eine Modellperson die geforderte Versuchshandlung und -situation vorführte, visuell unterstützt worden war, den vermuteten Grad von *Angst* bzw. *Furcht* dieser *Modellperson* anzugeben. Unter der Annahme, daß die Probanden ihre eigene Emotion in das Modell projizieren würden, konnten die Experimentatoren zeigen, daß den stark emotional erregten Versuchsteilnehmern größere Beunruhigung und Unbehaglichkeit bewußt wurde als den nur wenig erregten Personen (Tab. 20.3).

Tabelle 20.3: Gemittelte Schätzwerte von Erregungsgraden einer als Projektionsobjekt dargebotenen Modellperson unter den Erregungs-Bedingungen geringe bzw. starke „Furcht" (A_1 und A_2) und geringe bzw. starke „Angst" (B_1 und B_2) im Nebenexperiment von Sarnoff u. Zimbardo, 1961: Bei experimentell erregter starker *Furcht* und *Angst* schätzten die Pbn „Furcht" und „Angst" der Modellperson ebenfalls hoch ein. (Nach Sarnoff & Zimbardo, 1961)

Erregungs-bedingung	Erregungsgrad *niedrig*	*hoch*	Statistische Signifikanz
„Furcht"	24	42	0,01 (t = 3,05)
„Angst"	14	31	0,01 (t = 2,95)

Abgesehen davon, daß dieses Experiment eine der ganz wenigen Ausnahmen darstellt, durch die eine zentrale (nicht-triviale) These der Psychoanalyse *bestätigt* werden konnte, ist im vorliegenden Zusammenhang von besonderem Interesse, daß diese Arbeit die grundsätzliche Bedeutung von *Wechselwirkungen* illustriert. Merkwürdigerweise ist dieses Grundlagenexperiment bis heute u. W. noch nicht repliziert oder extendiert worden. (Zur Frage der allgemeinen Forderung nach der systematischen *Replikation* von experimentalpsychologischen Befunden wird auf die Arbeit von Smith, 1970 verwiesen.)

Im Sinne der oben angestellten allgemeinen Überlegungen wird durch die Untersuchung von Sarnoff u. Zimbardo (1961) gutes Experimentieren wie folgt bewertet:

- Der Wert des *Experiments* ist in der Psychologie wie in allen anderen empirischen Wissenschaften in erster Linie nicht daran zu messen, ob es Datensätze hervorbringt, die unmittelbar (oder auch nur mittelbar) der Lösung praktischer Probleme des Alltags dienen, sondern daran, inwieweit es als Nachweismethode (Aspekt der internen Validität) zu korrekt erhobenen und auch möglichst theoriebezogenen Resultaten führt.
- Ferner ist es ein Irrtum anzunehmen, daß die *„Lebensnähe"* eines experimentellen Vorgehens schon als solche eine Garantie für wissenschaftlich korrektes Experimentieren liefert (Problem der *ökologischen Validität;* Bd. 1, Kap. 10.3; s. auch Parducci, 1984).

Experimentalpsychologische Grundlagenforschung im Spannungsfeld von angewandt-psychologischen Erkenntnisinteressen

Grundlagenwissenschaftlich gutes Experimentieren schließt dessen mögliche *Anwendungsrelevanz* keinesfalls aus. Auch dies illustriert das obige Untersuchungsbeispiel von Sarnoff u. Zimbardo (1961) überzeugend. In diesem Sinne lassen sich auch weitere Nachfolgeuntersuchungen zu Schachter (1959) interpretieren (Bd. 1, Kap. 8.2). Auch die einschlägige Monographie von Mikula u. Stroebe (1979) über *„Sympathie, Freundschaft und Ehe"* ist hier zu nennen, in der sozialpsychologische Fragen von praktischer Bedeutung auf experimenteller Grundlage untersucht wurden (vgl. Auhagen & Witte, 1990). – Für die wechselseitige Verklammerung von Grundlagen- und anwendungsbezogener Forschung bietet die in Tabelle 20.4 enthaltene „Landkarte" ein einprägsames Schema.

Tabelle 20.4: Eine einfache „Landkarte" der psychologischen Forschung mit den Schwerpunkten *Grundlagenforschung* und *angewandte Forschung.* (Modifiziert nach Legge, 1975).

	Prozeßorientiert	Personorientiert
Grundlagen-forschung	Allgemeine Psychologie Biopsychologie (z. B. Psychophysiologie)	Entwicklungspsychologie Sozialpsychologie Persönlichkeitspsychologie
Angewandte Forschung	Medizinische Psychologie Arbeitspsychologie	Schulpsychologie Klinische Psychologie Organisationspsychologie

Trotzdem ist in den weiten Bereichen der *anwendungsbezogenen* Psychologie nicht zu verkennen, daß der eigentliche Brückenschlag zwischen Praxis und Forschungswirklichkeit noch kaum gelungen ist. Es gibt wohl nur wenige Wissenschaftler, die das anders sehen. Angesichts der verschiedentlichen Bezugnahmen auf dieses Thema (Bd. 1, Kap. 10.3) genügt hier der Hinweis darauf, daß die *Forderungen,* die heute an die Psychologie gerichtet werden, vielfältiger Natur sind (*Tabelle 20.5*). Diesen Erwartungen ist nur mit sorgfältig eingesetzter Methodik und theoriegeleitetem Experimentieren entgegenzukommen.

Zur psychodiagnostischen Anwendungsvalidität von Testverfahren hat A. O. Jäger (1966) gemeint, man dürfe als Wissenschaftler nicht nur besorgt nach dem Abstand zwischen jetzt – *hic et nune* – möglichen experimentellen Resultaten und maximalem Gütekriterium (r = 1.00 als Validitätsindikator) schauen; man solle sich vielmehr für den Abstand zwischen – alltagspsychologischer – Nichtverwendung der Testverfahren und der psychodiagnostischen Anwendung dieser Instrumente interessieren. Eine solche pragmatische, weniger pessimistische Einstellung ließe sich u. U. auch auf das Spannungsfeld zwischen experimenteller Grundlagenforschung und angewandt-psychologischen Maßnahmen übertragen.

Tabelle 20.5: Aufgabenbereiche der Psychologie, vorwiegend aus der sozialen Umwelt, als Forderungen zur wissenschaftlichen Aufarbeitung an sie herangetragen.

1. *Lebens- und Arbeitswelt*
   - Umweltpsychologie
   - Unfallpsychologie
   - Verkehrserziehung
   - Arbeits- und Industriepsychologie
   - Human Engineering
   - Architekturpsychologie
2. *Erziehung und Medien*
   - Programmierte Unterweisung
   - Audiovisueller Unterricht
   - Randgruppenerziehung
3. *Soziale und psychische Probleme*
   - Überbevölkerung
   - Aggression und Kriminalität
   - Altersversorgung
   - Behindertenpsychologie
   - Drogen- und Alkoholprobleme
   - Klinisch-medizinische Probleme

20.3 Gegenwart und Zukunft des psychologischen Experiments

In den beiden vorausgegangenen Abschnitten ist die Bedeutung des Experiments im Lichte wissenschaftlicher *Voraussetzungen* behandelt worden. Es wurde betont, daß die Grundvoraussetzung wissenschaftlichen Handelns in der Psychologie die Einlösung der Beweispflicht ist. An Beispielen wurde – nochmals – die Überlegenheit der experimentalpsychologischen Methodik gegenüber einer nicht-wissenschaftlichen Erkenntnisgewinnung verdeutlicht.

Die Grenzen des Experiments liegen vornehmlich dort, wo sittliche Prinzipien verletzt werden. Ansonsten ist das Arbeitsfeld der Psychologie nahezu unbegrenzt. Grundlagen- und anwendungsbezogenes Forschen schließen einander im Prinzip nicht aus;

andererseits sind die von der Praxis herkommenden hohen Erwartungen an die Psychologie *heute* noch keinesfalls erfüllbar: weder durch die experimentalpsychologische Methodik noch durch irgendeine andere wissenschaftliche oder unwissenschaftliche Methode.

Vergangenheit und Gegenwart der Psychologie – ein Rückblick

Von William James (1842–1910), der in Nordamerika als der Vater der wissenschaftlichen Psychologie gilt und übrigens dort nur ein Jahr nach Wilhelm Wundt, nämlich im Jahre 1880, das erste experimentalpsychologische Laboratorium gründete, stammt die Äußerung, daß die Psychologie eine noch völlig unterentwickelte Wissenschaft sei, die sich ihre substantiellen Fragen, Untersuchungsmethoden und Antworten erst noch mühsam suchen müsse. Entsprechend deprimiert schreibt James am Ende seines später so einflußreich gewordenen Lehrbuchs der *„Principles of Psychology“* (1892):

„Das ist noch keine Wissenschaft, sondern nur die Hoffnung auf eine Wissenschaft ... Im Augenblick befindet sich die Psychologie in dem Zustand der Physik vor Galilei ... und der Chemie vor Lavoisier ... In der Zwischenzeit bis zum Auftreten solcher Männer können wir dieses am ehesten dadurch erleichtern, daß wir des Dunkels eingedenk bleiben, in dem wir tappen, und daß wir niemals den vorläufigen und revisionsfähigen Charakter der naturwissenschaftlichen Hypothesen, mit denen wir arbeiten, aus dem Auge verlieren.“ (Zit. nach der Übersetzung von P. R. Hofstätter, 1957, 5.)

Ein Dritteljahrhundert später – im Jahre 1929 – heißt es am Ende des psychologiegeschichtlich ebenfalls bedeutenden Werks, des zweibändigen *„Lehrbuch der experimentellen Psychologie“* von J. Fröbes (1874–1932) schon weit weniger resignierend, aber immer noch zurückhaltend:

„Daß es der psychologischen Wissenschaft auch heute schon an reichem wissenswürdigem Material nicht fehlt, wird derjenige nicht bestreiten, der diesen langen Weg mit mir gegangen ist. ... Je weiter wir in der Darstellung vorangeschritten sind, desto mehr mußte sich freilich die Behandlung von der Vollständigkeit und Genauigkeit entfernen, welche in den niederen, schon längst bebauten Gebieten herrschen. Die Psychologie ist noch weit entfernt von der straffen Zusammenfassung, welche die länger gepflegte Physik zu bieten vermag ... Vielmehr bietet unsere Wissenschaft einstweilen oft mehr den Eindruck eines Psychogramms, in dem unzählige Einzelheiten lose nebeneinander aufgereiht sind. Die Schaffung einer höheren Einheit ... bleibt das Ideal der Zukunft.“ (Fröbes, 1929, 629)

Die in diesen Schlußwörtern zu ihren Lehrbüchern zum Ausdruck kommende Bescheidenheit dieser beiden Wegbereiter gibt Anlaß, die Gegenwart der Psychologie ebenfalls mit Zurückhaltung zu bewerten. Dazu verweisen wir auch auf das Vorwort des nur knapp 30 Jahre nach Fröbes' Lehrbuch erschienenen *„Fischer-Lexikon für Psychologie“* (1957) von P. R. Hofstätter. Auch dort wird eine bescheidene, eher nüchterne Lagebeurteilung für die Gesamtpsychologie gegeben (s. auch Lienert, 1984).

Was wir im Vergleich zu den früheren Jahrzehnten – im Sinne eines Entwicklungsfortschritts unseres Fachs – *heute* wohl besser leisten, ist vielleicht, daß wir klarer als damals die substantiellen Fragestellungen unseres Arbeitsgebiets angeben können und im übrigen ein – aufgrund der rapiden Weiterentwicklung der quantitativen *Methodologie* – wesentlich verbessertes Forschungsinstrumentarium besitzen. Kurz zusammengefaßt findet der Leser einige der heutigen Hauptfragen an die experimentelle Psychologie bei Parducci u. Sarris (1984).

Ein Blick in die Zukunft

Das wissenschaftliche Studium des menschlichen und tierischen Verhaltens und Erlebens hat in den vergangenen ein bis zwei Jahrzehnten eine stürmische Entwicklung erfahren. Eine jede kritische Betrachtung von Vergangenheit und Gegenwart der psychologischen Erkenntnisgewinnung sollte den Blick dafür schärfen, wie die unmittelbare und weitere Zukunft der Psychologie beschaffen sein könnte bzw. sein sollte. Unter der Rahmenbedingung, daß in absehbarer Zeit weltweit überhaupt die politischen, wirtschaftlichen und alle anderen Voraussetzungen für ein friedliches Überleben auf dieser Erde gegeben sein werden (Ardila, 1984), zeichnen sich für das Fach Psychologie in Forschung und Praxis verschiedene denkbare Entwicklungen ab. Eine der möglichen Perspektiven für die Psychologie ist in Tabelle 20.6 enthalten (Bunge & Ardila, 1990).

Mit Sicherheit läßt sich schon heute sagen: Mit Hilfe der Methodenlehre der Psychologie kann und sollte wissenschaftlich verbindliches Denken und Arbeiten in Theorie und Anwendung gefördert und die dafür erforderliche interdisziplinäre Schaffenskraft gestärkt und kontrollierbar weiterentwickelt werden (Markowitsch, 1988; Birnbaumer & Schmidt, 1989; Pöppel, 1989). Am Ende dieses *Methodologiebuchs* (*MeB*) steht somit

Tabelle 20.6: Ausblick auf die nahe Zukunft der Psychologie. (Modifiziert nach Bunge & Ardila, 1990)

Entwicklungstendenz	*Beispiel*	*Kommentar*
Anwachsen der experimentellen Forschung	Biopsychologie, Wahrnehmungspsychologie und Psychophysik; Entwicklungspsychologie	Die streng wissenschaftlich orientierten Bereiche werden durch aussichtsreicheres Experimentieren erschlossen.
Methodologisches Expertentum	Neuartige und verfeinerte Forschungsmethoden, besonders in der Biopsychologie und der Psychophysik	Interdisziplinäre Verbindungen zwischen Neurobiologie und Psychologie bewirken eine zunehmende gegenseitige Befruchtung und Differenzierung der Forschungsmittel.
Aufsplitterung	Spezialisierung und übermäßige Aufspaltung von Laboruntersuchungen	Es gibt nur schwache Verbindungsglieder zwischen den einzelnen Zweigen der Psychologie, von denen einige sich von den übrigen isolieren.
Stagnation in der Theorienbildung	Die meisten der heute im Umlauf befindlichen psychologischen Theorien erweisen sich als „falsch“	Die Psychologie als eine Protowissenschaft leidet heute unter einer Vielzahl von sprachlichen Metaphern und einem Mangel an gut begründeten Theorien (d. h. hypothesengeleiteter Systematik).
Abtrennung der Praxis von der Forschung	Besonders die angewandte Psychologie, etwa die Psychodiagnostik und die klinische Psychologie, arbeitet noch weitgehend spekulativ	Vieles in der angewandten Psychologie ist empiristisch oder noch schlechter, d. h. vorwissenschaftlich.

auch unser Wunsch, den bereits die beiden amerikanischen Kollegen, John M. Neale und Robert M. Liebert, am Ende ihres eigenen Methodentexts zum Ausdruck gebracht haben – nämlich die Hoffnung, dem Studenten der Psychologie die experimentelle Methodenlehre nähergebracht zu haben: „Wir hoffen, einen kleinen Beitrag geleistet ... und damit auch einige unserer Leser dazu inspiriert zu haben, noch mehr zu tun." (Neale & Liebert, 1973, 189).

Zusammenfassung

Jede Wissenschaft – und so auch die derzeitige Protowissenschaft Psychologie – steht unter *Beweispflicht*. Wenn sich etwa Belege für angebliche Resultate als falsch bzw. als methodisch unzulänglich erweisen, kann von Wissenschaftlichkeit nicht gesprochen werden. Das methodologische Negativbeispiel der Parapsychologie dient der Veranschaulichung.

Die experimentell begründete Psychologie hat – in allen Teilgebieten – eine Fülle von Möglichkeiten, empirisch-systematische Belege für ihre zu gewinnenden und abzusichernden Erkenntnisse zu erbringen. Diese Möglichkeiten sind noch nicht ausgeschöpft. Es gibt allerdings natürliche Grenzen für das Experiment, z. B. dort, wo Probanden physisch oder psychisch gefährdet sein könnten. Abgesehen davon sind die Zukunftsperspektiven des natur- und sozialwissenschaftlichen Experimentierens in der Psychologie eher als positiv zu beurteilen. Dies gilt sowohl für die Grundlagenforschung als auch – mit Einschränkungen – für die praktisch-angewandte Forschung. Am Ende steht die Überzeugung von einer aussichtsreichen Zukunft der experimentellen Psychologie aufgrund der wegweisenden Tendenzen in der *Grundlagenforschung* der letzten Jahrzehnte, insbesondere bei der Verbesserung der verschiedenen methodischen Instrumentarien ihrer Teildisziplinen.

Stichwörter (Teil IV)

ANOVA	*Analysis of Variance (ANOVA)*
Apparat	apparatus (instrument)
arithmetisches Mittel	arithmetic mean
Ausbalancierung	balancing
Beliebigkeit	arbitrariness
Beobachtungssatz	observational statement
Bewertungskriterium	criterion, evaluative
Clusteranalyse	cluster analysis
Daten	data
– abgeleitete Daten	– derived data
– Ausgangsdaten	– raw data
– Beobachtungsdaten	– observational data
– qualitative Daten	– qualitative data
– quantitative Daten	– quantitative data
– Rohdaten	– raw data
Dateninspektion	data inspection (data snooping)
Dateninterpretation	data interpretation
Datenstreuung	data variability
Diagnostik, psychologische	diagnostics, psychological
Dichotomisierung	dichotomization
Doppelblindversuch	double-blind strategy
Effekt	effect
– Erwartungseffekt	– expectancy effect
– Meßeffekt	– testing bias
– Versuchsleitereffekt	– experimentor error
– Versuchssituationseffekt	– demand effect
– Versuchsteilnehmereffekt	– subject-expectancy effect
Eliminieren	elimination
Entscheidung, statistische	decision, statistical
Erwartungshaltung	expectancy
ethisches Prinzip	ethical principle
Exploration	exploration
F-Test	F test
Faktorenanalyse	factor analysis
Falschinstruktion	faked instruction
Falsifikation	falsification
Fehler	error
– Fehler 1. Art, 2. Art	– alpha, beta error
Forschungsbericht	research report
Forschungsstrategie	research strategy
Flußdiagramm	flow diagram
Freiheitsgrade	degrees of freedom
Funktion (Apparate)	function
– Kontrollfunktion	– control function
– Meßfunktion	– measurement function
– Registrierfunktion	– recording function
Generalisierbarkeit	generalizability
Gesetz	law
Grundgesamtheit	population
heuristisch	heuristic
Hypothese	hypothesis

– Alternativhypothese	– alternative (rival) hypothesis
– Nullhypothese	– null hypothesis
Indexkorrelation	index correlation
Indikator	indicator
Indikatormethodologie	indicator methodology
inferenzstatistisch	inferential statistical
Instruktion	instruction
Instrumentierung	instrumentation
Intervallskala	interval scale
Klein-*N*-Designing	small-*N* designing
Koeffizient	coefficient
– Determinationskoeffizient	– determination coefficient
– Korrelationskoeffizient	– correlation coefficient
– Rangkorrelationskoeffizient	– rank correlation coefficient
Konfigurationsfrequenzanalyse	configuration-frequency analysis
Konfundierung	confounding
Konstanthaltung	constancy of conditions
Konstruktvalidität	construct validity
Kontroll-Check	control check
Korrelation	correlation
– Produkt-Moment-Korrelation	– product-moment correlation
– Rangkorrelation	– rank correlation
Kovariation	covariation
Kurvenanpassung	curve fitting
Kurvilinearität	curvilinearity
longitudinale Studie	longitudinal study
MANOVA	*Multivariate Analysis of Variance (MANOVA)*
Median	median
Meßeffekt, reaktiver	measurement effect, reactive
mitteln	averaging
– artifizielles Mitteln	– pseudo-averaging
Mittelwert	average value
Modalwert	modal value
multimethodal	multi-method
Multitrait-multimethod-Ansatz	multitrait-multimethod paradigm
Münzwurf-Versuch	coin tossing
Nachweis, empirischer	proof, empirical
Neugier, wissenschaftliche	curiosity, scientific
nicht-trivialer Befund	non-trivial finding
Normalverteilung	normal distribution
Occam's Razor (Sparsamkeit)	Occam's razor
Ordinalskala	ordinal scale
Parameter	parameter
– Lageparameter	– location parameter
– Populationsparameter	– population parameter
– Streuungsparameter	– dispersion parameter
parametrisch	parametric
– nicht-parametrisch	– non-parametric
Population	population
Präzision	precision
Protokoll	protocol
Prüfbarkeit	testability
pseudowissenschaftlich	pseudo-scientific

psychodynamisch	psychodynamic
psychomotorisch	psychomotor
Psychophysiologie	psychophysiology
Reaktivität	reactivity
Registriergerät	recording instrument
Rekrutierung	recruiting
Reliabilität	reliability
Replikation	replication
Reproduzierbarkeit	reproducibility
Richtwert	standard norm
Rohdaten (-werte)	raw data
RO-Designing	*RO* designing
Selbstversuch	self-experiment
Signifikanz	significance
– praktische Signifikanz	– practical significance
– statistische Signifikanz	– statistical significance
Signifikanzniveau	level of significance
Signifikanztest	test of significance
Sparsamkeit	parsimony
Standardabweichung	standard deviation
Standardfehler	standard error
Standardmeßfehler	(standard) measurement error
Statistik	statistics
– deskriptive Statistik	– descriptive statistics
– Inferenzstatistik	– inferential statistics
Stichprobe	sample
Stichprobenumfang	sample size
Störvariable	nuisance variable
Streuung	dispersion
Test	test
– F-Test	– F test
– t-Test	– t test
– Trenddifferenztest	– trend-difference test
– Trendtest	– trend test
theoretischer Satz	theoretical statement
Trend	trend
– bitoner Trend	– bitonic trend
– monotoner Trend	– monotonic trend
– polytoner Trend	– polytonic trend
– tritoner Trend	– tritonic trend
Übertragungseffekt	carry-over effect
Variable	variable
– empirische Variable	– empirical variable
– Zufallsvariable	– random variable
Varianz	variance
– Between-Varianz	– between-variance
– Populationsvarianz	– population variance
– Stichprobenvarianz	– sample variance
– Within-Varianz	– within-variance
Varianzanalyse (*ANOVA*)	*Analysis of Variance (ANOVA)*
Versuchsanweisung	instruction
Versuchsaufbau	equipment
Versuchsdurchführung	conducting the experiment
Versuchssituation	experimental situation

Verteilung – bivariable Verteilung	distribution – bivariate distribution
Wechselwirkung Wiederholungsmessung	interaction repeated measurement
Zeitreihenanalyse zentrale Tendenz Zufallsauswahl Zufallsfehler Zurückweisung, statistische	time-series analysis central tendency random sampling random error rejection, statistical

Literaturhinweise (Teil IV)

Angaben zum experimentellen Vorgehen in der psychologischen Forschung finden sich in den eingangs angeführten Fachwerken (S. XIII; ferner S. 202). Diese Lehrbücher bieten eine Ergänzung bzw. Vertiefung in den hier behandelten Stoff. Das gilt auch für die Werke von Cook u. Campbell (1979) sowie von Bortz (1984) und Sprung u. Sprung (1984), in denen u. a. das mit der Planung, Durchführung und statistischen Auswertung von Experimenten verbundene Problem der *Validität* psychologischer Versuche behandelt wird (s. ferner Gadenne, 1976). Das einführende Statistikbuch von Moore u. McCabe (1989) läßt sich beispielsweise mit und ohne das 26teilige Videolehrprogramm *Against All Odds: Inside Statistics* (The Annenberg/Corp., 1988) – in Verbindung mit dem MINITAB Computer-Software-Material (Kitchens, 1989) – verwenden.

Spezielle Informationen über den Einsatz von technischen Gerätschaften in der experimentalpsychologischen Forschung vermittelt das von Sidowski (1966) herausgegebene Buch. Dort werden die wichtigsten Apparaturen im einzelnen behandelt (vgl. auch die experimentalpsychologischen Fachzeitschriften, zit. in *PrB*, Bd. III, Anh. C.2; s. ferner die Zeitschrift *Behavioral Research Methods and Instrumentation* ab 1968 ff).

Zahlreiche wichtige Beiträge zum Problem der Artefakte beim psychologischen Experimentieren enthält das Herausgeberwerk von Rosenthal u. Rosnow (1969). Eine leicht faßliche Übersicht über die *Störeffekte* in psychologischen Experimenten vermitteln auch die Texte von Bungard u. Lück (1974) sowie von Gniech (1976).

Bortz, J.: Methoden der psychologischen Forschung. Heidelberg: Springer, 1984.

Bungard, W. & Lück, H. E.: Forschungsartefakte und nicht-reaktive Meßverfahren. Stuttgart: Teubner, 1974.

Cook, T. D. & Campbell, D. T.: Quasi-experimentation: Design and analysis issues for social settings. Chicago: Rand McNally, 1979.

Gadenne, V.: Die Gültigkeit psychologischer Versuche. Stuttgart: Kohlhammer, 1976.

Gniech, G.: Störeffekte in psychologischen Experimenten. Stuttgart: Kohlhammer, 1976.

Kitchens, L. J.: MINITAB Handbook to accompany *Introduction to the Practice of Statistics* (by Moore & McCabe). New York: Freeman, 1989.

Moore, D. S. & McCabe, G. P.: Introduction to the practice of statistics. New York: Freeman, 1989.

Rosenthal, R. & Rosnow, R. L. (Eds.): Artifact in behavioral research. New York: Academic Press, 1969.

Sheridan, C. L.: Fundamentals of experimental psychology. (2nd ed.) New York: Holt, Rinehart & Winston, 1976.

Sidowski, J. B. (Ed.): Experimental methods and instrumentation in psychology. New York: McGraw-Hill, 1966.

Sprung, L. & Sprung, H.: Grundlagen der Methodologie und Methodik der Psychologie. Berlin: Deutscher Verlag der Wissenschaften, 1984.

Anhänge

[1] Eine *Zufallszahlentabelle* befindet sich im Haupttext (Bd. 1, Tab. 8.1, S. 188). – Weitere empirisch-statistische Arbeitsmaterialien enthalten die Anhänge des *Praktikumslehrbuchs* (*PrB:* Sarris, 1985) und des *Arbeitsbuchs* (*ArB*: Musahl et al., 1985).

Anhang A Übungsfragen

Die einzelnen Fragenkataloge – für jedes Kapitel getrennt – eignen sich auch als praktische Organisationshilfen beim Studieren dieses Unterrichtswerks. Eine ausführliche Erläuterung des Nutzwerts solcher Lern- und Arbeitshilfen findet sich bei Zimbardo, 1983, 729ff.

Kapitel 11 (und „Allgemeine Hinweise")

- Was ist ein *Versuchsplan* (Definition)?
- Spezifizieren Sie die Definition des Versuchsplans (Design) im Hinblick auf das Spiralenmodell der Erkenntnisgewinnung in der Psychologie.
- Nennen Sie die vier Haupttypen der Versuchspläne.
- Beschreiben Sie die Symbole eines einfachen experimentellen Designs.
- Wie unterscheiden sich „Primärvarianz" und „Sekundärvarianz"?
- Geben Sie experimentelle Beispiele für „Sekundärvarianz" und „Fehlervarianz".
- Was bedeutet – am Beispiel – das *Max-Kon-Min*-Prinzip der Versuchsplanung (z. B. Harlow et al., 1964)?
- Definieren Sie die drei allgemeinen Gütemerkmale eines Experiments (Boesch & Eckensberger, 1969).
- Was sind monotone, bitone, tritone, ... Wirkungstrends?
- Was besagt der Romeo-und-Julia-Effekt, und wie wird dieser untersucht (Driscoll et al., 1972)?
- Wie unterscheiden sich kausale Ursache-Wirkung-Beziehungen von korrelativen Zusammenhängen (Beispiele)?
- Was versteht man unter „Datenstreuung" (Datenvariabilität, Datenfluktuation)?
- Erläutern Sie den Zusammenhang von verschieden komplexen Arten der Wahrnehmung und der Datenstreuung.
- Welche Beziehung besteht zwischen der Theorie einer Untersuchung und dem zu wählenden Versuchsplan?
- Wie unterscheidet sich die Überprüfungsfunktion von der Entdeckungsfunktion eines Designs in der Experimentalpsychologie (Beispiele)?
- Welcher forschungsmethodologische Standpunkt hat sich im Rahmen der neueren Versuchsplanung gegenüber dem klassischen Designing durchgesetzt?
- Welche Arbeitsbereiche der Psychologie werden eher mit Hilfe von streng experimentellen Versuchsplänen und welche eher mit korrelativen Versuchsanordnungen erforscht?
- Begründen Sie die methodologische Verklammerung von experimenteller und korrelativer Forschung (Thorndike, 1954; Cronbach, 1957).
- Warum ist es nicht sinnvoll, im Hinblick auf eine zu untersuchende Frage von „dem" – (einzig passenden) – Versuchsplan zu sprechen?
- ◇ *Beschreiben Sie die praktische Anlage eines Versuchs zur zeitabhängigen Veränderung von Selbst- und Fremdbeobachtung (multiple Zeitreihen).*

Kapitel 12

- Nach welchen Gesichtspunkten werden „vor"-experimentelle Versuchspläne als ungültig bezeichnet?
- Wie läßt sich der Status eines „Schrotschuß"-Designs verbessern (Beispiel)?
- Welche der nach der Campbellschen Liste validitätsgefährdenden Faktoren sind bei der Benutzung eines „Schrotschuß"-Designs hauptsächlich in Rechnung zu stellen?
- Wie berechnet man die Größe eines experimentellen Effekts auf einfache Weise?

- Vergleichen Sie – am Beispiel – die „Richtigkeit“ (Bestätigung) einer eingangs aufgestellten Versuchshypothese mit der „Richtigkeit“ (Angemessenheit) des gewählten Designs.
- Wie interpretierten Barker u. Mitarb. (1941) das Ergebnis ihrer Studie zur Frustration von Kleinkindern? Nennen Sie mögliche Alternativerklärungen.
- Welches sind die Vorteile einer Vorher-Nachher-Messung (vorexperimentelles Design) und welches die Nachteile?
- Charakterisieren Sie eine Pilotstudie im Vergleich zu einem Entscheidungsexperiment.
- Was sind „statische Gruppen“, und wie unterscheiden sie sich von (statistischen) „Zufallsgruppen“ (Beispiele)?
- Geben sie ein experimentalpsychologisches Beispiel für die Benutzung eines zwei- (oder mehr-) faktoriellen Designs in der traumpsychologischen Forschung.
- Was versteht man in der Alltagssprache und was in der Wissenschaftssprache unter einem Experiment?
- Welche typischen Hauptfaktoren werden in den klassischen Schulversuchen (Begleituntersuchungen) überprüft?
- Nennen Sie mindestens drei der herkömmlichen gravierenden Störeffekte bei sog. Schulexperimenten (Begleituntersuchungen).
- Wie sieht der Versuchsplan der Psychotherapievergleichsstudie von Rogers u. Dymond (1954) aus?
- Was sind Organismusvariable, und wie unterscheiden sie sich von anderen unabhängigen Variablen?
- Geben Sie ein Beispiel dafür, wie eine bestimmte Erwartungshaltung der Versuchsteilnehmer praktisch zu Artefakten im Endergebnis führen kann.
- Welche Validitätsmängel weist die Untersuchung von Rogers u. Dymond (1954) zum Einfluß der Gesprächstherapie auf die Selbstwertgefühle der Probanden auf?
- *Erläutern Sie den empirischen Nachweis von Zufall und (statistischem) Gesetz anhand des Münzwurfversuchs.* ◇

Kapitel 13

- Welches ist der einfachste Versuchsplan mit Zufallsgruppenbildung (Beispiel)?
- Erläutern Sie die Bedeutung des Prinzips der Zufallsgruppenbildung anhand der (Psychotherapie-) Studie von Rogers u. Dymond (1954; vgl. Kap. 12.3).
- Diskutieren Sie Vor- und Nachteile bestimmter Trainingsmethoden (*UV*) beim Aufgabenlösen (*AV*).
- Welchen Zweck soll die Einplanung von *Vorher*-Messungen in einer Untersuchung erfüllen?
- Was sind „Sensibilisierungseffekte“ bei Untersuchungen mit *Vorher*-Messung (Beispiel)?
- Durch welche Maßnahmen werden Sensibilisierungseffekte bei einer Untersuchung kontrolliert?
- Welche Vor- und Nachteile hat ein Zufallsgruppenplan für zwei Stichproben?
- Was ist ein Solomon-Versuchsplan (Beispiel)?
- Welche Verfahren zur Datenauswertung – eingeteilt nach verschiedenen Skalentypen – gibt es?
- Was ist ein Mehrstichprobenversuchsplan, und was ist ein multifaktorielles Design?
- Führen Sie Beispiele für einen nominal abgestuften Faktor (*UV*) in einem Experiment an.
- Wie unterscheiden sich die Datensätze von Ordinal- und Intervallskala (*Beispiele*)?
- Beschreiben Sie Sinn und Zweck trendanalytischen Experimentierens, z. B. anhand einer psychopharmakologischen Arbeit.
- Nennen Sie eine Forschungsarbeit, deren Hauptergebnis der experimentelle Nachweis eines quartonen Datentrends war (Haber, 1958).
- Welches Trendergebnis hatte das Feldexperiment von Janis u. Feshbach (1969) zur Untersuchung des Einflusses von experimentell induzierter Angst auf die Einstellung zur Zahnpflege?
- Welchen Vorteil hat ein Mehrstichprobenplan gegenüber einem Zweistichprobenplan (Beispiel)?
- Welche Rolle sollte in der Versuchsplanung der Gesichtspunkt der Versuchsökonomie spielen (Probandengewinnung, Zeit, Kosten usw.)?

- *Zwischen welchen Arten der Varianzanalyse hat der Untersucher bei der statistischen Datenauswertung zu wählen?*
- *Beschreiben Sie den einfachsten Fall eines multifaktoriellen Mehrstichprobenversuchsplans (Beispiel).*
- Geben Sie ein Forschungsbeispiel für *Wechselwirkung* zwischen zwei oder mehr Faktoren einer Untersuchung an.
- Wieviel Zellen hat ein *2 x 2 x 2*-Zufallsgruppendesign, und wieviele Probanden erfordert seine Durchführung, wenn n = 5 Probanden pro Bedingung benötigt werden?
- Warum nennt man Versuchspläne mit Zufallsgruppenbildung auch *„Between“*-Designs?
- Erklären Sie die Bedeutung eines *„Within“*-Designs.
- Wie wird in einem Zweistichprobenversuch mit wiederholten Messungen zur Wirkung verschieden stimulierender Drogen auf Ratten die Kontrolle der Bedingungsabfolge erreicht?
- Beschreiben Sie den typischen Versuchsplan für ein Experiment zum *Konzepterwerb*.
- Welche Hauptunterschiede stellen Sie fest, wenn Sie ein typisches Designschema für Untersuchungen mit Wiederholungsmessungen mit einem solchen für Zufallsgruppenexperimente vergleichen?
- Was meinen die Bezeichnungen *„Signal“* und *„Rauschen“* bei einem Vergleich von Designs mit Wiederholungsmessungen und solchen mit Zufallsgruppenbildung?
- Welcher der beiden Designtypen – Zufallsgruppen oder Wiederholungsmessung – ist organisatorisch einfacher zu realisieren (*Beispiel*)?
- Welche typischen Nachteile haben Versuchspläne mit Wiederholungsmessung, und wie begegnet der Experimentator den damit verbundenen Gefahren?
- Wie unterscheiden sich Versuchspläne mit Wiederholungsmessung von Designs mit Zufallsgruppenbildung inbezug auf die *statistische* Datenauswertung?
- Nennen Sie verschiedene Versuchsplantypen, bei denen vier (sechs, acht) experimentelle Bedingungen vorgesehen sind.
- Geben Sie zwei verschiedene Forschungsbeispiele für einen als unabhängige Variable (*UV*) fungierenden experimentellen Trendfaktor.
- Was ist eine Trendanalyse?
- Wann ist bei einem unifaktoriellen Experiment ein Mehrstichprobenversuchsplan indiziert (kontraindiziert)?
- Welche Argumente lassen sich für oder gegen das Untersuchungsmaterial im Experiment von Brunswik u. Reiter (1937) zur Eindrucksbildung anbringen (Faktoren- und Phänomenrepräsentativität)?
- Welchen Vorteil haben multifaktorielle Mehrstichprobenversuchspläne mit Wiederholungsmessung gegenüber den unifaktoriellen Designs?
- Mit welchen statistischen Methoden werden *Wechselwirkungen* (Interaktionen) untersucht?
- Was haben Blockversuchspläne mit den Designtypen der Zufallsgruppenpläne und den Designs mit Wiederholungsmessung gemeinsam?
- Welche Aufgabe erfüllt der *Vortest* bei der Blockbildung?
- Inwiefern werden gerade von biographischen, personspezifischen Eigenschaften (Organismusvariablen) Vortestdaten für die Blockbildung erhoben – können z. B. auch Punktwerte aus einem Leistungstest dem Ziel der Blockbildung dienen?
- Was sind homogene (heterogene) Blöcke?
- Was bedeutet die Bezeichnung „Design B(R) – 2n“ im Unterschied zu „Design B(R) – kn“ (*Beispiel*)?
- Was sind in einem Blockversuchsplan mit angenommen N = 30 Probanden statistische „Zwillinge“ (*Beispiel*)?
- Geben Sie drei verschiedene Beispiele für eine *Rangskalen*-Anordnung.
- Was meint der Ausdruck „Parallelisierung“ unter einem rein *statistischen* Gesichtspunkt?
- Was versteht man – versuchsplanerisch – unter *„Jochkontrolle“* (*Beispiel*)?
- Warum sollen für einen Vortest zur Blockbildung solche Variablen gefunden werden, die mit der abhängigen Variablen (*AV*) des eigentlichen Experiments möglichst hoch – nicht niedrig – korrelieren (*Beispiele*)?
- Welche methodologische Bedeutung hat die Benutzung des „Katzenkarussels“ (Held & Hein, 1963)?

- Welche Nachteile der Designtypen mit Zufallsgruppen bzw. Wiederholungsmessungen an einer einzigen Versuchsgruppe kann die alternative Benutzung des Blockversuchsplans vermeiden?
- *Erläutern Sie die Extension eines einfachen Zweistichprobenversuchsplans auf einen Mehrstichprobenversuchsplan (mit Zufallsgruppenbildung) für die vergleichende Untersuchung verschiedener Lernmethoden im Hinblick auf die Gedächtnisleistung.* ◇

Kapitel 14

- Definieren und beschreiben Sie einen Mischversuchsplan (Beispiel).
- Welches sind die drei wichtigsten experimentell-korrelativen Mischversuchspläne?
- Welches sind die drei Hauptprinzipien einer validen Mischversuchsplanung?
- Erläutern Sie den dreifaktoriellen *RWO*-Mischversuchsplan an einem praktischen Beispiel.
- Wie kann sich ein verstärktes (individuelles) Forscherinteresse an der Untersuchung eines bestimmten Faktors in der Versuchsplanung auswirken (Beispiel)?
- Nennen Sie die wichtigsten Vor- und Nachteile von Mischversuchsplänen.
- Welche allgemeinen versuchsplanerischen Maßnahmen dienen in einem Mischdesign der Kontrolle der Sekundär- und der Fehlervarianz?
- Was ist die Sekundär- und was die Fehlervarianz in der experimentellen Untersuchung von v. Klebelsberg u. Kallina (1963)?
- Wenn Mischdesigns als „heterotypisch“ bezeichnet werden, welche Designtypen sind dann folgerichtig als „monotypisch“ zu charakterisieren?
- Welche Gründe sprechen für die Wahl eines *R*-Designing und welche für die eines *O*-Designing in der schulpsychologischen Untersuchung von Leith (1974)?
- Welcher praktische Nutzen kann aus den Ergebnissen einer differentiellen pharmakopsychologischen Untersuchung gezogen werden (Downing & Rickels, 1978)?
- Was versteht man bei der Auswertung von Einzelbefunden unter „Herausmitteln“ (averaging out)?
- Welchem Zweck dient die Dekomposition einer graphischen Gesamtergebnisdarstellung zugunsten einer vergleichenden Betrachtung der graphischen Einzelbefunde?
- Geben Sie ein Versuchsbeispiel für ein *RO*-Design (z. B. nach Neale & Liebert, 1973).
- Welchen beiden Hauptgefahren ist die Verwendung semiexperimenteller Mischversuchspläne ausgesetzt?
- In welchen Teildisziplinen der Psychologie ist ein *O*-Mischdesigning angezeigt?
- Wie unterscheiden sich multivariate von univariaten Versuchsplänen?
- Worin liegt die Bedeutung einer sachgerechten *AV*-Repräsentativität speziell eines multivariaten Untersuchungsfalls (Beispiel)?
- Beschreiben Sie das graphische Modell des allgemeinen multifaktoriell-multivariaten *S-O-R*-Untersuchungsansatzes.
- Welche verschiedenen Typen von Konfliktmodellen unterscheidet man heute hauptsächlich?
- Welche drei Einzelindikatoren (AV_1, AV_2 und AV_3) für die Einstellung zur Arbeit wurden im Experiment von Mossholder (1980) gemessen?
- Was ist eine MANOVA, und was ist eine ANOVA?
- *Erläutern Sie die Untersuchungsschritte für eine Extension von Heidbreders (1946) klassischem unifaktoriellen Begriffsbildungsexperiment zu einem Versuch mit zweifaktoriellem WO-Mischdesigning.* ◇

Kapitel 15

- Welche Störfaktoren bedrohen quasiexperimentelle Versuchsanordnungen?
- Was sind Variablenkonfundierungen (Beispiele)?
- Wie wird der Typ des quasiexperimentellen Versuchsplans allgemein gekennzeichnet?
- Was ist statistische Regression?
- Wie unterscheidet sich der Typ des Zeitreihenversuchsplans von dem eines vorexperimentellen Designs (*V*) mit Vorher-Nachher-Messung?
- Welcher grundsätzlichen Schwierigkeit sind Versuchspläne mit Wiederholungsmessung ausgesetzt?

- *Warum zählt das experimentelle Einzelfalldesign (N*=1-Design) zu den quasiexperimentellen Versuchsplänen?
- In welchen Teilgebieten der Psychologie wird Prozeßforschung hauptsächlich betrieben?
- Beschreiben Sie den quasiexperimentellen Eingruppen-Zeitreihenversuchsplan mit *B-A-B*-Phaseneinteilung (z. B. Hilgard et al., 1979).
- Welches Design wird in der Fachliteratur unter den experimentellen Zeitreihenplänen hauptsächlich angeführt (Beispiel)?
- Beschreiben Sie das sog. Minimumdesign von Meehl (1955).
- Erläutern Sie den Versuchsplan, mit dem der Psychotherapieerfolg durch Bandura (1970) untersucht wurde.
- Wie ist der Erfolg der Rauchertherapie in der Einzelfallstudie von Cozby (1977) zu beurteilen?
- Nach welchem Rationale erfolgt häufig eine bestimmte Ausbalancierung der Bedingungsabfolge bei Wiederholungsmessungen?
- Geben Sie ein Forschungsbeispiel für Ausbalancierung mit Hilfe des „Lateinischen Quadrats".
- Erläutern Sie den allgemeinen Ansatz der Klein-*N*-Forschung (Beispiel).
- Begründen Sie die Wahl einer Ex post facto-Versuchsanordnung anstelle eines streng experimentellen Designs (z. B. Lungenkrebsursachen-Untersuchung).
- Warum darf das Ergebnis einer Ex post facto-Versuchsanordnung bestenfalls nur hypothetisch-kausal interpretiert werden?
- Wie kann die Korrelation zwischen Alter und Geschlecht bei Jungen und Mädchen inbezug auf die Spielzeugwahl planmäßig untersucht werden (DeLucia et al., 1963)?
- Beschreiben Sie das allgemeine Vierfelderschema einer korrelativen Versuchsanordnung (Beispiel).
- Nennen Sie ein faktorenanalytisches Forschungsbeispiel, typisch für eine multivariat-korrelative Untersuchung.
- ◇ *Geben sie ein Beispiel für die multivariate Untersuchung des Halo-Effekts: Erläutern Sie daran die besondere Art der einzelnen Zusammenhänge zwischen den jeweiligen Variablen.*

Kapitel 16

- Wie unterscheidet sich das methodologische Konstrukt „Hypothese" von einer alltagsüblichen Annahme?
- Wie bildet sich – und worauf zielt – eine experimentell zu untersuchende psychologische Hypothese?
- Geben Sie Beispiele für verschiedene Alternativ- und Nullhypothesen eines psychologischen Forschungsexperiments.
- Nennen Sie einige typische Fehler beim Generieren von wissenschaftlichen Hypothesen.
- Erläutern Sie die Bedeutung des Buchtitels „*From Verbal Thinking to Mathematical Model Building*" im Hinblick auf gute Hypothesengenerierung (Blalock, 1970).
- Welche Probleme stellen sich im Stadium (2) des Versuchsaufbaus, und was bedeutet dabei die Forderung nach einer „integrativen" Planung eines Experiments?
- Welches sind die möglichen Fehlerquellen bei dem Bemühen um die Herstellung einer Variablenrepräsentativität (Bredenkamp, 1980)?
- Nennen Sie die fünf Prinzipien eines guten Designing (Beispiele).
- Was ist unter der „Wahl des bestgeeigneten Versuchsplans" zu verstehen (Beispiel)?
- Wie sind die Ergebnisunterschiede in der methodenvergleichenden Untersuchung von Grice u. Hunter (1964) zu erklären?
- Sind methodenabhängige Versuchsergebnisse stets als Artefakte zu bewerten?
- Formulieren Sie (a) eine allgemeine „Wenn – dann"-Hypothese mit zweistufiger Bedingungsvariation, der dann (b) eine feiner abgestufte Hypothese gegenübergestellt wird.
- Warum heißt eine Nullhypothese auch „statistische Hypothese"?
- Spezifizieren Sie die Hypothesen der Vorhersagemodelle von Anderson (1970) und von Sjöberg (1969) zur Größengewichtstäuschung.
- Welche Möglichkeit der Datenauswertung (Stadium 5) hatte Anderson (1970) bei der Designwahl (Stadium 3) zur Untersuchung der Größengewichtstäuschung bereits mit einkalkuliert?

- Erläutern Sie die Forderung nach einem multimethodalen Untersuchungsansatz bei der Analyse der Größengewichtstäuschung (z. B. Birnbaum & Veit, 1974).
- Geben Sie verschiedene vergleichende Untersuchungen aus zumindest zwei verschiedenen Themenbereichen an, die die Designabhängigkeit von Untersuchungsresultaten zeigen.
- Zeigen Sie anhand eines graphisch illustrierten Beispiels den Vorteil von differenziert formulierten Forschungshypothesen (z. B. mit Trend- und Wechselwirkungsvorhersagen). Wieso sind diese eher falsifizierbar als undifferenziert aufgestellte Hypothesen?
- Geben Sie die vier allgemeinen Gütemerkmale von wissenschaftlichen Hypothesen an.
- Was versteht man unter dem Prinzip der „sparsamen" Hypothesen- und Theorienbildung (Occam's razor)?
- *Wie läßt sich eine schrittweise abgestufte Hypothese für das Wahrnehmungsphänomen der Amesschen Fenstertäuschung formulieren?* ◇

Kapitel 17

- Welche Vorbereitungen bestimmen den allgemeinen Aufbau einer experimentellen Untersuchung?
- Benennen Sie einige typische experimentalpsychologische Instrumente (Apparate), und erklären Sie deren Funktion.
- Erläutern Sie die allgemeine methodologische Bedeutung der Indikatormethodologie anhand eines Forschungsbeispiels.
- Mittels welcher apparativen Vorrichtung maß Krech (1935) den Nahrungstrieb von Ratten?
- Erörtern Sie die Eignung bestimmter Untersuchungsinstrumente zur Prüfung einer Hypothese am Beispiel der Lashleyschen Sprungapparatur.
- Inwiefern hat die Datenerhebung (Versuchsdurchführung) einen direkten Bezug zur Konstruktvalidität eines Experiments?
- Was bedeutet der Begriff „Reliabilität" (Zuverlässigkeit) für ein Experiment?
- Nennen Sie drei Aspekte der für die Validität eines Datenregistrierungsverfahrens erforderlichen Objektivität (Lienert, 1969).
- Nennen Sie die verschiedenen Typen von Instruktionen und deren unterschiedliche Funktionen.
- Beschreiben Sie eine einfache Untersuchungsmöglichkeit, um die Bedeutung der Versuchsanweisung (Instruktion) für die Versuchsleiter-Versuchsteilnehmer-Kommunikation aufzuzeigen (Sader, 1959).
- Wie wird sensorische Deprivation experimentell untersucht?
- Charakterisieren Sie das allgemeine Rollenverhalten eines Versuchsleiters (z. B. McConnell, 1974).
- In welchen kognitiv-emotionalen Zuständen können sich Versuchsteilnehmer während eines Experiments befinden, und wie kann der Versuchsleiter unerwünschte reaktive Meßeffekte korrigieren (Beispiel)?
- Was versteht man im Rahmen einer Versuchsleiter-Versuchsteilnehmer-Kommunikation unter Objektentgleisung?
- Mit welchen Vorfragen hat der Versuchsleiter die Eignung der Versuchssituation bereits vor dem Experiment zu überdenken?
- Welche Vorbereitungen des Versuchsleiters sichern die Effektivität einer Exploration?
- Nennen Sie drei allgemeine Typen von reaktiven Meßeffekten.
- Beschreiben Sie den Versuchsleiter-Erwartungs-Effekt an einem Untersuchungsbeispiel (Rosenthal & Fode, 1963).
- Welche Bedeutung hat der Versuchsleiter-Erwartungs-Effekt für die Experimentierpraxis der Psychologen heute?
- Was ist ein Doppelblindversuch, und welchem Zweck dient er (Beispiel)?
- *Welche Effekte weisen Untersuchungen mit dem Wertheimerschen Schieber nach?* ◇

Kapitel 18

- Erläutern Sie die Begriffe „Population" und "Zufallsstichprobe" (unter Rückgriff auf ◇ Demo 11.1).
- Welche Beziehungen bestehen zwischen den statistischen Kennwerten einer Zufallsstichprobe und den entsprechenden Parametern in der zugrundeliegenden Population (Beispiele)?
- Erklären Sie den Unterschied zwischen einer Zufallsvariablen und einer empirischen Variablen (Beispiel).
- Durch welche Parameter wird eine Wahrscheinlichkeitsfunktion hinreichend beschrieben?
- Erläutern Sie den Begriff und die Möglichkeit der Schätzung der Populationsvarianz.
- Nennen Sie die verschiedenen Kennwerte der zentralen Tendenz für Stichproben, und erläutern Sie deren Schätzverfahren.
- Welche Überlegung nutzt man bei der statistischen Datenauswertung, wenn für die individuellen Testrohwerte kein Intervallskalenniveau vorliegt (z. B. McClelland et al., 1953)?
- Nennen Sie die Kennwerte der Streuung (Dispersion) für Stichproben.
- Wie lautet die Beziehung zwischen Standardabweichung und Standardfehler?
- Erläutern Sie die Bedeutung des Standardfehlers für die Abschätzung eines zu wählenden Stichprobenumfangs.
- Welches sind die bekanntesten Kennwerte bivariabler Verteilungen (Beispiele)?
- Nennen und erläutern Sie typische Fehler bei der deskriptiven Datenanalyse.
- Welches sind die Grundlagen einer inferenzstatistischen Überprüfung?
- Was versteht man unter dem Fehler 1. Art und dem Fehler 2. Art, und in welcher Beziehung stehen sie zueinander?
- Welche grundlegenden Konzepte führte Sir Ronald A. Fisher (1882–1959) in die Statistik ein?
- Welches ist das allgemeine Rationale der Varianzanalyse (Beispiel)?
- Welches wissenschaftstheoretische Prinzip ist Grundlage der inferenzstatistischen Praxis der Falsifikation der Nullhypothese (Popper, 1936[1], 1976[6])?
- Erläutern Sie einige typische Fehler bei der inferenzstatistischen Datenanalyse (Beispiele).
- Was ist bei der abschließenden Dateninterpretation hauptsächlich zu beachten?
- Erläutern Sie die Bedeutung der Operationalisierung eines psychologischen Konstrukts für das Versuchsresultat am Beispiel eines Forschungsexperiments (Laurence, 1966).
- Zeigen Sie anhand eines Beispiels, wie eine wissenschaftliche Kontroverse zu neuen experimentell zu untersuchenden Fragestellungen führt.

◇ – *Wie gelangt man zu einer Pseudokorrelation (Indexkorrelation)?*

Kapitel 19

- Welches sind die Gemeinsamkeiten und die Unterschiede von „wissenschaftlichen Arbeitstagungen", „Kolloquien" und „Kongressen" als Mittel wissenschaftlicher Kommunikation?
- Nennen Sie einige Orientierungshilfen bei der Gewinnung eines Überblicks über die laufenden Veröffentlichungen in einem Wissenschaftsgebiet.
- Führen Sie Pro- und Kontraargumente für das Publizieren in englischer Sprache an (Lienert, 1977; Traxel, 1979).
- Welcher allgemeine Trend zeichnet sich in der internationalen Kommunikation der Psychologie ab?
- Erläutern Sie die wichtigsten Bestandteile eines Forschungsberichts.
- Geben Sie die Beurteilungskriterien bei der Bewertung eines psychologischen Forschungsberichts an (Beispiele).
- Welches sind typische Beispiele für fehlerhaftes Zitieren der Fachliteratur in einem Forschungsbericht?
- Illustrieren Sie die Bedeutung des kritischen Lesens der jeweiligen Fachliteratur anhand eines Beispiels.
- Nennen Sie die wichtigsten Gründe für die derzeit mangelnde wissenschaftliche Kommunikation in der Psychologie (Protowissenschaft).

- Worin besteht die Hauptquelle mangelnder wissenschaftlicher Kommunikation der verschiedenen Schulen der Psychotherapie (Toman, 1978)?
- Welches sind die allgemeinen Konsequenzen mangelnder wissenschaftlicher Kommunikation in der Psychologie?
- Erläutern Sie das Problem der sozialen Akzeptanz von Forschungsergebnissen am Beispiel von Milgrams (1963, 1974) Untersuchungen zum „Gehorsamkeitsverhalten".
- Was folgt daraus, wenn verschiedene Versuchsleiter zu verschiedenen experimentellen Resultaten gelangen (z. B. Binder et al., 1957)?
- Welche ethischen Mindestanforderungen gelten für das psychologische Experiment (McGuigan, 1978)?
- Nennen Sie zwei Beispiele – im Sinne Bredenkamps (1980) – für die Verletzung des Prinzips „Do not Block the Path of Inquiry" im Rahmen wissenschaftlicher Kommunikation.
- *Erläutern Sie Funktion und Bedeutung einer guten Zusammenfassung einer wissenschaftlichen Arbeit.* ◇

Kapitel 20

- Wie begründet sich die Relevanz verschiedener Forschungsthemen der heutigen Experimentalpsychologie für die Grundlagenforschung?
- Worin besteht die Skepsis vieler Wissenschaftler gegenüber der Parapsychologie, Astrologie usw. (Bunge, 1982)?
- Erläutern Sie, inwiefern die Parapsychologie ein Negativbeispiel für wissenschaftliche Beweispflicht als Basis aller Wissenschaftlichkeit ist.
- Welches ist die wichtigste Rolle des Experiments im Hinblick auf die psychologische Theorienbildung (Popper, 1976)?
- Welches sind die Möglichkeiten und Grenzen der heutigen Experimentalpsychologie (Düker, 1970)?
- Erörtern Sie die Generalisierbarkeit der experimentellen Resultate zum Yerkes-Dodson-Gesetz aus heutiger Sicht (Broadhurst, 1957).
- Führen Sie Pro- und Kontraargumente zur Frage des Anwendungsbezugs der Experimentalpsychologie anhand eines Forschungsbeispiels an (z. B. Sarnoff & Zimbardo, 1961).
- Welches sind die drei wichtigsten Aufgabenbereiche der Psychologie aus sozioökologischer Sicht (Tab. 20.3)?
- Nennen Sie einige Beispiele für die praktische Relevanz bestimmter experimentalpsychologischer Untersuchungen.
- Wie kann eine aufgefundene psychopharmakologische Gesetzmäßigkeit (z. B. Forth, 1966; Heimstra & McDonald, 1973) in zukünftigen Untersuchungen bezüglich ihrer Verallgemeinerungsfähigkeit a) unter differentiell-psychologischem Aspekt und b) in angewandt-psychologischer Hinsicht weiter erforscht bzw. ausgebaut werden?
- Welche unterschiedlichen Meinungen über den Status der Psychologie als Wissenschaft haben verschiedene ihrer Wegbereiter vertreten (James, 1892; Bühler, 1927; Fröbes, 1929)?
- Was leistet die Psychologie von heute – insgesamt betrachtet – besser, als dies in ihren Anfängen der Fall war?

Anhang B Leitfäden der Versuchspläne und statistischen Tests

B.1 Leitfaden der Versuchspläne („Designs“)

Die englische *Design*-Bezeichnung erfolgt in Anlehnung an die Werke von Matheson et al. (1978) und Yaremko et al. (1982).

lfd. Design-Nr.	Numerische Design-Klassifikation	Bezeichnung des Designs deutsch	 englisch
1	*0.1*	Vorexperimentelle („ungültige“) Versuchsanordnung: Einmalige Nachher-Messung an einer einzigen Versuchsgruppe	One “shot” case study
2	*0.2*	Vorexperimentelle („ungültige“) Versuchsanordnung: Vorher-Nachher-Messung an einer einzigen Versuchsgruppe	One group before-after design
3	*0.3*	Vorexperimentelle Versuchsanordnung: Vergleich von mehreren vorgegebenen, experimentell behandelten Gruppen mit einmaliger Nachher-Messung	After-only multi-group design
4	*1.0*	Zufallsgruppenversuchsplan: Zweigruppen-Design ohne Vorher-Messung	Randomized two-group design
5	*1.1*	Zufallsgruppenversuchsplan: Zweigruppen-Design mit Vorher-Nachher-Messung	Randomized before-after two group design
6	*1.2*	Unifaktorieller Zufallsgruppenversuchsplan: Mehrgruppen-Design	Randomized multi-group design: Unifactorial layout
7	*1.3*	Zweifaktorieller Zufallsgruppenversuchsplan: Mehrgruppen-Design mit Randomisierung auf Faktor A und Faktor B	Randomized twofactorial multigroup design
8	*2.0*	Versuchsplan mit Wiederholungsmessungen: Unifaktorieller Eingruppenversuchsplan mit wiederholten Messungen auf dem Faktor X für zwei Treatments	Two-level design with repeated measures on the same subject
9	*2.1*	Versuchsplan mit Wiederholungsmessungen: Unifaktorieller Eingruppenversuchsplan mit wiederholten Messungen auf dem Faktor X für mehrere Treatments	Multilevel design with repeated measures on the same subject
10	*2.2*	Versuchsplan mit Wiederholungsmessungen: Zweifaktorieller Eingruppenversuchsplan mit wiederholten Messungen auf den beiden Faktoren A und B	Twofactorial design with repeated measures on both factors

lfd. Design-Nr.	Numerische Design-Klassifikation	Bezeichnung des Designs deutsch	englisch
11	*2.3*	Versuchsplan mit Wiederholungsmessungen: Dreifaktorieller Versuchsplan mit wiederholten Messungen auf allen drei Faktoren A, B und C	Threefactorial design with repeated measures on all three factors
12	*3.0*	Unifaktorieller Blockversuchsplan: Zweigruppen-Design mit Probandenpaaren, homogenisiert durch Matchingverfahren	Randomized two-group blocks design
13	*3.1*	Unifaktorieller Blockversuchsplan: Mehrgruppendesign mit p experimentellen Stufen und n Blöcken mit q gematchten Probanden	Match by correlated criterion design
14	*4.1*	Zweifaktorieller Mischversuchsplan: Faktor A mit Zufallsgruppenbildung und Faktor B als Organismusvariable mit statischer Gruppenbildung	Twofactorial multigroup mixed design
15	*4.2*	Zweifaktorieller Mischversuchsplan: Faktor A mit Zufallsgruppenbildung sowie Faktor B als Organismusvariable mit statischer Gruppenbildung	Twofactorial multigroup mixed design
16	*4.3*	Zweifaktorieller Mischversuchsplan: Faktor A mit Zufallsgruppenbildung und Faktor B mit wiederholten Messungen	Twofactorial mixed design
17	*4.4*	Dreifaktorieller Mischversuchsplan: Faktor A mit Zufallsgruppenbildung, Faktor B als Organismusvariable und Faktor C mit wiederholten Messungen	Threefactorial multigroup mixed design
18	*4.5*	Dreifaktorieller Mischversuchsplan: Faktor A mit wiederholten Messungen sowie Faktor B und C mit Zufallsgruppenbildung	Threefactorial multigroup mixed design
19	*Q.1*	Quasi-experimenteller Versuchsplan: Vergleich von mehreren vorgegebenen, experimentell (X) behandelten Versuchsgruppen aufgrund von Vorher-Nachher-Messungen	Before-after static multigroup comparison design
20	*Q.2*	Quasi-experimenteller Versuchsplan: Zeitreihenversuchsplan mit mehreren vorgebenen, experimentell (X) behandelten Versuchsgruppen aufgrund von mehreren Vorher-Nachher-Messungen	Static multigroup time series design
21	*Q.3*	Quasi-experimenteller Einzelfall-Versuchsplan (ABAB-Abfolge): Zeitreihenversuchsanordnung mit mehreren Meßabschnitten [mit (B) und ohne (A) Treatment]	Single-subject time series design

lfd. Design-Nr.	Numerische Design-Klassifikation	Bezeichnung des Designs deutsch	englisch
21 a	*Q.3a*	Quasi-experimenteller Einzelgruppen-Versuchsplan (ABAB-Abfolge): Zeitreihenversuchsanordnung mit mehreren Meßabschnitten *mit* (B) und *ohne* (A) Treatment	Single-group time series design
22	*Q.4*	Quasi-experimenteller Einzelfall-Versuchsplan (ABAB-Abfolge): Zweiprobanden-Zeitreihenversuchsanordnung mit mehreren Meßabschnitten und mit Pb_1 unter Treatment X_1 und Pb_2 unter Treatment X_2 bzw. X_o (Zufallsaufteilung)	Randomized two-subject time series design
22 a	*Q.4a*	Quasi-experimenteller Zwei- oder Mehrgruppen-Versuchsplan (ABAB-Abfolge): Zeitreihenversuchsanordnung mit zwei oder mehreren Zufallsgruppen	Randomized multi-group time series design
23	*E.1*	Ex post facto-Versuchsanordnung: Vergleich von mehreren vorgegebenen, experimentell nicht behandelten Versuchsgruppen ohne Vorher-Messung	Ex post facto design
24	*K.1*	Korrelative Versuchsanordnung: Eine einfache 2×2-Chi^2-Versuchsanordnung	Simple 2×2-chi square design
25	*K.2*	Korrelative Versuchsanordnung: Eine allgemeine zweidimensionale Chi^2-Versuchsanordnung: sog. zweidimensionale Kontingenztafel	General chi-square contingency design
26	*K.3*	Korrelative Versuchsanordnung: Eine allgemeine mehrdimensionale Kontingenztafel	Multidimensional chi-square contingency design
27	*K.4*	Korrelative (multivariate) Versuchsanordnung: Eine allgemeine Interkorrelationsmatrix bestehend aus den paarweisen Korrelationskoeffizienten r_{ij} zwischen je zwei Variablen I und J	General multidimensional matrix of pairwise correlations

B.2 Flußdiagramm für die Designwahl

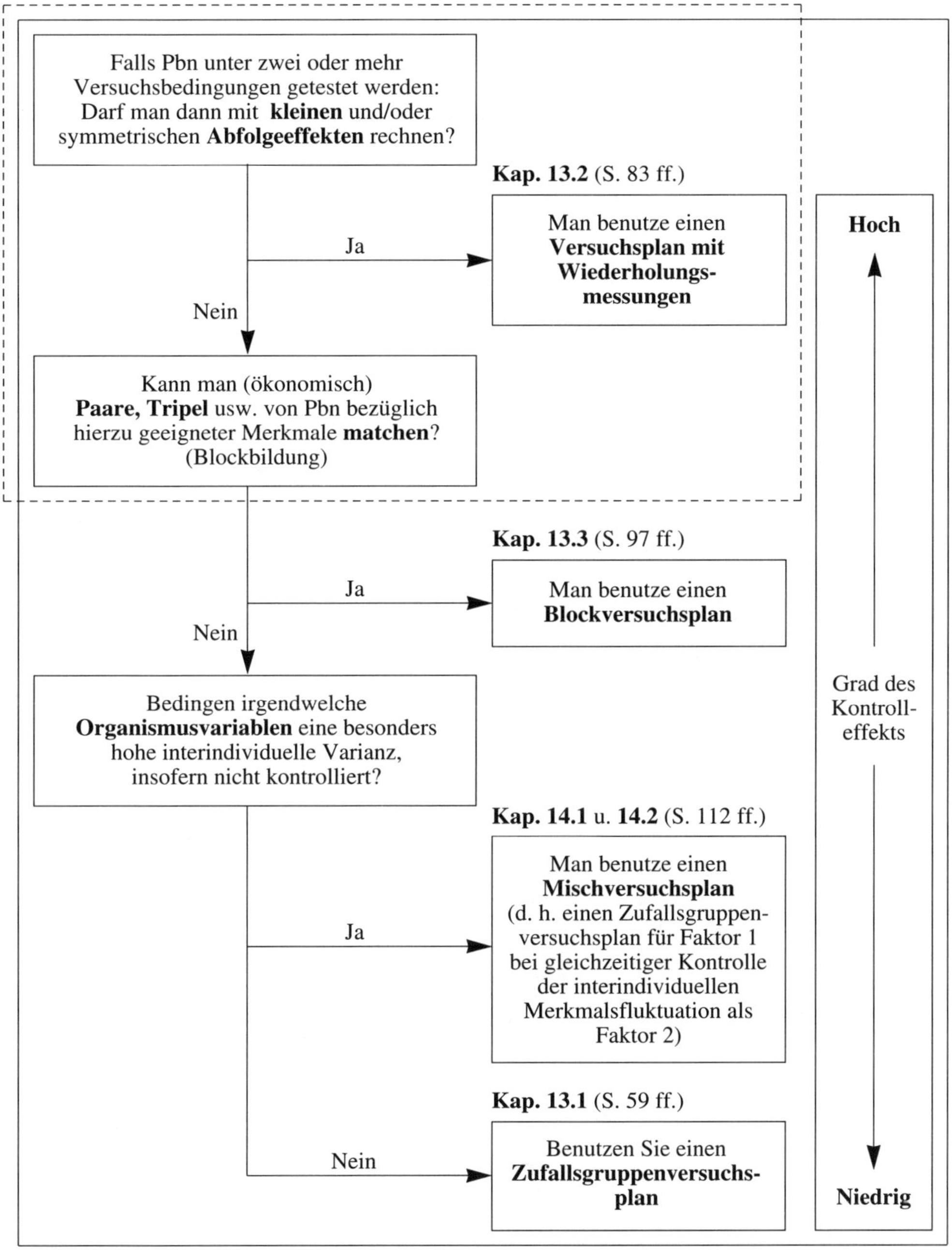

Ein *Ausschnitt* (gestrichelt) des Flußdiagramms für die Designwahl befindet sich im Haupttext (Abb. 16.4, S. 217). Dort wird auf die mit der Designwahl zusammenhängenden Fragen eingegangen (Kap. 16.2, S. 211 ff.)

B.3 Wegweiser für die Wahl der statistischen Tests

Dieser **Wegweiser** für die Wahl der statistischen Tests enthält eine Zuordnung der gebräuchlichen inferenzstatistischen Prüfverfahren zu den Haupttypen der (strengen) experimentellen Versuchsplanung mit Hinweisen auf weitere Fachliteratur, in der einfach nachvollziehbare **Rechenbeispiele** publiziert sind (vgl. Haupttext, Tab. 18.4, S. 285).

Literaturquellen (**ArB**, **Lie**, **Mat**): **Arb**eitsbuch von Musahl et al. (1985), **Lie**nert (1985) und **Mat**heson et al. (1978). – Vgl. ferner Bortz et al., 1989; McGuigan, 1990.

Skalen-niveau der **AV**	**Versuchsplan (Design)** **Zufallsgruppendesign** (**R** bzw. **RR**, ...) Zweigruppenplan	 Mehrgruppen- und Mehrfaktorenplan	 **Wiederholungsmessungs-** (**W** bzw. **WW**, ...) oder **Blockdesign** [B (**R**) bzw. B (**RR**), ...] Zweigruppenplan	 Mehrgruppen- und Mehrfaktorenplan
Nominal-skala	χ^2-Test **Mat**, Chap. 18	McNemar-χ^2-Test **Mat**, Chap. 18	McNemar-χ^2-Test **Lie**, Kap. 3.2	Cochran-Q-Test **Lie**, Kap. 3.3
Ordinal-skala	Mann-Whitney-U-Test **ArB**, S. 114 ff.	Kruskal-Wallis-H-Test **Lie**, Kap. 4.1 Jonckheere-Trendtest **Lie**, Kap. 4.3 Friedman-Test **Lie**, Kap. 6.2	Wilcoxon-T-Test **ArB**, S. 147 f.	Wilson-Rangvarianz-analyse **Lie**, Kap. 4.2
Intervall- oder **Ratio-skala**	t-Test für unabhängige Stichproben **ArB**, S. 139 f.	Varianz-analyse (ANOVA)* **Mat**, Chap. 20	t-Test für abhängige Stichproben **ArB**, S. 141 f.	Varianz-analyse (ANOVA)* **Mat**, Chap. 20

* **ANOVA = Analysis of Variance** für **1 AV**; **MANOVA = Varianzanalyse** für **2**, **3** oder mehr **AV**

Anhang C Verzeichnis der Demonstrationen, Originaluntersuchungen und Illustrationen

C.1 Demonstrationen (◇ Demo)

Teil III

Teil IV

C.2 Originaluntersuchungen (Ω Orig)

Teil III

Teil IV

C.3 Illustrationen (○ Illu)

Teil III

Teil IV

Anhang D Arbeitsmaterialien und Lösungshinweise zu einzelnen Übungsaufgaben

D.1 Teil III (Kap. 11 bis 15)

D.1.1 *Arbeits- und Auswertungsmaterialien für die Selbst- und Fremdbeobachtung: Veränderung der subjektiven Befindlichkeit in der Zeit (◇ Demo 11.1, S. 23)*

Zwei *Protokollblatt*-Formen zur Erfassung der eigenen Befindlichkeit bzw. der des Partners (Tab. A.1 und Tab. A.2) wurden von v. Zersen (1970) entwickelt, um durch deren alternierende Verwendung eventuelle Erinnerungseffekte zu reduzieren.

Tabelle A.1: Protokollblatt 1 (◇ Demo 11.1)
Befindlichkeits-Skala (B – S)

Name: ______________________ Datum: __________ Uhrzeit: __________

Im folgenden finden Sie eine Reihe von Eigenschaftspaaren. Bitte, entscheiden Sie – ohne lange zu überlegen – welche der beiden Eigenschaften Ihrem *augenblicklichen* Zustand am ehesten entspricht. Machen Sie in das Kästchen vor der *eher zutreffenden Eigenschaft* ein Kreuz. Nur wenn Sie sich gar nicht entscheiden können, machen Sie ein Kreuz in die Spalte *„weder – noch“*. Lassen Sie keine Zeile aus!

Ich fühle mich jetzt:

eher		eher		weder – noch
	frisch		matt	
	teilnahmslos		teilnahmsvoll	
	froh		schwermütig	
	erfolgreich		erfolglos	
	gereizt		friedlich	
	entschlußlos		entschlußfreudig	
	lustig		weinerlich	
	gutgelaunt		verstimmt	
	appetitlos		appetitfreudig	
	gesellig		zurückgezogen	
	minderwertig		vollwertig	
	entspannt		gespannt	
	glücklich		unglücklich	
	scheu		zugänglich	

Zur *Auswertung* der Ankreuzungen auf den Protokollblättern dient der in *Tabelle A.3* wiedergegebene *Auswertungsschlüssel*, mit dessen Hilfe die Gesamtpunktwerte eines jeden Protokollblattes errechnet werden können.

Tabelle A.2: Protokollblatt 2 (◇ Demo 11.1)
Befindlichkeits-Skala' (B – S')

Name: ______________________ Datum: __________ Uhrzeit: ________

Im folgenden finden Sie eine Reihe von Eigenschaftspaaren. ... Lassen Sie keine Zeile aus!
Ich fühle mich jetzt:

eher		eher		weder – noch
	aufgeschlossen		gehemmt	
	guter Dinge		trübsinnig	
	antriebslos		betriebsam	
	anfällig		robust	
	zielstrebig		ziellos	
	ernst		heiter	
	einfallsarm		einfallsreich	
	empfindlich		unempfindlich	
	pessimistisch		optimistisch	
	sorglos		grüblerisch	
	zerschlagen		munter	
	liebesfähig		liebesunfähig	
	schuldig		unschuldig	
	erschöpft		erholt	

Tabelle A.3: Auswertungsschlüssel (◇ Demo 11.1)
Der Gesamtpunktwert (B – S-Skore) eines jeden Untersuchungstages ergibt sich aus der Summe aller angekreuzten „depressiven" Eigenschaften, die mit je *zwei* Punkten bewertet werden, und aller angekreuzten „weder–noch"-Antworten, die je *einen* Punkt erhalten. – Im folgenden sind die „depressiven" Eigenschaften der beiden Parallelformen angegeben:

Befindlichkeits-Skala (B – S)	Befindlichkeits-Skala (B – S')
1. matt	1. gehemmt
2. teilnahmslos	2. trübsinnig
3. schwermütig	3. antriebslos
4. erfolglos	4. anfällig
5. gereizt	5. ziellos
6. entschlußlos	6. ernst
7. weinerlich	7. einfallsarm
8. verstimmt	8. empfindlich
9. appetitlos	9. pessimistisch
10. zurückgezogen	10. grüblerisch
11. minderwertig	11. zerschlagen
12. gespannt	12. liebesunfähig
13. unglücklich	13. schuldig
14. scheu	14. erschöpft

Tabelle A.4: Tabellenschema zur Auswertung der empirisch ermittelten und vorhergesagten Befindlichkeits-Werte (B-Werte). Ergebnisdarstellung zum Demonstrationsversuch ◇ 11.1 der Selbst- und Fremdbeobachtung.

Person 1

Datum	B-Wert S_S *Selbst*beobachtung	B-Wert P_S *Fremd*beobachtung	*vorhergesagter* B-Wert S_{P_S}
1. Tag			
2. Tag			
3. Tag			
4. Tag			
5. Tag			
6. Tag			
Σ_Y			
$\overline{Y}$			

Person 2

Datum	B-Wert P_P *Selbst*beobachtung	B-Wert S_P *Fremd*beobachtung	*vorhergesagter* B-Wert P_{S_P}
1. Tag			
2. Tag			
3. Tag			
4. Tag			
5. Tag			
6. Tag			
Σ_Y			
$\overline{Y}$			

Die Gesamtpunktwerte eines jeden Untersuchungstages (vgl. *Ergebnistabelle*, Tab. A.4) sind in einer *Auswertungsgraphik* zu veranschaulichen, für die *Abbildung A.1* die beiden Koordinatensysteme (Person 1 und Person 2) bereitstellt.

D.1.2 *Auswertungsmaterialien für den Vergleich von Gedächtnisleistungen unter zwei verschiedenen Mnemo-Bedingungen* (◇ Demo 13.1, S. 107)

Die Rohwertergebnisse sind in ein Tabellenschema einzutragen (Tab. A.5). Die dann für die beiden *Mnemo*-Bedingungen getrennt zu berechnenden Prozentzahlen (%) sollen abschließend mit Hilfe einer Auswertungsgraphik veranschaulicht werden (Abb. A.2)

Tabelle A.5: Tabellenschema für die Rohwertergebnisse (◇ Demo 13.1)

Gruppe 1

Proband	Vorher-Messung (Wörteranzahl)	Nachher-Messung (Wörteranzahl)
1 2 3 4 5 6		
Σ		
$\overline{X}$		
	___ % = $\overline{Y}_{1\ vor}$	___ % = $\overline{Y}_{1\ nach}$

Gruppe 2

Proband	Vorher-Messung (Wörteranzahl)	Nachher-Messung (Wörteranzahl)
1 2 3 4 5 6		
Σ		
$\overline{X}$		
	___ % = $\overline{Y}_{2\ vor}$	___ % = $\overline{Y}_{2\ nach}$

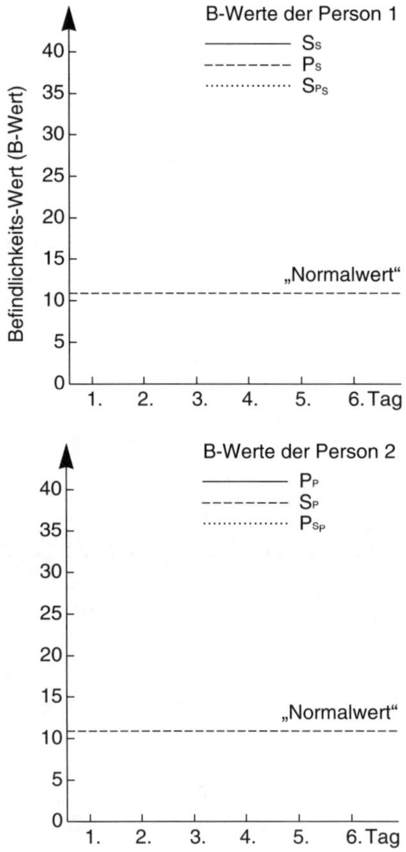

Abbildung A.1: Auswertungsgraphik (◇ Demo 11.1)

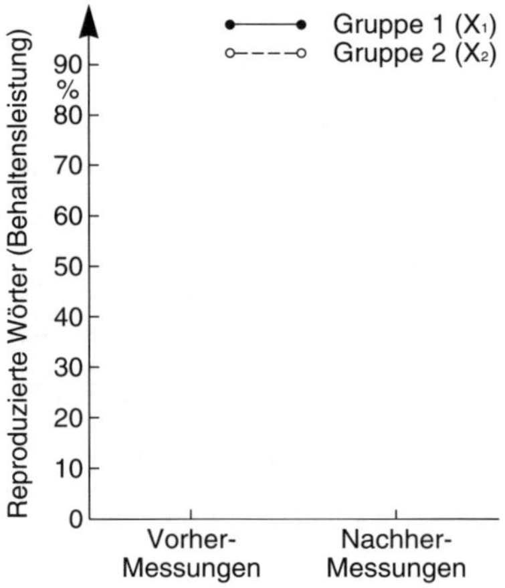

Abbildung A.2

D.1.3 *Lösung der Wahrnehmungsaufgabe zur Ponzoschen Streckentäuschung* (zu Abb. 15.7, S. 168)

Die obere der beiden gleichlangen parallelen Linien erscheint – subjektiv – länger als die untere über dem Dreieck der *Vorlage A*. Dieselbe Täuschung, wenn auch deutlich schwächer, wird durch die *Scheinfigur*, das nicht-existente Dreieck der *Vorlage B* hervorgerufen (Abb. A.3).

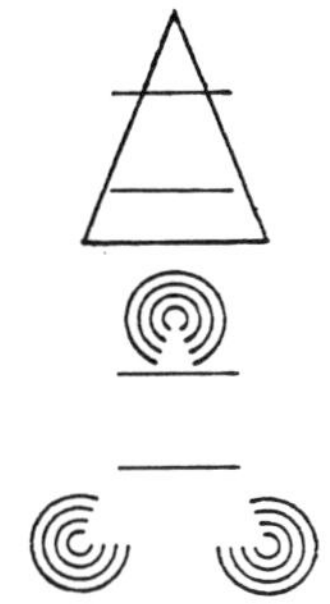

Abbildung A.3

Über die Bedeutung von geometrisch-optischen Täuschungen für die Wahrnehmungspsychologie i. a. sowie über die von virtuellen Konturen (*Scheinkonturen*) im speziellen informiert die einschlägige Fachliteratur (Coren & Girgus, 1978; Rock, 1985; Sekuler & Blake, 1990).

D.1.4 *Lösung der „Intelligenz"-Schätzaufgabe und der „Sympathie"-Schätzaufgabe mittels Intuition* (◇ Demo 15.1, S. 194)

Bei den in *Abbildung 15.15* (S. 194) wiedergegebenen *Gesichtsfotos* handelt es sich um fünf Sekretärinnen im Alter von 23 bis 25 Jahren, die zum Zeitpunkt der Fotoaufnahme gerade eine Prüfung in Stenografie ablegten. Mit den üblichen Intelligenztestverfahren war die Intelligenzhöhe bei allen abgebildeten Sekretärinnen als *gleich* hoch anzunehmen; die tatsächlichen IQ-Punktwerte hatten keinen statistisch absicherbaren Unterschied ergeben ($105 < IQ < 108$; d. h. mittleres bis knapp überdurchschnittliches Intelligenzniveau: nach F. Burkardt, persönliche Mitteilung, Frankfurt/M., 1974).

D.2 Teil IV (Kap. 16 bis 19)

D.2.1 *Hypothesengewinnung bei der Beobachtung (◇ Demo 16.1, S. 227)*

Für die Hypothesenbildung beim Versuch einer geeigneten *Erklärung* der paradoxen (Schein-)Bewegung des *Amesschen Fensters* (s. Abb. 16.6, S. 227) gibt Metzgers (1975) Buch *„Gesetze des Sehens“* wertvolle Hinweise. – Zum Bau des Amesschen Fensters (Abb. A.4) vergleiche S. 227.

Abbildung A.4: Untersuchungsmaterial zur Demonstration der Hypothesengewinnung bei der Beobachtung: Vorlagen für Vorder- und Rückseite zur Konstruktion des *Amesschen Fensters* (◇ *Demo 16.1*).

D.2.2 *Bau des Wertheimerschen Schiebers* (◇ Demo 17.1, S. 258)

Die in *Abbildung A.5* dargestellten Materialvorlagen zum Bau des *Wertheimerschen Schiebers* sind gemäß der Anleitung im Haupttext zu verwenden (s. S. 258 f).

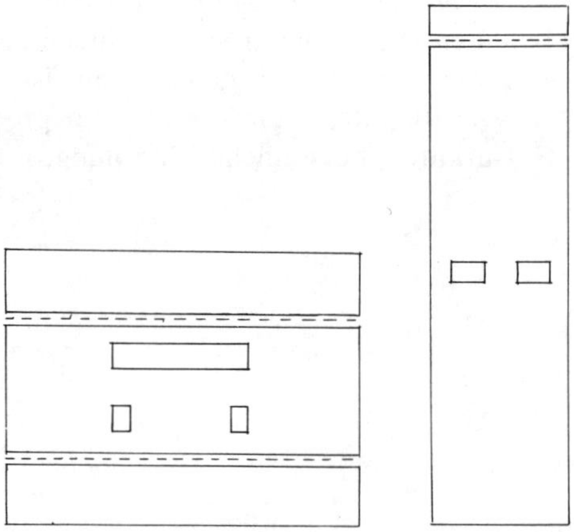

Abbildung A.5: Vorlagen zum Bau eines *Wertheimerschen Schiebers,* mit Hilfe dessen sich Scheinbewegungen als optische Täuschungen demonstrieren lassen (◇ *Demo 17.1*).

D.2.3 *Lösungshinweise zu einer Indexkorrelations-Aufgabe* (◇ Demo 18.1, S. 292)

Unter Benutzung des vorgegebenen Rechenschemas erhält man einen umgekehrt U-förmigen Trend für die *relative* Kontaktzunahme. Demnach – so könnte man schlußfolgern – hat sich der Behandlungserfolg vom 2. zum 3. Vergleichsabschnitt nicht erhöht, sondern stark *verschlechtert* (Abb. A.6). – Muß nun das Forscherteam den medizinisch-psychotherapeutischen Versuch als mißglückt ansehen und entsprechend auf weitere Behandlungsbemühungen dieser Art verzichten?

Glücklicherweise *nein*, sondern das Team sollte seine therapeutische Arbeit fortsetzen! Im vorliegenden (fiktiven) Fall ist nämlich – mangels geeigneter statistischer Grundkenntnisse vom – „Forscher" unseres Beispiels ein unsinniges Verrechnungsschema benutzt worden (Huff, 1954). Schon eine einfache graphische Darstellung der Originalpunktwerte ergibt eine Kurve mit *positiver* Beschleunigung (Trend *B* in Abb. A.6): Dieser Trend belegt den *wachsenden* Behandlungserfolg des Verfahrens.

Bei dieser Demonstration handelt es sich um ein extrem gewähltes Beispiel für die *fehlerhafte* Wahl und Interpretation eines statistischen Index; fehlerhafte Indexberechnungen kommen selbst in Forschungspublikationen gelegentlich vor (Campbell, 1955; Cronbach, 1958).

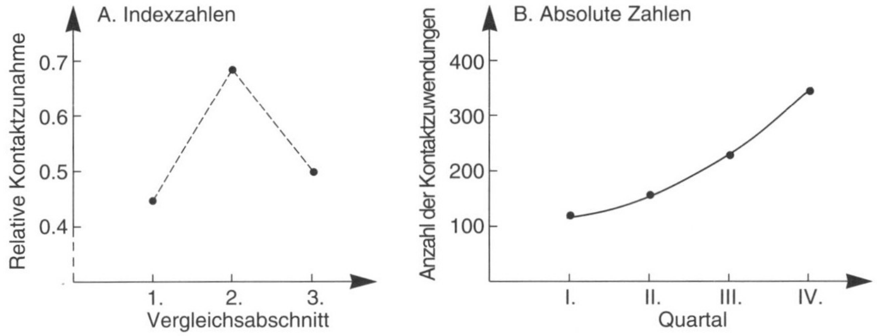

Abbildung A.6

D.2.4 *Lösungshinweis zu* ◇ *Demo 19.1* (S. 320)

Von unmittelbarer *inhaltlicher* Relevanz für die gestellte Aufgabe der Prüfung der wissenschaftskommunikativen Funktion der *Zusammenfassung* eines Forschungsberichts ist nur die ZUSAMMENFASSUNG B.

Anhang E Wissenschaftliches Kommunizieren

Die nachfolgenden Hinweise dienen der *Kommunikation* von eigenen Untersuchungsergebnissen (*zum Forschungsbericht* vgl. Kap. 19.2, S. 301 ff).

E.1 Zusammenfassung für die Probanden

Zwecks Kommunikation von Untersuchungsanliegen empfiehlt es sich, dem zu untersuchenden Probandenkreis eine *Zusammenfassung* der Ziele, Methoden und Verwendungszwecke einer eigenen Datenerhebung möglichst frühzeitig zur Verfügung zu stellen. Denn dadurch läßt sich u. a. auch das Vertrauen zum experimentierenden Psychologen – häufig schon im Vorwege – leichter herstellen. Nach Abschluß einer Untersuchung sollte man ohnehin deren Hauptergebnisse den Probanden zusammengefaßt bekannt machen. Nähere Hinweise dazu finden sich bei Lewin (1979, Chap. 16).

E.2 Vortragen von Untersuchungsergebnissen vor anderen

Von nicht zu unterschätzender Bedeutung ist der *Vortrag* (Referat) über die eigene Untersuchung vor anderen. Es gibt einfach *erlernbare* Regeln dafür (Harlow, 1976; Matheson et al., 1978; Lewin, 1979, Chap. 16). Während in diesem Zusammenhang auf die einschlägige Literatur verwiesen wird, sei betont, daß Sinn und Zweck des guten Vortragens wissenschaftlicher Untersuchungsergebnisse möglichst jedem Studenten einsichtig sein sollten.

E.3 Publizieren der Untersuchungsergebnisse

Erfahrungsgemäß erhalten nur wenige Studenten die Gelegenheit zur Publikation von eigenen Untersuchungsergebnissen. Dafür gibt es verschiedene Gründe. – Hier wird das Folgende dazu zitiert:

„Fast jeder ernsthaft Studierende der Naturwissenschaften träumt von dem Tag, an dem er eine eigene veröffentlichte Forschungsarbeit mit Stolz wird vorzeigen können. Schon als Studienanfänger etwas zu publizieren, das geschieht äußerst selten; aber es kommt vor. – Forschungsprojekte von Anfängern sind dann aber in solchen Fällen sehr sorgfältig erarbeitet und haben wissenschaftlich bedeutsame Informationen erbracht – mit ein wenig Mehrarbeit können sie dann u. U. zur Veröffentlichung vorgesehen werden. Hochschulassistenten, die man darum bittet, werden dabei helfen. Hat jemand schon etwa als Vordiplomand etwas veröffentlicht, so kann das die Chancen, später als Doktorand angenommen zu werden oder in speziellen Forschungsgruppen mitarbeiten zu dürfen, stark erhöhen. Denn die Tatsache, daß Sie als Vordiplomand bereits einen Forschungsbericht zur Veröffentlichung gebracht haben, beeindruckt erfahrungsgemäß eine Graduiertenkommission. – Falls die eigenen Zielsetzungen auch ein Diplomanden- oder ein Doktorandenstipendium einschließen, dann sollte man schon als mitten im Studium Stehender ernsthaft daran denken, eine Veröffentlichung einzuplanen, besonders in diesen Zeiten, wo die Konkurrenz unter den Bewerbern für ein Aufbaustudium sehr groß ist." (Matheson et al., 1978, 281; leicht modifizierte Übersetzung von V.S.)

Autoren- und Literaturverzeichnis

Die Zahlen in *Schrägdruck* nach der Literaturangabe beziehen sich auf die entsprechenden Textseiten, welche die jeweiligen Autorennamen enthalten.

Adamson, R. E.: Functional fixedness as related to problem solving: A repetition of three experiments. Journal of Experimental Psychology, 1952, *44,* 288–291. *66*

Aidells, A. L. – s. Dillon, Graham & Aidells (1972)

Albert, H. & Keuth, H. (Hrsg.): Kritik der kritischen Psychologie. Hamburg: Rowohlt, 1973. *313*

Alexander, B. K. – s. Seay, Alexander & Harlow (1964)

Ambühl, H. – s. Grawe, Caspar & Ambühl (1990)

American Psychological Association: Ethical principles in the conduct of research with human participants. Washington, D. C.: American Psychological Association, 1973. *316*

American Psychological Association: Publication manual of the American Psychological Association. (3rd ed.) Washington, D. C.: American Psychological Association, 1983. *301*

Ames, A. Jr.: Visual perception and the rotating trapezoidal window. Psychological Monographs, 1951, *65,* No. 14 (Whole Nr. 324). *227f.*

Anderson, N. H.: Application of an additive model to impression formation. Science, 1962, *138,* 817–818 (a). *66*

Anderson, N. H.: On the quantification of Miller's conflict theory. Psychological Review, 1962, *69,* 273–286 (b). *78, 134, 135*

Anderson, N. H.: Averaging model applied to the size-weight illusion. Perception and Psychophysics. 1970, *8,* 1–4. *223ff., 354*

Anderson, N. H.: How functional measurement can yield validated interval scales of mental quantities. Journal of Applied Psychology, 1976, *61,* 677–692. *276f.*

Anderson, N. H.: Foundations of information integration theory. New York: Academic Press, 1981. *276f.*

Anderson, N. H. & Shanteau, J.: Weak inferences with linear models. Psychological Bulletin, 1976, *84,* 1155–1170. *288*

Anderson, R. C. & Watts, G. H.: Bidirectional associations in multitrial free recall. Psychonomic Science, 1969, *15,* 288–289. *290*

Ardila, R.: Psychology in Latin America today. Annual Review of Psychology, 1982, *33,* 103–122. *301*

Ardila, R.: Contemporary aspects of psychological experimentation. In: V. Sarris & A. Parducci (Eds.), Perspectives in psychological experimentation: Toward the year 2000. Hillsdale, N. J.: Erlbaum, 1984. (Deutsch: München: Psychologie Verlags Union, 2. Aufl., 1987.) *312, 343*

Ardila, R. – s. Bunge & Ardila (1990)

Argyris, C.: Some unintended consequences of rigorous research. Psychological Bulletin, 1968, *70,* 185–197. *11*

Aronson, E. & Lindner, D.: Gain and loss of esteem as determinants of interpersonal attractiveness. Journal of Experimental and Social Psychology, 1965, *1,* 156–176. *68ff.*

Asch, S. E.: Forming impressions of personality. The Journal of Abnormal and Social Psychology, 1946, *41,* 258–290. *66*

Asendorpf, J.: Die differentielle Sichtweise in der Psychologie. Göttingen: Hogrefe, 1990. *120*

Aserinsky, E. & Kleitman, N.: Regularly occuring periods of eye motility and concomitant phenomena during sleep. Science, 1953, *118,* 273–274. *207f.*

Atkinson, J. W. – s. McClelland, Atkinson, Clark & Lovell (1953)

Atkinson, R. C., Herrnstein, R. J., Lindzey, G. & Luce, R. D. (Eds.): Stevens' handbook of experimental psychology (Vols. 1 & 2). New York: Wiley, 1988. *XIII*

Atkinson, R. C. – s. Hilgard, Atkinson & Atkinson (1979)

Atkinson, R. C. – s. Atkinson, Atkinson, Smith & Bem (1990)

Atkinson, R. L., Atkinson, R. C., Smith, E. E. & Bem, D. J.: Introduction to psychology. (10th ed.) New York: Harcourt Brace Jovanovich, 1990. *XIII, 326, 328*

Atkinson, R. L. – s. Hilgard, Atkinson & Atkinson (1979)

Auhagen, A. E. & Witte, E.: Freundschaft, Liebe, Partnerschaft aus interdisziplinärer Sicht: Überlegungen zu Theorie, Methodik und Anwendungen. In: D. Frey (Hrsg.), Bericht 37. Kongreß der Deutschen Gesellschaft für Psychologie, Kiel 1990 (Bd. 1). Göttingen: Hogrefe, 1990. *337, 340*

Baddeley, A. D.: Your memory: A user's guide. New York: Macmillan, 1982. *100*

Baddeley, A. D.: Working memory. New York: Oxford University Press, 1986. *100*

Bakan, D.: On method. San Francisco: Jossey-Bass, 1967. *284*

Baltes, P. B. – s. Nesselroade & Baltes (1984/1987)

Bandura, A.: Modeling therapy. In: W. S. Sahakian (Ed.), Psychopathology today: Experimentation, theory, and research. Itasca, Ill.: Peacock, 1970. (Zit. nach Zimbardo & Ruch, 1978.) *120, 165f., 354*

Bandura, A., Blanchard, E. B. & Ritter, B.: The relative efficacy of desensitization and modeling approaches for inducing behavioral, affective, and attitudinal changes. Journal of Personality and Social Psychology, 1969, *13,* 173–199. *165f.*

Barber, T. X.: Hypnosis: A scientific approach. New York: Psychological Dimensions, 1976. *319*

Barber, T. X., Calverley, D. S., Forgione, A., McPeake, J. D., Chaves, J. F. & Brown, B.: Five attempts to replicate the experimenter bias effect. Journal of Consulting and Clinical Psychology, 1969, *33,* 1–6. *255, 257*

Barber, T. X. & Silver, M. J.: Fact, fiction, and the experimenter bias effect. Psychological Bulletin, 1968, *70,* 1–29. *257*

Barker, R. G., Dembo, T. & Lewin, K.: Frustration and regression: A study of young children. University of Iowa Studies in Child Welfare, 1941, *18,* 1. *34f., 351*

Barlow, D. H. & Hersen, M.: Single case experimental designs. New York: Pergamon, 1984. *153, 202*

Bartenwerfer, H.: Herzrhythmik-Merkmale als Indikatoren psychischer Beanspruchung und Ermüdung. Psychologische Beiträge, 1960, *4,* 7–25. *211*

Bartenwerfer, H. & Raatz, U.: Methoden der Psychologie. (Einführung in die Psychologie, Bd. 6.) Wiesbaden: Akademische Verlagsgesellschaft, 1979. *202*

Bartussek, D., Naumann, E., Möller, H., Vogelbacher, D. & Diedrich, O.: Ereigniskorreliertes Potential (EKP), Extraversion, Neurotizismus und Wortbedeutung: Eine weitere Prüfung der Extraversionstheorie von Gray. In: D. Frey (Hrsg.), Bericht über den 37. Kongreß der Deutschen Gesellschaft für Psychologie, Kiel 1990 (Bd. 1). Göttingen: Hogrefe, 1990. *128*

Bäumler, G.: Verzögerte Sprachrückmeldung und Interferenzneigung: Überprüfung einer Hypothese. Zeitschrift für experimentelle und angewandte Psychologie, 1990, *17,* 357–370. *77*

Baumrind, D.: Some thoughts on the ethics of research: After reading Milgram's *Behavioral study of obedience*. American Psychologist, 1964, *19,* 421–423. *316*

Beauchamp, K. L. – s. Matheson, Bruce & Beauchamp (1978)

Bem, D. J. – s. Atkinson, Atkinson, Smith & Bem (1990)

Bender, H.: Parapsychologie. Bremen: Schünemann, 1970. *326, 330*

Bender, H.: Verborgene Wirklichkeit. Olten: Walter, 1973. *326*

Bennett, E. L. – s. Rosenzweig, Krech, Bennett & Diamond (1968)

Bennett, E. L. – s. Rosenzweig, Mollgaard, Diamond & Bennett (1972)

Bentler, P. M.: Multivariate analysis with latent variables: Causal modeling. Annual Review of Psychology, 1980, *31,* 419–456. *183, 190*

Bergin, A. E.: The evaluation of therapeutic outcomes. In: A. E. Bergin & S. L. Garfield (Eds.), Handbook of psychotherapy and behavior change: An empirical analysis. New York: Wiley, 1971. *161f., 163f.*

Berkun, M. M. – s. Murray & Berkun (1955)

Bernitzke, F. – s. Brandstätter & Bernitzke (1976)

Bestenreiner, F. – s. Guttmann & Bestenreiner (1991)

Bickman, L. & Henchy, T. (Eds.): Beyond the laboratory: Field research in social psychology. New York: McGraw-Hill, 1972. *324*

Binder, A., McConnell, D. & Sjoholm, N. A.: Verbal conditioning as a function of experimenter characteristics. Journal of Abnormal and Social Psychology, 1957, *55,* 309–314. *317, 357*

Birbaumer, A.: Neurophysiologie der Angst. München: Urban & Schwarzenberg, 1975. *135*

Birbaumer, N. & Schmidt, R. F.: Biologische Psychologie. Heidelberg: Springer, 1989. (2. Aufl., 1990.) *324, 343*

Birnbaum, M. H.: The devil rides again: Correlation as an index of fit. Psychological Bulletin, 1973, *79,* 239–242. *288*

Birnbaum, M. H.: Reply to the devil's advocates: Don't confound model testing and measurement. Psychological Bulletin, 1974, *81,* 854–859. *288*

Birnbaum, M. H. & Veit, C. T.: Scale-free tests of an additive model for the size-weight illusion. Perception and Psychophysics. 1974, *16,* 276–282. *224, 355*

Blake, R. – s. Sekuler & Blake (1990)

Blalock, H. M.: Theory construction: From verbal to mathematical formulations. Englewood Cliffs, N. J.: Prentice-Hall, 1969. *135, 225, 354*

Blanchard, E. B. – s. Bandura, Blanchard & Ritter (1969)

Boehnke, K. – s. Bortz, Lienert & Boehnke (1990)

Boesch, E. E. & Eckensberger, L. H.: Methodische Probleme des interkulturellen Vergleichs. In: C. F. Graumann (Hrsg.), Handbuch der Psychologie (Bd. VII): Sozialpsychologie. (1. Halbbd.: Theorien und Methoden). Göttingen: Hogrefe, 1969. *8ff., 350*

Bondy, C. (Hrsg.): Hamburg-Wechsler-Intelligenztest für Erwachsene (HAWIE). Bern: Huber, 1955. *141f.*

Boring, E. G.: A history of experimental psychology. (2nd ed.) New York: Appleton-Century-Crofts, 1950 (1st ed.: 1929.) *230f.*

Bortz, J.: Methoden der psychologischen Forschung. Heidelberg: Springer, 1984. *384*

Bortz, J.: Lehrbuch der Statistik. (3. Aufl.) Heidelberg: Springer, 1989. *XIII, 46, 129, 263, 269, 272*

Bortz, J., Lienert, G. A. & Boehnke, K.: Verteilungsfreie Methoden in der Biostatistik. Heidelberg: Springer, 1990. *XIII, 93, 189, 263, 268, 285, 362*

Bower, G. H. & Clark, M. C.: Narrative stories as mediators for serial learning. Psychonomic Science, 1969, *14,* 181–182. *108*

Brandstätter, J. & Bernitzke, F.: Zur Technik der Pfadanalyse: Ein Beitrag zum Problem der nichtexperimentellen Konstruktion von Kausalmodellen. Psychologische Beiträge, 1976, *18,* 12–34. *183*

Bredenkamp, J.: Über Maße der praktischen Signifikanz. Zeitschrift für Psychologie, 1970, *177,* 310–318. *277*

Bredenkamp, J.: Zwei Anmerkungen zu Münch & Schmid „Konventionalismus und empirische Forschungspraxis". Zeitschrift für Sozialpsychologie, 1971, *2,* 273–274. *313*

Bredenkamp, J.: Der Signifikanztest in der psychologischen Forschung. Frankfurt/M.: Akademische Verlagsgesellschaft, 1972. *60, 277*

Bredenkamp, J.: Varianzanalytische und regressionsanalytische Verfahren in der Curriculumevaluation. In: K. Frey (Hrsg.), Curriculumhandbuch (Bd. II). München: Piper, 1975. *42*

Bredenkamp, J.: Theorie und Planung psychologischer Experimente. Darmstadt: Steinkopff, 1980. (a) *82, 112, 175, 213, 222, 257, 272, 284, 317, 319, 337, 354, 357*

Bredenkamp, J.: Untersuchungen zum Kontexteinfluß in der Wahrnehmung. In: W. Lauterbach & V. Sarris (Hrsg.), Beiträge zur psychologischen Bezugssystemforschung. Bern: Huber, 1980. (b) *288*

Bredenkamp, J. & Sarris, V.: Psychophysics today: Contemporary research in the Fed. Rep. of Germany. German Journal of Psychology, 1987, *11,* 179–197. *17*

Brengelmann, J. C.: New approaches in behavior therapy research. In: V. Sarris & A. Parducci (Eds.), Perspectives in psychological experimentation: Toward the year 2000. Hillsdale, N. J.: Erlbaum, 1984. (Deutsch: München: Psychologie Verlags Union, 2. Aufl., 1987.) *170*

Brewer, M. B. & Collins, B. E. (Eds.): Scientific inquiry and the social sciences. (A volume in honor of D. T. Campbell.) San Francisco: Jossey-Brass, 1981. *2*

Brickenkamp, R. (Hrsg.): Handbuch apparativer Verfahren in der Psychologie. Göttingen: Hogrefe, 1986. *232*

Brier, R. – s. Rhine & Brier (1968)

Broadhurst, P. L.: Emotionality and the Yerkes-Dodson Law. Journal of Experimental Psychology, 1957, *54,* 345–352. *81f., 333f., 335f., 357, 364*

Broadhurst, P. L.: The interaction of task difficulty and motivation: The Yerkes-Dodson Law revised. Acta Psychologica, 1959, *16,* 321–338. *335f.*

Brown, B. – s. Barber, Calverley, Forgione, McPeake, Chaves & Brown (1969)

Brown, R. & Herrnstein, R. J.: Psychology. London: Methuen, 1975. *159f., 162*

Bruce, R. – s. Matheson, Bruce & Beauchamp (1978)

Brunswik, E.: Perception and the representative design of psychological experiments. Berkeley, Calif.: Universitiy of California Press, 1956. *94ff.*

Brunswik, E. & Reiter, L.: Eindruckscharaktere schematischer Gesichter. Zeitschrift für Psychologie, 1937, *142,* 67–134. *94ff., 352*

Bühler, K.: Die Krise der Psychologie. (2. Aufl.) Jena: Fischer, 1929. *296, 357*

Bungard, W. & Lück, H. E.: Forschungsartefakte und nicht-reaktive Meßverfahren. Stuttgart: Teubner, 1974. *251, 348*

Bunge, M.: The mind-body problem. Oxford: Pergamon, 1980. *319*

Bunge, M.: Demarcating science from pseudoscience. Fundamenta Scientiae, 1982, *3,* 369–388. *319, 330f., 357*

Bunge, M. & Ardila, R.: Philosophie der Psychologie. Tübingen: Mohr, 1990. *312, 343*

Butollo, W. H.: Das systematische Experiment. In: L. J. Pongratz (Hrsg.), Handbuch der Klinischen Psychologie (2. Halbbd.). Göttingen: Hogrefe, 1978. *166*

Calverley, D. S. – s. Barber, Calverley, Forgione, McPeake, Chaves & Brown (1969)

Campbell, D. T.: An error of some demonstrations of the superior social perceptiveness of leaders. Journal of Abnormal and Social Psychology, 1955, *51,* 694–695. *292, 371*

Campbell, D. T.: Factors relevant to the validity of experiments in social settings. Psychological Bulletin, 1957, *54,* 297–312. *148, 252*

Campbell, D. T.: Reforms as experiments. American Psychologist, 1969, *24,* 409–429. (a) *42, 44, 316, 326*

Campbell, D. T.: Prospective: Artifact and control. In: R. Rosenthal & R. L. Rosnow (Eds.), Artifact in behavioral research. New York: Academic Press, 1969. (b) *316, 326*

Campbell, D. T. & Erlebacher, A. E.: How regression artifacts in quasi-experimental evaluation can mistakenly make compensatory education work harmful. In: J. Hellmuth (Ed.), Compensatory education: A national debate (Vol. 3). New York: Brunner, 1970. *42, 44*

Campbell, D. T. & Fiske, D. W.: Convergent and discriminant validation by the multitrait-multimethod matrix. Psychological Bulletin, 1959, *56,* 81–105. *186, 209f.*

Campbell, D. T. & Stanley, J. C.: Experimental and quasi-experimental designs for research in teaching. In: N. L. Gage (Ed.), Handbook of research in teaching. Chicago: Rand McNally, 1963. *X, 5f., 75f., 120, 144f., 151, 173f.*

Campbell, D. T. & Stanley, J. C.: Experimental und quasi-experimental designs for research. Chicago: Rand McNally, 1966. (Deutsch: Experimentelle und quasi-experimentelle Anordnungen in der Unterrichtsforschung. In: K. H. Ingenkamp (Hrsg.), Handbuch der Unterrichtsforschung I. Weinheim: Beltz, 1970. *X, 5f., 8, 11, 12, 21, 32, 40f, 46, 75f., 147f., 252*

Campbell, D. T. – s. Cook & Campbell (1976), (1979)

Cantor, 1951. (Zit. nach E. Zimmermann, 1972.) *63f.*

Carlsson, I. – s. Smith & Carlsson (1983)

Caspar, F. – s. Grawe, Caspar & Ambühl (1990)

Cattell, R. B.: The scientific analysis of personality. Chicago: Aldine, 1965/Penguin Books, 1966. *120, 136*

Cattell, R. B. (Ed.): Handbook of multivariate experimental psychology. Chicago: Rand McNally, 1966. *120, 189f.*

Cattell, R. B.: Psychological theory and scientific method. In: J. R. Nesselroade & R. B. Cattell (Eds.), Handbook of multivariate experimental psychology. (2nd ed.) New York: Plenum, 1988. *120, 136, 189f.*

Chapanis, A.: The relevance of laboratory studies to practical situations. Economics, 1967, *10,* 557–577. *10, 336*

Chapanis, A., Garner, W. R. & Morgan, C. T.: Applied experimental psychology. New York: Wiley, 1949. *120*

Chapin, F. S.: Das Experiment in der soziologischen Forschung. In: R. König (Hrsg.), Beobachtung und Experiment in der empirischen Sozialforschung. (3. Aufl.) Köln: Kiepenheuer & Witsch, 1965. *178f.*

Chaves, J. F. – s. Barber, Calverley, Forgione, McPeake, Chaves & Bown (1969)

Child, I. & Waterhouse, I. K: A critique of the Barker-Dembo-Lewin experiment. Psychological Review, 1952, *59,* 351–362. *35*

Christensen, L. B.: Experimental methodology. Boston, Mass.: Allyn & Bacon, 1977. *87, 116, 148, 170f.*

Christiansen, H. F.: The relations of school progress, measured in terms of the total amount of school attendance or course completion to subsequent economic adjustment. University of Minnesota Library, M. A. Thesis, 1938. (Zit. nach Chapin, 1965.) *178f.*

Churchland, P. S.: Neurophilosophy: Toward a unified science of the mind-brain: MIT Press: Cambridge, MA, 1986. *312*

Clark, M. C. – s. Bower & Clark (1969)

Clark, R. A. – s. McClelland, Atkinson, Clark & Lovell (1953)

Clauß, G. & Ebner, H.: Grundlagen der Statistik für Psychologen, Pädagogen und Soziologen. (2. Aufl.) Frankfurt/M.: Deutsch, 1977. *269, 272*

Cochran, W. A.: Planning and analysis of observational studies. New York: Wiley, 1983. *202*

Cohen, R. – s. Ehlers & Cohen (1966)

Collins, B. E. – s. Brewer & Collins (1981)

Collins, M. E. – s. Deutsch & Collins (1958)

Cook, S. W. – s. Selltitz, Jahoda, Deutsch & Cook (1959)
Cook, S. W. – s. Selltitz, Wrightsman & Cook (1976)
Cook, T. D. & Campbell, D. T.: The design and conduct of quasi-experiments and true experiments in field settings. In: M. D. Dunnette (Ed.), Handbook of industrial and organizational psychology. Chicago: Rand McNally, 1976. *8, 209*
Cook, T. D. & Campbell, D. T.: Quasi-experimentation: Design and analysis issues für social settings. Chicago: Rand McNally, 1979. *8, 44, 149, 181, 202, 209, 348*
Coren, S.: Computerizing the perception laboratory: surviving the transition. Behavior Research Methods, Instruments, and Computers, 1986, *18,* 637–643. *233*
Coren, S. & Girgus, J.: Seeing is deceiving: The psychology of visual illusions. Hillsdale, N. J.: Erlbaum, 1978. *369*
Corsini, R. J. (Ed.): Encyclopedia of psychology (4 Vols.). New York: Wiley, 1984. *301*
Cozby, P. C.: Methods in behavioral research. Palo Alto, Calif.: Mayfield, 1977. *168ff., 354*
Cronbach, L. J.: The two disciplines of scientific psychology. American Psychologist, 1957, *12,* 671–684. *20, 21, 116, 120, 187, 350*
Cronbach, L. J.: Proposals leading to analytic treatment of social perception scores. In: R. Tagiuiri & L. Petrullo (Eds.), Person perception and interpersonal behavior. Stanford, Calif.: Stanford University Press, 1958. *292, 371*
Cronbach, L. J.: Beyond the two disciplines of scientific psychology. American Psychologist, 1975, *30,* 116–127. *11, 20, 21, 116, 120, 123, 187*
Cronbach, L. J.: Essentials of psychological testing. (5th ed.) New York: Harper & Row, 1990. *116*
Cronbach, L. J. & Suppes, P.: Research for tomorrow's schools: Disciplined inquiry for education. New York: MacMillan, 1969. *42f.*
Crutchfield, R. S. – s. Krech, Crutchfield & Livson (1974)
Crutchfield, R. S. – s. Krech, Crutchfield, Livson, Wilson & Parducci (1982)

Davis, K. E. – s. Driscoll, Davis & Lipetz (1972)
Debus, G. & Janke, W.: Psychologische Aspekte der Psychopharmakotherapie. In: L. J. Pongratz (Hrsg.), Handbuch der Psychologie (Bd. 8, 2. Halbbd.). Göttingen: Hogrefe, 1978. *13, 286*
Debus, G. – s. Janke & Debus (1977)
DeLucia, L. A.: The toy preference test: A measure of sex-role identification. Child Development, 1963, *34,* 107–117. (Zit. nach Hilgard et al., 1979, und Wilkening & Wilkening, 1980.) *187, 354*
Dembo, T. – s. Barker, Dembo & Lewin (1941)
Dement, W.: The effect of dream deprivation. Science, 1960, *131,* 1705–1707. *208*
Dement, W.: Some must watch while some must sleep. San Francisco: Freeman, 1974. *35, 36, 208*
Deutsch, M. & Collins, M. E.: The effect of public policy in housing projects upon interracial attitudes. In: E. E. Macoby et al. (Eds.), Readings in social psychology. New York: Wiley, 1951. *179f.*
Deutsch, M. – s. Selltitz, Jahoda, Deutsch & Cook (1959)
Deutsche Gesellschaft für Psychologie (Hrsg.): Richtlinien zur Manuskriptgestaltung. Göttingen: Hogrefe, 1987. *299*
Diamond, M. C. – s. Rosenzweig, Krech, Bennett & Diamond (1968)
Diamond, M. C. – s. Rosenzweig, Mollgaard, Diamond & Bennett (1972)
Diedrich, O. – s. Bartussek, Naumann, Möller, Vogelbacher & Diedrich (1990)
Dillon, P. C., Graham, W. K. & Aidells, A. L.: Brainstorming on a ‚hot' problem: Effects of training and practice on individual and group performance. Journal of Applied Psychology, 1972, *56,* 487–490. *78ff.*
Dodson, J. D. – s. Yerkes & Dodson (1908)
Dollard, J., Doob, L. W., Miller, N. E., Mowrer, O. H. & Sears, R. R.: Frustration and aggression. New Haven, Conn.: Yale University Press, 1939, *133*
Dolly, J. P. & Meredith, V. H.: Effects of implementing (APA) ethical principles in collecting classroom data. Acta Psychologica, 1978, *42,* 367–381. *242*
Donchin, E. & Lindsley, D. B.: Average evoked potentials: Methods, results, and evaluations. Washington, D. C.: U. S. Government Printing Office, 1969. *232*
Doob, L. W. – s. Dollard, Doob, Miller, Mowrer & Sears (1939)
Downing, R. W. & Rickels, K.: Prediction of response to chloradiazepoxide and placebo in anxious outpatients: An attempt at replication. Pharmakopsychiatrie, Neuro-Psychopharmakologie, 1978, *11,* 207–219. *213f.*

Downing, R. W. & Rickels, K.: Nonspecific factors and drug and placebo response in psychiatry. In: V. Sarris & A. Parducci (Eds.), Perspectives in psychological experimentation: Toward the year 2000. Hillsdale, N. J.: Erlbaum, 1984. (Deutsch: München: Psychologie Verlags Union, 2. Aufl., 1987.) *124, 353*

Driscoll, R., Davis, K. E. & Lipetz, M. E.: Parental interference and romantic love: The Romeo and Juliet effect. Journal of Personality and Social Psychology, 1972, *24*, 1–10. *14ff., 350*

Düker, H.: Möglichkeiten und Grenzen des Experiments in der Psychologie. Schweizerische Zeitschrift für Psychologie, 1970, *29*, 26–33. *211, 332f., 335f., 357*

Ebbinghaus, H.: Über das Gedächtnis. Leipzig: Barth, 1885, *306*

Ebner, H. – s. Clauß & Ebner (1977)

Eckensberger, L. H. – s. Boesch & Eckensberger (1969)

Edwards, A. L.: Experimental design in psychological research. (4th ed.) New York: Holt, Rinehart & Winston, 1972. *104, 287*

Edwards, W.: Decision analysis: A nonpsychological psychotechnology. In: V. Sarris & A. Parducci (Eds.), Perspectives in psychological experimentation: Toward the year 2000. Hillsdale, N. J.: Erlbaum, 1984. (Deutsch: München: Psychologie Verlags Union, 2. Aufl., 1987.) *336*

Ehlers, W. & Cohen, R.: Einige Untersuchungen zur Adaptation an die verzögerte akustische Rückmeldung der Sprache unter verschiedenen Instruktionen, Zeitschrift für experimentelle und angewandte Psychologie, 1966, *13*, 367–377. *155, 157f., 175*

Ekman, P. & Friesen, W. V.: Status and personality of the experimenter as a determinant of verbal conditioning. American Psychologist, 1960, *15*, 430. *252f.*

Elashoff, J. D. & Snow, R. E.: Pygmalion reconsidered. Belmont, Calif.: Wadsworth, 1971. (Deutsch: Pygmalion auf dem Prüfstand. München: Kösel, 1972.) *255, 257*

Elliott, R. – s. Stiles, Shapiro & Elliott (1986)

Erdmann, G. & Janke, W.: Interaction between physiological and cognitive determinants of emotional state: Experimental studies on Schachter's theory od emotions. Biological Psychology, 1978, *6*, 61–74. *291*

Erlebacher, A. E. – s. Campbell & Erlebacher (1970)

Eysenck, H. J.: The effects of psychotherapy: An evaluation. Journal of Consulting Psychology, 1952, *16*, 319–324. *160ff., 164*

Eysenck, H. J.: The effects of psychotherapy. In: H. J. Eysenck (Ed.), Handbook of abnormal psychology: An experimental approach. New York: Basic Books, 1961. *160ff., 164*

Eysenck, H. J.: The biosocial model of man and the unification of psychology. In: A. J. Chapman & D. M. Jones (Eds.), Models of man. Leicester: British Psychological Society, 1980. *120, 299*

Eysenck, H. J.: General features of the model. In: H. J. Eysenck (Ed.), A model for personality. Berlin: Springer, 1981. *120*

Eysenck, H. J.: The biology of individual differences. In: V. Sarris & A. Parducci (Eds.), Perspectives in psychological experimentation: Toward the year 2000. Hillsdale, N. J.: Erlbaum, 1984. (Deutsch: München: Psychologie Verlags Union, 2. Aufl., 1987.) *120*

Eysenck, H. J. & Rachman, S.: The causes and cures of neurosis. San Diego, Calif.: Knapp, 1965. (Deutsch: Neurosen – Ursachen und Heilmethoden. Berlin (DDR): VEB Deutscher Verlag der Wissenschaften, 1972.) *46*

Eysenck, H. J. & Wilson, G. D.: Experiments in Freudian theory. London: Pergamon Press, 1973. (Deutsch: Frankfurt/M.: Athenäum, 1978.) *161*

Fahrenberg, J.: Psychophysiologie. In: K. P. Kisker, J. E. Meyer, C. Müller & E. Strömgen (Hrsg.), Psychiatrie der Gegenwart (Bd. I/1). (2. Aufl.) Berlin: Springer, 1979. (a) *237, 291*

Fahrenberg, J.: Psychophysiologoische Methodik. In: K. J. Groffmann & L. Michel (Hrsg.), Psychologische Diagnostik. Handbuch der Psychologie (Bd. 6). Göttingen: Hogrefe, 1979. (b) *237*

Fahrenberg, J., Walschburger, P., Myrtek, M. & Müller, W.: Psychophysiologische Aktivierungsforschung. München: Minerva, 1979. *237*

Fechner, G. T.: Elemente der Psychophysik. Leipzig: Breitkopf & Härtel, 1860. *83*

Feger, H.: Neobehavioristische Konfliktforschung (Sammelreferat). Archiv der gesamten Psychologie, 1964, *116*, 424–449. *135ff.*

Feger, H. & Graumann, C. F.: Beobachtung und Beschreibung von Erleben und Verhalten. In: H. Feger & J. Bredenkamp (Hrsg.), Datenerhebung. (Enzyklopädie der Psychologie – Forschungsmethoden, Bd. 2.) Göttingen: Hogrefe, 1983. *23*

Feshbach, S. – s. Janis & Feshbach (1953)
Feyerabend, P. K.: Against method: Outline of an anarchistic theory of knowledge. In: H. Radner & S. Winokur (Eds.), Analyses of theories and methods of physics and psychology. Minneapolis: University of Minnesota Press, 1970. *208*
Fisher, R. A.: Statistical methods for research workers. Edinburgh: Oliver & Boyd, 1925. (13th ed., 1958.) *283*
Fisher, R. A.: The design of experiments. (8th ed.) New York: Hafner, 1960/Edinburgh: Oliver & Boyd, 1966. *77*
Fisher, R. A.: Statistical methods and scientific inference. Edinburgh: Oliver & Boyd, 1956. (2nd ed., 1959.) *77, 283, 284, 356*
Fiske, D. W. – s. Campbell & Fiske (1959)
Fode, K. L. – s. Rosenthal & Fode (1963)
Forgione, A. – s. Barber, Calverly, Forgione, McPeake, Chaves & Brown (1969)
Forster, D. F. – s. Robinson & Forster (1979)
Forth, H.: Über die Wirkung verschiedener Dosen eines Schlafmittels auf einige psychische Leistungen. Psychologische Beiträge, 1966, *9,* 3–46. *13, 92, 286, 357*
Freud, S.: Die Abwehr-Neuropsychosen. Versuch einer psychologischen Theorie der akquirierten Hysterie, vieler Phobien und Zwangsvorstellungen und gewisser halluzinatorischer Psychosen. Neurol. Centralblatt 1894, *10,* 11. (Zit. nach Mannoni, Sigmund Freud in Selbstzeugnissen. Reinbeck: Rowohlt, 1971.) *133f.*
Freud, S.: The aetiology of hysteria. (Original 1896.) In: The standard edition of the complete psychological works of Sigmund Freud, Vol. III. London: Hogarth, 1962. (Zit. nach Brown & Herrnstein, 1975.) *159 f.*
Freud, S.: Die Traumdeutung. Frankfurt/M.: Fischer, 1961. (1. Aufl. 1900.) *36*
Frey, D.: Vorwort. In: D. Frey (Hrsg.), Bericht über den 37. Kongreß der Deutschen Gesellschaft für Psychologie, Kiel 1990 (Bd. 1). Göttingen: Hogrefe, 1990. *296*
Fricke, R. & Treinies, G.: Einführung in die Metaanalyse. Bern: Huber, 1986. *45, 284*
Friesen, W. V. – s. Ekman & Friesen (1960)
Fröbes, J.: Lehrbuch der experimentellen Psychologie. (2 Bde.) Freiburg: Herder, 1923. *342, 357*
Fthenakis, W. E.: Väter: Zur Psychologie der Vater-Kind-Beziehung (Bd. 1). Wien: Urban & Schwarzenberg, 1984. *324*

Gadenne, V.: Die Gültigkeit psychologischer Versuche. Stuttgart: Kohlhammer, 1976. *348*
Garner, W. R. – s. Chapanis, Garner & Morgan (1949)
Giesen, H.: Beziehung zwischen transponalem Verhalten und Verbalisation bei Vorschulkindern. Psychologische Beiträge, 1971, *14,* 95–123. *321*
Gigerenzer, G.: Probabilistic thinking and the fight against subjectivity. In: L. Krüger, G. Gigerenzer & M. S. Morgan (Eds.). The probabilistic revolution (Vol. II). Cambridge, MA: MIT Press, 1987. *284*
Gigerenzer, G. & Murray, D. J.: Cognition as intuitive statistics. Hillsdale, N. J.: Erlbaum, 1987. *284*
Gigerenzer, G. – s. Sarris & Gigerenzer (1982)
Gillis, J. S.: Participants instead of subjects. Amer. Psychologist, 1976, *31,* 95–97. *230*
Girgus, J. – s. Coren & Girgus (1978)
Glass, G. V., Wilson, V. L. & Gottman, J. M.: Design and analysis of timeseries experiments. Boulder, Col.: University of Colorado Press, 1975. *24, 169, 202*
Glass, G. V. – s. Smith, Glass & Miller (1980)
Gleitman, H.: Psychology. (3rd ed.) New York: Norton, 1991. *XIII*
Glucksberg, S. S. & King, L. J.: Motivated forgetting mediated by implicit verbal chaining: A laboratory analog of repression. Science, 1967, *158,* 517–519. *66*
Gniech, G.: Störeffekte in psychologischen Experimenten. Stuttgart: Kohlhammer, 1976. *348*
Goldiamond, I.: Indicators of perception. I. Subliminal perception, subception, unconscious perception. Psychological Bulletin, 1958, *55,* 373–411. *236*
Gottman, J. M. – s. Glass, Wilson & Gottman (1975)
Graham, W. K. – s. Dillon, Graham & Aidells (1972)
Graumann, C. F. – s. Feger & Graumann (1983)
Graumann, C. F. – s. Weinert, Graumann, Heckhausen & Hofer (1976)
Grawe, K., Caspar, F. & Ambühl, H.: Differentielle Psychotherapieforschung: Vier Therapieformen im Vergleich. Zeitschrift für Klinische Psychologie, 1990, *19,* H. 4. *159*
Gray, S. W. & Klaus, R. A.: An experimental preschool program for culturally deprived children. Child Development, 1965, *36,* 886–898. *66*
Gregg, V. H.: Introduction to human memory. Boston: Routledge & Kegan Paul, 1986. *100*

Gregson, R. A. M.: Time series in psychology. Hillsdale, N. J.: Erlbaum, 1983. *153*

Gregson, R. A. M.: Nonlinear psychophysical dynamics. Hillsdale, N. J.: Erlbaum, 1988. *153*

Grice, G. R. & Hunter, J. J.: Stimulus intensity effects depend upon the type of experimental design. Psychological Review, 1964, *71,* 274–256. *217ff., 354, 364*

Guilford, J. P.: Psychometric methods. (2nd ed.) New York: McGraw-Hill, 1954. *194*

Guilford, J. P.: The nature of intelligence. New York: McGraw-Hill, 1967. *192f.*

Guttmann, G.: Einführung in die Neuropsychologie. (2. Aufl.) Bern: Huber, 1982. *324*

Guttmann, G. (Hrsg.): Psychophysiologie des Bewußtseins. Wien: Springer, 1991. *325*

Guttmann, G. & Bestenreiner, F.: Ich sehe, denke, träume, sterbe. München: Ehrenwirth, 1991. *325*

Häfner, H. (Hrsg.): Psychiatrische Epidemiologie: Geschichte, Einführung und ausgewählte Forschungsergebnisse. Berlin: Springer, 1978. *180*

Häfner, H.: Sind psychische Krankheiten häufiger geworden? Nervenarzt, 1985, *56,* 120–133. (Zit. nach F. Böcker & W. Weg, Hrsg., Aktuelle Kernfragen in der Psychiatrie. Berlin-Heidelberg: Springer, 1988.) *180*

Hager, W. & Spies, K.: Versuchsdurchführung und Versuchsbericht. Göttingen: Hogrefe, 1991. *301*

Hager, W. & Westermann, R.: Planung und Auswertung von Experimenten. In: J. Bredenkamp & H. Feger (Hrsg.), Hypothesenprüfung. (Enzyklopädie der Psychologie – Forschungsmethoden, Bd. 5.) Göttingen: Hogrefe, 1983. *82, 202*

Hahlweg, K. – s. Revenstorf, Hahlweg & Schindler (1979)

Harari, H. – s. Yaremko, Harari, Harrison & Lynn (1982/1983)

Harlow, H. F. & Harlow, M. K.: Learning to love. American Scientist, 1966, *54,* 244–272. *6, 66*

Harlow, H. F. & Mears, C.: The human model: Primate perspectives. Washington, D. C.: Winston, 1979. *324*

Harlow, H. F. & Suomi, S. V.: Nature of love – simplified. American Psychologist, 1970, *25,* 161–168. *6*

Harlow, H. F. – s. Seay, Alexander & Harlow (1964)

Harlow, M. K. – s. Harlow & Harlow (1966)

Harrison, R. C. – s. Yaremko, Harari, Harrison & Lynn (1982/1983)

Haslerud, G. & Myers, S.: The transfer value of given and individually derived principles. Journal of Educational Psychology, 1958, *49,* 293–298. *87ff., 363*

Havemann, E. – s. Kagan & Havemann (1972)

Hays, W. L.: Statistics for the social sciences. (2nd ed.) New York: Holt, Rinehart & Winston, 1973. *267*

Hearnshaw, L. S.: Cyril Burt: Psychologist. Ithaca, N. Y.: University Press, 1979. *320*

Hearst, E. (Ed.): The first century of experimental psychology. Hillsdale, N. J.: Erlbaum, 1979. *342*

Heckhausen, H.: Relevanz der Psychologie als Austausch zwischen naiver und wissenschaftlicher Handlungstheorie. Psychologische Rundschau, 1976, *27,* 1–11. *313*

Heckhausen, H.: Motivation und Handeln. Berlin: Springer, 1980. (2. Aufl., 1989.) *132, 190, 291*

Heckhausen, H.: Zur Lage der Psychologie. Psychologische Rundschau, 1983, *34,* 1–20. *330*

Heckhausen, H. – s. Weinert, Graumann, Heckhausen & Hofer (1976)

Heidbreder, E.: The attainment of concepts. I. Terminology and methodology. Journal of General Psychology, 1946, *35,* 173–189. *87, 140ff.*

Heidbreder, E.: The attainment of concepts. III. The problem. Journal of Psychology, 1947, *24,* 93–138. *87*

Heimstra, N. W. & McDonald, A. L.: Psychology and contemporary problems. Belmont, Calif.: Wadsworth, 1973. *336, 357*

Hein, A. – s. Held & Hein (1963)

Heineken, E. – s. Sarris & Heineken (1976)

Held, R. & Hein, A.: Movement produced stimulation in the development of visually guided behavior. Journal of Comparative and Physiological Psychology, 1963, *56,* 872–876. *103f., 352*

Helm, J.: Psychotherapeutische Gespräche als Gegenstand der Forschung. In: J. Helm (Hrsg.), Psychotherapieforschung. Berlin: VEB Deutscher Verlag der Wissenschaften, 1972. *163*

Henchy, T. – s. Bickman & Henchy (1972)

Henning, H. J. & Muthig, K.: Grundlagen konstruktiver Versuchsplanung. München: Kösel, 1979. *202*

Hergenhahn, B. R.: A self-directing introduction to psychological experimentation. Belmont, Calif.: Brooks/Cole, 1970. *326f.*

Heron, W.: The pathology of boredom. Scientific American, 1957, *196,* 52–56, *233*
Herrmann, T.: Persönlichkeitsmerkmale: Bestimmung und Verwendung in der psychologischen Wissenschaft. Stuttgart: Kohlhammer, 1973. *120*
Herrmann, T.: Die Psychologie und ihre Forschungsprogramme. Göttingen: Hogrefe, 1976. *313*
Herrmann, T.: Die Experimentiermethodik in der Defensive? Sprache und Kognition, 1990, *9,* 1–11. *20, 313*
Herrnstein, R. J. – s. Brown & Herrnstein (1975)
Herrnstein, R. J. – s. Atkinson, Herrnstein, Lindzey & Luce (1988)
Hersen, M. – s. Barlow & Hersen (1984)
Hilgard, E. R.: Conditioned eyelid reactions to a light stimulus based on the reflex to a sound. Psychological Monographs, 1932, *41,* No. 184. *66*
Hilgard, E. R., Atkinson, R. L. & Atkinson, R. C.: Introduction to psychology. (7th ed.) New York: Harcourt Brace Jovanovic, 1979, *7, 17, 154f., 187f. 192f., 354*
Hobson, J. A.: Schlaf: Gehinraktivität im Ruhezustand. Heidelberg: Spektrum der Wissenschaft, 1990. *35, 207*
Hofer, M. – s. Weinert, Graumann, Heckhausen & Hofer (1976)
Hofstätter, P. R.: Psychologie. (Fischer-Lexikon.) Frankfurt/M.: Fischer, 1972. (1. Aufl.: 1957.) *189, 194, 221, 342*
Holden, C.: Youth suicide: New research focuses on a growing social problem. Science, 1986, *233,* 839–841. *184*
Holm, A. F. (1979). – Zit. in R. F. Mossholder (1980).
Holroyd, S. – s. Wilson & Holroyd (1979)
Holzkamp, K.: Theorie und Experiment in der Psychologie. Berlin: de Gruyter, 1964. *230f*
Hoppe-Graff, S. – s. Mäckelburg & Hoppe-Graff (1991)
Hoyos, C.: Arbeitspsychologie. Stuttgart: Kohlhammer, 1974. *120*
Huber, H. P.: Psychometrische Einzelfalldiagnostik. Weinheim: Beltz, 1973. *277*
Huber, H. P.: Kontrollierte Fallstudie. In: L. J. Pongratz (Hrsg.), Handbuch der Psychologie. (2. Halbbd.) Göttingen: Hogrefe, 1978. *277*
Huff, D.: How to lie with statistics. New York: Norton, 1954. *275, 292, 371*
Huitema, B. E.: The analysis of coveriance and alternatives. (2nd ed.) New York: Wiley, 1986. *181*
Hunter, J. J. – s. Grice & Hunter (1964)
Hyman, R. & Vogt, E. Z.: Water witching: Magical ritual in contemporary United States. Psychology Today, 1967, *1,* 35–42, *326*

Ingenkamp, K. H. (Hrsg.): Handbuch der empirischen Unterrichtsforschung (Bd. I). Weinheim: Beltz, 1970. *42, 44*
Insko, C. A., Murashima, F. & Saiyadain, M.: Communicator discrepancy, stimulus ambiguity, and influence. Journal of Personality, 1966, *34,* 262–274. *66*
Irle, M.: The state of psychology in the Federal Republic of Germany. German Journal of Psychology, 1977, *1,* 3–13. *301*
Irle, M. & Strack, F.: Zur Lage der Psychologie. Bonn: Deutsche Forschungsgemeinschaft, 1983. *330*
Isaac, S. & Michael, W. B.: Handbook of research evaluation. San Diego, Calif.: Knapp, 1974. *42f*
Issing, L. J. & Ullrich, B.: Einfluß eines Verbalisierungstrainings auf die Denkleistungen von Kindern. Zeitschrift für Entwicklungspsychologie und Pädagogische Psychologie, 1969, *1,* 32–40. *101ff, 363*

Jacobson. L. – s. Rosenthal & Jacobson (1968)
Jäger, A. O.: Prognose und Bewährung in der Eignungsdiagnostik. In: K. Holzkamp, A. O. Jäger & F. Merz (Hrsg.), Prognose und Bewährung in der Diagnostik. Göttingen: Hogrefe, 1966. (Zit. nach V. Sarris & G. A. Lienert, 1974.) *341*
Jahoda, M. – s. Selltitz, Jahoda, Deutsch & Cook (1959)
James, W.: The principles of psychology (2 Vols.). New York: Holt, 1890. *342, 357*
Janis, I. L.: Air war and emotional stress. New York: McGraw-Hill, 1952. *72*
Janis, I. L. & Feshbach, S.: Effects of fear-arousing communications. Journal of Abnormal and Social Psychology, 1953, *48,* 78–92. (Deutsch: Auswirkungen angsterregender Kommunikation. In: M. Irle (Hrsg.), Texte aus der experimentellen Sozialpsychologie. Neuwied: Luchterhand, 1969.) *71ff., 351, 363*
Janke, W.: Experimentelle Untersuchungen zur Abhängigkeit der Wirkung psychotroper Substanzen von Persönlichkeitsmerkmalen. Frankfurt/M.: Akademische Verlagsgesellschaft, 1964. *120*
Janke, W.: Methoden der Induktion von Aktiviertheit. In: W. Schönpflug (Hrsg.), Methoden der Aktivierungsforschung. Bern: Huber, 1969. *120*

Janke, W. (Hrsg.): Beiträge zur Methodik der differentiellen, diagnostischen und klinischen Psychologie. Meisenheim/Glan: Hain, 1982. *120*

Janke, W. (Ed.): Response variability to psychotropic drugs. Oxford: Pergamon, 1983. *120, 124*

Janke, W. & Debus, G.: Eigenschaftswörterliste: Ein mehrdimensionales Verfahren zur Erfassung des augenblicklichen Befindens. Göttingen: Hogrefe, 1977. *23*

Janke, W. & Netter, P.: Angst und Psychopharmaka. Stuttgart: Kohlhammer, 1986. *124*

Janke, W. & Netter, P.: Individuelle Reaktivität: Kennzeichnung, Forschungsansätze und biopsychologische Aspekte. In: D. Frey (Hrsg.), Bericht über den 37. Kongreß der Deutschen Gesellschaft für Psychologie, Kiel 1990 (Bd. 1). Göttingen: Hogrefe, 1990. *124*

Janke, W. – s. Debus & Janke (1978)

Janke, W. – s. Erdmann & Janke (1978)

Jovanovič, U. J. (Ed.): The nature of sleep. Stuttgart: Fischer, 1973. *36, 363*

Jovanovič, U. J.: Schlaf und Traum. Stuttgart: Fischer, 1974. 36

Jovanovič, U. J.: Traumforschung. In: L. J. Pongratz (Hrsg.), Handbuch der Psychologie (Bd. 8, 2. Halbbd.) Klinische Psychologie. Göttingen: Hogrefe, 1978. *35ff., 94*

Kagan, J. & Havemann, E.: Psychology: An introduction. New York: Harcourt, Brace & Jovanovich, 1972. *86, 140f.*

Kallina, H. – s. von Klebelsberg & Kallina (1963)

Kallus, K. W. & Kazenwadel, J.: Zur Reliabilität und Validität des Streßverarbeitungsfragebogens (SVF). In: D. Frey (Hrsg.), Bericht über den 37. Kongreß der Deutschen Gesellschaft für Psychologie, Kiel 1990 (Bd. 1). Göttingen: Hogrefe, 1990. *23*

Kazenwadel, J. – s. Kallus & Kazenwadel (1990)

Kerlinger, F. N.: Foundations of behavioral research. (2nd ed.) New York: Holt, Rinehart & Winston, 1973. (Deutsch: Grundlagen der Sozialwissenschaften (Bd. 2). Weinheim: Beltz, 1979. *6, 33, 177, 213f., 250*

Kerlinger, F. N.: Behavioral research: A conceptual approach. New York: Holt, Rinehart & Winston, 1979. *177*

Keuth, H. – s. Albert & Keuth (1973)

King, L. J. – s. Glucksberg & King (1967)

Kirk, R. E.: Classification of ANOVA-Designs. In: R. E. Kirk (Ed.); Statistical issues. Monterey, Calif.: Brooks/Cole, 1972. *268*

Kitchens, L. J.: MINITAB handbook to accompany *Introduction to the practice of statistics* (by D. S. Moore & G. P. McCabe). New York: Freeman, 1989. *348*

Klauer, K. J.: Das Experiment in der pädagogischen Forschung. Düsseldorf: Schwann, 1973. *42*

Klauer, K. J.: Kriteriumsorientierte Tests. Göttingen: Hogrefe, 1987. (a) *45*

Klauer, K. J.: Intellektuelles Training bei Vorschul- und Grundschulkindern: Überprüfung einer Intelligenztheorie mittels dreier Transferexperimente. Psychologie in Erziehung und Unterricht, 1987, *34,* 205–213. (b) *42*

Klauer, K. J.: Denktraining für Schulanfänger: Ein neuer Ansatz zur kognitiven Förderung. Praxis der Kinderpsychologie und Kinderpsychiatrie, 1990, *39,* 150–156. *42*

Klaus, R. A. – s. Gray & Klaus (1965)

Klausmeier, H. J. & Ripple, R. E.: Moderne Unterrichtspsychologie (4 Bde.). München: Reinhardt, 1973–1975. *44*

Kleinbeck, U.: Die Wirkung von Zielsetzung auf die Leistung. In: H. Schuler (Hrsg.), Beurteilung und Förderung beruflicher Leistung. Stuttgart: Verlag für Angewandte Psychologie, 1991. *335*

Kleitman, N. – s. Aserinsky & Kleitman (1953)

Koch, U. & Wittmann, W. W. (Hrsg.): Evaluationsforschung: Bewertungsgrundlage von Sozial- und Gesundheitsprogrammen. Heidelberg: Springer, 1990. *45*

Koeller, D. M. – s. von Zerssen, Koeller & Rey (1970)

Krämer, W.: So lügt man mit Statistik. Frankfurt/M.: Campus, 1991. *275*

Kraus, J. F. – s. Wintemute, Teret, Kraus & Wright (1988)

Krech, D. (1935) – s. Krech et al., 1985.

Krech, D., Crutchfield, R. S. & Livson, N. (Eds.): Elements of psychology. (3rd ed.) New York: Knopf, 1974. *16, 326, 328*

Krech, D., Crutchfield, R. S., Livson, N., Wilson, W. A. & Parducci, A. (Eds.): Elements of psychology. (4th ed.) New York: Knopf, 1982. (Deutsch: Weinheim: Beltz, 1985.) *104, 235, 355*

Krech, D. – s. Rosenzweig, Krech, Bennett & Diamond (1968)

Kretschmer, E.: Körperbau und Charakter. (26. Aufl.) Berlin: Springer, 1977. (1. Aufl.: 1921.) *189*

Küttner, M.: Gesetzesüberprüfung und Struk-

turgleichheitsthese. In: H. Albert & K. H. Stapf (Hrsg.), Theorie und Erfahrung. Stuttgart: Klett, 1979. *332*
Kulik, J. A.: Undergraduate education. Washington, D. C.: American Psychological Association, 1973. *X*

Lana, R. E.: Pretest sensitization. In R. Rosenthal & R. L. Rosnow (Eds.), Artifact in behavioral research. New York. Academic Press, 1969. *65f.*
Langer, I., Schulz v. Thun, F. & Tausch, R.: Verständlichkeit von Texten in der alltäglichen Kommunikation: Verständlichkeit in Schule, Verwaltung, Politik und Wissenschaft. München: Reinhardt, 1974. *66*
Lashley, K. S.: The mechanism of vision: I. A method for rapid analysis of patternvision in the rat. Journal of Genetic Psychology, 1930, *37,* 453–460. *236*
Lathrop, R. G.: Introduction to psychological research. New York: Evanston, Ill., 1969. *206*
Laurence, M. W.: Age differences in performance and subjective organization in the free recall learning of pictorial material. Canadian Journal of Psychology, 1966, *20,* 388–399. *289f., 290, 291, 356*
Legge, D.: An introduction to psychological science. London: Methuen, 1975. *330, 340*
Leith, G. O.: Individual differences in learning: Interactions of personality and teaching methods. In: Personality and Academic Progress Proceedings, 14–25. London: Association of Educational Psychologists, 1974. (Zit. nach H. J. Eysenck, 1984.) *120, 121ff., 125, 353, 363*
Lewin, K. – s. Barker, Dembo & Lewin (1941)
Lewin, M.: Understanding psychological research: The student researcher's handbook. New York: Wiley, 1979. (Deutsch: Berlin: Springer, 1986.) *231, 316, 372*
Lewis, D.: Quantitative methods in psychology. New York: McGraw-Hill, 1960. *276*
Liebert, J. M. – s. Neale & Liebert (1973)
Lienert, G. A.: Kleingruppen-Versuchspläne als Präzisionsmittel im psychologischen Experiment. Zeitschrift für Psychologie, 1955, *158,* 121–147. *175*
Lienert, G. A.: Testanalyse und Testkonstruktion. (3. Aufl.) Weinheim: Beltz, 1969. (4. Aufl.: 1989; 5. Aufl. in Vorber., zus. mit U. Raatz.) *212, 238, 270, 355*
Lienert, G. A.: Über Werner Traxel: Internationalität oder Provinzialismus. Zur Frage: Sollten Psychologen in Englisch publizieren? Psychologische Beiträge, 1977, *19,* 487–492. *299f., 356*
Lienert, G. A.: Verteilungsfreie Methoden in der Biostatistik (2 Bde.). (3. Aufl.) Meisenheim a. Gl.: Hain, 1979, 1985. *93, 120, 189, 269, 277, 285, 362*
Lienert, G. A.: Psychology in Germany, FRG. In: R. J. Corsini (Ed.), Encyclopedia of psychology (Vol 3). New York: Wiley, 1984. *342*
Lienert, G. A.: Schulnoten-Evaluation. Frankfurt/M.: Athenäum, 1987. *45*
Lienert, G. A. & Limbourg, M.: Beurteilung der Wirkung von Behandlungsinterventionen in Zeitreihen-Untersuchungsplänen. Zeitschrift für Klinische Psychologie und Psychotherapie, 1977, *25,* 21–28. *24*
Lienert, G. A. – s. Sarris & Lienert (1974)
Lienert, G. A. – s. Bortz, Lienert & Boehnke (1990)
Limbourg, M. – s. Lienert & Limbourg (1977)
Lindner, D. – s. Aronson & Lindner (1965)
Lindquist, E. F.: Design and analysis in psychology and education. Boston: Houghton Mifflin, 1953. *287*
Lindsley, D. B. – s. Donchin & Lindsley (1969)
Lindzey, G. – s. Atkinson, Herrnstein, Lindzey & Luce (1988)
Lipetz, M. E. – s. Driscoll, Davis & Lipetz (1972)
Livson, N. – s. Krech, Crutchfield & Livson (1974)
Livson, N. – s. Krech, Crutchfield, Livson, Wilson & Parducci (1982)
Lovell, E. L. – s. McClelland, Atkinson, Clark & Lovell (1953)
Luce, R. D. – s. Atkinson, Herrnstein, Lindzey & Luce (1988)
Luchins, A. S.: Mechanization in a problem solving task: The effect of Einstellung. Psychological Monographs, 1942, *54,* 1–93. *60f.*
Lück, H. E. – s. Bungard & Lück (1974)
Lüer, G. (Hrsg.): Allgemeine Experimentelle Psychologie. Stuttgart: G. Fischer, 1987.
Lynn, E. – s. Yaremko, Harari, Harrison & Lynn (1982/1983)

Mäckelburg, B. & Hoppe-Graff, S.: William Stern: Analyse des Kinderspiels. In: W. Deutsch (Hrsg.), Über die verborgene Aktualität von William Stern. (Beiträge zur Geschichte der Psychologie, hrsg. von H. E. Lück, Bd. 3.) Frankfurt/M.: Lang, 1991. *250*
Magnusson, D.: The situation in an interactional paradigm of personality research. In: V. Sarris & A. Parducci (Eds.), Perspectives in

psychological experimentation: Toward the year 2000. Hillsdale, N. J.: Erlbaum, 1984. (Deutsch: München: Psychologie Verlags Union, 2. Aufl., 1987.) *190*

Manis, M.: An introduction to cognitive psychology. Belmont, Calif.: Brooks/Cole, 1971. *188*

Margraf, J. – s. Schulte & Margraf (1990)

Maris, R. W.: Forces in urban suicide. Homewood, Ill.: Dorsey Press, 1969. (Zit. nach Zimbardo, 1983.) *182*

Markowitsch, H. J. (Ed.): Information processing by the brain: Views and hypotheses from a physiological-cognitive perspective. Toronto: Huber, 1988. *343*

Masling, J.: The effects of warm and cold interaction on the administration and scoring of an intelligence test. Journal of Consulting and Clinical Psychology, 1959, *23,* 336–341. *255f.*

Matheson, D. W., Bruce, R. L. & Beauchcamp, K. L.: Experimental psychology: Research design and analysis. (3rd ed.) New York: Holt, Rinehart & Winston, 1978. (3rd ed.: 1985.) *59f., 69f., 78ff., 97, 103, 116, 148, 186, 202, 250, 285, 305, 358, 362, 372*

McCabe, G. P. – s. Moore & McCabe (1989)

McClelland, D. C., Atkinson, J. W., Clark, R. A. & Lovell, E. L.: The achievement motive. New York: Appleton-Century-Crofts, 1953. *269, 270, 356, 364*

McConnell, D. – s. Binder, McConnell & Sjoholm (1957)

McConnell, J. V.: Understanding human behavior. New York: Holt, Rinehart & Winston, 1974. *245, 326, 355*

McConnell, R. A.: ESP and the credibility in science. American Psychologist, 1969, *24,* 531–538. *326*

McConnell, R. A.: ESP curriculum guide. New York: Simon & Schuster, 1971. *326*

McDonald, A. L. – s. Heimstra & McDonald (1973)

McGuigan, F. J.: Experimental psychology: A methodological approach. (3rd. ed.) Englewood Cliffs, N. J.: Prentice-Hall, 1978. (Deutsch: Frankfurt/M.: Fachbuchhandlung für Psychologie, 1979.) *121, 316, 357*

McGuigan, F. J.: Experimental psychology: Methods of research. (5th ed.) Englewood Cliffs, N. J.: Prentice-Hall, 1990. *XIII, 58f., 73, 86, 98, 148, 155, 167, 171, 175, 272, 278, 307, 316ff., 362*

McNemar, Q.: Psychological statistics. (3rd. ed.) New York: Wiley, 1960. *284*

McPeake, J. D. – s. Barber, Calverley, Forgione, McPeake, Chaves & Brown (1969)

Mears, C. – s. Harlow & Mears (1979)

Meehl, P. E.: Clinical versus statistical prediction: A theoretical analysis and a review of the evidence. Minneapolis: University of Minneapolis Press, 1954. *157, 159, 161f., 354*

Meehl, P. E.: Some methodological reflections on the difficulties of psychoanalytical research. In: M. Radner & S. Winokur (Eds.), Analyses of theories and methods in physics and psychology. (Minnesota Studies in the Philosophy of Science, Vol. IV.) Minneapolis: University of Minnesota Press, 1970. *160, 184*

Meehl, P. E.: Theoretical risks and tabular asterisks: Sir Karl, Sir Ronald, and the slow progress of soft psychology. Journal of Consulting and Clinical Psychology, 1978, *46,* 806–834. *184*

Meredith, V. H. – s. Dolly & Meredith (1978)

Metzger, W.: Gesetze des Sehens. (3. Aufl.) Frankfurt/M.: Kramer, 1975. *370*

Michael, W. B. – s. Isaac & Michael (1974)

Mikula, G. & Stroebe, W. (Hrsg.): Sympathie, Freundschaft und Ehe. Bern: Huber, 1979. *16, 340*

Milgram, S.: Behavioral study of obedience. Journal of Abnormal Psychology, 1963, *67,* 371–378. *313, 315, 357, 364*

Milgram, S.: Obedience to authority: An experimental view. New York: Harper & Row, 1974. (Deutsch: Das Milgram-Experiment: Zur Gehorsamkeitsbereitschaft gegenüber Autorität. Hamburg: Rowohlt, 1982.) *313ff., 357, 364*

Miller, N. E.: Theory and experiment relating psychoanalytic displacement to stimulus-response generalization. Journal of Abnormal and Social Psychology, 1948, *43,* 155–178. *134ff.*

Miller, N. E.: Liberalization of basic S-R concepts: Extension to conflict behavior, motivation, and social learning. In: S. Koch (Ed.), Psychology: A study of a science (Vol. II). New York: McGraw-Hill, 1959. *134ff.*

Miller, N. E.: Some clinical implications of visceral learning. In: M. L. Kietzman, S. Sutton & J. Zubin (Eds.), Experimental approaches to psychopathology. New York: Academic Press, 1975. *134*

Miller, N. E.: Behavioral medicine: Symbiosis between laboratory and clinic. Annual Review of Psychology, 1983, *34,* 1–31, *134*

Miller, N. E. – s. Dollard, Doob, Miller, Mowrer & Sears (1939)
Miller, S.: Experimental design and statistics. London: Methuen, 1975. *340*
Miller, T. I. – s. Smith, Glass & Miller (1980) *348*
Misiak, H. – s. Sexton & Misiak (1971)
Möbus, C. & Nagel, W.: Messung, Analyse und Prognose von Veränderungen. In: J. Bredenkamp & H. Feger (Hrsg.), Hypothesenprüfung. (Enzyklopädie der Psychologie – Forschungsmethoden, Bd. 5.) Göttingen: Hogrefe, 1983. *153*
Möller, H. – s. Bartussek, Naumann, Möller, Vogelbacher & Diedrich (1990)
Mollgaard, K. – s. Rosenzweig, Mollgaard, Diamond & Bennett (1972)
Moore, D. S. & McCabe, G. P.: Introduction to the practice of statistics. New York: Freeman, 1989. *263, 348*
Moosbrugger, H.: Multivariate statistische Analyseverfahren. Stuttgart: Kohlhammer, 1978. *202*
Morgan, C. T.: An introduction to comparative psychology. (2nd ed.) London: Scott, 1906. *206*
Morgan, C. T. – s. Chapanis, Garner & Morgan (1949)
Mossholder, R. F.: Multivariate experimental analysis. Beverly Hills, Calif.: Sage, 1980. *138f., 353*
Mowrer, O. H. – s. Dollard, Doob, Miller, Mowrer & Sears (1939)
Müller, W. – s. Fahrenberg, Walschburger, Myrtek & Müller (1979)
Munn, N. L.: Concerning visual form discrimination in the white rat. Journal of Genetic Psychology, 1929, *36,* 291–302. *236*
Murashima, F. – s. Insko, Murashima & Saiyadain (1966)
Murch, G. M. & Wesley, F.: German psychology and its journals. Psychological Bulletin, 1966, *66,* 10–15. *301*
Murray, D. J. – s. Gigerenzer & Murray (1987)
Murray, E. J.: A case study in a behavioral analysis of psychotherapy. Journal of Abnormal and Social Psychology, 1954, *49,* 305–310. *134f.*
Murray, E. J. & Berkun, M. M.: Replacement as a function of conflict. Journal of Abnormal and Social Psychology, 1955, *51,* 47–56. *135*
Musahl, H.-P., Stolze, G. & Sarris, V.: Experimentalpsychologisches Praktikum: Arbeitsbuch. Weinheim: Beltz, 1985. *(ArB) 273, 362*
Muthig, K. – s. Henning & Muthig (1979)
Myers, S. – s. Haslerud & Myers (1958)
Myrtek, M. – s. Fahrenberg, Walschburger, Myrtek & Müller (1979)

Nagel, W. – s. Möbus & Nagel (1983)
National Institute of Mental Health: National Office of Vital Statistics. Unpublished data, 1959. Reported in R. W. Maris, 1969. (Zit. nach Zimbardo, 1983.) *182*
Naumann, E. – s. Bartussek, Naumann, Möller, Vogelbacher & Diedrich (1990)
Neale, J. M. & Liebert, J. M.: Science and behavior: An introduction to methods of research. Englewood Cliffs, N. J.: Prentice-Hall, 1973. *45f., 112f., 125, 148, 152f., 186, 192, 344, 353*
Nesselroade, J. R. & Baltes, P. B.: From traditional factor analysis to structural-causal modeling in developmental research. In: V. Sarris & A. Parducci (Eds.), Perspectives in psychological experimentation: Toward the year 2000. Hillsdale, N. J.: Erlbaum, 1984. (Deutsch: München: Psychologie Verlags Union, 2. Aufl., 1987.) *190*
Netter, P. – s. Janke & Netter (1986), (1990)
Nisaen, K. D.: Einstellungen deutscher Psychologiestudenten zu parapsychologischen weltanschaulichen Problemen. Zeitschrift für Parapsychologie und Grenzgebiete der Psychologie, 1970, *12,* 186–193. *326*

Orbach, J. (Ed.): Neuropsychology after Lashley. Hillsdale, N. J.: Erlbaum, 1982. *84, 236*
Orne, M. T.: On the social psychology of the psychological experiment: With particular reference to demand characteristics and their implications. American Psychologist, 1962, *17,* 776–783. *247*
Orth, B.: Grundlagen der Messung. In: H. Feger & J. Bredenkamp (Hrsg.), Messen und Testen. (Enzyklopädie der Psychologie – Forschungsmethoden, Bd. 3.) Göttingen: Hogrefe, 1983. *268*

Parducci, A.: Perceptual and judgmental relativity. In: V. Sarris & A. Parducci (Eds.), Perspectives in psychological experimentation: Toward the year 2000. Hillsdale, N. J.: Erlbaum, 1984. (Deutsch: München: Psychologie Verlags Union, 2. Aufl., 1987.) *96, 340*
Parducci, A. & Sarris, V.: The experimental approach: Dead end or via regia of psychology? In: V. Sarris & A. Parducci (Eds.), Perspectives in psychological experimenta-

tion: Toward the year 2000. Hillsdale, N. J.: Erlbaum, 1984. (Deutsch: München: Psychologie Verlags Union, 2. Aufl., 1987.) *342*

Parducci, A. – s. Krech, Crutchfield, Livson, Wilson & Parducci (1982)

Paul, G. L.: Insight vs. desensitization in psychotherapy. Standford, Calif.: Stanford University Press, 1966. *136*

Pawlik, K.: Zur Lage der Psychologie. In: W. H. Tack (Hrsg.), Bericht über den 29. Kongreß der Deutschen Gesellschaft für Psychologie, Salzburg 1974 (Bd. 1). Göttingen: Hogrefe, 1975. *298f.*

Pečjak, V.: Distinguished psychologists about the future of psychology. In: V. Pečjak (Organizer), Symposium: Psychology in the future. XXXIIIrd International Congress of Psychology. (Abstracts Vol.) Acapulco, Mexico, 1984, *312*

Pflanz, M.: Allgemeine Epidemiologie: Aufgaben, Technik, Methoden. Stuttgart: Thieme, 1973. *180*

Pöppel, E. (Hrsg.): Gehirn und Bewußtsein. Weinheim: VCH Verlagsgesellschaft, 1989. *343*

Popper, E. R.: Naturgesetze und theoretische Systeme. In: H. Albert (Hrsg.), Theorie und Realität. (2. Aufl.) Tübingen: Mohr, 1972. (1. Aufl.: 1964.) *12*

Popper, K. R.: Logik der Forschung. (8. Aufl.) Tübingen: Mohr, 1984. *332, 356, 357*

Pratt, J. G. – s. Rhine & Pratt (1962)

Preece, D. A.: R. A. Fisher and experimental design: A review. Biometrics, 1990, *46,* 925–935. *282*

Premack, D.: Animal cognition. Annual Review of Psychology, 1983, *34,* 351–362. *247, 324*

Raatz, U. – s. Bartenwerfer & Raatz (1979)

Rachman, S. – s. Eysenck & Rachman (1965)

Raschert, J.: Gesamtschule – ein gesellschaftliches Experiment: Möglichkeiten einer rationalen Begründung bildungspolitischer Entscheidungen durch Schulversuche. (Veröffentl. des Max-Planck-Instituts für Bildungsforschung.) Stuttgart: Klett, 1974. *42f.*

Reed, S. K.: Cognition: Theory and applications. (2nd ed.) Belmont, Calif.: Wadsworth, 1988. *94*

Reiter, L. – s. Brunswik & Reiter (1937)

Renner, M. J. & Rosenzweig, M. R.: Enriched and impoverished environments: Effects on brain and behavior. New York: Springer, 1987. *130*

Resnick, J. H. & Schwartz, T.: Ethical standards as an independent variable in psychological research. American Psychologist, 1973, *28,* 134–139. *242f., 364*

Revenstorf, D.: Zeitreihenanalyse für klinische Daten. Weinheim: Beltz, 1979. *26*

Revenstorf, D., Hahlweg, K. & Schindler, L.: Lead and lag in aspects of marital interaction. European Journal of Behavior Analysis and Modification, 1979, *2,* 1–12. *26*

Rey, E. R. – s. Sarris & Rey (1981)

Rey, E. R. – s. von Zerssen, Koeller & Rey (1970)

Rhine, J. B. & Brier, R. (Eds.): Parapsychology today. New York: Citadel Press, 1968. *326*

Rhine, J. B. & Pratt, J. G.: Parapsychologie: Grenzwissenschaft der Psyche. Bern: Franke, 1962. *326*

Rickels, K. – s. Downing & Rickels (1978), (1984/1987)

Riecken, H. W. – s. Thibaut & Riecken (1955)

Ripple, R. E. – s. Klausmeier & Ripple (1973–1975)

Ritter, B. – s. Bandura, Blanchard & Ritter (1969)

Robinson, P. W. & Forster, D. F.: Experimental psychology: A small-N approach. New York: Harper & Row, 1979. *167, 173f., 202, 284*

Rock, I.: Wahrnehmung: Vom visuellen Reiz zum Sehen und Erkennen. Heidelberg: Spektrum der Wissenschaft, 1985. *369*

Rogers, C. R. & Dymond, A. L. (1954). – Zit. in J. M. Neale & J. M. Liebert (1973). *45f., 351*

Roitblat, H. L.: Introduction to comparative cognition. New York: Freeman, 1987. *324*

Rosemeier, H.-P. (et al.): Erneuerung der Psychologie – zeitgemäß, sinnvoll, notwendig? In: D. Frey (Hrsg.), Bericht über den 37. Kongreß der Deutschen Gesellschaft für Psychologie, Kiel 1990 (Bd. 1). Göttingen: Hogrefe, 1990. *312*

Rosen, A. R. (1958). – Zit. in Hilgard et al. (1979). *190f.*

Rosenthal, R.: Experimenter effects in behavioral research. New York: Appleton-Century-Crofts, 1966. *43, 258*

Rosenthal, R.: Covert communication in the psychological experiment. Psychological Bulletin, 1967, *67,* 356–367. *255*

Rosenthal, R. & Fode, K. L.: The effect of experimenter bias on the performance of the albino rat. Behavioral Science, 1963, *8,* 183–189. (a) *253f.*

Rosenthal, R. & Fode, K. L.: Three experi-

ments in experimenter bias. Psychological Reports, 1963, *12,* 491–511. (b) *253f., 355*
Rosenthal, R. & Jacobson, L.: Pygmalion in the classroom: Teacher expectation and pupils' intellectual development. New York: Holt, Rinehart & Winston, 1968. (Deutsch: Pygmalion im Unterricht. Weinheim: Beltz, 1971.) *43, 254*
Rosenthal, R. & Rosnow, R. L. (Eds.): Artifact in behavioral research. New York: Academic Press, 1969. *253, 348*
Rosenzweig, M. R.: Experience, memory, and the brain. American Psychologist, 1984, *39,* 365–376. *129f.*
Rosenzweig, M. R., Krech, D., Bennett, E. L. & Diamond, M. C.: Modifying brain chemistry and anatomy by enrichment or impoverishment of experience. In: G. Newton & S. Levine (Eds.), Early experience and behavior. Springfield, Ill.: Thomas, 1968. *129ff.*
Rosenzweig, M. R., Mollgaard, K., Diamond, M. C. & Bennett, E. L.: Negative as well as positive synaptic changes may store memory. Psychological Review, 1972, *79,* 93–96. *129f.*
Rosenzweig, M. R. – s. Renner & Rosenzweig (1987)
Rosnow, R. L. – s. Rosenthal & Rosnow (1969)
Rovine, M. J. & von Eye, A.: Applied computational statistics in longitudinal research. Boston: Academic Press, 1991. *284*
Royce, J. R. (Ed.): Towards unification in psychology. The first Banff conference on theoretical psychology. Toronto: University of Toronto Press, 1970. *343*
Rubin, Z.: Liking and loving. New York: Holt, Rinehart & Winston, 1973. *16*
Ruch, F. L. & Zimbardo, P. G.: Lehrbuch der Psychologie. Berlin: Springer, 1974. *136, 181ff.*
Ruch, F. L. – s. Zimbardo & Ruch (1978)

Sader, M.: Instruktionsverständnis und Testleistung. Frankfurt a. M.: Kramer, 1959. *239f., 355*
Saiyadain, M. – s. Insko, Murashima & Siayadain (1966)
Sarnoff, I. & Zimbardo, P. G.: Anxiety, fear, and social affiliation. Journal of Abnormal and Social Psychology, 1961, *62, 356–363.* (Deutsch: Angst, Furcht und soziale Gesellung. In: M. Irle (Hrsg.), Texte aus der experimentellen Sozialpsychologie. Neuwied: Luchterhand, 1969.) *337f., 339f., 357*
Sarris, V.: Die Abhängigkeit des Adaptationsniveaus von Ankerreizen: Zur empirischen Gültigkeit von Helsons „Adaptation-level"-Formel. Zeitschrift für experimentelle und angewandte Psychologie, 1967, *14,* 1–53. *287*
Sarris, V.: Zur Wirkungsintensität verschiedener Schlafmitteldosen: Eine Reanalyse von Forths Daten. Psychologische Beiträge, 1968, *10,* 166–172. (a) *13, 92, 286*
Sarris, V.: Nicht-parametrische Trendanalysen in der klinischen Psychologie. Zeitschrift für experimentelle und angewandte Psychologie, 1968, *15,* 291–316. (b) *70, 286*
Sarris, V.: On perceptual learning in geometrical-optical illusions. Studia Psychologica (Bratislava), 1984, *26,* 29–38. *216*
Sarris, V.: Experimentalpsychologisches Praktikum (3 Bde.) Weinheim: Beltz, 1985. *(PrB* I, II, III.) *IX, XIII, 57, 61ff., 77f., 224*
Sarris, V.: Max Werthheimer in Frankfurt – über Beginn und Aufbaukrise der Gestaltpsychologie. I. Ausgangsstudien über das Sehen von Bewegung (1910–1912). Zeitschrift für Psychologie, 1987, *195,* 283–310. (a) *259*
Sarris, V.: Max Wertheimer in Frankfurt – über Beginn und Aufbau der Gestaltpsychologie. II. Strukturgesetze der Bewegungs- und Raumwahrnehmung (1911–1914). Zeitschrift für Psychologie, 1987, *195,* 403–431. (b) *259*
Sarris, V.: Max Wertheimer on seen motion: Theory and evidence. Psychological Research, 1989, *51,* 58–68. *259*
Sarris, V.: Methodologische Grundlagen der Experimentalpsychologie. Bd. 1: Erkenntnisgewinnung und Methodik. (UTB Große Reihe.) München: Reinhardt, 1990. (a) *(MeB 1)* (a) *IXf., XIV*
Sarris, V.: Contextual effects in animal psychophysics: A comparative analysis of the chikken's perceptual relativity. European Bulletin of Cognitive Psychology, 1990, *10,* 475–489. (b) *247*
Sarris, V. & Gigerenzer, G.: Einführung: Modell- und meßtheoretische Aspekte der Psychophysik. In: V. Sarris & G. Gigerenzer (Hrsg.), Psychophysik heute: Aktuelle Probleme und Ergebnisse. Psychologische Beiträge, 1982, *24,* 315–321. *17*
Sarris, V. & Heineken, E.: An experimental test of two mathematical models applied to the size-weight illusion. Journal of Experimental Psychology: Human Perception and Performance, 1976, *2,* 295–298. *224*

Sarris, V. & Lienert, G. A.: Konstruktion und Bewährung von klinisch-psychologischen Testverfahren. In: W. J. Schraml & G. Baumann (Hrsg.), Forschungsmethoden in der Klinischen Psychologie II. Bern: Huber, 1974. *163, 212, 278*

Sarris, V. & Rey, E. R.: Allgemeine Grundlagen von klinisch-psychologischen Testverfahren. In: E. R. Rey (Hrsg.), Klinische Psychologie. (Aktuelle Psychiatrie, Bd. 2.) Stuttgart: G. Fischer, 1981. *163, 278*

Sarris, V. & Stolze, G.: Theorie und Experiment in der Psychophysik: Kontexteffekte, psychophysikalische Gesetze und psychologische Bezugssystemmodelle. In: W. Lauterbach & V. Sarris (Hrsg.), Beiträge zur psychologischen Bezugssystemforschung. Bern: Huber, 1980. *287f.*

Sarris, V. & Zoeke, B.: Tests of a quantitative frame-of-reference model: Practice effects in psychophysical judgments with different age-groups. In: G. d'Ydewalle (Ed.), Cognition, information processing, and motivation. Amsterdam: North-Holland, 1985. *247f.*

Sarris, V. – s. Bredenkamp & Sarris (1987)

Sarris, V. – s. Musahl, Stolze & Sarris (1985)

Sarris, V. – s. Parducci & Sarris (1984/1987)

Sarris, V. – s. Wilkening, Sarris & Wilkening (1976)

Schachter, S.: Psychology of affiliation. Stanford, Calif.: Stanford University Press, 1959. *18, 19, 66, 67, 336, 338, 340*

Schachter, S.: The interaction of cognitive and physiological determinants of emotional state. In: L. Berkowitz (Ed.), Advances in experimental social psychology. New York: Academic Press, 1964. *291*

Schachter, S. & Singer, J. E.: Cognitive, social, and physiological determinants of emotional state. Psychological Review, 1962, *69,* 379–399. *291, 308, 310*

Schaefer, H.: Medizinische Ethik. (Reihe „Medizin im Wandel".) Heidelberg: Verlag für Medizin, E. Fischer, 1983. *45*

Schindler, L. – s. Revenstorf, Hahlweg & Schindler (1979)

Schmeck, R. R. – s. Zimbardo & Schmeck (1971)

Schmidt, H.-D.: Psychology in the German Democratic Republic. Annual Review of Psychology, 1980, *31,* 195–209. *301*

Schmidt, R. F. – s. Birbaumer & Schmidt (1989)

Schmied, D. – s. Skowronek & Schmied (1977)

Schmielau, F. & Schmielau-Lugmayr, M.: Lehrbuch der Medizinischen Psychologie. Göttingen: Hogrefe, 1990. *174, 324*

Schmielau-Lugmayr, M. – s. Schmielau & Schmielau-Lugmayr (1990)

Schmitz-Friedhoff, K. – s. Schwenkmezger & Schmitz-Friedhoff (1987)

Schorr, A.: Die Verhaltenstherapie. Weinheim: Beltz, 1984. *167*

Schuler, H.: Leistungsbeurteilung – Funktionen, Formen und Wirkungen. In: H. Schuler (Hrsg.), Beurteilung und Förderung beruflicher Leistung. Stuttgart: Verlag für Angewandte Psychologie, 1991. *335*

Schulte, D. & Margraf, J.: Psychotherapeutischer Prozeß. In: D. Frey (Hrsg.), Bericht über den 37. Kongreß der Deutschen Gesellschaft für Psychologie, Kiel 1990 (Bd. 1). Göttingen: Hogrefe, 1990. *159*

Schulz v. Thun, F. – s. Langer, Schulz v. Thun & Tausch (1974)

Schwartz, T. – s. Resnick & Schwartz (1973)

Schwenkmezger, P. & Schmitz-Friedhoff, K.: Tagesablauf und Persönlichkeit. (Trierer Psychologische Berichte 14, Heft 5.) Trier: Universität, 1987. *23*

Sears, R. R. – s. Dollard, Doob, Miller, Mowrer & Sears (1939)

Seay, B., Alexander, B. K. & Harlow, H. F.: Maternal behavior of socially deprived rhesus monkeys. Journal of Abnormal and Social Psychology, 1964, *69,* 345–354. *6ff., 350, 363*

Sekuler, R. & Blake, R.: Perception. (2nd ed.) New York: McGraw-Hill, 1990. *369*

Selltitz, C., Jahoda, M., Deutsch, M. & Cook, S. W.: Research methods in social relations. (Rev. ed.) New York: Holt, Rinehart & Winston, 1959. *180*

Selltitz, C., Wrightsman, L. & Cook, S. W.: Research methods in social relations. (3rd ed.) New York: Holt, Rinehart & Winston, 1976. *180*

Sexton, V. S. & Misiak, H.: Historical perspectives in psychology: Readings. Belmont, Calif.: Brooks/Cole, 1971. *301*

Shanteau, J. – s. Anderson & Shanteau (1976)

Shapiro, D. A. – s. Stiles, Shapiro & Elliott (1986)

Sidman, M.: Tactics of scientific research. New York: Basic Books, 1960. *152*

Sidowski, J. B. (Ed.): Experimental methods and instrumentation in psychology. New York: McGraw-Hill, 1966. *236, 348*

Silver, M. J. – s. Barber & Silver (1968)

Singer, J. E. – s. Schachter & Singer (1962)

Sjöberg, L.: Sensation scales in the size-weight illusion. Scandinavian Journal of Psychology, 1969, *10,* 109–112. *224f., 330, 354*
Sjoholm, N. A. – s. Binder, McConnell & Sjoholm (1957)
Skinner, B. F.: A case history in scientific method. American Psychologist, 1956, *11,* 221–233. *208*
Skinner, B. F.: Cumulative record. New York: Appleton-Century-Crofts, 1959. *208*
Skowronek, H. & Schmied, D. (Hrsg.): Forschungstypen und Forschungsstrategien in der Erziehungswissenschaft. Hamburg: Hoffmann & Campe, 1977. *44*
Smith, E. E. – s. Atkinson, Atkinson, Smith & Bem (1990)
Smith, G. J. W. & Carlsson, I.: Can preschool children be creative? A perceptgenetic study of 4-6-year-olds. Archives of Psychology (Archiv für Psychologie), 1983, *135,* 37–53. *321*
Smith, M. L., Glass, G. V. & Miller, T. I.: The benefits of psychotherapy. Baltimore: Johns Hopkins University Press, 1980. *159*
Smith, N. C.: Replication studies: A neglected aspect of psychological research. American Psychologist, 1970, *25,* 970–975. *121, 306, 339*
Snow, R. E.: Reprensentative and quasi-representative designs for research on teaching. Review of Educational Research, 1974, *44,* 265–291. *42, 44*
Snow, R. E. – s. Elashoff & Snow (1971)
Spear, N. E.: The future study of learning and memory from a psychological perspective. In: V. Sarris & A. Parducci (Eds.), Perspectives in psychological experimentation: Toward the year 2000. Hillsdale, N. J.: Erlbaum, 1984. (Deutsch: München: Psychologie Verlags Union, 2. Aufl., 1987.) *324*
Spielberger, C. D. (Ed.): Anxiety and behavior. New York: Academic Press, 1966. *150, 209f.*
Spies, K. – s. Hager & Spies (1991)
Spinoza, B. de: Die Ethik. Schriften und Briefe (hrsg. von F. Bülow. Neuaufl. Kröner-Taschenbuch Nr. 24). Stuttgart: Kröner, 1976. (Zit. nach P. G. Zimbardo, 1983). *68*
Sprung, H. – s. Sprung & Sprung (1984)
Sprung, L. & Sprung, H.: Grundlagen der Methodologie und Methodik der Psychologie. Berlin: VEB Deutscher Verlag der Wissenschaften, 1984. *348*
Stanley, J. C. – s. Campbell & Stanley (1963), (1966)
Statistisches Bundesamt (Hrsg.): Jahrbuch 1972 des Statistischen Bundesamts, 1972. (Zit. nach P. G. Zimbardo, 1983.) *181f.*
Sternberg, R. J. & Tulving, E.: The measurement of subjective organization in free recall. Psychological Bulletin, 1977, *84,* 539–556. *290, 291*
Stiles, W. B., Shapiro, D. A. & Elliott, R.: Are all psychotherapies equivalent? American Psychologist, 1986, *41,* 165–180. *159*
Stolze, G. – s. Sarris & Stolze (1980)
Stolze, G. – s. Musahl, Stolze & Sarris (1985)
Strack, F. – s. Irle & Strack (1983)
Stroebe, W. – s. Mikula & Stroebe (1979)
Sturm, Y.: Klinische Urteilsbildung: Interindividuelle Unterschiede bei der diagnostischen Informationsintegration. Heidelberg: Asanger, 1990. *276f.*
Suomi, S. V. – s. Harlow & Suomi (1970)
Suppes, P. – s. Cronbach & Suppes (1969)
Susser, M.: Causal thinking in the health sciences: Concepts and strategies in the epidemiology. London: Oxford University Press, 1973. *180*
Swazey, J. P. & Worden, F. G.: On the nature of research in neuroscience. In: F. G. Worden, J. P. Swazey & G. Adelman (Eds.), The neurosciences: Path of discovery. Cambridge, Mass.: The MIT Press, 1975. *311*

Taffel, C.: Anxiety and the conditioning of verbal behavior. Journal of Abnormal and Social Psychology, 1955, *51,* 496–501. *242*
Tausch, R. – s. Langer, Schulz v. Thun & Tausch (1974)
Tavris, C.: The experimenting society: To find programs that work, government must measure its failures. Conversation with Donald T. Campbell. Psychology Today, 1975, 47; 50–53; 55–56. *44*
Taylor, J. A.: The relationship of anxiety to the conditioned eyelid-response. Journal of Experimental Psychology, 1951, *41,* 81–92. *209f.*
Teichmann, J.: Wandel des Weltbildes: Astronomie, Physik und Meßtechnik in der Kulturgeschichte. Hamburg: Rowohlt, 1985. *311*
Teret, S. P. – s. Wintemute, Teret, Kraus & Wright (1988)
Terrace, H.: Nim: A chimpanzee who learned sign language. New York: Knopf, 1979. *324*
Thibaut, J. W. & Riecken, H. W.: Some determinants and consequences of the perception of social causality. Journal of Personality, 1955, *24,* 113–133. *66*
Thierau, H. – s. Wottawa & Thierau (1990)

Thorndike, E. L.: The psychological value system of psychologists. American Psychologist, 1954, *7,* 787–790. *21f, 350*
Toman, W.: Klinische Psychotherapie versus Verhaltenstherapie. Psychologische Rundschau, 1973, *24,* 114–126. *312, 357*
Toman, W.: Ziele der Psychotherapie. In: L. J. Pongratz (Hrsg.), Handbuch der Psychologie (Bd. 8, 2. Halbd.): Klinische Psychologie. Göttingen: Hogrefe, 1978. *312, 357*
Topitsch, E.: Mythische Modelle in der Erkenntnislehre. Studium Generale, 1965, *18,* 400–418. *329*
Traxel, W.: Grundlagen und Methoden der Psychologie. (2. Aufl.) Bern: Huber, 1974. *299*
Traxel, W.: „Publish or perish!" – auf deutsch oder auf englisch? Psychologische Beiträge, 1979, *21,* 62–77. *299, 356*
Treiber, B. & Weinert, F. E. (Hrsg.): Lehr-Lern-Forschung. München: Urban & Schwarzenberg, 1982. *45*
Treinies, G. – s. Fricke & Treinies (1985)
Trevarthen, C. (Ed.): Brain circuits and functions of the mind. New York: Cambridge University Press, 1990. *311*
Tulving, E.: Subjective organization in free recall of „unrelated" words. Psychological Review, 1962, *69,* 344–354. *290*
Tulving, E. – s. Sternberg & Tulving (1977)

Ullrich, B. – s. Issing & Ullrich (1969)
Undeutsch, U.: Die Auffassungsfähigkeit für Verkehrszeichen. Zeitschrift für Verkehrssicherheit, 1963, *9,* 212–225. *120*

Veit, C. T. – s. Birnbaum & Veit (1974)
Vester, F.: Denken, Lernen, Vergessen. Stuttgart: Deutsche Verlagsanstalt, 1975. *131*
Vogelbacher, D. – s. Bartussek, Naumann, Müller, Vogelbacher & Diedrich (1990)
Vogt, E. Z. – s. Hyman & Vogt (1967)
Von Eiff, A. W.: Die Diagnose des Streß. In: A. W. von Eiff (Hrsg.), Seelische und körperliche Störungen durch Streß. Stuttgart: G. Fischer, 1976. *237*
Von Eye, A. (Ed.): Statistical methods in longitudinal research (Vols. I & II). Boston: Academic Press, 1990. *284*
Von Eye, A. – s. Rovine & von Eye (1991)
Von Klebelsberg, D. & Kallina, H.: Verhaltensanalyse des Kraftfahrers. Kleine Fachbuchreihe des Kuratoriums für Verkehrssicherheit, 1963, *5,* 7–16. *118f., 353*
Von Zerssen, D.: Die Befindlichkeits-Skala. Weinheim: Beltz, 1976. *23ff.*
Von Zerssen, D., Koeller, D. M. & Rey, E. R.: Die Befindlichkeitsskala – ein einfaches Instrument zur Objektivierung von Befindlichkeitsstörungen, insbesondere im Rahmen von Längsschnittuntersuchungen. Arzneimittel-Forschung (Drug Research), 1970, *20,* 915–918. *23ff., 365*

Walschburger, P. – s. Fahrenberg, Walschburger, Myrtek & Müller (1979)
Waterhouse, I. K. – s. Child & Waterhouse (1952)
Watts, G. H. – s. Anderson & Watts (1969)
Webb, W. B.: Sleep: An experimental approach. New York: McMillan, 1968. *207*
Weil, A.: Parapsychology: Andrew Weil's search for the true Geller. Psychology Today, 1974, *10,* 45–50; 75–82. *326*
Weinert, F. E., Graumann, C. F., Heckhausen, H. & Hofer, M.: Pädagogische Psychologie. (Studienbegleitbriefe des *DIFF* zum Funkkolleg Pädagogische Psychologie.) Weinheim: Beltz, 1976. *42*
Weinert, F. E. – s. Treiber & Weinert (1982)
Weintraub, D. J.: Perception. Annual Review of Psychology, 1975, *26,* 263–269. *215*
Wendt, D.: Statistische Entscheidungstheorie und Bayes-Statistik. In: J. Bredenkamp & H. Feger (Hrsg.), Hypothesenprüfung. (Enzyklopädie der Psychologie – Forschungsmethoden, Bd. 5.) Göttingen: Hogrefe, 1983. *279*
Wertheimer, M.: Experimentelle Studien über das Sehen von Bewegungen. Zeitschrift für Psychologie, 1912, *61,* 161–265. *258f.*
Wertheimer, Mich.: The experimental method in nineteenth- and twentieth-century psychology. In: V. Sarris & A. Parducci (Eds.), Perspectives in pychological experimentation: Toward the year 2000. Hillsdale, N. J.: Erlbaum, 1984. (Deutsch: München: Psychologie Verlags Union, 2. Aufl., 1987.) *96*
Wesley, F. – s. Murch & Wesley (1966)
Westermann, R.: Strukturanalytische Theorienkonzeption und empirische Forschung in der Psychologie: Eine Fallstudie. Heidelberg: Springer, 1987. *202*
Westermann, R. – s. Hager & Westermann (1983)
Wilkening, F.: Entwicklungspsychologische Experimente zur Wahrnehmungs- und Urteilsrelativität. (Psychologia Universalis, Bd. 23.) Meisenheim a. Gl.: Hain, 1976. *246*
Wilkening, F. & Wilkening, K.: Versuchsplanung. (Hrsg. V. Sarris.) Tübingen: Deutsches Institut für Fernstudien, 1980. *187*

Wilkening, F. – s. Wilkening, Sarris & Wilkening (1976)
Wilkening, K.: Konformität unter Gruppendruck: Eine vergleichende experimentelle Untersuchung. Beltz Forschungsberichte. Weinheim: Beltz, 1978. *18*
Wilkening, K., Sarris, V. & Wilkening, F.: Transitivity of length: A comparison of different experimental procedures. Perceptual and Motor Skills, 1976, *43,* 639–646. *321*
Wilkening, K. – s. Wilkening & Wilkening (1980)
Wilson, C. & Holroyd, S.: Große Mysterien: Rätsel des menschlichen Geistes. Mannheim: Columbus, 1979. *326*
Wilson, G. D. – s. Eysenck & Wilson (1973)
Wilson, V. L. – s. Glass, Wilson & Gottman (1975)
Wilson, W. A. – s. Krech, Crutchfield, Livson, Wilson & Parducci (1982)
Winer, B.: Statistical principles in experimental design. (2nd ed.) New York: McGraw-Hill, 1971. *120*
Wintemute, G. J., Teret, S. P., Kraus, J. P. & Wright, M. W.: The choice of weapons in firearm suicides. American Journal of Public Health, 1988, *18,* 824–826. (Zit. nach R. L. Atkinson et al., 1990.) *184*
Witte, E. – s. Auhagen & Witte (1990)
Wittmann, W. W. – s. Koch & Wittmann (1990)
Wood, G.: Fundamentals of psychological research. Boston: Little & Brown, 1974. *281, 282*
Worden, F. G. – s. Swazey & Worden (1975) *321*
Wottawa, H.: Strategien und Modelle in der Psychologie. Wien: Urban & Schwarzenberg, 1984. *211*
Wottawa, H. & Thierau, H.: Lehrbuch Evaluation. Bern: Huber, 1990. *45*
Wright, M. W. – s. Wintemute, Teret, Kraus & Wright (1988)
Wrightsman, L. – s. Selltitz, Wrightsman & Cook (1976)

Yaremko, R. M., Harari, H., Harrison, R. C. & Lynn E.: Handbook of methods in psychology: Reference handbook of research and statistical methods in psychology. New York: Harper & Row, 1982/1983. *112, 148, 167, 172f., 185, 194, 358*
Yerkes, R. N. & Dodson, J. D.: The relation of strength of stimulus to rapidity of habit-formation. Journal of Comparative and Neurological Psychology, 1908, *18,* 459–482. (Zit nach Broadhurst, 1959.) *333*
Yoshioka, J. G.: Weber's law in the discrimination of maze distance by the white rat. Univ. Calif. Publ. Psychol., 1929, *4,* 155–184. *235* (Zit. nach Krech et al., 1974.)

Zimbardo, P. G.: On transforming experimental research into advocacy für social change. In: M. Deutsch & H. Hornstein (Eds.), Applying social psychology: Implications for research, practice, and training. Hillsdale, N. J.: Erlbaum, 1975. *131f.*
Zimbardo, P. G.: Lehrbuch der Psychologie. (4. Aufl.) Berlin: Springer, 1983. *VIII, 68ff, 132, 165, 181, 315, 350, 364*
Zimbardo, P. G.: Social psychology: What it is, where it came from, and where it is headed. In: V. Sarris & A. Parducci (Eds.), Perspectives in psychological experimentation: Toward the year 2000. Hillsdale, N. J.: Erlbaum, 1984. (Deutsch, München: Psychologie Verlags Union, 2. Aufl., 1987.) 342
Zimbardo, P. G.: Psychology and life. (12th ed.) Glenview, Ill.: Scott & Foresman, 1988. (13th ed., 1992.) *XIII, 328*
Zimbardo, P. G. & Ruch, F. L.: Lehrbuch der Psychologie. (3. Aufl.) Berlin: Springer, 1978. *329*
Zimbardo, P. G. & Schmeck, R. R.: Working with psychology: A student's resource book to accompany „Psychology and Life", 8th edition. Glenview, Ill.: Scott & Foresman, 1971. *297*
Zimbardo, P. G. – s. Ruch & Zimbardo (1974)
Zimbardo, P. G. – s. Sarnoff & Zimbardo (1961)
Zimmermann, E.: Das Experiment in den Sozialwissenschaften. Stuttgart: Teubner, 1972. *310*
Zoeke, B. – s. Sarris & Zoeke (1985)

Sachverzeichnis

E

Q

R

S

T

Viktor Sarris

Methodologische Grundlagen der Experimentalpsychologie

Band 1: Erkenntnisgewinnung und Methodik der experimentellen Psychologie

1990. 300 Seiten. (3-497-01111-8) gb DM 39,80
(**UTB** Große Reihe 3-**8252-8049**-7)

Im Vordergrund des ersten Bandes stehen einerseits die wissenschaftstheoretischen Fragen der Erkenntnisgewinnung in der Psychologie (z. B. wissenschaftliches Denken, Beobachtung und Erklärung, Verhaltenskontrolle); andererseits werden die theoretischen Voraussetzungen der klassischen und der modernen Methoden der Psychologie dargestellt (z. B. Wissenschaftssprache, experimentelle Manipulation des Verhaltens im Human- und Animalversuch, Techniken bei der Datengewinnung).

Ernst Reinhardt Verlag München Basel